JN411044

[제 13 판]

상법사례연습(하)

―어음 · 수표 · 보험 · 해상법 편―

최 준 선 [저]

三 潮 社

제13판 머리말

독자 여러분의 성원에 힘입어 제13판을 낸다. 제13판에서는 2015년 말까지 나온 판례를 소개하였다. 상법사례연습(하)권에는 어음수표법, 보험법, 해상법 사례가 소개되어 있다. 어음수표법과 관련된 판례는 새로운 판례가 없고, 과거 이미 충분히 논의된 논점에 대한 대법원의 판시사항을 재확인하는 판례만 여러 건이 나왔다. 최근에 보험법 판례가 다수 나오고는 있지만, 대부분이 매우 지엽적이고 테크니컬한 쟁점들이어서 일반화하기에는 좀 무리가 있다. 따라서 새로운 판례를 소개하되 범용성이 있는 것만 골라서 소개하였다. 해상법은 사법시험이나 변호사시험에 출제되기 어려워 새로운 판례가 다수 나왔지만 소개하지 아니하였다.

2016년 4월

著 者 識

제12판 머리말

독자 여러분의 성원에 힘입어 제12판을 낸다. 제12판에서는 2013년 4월까지 나온 판례를 반영하였고, 사소한 오류와 강의하면서 느낀 미진한 부분을 수정하였다.

본서에서는 상법분야의 판례 중에서도 학문적·실무적으로 문제가 되는 중요 판례만을 엄선하여 해설하였다. 중요한 주제이면서도 아직 판례가 형성되지 아니한 것은 인위적으로 설문을 만들었다. 대부분의 판례와 사례는 필자가 수년간 성균관대학교 법과대학 대학원 수업에서 다루었거나 각종의 법률잡지에 기고하였던 것을 재정리한 것이다. 設問을 사실에 가깝게 구성하다보니 지문이 다소 긴 문제가 있고, 해설도 답안지에 쓰기에는 내용이 많다. 본서를 아끼는 여러 독자들이 이 점을 지적하면서, 수험생의 편의를 위하여 지문도 단순히, 해설도 요점만으로 집중해 줄 것을 누차 권고해 왔다. 그러나 이 책은 단순한 수험용 서적이 아니다. Law school에서 판례를 깊이 있게 공부하려는 학생들이 지침서로서 활용할 수 있도록 구성하였다.

서술방식은 우선 사건을 한 눈에 파악할 수 있도록 각 항목마다 參考圖를 붙였다. 그리고 각 지문의 논점 파악이 쉽도록 먼저 논점을 제시한 다음, 곧 문제의 해설로 들어간다. 판례를 다 읽고 나서도 결국 원고의 청구가 인용되었는지, 아니면 피고가 적절히 방어하였는지 결론을 모를 때가 많다. 따라서 본문에 '勝訴' 또는 '敗訴'라는 표현을 자주 사용하였는데, 재판은 반드시 이기고 지는 것이 아니므로 이와 같은 표현이 적절한 것은 아니다. 그러나 재판의 결과를 궁금해 하는 여러분을 위하여 부득이 이와 같은 표현을 사용한다.

본서 초판을 출간함에 있어서는 당시 사법연수원생이던 文善英 孃, 任一㯙君, 鄭昌燮 君, 申校植 君이 수험생시절의 요령을 살려 문제의 선정과 자료의 정리에 큰 도움을 주었다. 2002년 제4판의 개정작업에서는 당시 사법연수원 33기에 재학중이던 朴尙教 君과 同 34기 張鎭英 孃이 많은 도움을 주었다. 현재는 변호사, 검사, 판사로 각기 직분에 충실하고 있는 위의 여러 제자들에게 이 자리에서 다시 감사를 드린다.

초판에서부터 제12판에 이르기까지 독특하고 세련된 편집스타일로 필자와 독자들을 즐겁게 해 주신 三潮社의 河仁雄 사장님께도 특별한 감사를 드린다.

2013년 3월

著 者 識

주요참고문헌 및 약어표

강위두(어) ……강위두 저 어음·수표법, 1997
박원선(하) ……박원선 저 새상법(하), 1974
서돈각·정완용(하) ……서돈각·정완용 공저 상법강의(하), 1996
서정갑(어) ……서정갑 저 신어음·수표법, 1983
손주찬(하) ……손주찬 저 상법(하), 2000
양승규(보) ……양승규 저 보험법, 1998
양승규(어) ……양승규 저 어음법·수표법, 1994
이기수(어) ……이기수 저 어음법·수표법, 1999
이범찬 예해(하) ……이범찬 저 예해상법 하권, 1988
이원석(상) ……이원석 저 상법(상), 1987
이철송(어) ……이철송 저 어음·수표법 제12판, 2012
정동윤(하) ……정동윤 저 상법(하) 제4판, 2011
정찬형(하) ……정찬형 저 상법강의(하) 제14판, 2012
채이식(상) ……채이식 저 상법강의(상), 1996
채이식(하) ……채이식 저 상법강의(하), 1992
최기원(하) ……최기원 저 상법학신론(하) 제15판, 2008
서헌제(어) ……서헌제 저 어음·수표법, 1999
한상문(어) ……한상문 저 어음·수표거래법, 1998

田邊光政, 小切手法, 1994
田中誠二, 新版手形·小切手法, 1980
鈴木竹雄, 手形法·小切手法, 1976
大隅健一郎·洞本一郎, 注釋手形·小切手法, 1983
西島梅治, 保險法, 1991
小町谷操三, 海商法講義, 1968

Baumbach/Hefermehl, *Wechselgesetz und Scheckgesetz*, 15. Aufl., 1986
Brox, *Handelsrecht und Wertpapierrecht*, 1993
Hueck/Canaris, *Recht der Wertpapiere*, 12, Aufl., 1986
Ulmer, *Das Recht der Wertpapiere*, 1938
Zöllner, *Wertpapierrecht*, 13. Aufl., 1982
Hoffmann, *Privatversicherungsrecht*, 3. Aufl., 1991
Hübner, *Allgemeine Versicherungsbedingungen und AGB-Gesetz,* 1984
Prölss/Martin, *Versicherungsvertragsgesetz*, 25. Aufl., 1992
Weyers, *Versicherungsvertragsrecht*, 2. Aufl., 1995

Ivamy, *Casebook on Insurance Law*, 3rd ed., 1977
Prüßmann/Rabe, *Seehandelsrecht*, 3. Aufl., 1992

目　次

제 1 장　어음 · 手票法 總論

제3장 保 險 法

제1절 保險契約

제1항 保險約款의 效力

제2항 保險契約의 체결

제 **2** 절　損害保險

제 1 항　保險者 代位

제 2 항　損害保險關係의 변경 · 소멸

제 3 항　責任保險契約

제 4 항　自動車保險契約

제 **3** 절　人 保 險

제 1 항　生命保險契約

제 2 항　傷害保險契約

제 4 장 海 商 法

제 1 항 海上企業組織

제 2 항 海上企業活動

제 1 장 어음·手票法 總論

제1절 어음(手票)行爲

제 1 항 어음行爲의 成立要件과 特性

1 法人의 어음(手票)行爲의 方式

[윤환수 대 삼양제지(주) 사건]
대법원 1994. 10. 11. 94다24626

事 例

소외 이석기(A)는 피고 삼양제지공업주식회사(Y)의 대표이사로 재직하던중 문제된 수표에 배서를 함에 있어 피고 회사의 대표이사의 자격으로 '삼양제지공업주식회사 이석기'라고만 기재하고, 그 기명 옆에는 '삼양제지공업주식회사의 대표이사'라고 조각된 인장을 날인하였다. 이 수표의 소지인 원고 윤환수(X)는 위 수표의 Y회사 명의의 배서는 A가 Y회사를 대표한다는 뜻이 표시되어 있으므로 Y회사가 이 수표에 대한 상환의무를 부담하여야 한다고 주장하였다. 이에 대하여 Y회사는 위 수표의 Y회사 명의의 배서에는 대표자격의 표시가 없으므로 Y회사에 대하여 수표상의 책임을 물을 수 없는 것이라고 항변하였다.[1]

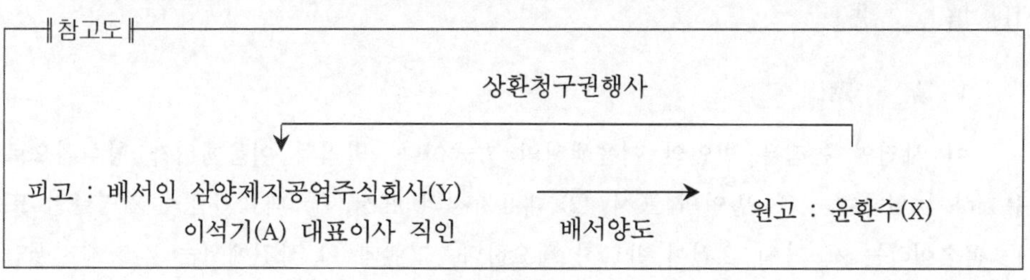

目 次

1) 본 사례는 수표에 관한 것이나 어음법에서도 공통적인 것이므로 어음법을 중심으로 해설하기로 한다.

Ⅲ. 結 語
※ 퀴 즈

Ⅰ. 判決要旨

原審(부산고등법원 1994. 4. 15. 93나951)은 문제된 수표상의 피고 회사 명의의 배서는 소외 이석기가 회사를 대표한다는 뜻이 표시되어 있다고 보아 피고 패소의 판결을 하였다.

대법원도 "삼양제지공업주식회사의 대표이사인 이석기가 그 재직기간 중 수표에 배서함에 있어서 회사의 대표이사의 자격으로 '삼양제지공업주식회사 이석기'라고만 기재하고, 그 記名 옆에 '삼양제지공업주식회사의 대표이사'라고 조각된 인장을 날인하였다면 그 수표의 회사 명의의 배서는 이석기가 삼양제지공업주식회사를 대표한다는 뜻이 표시되어 있다고 판단함이 정당하다"고 判示하여 역시 피고 敗訴의 판결을 하였다(被告敗訴).

Ⅱ. 解 說

1. 論 點

이 사건의 논점은 법인의 어음행위의 方式이다. 법인의 어음행위가 형식적으로 유효하기 위하여는 ① 법인의 표시, ② 대표자격의 표시, ③ 대표기관의 기명날인 또는 署名이라는 세 가지 요건이 반드시 필요하다. 그런데 이 사건에서는 '삼양제지공업주식회사 이석기'라고만 기재하여 '대표이사'라는 대표자격의 표시가 없으므로 위 ②의 요건이 빠졌다. 대신 인장에는 그것이 들어 있다. 이 경우 법인의 어음행위로서 유효한가가 문제이다.

2. 法人의 어음行爲

어음행위는 자연인뿐 아니라 법인도 이를 할 수 있다. 그런데 법인은 본래 그 대표기관 또는 그 정당한 대리인을 통하여 법률행위를 하는 것이다. 그러므로 법인의 어음행위도 그 대표기관을 통하여 하게 되는데, 그 방식은 법인의 명칭과 대표관계를 표시하고 대표자의 기명날인 또는 서명을 함으로써 하게 된다(어음행위자가 법인을 대표 또는 대리할 실질적인 권한이 없다면 그 어음행위는 어음법상의 無權代理 또는 민법상의 表見代理가 된다). 그러나 거래 실무에서는 위의 세 가지 요건 중 일부를 다소 欠缺한 어음행위가 이루어지는 예가 흔히 있다. 어음행위 대리의 엄격한 顯名性과 文言性을 강조하다 보면 이러한 경우 어음행위가 성립되지 아니하여 그 행위자가 아무런 책임을 지지 아니하는 한편, 어음법에 관한 정확한 지식이 없는 어음授受의 당사자들은 피해를 입게 된다. 여기서 어음행위가 실제로 그 법인에게 책임을 지울 만한 사람에 의하여 이루어졌음에도 불구하고 형식적 요건을 이유로 그 효력을 부인할 것이 아니라 구체적 타당성을 존중하여야 할 필요가 있다. 그렇다면 어음요건에 어느 정도의 흠결을 허용할 것인가가 문제이다. 아래에서 판례와 학설의 推移를 알아보려 한다.

(1) **'法人의 表示'**

법인의 어음행위는 법인의 대표기관이 법인을 위하여 어음행위를 하는 것이므로 어음상에 그 법인의 명칭(회사명)을 표시하여야 한다. 따라서 법인의 표시가 없는 경우 법인은 그 어음에 대하여 책임이 없다(판례 1 참조).

[**판 례 1**] 대법원 1979. 3. 27. 78다2477

원래 본건 약속어음의 발행인 명의가 단순히 '홍경민'으로만 되어 있고, 同人이 피고회사를 위하여 발행하였다는 뜻이 표시되어 있지 아니한 이상, 그 명의하에 날인된 印影이 회사의 대표이사 직인이라고 할지라도 그 어음은 동인이 회사를 대표하여 발행한 것이라고 볼 수 없다.

'판례 1'에서 인장에 조각된 문자가 법인의 명칭을 뚜렷하게 나타내고 있기는 하다. 그러나 인장에 조각된 문자로써 법인의 표시를 할 수는 없는 것이다. 또한 약속어음상의 기명은 '황택임'으로 되어 있고 그 날인은 '서상길'로 되어 있어 서로 일치되지 않는다 할지라도 어음의 법정 요건은 구비되어 유효한 어음행위로 인정된 사례(대법원 1978. 2. 28. 77다2489)가 있었던 점을 보더라도 인장에 조각된 문자가 무엇인지는 중요하지 아니하다.

한편 자연인의 경우 호적 또는 주민등록상의 정식 명칭이 아닌 별명, 통칭, 雅號 등으로 어음행위를 할 수 있는 것과 마찬가지로, 법인의 경우에도 등기된 商號가 아닌 거래계에서 그 법인을 나타내는 통칭이 있다면 이에 의하여도 어음행위를 할 수 있다고 본다. 그러므로 법인의 이름이 긴 경우 약칭에 의한 어음행위도 가능하다. 상호변경 후 新商號를 등기하기도 전에 新商號를 사용하여 그 대표이사가 어음행위를 한 경우에도 법인의 어음행위로서 유효하다고 본다(일본동경고등법원, 1956. 12. 27. 판결,

하민집 7권, 3871면 참조). 이와 반대로 회사가 상호변경등기를 한 후에 그 대표이사가 舊商號를 사용하여 어음행위를 한 경우도 마찬가지로 유효하다(대법원 1969. 9. 23. 69다930).

한편 法人格 없는 단체의 기명날인 또는 서명이 문제이다. 어떤 단체가 권리의무의 주체가 될 자격, 즉 權利能力이 없는 경우에는 그 대표자가 아무리 본인을 위한 의사로써 어음행위를 하였다고 하더라도 그 본인은 어음상의 책임을 질 수 없다는 견해가 있다(부정설: 소수설).[2] 이에 대하여 판례와 다수설은 긍정설의 입장이다.[3] 긍정설은 권리능력 없는 社團의 재산은 總有的으로 귀속하므로 사단의 재산만으로 책임을 지고 그 구성원은 책임을 지지 않는다는 견해(社團責任說)[4]와, 권리능력 없는 사단의 구성원의 공동어음행위로 보아 그 구성원이 공동으로 책임을 진다는 견해(구성원공동책임설)[5]로 나뉜다. 前說이 옳다고 본다.

한편 조합이 어음행위를 할 때에는 이론상으로는 조합원 전원이 기명날인 또는 서명을 하여야 하나, 실제의 관행은 대표조합원이 대표자격을 표시하고 전조합원을 대리하여 기명날인 또는 서명을 한다.[6] 이와 같은 형식에 의하여 이루어진 어음행위는 결국 조합원 전원이 어음행위를 한 것과 같은 효력이 있으므로, 전조합원이 공동으로 合同責任을 진다(組合員共同責任說).[7]

학교법인의 명의가 아닌 고등학교장 또는 대학장의 명의의 기명날인 또는 서명은 학교법인의 어음행위로서는 효력이 없고, 어음발행인(예컨대, 학교장·대학장) 개인의 책임은 인정된다(판례 2, 판례 3 참조).

[판 례 2] 대법원 1956. 9. 22. 56다276

재단법인 항도학원 경영의 항도고등학교 교장이 항도고등학교장이라는 직명을 표시하여 수표를 발행한 경우에, 재단법인이 그 사업으로 경영하는 학교는 교육을 위한 시설에 불과한 것이므로 학교 자체는 권리의무의 주체가 될 수 없고, 이는 위 재단법인을 대표하여 발행된 것이라고도 볼 수 없다.

[판 례 3] 대법원 1971. 2. 23. 70다2981

학교법인의 사업체에 불과한 학교로서는 권리의무의 주체로 될 수 없는 것이므로 청구

---

2) 최기원(하) 92면; 이철송(어) 85면.
3) 대법원 1992. 7. 10. 92다2431. 일본의 판례도 같다: 日最判 1973. 10. 9. 判示 722, 57; 日最判 1969. 11. 4. 民集 23. 11. 1951.
4) 대법원 1992. 7. 10. 92다2431; 정동윤(하) 67면; 양승규(어) 96면; 정찬형(하) 63~64면.
5) 손주찬(하) 45면; 채이식(하) 224면.
6) 대법원 1970. 8. 31. 70다1360.
7) 대법원 1982. 6. 8. 82다150; 동 1991. 11. 22. 91다30705; 최기원(하) 93면; 정찬형(하) 64면.

대학장 최해청이라는 직명은 권리의무의 주체로서 표시가 될 수 없고, 따라서 청구대학장 최해청이란 직명으로 발행된 위 약속어음은 최해청 개인의 이름으로 발행된 것으로 보아야 한다(같은 취지의 판례 : 대법원 1975. 10. 23. 75다1222).

(2) '代表資格'의 표시

다음으로 어음면상에 법인의 대표기관이 법인을 위하여 어음행위를 한다는 뜻의 표시, 즉 대표자격이 명시되어야 한다. 대표자격의 표시는 원칙적으로 '법인을 위하여', '법인을 대표하여', '법인을 대리하여' 등으로 이를 표시하여야 할 것이지만, 실무계에서는 보통 대표권을 가지는 지위 또는 직명, 예컨대 대표이사, 대표사원, 이사장, 총재 등으로 기재한다(판례 4 참조).

대표자격의 표시가 요구되는 것은 법인이 직접 어음행위를 하는 경우이고, 대리인이 법인의 어음행위를 대리할 경우에는 대리자격을 표시하여야 할 것이다. 그리고 그 대리자격을 표시하는 정도는 본인을 위하여 어음행위를 한다는 뜻을 인식할 수 있으면 충분하다.[8]

[**판 례 4**] 대법원 1978. 12. 13. 78다1567

상사회사의 어음행위에 있어 그 대표자 또는 대리인의 표시방법에는 특별한 규정이 없으므로 어음상 대표자 또는 대리인 자신을 위한 어음행위가 아니고 본인을 위하여 어음행위를 한다는 취지를 인식할 수 있을 정도의 표시가 있으면 대표 또는 대리관계의 표시로서 적법하다.

(가) 대표이사 이외의 職名이 기재된 경우 판례를 보면, '연합실업주식회사 이사'로만 기재한 경우, 이것이 대표기관에 의한 어음행위는 아니지만 회사의 대표기관의 표시로서 적법하다고 하며(대법원 1973. 12. 26. 73다1436), '재단법인 우암재단 간사'(대법원 1968. 5. 28. 68다480), '해동화재해상보험주식회사 대구영업소장'(대법원 1984. 4. 10. 83다카316) 등의 명의로 한 어음행위도 적법한 대표자격을 표시한 어음행위로 보고 있다.

(나) 대표자격의 누락(職印 또는 私印만 날인된 경우) 前述한 바와 같이(앞의 항목 참조) 대표관계를 표시하지 아니한 채 職印 또는 私印만 날인한 경우에는 그 어음행위는 본인(법인)의 어음행위로서는 원칙으로 무효라는 것이 다수설의 입장이다(個人記名捺印說).[9]

판례는 제1배서란에 '서울특별시 중구 명동 2가 33의 2 주식회사 한국상업은행

8) 대법원 1973. 12. 26. 73다1436.
9) 대법원 1959. 8. 27. 4291민상287; 최준선(어) 80면; 양승규(어) 118면.

명동지점'이라고 새겨진 명판을 찍은 다음, 지점장의 기명은 생략한 채 지점장의 私印을 날인하여 교부한 사건에 있어서,[10] "법인의 어음행위는 어음행위의 서면성·문언성에 비추어 법인의 대표자 또는 대리인이 그 법인의 대표자 또는 대리권자임을 어음면상에 표시하고 기명날인하는 대리방식에 의하든가, 법인의 대표자로부터 대리권을 수여받고 직접 법인의 대표자 명의로 서명할 수 있는 권한이 주어져 있는 자의 대행방식에 의하여 이루어져야 한다 … 은행 지점장이 수취인이 은행인 약속어음의 배서인란에 지점의 주소와 지점 명칭이 새겨진 명판을 찍고 기명을 생략한 채 자신의 私印을 날인하는 방법으로 배서한 경우, 그 배서는 행위자인 대리인의 기명이 누락되어 그 요건을 갖추지 못한 무효의 배서이므로 배서의 연속에 흠결이 있다 할 것이다"고 판시하여 다수설의 입장을 지지하고 있다.[11]

이에 대하여 소수설은 어음상의 기재가 애매하여 法人의 기명날인 또는 서명으로 볼 수도 있고 개인의 그것으로 볼 수도 있는 경우에는 어음의 소지인이 법인과 개인 중 선택하여 어음금을 청구할 수 있다고 보아야 한다고 한다(所持人選擇說).[12]

위 사례의 사건도 바로 이 '대표자격'의 표시가 문제이다. 이 사건에서 본래 '삼양제지공업주식회사 대표이사 이석기'라고 표시하여야 할 것을 '삼양제지공업주식회사 이석기'라고만 표시하였는데, 이것이 과연 법인인 '삼양제지공업주식회사'의 어음행위로 볼 수 있는지, 아니면 삼양제지공업주식회사에 재직하고 있는 '이석기' 개인의 어음행위인지가 문제인 것이다. 대법원은 이 경우에도 법인의 어음행위로서 유효하다고 하였다. 이와 유사한 다른 사건에서도 회사에 책임이 있다고 판결한 바 있다(판례 5 참조).

[판 례 5] 대법원 1969. 9. 23. 69다930

소외 정명형은 피고 회사의 대표이사로 재직하는 동안에 어음을 발행함에 있어서 명의표시와 날인형식의 예에 따라 피고 회사 대표이사 자격으로 '화성건설주식회사 정명형'이라고 표시하고 등록된 '대표이사 정명형 印'이라고 된 회사 대표이사 직인을 날인하여 이 사건 어음을 발행하였다는 것이므로 피고 회사는 어음상의 의무가 있다.

그러나 私印만이 날인된 경우에는 판례가 일치하지 아니한다(판례 6, 판례 7 참조). 특히 '판례 7'은 어음외의 사실관계를 들어 법인의 책임을 인정하였다.

---

10) 대법원 1999. 3. 9. 97다7745 판결; 동 2000. 2. 11. 99다58877.

11) 본 판결에 대한 반대평석, 정진세, "배서 기명날인의 방식", 「법률신문」, 1999. 10. 4. 13면 참조.

12) 강위두(어) 84면.

[**판 례** 6] 법인의 어음행위로 인정하지 아니한 예

약속어음은 요식증권으로서 그 문언기재에 의하여 그 내용을 판정할 것임에도 불구하고 원심이 (주식회사)'병학사' 예병수의 기명날인이 있을 뿐 위 소외 예병수가 피고 회사 대표자격이 있음을 인정할 만한 하등의 기재가 없는 본 건 약속어음의 기재내용에 증인 황명현의 증언 및 당사자 변론의 전취지를 종합하여 피고 회사 專務取締役(專務理事) 예병수가 피고 회사의 대표자격으로서 본건 약속어음을 振出(發行)하였다고 인정하였음은 약속어음의 법리를 오해함으로 인하여 증거판단과 사실인정을 그릇한 위법이 있다(대법원 1959. 8. 27. 4291민상287).

[**판 례** 7] 법인의 어음행위로 인정한 예

원심판결이유는 다소 애매모호한 점이 없지 않으나 결국 그 결론에서 피고 회사에 대하여 본 건 약속어음 발행자로서의 책임을 지움으로써, 이 약속어음이 피고 회사에 의하여 발행된 것이라는 원고의 주장사실을 자백한 바가 있었던 사실과 이 어음이 피고 회사의 대표이사 강상일에 의하여 그 재직 중 피고 회사의 명칭인 '이연합성약품공업주식회사 강상일'로 발행되었고, 또 지급장소도 피고 회사로 되어 있는 점 등을 종합하여, 이 어음에 대표이사 자격표시가 없고, 또 강상일 개인 도장이 찍혀 있다 하더라도 이는 피고 회사 대표이사인 강상일 개인이 발행한 것이 아니라 그가 피고 회사의 대표이사 자격에서 이를 발행한 것으로 인정한 취지로서 원심에 의한 이러한 판단은 기록상 정당하다(대법원 1979. 3. 13. 79다15).

위 '판례 7'은 어음외의 사실판단에 의하여 유효한 대표행위라고 본 것으로서 어음의 문언증권성 또는 어음외관해석의 원칙에 비추어 타당하지 않다. 대표자격의 표시가 전혀 없는 어음행위는 법인의 어음행위로서는 원칙적으로 무효라고 하여야 한다. 이에 대하여 어음외관해석의 원칙은 어음상의 기재를 일반 사회통념에 따라 합리적으로 해석하여야 한다는 뜻이므로 대표관계를 표시하지 아니한 경우와 같이 어음상 기재가 애매한 경우에는 어음유효해석의 원칙에 따라 가능한 한 유효로 해석하는 것이, 어음의 요식증권성을 악용하여 어음채무를 면하고자 하는 어음채무자를 규제하여 어음의 피지급성을 중대함은 물론 당사자간의 합리적인 의사에도 합치하는 것이므로, 더욱 바람직하다는 견해가 있다.[13]

(3) 대표기관의 記名捺印 또는 署名

법인의 어음행위가 유효하게 성립하려면 법인 및 대표자격의 표시외에도 대표기관의 기명날인 또는 서명이 있어야 한다. 실무에서 가장 문제되는 것은 法人印만 날인되고 대표기관의 기명날인이 없는 경우이다. 이것도 법인의 어음행위로서는 무효이다(판례 8 참조).

13) 강위두(어) 84면.

[판 례 8] 대법원 1964. 10. 30. 63다1168

'주식회사 국민은행 중부지점'이라는 표시하에 회사인만 날인되어 배서양도된 경우에, 법인의 행위는 대표기관에 의하여서만 실현될 수 있는 것이므로 법인이 어음행위를 함에 있어 이 점을 증권상 명확하게 하기 위하여 대표기관이 법인을 위하여 하는 것이라는 취지, 즉 대표자격이 있다는 것을 표시하고 그 사람이 기명날인하여야 하므로 이러한 배서는 무효이다.

이 경우는 대표이사의 기명날인이 없으므로 개인적으로도 책임이 없게 되어 이 어음행위에 대하여는 아무도 책임을 부담하지 않게 된다.

Ⅲ. 結　　語

이 사건에서는 法院은 법인의 표시는 있으나 대표자격의 표시가 없이 대표자의 이름 및 직인만을 날인하여 행한 어음행위를 유효한 것으로 인정하였다. 이러한 태도는 어음대리의 엄격한 顯名性 및 要式性·文言性에 反하지만, 이 사건 어음의 날인 중에 대표자격의 표시가 명료하게 드러난 점에서 법인의 어음행위로 인정할 수 있다고 본다. 또한 이와 같이 해석하는 것이 어음행위의 형식적 엄격성을 점차 완화해 가는 세계적인 추세와도 합치한다. 그러나 법인의 완전한 어음행위는 위 '사건의 쟁점'에서 말한 3가지의 요건을 갖추어야 함을 잊어서는 안 된다.

퀴 즈

Ques. 소외 유판수가 약속어음을 발행하면서 어음 앞 표면의 발행인란에 그의 처 황택임의 이름을 기재하고 날인은 서상길이라는 이름의 도장을 찍어서 소외 문인숙에게 교부하였다. 문인숙은 이 어음을 원고 신원실에게 배서양도하였고, 원고는 만기에 이르러 약속어음의 발행인인 피고 황택임에게 그 지급을 구하였다. 피고는 이 어음은 자신의 날인이 없으므로 어음으로서의 요건이 흠결되어 무효인 어음이라고 주장하면서 지급을 거절하였다. 이 경우 원고는 지급받을 수 있는가?

Ans. 대법원 1978. 2. 28. 77다2489: 어음법상의 기명날인이라는 것은 기명된 자와 여기에 압날된 印影이 반드시 합치됨을 요구한다고 볼 근거는 없으므로 위 약속어음에 피고 황택임의 기명이 되고 거기에 어떤 인장이 압날되어 있는 이상 그 印影이 서상길로 되어 있어 비록 그 기명과 일치되지 않는다 할지라도 이 약속어음의 문면상으로는 기명과 날인이 있는 것이 되어 외관상 날인이 전연 없는 경우와는 구별되어야 한다(원고승소).

퀴 즈

Ques. 날인만 있고 記名이 없는 어음은 유효한 어음인가?

Ans. 어음행위자의 기명만 있고 날인이 없는 경우에는 그 어음행위는 무효이나, 날인만 하고 기명이 없는 경우도 무효이다(대법원 1961. 1. 31. 4294민상200). 다만 기명은 후에 소지인이 보충할 수 있다(대법원 1980. 3. 11. 79다1999). 그러나 1995년 어음법의 개정으로 서명도 가능하도록 되었으므로, 만약 기명이 자필 서명인 경우라면 유효라고 할 수 있을 것이다(어음법 제1조 제8호)(다수설).

퀴 즈

Ques. 날인 대신에 拇印(指章)을 한 어음은 유효한 어음인가?

Ans.	도장 대신에 指章(엄지손가락 도장)을 찍는 경우가 문제이다. 拇印에 관하여는 유효로 해석해야 한다는 학설이 제기되고 있지만, 현재는 그 眞否를 肉眼으로 식별할 수 없다는 이유로 무효로 본다. 즉, 날인이 없는 것이 되어 어음 자체가 무효이다(대법원 1962. 11. 1. 62다604; 대법원 1956. 4. 26. 1955민상424).

퀴 즈

Ques.	법인명은 기재되어 있으나 대표관계의 표시가 없이 대표이사의 기명날인만 있는 경우 이 어음의 발행인은 누구로 보아야 하는가?
Ans.	예컨대 "대동공업주식회사 김갑동(인)"과 같은 어음이 발행된 경우, 원칙적으로 대동공업주식회사에 근무하는 김갑동 개인이 발행한 어음으로 보아야 하고, 법인으로서 대동공업주식회사의 어음행위로 볼 수 없다.

퀴 즈

Ques.	법인명은 기재되어 있지 않고 대표이사의 기명날인만 되어 있는 경우 이 어음의 발행인은 누구로 보아야 하는가?
Ans.	예컨대 대표이사 김갑동 (인)과 같이 되어 있는 경우, 원칙적으로 김갑동 개인의 어음행위로 보아야 한다.

퀴 즈

Ques.	대표이사의 기명이 없는 어음은 유효인가?
Ans.	대법원 1964. 10. 30. 63다1168: '주식회사 국민은행 중부지점'이라는 표시하에 회사인만 날인되어 배서양도된 경우에, 법인의 행위는 대표기관에 의하여서만 실현될 수 있는 것이므로 법인이 어음행위를 함에 있어 이 점을 증권상 명확하게 하기 위하여 대표기관이 법인을 위하여 하는 것이라는 취지, 즉 대표자격이 있다는 것을 표시하고 그 사람이 기명날인하여야 하므로 이러한 배서는 무효이다.

2 詐欺에 의한 어음行爲

[김형구 대 최병규 사건]

대법원 1997. 5. 16. 96다49513

事 例

피고 최병규(Y)는 소외 이은창(일명 이은중)(A)이 약속어음을 할인하여 주겠다는 거짓말에 속아 1994. 11. 5. A에게 액면 금 50,000,000원, 지급기일 1995. 1. 20. 로 기재된 약속어음 1매를 발행하여 주었다. A는 지급거절증서작성의무를 면제하여 원고 김형구(X)에게 백지식 배서의 방법으로 양도하여 X가 현재 이 어음의 최종소지인이 되었다. X가 Y에게 어음금의 지급을 구하자, Y는 A의 사기를 이유로 이 사건 어음발행행위를 취소하였으므로 X의 이 사건 어음금 지급청구에 응할 수 없다고 하였다. Y의 주장은 타당한가?

‖참고도‖

지급청구

피고 : 최병규(Y) ⟶ 소외 이은창(A) ⟶ 원고 : 김형구(X)

사기에 의한 어음발행 백지식 배서 · 양도

目 次

Ⅰ. 大法院 判決要旨

원심(서울지방법원 1996. 10. 9. 96나15359)은 피고패소의 판결을 내렸고, 대법원도 원심법원의 판결을 인용하였다. 원심법원의 판결 내용과 대법원의 판결 내용이 동일하므로 대법원의 판결 내용의 요지를 보면 다음과 같다.

1) 사기와 같은 의사표시의 하자를 이유로 어음발행행위를 취소하는 경우에 그 취소의 의사표시는 어음발행행위의 직접 상대방에 대하여뿐만 아니라 어음발행행위의 직접 상대방으로부터 어음을 취득하여 그 어음금의 지급을 청구하고 있는 소지인에 대하여도 할 수 있다고 봄이 상당하다고 할 것이지만, 이와 같은 의사표시의 취소는 선의의 제3자에게 대항할 수 없는 것이고(민법 제110조 제3항), 이 때의 제3자라 함은 어음발행행위의 직접 상대방 이외의 자를 가리키는 것이므로, 어음의 발행인이 어음발행행위의 직접 상대방이 아닌 소지인을 상대로 어음발행행위 취소의 의사표시를 할 수 있다고 하여 소지인의 선의·악의를 불문하고 그 취소의 효과를 주장할 수 있게 되는 것은 아니라고 할 것이다.

2) 어음행위에 착오·사기·강박 등 의사표시의 하자가 있다는 항변은 어음행위의 상대방에 대한 인적 항변에 불과한 것이므로, 어음채무자는 소지인이 그 채무자를 害할 것을 알고 어음을 취득한 경우가 아닌 한, 소지인이 중대한 과실로 그러한 사실을 몰랐다고 하더라도 종전의 소지인에 대한 人的 抗辯으로써 소지인에게 대항할 수 없다고 할 것이다(대법원 1970. 7. 28. 70다1293; 대법원 1996. 3. 22. 95다56033). 따라서 원심이 원고에게 중과실이 있는지의 여부에 관하여 판단하고 있는 것은 무용한 판단에 지나지 않는다(被告敗訴).

Ⅱ. 解 說

1. 論 點

위 사례의 논점은 다음과 같다.

1) 어음행위자는 사기에 의한 어음행위임을 이유로 그 어음행위를 취소할 수 있는가?(論點 1)

2) 민법 제110조 제3항 "…선의의 제3자에 대항할 수 없다"는 것에서 선의의 의미(論點 2).

2. 어음行爲에 있어서의 意思表示의 瑕疵

어음행위의 성립요건은 형식적 요건, 실질적 요건, 절차적 요건 등 3요건이 있다. 형식적 요건이란 증권의 작성을 말하며, 증권의 작성은 법정사항을 기재하되 기명날인 또는 서명이 필수적이다. 실질적 요건이란 어음능력자가 의사표시의 하자 없이 어음행위를 하여야 하는 것을 말한다. 어음능력자란 어음행위능력자만이 유효한 어음행위를 할 수 있다는 것으로서, 민법상의 행위능력자는 유효한 어음행위를 할 수 있다. 어음행위능력자의 어음행위라고 하더라도 그 의사표시에 흠결이나 하자가 있어서는 아니 된다. 그리고 절차적 요건이란 증권의 交付行爲가 있어야 한다는 것을 말한다.

위의 사례는 어음행위의 성립요건 중 실질적 요건, 그 중에서도 의사표시의 하자 문제를 다루고 있다. 본래 의사표시의 하자란 착오, 사기, 강박에 의한 의사표시를 말한다.

그런데 법률행위의 일종인 어음·수표행위를 함에 있어서 의사표시의 하자에 관하여는 어음법·수표법에 아무런 규정이 없을 뿐 아니라 다른 특별법도 없으므로 민법 제2조, 제107조부터 제110조까지의 규정이 적용될 수밖에 없다. 다만 어음·수표는 유통증권이므로 선의의 제3자를 보호하기 위하여 민법의 일반원칙의 적용에 다소간의 수정이 불가피하다.

(1) 信義誠實 및 權利濫用禁止

민법 제2조가 정한 신의성실 및 권리남용금지의 원칙은 私法의 일반원칙으로서 어음·수표행위에도 적용된다.

일본의 판례를 보면, 배서인이 피배서인인 약속어음소지인에 대하여 배서의 원인채무를 변제하여 원인채무가 전부 소멸되었음에도 불구하고 어음이 자신의 수중에 있음을 기화로 어음의 발행인에게 어음금의 지급을 청구하는 것은 특별한 사정이 없는 한 권리남용에 해당하여 발행인은 어음금의 지급을 거절할 수 있다고 판결하였다.[1] 이 때 발행인의 항변을 후자의 항변이라고도 한다.

또한 채권의 지급확보를 위하여 약속어음을 배서받은 어음소지인이 채권을 변제받고서도 그 어음을 배서인에게 반환하지 아니하고 발행인에게 어음금의 지급을 청구한 사건에서 자기의 형식적 권리를 이용하여 발행인에게 어음금의 지급을 구하는 것

1) 日最判 1968. 12. 25. 民集 22. 1. 3548.

은 권리의 남용에 해당한다고 한다.[2)]

또 어음보증의 원인관계가 발생하지 않기로 확정된 후에 어음금을 청구한 경우[3)]와, 배서의 원인관계가 무효임에도 어음금을 청구한 경우[4)]도 모두 권리남용에 해당한다고 한다.

우리 나라의 판례를 보면, 원인채무가 변제된 백지약속어음을 소지하고 있음을 기화로 이를 부당보충하여 실질적 원인과 관계 없이 배서양도하였다 하더라도 無因性의 法理에 비추어 그 양수인의 약속어음금 청구가 바로 신의성실의 원칙에 어긋나는 것으로서 권리남용에 해당한다고 볼 수 없다는 것이 있다.[5)] 이 판례는 권리의 남용이 아니라는 취지로 판단하였으나, 二重無權의 항변이 성립할 수 있으므로 그 타당성에 의문이 있다.

그 후의 판례는 어음소지인이 어음을 발행한 원인관계상의 채무가 존속하지 않기로 확정되었음에도 어음이 자기의 수중에 있음을 기화로 어음보증인으로부터 어음금을 받으려고 하는 것은 권리의 남용에 속한다고 판결하였다.[6)]

(2) 眞意 아닌 意思表示

어음·수표행위자가 眞意가 아님을 알고서 한 어음·수표행위도 유효하다(민법 제107조 제1항 본문)(즉, 장난으로 어음을 발행하거나 배서하더라도 그 어음행위는 유효하다). 그러나 상대방이 어음·수표행위자의 진의가 아님(즉, 장난임)을 알았거나 알 수 있었을 때에는 그 어음·수표행위는 무효가 된다(민법 제107조 제1항 단서).

일본의 판례는 대리인이 자기의 이익을 도모하기 위하여 그 권한을 남용하여 약속어음 발행인을 위하여 본인명의로 어음상의 보증을 한 경우에 수취인이 어음보증이 권한남용에 의하여 이루어졌다는 것을 알 수 있었을 때에는 일본 민법 제93조 단서(우리 민법 제107조 제1항 단서)의 유추적용에 의하여 본인은 어음보증인으로서의 책임을 면한다고 하였다.[7)] 또한 농업협동조합의 이사가 대표권한을 남용하여 약속어음을 발행한 경우, 수취인이 그 권한남용의 사실을 알았거나 알 수 있었던 상태에서 어음의 교부를 받은 때에는 일본 민법 제93조 단서의 유추적용에 의하여 농업협동조합은 이사의 발행행위를 무효로 하여 수취인에 대한 어음상의 책임을 면할 수 있다고 하였다.[8)]

2) 日最判 1968. 12. 25, 民集 22. 13. 3548.
3) 日最判 1970. 3. 31. 民集 24. 3. 189.
4) 日最判 1973. 11. 16. 民集 27. 10. 1391.
5) 대법원 1984. 1. 24. 82다카1405; 동 1997. 7. 25. 96다52649; 동 2000. 12. 8. 2000다51339; 동 2007. 9. 20. 2007다36407.
6) 대법원 1986. 8. 9. 88다카1858.
7) 日最判 1969. 11. 14. 民集 23. 11. 2033.
8) 日最判 1978. 2. 16. 金判 547, 3.

그러나 무효로써 선의의 제3취득자에게 대항할 수는 없다(민법 제107조 제2항).

(3) 虛僞表示

허위표시에 관한 민법의 규정도 어음·수표행위에 그대로 적용된다. 즉, 상대방과 通情한 허위의 어음·수표행위는 무효이지만(민법 제108조 제1항), 그 무효로써 선의의 제3자에게는 대항하지 못한다(민법 제108조 제2항).

(4) 錯 誤

어음·수표행위의 내용에 관하여 중요부분에 착오가 있는 때에는 행위자에게 중대한 과실이 없는 한 그 의사표시는 취소할 수 있지만(민법 제109조 제1항), 그 취소는 선의의 제3자에게 대항하지 못한다(민법 제109조 제2항). 중요부분에 착오가 있는 경우란 예컨대 배서행위인 줄 모르고 배서한 경우와 같이 어음·수표행위인줄 모르고 기명날인 또는 서명을 하였거나 채무가 없음에도 있는 것으로 오인하고 어음·수표행위를 한 때 등을 말한다.

(5) 詐欺 또는 强迫(論點 1)

사기 또는 강박에 관한 민법의 규정은 그대로 어음·수표행위에도 적용된다. 사기 또는 강박에 의한 어음·수표행위는 취소할 수 있다(민법 제110조 제1항).[9] 이 취소의 상대방은 직접의 상대방뿐만 아니라 중간 당사자를 포함하여 현재의 어음소지인에게도 할 수 있다(통설). 다만 의사표시의 취소는 선의의 제3자에게 대항하지 못한다(민법 제110조 제3항).

위의 사례는 사기에 의하여 Y가 어음행위를 한 경우인데, Y는 어음발행을 취소할 수 있다(민법 제110조 제1항). 그리고 그 취소는 현재의 소지인인 X에 대하여도 대항할 수 있다. 그러나 X가 선의인 경우에는 그 취소로써 대항할 수 없다(민법 제110조 제3항). 따라서 X가 선의인 경우에는 Y는 X에게 어음금에 대하여 책임을 져야한다. 이 사건에서 X의 악의가 입증되지 아니한 만큼 Y는 X에 대하여 어음금 지급책임을 져야만 한다.

한편 예컨대 총기나 기타 흉기에 의한 기명날인 또는 서명과 같이 절대강박에 의한 경우에는 강박에 의한 의사표시가 아니라 의사표시 자체가 없는 경우로 보아야 하고, 권리외관이론에 의하더라도 어음행위자의 귀책사유를 인정할 수 없다. 절대적강박의 경우에는 모든 어음·수표소지인에게 대항할 수 있는 物的 抗辯이 된다.[10]

---

9) 대법원 1970. 7. 28. 70다1295.
10) 대법원 1974. 2. 26. 73다1143.

(6) 反社會秩序의 法律行爲·不公正한 法律行爲

통설에 의하면 선량한 풍속 기타 사회질서에 反하는 법률행위를 무효로 하는 민법 제103조와 현저하게 불공정한 법률행위를 무효로 하는 민법 제104조의 규정은 어음·수표행위에 적용될 수 없다고 본다. 왜냐 하면 어음·수표행위는 無因行爲이며 정형적 행위이기 때문에 민법 제103조와 제104조에 해당하는 어음·수표행위를 하였더라도 그것은 인적 항변사유가 될 뿐이고, 어음·수표행위 자체는 무효로 되지 않기 때문이다.

3. 善意의 意味(論點 2)

위에서 사기에 관한 민법의 규정은 그대로 어음행위에도 적용되어 사기에 의한 어음행위는 취소할 수 있으나, 그 의사표시의 취소는 선의의 제3자에게 대항하지 못한다는 것을 보았다. 여기서 선의란 무엇인가가 문제이다.

여기서의 선의의 의미를, ① 민법 제249조 '동산의 선의취득'에서와 같이 "선의이고 경과실도 없는"으로 해석하여야 하는지, ② 어음법 제10조(백지어음)나 어음법 제16조 제2항(선의취득)에서와 같이 "선의이고 중과실이 없는"으로 해석하여야 하는지,[11] ③ 어음법 제17조 단서 '인적 항변의 절단'에서와 같이 "어음채무자를 해할 것을 알지 못하는"으로 해석하여야 하는지 의문이다. 사기에 의한 어음행위라는 항변은 전형적인 인적 항변에 속한다. 그렇다면 인적 항변의 切斷에 관한 어음법 제17조 단서가 규정한 바와 같이 "어음채무자를 해할 것을 알지 못하는"으로 해석하는 것이 타당하다.

문제된 대법원의 판결에서도 제3설을 취하여, X에게 "어음채무자를 해할 것을 알고" 어음을 취득한 바 없으므로 Y는 X에게 대항할 수 없으며, X에게 문제된 어음의 취득에 중과실이 있는지의 여부에 관하여 판단한 것은 무용한 판단에 지나지 않는다고 지적하고 있다. 타당한 판결이라 생각한다.

Ⅲ. 結　　語

사기에 의한 어음행위는 취소할 수 있고, 그 취소는 어음의 현재의 소지인에게도 주장할 수 있는 것이지만, 현재의 소지인이 어음행위의 직접 상대방이 아닌 제3자이고, 그 제3자가 선의인 때에는 어음행위의 취소로써 대항할 수 없다. 이 때 선의란 어음법 제17조가 규정한 바와 같이 "어음채무자를 해할 것을 알지 못하는 것"을 말한다. 위 대법원의 판결은 타당하다고 본다.

11) 정찬형(하) 68면.

3 어음行爲의 成立要件(交付의 欠缺)

[한국외환은행(주) 대 여윤현 사건]

대법원 1999. 11. 26. 99다34307

事 例

피고 여윤현(Y)은 물품대금의 지급에 사용할 목적으로 이 사건 약속어음에 금액은 백지로 하여 발행인으로서 서명날인하여 두었는데 이 어음을 분실하였다. 원고 한국외환은행(X)은 동 어음을 소외 안용배(A)로부터 할인취득하였는데, 취득 당시 백지가 보충되어 완성된 어음으로 되어 있었다. X가 만기에 위 약속어음금의 지급을 구하자 Y는 동 어음의 교부흠결을 이유로 지급을 거절하므로 X가 소를 제기하였다.

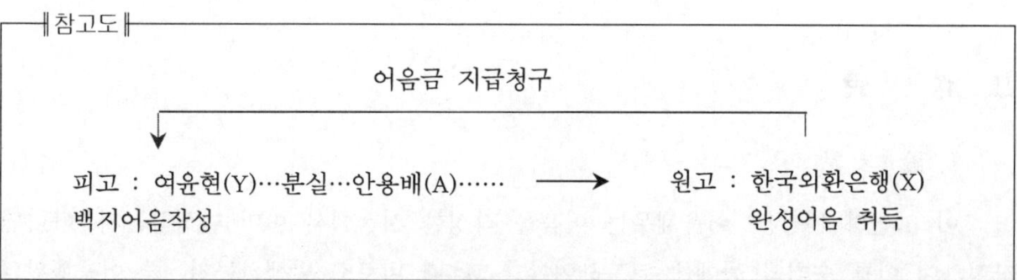

目 次

Ⅰ. 判決要旨

원심(창원지법 1999. 5. 28. 98 나 9841)과 대법원은 다 같이 원고승소의 판결을 내렸다. 대법원의 판결요지는 다음과 같다.

어음의 교부흠결의 점에 대하여 어음을 유통시킬 의사로 어음상에 발행인으로 기명날인하여 외관을 갖춘 어음을 작성한 자는 그 어음이 도난·분실 등으로 인하여 그의 의사에 의하지 아니하고 유통되었다고 하더라도, 배서가 연속되어 있는 그 어음을 외관을 신뢰하고 취득한 소지인에 대하여는 그 소지인이 악의 내지 중과실에 의하여 그 어음을 취득하였음을 주장·입증하지 아니하는 한 발행인으로서의 어음상의 채무를 부담한다고 할 것이다.

Ⅱ. 解 說

1. 論 點

이 사건의 논점은, 어음채무는 어음을 작성한 시점에서 이미 발생하는지, 아니면 작성하여 이를 수취인 등에게 교부하여야만 그 때 비로소 발생하는지, 즉 어음행위의 성립요건으로서 교부가 필요한지의 여부(어음學說)이다.

2. 어음學說(論點)

(1) 序 言

위의 사례에서 Y가 어음을 작성하기는 하였으나, 이를 소외 A에게 교부하지는 아니하였다. 여기서 문제는 어음에 각 요건을 기재하고 기명날인 또는 서명하여 어음을 작성하기만 하면 그 때부터 어음의 발행인 등 주채무자는 어음상의 책임을 지게 되는지, 아니면 수취인 등에게 교부까지 하여야만 그 때 비로소 어음채무가 발생하는지 의문이다. 예컨대 어음을 작성하여 서랍 속에 보관하던 중 분실·유통된 경우에도 이미 어음의 작성은 있으나 교부는 없었는데, 어음상 채무자는 책임을 져야 하는가 하는 문제와 유사하다. 이는 어음행위의 성립요건으로서 교부가 반드시 필요한가 하는 문제이다. 이와 같이 어음행위의 성립요건에 관한 문제, 즉 어음상 채무부담행위의 성립요건에 관한 이론을 어음學說(Wertpapierrechtstheorie) 내지 어음理論이라 한다.

말하자면 어음학설 또는 어음이론이란 어음債務의 발생·성립에 관한 종합적인 이론구성을 말한다. 따라서 어음學說의 중심 문제는 어음債務(어음上의 權利)가 언제 발생 · 성립하느냐 하는 성립시기를 밝혀내는 데 있으며, 이것은 곧 어음行爲의 成立要件으로서 證券의 交付가 필요한가 아니한가의 문제와도 관련된다. 즉, 이 문제는 발행인이 어음을 작성만 하고 상대방에게 교부하지 않은 상태에서 유통이 개시된 경우, 또는 어음을 수령하는 자에게 어음수령의 의사가 흠결된 경우에, 이를 완성된 어음으로 볼 것인가, 나아가서는 이 어음에 관하여 선의취득이 가능한가의 문제로도 연결된다.

어음學說은 14세기 이래 어음法學의 중심 문제가 되어 왔고, 특히 19세기에 와서 그 절정을 이루었고, 오늘날에도 學說이 난립하고 있다. 중요한 學說을 정리하여 보면 다음과 같다.

(2) 契約說과 創造說

계약설은[1]어음채무도 일반채무와 같이 당사자간의 계약에 의하여 발생하지만, 이 계약은 어음의 수수가 따르는 요식행위라고 한다.[2] 이 계약설과 더불어 어음이론의 2대주류를 이루고 있는 창조설은[3] 어음상의 채무의 발생원인을 상대방의 협력을 요하지 않는 채무자의 일방적 행위에 돌리는 학설이다. 이것은 어음행위는 채무자가 방식을 갖춘 증권에 기명날인 또는 서명함으로써 성립한다고 한다. 이 학설은 현재에도 독일과 일본의 유력설이다.

요컨대, 계약설에 의하면 어음행위가 성립하는 데 증권의 교부가 필요하나, 창조설에 의하면 증권의 교부가 필요하지 않고, 증권의 작성시에 불특정 다수인에 대한 의사의 도달이 있다고 본다. 그러므로 가령 완성된 어음이 작성자의 의사에 반하여 유통된 경우(예컨대, 훔친 어음을 교부하거나, 보관하고 있는 타인의 어음을 함부로 교부한 경우)에는 계약설에 의하면 작성자의 교부가 없어서 어음채무가 성립하지 않고, 따라서 제3취득자가 보호받지 못한다는 결점이 있다. 그러나 창조설에 의하면 어음채무가 성립하였으므로 제3취득자는 보호를 받지만 거래의 안전을 보호하는 나머지 작성자의 책임이 가혹하게 무거워진다는 결점이 있다.

(3) 權利外觀說과 發行說

계약설과 창조설을 수정하여 서로 접근시킨 학설 중 가장 유력한 것이 권리외관설과 발행설이다. 권리외관설은 계약설과 외관이론을 결부시켜, 어음행위의 성립에는

---

1) 계약설은 단독계약설과 복수계약설로 나눌 수 있다.

2) Baumbach - Hefermehl, *Wechselgesetz und Scheckgesetz,* 8 Aufl., S. 14; 小橋一郎, 「手形行爲論」, 130면.

3) 창조설을 수정한 이론으로 선의취득설과 소유권설 및 2단계창조설 등이 있다.

교부계약이 필요하지만 교부계약이 없더라도 어음채무를 부담하는 듯한 외관(증권의 작성행위)을 나타낸 경우에는 그 表見的 事實을 믿은 제3자에게 외관대로의 책임을 져야 한다고 한다.[4]

이에 대하여 발행설은 어음행위의 성립에 교부계약은 필요하지 않으나, 어음을 상대방에게 교부한 때에 어음채무가 발생한다고 하므로 창조설을 교부계약설에 접근시킨 것이다.[5]

(4) 各 學說에 대한 검토

각 학설의 장단점을 살펴본다. 먼저 창조설은 去來의 안전보호에는 가장 우수한 학설이다. 그러나 창조설은 다음과 같은 문제점이 있다.

1) 창조행위의 순간에 누가 化體된 權利(어음上의 권리)의 귀속자인가가 불분명하다. 즉, 어음이 受取人에게 교부되기 전에는 작성자 자신에 대한 債權, 權利者 미정의 어음채무 또는 休止하고 있는 채권이 생긴다고 하는, 다소 궁색한 이론구성을 할 수 밖에 없다.

2) 어음의 작성이라는 서면행위(Skripturakt)를 일방적 법률행위라고 보는 점도 문제이고, 이와 같은 단독행위에 의해 채무가 성립한다는 것은 법률행위에 의한 債務는 계약에 의하여 성립한다는 일반원칙에 반한다.

3) 단독행위에 대한 추인은 그 행위자만이 할 수 있기 때문에 행위무능력자나 무권대리인에 의한 증권의 발행은 추인할 수도 없게 되어 그 어음행위는 절대적으로 무효가 된다.

4) 발행인이 증권의 점유를 잃은 경우 증권의 습득자나 惡意의 취득자까지도 보호된다.

5) 단독행위인 창조행위 자체에 瑕疵가 있는 경우는 발행행위 자체가 취소되어 선의취득자조차도 보호되지 못한다.

다음, 발행설은 창조설의 亞流로서 창조설에 대한 비판이 그대로 적용되고 있다.

1) 증권이 수취인에게 도달하기 전(예컨대, 우송의 경우)에는 창조설과 마찬가지로 자기 자신에 대한 債權, 권리자 미정의 어음債務 또는 休止하고 있는 債權 등을 인정하여야 한다.

2) 證券이 기명날인자 또는 서명자의 의사에 기하여 점유를 이전하면 그 단계에서 어음상의 債權·債務가 발생하는 근거가 명백하지 못하다.

---

4) Jacobi, *Wechsel-und Scheckgesetz,* S. 105 f. ; Hueck-Canaris, Recht der *Wertpapier,* S. 32.
5) 石井照久, 「手形法·小切手法」, 30면.

3) 점유이전 전에 어음을 상실한 경우 선의의 第三取得者가 보호받지 못한다.

4) 발행행위 자체에 瑕疵가 있는 경우에도 善意의 제3취득자는 보호받지 못한다는 결점이 있다.

그리고 권리외관설은, ① 記名捺印者 또는 서명자에게 어느 정도의 귀책사유가 있으면 책임이 발생하는가가 불분명하고, ② 善意者 보호의 주관적 요건은 무엇인지, ③ 善意에 관한 立證責任은 누구에게 있는지 등 불명확하다는 비판을 받고 있다.

그외에 계약설은 어음을 취득하는 자의 의사의 흠결 또는 상대방의 무능력 등의 경우에는 계약의 일반이론에 따라 계약의 효력이 생기지 않게 되어 문제이다는 비판을 받는다. 또한 교부의 흠결이 있게 되면 이는 절대적으로 무효이고, 따라서 물적 항변이 되어 선의취득자에게도 대항할 수도 있다고 해석되기 때문에 교부계약설을 취하게 되면 선의취득자 보호가 전혀 도외시된다는 것이다.

(5) 判例의 態度

1) 서울민사지방법원 1981. 12. 22. 81가소4723은, "이른바 약속어음의 발행이라 함은 어음용지에 어음요건을 기재한 다음 이에 발행인이 기명날인 또는 서명(작성) 후 수취인에게 교부하는 것을 말한다"라고 판시하여, 교부계약설을 취하고 있다.

2) 대법원 1989. 10. 24. 88다카24776은 "어음의 발행이란 약속어음의 작성자가 어음요건을 갖추어 유통시킬 의사로 그 어음에 자기의 이름을 서명날인하여 상대방에게 교부하는 단독행위를 일컫는 것"이라고 판시하였다. 이 판결을 두고 학자들은 발행설 중 상대방 있는 단독행위설을 취하였다고 본다(다수설). 그러나 이 판례(後述)를 살펴보면, "공정증서를 작성하기 위하여 촉탁을 받아 어음을 접수한 경우에는 비록 그 어음발행인이 작성된 어음을 수취인에게 교부하지 않았더라도 그 접수시에 공증인이 수취인의 기관으로서 교부받은 것으로 보는 것이 옳으므로 그 어음은 발행된 것으로 보아야 한다"고 함으로써, 공증인이 교부받은 경우 수취인의 대리인에게 어음이 교부되어 어음이 발행된 것으로 본다는 점에서 교부계약설을 취한 것으로 볼 수 있다. 판결문의 모든 문장과 내용이 항상 정확한 것은 아니어서, 이 사건에서도 '기명날인'을 '서명날인'으로 표현한 것이라든지, "어음의 발행이란 ……단독행위를 일컫는 것"이라는 표현도 큰 의미가 없는 표현으로 볼 수 있기 때문에 우리 판례가 반드시 발행설 중 상대방 있는 단독행위설을 취하였다고 보기는 어려운 점이 있고, 오히려 판결의 전체 취지를 보면 교부계약설을 취한 것으로 볼 수 있다.

3) 그런데 부산지방법원 1987. 2. 6. 86가단3186에서는 "어음을 유통에 놓을(사용할) 의사로 작성하여 발행인으로서 기명날인한 자는 비록 제3자에게 교부하기 전에

도난당하였더라도 그 어음의 적법한 소지인으로 추정되는 자에 대하여는 그 소지인이 어음을 취득함에 있어서 무권리자에 의한 양도라는 것을 알았거나 중대한 과실로 인하여 알지 못하였음을 주장·입증하지 못하는 한 발행인으로서의 책임을 면할 수 없다"고 판시하여 어음의 교부가 없더라도 선의취득자에 대하여는 어음의 발행인이 책임을 지도록 하고 있다.

4) 이와 같은 견해는 후속판결에서도 유지되어 동양전기사건(대법원 1987. 4. 14. 85다카1189)에서 대법원은, 교부흠결이 있는 경우, 즉 법인이 백지식 배서를 하여 보관하고 있는 약속어음을 無權利者가 이를 제3자에게 권한 없이 교부하여 할인받은 경우에, "어음소지인이 그 어음을 선의취득하는 한, 발행인은 어음상의 책임을 부담한다"고 판시하였다. 이에 대하여 "이 판결이 만일 백지식배서를 한 법인이 그 어음을 선의취득한 제3자에게 어음상의 책임을 지는 것으로 판시하였다면, 이는 직접적으로 권리외관설을 취한 판결이라고 볼 수 있다"는 견해가[6] 있는가 하면, 이를 신어음항변이론을 취한 듯 하다고 평석하는 견해도[7] 있다. 그러나 이는 선의의 어음취득자 보호문제로서 어느 학설에 의하더라도 결론은 같다.

5) 같은 취지로 대법원 1999. 11. 26. 99다34307에서, 대법원은 "어음의 교부흠결의 점에 대하여 어음을 유통시킬 의사로 어음상에 발행인으로 기명날인하여 외관을 갖춘 어음을 작성한 자는 그 어음이 도난·분실 등으로 인하여 그의 의사에 의하지 아니하고 유통되었다고 하더라도, 배서가 연속되어 있는 그 어음을 외관을 신뢰하고 취득한 소지인에 대하여는 그 소지인이 악의 내지 중과실에 의하여 그 어음을 취득하였음을 주장·입증하지 아니하는 한 발행인으로서의 어음상의 채무를 부담한다고 할 것이다"고 판시하였다.

6) 한편 대법원 2002. 12. 10. 2001다58443에서는 어음행위의 하나인 어음보증과 관련하여, "약속어음의 보증은 발행인을 위하여 그 어음금채무를 담보할 목적으로 하는 보증인의 단독행위이므로 …"라고 판시하여 어음보증은 단독행위라는 종래의 통설에 따르고 있다(後述).

7) 대법원의 판례를 종합하면, 원칙적으로 교부계약설을 취하되(88 다카 24776), 다만 선의의 어음취득자와의 관계에서 선의의 취득자를 보호하는 방향(85 다카 1189; 99 다 34307)으로 해석하고 있다고 생각된다. 그리고 발행과 보증을 각각 성질이 다른 어음행위로 해석하는 것처럼 보여서 일관성을 상실하고 있다.

---

6) 정찬형(하) 72면; 동, 「법률신문」 제2047호, 15면.
7) 정동윤, 「법률신문」 제1780호, 11면.

8) 참고로 회사법에서의 주권의 효력발생 시기에 관한 문제도 여기에서의 논의와 비슷하게 作成時說, 發行時說, 交付時說로 대립하는데, 이에 대하여 다수설과 판례는[8] 교부시설을 취하므로, 판례의 원칙론(88 다카 24776)에 따르면 회사법과 어음 · 수표법의 각 해석이 일치된다.

(6) 私　見

교부 흠결문제는 어음만의 문제가 아니라 會社法上 주권발행의 효력발생시기에서도[9] 같은 문제를 안고 있다. 이들은 다 같이 유가증권으로서 동일한 법리에 의하여 해결되어야 할 터이다.

그런데 종래 어음학설은 어음행위의 성립에 관한 이론과 선의의 제3자 보호에 관한 이론이 혼돈된 가운데 통일된 원칙을 발견하려 노력하였다. 양자는 엄연히 분리될 수 있는 사항임에도 혼합되어 논의되었으므로, 해결이 어려웠고, 그 결과 어느 견해에 의하더라도 만족스럽지 못한 결론에 이르게 되었다. 본서에서는 어음행위의 성립에 관한 이론과 선의의 제3자 보호에 관한 이론을 분리하여 고찰하고자 한다.

(가) 어음行爲의 成立　　(ⅰ) 첫째 문제, 즉 어음행위는 언제 성립하는가에 관하여 살핀다. 우리는 증권 작성만으로 제3자에게 권리가 곧바로 발생한다는 일은 상상할 수 없다. 어음행위란 발행·배서·보증·인수·참가인수 등 어음채무발생의 원인이 되는 행위인데, 어음의 작성(기재사항의 기재와 기명날인 또는 서명)만으로는 아직 어음행위가 완료되어 어음채무가 발생된 것이라고 할 수는 없다. 국어적 의미에서 서적을 발행한다고 할 때에도 인쇄소에서 인쇄만 한 경우는 아직 발행이 아니다. 세상에 널리 퍼뜨려야 발행이 된다. '발행'이라는 단어는 당연히 유통에 제공하는 것까지를 포함한다. 어음의 유통 전에 파기하면 그 어음은 발행될 수 없으며, 작성 자체가 수포로 돌아가고, 작성자는 아무런 책임도 없다.

(ⅱ) 유가증권의 작성을 완료하면 스스로 채권자로도 되고 채무자로도 된다는 이론구성은 아무래도 우리 사법 하에서는 무리이다. 우리의 사법체계 내에서는 작성된 유가증권을 그 권리자에게 교부하는 행위가 완료되어야만 그 때 비로소 어음채무가 성립된다고 보는 것이 타당하다. 즉, 교부계약설이, 權利의 설정을 위해서는 계약(당사자 간의 합의)이 필요하다는 일반적 원칙에 가장 합치된다. 주권의 경우 주주가 아닌

8) 대법원 1977. 4. 12. 76다2766; 동 1987. 5. 25. 86다카982 · 983.

9) 회사법에서 주권의 효력발생 시기에 관한 문제도 어음법상의 논의와 비슷하게 작성시설, 발행시설, 교부시설로 대립하는데, 이에 대하여 다수설과 판례는 교부시설을 취한다.

자에게 주권이 교부된 경우 그 주권을 무효로 처리하여 교부시설을 취한 판례의[10] 태도는 어음법상의 계약설을 취한 것과 같으므로, 어음법과 회사법의 이론이 통일된 것이다.

(iii) 판례도 어음행위의 성립에 관한 판례와 선의의 제3자 보호에 관한 판례로 나누어서 고찰하여야 한다. 위에서 본 바와 같이 어음행위의 성립과 관련하여서는 판례는 계약설을 취한다.[11] 다만 보증과 관련하여서는 종래의 다수설인 단독행위설을 취한다.[12]

(나) **善意取得者의 保護** (i) 둘째 문제, 즉 선의취득자 보호문제를 본다(여기서 말하는 선의취득이란 어음법 제16조 제2항에서 말하는 선의취득뿐만 아니라, "어음의 교부가 흠결된 것을 알지 못하고서" 동 어음을 취득하는 것도 포함한다). 유가증권을 서랍에 보관 중에 분실한 경우는 어떤가? 이는 증권을 잘못 교부한 것과 본질적으로 같다. 보관자에게 과실이 인정되는 경우가 대부분일 것이며, 증권을 분실한 증권작성자는, 그 작성 및 분실로 인하여 그 증권과 이해관계를 맺게 된 제3자에 대하여 민법상 불법행위책임을 부담한다는 것은 당연하다.

(ii) 여기서 불법행위의 성립요건의 하나로서 위법성이 존재하는가가 문제된다. 증권의 작성 자체나 서랍에 보관하였는데 도둑맞은 것 자체에 위법성을 인정할 수 있는가? 이와 같이 증권작성자의 행위에 위법성을 인정하기 곤란하다는 것 때문에 권리외관설이 주장된다. 권리외관설은 어음행위가 성립한 것처럼 보이게 한 외관을 작출한 데 대한 책임을 지는 것이라고 함으로써, 위법성 여부는 문제 삼지 않는 것으로 보인다.

(iii) 그런데 오늘날 불법행위의 성립요건으로서 위법성은 그 비중이 점차 축소되어 가고 있음을 이해하여야 한다. 이보다는 위법성 조각사유가 있는가를 고려하고, 그 사유가 없으면 불법행위의 성립을 인정하는 추세이다. 증권의 작성이나 작성된 증권을 서랍에 보관하는 자체에 무슨 위법성이 인정될 수는 없을 것이다. 그러나 중요한 문서를 타인이 쉽게 접근할 수 있는 서랍에 함부로 보관하는 것은 과실이 없다고 할 수는 없을 것이다. 예컨대 공무원이 중요한 서류를 소홀히 보관하여 그 서류가 분실된 경우, 그 공무원은 소속 기관에 대하여 또는 제3자가 그 서류를 악용할 경우 그

---

10) 대법원 1977. 4. 12. 76다2766; 동 1987. 5. 26. 86다카982, 983; 동 2000. 3. 23. 99다67529.
11) 서울민지판 1981. 12. 22. 81가소4723; 대법원 1989. 10. 24. 88다카24776.
12) 대법원 2002. 12. 10. 2001다58443.

피해자에 대하여 아무런 책임이 없을 것인가? 경과실이라도 인정될 여지가 있으면 불법행위가 성립한다. 필자로서는 증권의 작성 후 분실한 자는 그 증권의 소지인에 대하여 불법행위책임을 부담한다고 본다. 교부가 없었기 때문에 어음행위 자체, 즉 어음채무 부담의 원인이 되는 행위 자체가 없었기 때문에 그 어음은 무효이고, 따라서 어음상 책임은 없으나, 불법행위책임을 부담하여야 한다고 본다.

(iv) 권리외관설은 어음행위가 성립한 것처럼 보이게 한 외관을 작출한 데 대한 책임(무과실책임)을 지는 것이라고 하는 데 비하여, 필자의 견해는 교부계약설의 입장에서 직접적인 교부가 없었더라도 유통에 이르게 한 데 대한 발행인의 과실을 인정하고 이에 대하여 불법행위의 성립을 인정하는 점이 다르다. 다만 권리외관설은 어음행위의 성립시점과 관련하여, "어음증권의 작성 내지 발행, 즉 어음에 어음요건을 기재하고 기명날인 또는 서명하는 것으로 족하고, 여기에 덧붙여 증권을 유통시키는 것까지 요하는 것은 아니라고 본다"고[13] 하는데, 이와 같은 설명은 결국 창조설을 의미하는 것이 아닌가?

나아가 권리외관설은 어음행위가 언제 어떻게 성립하였는가 하는 어음행위의 성립여부를 깊이 탐구하기보다는, 외관이 작출되면 이미 어음행위의 성립을 전제하고 그 작출자에게 어음상의 책임을 인정하려 한다. 이 점에서 이 학설은 선의자 보호문제를 설명할 뿐이니, 이 학설을 어음행위의 성립에 관한 학설로 보는 것은 적절하지 않다는 비판도 가능할 것으로 본다.

(v) 마찬가지로 발행인의 의사에 의하여 누구에겐가 교부한 때부터 책임을 지게 된다는 발행설 또는 기명날인자 또는 서명자가 그 意思에 기하여 유통의 가능성을 예견하고 타인에게 점유를 이전한 때에 어음채무가 성립한다는 수정발행설은 창조설의 단점을 보완하여 선의취득자를 보호하기 위한 이론이라고 일컬어지고 있다. 그러나 누구에겐가 교부한 때란 바로 '거래를 위하여 유통시킨 때'라고 설명하고 있는 점에서, 발행설은 그 실상이 계약설이나 다름없는 이론이다.

(vi) 화물상환증이나 선하증권의 경우도 이미 작성한 후 그 작성자의 진정한 의도와는 상관없이 유통되고, 이를 선의취득한 제3자에 대하여 그 작성자는 불법행위책임을 부담하여야 한다.

(다) **結　言**　(i) 교부계약설이 옳다고 본다. 선의취득자는 어느 학설에 의하여도 마찬가지의 보호를 받는다. 선의취득자는 어음행위자에 대하여 불법행위책임을

13) 정동윤(하) 60면.

물을 수 있다.

(ii) 판례 역시도 원칙적으로 교부계약설을 취하되, 다만 선의의 어음취득자와의 관계에서 선의의 취득자를 보호하는 방향으로 해석하고 있다고 생각된다. 그리고 발행과 보증을 각각 성질이 다른 어음행위로 해석하는 것처럼 보여서 일관성을 상실하고 있다.

(iii) 어음행위를 성립시킨 듯 한 외관을 작출한 자는 그 증권의 선의의 소지인에 대하여, 어음행위 자체, 즉 어음채무 부담의 원인이 되는 행위 자체가 없었기 때문에 어음상 책임은 없으나, 불법행위책임을 부담하여야 한다고 본다.

(7) 어음 抗辯理論과의 관계

보통 어음교부계약의 흠결은 두 가지 측면에서 문제된다. 하나는 이 경우에 도대체 증권상의 권리가 성립하는가, 그리하여 증권상의 기명날인자가 증권상의 의무를 부담하는가 하는 문제이다. 이른바 어음이론 내지 어음학설에 관한 문제이다.

다른 하나는 이 경우에 증권의 선의취득자는 어떠한 요건 하에 보호를 받을 수 있는가, 환언하면 증권상의 기명날인자는 증권의 취득자에 대하여 어떠한 경우에 교부계약흠결의 항변으로써 대항할 수 있는가 하는 문제이다. 이것은 어음항변론에 관한 문제이다.

이에 관하여 어음이론 중에 창조설은 아예 어음항변의 문제가 제기되지 않으며, 교부계약설은 물적 항변사유로 본다. 발행설과 권리외관설은 이를 인적 항변사유로 보는데, 이에 대하여는 다시 전통적인 人的 抗辯事由說과 新어음抗辯理論이 대립되어 있다.

교부흠결의 항변에 대한 각 학설의 입장을 보면 다음과 같다.

(i) 발행설과 권리외관설은 선의취득자에 대하여는 주장할 수 없다고 한다. 외관야기에 귀책사유가 있기 때문이다. 다만 악의·중과실취득자에게는 주장할 수 있다. 어음법 제17조에 해당하지 아니하는 인적 항변이므로 害意를 요하지 아니한다.

(ii) 계약설은 물적 항변으로 본다. 교부가 흠결된 경우 어음 자체가 무효이기 때문에 어음상 책임을 부담하지 않는다. 다만 교부흠결이 있음을 악의·중과실 없이 알지 못하고 취득한 자, 즉 선의취득자에 대하여는 유효한 어음을 작성·유통시킨 듯 한 외관을 작출한 자가 책임을 부담하여야 하는데, 이 책임의 법적 성질은 불법행위책임이다.

(iii) 창조설은 교부의 흠결은 어음항변과 무관하다고 본다. 즉, 창조한 이상 언제나, 누구에게나 어음에 대하여 책임을 진다.

본서에서는 어음학설에 관하여 교부계약설을 취하므로 교부흠결의 항변은 물적 항변으로 보며, 그 어음은 무효이기 때문에 어음을 작성하였더라도 교부하지 아니한 이상 그 누구에 대하여도 책임이 없다고 본다. 다만 선의취득자에 대하여는 어음상 책임이 아닌 민법상 불법행위책임을 진다고 본다.

Ⅲ. 結　　語

어음학설과 관련하여 권리의 설정을 위하여는 계약(당사자 간의 합의)이 필요하다는 일반원칙에 합치하는 교부계약설이 옳다고 본다. 판례 역시도 원칙적으로 교부계약설을 취하되, 다만 선의의 어음취득자와의 관계에서 선의의 취득자를 보호하는 방향으로 해석하고 있다고 생각된다. 그리고 발행과 보증을 각각 성질이 다른 어음행위로 해석하는 것처럼 보여서 일관성을 상실하고 있다. 어음행위를 성립시킨 듯한 외관을 작출한 자는 그 증권의 선의의 소지인에 대하여, 어음행위 자체, 즉 어음채무 부담의 원인이 되는 행위 자체가 없었기 때문에 어음상 책임은 없으나, 불법행위책임을 부담하여야 한다고 본다. 사례에서 Y는 선의취득자 X에 대하여 불법행위책임을 부담하여야 한다.

Ques.	Y는 A에 대한 물품매매대금의 지급을 위하여 금 1,000만원의 약속어음을 발행하기로 하고, 어음용지에 어음금, 수취인, 발행일 및 만기부분을 백지로 둔 채 발행인으로서 기명날인만 하여 책상서랍에 넣어 두었다. B가 이 어음을 절취하여 금 2,000만원, 수취인 C, 발행일 5. 16. 만기일 6. 16.으로 각각 기재한 다음, C에게 자신이 Y라고 믿게 하여 이 어음을 교부하였다. C는 이 어음에 배서하여 X에게 교부하여, 현재 X가 이 어음을 소지하고 있다. 1) X의 어음금청구에 대하여 Y는 지급할 책임이 있는가? 2) Y가 지급을 거절한다면, C는 이 어음에 대하여 어떠한 책임을 지는가? 3) B는 이 어음에 대하여 어떠한 책임을 지는가?

Ans.	(1) 어음학설 중 교부계약설에 의하면 어음행위가 성립되지 않으므로 Y는 어음법상 책임이 없음. 다만, 선의취득자 X에 대하여는 불법행위책임을 부담함. 그 외 발행설, 창조설, 권리외관설에 따라 결론이 달라질 수 있음. (2) C는 어음행위 독립의 원칙에 의거, X의 상환청구권행사에 응하여야 함. (3) 어음 문면에 나타나지 않는 B는 어음법상 책임이 없음. 다만, 형법상 절도죄, 자격모용에 의한 유가증권의 작성죄(형법 제215조), 허위유가증권의 작성 등의 죄(형법 제216조), 위조유가증권 등의 행사 등의 죄(형법 제217조) 및 민법상 불법행위책임을 부담함.

4 어음行爲獨立의 原則

[X 대 Y 사건]

대법원 1977. 12. 13. 77다1753

事 例

피고 Y는 A의 명의로 약속어음을 위조 발행하여 자기(Y)를 수취인으로 기재한 후, 이를 아는 X에게 배서 · 양도하였다. X는 A에게 어음금 지급을 청구하였으나 위조어음이라는 이유로 지급을 거절당하자 Y에 대하여 배서인으로서의 상환의무의 이행을 요구하였다. Y는 X에 대하여 상환의무가 있는가?

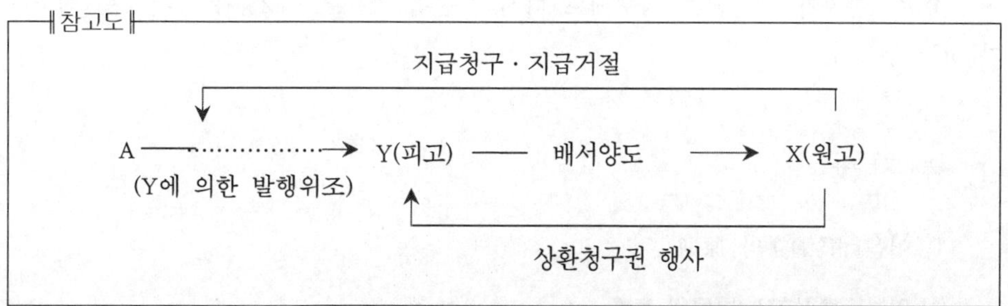

目 次

I. 論　點

위의 사례는 위조에 의하여 발행된 약속어음에 배서한 자의 책임이 문제된다.[1] 私法의 일반원칙에 의하면 先行行爲가 무효인 경우에는 후행행위도 무효이나, 이렇게 되면 어음의 유통성을 기대할 수 없다. 이에 어음법은 특별히 어음행위독립의 원칙을 규정하여 후행행위는 선행행위의 실질적 瑕疵에 의하여 영향을 받지 않고 오로지 그 자체의 내용에 따라 책임을 지도록 하고 있다. 그런데 문제는,

1) 어음행위독립의 원칙이 과연 배서에도 적용되는지,

2) 만약 적용된다면 惡意의 취득자에게도 적용되는지가 문제되며,

3) 이 양자가 긍정되는 경우에도 다시 어음법 제16조 제2항과의 관계는 어떠한가 하는 것이다.

II. 解　說

1. 어음行爲獨立의 原則

(1) 어음行爲獨立의 原則의 意義

어음행위독립의 원칙이란 동일한 어음 위에 한 각개의 행위는 각각 독립하여 그 효력을 발생하고, 그 전제가 되는 다른 행위의 실질적 효력의 유무에 따라서 영향을 받지 아니하는 원칙을 말한다. 바꾸어 말하면, 어음행위독립의 원칙이란 수개의 어음행위 중에 선행행위의 형식적 무효는 후행행위에 영향을 미치나 선행행위의 실질적 무효는 후행행위에 영향을 미치지 아니하고 각 어음행위는 독립하여 효력이 발생한다는 원칙이다. 어떤 어음행위가 다른 후속행위의 논리적 전제가 된다는 것은 ① 배서는 발행 또는 前者의 배서를, ② 보증은 주채무자의 어음행위를, ③ 참가인수는 피참가인의 어음행위를 각각 전제로 하는 것을 말한다. 따라서 선행하는 어음행위가 없거나(발행, 인수 등), 또는 형식적 무효 등의 경우에는 어음행위독립의 원칙이 적용될 여지가 없다. 위 사례의 경우, 발행위조는 어음행위의 실질적 하자(무효)이므로 이 원칙이 적용될 수 있다.

쉽게 말하여 발행이 위조되었거나 무능력자에 의한 발행 또는 착오·사기·강박

---

1) 본 사례는 서울특별시 농업협동조합 대 일신제강 주식회사 사건을 모델로 하였으나, 사실관계를 다소 변경하였고 일부 논점을 추가하여 재구성하였다.

에 의한 발행으로 취소되었더라도 그 어음에 배서하거나 보증한 자는 자신의 책임을 다하여야 한다는 것이다. 이를 어음채무독립의 원칙 또는 어음채무부담 독립의 원칙이라고도 한다.

(2) 具體的 規定

어음행위독립의 원칙이 구체화된 조문으로 어음법 제7조 및 제32조 제2항이 있는데, 위의 사례에서는 약속어음이 문제인 점에 비추어 어음법 제7조를 준용하는 어음법 제77조 제2항이 그 근거가 된다.

(3) 어음行爲獨立의 原則의 理論的 根據

어음행위독립원칙의 이론적 근거에 관하여는 학설이 나누어지고 있다.

(가) **特則說** 특칙설은 어음행위독립의 원칙을 어음법이 어음거래의 안전을 확보하기 위하여 선행행위의 실질적 무효가 후행행위의 효력에 영향을 미치지 않도록 예외적인 특별규정을 둔 것이라고 한다.[2]

(나) **當然規定說** 당연규정설은 어음행위독립의 원칙은 어음행위의 문언성에서 오는 당연한 원칙이며, 그 표현규정도 주의적 규정에 불과하다고 한다.[3]

(다) **私 見** 생각건대 당연규정설은 각 어음행위는 어음상의 기재문구를 의사표시의 내용으로 하는 독립된 행위로서 선행의 다른 어음행위와 아무런 관계가 없으므로 어음행위독립의 원칙은 당연한 사리를 규정한 것이라고 하나, 그렇다면 전제되는 선행의 다른 어음행위가 형식상의 흠결로 무효이더라도 그 어음상의 후행어음행위는 유효하다고 보아야 할 것인데도 그렇지 아니하므로 불합리하다. 당연규정설이 이 원칙을 당연한 것이라고 하는 것은 어음행위의 성질상 당연하다는 의미이지 일반법상의 원칙과 비교할 때 당연한 원칙이라는 의미는 아닐 것이다. 즉, 당연규정설은 어음법의 관점에서 당연한 것이라는 뜻이겠고, 특칙설은 일반법의 관점에서 예외적이란 뜻일 것이다. 그렇다면 결국 관점의 차이에서 오는 표현의 차이가 아닌가 생각한다. 어음행위독립의 원칙은 어음채무부담을 강화하여 어음상의 권리를 보장함으로써 어음의 신용과 유통성을 확보하기 위하여 일반법상의 원칙에 대한 예외를 인정한 특칙으로서의 성격을 지니고 있다고 하겠다.[4]

2. 어음행위독립의 원칙의 적용범위

2) 손주찬(하) 322면; 이철송(어) 61~62면; 정동윤(어) 134면.
3) 서정갑(어) 89면. 일본의 다수설.
4) 정동윤(하) 80면; 이철송(어) 60면.

(1) 背書에의 適用與否

어음행위독립의 원칙이 배서의 경우에도 적용되는지 여부에 관하여 학설은 적용부정설과 적용긍정설로 나뉜다.

㈎ 適用否定說 적용부정설에 의하면 배서는 권리이전을 내용으로 하는 어음행위인데, 권리이전의 면에서는 전의 배서가 무효인 때에는 그 후의 배서인에게는 이전할 권리가 없으므로 후의 배서도 무효가 된다는 점에서 어음행위독립의 원칙이 적용되지 않는다고 한다. 그럼에도 불구하고 前의 배서가 무효인 때에는 그 뒤의 배서가 무효로 되지 않는 것은 어음법 제16조 제2항의 선의취득이 적용되는 결과라고 한다(일본의 소수설).

참 고

적용부정설의 例

甲(발행)→乙(피위조)→丙(丁이 선의취득한 결과 책임부담)→丁(선의취득)

적용부정설을 예를 들어 설명해 본다. 약속어음의 발행인(甲)이 발행한 어음이 수취인 · 제1배서인(乙), 제1피배서인 · 제2배서인(丙), 제2피배서인 · 소지인(丁)에게 순차 배서 · 교부되었는데, 乙의 배서가 위조된 배서로서 무효이고, 또한 甲이 어음의 지급을 거절하였다고 하자. 이 때 제1배서인 乙이 피위조자로서 그 배서가 무효로 되더라도 제2배서인 丙은 소지인 丁에게 상환의무가 있다는 점에 대하여는 어느 견해도 이를 부정하지 않는다. 다만 이 때 丙의 배서행위에 어음행위독립의 원칙이 적용되는가가 문제의 핵심이다.[5] 적용부정설은 丙이 상환의무를 부담하는 이유는 丙에게 어음행위독립의 원칙이 적용된 결과가 아니라 丁이 어음을 선의취득(어음법 제16조 제2항 · 제77조 제1항 제1호 ; 수표법 제21조)한 결과, 상환의무를 부담한다고 한다. 왜냐 하면 배서는 권리이전을 내용으로 하는 어음행위인데, 先行의 배서행위(乙의 배서행위)가 무효이면 그 後續行爲者인 배서인(丙)에게는 이전할 권리가 없으므로 丙의 배서행위는 권리이전의 면에서 무효가 되고, 따라서 무효인 어음행위인 배서에는 독립성이 없다고 한다.

결국 이 어음에 대하여는 발행인 甲이 주채무자로서 책임을 부담하고, 乙은 피위조자로서 어음위조의 항변은 물적 항변이므로 어음상 책임이 없음이 원칙이며, 丙은 어음행위독립의 원칙이 적용된 결과가 아니라 丁이 동 어음을 선의취득한 결과 丁에게 책임을 부담한다고 설명한다.

5) 甲의 어음발행이 위조로 무효로 된 경우, 제1배서인 乙이 어음상의 독립의 원칙에 따라 그 후의 배서인과 소지인(丙과 丁)에게 어음행위독립의 원칙에 따라 책임을 부담하는가 하는 문제도 꼭 같다.

(나) **通用肯定說** 적용긍정설에 의하면 배서야말로 어음행위독립의 원칙을 가장 필요로 하는 행위이고, 어음법 제16조 제2항은 배서행위의 유효를 전제로 하여 어음취득자의 권리취득을 인정한 것으로서 배서에 있어서 선의취득이 어음행위독립의 원칙에 갈음하는 것은 아니라고 한다.

(다) **判 例** 한편 판례는 어음의 최종소지인은 그 어음의 최초의 발행행위가 위조되었다고 하더라도, 어음행위독립의 원칙상, 그 뒤에 유효하게 배서한 배서인에 대하여는 상환청구권을 행사할 수 있다고 하여 적용긍정설을 취하였다(위 사례의 판결).

(라) **私 見** 생각건대 적용긍정설이 타당하다고 본다.[6] 그 이유는 첫째, 어음행위독립의 원칙은 그 실질적인 내용 면에서 어음채무부담의 독립성에 관한 것으로서 배서의 담보적 효력과 관련하여 설명되어야 한다. 그럼에도 동 원칙을 배서의 권리이전적 효력과 관련시켜 배서에는 동 원칙이 적용되지 않는다거나 또는 배서의 자격수여적 효력과 관련시켜 선의취득이 인정되는 경우에는 예외적으로 동 원칙이 적용되는 것과 동일한 결과가 된다는 설명은 옳지 않다고 생각된다. 둘째, 선의취득제도에 의하면 선행하는 배서가 무효인 때에도 그 이후의 선의취득자가 어음상의 권리를 취득할 수 있다는 점은 설명할 수 있으나, 발행무효로 배서도 무효로 보는 경우 그 무효인 배서의 배서인이 선의취득자에 대하여 담보책임을 지는 점은 어음행위독립의 원칙에 의하지 않고는 설명될 수 없다.

(2) 惡意取得者에 대한 適用與否

(가) **適用肯定說** 악의취득자에 대한 적용을 긍정하는 견해도 둘로 나뉜다. 먼저 ① 당연법칙설은 어음행위는 각각의 어음상의 기재를 각자의 의사표시 내용으로 하는 법률행위이므로 행위자는 그 문구에 따라서 그 책임을 부담하고, 타인의 행위의 유효·무효에 의하여 영향을 받지 않는 것은 당연하다. 따라서 어음취득자가 선행행위의 무효에 대하여 악의인 경우에도 이 원칙이 적용된다고 한다.[7]

이에 대하여 ② 예외법칙설은 어음행위독립의 원칙이란 선의자를 보호하기 위한 것만이 아니라, 더 나아가 어음행위의 확실성을 보호(보장)하며 어음의 신용을 높이기 위한 제도이므로 취득자의 선의·악의에 관계없이 어음행위독립의 원칙이 적용되어야 한다고 주장한다.[8]

---

6) 이철송(어) 63면; 정찬형(하) 79면 등. 일본의 통설.

7) 서정갑(어) 91면.

8) 손주찬(下) 53면; 양승규(어) 112면; 강위두(어) 138면; 정동윤(어) 81~82면; 정찬형(하) 80면.

(나) **適用否定說** 한편 적용부정설은 어음행위독립의 원칙의 이론적 근거로서 예외법칙설(정책설)을 취하면서, 이 법칙은 어음거래의 안전을 고려한 특례인만큼, 악의의 취득자에 대하여는 거래의 안전을 고려할 필요가 없고, 따라서 어음행위독립의 원칙이 적용되지 않는다고 본다.[9)]

(다) **私 見** 생각건대 어음행위독립의 원칙은 선행하는 어음행위의 실질적 하자에도 불구하고 형식상 완전한 어음에 한 어음행위에 대하여 독립적인 어음채무를 부담시키는 점에서 채무부담의 면이므로, 권리귀속의 면인 선의취득과는 명백히 구별된다. 따라서 어음행위독립의 원칙은 어음취득자가 악의인 경우에도 적용된다고 보는 적용긍정설이 타당하다. 그 결과 예컨대 甲의 명의로 위조된 어음을 乙이 배서교부받아, 이러한 사정을 알고 있는 丙에게 배서교부한 경우, 甲이 어음금을 지급하지 않으면 丙은 乙에게 어음행위독립의 원칙을 주장하여 상환청구권을 행사할 수 있을 것이다.

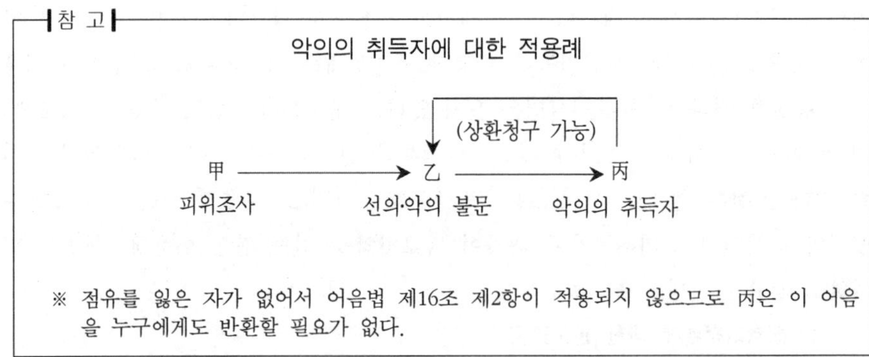

(3) 背書僞造의 경우 遡求權 行事問題

A(발행) …… B(배서 피위조)
C(배서위조) …… Y(악의) …… X(악의) ……D(선의)

예컨대 A가 약속어음을 B에게 발행하였는데 C가 B의 명의로 위조배서하여 이를 악의인 Y에게 배서·교부하였고, Y는 이를 악의인 X에게 배서·교부하였다고 하자. X가 이 어음을 취득할 당시 어음상 B의 배서가 위조된 것임을 알고서 이를 취득하였으므로 악의취득자인 X는 선의취득규정(어음법 제16조 제2항)의 반대해석에 의하여 무권리자가 되고, 그 어음을 상실한 피위조자 B에게 반환하여야 하므로 X는 결국 누구

9) 최기원(하) 81면; 이철송(어) 65면.

에 대하여도 어음상의 권리를 행사할 수 없다. 이 때 X는 Y에 대하여 상환청구권도 행사할 수 없다. 왜냐 하면 어음의 제시증권성 · 상환증권성으로 인하여 X가 상환청구권을 행사할 때 그 어음을 소지하고 있어야만 하는데, 어음의 반환으로 이를 소지하고 있지 못하기 때문이다(만약 X가 어음을 소지하고 있다면 Y에 대하여 상환청구권을 행사할 수 있다). 만약 이 어음을 선의의 D가 X로부터 배서 · 교부받았다면 D는 선의취득규정에 따라 완전한 어음상 권리를 취득함은 당연하다(이와 같이 어음이 선의취득자인 D에게 배서 · 교부되면 악의취득자인 Y와 X에게도 어음행위 독립의 원칙은 적용된다).

그런데 예컨대 발행이 위조된 경우에는 발행인은 피위조자로서 아무런 어음상의 권리를 갖지 아니하므로 어음취득자는 발행인에게 어음을 반환할 의무가 없고, 발행위조사실을 알고 있었다고 하더라도 X는 배서인 B와 Y에 대하여 상환청구권을 행사할 수 있다고 본다.[10]

Ⅲ. 結　　語

1) 위의 사례에서는 어음행위독립의 원칙이 배서에도 적용되는가가 우선 문제된다. 이에 대하여 대법원은 "비록 최초의 발행행위가 위조되었다고 하더라도 어음행위독립의 원칙상 그 뒤에 유효하게 배서한 배서인에 대하여는 최후의 어음소지인이 상환청구권을 행사할 수 있다"고 하여 이를 긍정하였다.

2) 다음으로 어음행위독립의 원칙은 악의의 취득자에 대하여도 적용되는지 문제된다. 이에 대하여는 견해의 대립은 있으나, 어음거래의 안정성 확보를 위하여 어음행위독립의 원칙이 적용되는 것으로 보아야 할 것이다.

3) 그리고 배서위조의 경우에는 악의취득자는 상환청구권을 행사할 수 없으나 발행위조의 경우에는 악의취득자도 상환청구권을 행사할 수 있다고 본다. 결국 사례에서 Y는 X의 상환청구에 응하여야 할 것이다(원고승소).

---

10) 손주찬(하) 54면; 양승규(어) 113면; 정동윤 83면. 일본의 다수설.

5 어음行爲의 代理

設 問

乙은 상인 甲의 지배인이다. 乙은 丙으로부터 甲의 사무실에 사용할 사무실용 집기를 구입하면서 그 대금의 지급을 위하여 丙에게 약속어음을 발행하면서 "이 어음은 만기일에 甲이 지급할 것이다"라고 말하고 이 어음의 발행인난에 乙의 기명날인을 한 후 丙에게 교부하였다. 丙이 만기일에 甲에게 지급을 구하자 甲은 乙에게 자신을 대리하여 어음을 발행할 것을 지시한 적이 없다고 말하면서 지급을 거절한다. 丙은 이 어음을 누구로부터 지급받을 수 있는가?

참고도

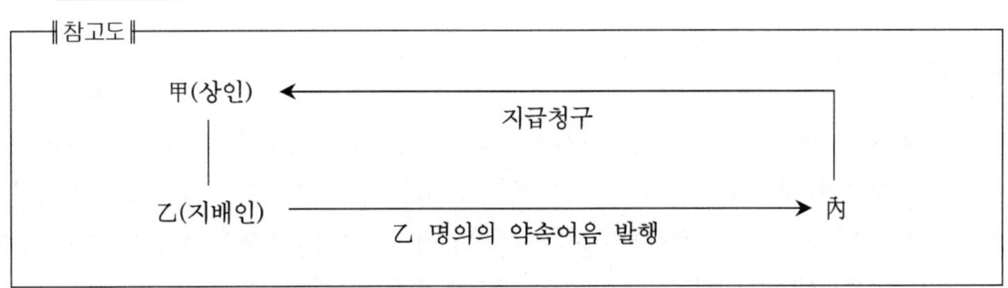

目 次

Ⅰ. 논　　점

지배인은 본인을 위하여 정형적 포괄적인 지배권을 가진다. 이 지배권에는 어음행위를 할 권한도 포함한다. 사례에서 乙은 甲의 지배인이므로 그의 어음행위는 무권대리가 아니다. 다만, 乙은 甲을 위하여 어음행위를 하면서 본인인 甲을 顯名하지 아니하였다. 본래 상사대리는 非顯名主義(익명주의)가 적용되므로 보통의 상사대리의 경우 乙은 본인을 현명하지 않아도 된다. 어음행위의 경우에도 익명주의가 적용될 것인가가 이 사례의 논점이다.

Ⅱ. 어음행위대리의 방법

어음행위는 재산법적 법률행위로서 대리인에 의하여 할 수 있음은 물론이다. 어음법도 어음행위의 代理의 가능성(適合性)을 전제로 하였으나, 無權代理人의 책임(어 제8조, 제77조 제2항)과 推尋委任背書(어 제18조, 제77조 제1항)에 관한 규정만을 두었을 뿐이므로 그 방법·효력 등에 관하여는 民法의 일반원칙에 의하여 해결하되, 어음의 文言性 때문에 약간의 수정을 받게 된다. 어음행위의 代理가 효력을 발생하려면 그 형식적 요건으로서, 代理人이 本人을 위하여 하는 것임을 어음 위에 표시하고 기명날인 또는 서명을 하여야 한다.

1. 본인의 표시

(1) 顯名主義

어음행위의 효과를 본인에게 귀속시키려면 그 본인을 어음 위에 밝혀야 한다.[1] 이러한 현명주의의 요청은 상행위법상의 非顯名主義에 대한 예외로서, 民法上의 일반원칙과 같다. 그러나 어음행위의 代理에 있어서의 현명주의는 民法規定(민법 제114조, 제115조)을 적용한 결과는 아니고, 어음행위의 증권적 행위로서의 특질, 즉 어음행위의 書面性·文言性에 근거를 둔 것이다. 따라서 어음법상의 현명주의는 民法의 경우보다 더 엄격하게 적용되어야 한다.

민법상의 현명주의는 상대적 현명주의로서 거래상대방 보호를 위하여 예외를 인정한다. 즉, 民法에서는 本人의 이름을 표시하지 않고 대리행위를 한 경우에도, 상대

1) 대법원 1976. 12. 14. 76다2191.

방이 대리인으로서 한 것임을 알거나 알 수 있었을 때에는 그 행위의 효력이 본인에 대하여 미친다(민법 제115조 단서). 이에 대하여 어음법상의 현명주의는 절대적 현명주의라 할 수 있다. 어음법에서는 本人의 이름을 표시하지 않고 대리행위를 한 경우, 어음행위의 문언성으로 인하여 민법 제115조 단서가 적용되지 않으며, 상대방이 대리인으로서 한 것임을 알거나 알 수 있었더라도 본인은 어음상의 책임을 부담하지 않는다. 이는 물론 어음의 유통성을 확보하기 위한 조치이다. 상사대리의 경우에는 익명주의를 취하나(상법 제48조), 상사대리라고 하더라도 어음행위를 할 때만은 현명주의에 의한다.

(2) 本人의 表示方法

본인의 표시는 특정인(본인의 동일성)을 인식할 수 있는 정도의 기재가 되어 있으면 된다. 따라서 본인의 명칭은 정식명칭(가족관계등록부상 또는 등기부상의 명칭)이 아닌 상호·통칭·약칭·아호·필명이라도 상관없다. 표시된 본인은 자연인이든, 법인이든, 조합이든 상관없고, 실재하지 않는 자라도 어음행위 자체의 효력에는 차이가 없다(자칭대리인의 책임이 문제될 뿐이다.). 복대리인이 어음행위를 하는 경우에는 자기에 대하여 대리권을 수여한 대리인을 표시할 필요는 없고, 본인만을 표시하면 된다.

(3) 本人表示의 欠缺

본인의 표시가 없으면 실제로는 본인이 대리인으로서 기명날인 또는 서명한 자에게 대리권을 주었다 하더라도 본인은 어음상의 책임을 지지 않는다. 즉, 어음행위의 대리에는 엄격한 현명주의가 적용되어 상법 제48조 또는 민법 제115조 단서와 같은 현명주의의 예외가 인정되지 않으므로, 본인의 표시가 없는 한 본인은 어음상 책임이 없다.

(가) 이 경우 상대방이 대리인으로 하는 것임을 알지 못한 경우에는 기명날인 또는 서명을 한 대리인은 스스로 어음상의 책임을 진다.

(나) 어음행위의 상대방이 대리인으로서 한 것임을 알았거나 알 수 있었을 때가 문제이다. 사례의 문제는 바로 이에 해당하는 문제이다.

(a) 본 인: 어음의 문언성에 따라 본인은 어음상의 책임을 지지는 않는다. 다만, 이 경우 대리의 상대방은 어음 외에서 본인에 대하여 민법상 사실상의 대리관계에 기한 채무이행을 주장하는 것은 상관없다. 사실상의 대리관계는 인적 항변에 불과하다고 본다. 사실상의 대리관계를 주장할 수 있는 자도 대리의 상대방에 한정된다. 따라서 제3자가 어음을 취득하면 본인에게는 어음상의 권리를 행사할 수 없고, 후술하는 바와 같이 어음상에 기명날인한 대리인에게만 어음금을 청구할 수 있다.

(b) 대리인: 다수설은 민법 제115조 단서는 대리인과 상대방 사이의 원인관계에 적용되므로, 대리인은 상대방에 대하여 이 사정을 인적 항변으로 대항하여 어음상의 책임을 면할 수 있다고 한다.[2] 이 견해에 의하면 상대방은 본인과 대리인 누구에 대하여도 어음상의 권리를 행사할 수 없다는 결과가 된다. 이에 대하여 소수설은 다수설에 의할 때에는 상대방은 본인과 대리인 누구에 대하여도 어음상의 책임을 물을 수 없게 되어 부당하다고 하면서, 상대방이 대리행위임을 안 경우에도 어음행위의 문언성에 따라 대리인은 상대방에 대하여 인적 항변으로 대항할 수 없고 어음상의 책임을 부담하여야 한다고 한다.[3] 생각건대 소수설이 옳다고 본다. 대리의 상대방은 대리인 자신의 어음행위를 하지 않는다는 사정을 알고 있었으므로, 대리인이 그 상대방에게 책임을 질 필요는 없는 것이 원칙이다.

그리고 본인 역시 어음상에 아무런 표시가 없으므로 문언증권인 어음에 대하여 책임을 질 수는 없다. 상대방으로서는 본인에 대하여도 또 대리인에 대하여도 어음금청구를 할 수 없게 되는 결과가 된다. 이는 부당하다. 이 경우에는 어음의 문언성에 따라 어음에 기명날인 한 대리인이 어음상의 책임을 져야 한다. 대리인은 본인의 대리로써 어음행위를 하였음을 입증하지 못한 것과 같은 결과가 되므로 이에 대한 책임을 부담하는 것이 당연하기 때문이다.

2. 代理關係의 表示

(1) 表示方法

대리관계가 證券面에 명백하게 표시되어야 한다. 그 표시방법은 '甲(의) 代理人 乙'이라고 표시하는 것이 보통이겠으나, 반드시 代理라는 용어를 사용하여야 하는 것은 아니고, 지배인 · 지점장 · 영업부장 · 이사·친권자 등 일반적으로 대리인의 자격으로 그 행위를 하는 것이라고 인정할 수 있는 기재가 있으면 된다. 그리하여 판례는 주식회사와 이사의 대리관계를 단순히 '理事'라고만 표시한 경우 "회사 기타 법인이 어음행위를 하는 경우에는 대표기관이 법인을 위하여 하는 것임을 표시하고 자기의 성명을 기재하여야 하나, 어음행위의 대리의 경우의 대리관계의 표시는 대리인이 본인을 위하여 어음행위를 한다는 취지를 인식할 수 있는 정도이면 되므로 'A주식회사 理事 甲'이라는 표시는 위 회사의 대리관계의 표시로서 적법하다"고 한다.[4] 또한 '해동화재

---

2) 서정갑(어) 68면; 최기원(하) 107면; 정찬형(하) 86면.

3) 이철송(어) 101~102면.

4) 대법원 1973. 12. 26. 73다1436.

해상보험주식회사 대구영업소장 박모'라는 표시도 동 회사의 대리관계의 표시로서 적법한 것으로 인정하여야 한다고 한다.[5]

대리관계를 표시하는 곳도 대개 대리인의 명칭 위나 옆에 附記하는 것이 보통이겠으나, 명칭 아래의 직인(예컨대, '甲 주식회사 지점장 乙의 印')에 의하여 표시되어도 상관없다는 견해도 있다.[6]

(2) 代理關係表示의 欠缺

대리관계를 표시하지 아니하고 대리인이 기명날인 또는 서명을 하면 대리인의 의사와는 관계없이 대리인 자신의 어음행위로 된다(민법 제115조 본문. 물론 동조 단서가 적용되지 않는다.).

3. 代理人의 記名捺印 또는 署名

(1) 記名捺印 또는 署名

어음행위는 기명날인 또는 서명을 요건으로 하므로 대리의 경우에도 대리인이 기명날인 또는 서명을 하여야 한다. 복대리인의 경우에는 복대리인 자신의 대리자격을 표시하고 기명날인 또는 서명하면 된다. 대리인이 기명날인 또는 서명을 하지 않으면 어음행위로서는 무효이기 때문에, 대리인은 물론 본인도 책임을 지지 않는다.

(2) 記名捺印의 代行

기명날인의 대행은 대리인이 직접 본인을 위하여 본인의 이름을 기재하고 본인의 날인을 하는 것을 말하는데 다음 두 가지로 구분될 수 있다.

하나는 자신의 재량으로 어음행위를 할 권한은 없이 본인이 지시하는 대로 어음행위를 하는 경우인데(固有의 代行), 이 경우는 당연히 본인의 행위로 보아야 할 것이다.

다른 하나는 본인이 권한을 부여한 범위 내에서 대리인이 자기의 의사결정에 따라 본인의 명의로 기명날인하는 경우인데(代理的 代行), 이것은 실질적으로는 어음행위의 대리이지만 어음면상 대리인의 표시가 없으므로 역시 본인의 기명날인으로 보아야 할 것이다.

署名의 대행은 인정되지 않는다고 본다.

권한 없는 기명날인의 대행(無權代行)은 바로 어음의 위조가 된다.

---

5) 대법원 1984. 4. 10. 83다카316.

6) 손주찬(하) 56면.

Ⅲ. 結　　語

사례에서 甲의 성명이 어음면에 전혀 나타나 있지 않으므로 甲은 이 어음에 대하여 지급을 거절할 수 있다. 이 때 丙은 甲에 대하여는 사실상의 대리관계에 기한 채무이행을 주장할 수 있을 뿐이다. 대신 丙은 乙이 이 어음을 발행한 것으로 인식하고 乙에 대하여 어음금을 청구할 수 있으며, 乙은 지급책임이 있다.

제 2 항 他人에 의한 어음(수표)행위

6 어음行爲의 無權代理

設 問

甲은 乙을 수취인으로 하여 약속어음을 발행하였는데, 어음행위를 할 권한이 없는 乙의 대리인 丙이 그 약속어음을"乙의 대리인 丙(丙의 도장 압날)"이라는 표시를 하여 丁에게 교부하였다. 어음소지인 丁은 약속어음의 지급기일에 지급장소에 적법하게 지급제시하였으나 무거래로 인하여 지급이 거절되었다. 이 경우 다음 물음에 간략히 답하라.

1. 어음소지인 丁은 乙을 상대로 배서인의 담보책임을 물을 수 있는가?
2. 丙은 어음소지인 丁에 대하여 어떠한 책임을 지는가?
3. 乙이 丙의 배서행위를 추인한 경우, 乙과 丙의 각 책임은 어떤 관계에 있는가?
4. 丁이 丙의 행위에 대하여 선의인 경우 乙은 丁에게 어음의 반환을 청구할 수 있는가?

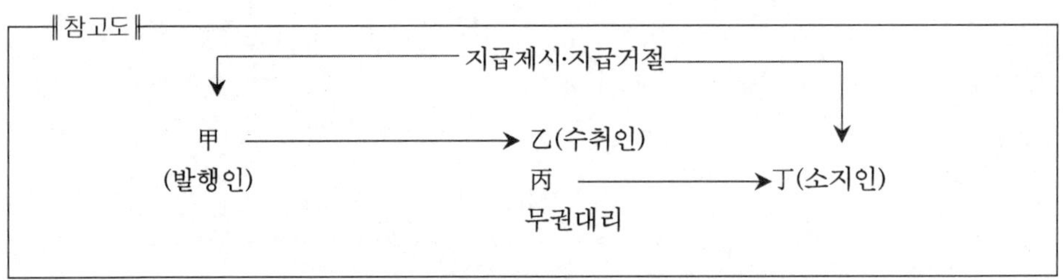

目 次

(3) 事案에의 適用

4. 제3문: 乙이 丙의 어음배서행위를 추인한 경우 乙과 丙의 각 책임은 어떤 관계에 있는가?
   (1) 논 점
   (2) 本人과 無權代理人의 어음상 책임의 관계
   (3) 事案에의 適用

5. 제4문: 丁이 丙의 행위에 대하여 善意인 경우 乙은 丁에게 어음의 반환을 청구할 수 있는가?
   (1) 논 점
   (2) 善意取得에 의하여 치유되는 瑕疵의 범위
   (3) 事案에의 適用

[解 說]

1. 序 言(어음行爲의 無權代理)

사안은 丙이 어음행위를 할 권한이 없음에도 불구하고 乙을 대리하여 어음행위를 한 것이므로 전형적인 어음행위의 무권대리가 된다. 만약에 丙이 권한 없이 "乙의 기명과 乙의 도장을 압날"하였다면 어음행위의 무권대행 내지 어음의 위조가 된다. 이 사건에서는 丙을 乙의 표현대리라고 볼 여지도 있으나, 설문에서 이에 관한 논의는 배제하고 있다.

2. 제1문: 어음소지인 丁은 乙을 상대로 배서인의 담보책임을 물을 수 있는가?

(1) 論 點

乙은 배서무권대리의 본인으로서 담보책임을 지는가 의문이다.

(2) 無權代理의 本人의 責任

본래 배서인은 배서에 의하여 피배서인 및 기타 자기의 후자 전원에 대하여 인수와 지급을 담보한다(어음법 제77조 제1항 제1호, 제15조 제1항). 이를 배서인의 담보책임이라 하고, 배서의 담보적 효력에서 유래하는 책임인데, 양도인의 일반사법적 책임(민법상 매도인의 하자담보책임)을 어음법화하여 규정한 것이다. 그러나 어음행위를 무권대리한 경우, 본인은 아무런 책임이 없다. 무권대리의 항변은 이른바 물적 항변에 속하기 때문이다.

(3) 事案에의 適用

어음소지인 丁은 乙을 상대로 배서인의 담보책임을 물을 수 없다.

3. 제2문: 丙은 어음소지인 丁에 대하여 어떠한 책임을 지는가?

(1) 論 點

丙의 협의의 무권대리인의 성립요건과 책임 내용

(2) 狹義의 無權代理

(가) **成立要件** 어음행위에 있어 협의의 무권대리란 본인으로부터 대리권을 수여받지 못하였음에도 불구하고 본인의 대리인으로 어음행위를 하는 것을 말한다(어음법 제77조 제2항, 제8조).

협의의 무권대리가 성립하기 위하여는, ① 자칭 대리인(무권대리인)이 대리의 방식을 갖추어 자신의 기명날인 또는 서명을 하였어야 한다. ② 자칭 대리인이 대리권을 입증할 수 없어야 하며, 무권대리행위에 관한 본인의 추인도 받을 수 없어야 한다. ③ 본인이 표현대리의 책임을 지지 아니하여야 한다. ④ 상대방 또는 어음취득자가 선의이어야 한다. ⑤ 대리행위 자체에는 하자가 없어야 한다.

(나) **無權代理人의 責任** 협의의 무권대리인은 어음소지인에 대하여 언제나 어음상의 책임을 부담한다(어음법 제77조 제2항, 제8조). 민법상 협의의 무권대리가 성립하는 경우에는 상대방의 선택에 좇아 계약을 이행하든가 또는 손해배상의 책임이 있으나(민법 제135조 제1항) 어음행위에서 협의의 무권대리가 성립하는 경우에는 어음법 제8조의 특칙에 의하여 당연히 협의의 무권대리인은 어음상의 책임(이행책임)만을 부담한다.

협의의 무권대리인이 어음소지인에 대하여 부담하는 어음상의 책임의 내용은 대리권이 있었더라면 본인이 부담하게 될 어음상의 책임의 내용과 같다. 따라서 협의의 무권대리인은 본인이 어음상의 책임을 부담하였더라면 주장할 수 있었을 항변사유로써 어음소지인에게 대항할 수 있다.

(3) 事案에의 適用

사례에서 丙은 어음행위를 할 권한이 없음에도 甲이 발행한 약속어음을 乙의 명의로 배서를 하였다. 즉, 丙의 배서행위는 乙로부터 대리권을 수여받지 않고 대리인으로서 기명 · 날인하였고, 이에 대하여 乙의 추인한 사정도 없으며, 표현대리 성립을 인정할 자료가 없으므로 무권대리행위가 된다.

결국 丙은 어음법 제77조 제2항 및 어음법 제8조에 의해 배서인으로서의 책임을 져야 한다. 따라서 丙은 배서인의 담보책임에 기하여 丁에게 어음액면금액을 지급할 의무가 있다.

4. 제3문: 乙이 丙의 어음배서행위를 추인한 경우, 乙과 丙의 각 책임은 어떤 관계에 있는가?

(1) 論 點

乙 명의의 배서를 배서할 권한이 없는 무권대리인 丙이 행한 것이어서 적법하게 이루어진 것은 아니다. 그런데 乙이 丙의 어음행위를 추인(민법 제135조 제1항)하였다면 본인 乙과 무권대리인 丙의 각 책임관계가 문제된다.

(2) 本人과 無權代理人의 어음上 責任의 관계

본인이 협의의 무권대리인의 어음행위를 추인하면 본인은 어음상의 책임을 부담하게 되는데, 이 때 협의의 무권대리인의 어음상의 책임과의 관계가 문제된다.

(가) **解除條件說** 어음법 제8조에 의하여 어음행위시에 무권대리인의 어음상의 책임이 일단 발생하는데, 본인이 추인하게 되면 그 효력은 어음행위시까지 소급하게 되므로(민법 제133조) 협의의 무권대리인의 어음상의 책임은 본인의 추인을 해제조건으로 소멸한다.[1]

(나) **停止條件說** 어음법 제8조는 어음소지인의 신뢰이익을 보호하는 규정인 만큼 협의의 무권대리인의 책임은 어음소지인의 신뢰가 배반당하였을 때인 추인이 거절되었을 때부터, 즉 추인거절을 정지조건으로 발생한다.[2]

(다) **私 見** 생각건대, 추인거절시까지는 귀책사유가 없는 본인을 어음채무자로 간주하는 결과가 되는 정지조건설은 부당하다. 또한 어음법 제8조가 특칙으로서 무권대리인에게 상대방의 선택에 좇아 履行 또는 損害賠償의 責任을 지우는 民法 제135조 제1항을 배제한다고 보면[3] 本人의 추인이나 追認拒絶 전에 이미 무권대리인의 책임이 성립했다고 보아야 하고, 따라서 어음소지인은 무권대리의 사실을 입증하여 처음부터 무권대리인의 책임을 추궁할 수 있다고 본다.[4] 다만 본인이 추인을 한 경우에는 상대방의 신뢰이익은 충분히 보호되고 또 추인의 효력은 원칙적으로 소급하므로

---

1) 정찬형(하) 98면; 최기원(하) 121면; 양승규(어) 129면.
2) 정동윤(하) 94면.
3) 서정갑(어) 111면 참조.
4) 反對說은 어음法 제8조가 어음취득자의 신뢰이익을 보호하는 규정인만큼 自稱代理人의 책임은 어음소지인의 信賴가 배반당하였을 때, 즉 追認이 거절되었을 때부터 발생한다고 하나(정희철 · 정찬형(하) 104면. 동지: 손주찬(하) 63면), 본인의 '追認拒絶'이 명백히 나타나기 전이라도 어음所持人의 信賴가 배반당할 수는 있고, 그 때는 직접 無權代理人의 책임을 추궁할 수 있어야 할 것이다.

협의의 무권대리인의 책임은 원칙적으로 어음행위시에 소급하여 소멸한다고 보는 것이 타당하다. 해제조건설이 타당하다.

(3) 事案에의 適用

乙이 丙의 어음행위를 추인하였다면 그 효력은 어음행위시까지 소급하므로 丙의 어음상 책임은 乙의 추인을 해제조건으로 하여 소멸하고 본인인 乙만이 이 어음에 대하여 책임을 진다.

5. 제4문: 丁이 丙의 행위에 대하여 선의인 경우 乙은 丁에게 어음의 반환을 청구할 수 있는가?

(1) 論　點

협의의 무권대리인 丙이 乙의 명의로 배서를 하였는데, 이와 같이 본인인 乙은 丙이 무권대리인임을 이유로 무권대리인의 상대방인 丁에게 어음반환을 청구할 수 있는지 문제이다. 이는 丁이 어음을 선의취득하였는가 여부에 따라 달라지는데, 결국 대리권의 흠결이 선의취득에 의하여 치유되는가와 관련된다. 선의취득의 요건은, ① 어음법적 유통방법에 의하여, ② 형식적 자격자로부터, ③ 양도인의 무권리 또는 양도행위의 하자, ④ 양수인에게 악의 또는 중과실이 없을 것, ⑤ 양수인이 어음의 취득에 관하여 독자적인 경제적 이익을 가질 것 등이나, 여기서는 ③ 양도인의 무권리 또는 양도행위의 하자에 관하여만 논의하기로 한다.

(2) 善意取得에 의하여 治癒되는 瑕疵의 범위

(가) 제1설(無權利者 限定說)　선의취득에 의해 치유되는 하자는 무권리자에 한하고 대리권의 흠결은 선의취득에 의하여 치유될 수는 없다고 보는 견해이다. 이를 사안에 적용하면, 협의의 무권대리의 경우에는 선의취득이 인정되지 아니하므로 丁이 선의라고 하더라도 어음의 반환을 청구할 수 있고 이렇게 어음반환을 받으면 본인 乙은 전에 가졌던 자기의 어음상의 권리가 회복되어 전자에 대하여 어음상의 권리를 행사할 수 있다.

(나) 제2설(無制限說·無能力者 除外說·部分的 制限說)　대리권의 흠결이 선의취득에 의하여 치유될 수 있다고 보는 견해이다. 이를 사안에 적용하면, 무권대리인의 선의의 상대방인 丁은 어음의 선의취득이 인정되므로 乙은 丁에 대하여 어음의 반환을 청구할 수 없고, 무권대리인 丙에 대하여 불법행위에 기한 손해배상청구권(민법 제750조)[5] 만을 갖는다. 이 때 본인은 협의의 무권대리인의 상대방이 어음을 선의취득한

---

5) 乙과 丙 사이에는 대리권수여계약 또는 위임계약관계가 존재할 수 있고, 그 경우 계약상 채무불이행을 이유로 손해배상청구도 가능할 것이다. 이 때 양 청구는 경합관계에 있게 된다.

반사적 효과로서 어음상의 권리를 상실한다.

(다) 후술하는 바와 같이 필자는 부분적 제한설이 옳다고 본다(어음의 선의취득 항목 참조).

(3) 事案에의 適用

어음법 제16조 제2항의 "어떤 사유로든 환어음의 점유를 잃은 자"라 함은 반드시 무권리자를 한정한 것으로 축소해석할 필요가 없다는 점에서 제2설이 타당하다고 본다. 이에 의할 경우 대리권의 흠결이 선의취득에 의하여 치유된다고 보므로 乙은 丁에게 어음의 반환을 청구할 수 없다. 다만 무권대리인 丙에게 불법행위에 기한 손해배상청구권 및 대리권수여계약 또는 위임계약 위반으로 인한 손해배상청구권을 갖는다.

7 어음行爲의 權限을 넘은 表見代理

[건국상호신용금고(주) 대 조선무약합자회사 사건]

대법원 1994. 5. 27. 93다21521

事 例

피고 조선무약합자회사(Y)의 총무담당 상무이사인 소외 김동춘(A)은 소외 태양피알주식회사(B)의 대표이사인 소외 양태양(C)과 공모하여 액면 35,200,000원의 약속어음에 그가 보관하고 있던 문서수발용 "조선무약합자회사"로 된 명판과 그 대표사원(박대규)의 직인을 사용하여 B회사를 피배서인으로 하는 Y회사 명의의 배서를 하였고, 또 피배서인인 B회사는 위 약속어음을 원고 주식회사 건국상호신용금고(X)에 할인·배서양도하였다. 위 약속어음의 소지인인 X가 어음의 지급제시기간 내에 지급제시를 하였으나 지급이 거절되자 Y회사에 대하여 상환청구권을 행사하려 한다. Y회사의 책임을 논하라.

참고도

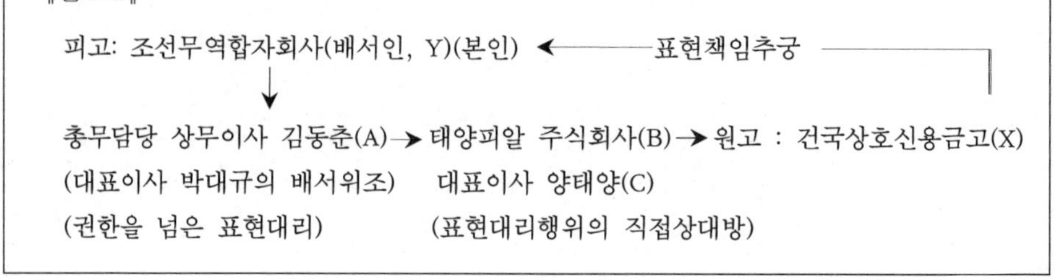

피고: 조선무역합자회사(배서인, Y)(본인) ← 표현책임추궁 (원고로부터)

↓

총무담당 상무이사 김동춘(A) → 태양피알 주식회사(B) → 원고 : 건국상호신용금고(X)

(대표이사 박대규의 배서위조)　대표이사 양태양(C)

(권한을 넘은 표현대리)　(표현대리행위의 직접상대방)

目 次

Ⅰ. 大法院 判決要旨

권한을 넘은 표현대리에 관한 민법 제126조의 규정에서 제3자라 함은 당해 표현대리행위의 직접 상대방이 된 자만을 지칭하는 것이고, 이는 위 규정을 배서와 같은 어음행위에 적용 또는 유추적용할 경우에 있어서도 마찬가지로 보아야 하는 것이다(대법원 1986. 9. 9. 84다카2310 참조). 따라서 약속어음의 배서행위의 직접 상대방은 그 배서에 의하여 어음을 양도받은 피배서인만을 가리키고 그 피배서인으로부터 다시 어음을 취득한 자는 민법 제126조 소정의 제3자에는 해당하지 아니한다. 다만 배서행위가 직접 상대방인 피배서인에 대한 관계에서 표현대리의 요건을 충족한 경우에 그 후의 어음취득자가 이를 원용하는 것은 이와는 별개로 허용될 수 있다(대법원 1991. 6. 11. 91다3994 참조)[1] (원심인 서울고등법원 1993. 3. 26. 92나26941과 동일하게 原告敗訴, 上告棄却).

Ⅱ. 解　　說

1. 論　　點

이 사례에서는 먼저 A가 어음행위의 일종인 배서를 위조 내지 무권대행하였다.

1) 사안을 보면 Y회사는 어음배서의 피위조자임이 분명하다. 따라서 먼저 피위조자의 책임을 논의하여야 한다(論點 1).

2) 민법 제126조의 권한을 넘은 표현대리규정을 사안에 적용시킬 수 있는가 하는 점이 문제된다(아래의 참고 내용 참조). 즉, X는 A가 민법 제126조의 권한을 넘은 표현대리로서 Y회사가 어음금의 지급책임이 있다고 주장할 것이나, Y회사는 민법 제126조의 권한을 넘은 표현대리는 표현대리인의 직접 상대방(B회사)만이 제3자로서 주장할 수 있는 것이지, 이 사건에서처럼 그 직접상대방으로부터 다시 배서를 받은 피배서인(X)는 이를 주장할 수 없다고 다툴 것이기 때문이다. 權限을 넘은 表見代理에서 보호받는 제3자의 範圍문제는 민법문제이나, 어음법에서의 변용이 논의되고 있기 때문에 논점이 된다(論點 2).

3) 배서행위가 직접 상대방인 피배서인(B)에 대한 관계에서 표현대리의 요건을 충족한 경우에 그 후의 어음취득자(X)가 이를 원용할 수 있는지 문제된다(論點 3).

---

1) 이것은 B회사가 선의였다면 표현대리가 성립할 수 있고, 이를 X가 원용할 수 있다는 의미이다. 그러나 이 사건에서는 B회사가 악의이므로 X가 표현대리의 성립을 원용할 수 없다.

4) 끝으로 민법상의 논의로서 Y회사의 사용자책임이 문제된다(論點 4).

참 고

어음僞造와 表見代理

다음의 점을 생각해 보자. 위 사례는 배서의 위조에 해당한다. 소외 A가 '조선무약주식회사 대표사원 김동춘'의 명의로 어음행위를 하였더라면, 이것은 어음행위의 무권대리가 될 것이나, 위 어음은 '조선무약주식회사 대표사원 박대규'의 명의로 어음행위를 한 이상, 어음행위자 김동춘이 자신을 숨기고 타인의 명의로 어음을 배서하였으므로 전형적인 배서의 위조이다. 그런데 대법원은 위 사례에서 '어음행위의 표현대리'문제로 판단하고 있다. 우리 대법원은 비단 이 사건에서뿐만 아니라, 회사관계자가 회사명의의 어음행위를 한 경우 어음의 위조문제가 아닌 代理 또는 表見代理問題로 처리해 왔다.[2)]
그 근거는 추측하건대 다음과 같다.

첫째는, 어음 행위자가 대부분 상무이사·총무이사·자금부장 등 회사를 대리하여 어음행위를 할 권한이 있는 외관을 지닌 자이다. 따라서 이들에게는(어음행위할 대리권은 없을지라도) 다른 행위를 할 수 있는 어느 정도의 기본적 대리권은 있다. 따라서 대리이론을 적용시킬 가능성이 있다.

둘째는, 위조는 물적 항변으로서 피위조자는 누구에 대하여도 책임을 지지 아니한다(이 점은 무권대리의 경우에도 같다). 또한 위조자도 자신의 이름이 어음상에 나타나지 아니함으로써 어음상 책임이 없다. 따라서 어음행위의 위조를 인정하는 경우에는 어음상 책임을 지는 자가 아무도 없게 된다. 결국 민법으로 돌아가 회사에게 사용자의 불법행위책임(민법 제756조)을 묻고, 위조자에게 불법행위책임(민법 제750조)를 묻는 수밖에 없다. 이 경우에는 대개 위조자는 資力이 없고, 회사에게 資力이 있어서 회사의 사용자책임을 묻게 될 것이다. 그러나 사용자책임을 물을 경우에는 '직무집행에 관하여' 그리고 손해액(과실상계) 등에 있어 어음소지인에게 약점이 많다. 어음소지인은 어음법 제8조가 규정한 무권대리인 및 본인의 책임을 묻는 것보다 불리해질 수 있다. 따라서 위조사건을 代理理論으로 해결하는 것이 간편할 수 있고, 어음소지인에게 유리할 수 있다. 물론 위조도 무권대리도 다 같이 물적 항변에 속하여 피위조자·본인은 누구에게도 책임을지지 아니한다는 점은 같으나, 무권대리의 경우에는 본인의 표현책임을 물을 수 있는 기회가 주어질 수도 있다는 점에서 유리하다. 요컨대 위조를 대리이론으로 해결하는 것은 어음소지인을 두터이 보호하기 위한 방편이다.

셋째로, 법적 구조로 보아 어음행위의 위조는 바로 어음행위의 무권대행이다.

2) 대법원 1993. 9. 24. 93다32118; 동 1999. 12. 24. 99다13201 참조. 판례는 오래 전부터 권한 없이 기명날인을 대행한 것은 어음의 위조가 되나, 피위조자에게 귀책사유가 있을 때에는 이

따라서 위조를 무권대행으로 처리하고(이 사건에서는 A는 본인인 Y회사의 어음행위를 대행한 것이 아니라 회사는 스스로 어음행위를 할 수 없으므로 대표이사 박대규를 무권대행한 것이다), 무권대행은 무권대리의 일종으로 보며,[3] 특히 기본대리권이 있는 경우에는 이 사건에서처럼 표현대리의 일종으로 처리하면 실제상 편리하다.

그러나 무권대행은 대리 그 자체는 아니므로 대리에 관한 규정이 직접적용될 수는 없고, 대리에 관한 민법과 상법의 규정이 類推適用될 수 있을 뿐이다.

결국은 회사 관계자의 어음위조의 경우 무권대리로 처리하는 경우가 많게 된다. 위조는 행위자의 명의가 어음상에 전혀 나타나지 아니하고 대리는 대리인의 명의가 명료하게 나타나므로 위조와 대리의 방식은 서로 엄연히 다름에도 불구하고 위조의 경우에도 무권대리로 처리하는 판례의 태도는 옳지 않다고 본다.

2. **被僞造者의 責任**(論點 1)

본래 피위조자는 스스로 기명날인 또는 서명을 한 것이 아니므로 원칙적으로 누구에 대해서도 어음상의 책임을 지지 않지만,[4] 다음의 경우는 책임이 있다. 즉, ① 僞造의 追認에 의한 責任, ② 表見責任, ③ 信義則에 의한 責任, ④ 使用者責任, ⑤ 被僞造者의 支給 등이 그것이다. 이 사건에서는 Y회사의 表見責任과 使用者責任이 문제될 수 있다(자세한 것은 本書 下卷 “背書僞造에 대한 被僞造者의 使用者責任” 참조). 표현책임이 문제되는 경우에도 상법 제395조의 표현대표이사 책임, 상법 제14조의 표현지배인 책임 및 민법 제125조, 제126조, 제129조의 표현대리의 행위에 대한 책임이 문제된다.[5]

본 사건의 피고는 ‘조선무약합자회사’이다. 합자회사의 경우에는 표현대표이사에 관한 상법 제395조(표현대표이사)가 적용되지 아니한다. 만약 피고가 주식회사라고 가정하고 상무이사인 A가 그 명의로 법률행위를 하였다면 제395조의 표현대표이사의

에 표현대리의 성립을 인정하였다.

3) 대법원 1964. 6. 9. 63다1070; 동 1971. 5. 24. 71다471; 동 1969. 9. 30. 69다964; 동 1976. 1. 27. 75다1488 등 참조.

4) 대법원 1965. 10. 10. 65다1726: 약속어음을 다른 사람이 기명날인을 위조하여 발행한 경우에 있어서는 이 약속어음에 발행인으로서 표시된 사람은 그 약속어음의 발행인으로서의 의무를 부담하지 않는다. 비록 이 약속어음을 선의로 배서에 의하여 양수받은 제3자에 대하여서도 발행인으로서의 의무를 부담하지 않는다.

5) 위 조문과 민법 제125조, 제126조, 제129조의 표현대리는 형식에 있어 전혀 다르므로 위 조문의 경우 표현대리가 성립할 수 없다. 다만 우리 판례가 위 조문을 표현대리로 처리하기 때문에 이를 논의할 뿐이다.

성립여부가 문제된다. 그러나 A가 자신의 명칭으로서가 아닌 진정한 대표이사(박대규)의 명의로 법률행위를 하였으므로 위 회사가 주식회사라고 하더라도 표현대표이사 문제가 발생하지 않는다. 다만 A가 표현대표이사의 성립요건을 갖추고, 또한 진정한 대표이사의 명칭으로 법률행위를 하였다면 이 경우 상법 제395조의 표현대표이사에 관한 규정이 적용되는가에 관하여 학설이 나뉘어 이를 부정하는 견해와 긍정하는 견해가 있다. 판례는 긍정설을 취한다(本書 上卷 "表見代表理事의 成立要件(2)" 참조). 이 사건에서는 A가 표현대표이사인지를 논의할 필요는 없다고 본다.

3. 어음行爲의 權限을 넘은 表見代理에서 보호받는 제3자의 범위(論點 2)

민법 제126조는 권한을 넘은 표현대리에 관하여, "대리인(A)이 권한 외의 법률행위를 한 경우에 제3자(B)가 그 권한이 있다고 믿을 만한 정당한 사유가 있는 때에는 본인(Y)은 그 행위에 대하여 책임이 있다"고 규정하고 있다. 따라서 권한을 넘은 표현대리가 성립하기 위하여는 ① 대리인(A)에게 일정한 대리권이 있고, ② 대리인이 그 대리권의 범위 밖의 행위(월권행위)를 하여야 하며, ③ 제3자(B회사)가 선의·무과실이어야 한다.

위 사례에서는 ①과 ②의 요건에 관하여는 다툼이 없고, ③의 제3자의 요건만이 문제이다. 직접상대방인 B회사가 민법 제126조에서 말하는 제3자에 속하는 것은 당연한데, 대리인인 A와 공모하였으므로 A가 어음행위를 할 권한이 없다는 점을 누구보다도 잘 알고 있어서 악의의 제3자에 해당하여 표현대리가 성립되지 아니한다. 문제는 제3취득자인 X가 민법 제126조의 제3자의 범위에 포함되어 Y의 책임을 물을 수 있는가 하는 점이다. 다만 X는 어음을 취득함에 있어 선의이고 그 선의인 점에 아무런 과실이 없다는 점은 인정되고 있다.

어떻든 위조, 즉 무권대행에 대리에 관한 민법의 규정을 적용한다는 전제 아래민법 제126조의 권한을 넘은 표현대리의 제3자의 범위가 어디까지인지 보기로 한다.

(1) 學 說

(가) 直接相對方 限定說 직접상대방 한정설은 어음행위의 표현대리에 있어서 보호되는 제3자는 민법의 해석과 마찬가지로 직접의 상대방에 한하고, 그 이후의 제3취득자는 포함되지 않는다고 하는 입장이다.[6] 즉, 직접상대방 한정설에 의하면 권한을 넘은 표현대리의 성립요건인 '대리권이 있다고 믿을 만한 정당한 사유'는 직접의

6) 김대휘, "어음행위의 표현대리", 「재판자료」 제30집, 254면; 강위두(어) 1997, 102면.

상대방(B회사)에게 존재하여야 하고, 직접의 상대방에게 이러한 사유가 없어 표현대리가 성립하지 아니하면 그 후의 어음취득자(X)에게 이러한 사유가 존재한다고 하더라도 표현대리가 성립하지 아니하여 본인이 책임을 지는 일은 없다고 한다. 반대로 직접의 상대방에게 표현대리가 성립하면 그 후의 제3취득자는 배서에 의하여 직접 상대방의 지위를 승계하므로 제3취득자가 대리권이 없다는 것을 알고 있었더라도 본인은 그 책임을 면하지 못한다고 한다.

직접상대방 한정설의 주요 근거는, ① 대리는 본인·대리인 및 제3자의 존재를 전제로 하는 것으로서 여기에서 제3자는 본인과 대리인에 대한 제3자를 의미하는 것이므로 표현대리의 제3자도 그 표현대리행위의 직접의 상대방을 의미하는 것이지 어음의 제3취득자와 같은 자를 의미하는 것은 아니다. 특정의 어음채무의 成否는 어음법상 물적 항변이고 어음의 소지인에 대하여도 이것을 대항할 수 있는 것과 균형상 민법의 표현대리에 관한 규정이 본래 예정하고 있는 범위 이상으로 확장하여서는 안된다. ② 표현대리에 있어서 정당한 사유의 유무는 무권대리인이 대리행위를 할 때에 무권대리인과 그 상대방간의 구체적인 사정을 고려하여 결정하여야 하는 것인데, 제3취득자가 어음을 취득할 때에는 무권대리인과 그 직접의 상대방간에 존재하였던 구체적인 사정을 신뢰하여 어음을 취득하는 일은 거의 있을 수 없다. ③ 제3취득자 포함설은 제3취득자를 보호하기 위하여 어음행위의 표현대리의 제3자에 제3취득자를 포함시켜야 한다고 하나, 제3취득자를 보호하기 위한 것이라면 그 제3취득자의 취득행위 그 자체를 대상으로 하여야 할 것인데도 이 학설은 그 취득행위 이전의 대리행위를 대상으로 하고 있어 불합리하고, 또 일반적으로 제3취득자는 대리인의 대리행위가 무권대리가 아니라고 믿고 어음을 취득하는 것이 아니고 자기의 직접의 전자가 권리자라고 믿고 어음을 취득하기 때문에 이러한 제3취득자의 어음취득행위는 대리이론에 의하여 보호받을 수 없고, 인적항변의 절단이나 선의취득 등에 의하여 보호될 수 있다. ④ 직접상대방이 표현대리의 요건을 갖추지 못하여 표현대리의 성립이 부정되는 경우 제3취득자 포함설에 따라 그 후의 제3취득자는 표현대리의 요건을 구비하여 표현대리의 성립이 인정된다면, 이는 직접상대방이 가지지 아니한 권리를 제3취득자가 배서에 의하여 취득하는 것이 되어 배서의 권리이전행위성과 모순된다.[7] ⑤ 제3취득자 포함설에 의하면 제3취득자가 악의인 경우에는 그 전자가 선의인 경우에도 본인은 무권대리임을 항변하여 제3취득자에게 대항할 수 있다고 하여야 함에도 불구하고, 이

---

7) 동지: 강위두(어) 101면.

학설에 의하면 배서의 권리이전적 효력을 이유로 이를 부인하고 있으므로 논리상 일관성이 없다는 것 등이다.[8] 우리 나라의 대법원 판례는 바로 이와 같은 직접상대방 한정설을 취하여 문제를 해결한다.[9] 따라서 X가 아무리 선의이고 과실 없이 어음을 취득하였다고 하더라도 보호받지 못한다.

(나) **第3取得者 包含說** 제3취득자 포함설은 어음행위의 표현대리에 있어서 제3자는 대리행위의 직접의 상대방(B회사)뿐 아니라 제3취득자(X)도 포함한다고 한다. 그 이유는 민법 제126조에서 말하는 제3자를 어음행위의 경우에 그 직접의 상대방(B회사)에게 한정한다고 해석하는 것은 어음의 유통력의 강화를 기본이념으로 하는 어음법의 취지에 적합하지 아니할 뿐만 아니라 어음행위는 對公衆的 意思表示라 할 수 있으므로 어음행위의 경우에는 제3자의 범위를 확대할 필요가 있다는 것이다. 즉, 제3자 중에는 직접의 상대방 이외에 그 후의 취득자(X)도 포함된다고 보아 직접의 상대방측에 표현대리의 요건이 구비되어 있으면 그자로부터 어음을 취득한 후자는 표현대리의 법리에 의하여 보호되고, 또 직접의 상대방측에 (惡意가 있어서) 표현대리의 요건이 갖추어져 있지 않다고 하더라도 그 자로부터 어음을 취득한 자 중에서 표현대리의 요건이 구비되어 있는 자가 있는 때에는 그 자 및 그자로부터 어음을 취득한 자는 전부 표현대리의 규정에 의하여 보호된다고 해석하는 것이 어음법의 취지에 비추어 볼 때 타당하다는 것이다(통설).[10]

(2) 判 例

과거의 판례는 제3취득자 포함설을 취한 것도 있으나,[11] 그 후에는 직접상대방 한정설을 취하고 있다.[12] 일본의 판례도 같다.[13]

(3) 私 見

1) 민법 제126조에서 본인·대리인에 대한 제3자라는 문구상 이 규정을 어음행위에 적용하면 제3자란 어음행위의 직접상대방을 지칭하는 것은 당연한 것이다. 즉,

8) 동지: 강위두(어) 101면.

9) 대법원 1986. 9. 9. 84다카2310; 동 1991. 6. 11. 91다3994; 동 1999. 12. 24. 99다13201 참조.

10) 손주찬(하) 80~81면; 양승규(어) 127면; 이철송(어) 109~110면; 정동윤(하) 95면; 정찬형(하) 94면; 서돈각·정완용(下) 76면; 金澤理, "手形行爲の表見代理における第三者", 「ジュリスト」 제108호, 26면.

11) 대법원 1962. 7. 12. 62다255.

12) 대법원 1986. 9. 9. 84다카2310; 동 1991. 6. 11. 91다3994; 동 1994. 5. 27. 93다21521; 동 1999. 1. 29. 98다27470.

13) 日最判 1961. 12. 12. 民集 15. 11, 1756면.

본인과 어음행위를 한 직접상대방 사이에 표현대리가 성립하는 때에는 본인은 직접상대방 및 그 후의 어음취득자에 대하여 어음상의 책임을 부담하나, 본인과 직접상대방 사이에 표현대리가 성립하지 아니하면 본인은 직접상대방에 대하여는 물론 그 후의 어음취득자에 대하여도 어음상 책임을 지지 않는다. 특히 표현대리는 상대방이 대리권의 흠결에 관하여 선의인 경우에만 성립한다고 해석되므로 어음행위의 직접상대방이 악의인 경우에는 본인은 그 후의 어음취득자에 대하여도 어음상의 책임을 부담하지 아니한다. 따라서 어음의 제3취득자로서는 본인에 대하여 어음상의 책임을 물을 수 있는지의 여부는 본인의 어음행위의 직접상대방의 선의·악의에 달려 있어서 제3취득자의 지위는 매우 불안하게 된다.

여기서 민법 제126조의 제3자는 표현대리인의 직접의 상대방(B회사)뿐만 아니라, 이 사건의 X와 같은 어음의 제3취득자도 포함되어 제3취득자에게 표현대리의 성립요건이 갖추어지면 이 때에도 표현대리인의 본인(Y)에게 책임을 인정하여야 한다는 주장이 나타나게 되었다. 이것은 어음의 유통성을 보호하기 위한 것으로서 민법의 이론을 어음법에 수정적용하여야 한다는 것이다.

2) 필자의 견해로는 민법의 意思表示에 관한 기본원칙을 무리하게 변용시킬 것은 아니므로, 직접상대방 한정설이 정당하다고 본다. 제3자까지 표현대리의 상대방이 된다고 하는 것은 의사표시가 미치는 범위를 지나치게 확장하는 것이다.

4. 表見代理 成立의 援用(論點 3)

대법원은 A의 배서행위가 직접 상대방인 피배서인(B)에 대한 관계에서 표현대리의 요건을 충족한 경우에, 그 후의 어음취득자(X)가 이를 원용하는 것은 허용될 수 있다고 한다. 즉, 본인인 Y, 표현대리인인 A, 상대방인 B 사이에 권한을 넘은 표현대리가 성립된다면, B가 Y에 대하여 표현책임을 물을 수 있고, B의 권리를 원고 X가 승계하여 이제 X가 Y에 대하여 그 권리를 행사할 수 있다는 것이다.[14] 그러나 사안에서는 B가 A와 공모하고 있으므로 B가 악의자임이 분명하고, 따라서 Y, A, B 사이에 표현대리가 성립하지 아니한다.

5. 被僞造者의 使用者責任(論點 4)

(1) 使用者責任의 成立與否

사용자에게 책임을 지우기 위해서는, ① 피위조자와 위조자 간에 사용자와 피용

14) 대법원 1991. 6. 11. 91다3994.

자의 관계가 있어야 한다. ② 위조자가 피위조자의 사용인으로서 사무의 집행에 관하여 어음·수표를 위조하였어야 한다. 즉, 사용인의 직무와 밀접한 관련이 있거나 상당한 관련성이 있는 경우이어야 한다. 어음행위와 전혀 무관한 직무에 종사하는 피용자의 위조에 대하여는 피위조자의 사용자책임은 인정되지 않는다.[15] ③ 제3자에게 손해가 생겨야 한다. 여기에서 제3자는 어음·수표의 직접의 상대방 뿐만 아니라 제3취득자도 포함된다. ④ 제3자에게 惡意 또는 중대한 過失이 없어야 한다.[16]

이 사건에서는 배서의 위조가 Y회사의 총무담당 상무이사인 A에 의하여 이루어졌고, A는 경리업무를 총괄·감독하는 지위에 있었으므로 Y회사의 사용자책임을 인정할 수 있다. 또한 X에게 중대한 과실을 인정할 수 있는 자료가 사안에서는 보이지 않는다. 따라서 Y회사의 사용자책임을 인정할 수 있을 것으로 본다.

(2) 損害賠償額

피위조자가 사용자책임을 지는 경우 손해배상액에 관하여 어음상 액면금액이 손해액인지, 아니면 X가 그 어음을 취득하기 위하여 출연한(할인한) 금액이 손해액인지 의문이다.

과거의 판결은 어음의 액면금이 손해액이라 하였으나(額面金 全額說)[17] 대법원은 그 후 전원합의체 판결을 통하여 종래의 판결을 변경하여, 출연한 금액이 손해액이라는 견해를 보였다(出捐額 限度說).[18]

생각건대 피위조자가 사용자책임을 지는 경우의 피위조자의 책임은 일반불법행위법상의 책임이므로 피위조자가 어음금액의 전액에 대하여 책임을 질 이유가 없고, 따라서 할인금 상당액설이 옳다고 본다(자세한 것은 本書 下卷 "背書僞造에 대한 被僞造者의 使用者責任" 참조).

Ⅲ. 結　　語

사례에서 ① Y회사는 어음배서의 피위조자로서 원칙적으로 피위조자의 책임을 부담하지는 않는다. ② 민법 제126조의 권한을 넘은 표현대리규정을 사안에 적용시킬 수 있는가 문제인데, 판례(직접상대방 한정설)는 이를 부정한다. 제3취득자포함설은 민

---

15) 최기원(하) 136면.
16) 대법원 1983. 6. 28. 83다카217.
17) 대법원 1985. 12. 10. 85다카578; 동 1985. 8. 13. 84다카979.
18) 대법원 1992. 6. 23. 91다43848; 동 1999. 1. 29. 98다27470.

법의 意思表示에 관한 기본원칙을 무리하게 변용시키므로, 직접상대방한정설이 정당하다고 본다. 제3자까지 표현대리의 상대방이 된다고 하는 것은 의사표시가 미치는 범위를 지나치게 확장하는 것이다. ③ 다만 배서행위가 직접 상대방인 피배서인에 대한 관계에서 표현대리의 요건을 충족한 경우에 그 후의 어음취득자가 이를 원용할 수는 있다. ④ Y회사는 사용자책임을 부담하여야 한다고 본다.

참 고

이 사건은 약속어음 15매에 관계된 사건이다. 이 사건에서 문제된 제1어음 외 제2어음부터 제15어음까지는 소외 양태양이 '朝鮮貿藥(조선무약)合資會社'의 명판을 '朝鮮貿樂(조선무락)合資會社' 명의로 위조하여 약속어음을 원고에게 배서하여 주었다. 원고는 이 약속어음을 할인함에 있어 '朝鮮貿樂(조선무락)合資會社 朴大圭' 명의의 배서를 '朝鮮貿藥(조선무약)合資會社 朴大圭' 명의의 배서로 오인한 과실이 있지만, 조선무약주식회사의 직원들도 원고측의 문의에 대하여 어음에 대하여 조선무약주식회사 명의로 배서가 된 것으로 잘못 알고 그 배서가 진정한 것이라고 답변하였다. 원심은 이 때의 원고의 과실이 70%라고 보았다. 대법원은 이에 대하여 원고의 과실이 70%라고 본 것은 과실상계의 비율판단을 그르쳐 현저히 형평에 반한다고 하여 파기하였다. 후속판결에 의하면 원고의 과실은 50% 정도라고 한다.

8 背書僞造에 대한 被僞造者의 사용자책임

[조선무약합자회사 대 동인상호신용금고(주) 사건]

대법원 1994. 11. 8. 93다21514 전원합의체판결

設 問

피고 조선무약합자회사(Y)의 경리업무를 총괄·감독하는 총무담당 이사인 김동춘(A)은 어음발행 또는 배서를 할 권한이 없음에도 불구하고 그가 보관하고 있던 어음에 피고회사의 대표이사 박대규의 승낙 없이 Y회사 명의의 배서를 하여(배서의 위조) 주식회사 태양피알(B)의 대표이사 양태양(C)에게 교부하였다. C는 이 어음을 원고 주식회사 동인상호신용금고(X)로부터 할인받았는데, X는 지급제시기간 내에 제시하지 않고 있다가 어음이 부도처리됨으로써 Y회사에 대하여 상환청구권을 행사하고자 하였으나, Y회사는 배서가 위조되었으므로 피위조자는 책임이 없으며, 더욱이 지급제시기간 내에 제시되지 아니하여 상환청구권보전절차를 취하지 아니한 이 어음에 대하여는 책임이 없다고 다투었다. 이에 X는 위 A가 배서를 위조하였을 뿐 아니라 그 직원인 김운수, 이정미 등에게 배서의 진정성립 여부에 관하여 조회가 오면 배서가 진정하게 성립된 것으로 답변하라고 지시하는 위법행위를 함으로써 X가 위 어음을 취득하게 된 것이므로, Y회사는 그 사용인의 불법행위에 대하여 민법상의 사용자책임(민법 제756조)을 져야 하고 그 손해배상액은 어음의 액면금 상당액이라고 주장한다. 이 경우 다음 물음에 답하라.

1. 피위조자 Y가 책임을 부담하는 각 경우를 설명하라.
2. Y의 사용자책임을 묻기 위하여는 X가 소구권을 보전절차를 취하였어야 하는가?
3. Y가 사용자책임을 부담하는 경우 손해배상액 산정기준은 무엇인가?

참고도

피고: 조선무역합자회사(배서인, Y)(본인) ← 사용자책임추궁 ─┐

↓

총무담당 상무이사 김동춘(A) → 태양피알 주식회사(B) → 원고 : 동인상호신용금고(주)(X)

(대표이사 박대규의 배서위조) 대표이사 양태양(C)

目 次

Ⅰ. 判決要旨

1. 原審 判決要旨

원심(서울고등법원 1993. 3. 26. 92나23171)은 피고회사의 使用者責任을 인정하였으나, 원고가 지급제시기간 내에 지급제시를 하지 아니하여 상환청구을 행사할 수 없다는 이유를 들어 손해배상청구를 할 수 없다고 하였다(原告敗訴).

2. 大法院 判決要旨

대법원은 民法上 사용자책임을 논함에 있어서는 어음소지인이 어음법상 상환청구권을 가지고 있느냐는 등 어음법상 권리 유무를 따질 필요가 없으므로, 상환청구권보전의 절차를 밟았는지의 여부는 논의할 필요가 없다는 취지로 판시하였다. 즉, 어음이 위조된 경우에 피위조자는 민법상 表見代理에 관한 규정이 유추적용될 수 있다는 등의 특별한 경우를 제외하고는 원칙적으로 어음상의 책임을 지지 아니하나, 피용자가 어음위조로 인한 불법행위에 관여한 경우에 그것이 사용자의 업무집행과 관련한 위법한 행위로 인하여 이루어졌으면 그 사용자는 민법 제756조에 의한 손해배상책임을 지는 경우가 있고, 이 경우에 사용자가 지는 책임은 어음상의 책임이 아니라 민법상의 불법행위책임이므로 그 책임의 요건과 범위가 어음상의 그것과 일치하는 것이 아니다.

따라서 민법 제756조 소정의 사용자책임을 논함에 있어서는 어음소지인이 어음법상 상환청구권을 가지고 있느냐는 등 어음법상 권리 유무를 따질 필요가 없으므로, 어음소지인이 현실적으로 지급제시를 하여 지급거절을 당하였는지의 여부가 어음배서의 위조로 인한 손해배상책임을 묻기 위하여 필요한 요건이라고 할 수 없고, 어음소지인이 적법한 지급제시기간 내에 지급제시를 하지 아니하여 상환청구권보전의 절차를 밟지 않았다고 하더라도 이는 어음소지인이 이미 발생한 위조자의 사용자에 대한 불법행위책임을 묻는 것에 장애가 되는 사유라고 할 수 없다고 하였다(原告勝訴).[1]

II. 解 說

1. 論 點

이 사건은 본래 매우 다양한 爭點을 가진 사건이나, 본고에서는 설문에 따라 다음 3가지의 문제만을 보기로 한다. 제1문은 어음의 피위조자의 책임을 묻는 것으로 비교적 간단한 문제이다. 제2문은 배서가 위조된 경우 피위조자의 사용자책임 성립요건 중 어음소지인이 상환청구권을 보전절차를 취하여야 하는가를 묻는 것으로 판례의 변경을 주목하여야 한다. 제3문은 피위조자가 사용자책임을 부담하는 경우 손해배상액 산정은 어음액면금이 기준이 되는 것인지, 아니면 할인금 상당액이 기준인지, 이에 관한 판례의 변경을 주목하여야 한다.

1) 본 판결에 대한 평석: 정진세, "배서위조에 대한 피위조자의 사용자책임", 「법률신문」, 1996. 2. 19. 15, 13면; 김용덕, "배서의 위조와 불법행위책임", 「상사판례연구」 제III권, 58면 이하. 참조판례: 대법원 1974. 12. 24. 74다808(평석: 안동섭, "어음위조의 책임관계", 「사법행정」 1991. 6. 76면 이하); 대법원 1990. 4. 10. 89다카17331(평석: 정동윤, "피용자에 의한 어음위조와 사용자책임", 「법률신문」, 1990. 11. 19. 15면; 정찬형, "배서위조와 피위조자의 사용자배상책임", 「법률신문」, 1991. 1. 28. 15, 14면); 대법원 1995. 5. 27. 93다21521.

2. **僞造의 意義**

어음의 위조란 권한 없이 타인의 기명날인을 僞作하여 어음행위(발행 · 배서 · 보증 · 인수 · 참가인수 등)를 하는 것을 말한다. 어음의 위조는 어음행위가 아니고 사실행위이므로 위조자의 고의 · 과실을 요하지 않는다.[2] 권한 없이 어음면에 타인의 기명날인 또는 서명을 하는 이상 發行, 引受, 背書, 保證 등 어떠한 어음행위에 대해서도 위조가 가능하다.

어음의 위조와 변조는 허위의 기재라는 점에서는 같으나, 위조는 어음채무의 成立(어음채무자의 名義)에 관한 허위인 데 대하여, 변조는 어음채무의 내용에 관한 허위이다(그러므로 被變造者란 槪念도 없다.). 또한 위조와 무권대리는 권한없이 어음행위를 한다는 점에서는 같다. 그러나 어음의 위조는 타인의 기명날인 또는 서명을 代行하는 방식으로 어음(수표)행위를 하는 것이나, 어음의 무권대리는 자신의 기명날인 또는 서명으로 어음행위를 하는 것이다.

3. **僞造者의 責任**

(1) 否 定 說

否定說은 어음을 위조한 경우, 위조자는 有價證券 僞造罪 등 형법상 책임(형법 제214조)과 민법상의 不法行爲責任(민법 제750조)을 지는 것은 별문제로 하고, 어음상의 책임은 지지 않는다. 왜냐 하면 위조의 경우에는 어음에 위조자의 기명날인 또는 서명이 없어 위조자가 어음상의 책임을 질 기초가 없고 또 위조자를 신뢰한 제3자의 보호라는 문제도 없으므로 위조자는 어음 · 수표상의 책임을 지지 않는다고 한다.[3] 어음은 엄격한 要式證券이고 文言證券으로서 어음면의 文句에 따라 권리 · 의무가 결정되는데, 어음면에 아무런 흔적이 없는 자가 어음상 책임을 지기는 어렵기 때문이다.

(2) 肯 定 說

肯定說은 피위조자가 책임을 지지 않는 때에는 위조자가 어음 · 수표상의 책임을 져야 한다고 한다. 다만 그 근거에 관하여 無權代理規定類推適用說과 僞造者行爲說로 나뉜다.

1) 無權代理規定類推適用說에 의하면 무권대리와 위조는 권한없는 자가 代理의

2) 강위두 · 임재호(하) 106면.

3) 손주찬(하) 96면; 서돈각 · 정완용(하) 88면; 강위두 · 임재호(하) 117면; 이철송(어) 137면; 이기수(어) 182면; 채이식(하) 77면; 서정갑(어) 117면.

방식으로 어음행위를 하였는가, 代行의 방식으로 어음행위를 하였는가의 차이밖에 없고 兩者는 기본적으로 그 구조가 동일하다고 할 것이므로 僞造에 무권대리에 관한 규정(어 제8조·제77조 제2항, 수 제11조 제2항)을 유추적용할 수 있으며, 또 위조자에게 책임을 인정하여도 누구의 이익도 害하지 않고 어음거래의 안정을 害하는 것도 아니므로 위조자에게 어음상의 책임을 인정하여야 한다고 한다.[4]

2) 이에 대하여 僞造者行爲說은 위조자는 자기의 어음·수표행위에 의한 책임을 진다고 한다. 위조자가 他人(被僞造者)의 名義를 자기를 표시하기 위하여 사용한다고 본 것이다. 결국 위조자가 어음·수표행위를 자기명의로 하였는가, 타인명의로 하였는가를 가릴 필요없이 어음·수표에 기명날인 또는 서명한 이상 채무부담의 意思가 있는 것이므로 거래의 안전을 위하여 위조자는 어음·수표상의 책임을 져야 한다고 한다.[5]

4. 被僞造者의 책임(제1문)

(1) 原 則

피위조자는 자기의 의사에 기하여 스스로 어음행위를 한 것이 아니므로 아무런 책임이 없는 것이 원칙이다. 근대 이래로 自己責任原則에 따라 자기의 뜻과 자기의 행위가 아닌 데도 책임을 지는 경우는 특별한 예외적인 경우 외에는 없기 때문이다. 그 예외적인 경우는 다음과 같다.

(2) 僞造의 追認

피위조자가 위조를 추인한 경우는 그 자에게 책임을 인정하여도 무방할 것이다.

(3) 表見責任

어음·수표의 경우에 위조자와 피위조자 사이에 특수한 관계가 있어 위조자와 거래한 제3자가 위조자에게 그러한 어음행위를 할 권한이 있다고 믿을 만하고, 그 신뢰에 피위조자의 귀책사유를 인정할 수 있는 경우에는 피위조자의 표현책임이 문제된다. 이 경우는 상법 제395조(표현대표이사), 상법 제14조(표현지배인) 및 민법 제126조(권한을 넘은 표현대리)의 적용여부가 문제된다.

사례의 경우에는 조선무약 '주식회사'가 아닌 '합자회사'이기 때문에 상법 제395조의 적용문제는 없다.[6] 또한 김동춘이 표현지배인이 아니므로 상법 제14조의 문제도

---

4) 정찬형(하) 118면; 정동윤(어) 102면; 양승규(어) 148면.

5) 최기원(하) 141~142면.

6) 만약에 '조선무약주식회사'라면 A가 표현대표이사로서의 지위를 가지고 있으므로, 상법 제395

없다. 한편 민법 제126조의 권한을 넘은 표현대리에 관한 규정의 적용여부를 검토하여야 한다. 사안에서는 민법 제126조의 표현대리가 성립한다.[7]

(4) 信義則에 의한 책임

피위조자의 위조라는 항변이 信義則에 反하는 경우에는 피위조자가 어음·수표상의 책임을 져야 한다. 예컨대 피위조자가 위조의 情을 알면서 동일한 위조자에 의한 위조어음의 어음금을 지급하여 계속적인 어음의 위조를 가능하게 한 경우에는 先行行爲와 矛盾되는 행위의 禁止 및 信義誠實의 原則에 위배되므로 어음상의 책임을 져야 한다. 이것은 독일의 판례와 학설이 인정한 것이고,[8] 또 英美에서도 禁反言의 原則에 의한 책임으로 인정되고 있는 것인데,[9] 우리 나라의 다수견해도 신의성실의 원칙상 피위조자의 어음상의 책임을 인정한다.[10]

(5) 被僞造者의 支給

피위조자가 어음이 위조된 것을 알고서도 어음금액을 지급한 때에는 어떠한 학설에 의하든간에 위조의 追認이 되어 그 지급은 유효하게 된다. 피위조자가 위조어음인 줄 모르고 어음금을 지급한 경우에는 그 반환을 청구할 수 있다. 그러나 이 경우에 지급이 있었기 때문에 소지인이 권리보전절차를 취하지 아니하여 어음상의 권리를 喪失한 때에는 피위조자의 지급은 민법 제744조의 도의관념에 적합한 非債辨濟로 되어 그 반환을 청구할 수 없으므로 결국 책임을 부담하게 된다.

(6) 使用者責任

어음의 위조는 피위조자와 전혀 무관한 자가 행하는 수도 있으나 실제는 피위조자와 특별한 관계, 특히 고용관계에 있는 자가 私益을 위하여 행하는 경우가 대부분이다. 위조자(피용자)의 위조행위가 불법행위가 되는 경우, 피위조자가 사용자배상책임을 져야 할 경우가 있다. 사용자에게 책임을 지우기 위해서는, ① 피위조자와 위조자간에 사용자와 피용자의 관계가 있어야 한다. 피용자는 반드시 고용계약관계가 있어

조의 표현대표이사의 어음행위의 효력에 관하여도 논의하여야 함은 당연하다. 그런데 A는 자신의 명의로 법률행위를 한 것이 아니라 진정한 대표이사의 명의로 아무런 권한 없이 어음행위를 한 것이므로, 이 경우에도 상법 제395조의 표현대표이사에 관한 규정으로 해결할 수 있는가에 관하여 견해가 갈린다(本書 上卷 "表見代表理事의 行爲의 效力" 참조). 이에 관하여는 긍정설과 부정설이 있으나, 필자의 견해로는 긍정설이 타당하다고 본다.

7) 本書 下卷 "어음行爲의 權限을 넘은 表見代理" 참조.

8) RG 126, 223, 225; BGHZ 47, 110; Hueck-Canaris §6 II 5; Brox, Rdn. 545.

9) B. E. A. §24, U. C. C. §3~403(a).

10) 동지: 손주찬(하) 94면; 정동윤(하) 100면; 최기원(하) 134면; 강위두(어) 124면; 채이식(하) 257면.

야 하는 것은 아니고 사실상 지휘·감독을 받는 관계이면 충분하고(대법원 1968. 12. 8. 67다2644), 보수의 유무나 계속성은 문제되지 않는다(대법원 1960. 12. 8. 4292민상977). ② 위조자가 피위조자의 피용자로서 사무의 집행에 관하여 어음·수표를 위조하였어야 한다. 즉, 사용인의 職務와 밀접한 관련이 있거나 相當한 관련성이 있는 경우이어야 한다. 어음행위와 전혀 無關한 직무에 종사하는 피용자의 위조에 대하여는 피위조자의 사용자책임은 인정되지 않는다.[11] ③ 제3자에게 損害가 생겨야 한다. 여기에서 제3자는 어음·수표의 직접의 상대방뿐만 아니라 제3취득자도 포함된다. ④ 제3자에게 惡意 또는 중대한 過失이 없어야 한다(대법원 1983. 6. 28. 83다카217). 어음의 위조의 경우에는 민법상의 사용자책임의 규정(민법 제756조)과는 달리 제3자가 惡意인 경우에는 피위조자의 사용자책임이 성립되지 않는다.

이 사건에서는 배서의 위조가 Y회사의 총무담당 상무이사인 A에 의하여 이루어졌고, A는 경리업무를 총괄·감독하는 지위에 있었으므로 Y회사의 사용자책임을 인정할 수 있다. A는 나아가 Y회사의 경리직원들에게 배서의 眞正成立與否에 관한 조회가 오면 虛僞로 답변하라고 지시하였고, X는 그 경리직원의 허위진술을 믿고 어음을 취득하였으므로 X의 손해와 Y회사의 직원들의 위법행위 사이에는 因果關係가 있는 한편, 경리직원들에게 어음의 진정성립에 관하여 조회까지 한 X에게 重大한 過失을 인정하기는 어렵다. 따라서 Y회사의 사용자책임을 인정하기에 부족함이 없다.

(7) 제1문에 대한 해답

위에서 살펴본 바와 같이 피위조자는 위조된 어음에 대하여 책임이 없는 것이 원칙이나, 예외적으로 위 5가지의 경우에는 책임을 부담한다. 특히 이 사례에서는 민법 제126조의 표현대리책임과 민법 제756조의 사용자불법행위책임이 적용된다.

5. 所持人이 償還請求權保全節次를 취하여야 할 義務如何(제2문)

(1) 問 題 點

소지인이 상환청구권보전절차를 해태한 경우에는 상환의무자인 배서인이나 보증인에 대한 상환청구권을 상실한다(물론 이 때에도 主債務者에 대하여는 소멸시효기간 내(만기로부터 3년)에는 어음금의 지급을 청구할 수 있다). 이 경우에도 피위조자에게 민법상의 사용자책임을 물을 수 있는 것인지 의문이다.

과거의 판결을[12] 보면, 어음소지인이 상환청구권보전절차를 懈怠(지급제시기간 내

11) 최기원(하) 136면.

12) 대법원 1974. 12. 24. 74다808; 동 1990. 4. 10. 89다카17331.

에 지급제시를 하지 아니하고 지급거절증서를 작성하지 아니한 것)하여 상환청구권을 상실한 경우에는 그의 손해가 피용자의 위조와의 사이에 인과관계가 없다는 이유로 피위조자의 사용자책임을 부정하였다. 그러나 위 사례의 新判決은 종래의 판결을 변경하기로 하여 전원합의체에서 피위조자의 사용자책임을 긍정하는 판결(상환청구권보전절차 불요설)을 하였다. 과거의 판결(상환청구권보전절차 필요설)을 지지하는 견해와 新判決(상환청구권보전절차 불요설)을 지지하는 견해의 각 논거를 살펴보겠다.

(2) 상환청구권보전절차 필요설

상환청구권보전절차 필요설은 사용자의 배상책임이 어음관계와 結付되어 있으므로, 소지인이 어음상의 상환청구권을 상실한 이상 사용자의 배상책임을 별도로 물을 수도 없다는 견해이다(日本의 소수설). 그 이유는 다음과 같다.

1) 사용자의 배상책임이 어음관계와 결부되어 있는 경우에는 사용자의 賠償責任法理만에 의하여 해결될 수는 없다. 왜냐 하면 사용자의 배상책임을 묻는 것은 형식적인 것이고, 실질은 어음상의 책임을 묻는 것이므로, 피위조자가 상환의무를 부담하지 아니하면 피위조자로서는 민법상의 사용자책임을 포함하여 어떠한 책임도 부담하지 않는다고 보는 것이 논리적으로 당연하다.

2) 소지인이 사용자에게 원하는 것은 배서가 위조되지 아니한 상태의 어음인데, 소지인이 원하는 대로 소지인이 위조되지 아니한 어음을 소지하고 있는 것으로 간주하더라도 제시기간의 도과로 소지인에게는 어차피 상환청구권이 없다.

3) 사용자는 피용자가 했던 행위를 사용자 자신이 했다고 가정한 경우보다 더 중한 책임을 질 수는 없다. 만약에 배서를 위조하지 아니하고 사용자 스스로 진정한 배서를 하였다면 사용자(배서인)는 소지인의 상환청구권보전절차의 欠缺에 따른 상환청구권의 상실로 책임을 면하였을 것이다. 피용자가 배서를 위조한 경우 자신이 진정한 배서를 한 경우보다 더 무겁고 엄격한 책임을 진다는 것은 부당하고, 이것은 오히려 위조어음의 소지인을 더욱 보호하게 되는 기이한 결과가 된다.

(3) 상환청구권보전절차 不要說

이 學說은 어음법상의 請求權과 민법상의 請求權은 분리·독립하여 행사할 수 있다고 하는 견해이다.[13] 그 근거는 다음과 같다.

1) 민법상의 사용자책임을 묻는 것은 어음상의 책임을 묻는 것과는 근본적으로 다른 것이므로 어음소지인이 상환청구권을 가지고 있는지의 여부는 전혀 따질 필요가

13) 양승규(어) 142면; 정동윤(하) 101면; 정찬형(하) 116면.

없고, 어음법상 권리를 가지고 있는가의 여부는 어음상의 책임을 물을 때에만 문제로 삼아야 한다. 상환청구권이 없어서 어음상 권리를 행사할 수 없더라도 민법상 사용자 책임은 별개로 물을 수 있다. 또한 어음소지인은 어음의 위조가 없었더라면 대가를 상실하지 아니하였을 것이므로, 어음의 위조와 대가의 상실 간에는 인과관계가 있다고 보아야 한다.[14]

2) 어음소지인이 지급제시기간 내에 지급제시를 하였다고 가정하더라도 어음위조는 物的 抗辯이고 배서인이 상환의무를 부담할 리 없으므로, 어음소지인은 피위조자인 배서인에 대하여는 어차피 상환청구권을 행사하지 못한다. 따라서 배서위조의 경우 어음소지인이 지급제시기간 내에 지급제시를 하였는가 여부를 논의하는 것은 무의미하다.

3) 어음소지인으로서는 위조된 배서를 眞正한 것으로 믿고 割引金을 지급하는 즉시 그 어음액면금 상당이 아닌 그 지급한 할인금 상당의 손해를 입었다고 할 것이므로 그 후 어음소지인이 현실적으로 지급제시를 하여 거절당하였는지의 여부가 어음배서의 위조로 인한 손해배상책임을 묻기 위하여 필요한 요건이라 할 수 없고 또한 사용자에 대한 불법행위책임을 묻는 것에 장애가 되는 사유라고 할 수 없다.

4) 상환청구권보전절차 필요설을 지지하는 견해에 의하면 어음발행이 위조된 경우 발행인은 主債務者로서 소멸시효기간(만기로부터 3년) 내에는 절대적 책임을 져야 하므로 소지인의 지급제시가 없더라도 피위조자는 3년간 사용자책임을 져야 하는데, 우연히 발행이 아닌 배서가 위조되었다고 하여 지급제시기간의 경과를 이유로 사용자책임을 면하게 하는 것은 형평에 맞지 않는다.

5) 만약에 위조자가 배서없이 어음을 교부한 경우 또는 배서 및 상환청구권보전절차가 없는 각서나 차용증을 위조·교부한 경우에는 사용자책임을 물을 수 있을 터인데 배서위조의 경우에는 상환청구권보전절차가 흠결되었다고 사용자책임을 지지 않는다면 부당하다.

6) 배서위조의 사실이 미리(滿期 이전) 밝혀진 경우 배서인에게 상환의무가 없고, 소지인에게 상환청구권도 없다는 것을 소지인이 알게 될 터인데, 존재하지도 아니하는 상환청구권 보전을 위하여 지급제시기간 내에 제시할 것을 소지인에게 요구하는 것은 무리이다.

(4) 私 見

---

14) 동지: 정동윤(어) 101면.

상환의무보전절차 不要說이 타당하다. 그 근거는 위에 열거한 것 외에도 다음과 같은 것이 있다.[15]

1) 손해배상청구권자로서는 청구권이 여러 개 존재할 때, 그 독립적 행사를 저지하는 특별한 규정이 없는 이상 각각 분리·선택하여 행사할 수 있음은 당연하다(청구권의 경합). 따라서 어음의 소지인이 어음법상 권리가 있으면 그 권리를 행사하면 되고, 어음법상의 권리와는 그 성립요건과 효과가 다른 민법상 청구권이 존재하면 또 그 민법상의 권리를 행사하면 된다. 어음법상의 권리가 소멸되었다고 하여 민법상의 권리까지도 행사할 수 없다는 이론구성은 우리 私法上 근거없는 주장이다.

2) 만일 배서가 위조되지 아니하였다고 하더라도 지급제시기간을 도과하였다면 어차피 배서인에 대하여 어음상의 책임을 물을 수 없었을 터인데, 우연히 배서가 위조된 어음을 소지하게 되었다고 하여 지급제시기간이 도과한 후에도 별도로 민법상의 손해배상책임을 행사할 수 있다면 이것은 오히려 위조어음의 소지인을 더욱 보호하게 되는 기이한 결과가 된다는 주장은 받아들이기 어렵다. 왜냐 하면 배서가 위조된 어음을 취득한 자체가 이미 손해를 잉태한 것이기 때문이다. 위조된 어음은 결국에 가서는 부도되기 마련이다. 부도되지 아니한다면 오히려 비정상적이다. 부도될 어음을 취득케 한 사실 자체가 이미 불법행위이다. 이 사건에서 상환청구권보전절차를 취하여야 할 시점 이전에 이미 불법행위가 성립한 것이지, 상환청구권보전절차를 취하여야 할 시점 이후에 비로소 불법행위가 성립한 것은 아니다. 따라서 상환청구권보전절차를 취하였는지 여부와 민법상의 사용자책임을 묻는 것은 아무런 관계가 없다.

3) 정상배서된 어음과 위조배서된 어음은 분명한 차이가 있다. 정상적인 어음의 경우는 상환청구권보전절차를 취하였더라면 소지인은 상환청구권을 가졌고, 이득상환청구권도 행사할 수 있다. 그러나 배서가 위조된 어음은 상환청구권보전절차를 취하였더라도 상환청구권을 가질 수 없고 이득상환청구권도 없다. 상환청구권보전절차를 취하지 아니하였다는 결과만을 가지고 평면적으로 비교하여 어차피 상환청구권을 행사할 수 없는 어음이라고 동일하게 취급하는 것은 잘못이다.

(5) 제2문에 대한 해답

위 사견에서 살펴본 바와 같이 배서위조의 경우 피위조자의 사용자책임을 묻기 위하여 어음소지인이 상환청구권보전절차를 취할 필요는 없다고 생각한다.

---

15) 다만 위 불요설의 4)항목은 발행인의 지위와 배서인의 그것은 본래 서로 다른 점, 5)항목은 배서없이 어음을 교부한 경우 또는 각서나 차용증을 교부한 경우와 배서를 위조한 경우는 서로 같지 아니하므로 이를 서로 비교하는 것은 무리가 있다고 보아 찬성할 수 없다.

6. 損害賠償額 算定基準(제3문)

(1) 問 題 點

피위조자가 사용자책임을 지는 경우 손해배상액에 관하여 어음상 액면금액이 손해액인지, 아니면 X가 그 어음을 취득하기 위하여 출연한(할인한) 금액이 손해액인지 의문이다.

(2) 判例의 변천

과거의 판결은 어음의 액면금이 손해액이라 하였다(額面金 全額說).[16] 이 견해에 의하면 소지인이 지급인으로부터 어음금의 지급을 받지 못하였다는 것 자체가 손해라는 것이다. 그러나 대법원은 그 후 전원합의체 판결을 통하여 종래의 판결을 변경하여, 출연한 금액이 손해액이라는 견해를 보였다(出捐額 限度說).[17] 즉, 변경된 판결에 의하면 위조된 수표를 할인에 의하여 취득한 사람이 그로 인하여 입게 되는 손해의 액은 특별한 사정이 없는 한 그 위조수표를 취득하기 위하여 현실적으로 出捐한 할인금에 상당하는 금액이지 그 수표가 진정한 것이었더라면 그 수표의 소지인이 지급받았을 것으로 인정되는 그 수표의 액면에 상당한 금액이 아니라고 판시하였다.

(3) 私 見(제3문에 대한 해답)

생각건대 출연액 한도설이 옳다고 본다. 왜냐 하면 이 경우의 피위조자의 책임은 일반불법행위법상의 책임이므로 피위조자가 어음금액의 전액에 대하여 책임을 질 이유가 없다. 나아가 실제로 손해가 있는지를 따져 보아야 하고 막연히 어음금 전액에 대한 책임을 묻는 것도 불합리하다. 어음금액은 滿期에 지급받을 수 있는 期待權에 불과하다. 그리고 그 어음을 취득하기 위하여 실제로 출연한 금액이 손해라고 보는 것이 상당인과관계 내의 손해라고 하겠다. 사례의 판결도 "위조된 약속어음을 취득함으로써 입은 손해는 다른 특별한 사정이 없는 한 이를 취득하기 위하여 현실적으로 출연한 할인금 상당액일 뿐, 그 어음이 진정한 것이었다면 어음소지인이 지급받았을 것이라고 인정되는 그 어음액면 상당액이라고는 할 수 없다"고 하여 출연액 한도설을 취하였다.

---

16) 대법원 1985. 12. 10. 85다카578; 동 1985. 8. 13. 84다카979.
17) 대법원 1992. 6. 23. 91다43848.

퀴 즈

Ques. 어음위조의 입증책임은 누구에게 있는가 ?

Ans. 어음법 제16조 제1항은 "환어음의 점유자가 背書의 連續에 의하여 그 권리를 증명한 때에는 이를 적법한 소지인으로 추정한다"고 규정하고 있는데, 이 규정의 해석상 위조의 입증책임을 피위조자에게 부담시킬 수 있는가 하는 점을 놓고 學說은 被僞造者立證責任說과 所持人立證責任說이 대립하여 왔으며, 대법원의 구판례가 피위조자입증책임설을 취하였었다(대법원 1987. 7. 7. 86다카2154 참조). 이와 같은 판례에 대하여 학자들의 많은 비판이 있었는데, 1993. 8. 24. 선고, 93 다 4151 판결에서[18] 대법원의 다수의견은 이와 같은 비판을 수용하고 종래의 판결을 변경하여 소지인입증책임설을 취하였다.

(1) 어음所持人 立證責任說(多數說)

소지인입증책임설이 주장하는 근거는 다음과 같다.[19]

1) 어음법 제16조 제1항은 "환어음의 점유자가 배서의 연속에 의하여 그 권리를 증명할 때에는 이를 적법한 소지인으로 추정한다"고 규정하고 있는데, 이것은 어음채무가 존재하는 사실을 추정하는 것이 아니라 혹시 어음상 권리가 있으면 그 권리는 소지인에게 歸屬한다는 점에 관한 推定規定일 뿐이다.

2) 소지인은 자기의 위험부담하에 어음관계에 관여하게 된 者인데 反하여 피위조자는 어음의 위조와 전혀 무관한 자일 수도 있는데, 더욱이 아무런 어음행위를 하지도 아니하였고 아무런 귀책사유가 없는 피위조자는 보호되어야 할 것이므로 이 때에 피위조자에게 위조사실에 대한 입증책임을 부담시키는 것은 피위조자에게 너무 가혹하다.

3) 입증책임의 分配에 관한 일반원칙에 의하면 권리를 주장하는 자에게 입증책임이 있는 것이므로 어음위조의 입증책임도 권리를 주장하는 어음소지인이 부담하여야 한다.

---

18) 본 판결에 대한 찬성평석: 최기원, 「법률신문」 1993. 10. 18; 정동윤, 「법률신문」 1993. 11. 15; 부분적 찬성평석: 정진세, 「법률신문」 1993. 11. 22; 반대평석: 이기수, 「법률신문」 1993. 10. 4.

19) 손주찬(하) 92면; 양승규(어) 154면; 강위두(어) 118면; 최기원(하) 140면; 정동윤(하) 103면; 정찬형(하) 121면; 최기원, "어음위조의 항변과 입증책임", 「법률신문」, 1993. 10. 18. 15면 이하. 다만 이철송교수는 어음에 찍힌 인장이 피위조자의 진정한 인장이라면 피위조자가 기명날인한 것으로 추정하여야 하고(民訴 제329조) 피위조자가 위조사실을 입증하여야 한다고 한다. 미국통일상법전은 소지인에게 입증책임이 있음을 명문으로 규정하고 있다(UCC § 3 - 308 (a)).

(2) 被僞造者 立證責任說(少數說)

피위조자 입증설의 근거는 다음과 같다.[20]

1) 어음법상에는 어음위조의 입증책임에 관한 특별한 규정을 두고 있지 아니하므로, 민사소송법 제329조에 따라 어음의 위조사실을 主張하는 피위조자가 그 입증책임을 부담하여야 한다.

2) 어음법 제16조에 의하여 背書가 連續된 어음의 점유자는 적법한 소지인으로 추정되므로 자신의 권리를 증명할 필요가 없고 피위조자가 어음이 위조되었다는 것을 증명하여야 한다.

3) 어음의 위조에 대한 입증책임은 어음외의 사실관계이므로 그 위조를 주장하는 피위조자가 이를 입증하는 것이 容易하다.[21]

4) 어음은 유통증권인 이상 거래의 안전과 유통성을 보호하여 어음의 기능이 위축되지 않도록 하여야 한다. 만약 다수설에 의하면 어음거래는 크게 위축된다.

(3) 學說 및 判例의 검토

생각건대, 아무런 어음행위도 하지 아니한 피위조자에게 자신의 기명날인이 위조되었다는 것에 대한 입증책임을 지도록 하는 것이 가혹하다고 할 수 있다. 따라서 피위조자에게 입증을 하게 하는 것이 法理上 옳다고 할 수 없다. 입증문제는 각 구체적 사건과 소송과정의 각 국면에 따라 달리 판단하여야 한다고 본다. 피위조자와 위조자의 관계(예컨대 사업자와 그 임직원), 피위조자에게 귀책사유가 있는지의 여부, 당사자의 입증의 難易度, 증거와의 거리, 筆跡이 누구의 것인지, 인장은 盜用한 것인지 아니면 새로이 새긴 것인지 등을 고려하여 立證責任을 分配하여야 한다고 본다. 따라서 "어음의 위조는 무조건 소지인이 입증하여야 한다"라거나 무조건 "피위조자가 입증하여야 한다"는 등의 획일적 판단은 옳지 않다고 본다. 그러나 대법원의 다수의견이 소지인입증책임설을 취하였고 이 판결이 유지되는 한, 어음이 위조되지 아니하였다는 사실은 어음의 소지인이 이를 입증하여야 한다.

---

20) 채이식(하) 267면; 서돈각·정완용(하) 89면; 田中誠二, 新版「手形·小切手法」, 94면.
21) 이기수, "위조있는 어음의 입증책임", 「법률신문」, 1990. 10. 23, 11면.

9 어음變造의 效果

[동부제강(주) 대 변준택 사건]

대법원 1992. 4. 28. 92다4082

事 例

원고 동부제강 주식회사(X)는 1990년 6월 29일 소외 소영호(A)에게 지급일을 1990. 10. 2. 로, 지급지 및 발행지를 서울특별시, 지급장소를 주식회사 상업은행으로 각각 기재한 액면 1,529,000원의 약속어음 1매를 발행·교부하였다. 그런데 A는 위 어음의 금액을 71,529,000으로 변조한 다음 1990. 6. 30. 일부는 채무변제조로, 나머지 금액은 약속어음을 교부받고 피고인 변준택(Y)에게 배서양도하였다. Y는 지급기일(1990. 10. 2.)에 위 변조된 어음을 지급제시하였고, 위 상업은행은 같은 해 10월 5일 X의 자금으로 Y에게 변조된 액면금 71,529,000원을 지급하였다. 이에 X는 Y에게 7천만원의 부당이득 반환을 청구하였다. Y는 X에게 7천만원의 부당이득을 반환하여야 할 것인가?

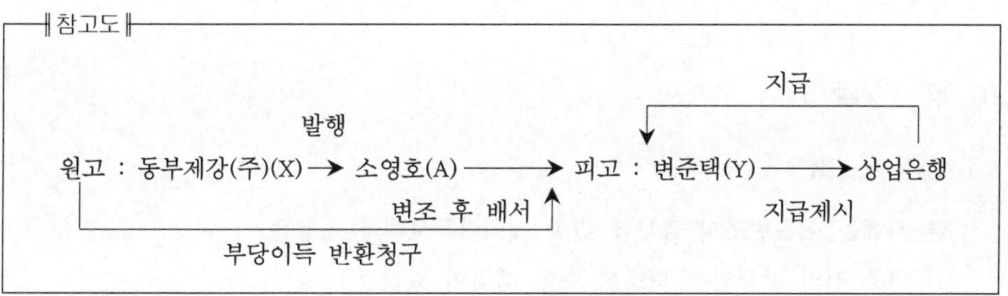

目 次

Ⅰ. 判決要旨

이 사건에서는 원심(서울고등법원 1991. 12. 27. 91나34600)과 대법원이 다 같이 原告勝訴判決을 하였다. 대법원의 판결요지는 다음과 같다.

1) 약속어음 발행 후 액면금액이 變造된 경우 발행인은 발행 당시의 액면금액의 범위 내에서만 채무를 부담하고, 그 액면금액이 변조된 뒤에 위 어음을 취득한 자는 발행인에 대하여 변조 전의 액면금액의 범위 내에서만 어음상의 권리를 취득하고 이를 초과하는 부분에 관하여는 아무런 권리를 취득하지 못한다.

2) 발행인은 이 사건에서 은행이 어음금을 지급하기 전에 그 액면금이 變造되었는지의 여부를 조사하였더라면 쉽게 변조사실을 알 수 있었을 터인데 이를 소홀히 한 過失을 이유로 은행에 대하여 초과지급된 부분에 대한 배상을 구할 수 있지만, 그렇다고 하더라도 발행인이 어음금 受領人에게 不當利得金의 반환을 청구하는 것은 별개의 문제로서 지장이 없다.

Ⅱ. 解　　說

1. 論　　點

본 사례는 어음변조의 효과에 관한 것이다. 사례의 논점은,

1) 변조 전의 발행인이 변조에 대한 책임이 있는가.

2) 變造者는 어떠한 책임을 지는가.

3) 변조어음을 지급한 은행의 책임은 어떠한가.

4) 변조된 어음을 취득한 소지인은 완전한 어음상의 권리를 취득하는가 등이다.

2. 어음變造의 뜻

어음의 변조란 권한 없이 記名捺印 또는 署名(1995. 12. 6. 개정 어음법·수표법에 의하여 기명날인을 서명으로 갈음할 수 있게 되었다. 아래에서는 단순히 기명날인으로 쓴다) 이외의 기재사항을 변경하는 것을 말한다. 어음 당사자의 동의하에 어음행위의 내용을 변경하는 것은 변조가 아니나, 어음발행인이 어음상에 다른 권리 또는 의무를 가진 자가 있는 경우에, 이러한 자의 同意를 얻지 않고 한 변경은 변조에 해당한다.[1]

---

1) 대법원 1981. 11. 24. 80다2345; 동 1987. 3. 24. 86다카37; 동 1989. 10. 24. 88다카20774.

變更은 어음요건뿐 아니라 有益的 記載事項의 변경도 포함된다. 그러나 無益的 記載事項을 변경하거나 새로이 기재한 경우에는 어음의 내용과 효력에 아무런 변동이 생기지 않으므로 변조가 아니다.

변조의 방법은 기존 문구의 抹消, 變改, 新文句의 첨가 등 제한이 없다. 그러나 변조 후에도 기본어음으로서의 형식적 요건은 구비하여야 한다. 변조자의 故意·過失은 묻지 않는다.

어음의 위조와 변조는 허위의 기재라는 점에서는 같으나, 위조는 어음채무의 成立(어음채무자의 명의, 즉 기명날인)에 관한 허위인 데 대하여, 변조는 어음채무의 內容에 관한 허위이다(그러므로 피변조자라는 개념도 없다).

기명날인도 변조의 대상이 될 수 있으니, 진정한 기명날인에 대하여는 변조가 되고, 새로 변경된 기명날인에 대하여는 위조가 된다고 본다.

3. 어음變造의 效果

(1) 變造前에 記名捺印 또는 署名을 한 者의 責任(論點 1)

어음의 변조전에 기명날인한 자는 원칙적으로 原文句, 즉 기명날인할 당시의 어음문구에 따라 책임을 진다(어음법 제69조, 제77조 제1항 제7호)는 것이 通說이다. 변조전에 기명날인을 한 자가 변조 후의 문구에 따라서 책임을 질 이유가 없고, 변조로 인하여 일단 발생한 책임이 免除될 이유도 없기 때문이다.[2]

따라서 이 사건에서 X(발행인)는 발행행위 당시의 액면금액인 금 1,529,000원의 범위 내에서만 어음채무를 부담한다. 변조 후에 어음을 취득한 Y도 X에 대하여서만은 변조전의 액면금액인 1,529,000원의 범위 내에서만 어음상의 권리를 취득하고 이를 초과한 부분에 대하여는 취득하지 못한다.

(2) 變造者의 責任(論點 2)

㈎ **어음상의 책임** 변조자가 단순히 변조만을 하였을 뿐 어음행위(기명날인 또는 서명)를 하지 않는 경우에는 어음상의 책임은 지지 않는다. 변조자의 기명날인이 어음상 나타나지 않으므로 어음상의 책임은 없기 때문이다.[3] 그러나 변조와 동시에 어음

2) 그러나 영국의 환어음법(Bill of Exchange Act)은 변조 전에 서명한 자는 원칙적으로 어음채무를 면하는 것으로 규정하고 있고[B.E.A. §64 (1)], 미국통일상법전은 詐欺的 變造의 경우에는 그 변조에 의하여 영향을 받은 어음채무자는 원칙적으로 어음채무를 免하는 것으로 규정하고 있다[UCC §3-407(b)].

3) 그러나 어음법 제8조(어 제77조 제2항, 手 제11조)를 유추적용하거나 무권대리에 관한 규정을 준용하여 변조자에게 변조된 문구에 따른 책임을 인정하는 견해도 있다: 정동윤(하) 106면;

행위(기명날인과 交付行爲)를 하면 그 변조된 문구에 따라 책임을 진다(어음법 제69조, 제77조 제1항 제7호).

이 사건에서는 변조자가 변조와 동시에 어음행위를 하였다. 따라서 변조자는 어음의 소지인에 대하여 71,529,000원에 대하여 책임을 져야 한다.

여기서는 문제가 되지 않지마는 변조 후의 어음에 기명날인한 다른 모든 자도 똑같이 變造 후의 문구에 따라 책임을 져야 한다. 이는 변조 후의 문구을 자기 의사표시의 내용으로 어음행위를 한 당연한 결과로서, 그 문구가 자기의 어음행위의 내용을 이루는 것이기 때문이다. 따라서 변조 후의 기명날인자는 변조의 사실을 알았든 몰랐든 간에, 변조어음의 취득자의 善意·惡意를 불문하고 책임을 진다. 그러나 변조로 인하여 어음요건이 결여된 후에 이에 기명날인을 한 자는 어음상 아무런 책임도 지지 아니한다. 왜냐 하면 형식적으로 무효인 어음이 유통되는 결과가 되기 때문이다. 그러나 이 경우에도 변조 전에 그 어음상에 기명날인한 자는 원래의 문구에 따라 어음상의 책임을 부담한다.

㈏ **민법상의 책임** 변조자는 민사책임으로서 변조로 인하여 손해가 발생하면 손해를 배상하여야 하고(민법 제750조), 被傭者(종업원)이 변조를 한 경우에는 그 사용자(영업주)가 배상하여야 한다(민법 제756조). 여기서는 문제가 되지 아니한다.

㈐ **형법상의 책임** 변조자는 刑事上 有價證券 變造罪의 책임을 져야 한다. 물론 어음법상의 변조와 형법상 유가증권 변조의 개념은 항상 일치하는 것은 아니지만 어음의 변조가 형법상의 유가증권 변조죄에 해당하면 刑罰의 제재(10년 이하의 징역)를 받는다(형법 제214조 제1항).

(3) 銀行의 責任

변조된 어음을 過失로 지급한 은행은 책임을 免할 수 없다. 특히 이 사건에서는 약속어음의 지급인인 상업은행이 소지인에게 어음금을 지급함에 있어 그 액면금이 변조되었는지의 여부를 조사하였더라면 쉽게 변조사실을 알 수 있었을 터인데 이를 소홀히한 채 변조된 액면금 전액을 지급하였다고 한다. 따라서 은행은 과실에 기한 책임을 免할 수 없다. 어느 은행을 막론하고 은행수신거래약관에는 "누구나 위·변조임을 쉽게 식별할 수 있는 경우에는 은행에 배상책임이 있다"고 되어 있다. 물론 '위·변조임을 쉽게 식별할 수 있었는지의 여부'가 중요하나, 이것은 구체적 사정에 따라서 결정할 문제이고, 일률적으로 말할 수 없다.

U.C.C.3-404 (1); 日最判 1974. 6. 28.; Hueck-Canaris, *Recht der Wertpapiere*, 12. Aufl., S. 67 f.

(4) 所持人의 權利

그렇다면 위와 같은 사건에서 변조된 어음을 취득한 소지인은 어떠한 권리를 취득하는가가 문제이다. 먼저 X에 대하여는 변조 전 본래의 문구에 따라 1,529,000원만큼의 권리를 갖는다. 다음으로 어음을 변조하고, 그 변조어음위에 배서인으로서 어음행위를 한 A에 대하여는 변조 후의 문구에 따라 71,529,000원만큼의 (담보)책임을 물을 수 있다. 그러나 Y는 X로부터 1,529,000원은 확보하고 있으므로 나머지 7천만원만큼의 책임을 물을 수 있다.

결과적으로 이 사건에서 어음소지인 Y는 A가 부담하여야 할 7천만원을, 변조에 대하여 아무런 책임도 없는 X의 계좌에서 지급받은 것이 된다. 따라서 X로서는 법률상 원인없이 7천만원의 損失을 보았고, Y는 법률상 원인없이 X로부터 같은 금액의 不當利得을 취하였다. 따라서 Y는 부당이득금 7천만원을 원고인 X에게 반환하여야 한다.

물론 X는 과실로 인하여 변조된 어음을 지급한 은행에 대하여 7천만원에 대한 책임을 물을 수 있다. 그러나 그렇다고 해서 Y에 대한 부당이득금의 반환을 청구하지 못할 이유는 없다. 은행에 손해배상을 청구하는 것과 Y가 부당하게 X의 자금에서 지급을 받은 것과는 별개의 문제이기 때문이다. 따라서 X는 은행에 대하여는 損害賠償責任을 물을 수 있고, Y에 대하여는 不當利得의 반환을 요구할 수 있는데, 이 두 가지 중 어느 하나만 만족되면 다른 하나의 청구권은 자동적으로 소멸한다.

4. 變造에 대한 立證責任

(1) 多 數 說

다수설은 변조의 흔적이 분명한 경우와 그렇지 않은 경우를 나누어 설명한다.

(가) 외관상 변조의 흔적이 분명한 경우에는 어음소지인이 기명날인 또는 서명을 한 자에 대하여 변조 후의 문구에 의한 책임을 추궁하려면 변조 후에 기명날인 또는 서명을 한 것임을 입증하여야 한다(通說 · 判例).[4]

판례는 한 때 변조를 주장하는 자가 그 어음의 변조된 사실, 즉 자신이 어음에 기명날인 또는 서명을 할 당시의 어음문구에 관하여 입증책임을 진다는 입장을 취하였다.[5] 그러나 이후에는 태도를 바꾸어, 위 통설과 같이 어음문구의 변경이 명백한 경우에 어음채무자에게 변경 후의 문구에 따라 책임을 지우려면 변경 후에 어음채무

4) 대법원 1987. 3. 24. 86다카37.

5) 대법원 1985. 11. 22. 85다카131.

자가 기명날인 또는 서명을 하였음을 어음소지인이 증명하여야 한다고 하였다.

(나) 외형상 변조의 사실이 명백하지 아니한 경우에는 어음채무자가 변조된 문구에 따른 책임을 면하려면 어음채무자 스스로 변조 전에 기명날인 또는 서명을 하였다는 사실, 즉 자신이 기명날인 또는 서명을 한 후에 변조된 어음임을 입증하여야 한다.[6]

(2) 少 數 說

이에 대하여 少數說은 어음채무자가 소지인에 대하여 어음이 변조된 것이라고 주장하는 것은 訴訟法上 채무분담의 間接否認이므로, 변조의 사실이 어음면상 명백한가 아닌가에 관계없이 채무자가 부담할 채무의 내용에 관한 입증책임은 항상 소지인에게 있다고 한다.[7]

(3) 私 見

필자의 견해로는 변조가 있는 경우 어음채무자의 기명날인 당시의 문구에 대한 입증책임은 항상 소지인에게 있다고 보는 소수설이 법률요건의 주장·입증에 대한 일반원칙에 충실한 것으로서 타당하다고 본다. 근래 법원의 입장은 어음의 위조에 관하여 어음소지인이 입증하도록 하고 있는 점도[8] 참고가 될 것이다.

---

6) 대법원 1985. 11. 22. 85다카131.

7) 정동윤(하) 106~107면.

8) 대법원 1993. 8. 24. 93다4151.

제 2 절 어음(手票)上의 權利

제 1 항 어음상의 權利의 취득

1 어음의 善意取得

[곽봉국 대 금호개발(주) 사건]

대법원 1995. 2. 10. 94다55217

事 例

被告 주식회사 금호개발(Y)은 訴外 주식회사 종합건축사무소 아키반티에스(A)에게 액면금 86,200,000원, 발행일 1993. 3. 3., 지급기일 같은 해 6. 25., 발행지 및 지급지 각 서울로 된 약속어음 1매(제1어음)와 액면금 25,160,000원, 발행일 같은 해 3. 31., 지급기일 같은 해 7. 2., 발행지 및 지급지 각 서울로 된 약속어음 1매(제2어음)를 각 발행·교부하였다. 그런데 소외 A회사의 총무부장이던 소외 김철근(B)이 보관 중이던 위 어음에 그가 업무상 보관하고 있던 A회사의 대표이사의 도장을 임의로 부정사용하여 背書를 僞造하여, 原告 곽봉국·박준수(X들)로부터 割引을 받았다.

위 각 어음의 지급제시에 대하여 Y는 동어음上의 소외 A회사명의의 背書는 僞造된 것으로 無效라 할 것이어서, X들로서는 適法한 배서양도로 위 각 어음을 承繼取得하였다고 볼 수 없다는 것을 이유로 지급을 거절하였다. Y의 지급거절에 대하여 X들은 위 어음을 취득할 당시 위 B의 신분을 확인하였고, Y회사에 대하여도 사고어음인지 여부를 조회하였으므로, 동 어음을 善意取得하였다고 주장하였다. 이에 Y는 다시 이 사건의 경우와 같이 위 B가 A회사의 어음을 훔쳐 배서를 위조한 다음 유통시킨 경우에는 선의취득의 法理도 적용될 수 없고, 그렇지 않다고 하더라도 원고들은 背書僞造事實에 관하여 惡意가 있거나, 그 사실을 모른 데 대한 중과실이 있다고 항변하였다.

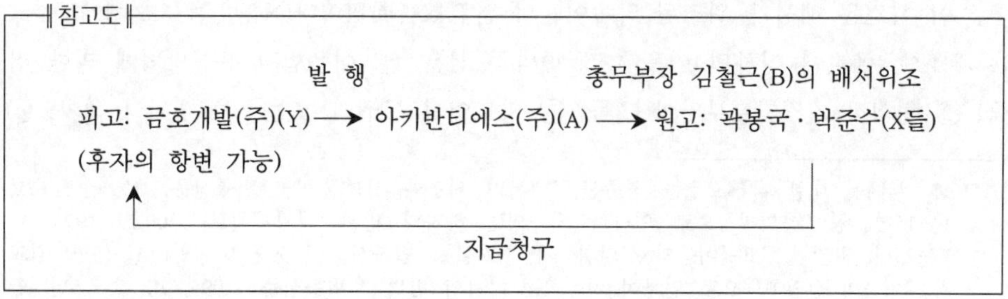

참고도

발 행 / 총무부장 김철근(B)의 배서위조

피고: 금호개발(주)(Y) ⟶ 아키반티에스(주)(A) ⟶ 원고: 곽봉국·박준수(X들)

(후자의 항변 가능)

↑ 지급청구

目 次

Ⅰ. 判決要旨

제1심(서울민사지방법원 1994. 5. 6. 93가단126080)에서는 피고승소, 제2심(서울민사지방법원 1994. 9. 30. 94나22322)에서는 피고패소판결을 하였고, 이에 피고가 상고하였다.

대법원은 다음과 같은 이유로 피고의 上告를 기각하고 원심을 확정하였다.[1]

1) 어음의 善意取得으로 인하여 치유되는 하자의 범위, 즉 양도인의 범위는 양도인이 無權利者인 경우뿐만 아니라 代理權의 흠결이나 하자의 경우도 포함한다.

2) 어음 문면상 會社名義의 배서를 위조한 총무부장으로부터 어음할인의 방법으로 그 어음을 취득한 경우, 惡意 또는 중대한 과실이 있다고 볼 수 없다.

Ⅱ. 解 說

1. 論 點

이 사건은 배서가 위조된 약속어음의 善意取得問題이다(어음법 제16조 제2항; 手票法 제21조). 通說에 의하면 어음善意取得의 요건은, ① 어음법적 유통방법에 의한 취득, ② 형식적 자격자로부터의 취득, ③ 양도인의 무권리 또는 양도행위의 하자, ④

1) 本 判例에 대한 評釋으로는 최준선, "배서의 위조와 선의취득", 「법률신문」 1995. 8. 21. 14~15면; 동 "선의취득으로 인하여 치유되는 하자의 범위", 「판례월보」 300호, 1995. 9. 17~23면; 최기원, "고액어음의 선의취득과 중과실", 「법률신문」 1995. 9. 18. 14~15면; 김교창, "어음의 선의취득으로 인하여 치유되는 하자의 범위", 「법률신문」 1995. 10. 2. 15면; 안동섭, "어음(수표)의 선의취득의 법리의 재구성", 「판례월보」 1996. 4. 16~21면 참조.

악의 또는 중과실이 없을 것, ⑤ 어음의 취득에 관하여 독자적인 경제적 이익을 가질 것 등이 있다. 이 사건은 이 중 ③ 양도인의 무권리 또는 讓渡行爲의 瑕疵와 ④ 惡意 또는 중과실이 없을 것만이 문제된다.

참 고

善意取得의 두 얼굴

民商法 및 有價證券法에서 선의취득이라는 용어가 널리 사용되고 있으나 그 정확한 의미는 경우에 따라 다르다.

1) 보통, 그리고 전형적으로 '어음의 선의취득'이라고 하면 어음법 제16조 제2항의 선의취득을 말한다. 그 요건은 ① 어음법적 유통방법에 의한 어음의 취득(배서에 의한 취득일 것), ② 형식적 자격자로부터의 취득(배서가 연속되어 있을 것), ③ 배서에 실질적 하자가 있을 것, ④ 취득자에게 악의·중과실이 없을 것, ⑤ 어음취득자에게 독립된 경제적 이익이 있을 것 등이다. 여기서의 선의취득은 특히 취득자(양수인)의 直接的인 前者(양도인)가 무권리, 무처분권 등 배서에 실질적 하자가 있는 경우에 한정된다.

2) 그 밖에 선의의 어음취득자란 直接的인 前者를 포함한, 모든 前者의 권리에 하자가 있음을 '알지 못하고서' 취득한 자를 말한다. 예컨대 ① 어음학설에서 '교부흠결이 있었던 것을 알지 못하고' 취득한 자, ② 백지어음의 '보충권의 남용을 알지 못하고' 취득한 자(어 제10조), ③ 인적 항변의 절단(어 제17조)에서 '채무자를 해할 것을 알지 못하고' 취득한 자, ④ 어음행위의 독립의 원칙이 악의의 취득자에게 적용되는가 하는 문제와 관련하여, 어음행위에 '실질적 하자(발행의 위조 등)가 있음을 알지 못하고' 취득한 자, ⑤ 제권판결과 선의취득자의 보호에서 '제권판결이 있은 사실을 알지 못하고' 취득한 자 등이 그것이다. 이들 경우에 어음의 취득자는 모두 선의취득자이기는 하지만 고유의 의미의 선의취득, 즉 어음법 제16조 제2항에서 말하는 直接 前者가 무권리자이고, 그 무권리자로부터 어음을 취득한 자와는 구분하여야 한다.

2. 讓渡人의 무권리 또는 양도행위의 하자

善意取得은 형식적 자격자로부터 배서에 의하여 어음을 양수하였으나, 어음의 양도인이 무권리자로서 '그 背書의 효력이 발생할 수 없는 하자'가 있어야 한다. 그러나 양도인이 무권리자 이외의 경우에도 善意取得이 인정되는지에 관하여는 學說이 갈리고 있다. 이는 결국 어음법 제16조 제2항에서 "어떤 사유로든 환어음의 점유를 잃은 자"라고만 규정하고 있는바, 점유를 잃은 자에는 양도인이 무권리자인 경우만 해당되는 것인지 아니면 양도인이 권리자라고 해도 무효 또는 취소될 수 있는 배서를 하여 어음의 점유를 잃은 자인 경우도 해당되는지에 대한 견해 대립이다.

(1) 第 1 說(無權利者 限定說)

과거 일본[2] 및 우리 나라의 通說이었으나 현재 우리 나라에서의 소수설인 無權利者 限定說은 善意取得에 의하여 보완될 수 있는 하자란 민법상의 善意取得(민법 제249조)에서와 같이 '無權利者'로부터 취득한 경우에 한정하되, 실질적 권리자가 증권의 점유를 잃은 사유는 도난·유실 등 무엇이든 불문한다. 그러나 양도인에게 無能力·대리권의 흠결·의사표시의 하자 등의 사유가 있는 경우에는 善意取得을 인정하지 아니한다.[3]

無權利者 限定說의 논거는, ① 善意取得은 배서의 자격수여적 효력에 기하여 배서의 연속이라는 형식적 자격을 신뢰한 자를 보호하려는 제도일 뿐, 양도인의 능력·대리권을 신뢰한 자를 보호하기 위한 제도가 아니고, ② 이 경우까지 善意取得을 인정하면 무능력·무권대리·意思表示의 하자에 관한 民法의 규정이 적용되지 않는 결과가 되는데, 이것은 민법상 금전·은행권·사채권의 경우에는 양도인이 무권리자인 경우에만 보호되는 것과 균형이 맞지 않는 것이며, ③ 연혁적으로 보더라도 이 규정은 게르만法上의 "Hand wahre Hand"의 원칙에서 유래한 것인데, 이는 본래 유효한 讓渡行爲를 전제로 한다는 것 등이다.

(2) 第 2 說

第2說은 善意取得에 의하여 보완될 수 있는 하자를 '無權利者'로부터 취득한 경우에 한정하지 아니하고 보다 다양한 여러 경우에도 善意取得의 성립을 인정하는 견해로서 다음 세 가지 견해로 나뉜다.

㈎ **無制限說** 과거 우리 나라와 일본의 소수설이었지만 현재는 다수설이고, 독일의 통설인[4] 無制限說은 하자 범위를 넓게 해석하여, 양도인이 無權利者인 경우뿐만

---

2) 木村映, 「手形法·小切手法要論」, 1992, 170면. 小橋一郎, 「手形法·小切手法」, 1995, 115면에 의하면 제1설이 일본의 통설이며, 과거의 판례도 그러하였다 한다. 그러나 小橋一郎 스스로는 제2설의 무제한설이 옳다고 한다. 또한 日最判 1960. 1. 12. 「民集」 14권 1호 1면에 의하면 대리권이 흠결된 경우에도 선의취득이 인정되었다.

3) 손주찬(하) 109면; 채이식(하) 100면; 이윤영, "어음의 선의취득", 「고시계」, 1978. 6. 76; 木村映, 「手形法·小切手法要論」, 1992, 170면.

4) Staub-Stranz, *Kommentar zum Wechselgesetz*, 1924, Art. 16 Anm. 23, 27, 27a. 그러나 독일에서도 무능력자의 경우에는 선의취득을 인정할 수 없다는 견해가 다수설이다 : Wolfgang Zöllner, *Wertpapierrecht*, 14. Aufl., S. 96. 또한 의사표시의 하자의 경우에도 선의취득을 인정할 수 없을 것이나, 이 경우에는 취득자에게 대부분 중과실이 있을 것이라는 이유로 논의의 실익이 별로 없다고 한다 : Zöllner, a.a.O., S. 97.

아니라 배서인측의 어떤 사유로 인하여 배서가 무효로 되거나 취소되는 경우에도 善意取得을 인정한다. 따라서 예컨대, 양도인의 무능력, 無處分權, 의사표시의 하자, 대리권의 흠결, 또는 어음에 기재된 被背書人(讓渡人)과 실제의 讓渡人이 동일인이 아닌 경우에도 善意取得을 인정한다.[5]

無制限說의 논거는, ① 양도인의 무능력 · 대리권의 흠결 · 인적 동일성의 흠결은 어음의 외형으로부터 알 수 없는 사유이므로 어음거래의 안전이라는 관점에서 惡意 또는 중과실이 있는 경우에만 權利取得을 부인하여야 할 것이며, ② 이들 경우에까지 善意取得을 인정한다고 하더라도 무능력자 · 무권대리인의 본인 등은 어음을 소지하지 않으므로 어음上의 권리를 가질 수는 없지만 그렇다고 어음上의 책임을 부담하는 것도 아니므로 무능력자 등의 보호규정이 완전히 몰각되는 것도 아니라고 한다.[6]

(나) 無能力者 除外說 무능력자 제외설은 無制限說과 같은 입장이나, 다만 양도인이 무능력자인 경우에는 善意取得이 인정되지 않는다고 한다.[7]

(다) 部分的 制限說 부분적 제한설은 어음의 善意取得이 무한정 인정되는 것은 아니고, 이것이 인정되는 것은 양도인이 무권리자인 경우외에, ① 대리권의 흠결 · 무처분권의 경우와, ② 어음에 기재된 被背書人과 실제의 讓受人이 동일인이 아닌 경우까지만 그 범위가 미친다고 하는 학설이다. 따라서 무능력, 의사표시의 하자의 경우에는 善意取得이 인정되지 아니한다고 한다.[8]

(3) 學說에 대한 검토와 私見

요컨대 무권리자 이외의 경우가 문제이다. 이에 관하여는 각 제도의 취지와 외관보호 그리고 善意取得制度의 취지에 따라 개별적으로 검토해 보기로 한다.

(가) 대리권 · 처분권 등에 흠결이 있는 경우 代理權의 흠결이나 처분권(예컨대 파산관재인 · 유언집행자 · 상속재산관리인 · 위탁매매인 등의 처분권)에 흠결이 있는 경우에는 善意取得이 인정되어야 할 것이다. 왜냐 하면 善意取得制度는 양도인의 형식적 자격을 신뢰한 자를 보호하기 위한 제도이므로, 무권대리인 또는 무처분권자가 대리자격 또는 처분자격을 표시하고 어음행위를 하고, 그 양수인이 그의 代理權 또는 處分權이

---

5) 김교창, 「상사법의 연구」, 1977, 174면; 서정갑(어) 183면; 최기원(하) 319면; 이기수(어) 245면; 정찬형(하) 314면; 양승규(어) 165면; 鈴木竹雄, 「手形法 · 小切手法」, 1957, 252면; 平出慶道, 「手形法 · 小切手法」, 1990, 43면 이하; 服部榮三, 「手形 · 小切手法」, 1990, 54면; 최기원, 전게평석 14-15면; 김교창, 전게평석 15면; 안동섭, 전게평석 21면.

6) 서정갑(어) 184면; 정찬형(하) 314면.

7) 정희철(하) 212-214면; 안동섭, "어음의 선의취득", 「월간고시」, 1976. 10. 50면.

8) 정동윤(하) 113면.

있는 것으로 믿은 경우에는 외관신뢰에 대한 보호를 인정하여야 할 것이기 때문이다. 이 때에는 대개 이 사건에서와 같이 배서인이 사용자책임을 져야 하는 등 배서인측에 귀책사유도 있다. 이 때 무권대리에 관한 民法과 어음·手票法의 규정도 중첩적으로 적용될 수 있다고 본다. 무권대리인도 어음法 제8조 및 手票法 제11조에 의거, 어음상의 책임을 져야 한다. 무권대리의 경우에 관하여만 본다면 第2說에 속하는 모든 학설이 善意取得을 인정하나, 第1說만은 이를 인정하지 아니한다.

㈏ **讓渡人이 無能力者인 경우** 양도인이 무능력자인 경우에는 민법의 일반이론에 따르면 취소할 수 있는 행위가 되므로, 취소되기 전까지는 유효한 法律行爲로서 문제가 없다. 만약 무능력자의 법정대리인이 어음행위를 취소하면, 어음행위의 취소의 효과로서 이미 받은 어음金을 반환하고 어음을 환수할 수 있다고 본다. 다만 예컨대 甲(약속어음 발행) → 乙(무능력자의 배서) → 丙 → 丁(소지인, 선의취득자)으로 순차배서·양도된 경우, 乙의 법정대리인이 乙의 배서행위를 취소하면 丙은 어음을 반환하여야 하나, 선의취득자 丁은 이를 반환할 필요가 없다고 보는 것이 민법학자들간의 다수설이다.[9] 동산의 선의취득에 관한 민법 제249조의 규정이 무능력자 보호규정보다 우선한다고 보기 때문이다.

[무능력자의 詐術]

무능력자가 어음행위를 함에 있어 사술로써 能力者로 믿게 한 경우에는 그 행위를 취소하지 못하므로(民法 제17조), 어음의 취득자가 무능력자라는 것을 알지 못한 데에 중대한 과실이 없는 한 어음의 善意取得을 인정하는 것이 마땅할 것이다.[10]

㈐ **양도인에게 의사표시의 瑕疵가 있는 경우** 양도인에게 의사표시에 하자(교부의사의 흠결)가 있는 경우에는 민법의 일반이론에 따르면 취소할 수 있는 행위가 되므로, 취소되기 전까지는 유효한 法律行爲로서 문제가 없다.

그러나 양수인이 사기 또는 강박에 의하여 어음을 취득한 경우(민법 제110조 제1항) 또는 제3자의 사기나 강박이 있고 양수인이 이를 알았거나 알 수 있었을 경우(민법 제110조 제2항)에는 양도인은 그 어음행위를 취소할 수 있다고 하여야 한다. 따라서 선의취득이 인정되지 아니한다. 다만 사기 또는 강박에 의하여 취득한 어음이더라도 이를 轉得한 제3취득자에 대하여는 대항할 수 없음은 물론이다(民法 제110조 제3항). 따

---

9) 무능력자의 경우에는 의사표시의 하자의 경우에 인정되는 선의의 제3자 보호규정(민법 제109조 제2항 및 제110조 제3항)이 없어서, 무능력자의 법정대리인이 을의 배서행위를 취소한 경우 선의취득자 丁으로부터도 어음을 환수할 수 있다는 견해도 있을 수 있다.

10) 양승규(어) 165면.

라서 사기·강박의 경우 양도인의 어음행위가 취소되더라도 선의의 제3취득자는 어음을 선의취득할 수 있다. 예컨대 甲(약속어음 발행) → 乙 → 丙(사기·강박) → 丁으로 순차배서·양도된 경우, 丙은 선의취득이 불가능하나, 丁은 선의취득할 수 있다. 그리고 양수인 또는 제3자에게 사기나 강박이 있는 경우에는 '악의·중과실'도 있다고 보아야 할 것이다. 따라서 양수인에게 사기·강박이 있는 경우에는 실제로도 선의취득이 인정될 여지는 많지 않다.

한편 양도인에게 착오가 있는 경우에도 양도인이 어음행위를 취소할 수 있으나 선의의 제3자는 어음을 선의취득할 수 있다(民法 제109조 제2항).

㈑ **背書人의 인적 동일성이 흠결된 경우** 양도인이 어음증권상의 최후의 被背書人 또는 적법한 소지인과 동일인이라고 양수인이 믿은 경우가 문제이다. 그러나 어음法 제16조 제2항(수표법 제21조)의 '어떤 사유로든 환어음의 占有를 잃은 者'라는 것은 고도의 유통성을 보장하기 위한 것이니, 소지인과 피배서인의 동일성은 어음의 外觀으로부터 알 수 없는 사항이므로, 이 때에도 선의취득이 인정되어야 할 것이다.[11]

㈒ **小 結** 이상과 같이 구체적인 각 경우를 살피면 양도인이 무능력자인 경우와 의사표시에 하자(交付意思의 흠결)가 있는 경우에는 선의취득을 인정할 수 없다. 무능력자의 경우와 의사표시의 하자의 경우는 행위자의 직접적인 권리처분인 데 비하여 무제한설이 주장하는 대리권 흠결·무처분권·인적 동일성의 흠결 등의 경우는 제3자의 권리처분인 점에서 구분될 수 있고, 후자의 경우에만 선의취득을 인정하는 것이 선의취득제도(民法 제249조) 본래의 취지와도 일치하는 해석이다.

따라서 部分的 制限說이 타당하다. 그 이유를 정리해 본다면, ① 선의취득은 民法上 動産의 선의취득에서 유래한 것이므로, 연혁적으로는 第一說(무권리자 한정설)이 정당하나, 연혁적인 이유가 당연히 결정적인 근거가 될 수는 없으며, 오히려 ② 어음法 제16조 제2항(手票法 제21조)은 국제적 협정에 의한 民法 제249조의 예외규정으로 보는 것이 정당하다. 뿐만 아니라, ③ 民法 제249조와는 달리, 어음法 제16조 제2항(手票法 제21조)의 '어떤 사유로든 환어음(手票)의 占有를 잃은 者'라 함은 반드시 무권리자를 한정한 것으로 축소해석할 필요가 없고, ④ '배서의 연속에 의하여 權利를 證明한 때'라는 것도 現所持人이 연속하는 배서의 최후의 피배서인이 되면 충분하고, 반드시 그에 대한 양도인의 무권리를 전제로 하는 것이 아니다. 물론 ⑤ 선의취득은 배서의 자격수여적 효력에 기하여 背書의 연속이라는 형식적 자격을 신뢰한 자를 보호

11) 동지: 정동윤(하) 113면.

하려는 제도일 뿐, 어음양도인의 능력·대리권을 신뢰한 자를 보호하기 위한 제도가 아니고, 이 경우까지 선의취득을 인정하면 무능력자·무권대리·의사표시의 하자에 관한 民法의 규정이 적용되지 않는 결과가 되는 것이라는 비난이 있으나, 부분적 제한설에 의하면 무능력 및 의사표시의 하자의 경우에는 민법의 해당규정이 적용된다.

(4) 本判決의 문제점

법원은 본 판결에서 양도인이 무권대리인인 경우에도 善意取得이 인정된다고 보아, 위 제2설 중 어느 하나를 취한 것처럼 보인다. 그런데 사실 본 판결은 어음法上의 무권대리에 관한 判決이 아니다.[12] 소외 김철근이 대표이사의 배서를 위조함에 있어 本人(會社)을 위하여 이를 한다는 의사도 없었고, 자신의 이름으로 배서하지도 아니하였다. 어음법은 엄격한 顯名主義를 취하므로, 대리인의 기명날인이 어음상에 나타나지 아니하는 무권대리란 있을 수 없다. 이 사건에서 어음의 양도인 김철근은 타인의 법률행위를 대리한 것이 아니라, 어음을 절취·위조한 것이다(이 사실은 原審判決文에 잘 나타나 있다). 어음이 도난·유실된 경우에는 전형적인 '讓渡人이 無權利者'인 경우로서 어느 학설에 의하든 선의취득이 인정된다. 따라서 本 判決은 讓渡行爲의 하자에 관하여 과거 학자들 간의 통설을 배척하고 현재의 다수설인 제2설을 채택한 것처럼 보이지만, 사실은 어음을 절취·위조배서한 경우에도 배서의 연속이 있으므로, 피배서인에게 악의·중과실이 없는 한 善意取得이 인정된다고 하는 점에서 반드시 위 제2설을 취하였다고 볼 수도 없다. 또 제2설을 취하였다고 하더라도 그 중에서도 무제한설을 취하는지, 무능력자 제외설을 취하는지 또는 部分的 制限說을 취하는지가 명백하지 않다.

문제는 위조배서의 경우에도 선의취득이 인정되는가 하는 점이다. 프랑스를 제외한 대륙법계의 태도는 이를 인정하고 있고, 우리 나라의 판례도 같다.[13]

3. 惡意 또는 重過失이 없을 것

이 판결의 제2의 쟁점은 善意取得者측의 惡意·重過失, 특히 重過失의 存否이다. 이 사건에서는 X들과 A회사 사이에는 이 사건 이전에는 어음거래를 한번도 한 적이 없고, ① 위 각 어음의 액면금액은 다소 고액인 점도 인정되지만, ② 위 각 어음 割

12) 이것은 判例가 구법시대부터 서명대리라고 하여 권한 없이 타인의 기명날인을 대행하는 위조의 경우에도 被僞造者에게 歸責事由가 있는 경우에는 表見代理理論을 유추적용해 왔던 것을 이 사안에서도 적용한 것으로 볼 수 있다.

13) 서울고등법원 1972. 2. 18. 68나2170; 대법원 1974. 9. 24. 74다902; 동 1987. 7. 7. 86다카2154; 동 1992. 6. 12. 91다40146 등 참조.

引 당시 제1배서인인 A회사 대표이사의 이름과 인감도장이 이미 날인이 되어 있었다. 그리고 위 제1어음의 경우, 원고 곽봉국은 A회사에 위 B가 근무하고 있는지의 여부 및 발행인인 Y회사의 경리부 어음담당 직원인 소외 김우경에게 위 어음이 사고어음 인지의 여부를 전화로 확인한 후, 위 어음 좌측상단에 위 김우경의 이름과 그 확인 일시를 기재하고 어음을 교부받았으며, 제2어음의 경우에도 원고 박준수도 제1어음의 경우와 동일한 절차를 거쳐 취득하였고, X들이 어음할인의 방법으로 이를 취득함에 있어 양도인의 실질적인 無權利性을 의심하게 할 만한 뚜렷한 사정도 엿볼 수 없었다. 따라서 대법원은 이 사건에서 X들이 위 각 어음 문면상의 제1배서인인 A회사에게 연락하여 A회사명의의 배서가 眞正한지의 여부를 알아보는 등 그 유통과정을 조사·확인하여야 할 주의의무까지 있다고는 할 수 없으므로 이 사건 X들에게 중대한 과실을 인정할 수 없다고 판단하였다.

Ⅲ. 結 語

본 판결의 사안의 쟁점이 실제로 無權代理의 경우에도 선의취득이 인정되는가에 관한 것이었다면 본 판결은 양도행위의 하자에 관한 과거 학자들간의 通說을 배척하고 위 제2설을 채택한 최초의 판결인 점에서 그 의의가 매우 크다고 생각한다. 그러나 제2설의 무제한설, 무능력자 제외설 또는 부분적 제한설 중 어느 것을 취하는지가 명백하지 않다. 이에 관하여는 部分的 制限說이 타당하다고 본다.

그러나 정작 문제는 이 사건의 事案은 무권대리의 경우 선의취득이 인정되느냐에 관한 것이 아니고, 어음의 절취·배서위조의 경우에도 善意取得이 인정되느냐 하는 것이다. 배서위조의 경우에도 선의의 제3자는 선의취득이 인정되어야 한다고 본다. 구태여 무권대리이론을 원용할 필요가 없지 않을까?

물론 위조의 경우는 대리권의 흠결의 경우와 실질적으로 유사하기 때문에 兩者를 동일시하였다면, 이를 수긍할 수도 있다. 그러나 배서의 위조를 어음행위의 대리로 파악한 것은 논리의 비약이다. 물론 어음의 위조를 무권대리로 취급하는 예가 흔히 있고, 이를 주장하는 학설도 있다. 만약에 이 판결이 위조와 무권대리를 동일한 것으로 취급할 의도였거나, 위조를 無權代行 내지 무권대리와 같은 것으로 보는 그러한 주장 내지 학설을 취할 의도였다면 위조를 무권대리로 보아야 할 필연적인 論理의 전개를 거쳐야 한다. 위조인 사안을 무턱대고 無權代理로 취급하는 것은 곤란하다. 이 사건에서도 원고의 善意取得을 인정한 전체적 결론은 타당하다고 보나, 논리적 전개

없이 바로 無權代理의 이론을 적용한 것은 문제가 있다고 생각한다.

Ques.	후자의 항변이란?
Ans.	예컨대 乙이 도박채무를 변제할 목적으로 甲이 발행한 약속어음을 丙에게 교부한 경우, 甲이 乙·丙간의 원인관계가 불법임을 이유로 丙에 대하여 지급을 거절할 수 있다. 이를 후자의 항변이라 한다. 반대로 丙이 甲으로부터 지급을 받았으나 甲이 어음을 환수하지 아니하여 이를 가지고 乙에게 상환청구권을 행사하고자 할 경우, 乙이 甲의 항변권을 원용하여 상환청구를 저지할 수 있다. 이를 前者의 항변이라 한다.

2 指名債權讓渡方法에 의한 어음의 取得 (1)

[신기완 대 안영식 사건]

대법원 1996. 4. 26. 94다9764

|設 問|

피고 안영식은 금액, 만기, 수취인란을 백지로 한 약속어음 1매를 이세라에게 발행하였다. 이세라는 김정호에게 동 어음의 할인을 위하여 이를 교부하였다. 김정호는 동 어음상의 백지부분을 금액 15,900,000원, 만기 1992. 9. 20., 수취인 김정호로 보충한 후, 제1배서인란에 기명날인 없이 서명만하여 이를 이기훈에게 교부하였다. 이기훈은 동 어음을 원고 신기완에게 배서양도하였고, 신기완은 만기에 지급제시를 하였으나 피사취를 이유로 지급거절되었다. 이에 원고는 피고에 대하여 약속어음금 지급을 구하는데, 피고는 김정호가 이기훈에게 문제된 어음을 배서양도하지 아니하였음을 이유로 지급을 거절한다. 이 경우 다음 물음에 답하라.

1. 어음을 배서에 의한 양도가 아닌 지명채권양도의 방법으로 양도할 수 있는가?
2. 위 제1문을 긍정할 경우 그 요건으로서 양도의 의사표시 외에 어음증권의 교부는 필요한가?
3. 위 제1문을 긍정할 경우 민법상의 채권양도의 대항요건을 갖추어야 하는가?
4. 指名債權讓渡方法에 의한 어음讓渡의 效力을 略述하라.

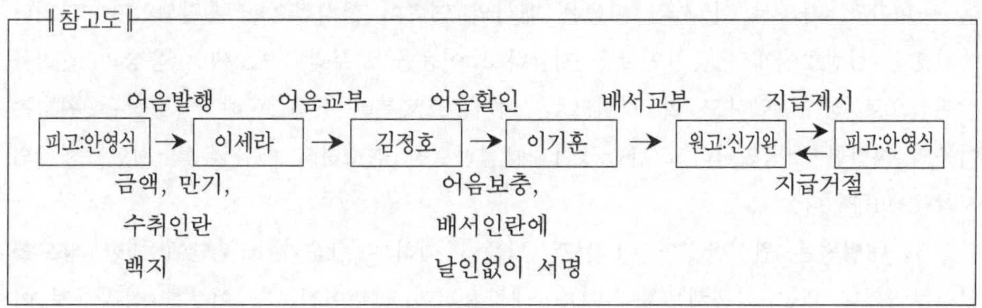

目 次

Ⅰ. 判決要旨

1) 제1심(서울민사지법 1993. 7. 15. 92가단125332)은 김정호의 배서는 날인이 누락되어 무효이고, 그렇다면 어음상 권리가 어음법적 방법 이외의 방법으로 이기훈 또는 신기완에게 실질적으로 이전된 사실의 입증이 필요한데, 이에 관한 주장·입증이 없음을 이유로 원고의 청구를 기각하였다.

2) 원심(서울민사지법 1993. 12. 23. 93나31947)은 김정호가 한 배서는 날인이 누락되어 무효이고, 따라서 이 사건 어음은 배서의 연속이 형식적으로 흠결되었다. 그러나 이기훈은 김정호에게 어음할인금을 지급하고 어음을 교부받음으로써 어음상의 권리를 실질적으로 양수받았다고 할 것이므로, 이기훈으로부터 어음을 배서양도받은 원고는 어음의 적법한 소지인이라고 판단하여 제1심판결을 취소하고 어음금 및 지연손해금의 지급을 명하였다.

3) 대법원은 원심판결이 이 사건 어음에 대하여 단순한 교부만에 의한 양도를 인정하였거나 또는 어음채무자에 대한 대항요건이 갖추어졌는지 여부를 심리하지 아니한 채 지명채권양도방식에 의한 양도가 이루어졌다고 인정한 것이어서 배서의 연속의 흠결에 관한 법리를 오해한 위법이 있다는 이유로 원심판결을 파기·환송하였다. 파기·환송받은 원심은 항소를 기각하였다(原告敗訴).

대법원 판결요지는 다음과 같다.

배서의 연속에 흠결이 있는 어음의 소지인이 실질적인 권리이전사실을 증명하면 어음상의 권리행사를 행사할 수 있으나, 원심의 판단은 김정호와 이기훈 간에 (a) 어음교부만으로써 어음상의 권리양도가 이루어졌다고 인정한 취지인지, (b) 지명채권양도방식에 의한 어음상 권리이전이 이루어졌다고 인정한 취지인지 여부가 불분명하다.

만일 (a)의 취지라면, 교부(인도)만으로 어음상의 권리를 이전할 수 있는 경우를, ① 수취인란이 백지로 된 어음, ② 기명식 또는 지시식으로 발행되었으나 최후의 배서가 소지인출급식 또는 백지식으로 배서된 어음에 한정하고 있는 어음법 규정(제12조 제3항, 제14조 제2항 제3호, 제77조 제1항 제1호)에 반하여 수취인이 기명식으로 되어 있는 어음까지도 단지 교부만으로 양도할 수 있다고 인정하는 것이어서 부당하다.

또한 만일 (b)의 취지라면 약속어음상의 권리를 지명채권양도방식에 따라 양도함에 있어서는 민법 제450조 제1항 소정의 대항요건을 갖추지 아니하면 어음채무자에 대항할 수 없는 것인바(당원 1989. 10. 24. 선고, 88 다카 20774 판결 참조), 만약 이를 요하지 아니하다고 한다면, ① 어음의 교부만에 의한 권리양도를 인정하는 결과가 되어 어음의 간이양도에 관한 어음법의 명문규정에 반하고, ② 김정호의 배서가 날인이 없어 무효라고 본 원래의 취지가 몰각되며, ③ 간이양도방법으로서 배서제도가 최소한으로 갖출 것을 요구하는 형식적 요건도 갖추지 못한 자에 대하여 오히려 더 간편한 방법으로 이전함을 용인하는 결과가 되고 만다.

그러므로 원심은 이기훈이 어음상의 권리를 양수함에 있어 어음채무자인 피고(안영식)에 대하여 대항요건을 갖추었는지 여부를 심리하여야 함에도 이를 이행하지 아니한 채 곧바로 김정호로부터 이기훈에게 어음채무자에게 대항할 수 있는 실질적인 권리이전이 있었다고 인정하였으니 원심판결에는 배서의 불연속에 관한 법리를 오해한 위법이 있다.[1]

II. 解 說

1. 論 點

본 사례의 논점은 지명채권양도방법에 의한 어음채권의 양도문제이다.

1) 제1문은 지명채권양도방법에 의한 어음채권의 양도는 가능한가를 묻고 있으며,

2) 제2문은 지명채권양도방법에 의한 어음채권의 양도시 그 요건으로서 양도의

---

1) 본 판결에 대한 평석으로, 배준현, "배서의 연속이 흠결된 어음의 지명채권양도방법에 의한 권리이전시 대항요건 요부, 「재판실무연구」 제2권, 1997, 295면 이하 참조.

의사표시 외에 어음증권의 교부는 필요한가.

3) 제3문은 지명채권양도방법에 의한 어음채권의 양도시 민법상 채권양도의 대항요건을 갖추어야 하는가를 묻고 있다.

4) 제4문은 指名債權讓渡方法에 의한 어음讓渡의 效力을 略述하면 된다.

사례에서는 이 외에도 배서의 불연속은 가교될 수 있는가의 문제를 포함하나, 이 문제는 전 항을 참조하기 바란다.

2. 指名債權讓渡方法에 의한 어음債權의 讓渡可能性(제1문)

(1) 學 說

배서금지어음의 경우 그 양도는 지명채권양도의 방법에 의하여서 가능하지만(어음법 제11조 제2항), 배서가 가능한 어음도 당사자의 의사에 의하여 민법상 지명채권양도의 방법으로 양도할 수 있는가에 대하여 견해가 갈린다.

(가) 肯定說은 배서가 가능한 어음도 민법상 지명채권양도의 방법으로 양도할 수 있다고 하며, 그 논거는 다음과 같다.[2)]

(i) 민법의 채권양도방법에 관한 규정(민법 제450조, 제508조, 제523조)은 절대적인 강행법규는 아니며, 또 민법 제508조를 강행법규라고 풀이하더라도 그것은 지시채권으로서의 양도방법을 규정하는 데 그치고, 어음을 지명채권양도의 방법으로 양도하는 경우에는 지명채권양도의 대항요건(민법 제450조)을 밟으면 되고,

(ii) 어음의 양수인이 지명채권양도의 방법에 의한 불이익을 감수하는 이상 그것이 법의 취지에 반한다고 할 수 없으며,

(iii) 어음법 제11조 제1항은 어음은 배서에 의하여 '양도할 수 있다'고 규정하고 있어 이를 배서에 한정한 것이라고 할 수 없고, 배서금지어음(어음법 제11조 제2항, 제77조 제1항; 수표법 제14조 제2항)과 배서금지배서(어음법 제15조 제2항, 제77조 제1항; 수표법 제18조 제2항)를 인정하고 있는 점에서 볼 때 배서방식의 정형화도 절대적인 것은 아니고,

(iv) 지명채권양도의 경우에도 증권의 교부가 필요하므로 증권과 권리가 분리되지 않으며,

(v) 지명채권양도방법에 의하면 어음상의 권리뿐만 아니라 어음채권에 부수된 어음 외에 從되는 채권도 이전하므로 유리하고,

---

2) 최기원(하) 266면; 손주찬(하) 221면; 이기수(어) 223면; 정동윤(하) 267면; 서헌제(어) 425~426면; Baumbach/Hefermehl, WG Art. 11 Rdnr. 5; Zöllner, S. 83; Hueck/Canaris, S. 81.

(vi) 미국의 통일상법전에서도 증권만의 양도로 양수인은 동 증권이 표창하는 권리를 취득하되(UCC§3-201 (1)), 다만 그 증권을 양수한 자는 무조건적인 배서(unqualified indorsement)를 받을 특정이행청구권(specific performance)을[3] 가지며, 배서가 된 때로부터 유통력(negotiation)이 발생하고, 증권의 양수인이 소지인(the transferee is the owner)이라는 추정(presumtion)을 받는다(UCC 3-201§(3))고 규정하는 점 등이다.

(나) 否定說은 배서가 가능한 어음은 민법상 지명채권양도의 방법으로 양도할 수 없다고 하며, 그 논거는 다음과 같다.[4]

(i) 민법의 채권양도에 관한 규정은 강행법규로 보아야 하므로 지시채권의 양도는 반드시 배서를 하여야 하며, 지명채권양도의 대항요건을 갖추었더라도 지시채권양도로서의 효력은 발생하지 않으며,

(ii) 어음소지인의 간편한 권리행사를 인정한 법의 취지에 어긋나고,

(iii) 실제로도 어음상의 권리를 지명채권양도방법에 의하여 양도하는 일도 거의 없기 때문에 이를 인정할 실익도 없으며,

(iv) 어음의 양도방법인 배서는 강행법적으로 정형화되어 있어서 다른 방법을 인정하지 않는 것이 법의 취지이고,

(v) 지명채권양도방법을 인정하게 되면 증권화된 권리를 증권과 분리하여 양도하는 것을 인정하는 결과가 된다고 한다.

(vi) 배서금지어음에 관한 어음법 제11조 제2항(발행인이 환어음에 '지시금지'의 글자 또는 이와 같은 뜻이 있는 문구를 적은 경우에는 그 어음은 지명채권의 양도 방식으로만 그리고 그 효력으로써만 양도할 수 있다)의 반대해석상 반드시 배서에 의하여 양도하여야 한다.

(2) 判 例

대법원은 배서연속이 흠결된 어음의 지명채권양도방법에 의한 양도를 인정한다.[5] 독일[6] 및 일본의[7] 판례도 같다.

(3) 私見 및 제1문에 대한 해답

생각건대 어음수수의 당사자가 간편한 배서양도의 방법을 이용하지 아니하고 구태여 불편한 방법인 지명채권양도방법에 의한다고 하더라도 이를 위법한 것이라고 할

3) Offical Comment No. 6 for UCC § 3-201.

4) 정찬형, 「어음·수표법강의」, 1999, 376~379면; 한상문(어) 360~362면.

5) 대법원 1989. 10. 24. 선고, 88다카20774; 동 2000. 2. 11. 99다58877; 동 2000. 12. 8. 2000다33737.

6) BGHZ 52, 181, 183.

7) 日最判 1974. 2. 28, 「民集」 28. 1. 121.

수는 없다고 본다.

3. 指名債權讓渡方法에 의한 權利移轉의 要件—어음交付의 必要與否(제2문)

(1) 學 說

(가) 必要說은, 어음은 유가증권이므로 양수인은 당사자 사이의 채권양도의 합의 외에도 어음을 소지하고 있어야만 어음상의 권리를 행사할 수 있으므로 지명채권양도의 경우에도 그 효력발생요건으로서 어음의 교부가 필요하다고 한다.[8]

(나) 不要說은, 지명채권의 양도는 증권의 교부를 요건으로 하지 아니하므로 지명채권양도의 합의만으로 충분하고 어음의 교부는 필요하지 아니하며, 양수인은 어음상의 권리행사를 위하여 필요한 경우 어음교부청구권이 있을 뿐이라고 한다(독일과 일본의 소수설).[9]

(2) 判 例

판례는 어음교부필요설을 취한다.[10]

(3) 私見 및 제2문에 대한 해답

어음은 상환증권이어서 어음증권이 있어야 주채무자에게 어음금채권을 행사할 수 있고, 어음채권 양도인이 어음을 계속 소지하고 있는 경우에는 어음채무자의 이중변제의 위험도 있다. 어음교부 필요설이 옳다고 생각한다.

4. 指名債權讓渡方法에 의한 權利移轉의 要件(2)—對抗要件具備의 必要與否(제3문)

(1) 學 說

(가) 必要說은 어음을 지명채권의 양도방법으로 양도하는 경우 그 대항요건(어음채무자에 대한 양도인의 양도통지나 어음채무자의 승낙)을 구비하여야 한다는 것으로, 그 근거는 다음과 같다.[11]

(ⅰ) 지명채권양도의 대항요건에 관한 민법의 규정은 채무자를 보호하기 위한 규정이므로 어음채권을 지명채권양도방식으로 양도하는 이상 유가증권이라는 이유만으

---

8) 최기원(하) 266면; 정동윤(하) 267면; 이기수(어) 223면; Baumbach/Hefermehl, WG Art. 11 Rdnr. 5; Zöllner, S. 86; Hueck/Canaris, S. 81.

9) Knur/Hammerschlag, *Kommentar zum Wechselgesetz,* Art. 11 Anm. 1; 竹田 省, 「手形法·小切手法」, 1956, 99면(최기원(하) 266면).

10) 대법원 2000. 2. 11. 99다58877. BGH. 1957. 12. 12; BGH NJW 1958. 302; WM 1970. 245. 배서금지어음의 경우에도 이를 지명채권양도방법으로 양도할 경우 대항요건을 갖추는 외에 어음을 교부하여야 한다고 한다: 대법원 1989. 10. 24. 88다카20774.

11) 최기원(하) 266면; 손주찬(하) 221면; 정동윤(하) 267면; 배준현, 전게평석, 301면 참조.

로 채무자보호에 관한 일반원칙을 채무자의 의사에 기하지 아니하고 배제할 것은 아니다.

(ii) 대항요건을 요하지 아니한다고 하면 결국 어음의 교부만에 의한 양도를 인정하는 결과가 되는데, 이는 어음법의 명문규정에도 반한다.[12)]

(iii) 배서연속이 흠결된 어음을 채무자가 만기에 소지자에게 변제하더라도 어음법 제40조 제3항에 의한 면책을 받을 수 없으므로 권리이전의 진실성의 담보는 채무자에게 있어 매우 중요하다.

(iv) 어음상에 권리자로 기재되지 않은 자(절도나 사기 등에 의하여 취득한 자)가 어음을 소지하고 있는 경우 채무자가 어음금을 지급한다고 면책되는 것은 아니므로 채무자의 확실한 보호를 위하여 대항요건은 구비하여야 한다.

(v) 통지는 모든 어음채무자에 대하여 할 필요는 없고 어음청구의 상대방인 당해 어음채무자에 대하여만 갖추면 충분하다. 그리고 주채무자에 대하여 대항요건을 갖추면 보증인에 대하여 별도의 대항요건을 갖추지 아니하였어도 보증인에 대하여 채권양도의 효력을 주장할 수 있다.[13)]

(나) 不要說은 어음을 지명채권의 양도방법으로 양도하는 경우 대항요건은 필요하지 않다고 하며, 그 근거는 다음과 같다.[14)]

(i) 당사자가 어음상의 권리를 이전할 의사로 배서를 하지 아니하고 어음을 교부하였다면 당사자의 의사는 증권에 화체된 채권을 증권의 교부에 의하여 양도효력을 생기게 하려는 것이다.

(ii) 지명채권양도에서 채무자에 대한 통지나 채무자의 승낙을 대항요건으로 하는 이유는 채무자가 이중지급으로 손해를 입을 염려가 있기 때문인데, 배서연속이 흠결된 어음을 지명채권양도방식에 의해 양도할 경우 그 효력발생요건으로서 어음의 교부를 요하고 어음채무자는 어음이 제시된 경우 어음의 교부와 상환으로만 채무를 지급할 의무가 있으므로 어음양도 사실을 알지 못하여 손해를 입을 위험은 없다.

(iii) 어음채무자(발행인)는 어음의 양도인으로부터 양도통지를 받더라도 전전유통하는 어음에 있어 양도인이 통지 시점의 어음권리자인지 확인하기 어려워 그 통지를 신뢰하기 어렵다. 따라서 당사자간의 의사표시와 어음의 교부만으로 어음상 권리를

12) 이 사건 대법원 판결요지 참조.

13) 대법원 1989. 10. 24. 88다카20774.

14) 이기수(어) 224, 226면; 배준현, 전게평석, 302면 참조.

양도할 수 있다고 해석하는 것이 타당하며, 이는 당연한 지시증권인 어음은 통상의 경우에는 어음채권의 전전유통이 전제된 것이어서 미리 채권양도의 승낙이 있는 것으로 해석할 수 있기 때문이다.

(iv) 어음의 교부에 의한 양도의 경우 거래실제에 있어서 민법상의 채권양도방식으로 양도한다는 의식보다 일반적으로 권리양도의 법률행위와 어음의 교부만으로 권리가 이전된다고 인식하는 것이 보편적, 관행적인 것이므로, 민법의 채권양도방식과는 다른 상관습법상 독특한 권리양도방법이 확립되어 있다고 볼 수 있다.

(2) 判 例

위의 사례를 포함하여 대법원은 대항요건필요설로 일관하고 있다.[15]

(가) **대법원** 1969. 12. 9. 69다995 피고가 채무변제를 위하여 수취인을 甲으로 하는 어음을 발행하고 乙이 보증의 의미로 제1배서인란에 원고에게 배서하는 것으로 기재함으로써, 甲으로부터 乙에 이르는 부분의 배서가 단절되었으나 甲이 원고에게 어음상 권리를 양도한 것으로 실질적 권리양도(보증의 의미)가 입증된 사안에 대하여, 채권양도통지 또는 승낙여부에 관한 아무런 설시없이 권리의 승계를 인정한 원심판결을 유지하였다. 이는 대법원이 대항요건불요설의 입장을 취하였다고 해석할 여지가 있다.[16]

(나) **대법원** 1989. 10. 24. 88다카20774 배서금지어음을 어음법에 의하여 지명채권의 양도방식에 의해 양도할 수 있으며, 이 경우 민법 제450조의 대항요건(통지 또는 승낙)을 구비하는 외에 약속어음을 교부하여야 하고, 그 지급을 위하여서는 어음을 제시하여야 하며, 어음금을 지급할 때에는 이를 환수하게 되는 것이므로 증권과 분리시켜 양도하는 불합리한 결과가 생기지 않는다. 또한 주채무자에 대하여 대항요건을 갖추었으면 보증인에 대하여 별도의 대항요건을 갖추지 아니하여도 보증인에 대하여 채권양도의 효력을 주장할 수 있다.

(다) **대법원** 2000. 2. 11. 99다58877 배서의 연속에 흠결이 있는 경우에도 어음소지인은 실질적인 권리이전 사실을 증명하면 어음상의 권리를 행사할 수 있다 할 것이나, 수취인이 기명식으로 되어 있는 어음의 경우 그 권리이전은 단지 교부만으로 불가능하고 지명채권양도방식에 의해서만 가능하다 할 것이고 그 경우에도 민법 제

---

15) 일본에서는 대항요건불요설을 취한 판례가 있으나(日最判 1965. 4. 1. 판결) 현재는 명확하지 않은 상태이고, 독일의 경우는 지명채권양도에 있어 대항요건주의를 취하지 아니하므로 당연히 어음의 교부만으로 양도되고, 대항요건문제는 논의가 없는 것으로 보인다: 배준현, 전게평석, 305-306면.

16) 배준현, 전게평석, 304면.

450조 제1항 소정의 대항요건을 갖추지 아니하면 어음채무자에게 대항할 수 없다.

(라) **대법원** 2000. 12. 8. 2000다33737 배서연속의 흠결과 관련하여 어음금 청구소송이 계속되는 중 소송에서 배서의 연속이 부정될 것에 대비하여 지명채권양도방법에 의해 어음상 권리가 양도되고 양도통지까지 이루어졌다면 어음상의 권리가 실질적으로 이전된 것이다.[17]

(3) 私見 및 제3문에 대한 해답

생각건대 자기앞수표의 경우 지명채권인 이득상환청구권 양도의 대항요건에서도 특칙이[18] 인정되는 점을 고려한다면 대항요건구비 불요설도 근거가 있다. 그러나 배서불연속의 경우 어음소지인이 그 대항요건도 갖추지 아니한 상태에서 지명채권양도방법에 따라 양수하였다고 주장하고, 이 때 어음채무자는 대항요건 구비여부를 불문하고 지급하여야 한다면 배서가 불연속된 어음이 널리 유통되어 어음의 유통에 혼란이 야기될 것이다. 따라서 대항요건을 갖추어야 할 것이다. 배서가 흠결되고 그 부분에 대한 지명채권양도의 대항요건도 구비하지 못한 어음에 대하여는 지급인이 지급을 거절하는 것은 당연하다고 하겠다. 물론 이 대항요건은 訴에 있어 변론종결시까지 구비하면 되므로,[19] 많은 경우 권리가 구제될 수 있을 것이다.

5. 指名債權讓渡方法에 의한 讓渡의 效力(제4문)

어음상의 권리를 지명채권양도의 방법에 의하여 이전한 경우 그 양도의 효력도 일반 지명채권양도에 관한 법칙에 따른다. 즉, 양수인은 양도인이 가진 어음상의 모든 권리를 취득하므로 어음금지급청구권과 상환의무자에 대한 상환청구권을 취득한다. 다만 지명채권양도방법은 배서와는 달리 어음법적 유통방법이 아니기 때문에 담보적 효력(어음법 제15조), 자격수여적 효력(어음법 제16조)은 없고, 인적 항변의 절단(어음법 제17조) 및 선의취득(어음법 제16조 제2항)도 인정되지 않는다. 다만 어음의 지시증권성은 상실되지 아니하므로 이를 다시 배서에 의하여 양도할 수 있다.[20]

---

17) 변론종결 전까지 대항요건을 갖추면 충분하다고 생각되므로 이 판결의 내용은 타당하다고 본다.

18) 지명채권인 자기앞수표상의 권리 소멸 후 인정되는 이득상환청구권을 양도하는 경우에도 그 대항요건으로서 수표지급인인 은행에게 별도의 양도통지를 하지 아니하고, 다만 양도인이 그 수표만을 양수인에게 교부하면, ① 이득상환청구권의 양도와 동시에, ② 양도통지를 할 권능까지를 양수인에게 부여하며, ③ 양수인이 은행에 지급제시한 때에 양도인의 양도통지까지도 겸하여 이를 (대리)하는 것으로 본다: 대법원 1976. 1. 13. 70다2462.

19) 대법원 2000. 12. 8. 2000다33737.

20) 손주찬(하) 221면; 정동윤(어) 463면.

3 지명채권양도방법에 의한 어음의 취득 (2)

[X 대 Y 사건]

대법원 2015. 3. 20. 2014다83647

設 問

피고 Y는 A에게 수취인을 A로 기재한 액면금 1억 원의 약속어음 1매를 발행하면서 강제집행 인낙의 취지가 기재된 약속어음공정증서를 작성해 주었다. A는 원고 X에게 이 약속어음에 따른 채권을 양도하고, Y에게 위 양도사실을 내용증명우편을 통하여 통지하였다. Y가 이 약속어음을 발행한 이유는 Y가 A가 운영하는 학원의 강사로 근무하던 한 수강생을 강제 추행하였고, 이로 인하여 Y가 아동 · 청소년의 성보호에 관한 법률 위반죄로 기소되어 벌금 300만 원의 유죄판결을 선고받았으므로, 수강생 강제추행 사실은 학원에 심각한 피해가 있을 수 있으므로 그 손해를 담보하기 위한 것이다. 후에 X는 Y를 상대로 어음금 채무의 이행을 청구하는 소를 제기하였다. 그러나 Y는 성추행 사건으로 인하여 A에게 발생할 수도 있는 손해를 담보하기 위하여 위 약속어음을 작성해 준 것일 뿐 아무런 조건 없이 1억 원을 지급하겠다는 의미는 아니며, 실제 A가 손해를 입은 바 없으므로 Y가 A 또는 X에게 부담하는 채무는 없다고 항변하였다. 제1심법원은[1] Y의 주장을 받아들여 X의 청구를 기각하였으나, 원심법원은[2] "X는 A가 Y에 대하여 가지는 채권의 적법한 양수인이므로 Y는 X에게 어음금 지급의무가 있다" 고 판단하였다.

Y는 X에게 어음금지급의무가 있는가?

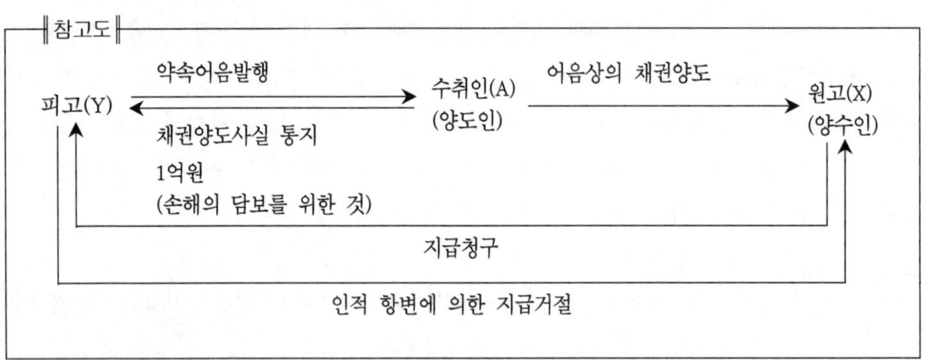

1) 인천지방법원 2013. 8. 22. 2012가단85631.
2) 인천지방법원 2014. 10. 23. 2013나15241.

目 次

Ⅰ. 대법원 판결요지

어음채무자는 어음채권을 지명채권양도의 방법으로 양수한 자에게 양도인에 대한 인적 항변으로 대항할 수 있고, 따라서 지명채권양도의 방법으로 양수한 어음채권의 행사는 어음채무자와 양도인 사이의 원인관계의 효력에 따라 제한될 수 있다. 이 사건 약속어음의 발행 경위를 비롯한 사실관계에 비추어 보면, 이 사건 약속어음은 Y의[3] 주장과 같이 소외 A의 요구에 따라 Y의 위 강제추행 범죄로 인하여 소외 A에게 발생할 수 있는 손해에 관한 배상 채무를 담보하거나 그 지급을 확보하기 위하여 발행되었을 여지가 충분한 것으로 보인다. 따라서 Y는 강제추행으로 고소당하게 되자 소외 A에게 발생할 수도 있는 손해를 담보하기 위하여 이 사건 약속어음을 발행하여 준 것일 뿐 아무런 조건 없이 어음금 전액을 지급할 의사로 발행한 것은 아니었으며, 실제로 소외 A에게 손해가 발생하지 아니한 이상 Y가 소외 A나 원고 X에 대하여 부담할 채무는 없다는 취지로 주장하였음을 알 수 있다. 그리고 위 주장과 같은 어음수수 당사자 사이의 원인채권의 부존재는 어음채무자가 대항할 수 있는 인적 항변 사유에 해당한다. 그렇다면 원심으로서는 과연 소외 A와 Y 사이의 이 사건 약속어음 수수의 원인관계를 이루는 채권이 어떠한 것인지, 원인채권이 존속한다면 그 범위는 어떠한지에 관하여 심리·판단하여 피고들의 위와 같은 인적 항변의 당부를 가려 보았어야 함에도, 이에 이르지 아니한 채 피고들의 항변 취지를 잘못 판단하여 원고의 양수금 청구를 그대로 인용하고 말았다. 따라서 이러한 원심의 판단에는 지명채권양도의 방법에 의한 어음채권 양도와 인적 항변에 관한 법리를 오해하여 판단을 누락함으로써 판결에 영향을 미친 위법이 있다. 이를 지적하는 취지의 상고이유 주장 부분

3) Y는 이 사건 이후 사망하여 Y의 부모들이 Y의 재산을 각 1/2의 지분으로 공동상속하였고, 항소심에 이르러 소송을 수계하였지만, 이 책에서는 Y를 피고로 간주하여 해설한다.

은 이유 있다. 파기환송(피고승소).

II. 연 구

1. 지명채권양도방법에 의한 어음양도

어음채권의 양도는 지시채권양도의 방법에 의하여야 하나(어음법 제11조 제2항), 배서금지어음이 아닌 경우도 지명채권양도방법에 의한 양도가 가능하다.[4]

2. 어음 교부의 필요성

어음은 어음상의 권리의 행사 및 이전에 어음의 소지를 필요로 하는 유가증권으로 제시증권성과 상환증권성을 가지므로 어음상의 권리자라고 하더라도 어음을 소지하고 있지 않으면 권리를 행사하거나 양도할 수 없다. 따라서 지명채권양도방법으로 어음채권을 양도하는 경우에도 어음의 교부를 채권양도의 효력발생요건으로 보아, 어음의 교부가 없으면 채권양도의 효력이 발생하지 않는다고 보는 것이 통설이고[5] 판례이다.[6]

3. 대항요건의 필요성

약속어음의 어음상의 권리를 지명채권의 양도에 관한 방식에 따라서 양도함에 있어서는 민법 제450조 제1항 소정의 대항요건을 갖추지 아니하면 어음채무자에게 대항할 수 없다.[7]

4. 인적 항변의 승계 여부

지명채권양도의 방법에 의하여 어음채권을 양도하는 경우에는, 배서에 의한 어음채권의 양도 시에 인정되는 인적 항변 절단의 효력은 발생하지 않기 때문에, 양도인이 가지고 있던 채권이 동일성을 유지한 채로 양수인에게 이전한다.[8] 따라서 양도인이 가지고 있던 어음상의 권리에 인적 항변이 부착되어 있는 경우에는, 인적 항변이

---

4) 대법원 1989. 10. 24. 88다카20774; 동 2003. 4. 22. 2001다18094; 동 2012. 9. 27. 2012다48060 등.
5) 이철송(어) 288면; 정동윤(어) 358면; 최준선(어) 295면.
6) 대법원 1989. 10. 24. 88다카20774.
7) 이철송(어) 288면; 359면; 최준선(어) 297면; 대법원 1989. 10. 24. 88다카20774; 동 1996. 4. 26. 94다9764.
8) 대법원 2003. 4. 22. 2001다18094; 동 2012. 9. 27. 2012다48060.

부착되어 있는 권리 그대로 양도되어 양수인이 인적 항변의 존재를 알았는가 알지 못하였는가를 불문하고, 어음채무자는 양도인에 대한 인적 항변으로 양수인에게 대항할 수 있다. 그러나 어음채무자가 지명채권양도방법에 의한 어음채권의 양도를 승인하면서 인적 항변의 존재를 주장하지 않고 승인한 때, 즉 이의를 유보하지 않고 승인한 때에는 양도인에 대하여 대항할 수 있는 인적 항변이 있더라도 양수인에 대하여 대항할 수 없다(민법 제451조 제1항 본문).

제2항 어음상 權利의 행사

4 二重無權의 抗辯

[정복숙 대 신인식 사건]
대법원 1984. 1. 24. 82다카1405

事 例

피고 신인식은 1979. 9. 24. 사채업자를 통하여 소외 甲 등 3인으로부터 금 1,500만원을 이자를 월 4푼, 변제기일을 1979. 12. 23.로 정하여 차용하면서 그 원리금채무의 이행을 보증하기 위하여 발행인으로 서명 날인만 하고 나머지 부분은 모두 백지로 된 약속어음을 위 사채업자에게 교부하였다. 소외 甲의 남편이자 대리인인 소외 乙이 위 어음을 교부받아 소지하던 중 1980. 6. 15. 위 어음의 발행일을 1979. 12. 24. 금액을 금 8,960,000원, 지급기일을 1980. 12. 24. 수취인을 소외 甲, 발행지, 지급지, 지급장소를 서울특별시로 보충한 다음 위 甲의 이름으로 원고 정복숙에게 배서양도하였다.

한편 피고는 1980. 3. 4. 위 사채업자에게 원리금을 전부 변제하였으나 위 어음을 회수하지 아니하였고, 위 甲 등은 위 사채업자로부터 위 대여원리금의 일부를 지급받지 못하였기 때문에 위 乙이 위와 같이 위 어음의 백지를 보충하고 이를 아무런 원인관계 없이 원고에게 배서양도한 것이다.

원고가 위 약속어음의 소지인으로서 위 어음금을 청구하였더니 피고는 원고의 위 어음금 청구는 정의에 반하는 것으로 權利濫用에 해당되어 허용되어서는 아니된다고 항변한다.

참고도

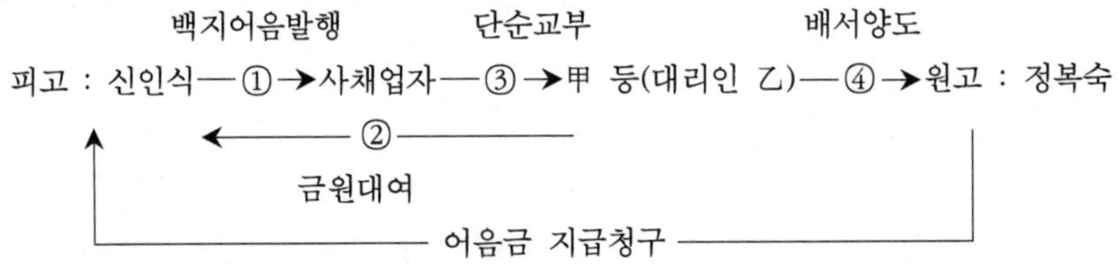

백지어음발행 / 단순교부 / 배서양도

피고 : 신인식 —①→ 사채업자 —③→ 甲 등(대리인 乙) —④→ 원고 : 정복숙

←—②— 금원대여

어음금 지급청구

① 신인식은 사채업자를 통하여 甲으로부터 1,500만원 차용. 차용금 담보를 위하여 백지어음 발행, 추후 차용금 변제.
② 甲은 신인식에게 금원대여.
③ 사채업자는 甲에게 배서 없이 어음교부. 후에 신인식으로부터 지급받은 차용금을 일부 甲에게 변제 않음.
④ 甲은 원인관계 없이 원고에게 배서양도.

目 次

Ⅰ. 判決要旨

1. 原審 判決要旨

이 사건 피고의 위 항변에 대하여 원심(서울민사지방법원 1982. 7. 14. 82나406)은 판시하기를, "어음상의 권리는 어음행위에 의하여 독자적으로 발생되는 것이므로 이를 행사함에는 원인관계상의 권리가 존재할 것이 요건으로 되는 것은 아니고 어음상의 권리가 어음법 특유의 양도방법인 배서에 의하여 양도된 경우에는 어음의 유통보호를 위하여 어음법이 어음상 채무자의 항변을 제한하는 등 강력하고 엄격하게 보호하고 있는 것도 물론이지만, 어음상의 권리도 신의에 좇아 성실하게 행사되어야 하는 것이고, 이를 남용하는 것은 허용될 수 없는 것이다"라고 전제하고, "어음은 어디까지나 거래의 수단(금전지급 수단, 신용이용 수단 등)에 불과한 것임에 비추어 보면, 어음수수의 실질적 원인관계가 처음부터 존재하지 아니하거나 소멸되어 버렸고 달리 그 어음을 보유할 정당한 권원이 없는 경우에는 그 어음은 본래의 사명인 거래수단으로서 기능하고 있는 것이 아니라 빈 껍데기에 불과한 것이고, 어음소지인으로서도 어음상 권리를 행사할 실질적 이유가 없는 것이므로 어음소지인이 단지 빈 껍데기 어음을 소지하고 있음을 기화로 어음상의 형식적 채무자에 대하여 어음금의 지급을 구하는 것은 거래법상의 대원칙인 신의성실의 원칙에 어긋나고 권리남용에 해당되는 것으로서 허용될 수 없는 것이고, 피고는 이 사건 약속어음의 발행인으로서 형식상 어음채무자로 되어 있다고 하더라도 원고에 대한 어음금의 지급을 거절할 수 있다고 봄이 상당하다고 할 것이다. 따라서 피고의 위 항변은 이유있다"고 하여 피고의 항소를 받아들여 제1심 판결을 취소하고 원고의 청구를 기각하였다. 이에 원고가 상고하였다.

2. 大法院 判決要旨

대법원은 원심을 파기·환송하였는데, 대법원 판결요지는 다음과 같다.

"어음행위는 무인행위로서 어음수수의 원인관계로부터 분리하여 다루어져야 하고, 어음은 원인관계와 상관없이 일정한 어음상의 권리를 표창하는 증권이라 할 것인바, 원인채무가 변제된 백지약속어음을 소지함을 기화로 이를 부당보충하여 실질적 원인관계 없이 배서양도하였다 하더라도 무인성의 법리에 비추어 그 양수인의 약속어음금 청구가 바로 신의성실의 원칙에 어긋나는 것으로서 권리남용에 해당한다고 볼 수 없다"(原告勝訴).[1]

II. 解 說

1. 論 點

사례의 논점은 실질적 원인관계 없이 배서받은 약속어음으로써 어음금 지급을 청구하려 할 때, 어음발행인의 원인채무가 이미 소멸되었다면 이 때의 어음금 청구는 권리남용이 되는지 여부이다. 위 사례의 사실관계에 비추어 위의 문제를 어음법적 관점, 보다 정확히는 어음항변이론의 관점에서 보면 다음과 같다. 즉, 약속어음의 발행인(피고)과 수취인(甲) 사이의 어음발행의 원인관계가 소멸하였고, 수취인(甲)과 피배서인(원고) 사이에도 배서의 원인관계가 존재하지 아니하게 되었는바, 이는 원인관계의 이중적 흠결이 되었는데(이중무권), 이 때 소지인인 피배서인(원고)이 이 어음을 수취인(甲)에게 반환하지 아니하고 소지하고 있음을 기화로 발행인(피고)에 대하여 어음금 청구를 할 수 있는가? 이 때 발행인(피고)은 이중무권의 항변을 할 수 있는가가 논점이 된다.

2. 어음行爲의 無因性

(1) 意 義

먼저 이 사건에서는 어음행위의 무인성·추상성(Abstraktkeit)이 문제된다. 어음행위는 매매, 금전 소비대차 등과 같은 원인관계의 수단으로 행해지는 것이 일반적이지만,

---

1) 이 판결에 대한 평석으로, 박인호, "어음背書에 있어서 無因性과 信義誠實의 原則 내지 權利濫用의 法理", 「대법원판례해설」 제5호, 1984. 1. 91면 이하 참조.

어음행위는 이러한 원인관계의 부존재, 무효, 취소 등에 의하여 영향을 받지 않는다.[2] 이를 어음행위의 무인성 또는 무색적 성질이라고 한다. 이는 어음의 무인증권성을 행위의 측면으로부터 파악한 개념이다.

(2) 無因性의 根據

(가) **實定法的 根據** 무인성의 근거는 실정법적 근거와 정책적인 근거로 나누어 볼 수 있는데, 실정법적 근거로는 어음법 제1조와 제12조, 제26조 및 제75조를 들 수 있다. 먼저 제1조와 제75조에 의하면 어음요건으로서 환어음의 경우에는 일정한 금액을 지급할 뜻의 '무조건의 위탁'을, 또 약속어음의 경우에는 일정한 금액을 지급할 뜻의 '무조건의 약속'을 기재하여야 한다고 규정하고 있다.[3] 그리고 제26조는 "어음의 인수는 무조건이어야 한다"고 규정하고 있으며, 제12조는 배서에 관하여도 조건을 붙이는 것을 허용하지 않고 있다. 이와 같이 어음법은 가장 중요한 어음행위인 발행, 인수 및 배서에 관하여 명문으로 이들의 효력을 원인관계에 의존시킬 수 없음을 규정하고 있는데, 이들 규정이 어음행위의 무인성의 실정법적 근거가 된다.

(나) **政策的 根據**(어음행위의 무인성의 기능) 한편 정책적인 근거로서, ① 어음수수의 직접 당사자 사이에는 인적항변이 허용되므로 어음행위의 무인성은 어음채권을 행사할 때에 입증책임을 전환(Umkehr der Beweislast)하는 기능을 한다. 또한 ② 제3자와의 관계에서는 인적항변이 절단되므로 어음의 피지급성을 확보하여 어음거래의 유통성을 증진시킨다. 이러한 점에서 어음채무는 사법상의 일반 채무보다 더 엄격하게 된다. 이를 어음엄정이라 한다.[4] ③ 나아가 어음행위의 무인성은 어음채권과 원인채권이 각각 독자적인 권리로 성립·존속할 수 있게 해 준다.

참고로 프랑스 어음법에서는 어음은 有因證券으로서 유효한 원인관계(causa) 없이 발행한 어음은 무효이고, 어음행위도 유인행위로서 어음채권이 양도되면 원인채권도 함께 양도된다고 본다. 다만 제3취득자에 대하여는 그가 채무자를 해할 것을 알고 취득한 경우가 아니면 원인관계의 흠결로써 대항할 수 없다(프商 제121조).

---

2) 대법원 1989. 10. 24. 89다카1398: 어음행위는 무인행위로서 어음수수의 원인관계로부터 분리하여 다루어져야 하고 어음은 원인관계와 상관없이 일정한 어음상의 권리를 표창하는 증권이므로 어음이 일정한 조건(예컨대 근로자들에 대한 노임체불)하에서만 권리를 행사하기로 한 약정하에 발행되었더라도 이와 같은 사정은 어음의 원인관계에 기한 인적 항변사유에 불과하고 어음상의 권리는 일단 유효하게 성립되었다고 보아야 할 것이어서 여기에 어음법 제16조 제2항은 적용될 수 없다. 동지: 대법원 1997. 7. 25. 96다52649.

3) 대법원 1971. 4. 20. 71다428은 만일 어음의 효력을 원인관계에 의존시킬 때에는 그 어음은 무효이다고 판시하였다.

4) 정동윤(하) 116면; 정찬형(하) 73면.

3. 二重無權의 抗辯

(1) 意　義

위의 사안에서는 어음행위의 무인성을 철저히 강조한다면 피고는 원고의 어음금 청구에 대항할 수 없다. 그러나 이는 형평상 부당하므로 이른바 이중무권의 항변을 인정할 것인가의 여부가 문제된다. 이중무권(Doppelmangel)의 항변이란 어음소지인과 그 前者 사이의 원인관계 및 그 前者와 前前者(어음채무자) 사이의 원인관계가 모두 흠결되어 있는 경우에 어음채무자인 前前者가 어음소지인의 어음금 청구에 대하여 대항할 수 있는 항변을 가리킨다. 이중무권의 항변은 소지인과 前者 및 前者와 前前者 사이의 원인관계가 무효 또는 취소되거나 소멸된 경우에 인정된다.[5] 예컨대 甲이 약속어음을 발행하여 수취인 乙에게 교부하고 乙이 丙에게 배서양도한 경우 甲·乙 사이의 발행의 원인관계 및 乙·丙 사이의 배서의 원인관계가 각 당초부터 부존재 또는 무효이었거나 사후에 그 원인관계가 소멸하였음에도 丙이 위 어음을 乙에게 반환하지 아니하고 소지하고 있음을 기화로 甲에 대하여 어음금 청구를 하였을 경우, 甲은 甲과 乙간 및 乙과 丙간의 원인관계의 흠결, 즉 원인관계의 2중적 흠결을 내세워 丙의 어음금 청구를 거절할 수 있는 것을 말한다.[6] 후자의 항변은 어음채무자가 제3자(후자)의 항변을 원용하여 어음소지인에게 대항하는 것임에 비하여 이중무권의 항변은 어음채무자가 어음소지인이 독립된 경제적 이익을 가지고 있지 않다는 항변, 즉 어음채무자 자신이 가지는 항변을 주장하는 점에서 차이가 있다.

(2) 學　說

이중무권의 항변을 인정하지 아니하는 견해로는 이중무권의 항변 부인론, 인적항변 개별성론이 있고, 이를 인정하는 견해로는 권리남용론과 有因論 등이 있다.

(가) 二重無權의 抗辯 否認論　　이중무권의 항변 부인론은 어음의 無因性을 중시하여 甲·乙간의 원인관계의 흠결은 단지 인적항변사유에 지나지 아니하여 甲은 丙의 어음금 청구를 거부할 수 없다는 견해이고,[7] 위 대법원 판결의 입장이다.

(나) 人的 抗辯 個別性論　　인적항변 개별성론이란, 어음채무자의 인적항변은 각 어음행위자가 자기의 원인관계에 의하여 주장하는 것이므로 직접 당사자간에서만 인

---

5) 송진현, "후자의 항변과 이중무권의 항변", 법원행정처 재판자료 제30집, 「어음·수표법에 관한 제문제(상)」, 1986, 453, 468면 이하 참조.

6) 정동윤(하) 132면; 정찬형(하) 393면; 최기원(하) 415~416면; Eugen Ulmer, *Das Recht der Wertpapier,* 1938, S. 247; 대법원 2003. 1. 10. 2002다46508.

7) 최기원(하) 412~413, 415면.

적 항변으로서 대항할 수 있고, 타인의 인적 항변을 원용할 수는 없다고 한다.[8] 따라서 이중무권의 항변을 인정하지 아니한다.

(다) **權利濫用論** 권리남용론은 어음행위의 무인성을 인정하지만 무인성의 취지가 어음거래의 유통성 확보에 의해 거래안전을 보호하려는 데 있으므로, 실질적인 경제적 이익 없이 형식적인 권리만에 의한 어음금청구를 인용하는 것은 무인성을 인정한 취지에 반하는 권리남용으로서 이를 인정할 수 없다고 한다.[9]

(라) **有因論** 유인론은 어음행위를 어음채무 부담행위와 어음채권 이전행위로 나누어, 전자는 무인행위이나 후자는 유인행위라고 본다. 乙·丙간의 원인관계가 소멸하면 어음채권은 乙에게 복귀하고, 원인관계가 당초부터 부존재 또는 무효라면 어음채권은 당초부터 이전되지 아니하여 결국 丙은 무권리자이므로 甲은 丙에게 無權利의 抗辯으로 對抗할 수 있다는 견해이다.[10]

(마) **판례의 입장** 判例[11]는 二重無權의 抗辯을 부인하고 權利濫用 抗辯을 배척한 바 있는데, 이는 어음행위의 無因性만을 강조한 나머지 당사자의 권리구제를 소홀히 한 것이 아닌가 하는 비판을 면하기 어렵다.[12] 대법원은 후속판결에서 계속 위의 입장을 보이다가,[13] 다만 근래의 판결에서[14] "배서의 원인관계가 흠결됨으로써 어음소지인이 그 어음을 소지할 정당한 권원이 없어지고 어음금의 지급을 구할 경제적 이익이 없게 된 경우에는 인적항변의 절단의 이익을 향유할 지위에 있지 아니하다고 보아야 할 것이다"라고 하면서, 근거를 명확히 밝히지 아니한 채 二重無權의 항변을 인정하고 있다.

(바) **私 見** 생각건대, 어음행위를 어음채무 부담행위와 어음채권 이전행위로 나눌 수 있는지 의문이고, 또 어음채권 이전행위가 有因行爲임을 강조하면 어음의 유통성 보호를 해하므로 有因論을 채택하기 어렵다. 인적항변 개별성론은 원칙으로 옳은 견해이지만 과연 권리남용의 경우까지 그와 같이 해석하여야 할지 의문이다.

어음의 원인관계에서 유래하는 항변은 본래 직접의 상대방에 대하여만 대항할

8) 日最判 1941. 1. 27. 民集 20, 25.
9) 정동윤(하) 130면; 정찬형(하) 393면; 채이식(하) 330면; 日最判 1968. 12. 25. 民集 22-13, 3548; 동 1970. 3. 31. 民集 24-3, 182. 어음보증과 관련하여 이 학설을 취한 판례로 대판 1988. 8. 9, 86다카1858 참조.
10) 日大阪高判 1962. 11. 27.(下民 13-11, 2367).
11) 대판 1984. 1. 24, 82다카1405.
12) 박인호, 전게평석. 97면.
13) 대판 1989. 10. 24. 89다카1398; 동 1997. 7. 25. 96다52649.
14) 대판 2003. 1. 10. 2002다46508.

수 있는 이른바 인적항변에 지나지 아니하지만 인적항변을 제한한 법의 취지는 어음거래의 안전을 위하여 어음취득자의 이익을 보호함에 있는 것이다. 그러므로 어음금의 지급을 구할 아무런 경제적 이익도 가지지 아니하여 위와 같은 인적항변제한의 이익을 享受할 만한 지위에 있지 아니한 소지인까지 보호되어서는 곤란하다. 원인관계상 어음금 상당을 그에게 귀속시킬 수 없는 소지인이 원인관계상 어음금 상당을 지급할 의무가 없는 채무자에 대하여 그 어음금의 지급을 구하는 것은 權利濫用에 해당한다고 보아야 할 것이고,[15] 채무자는 이중무권의 항변으로써 어음소지인에게 대항할 수 있다고 함이 타당하다고 할 것이다.[16]

사례에서와 같이 원인관계 없이 甲이 약속어음을 원고에게 배서·교부하여 준 것은 숨은추심위임배서를 한 것으로 볼 여지도 있다. 이와 같이 甲이 원고에게 숨은 추심위임배서를 한 경우에도 원고는 그 어음금을 지급받아 이를 향수할 주체가 아니므로 이중무권의 항변을 주장할 수 있다고 보아야 할 것이다.

Ⅲ. 結 語

위 대법원판결은 어음행위의 無因性만을 강조한 나머지 당사자의 권리구제를 소홀히 한 것이 아닌가 생각된다. 사견으로는 피고의 二重無權의 항변이 인정되어야 하리라고 생각한다. 그리고 그 법적 근거는 權利濫用論이다.

---

15) 정동윤, "어음행위의 무인성과 권리남용의 항변", 「고려대 판례연구 3」, 1984. 21면 이하 참조.

16) 동지: 대판 1984. 1. 24. 82다카1405에 대한 평석: 박인호, "어음배서에 있어서 무인성과 신의성실의 원칙 내지 권리남용의 법리", 「대법원판례해설 제5호」, 1984. 1. 95면; 윤용섭, "권리남용에 관한 판례의 동향", 「민사판례연구X」, 1988. 322~323면; 日最判 1970. 7. 16. 民集 24. 7. 1077 참조.

5 融通어음의 抗辯

[이종완 대 유재흔 사건]

대법원 1995. 1. 20. 94다50489

設 問

被告 유재흔(Y)은 소외 경민섬유 주식회사 대표이사 이칠수의 자금융통을 위하여 이른바 融通어음을 발행·교부하고, 이에 대한 담보로서 이칠수는 위 주식회사의 명의로 어음·수표 7매를 발행하여 Y에게 교부하였다. 이칠수는 위 융통어음을 소외 경민섬유 주식회사에게, 경민섬유 주식회사는 주식회사 신양상호신용금고(이하 金庫라 한다)에게, 金庫는 이칠수의 從叔인 原告 이종완(X)에게 각각 순차 배서·양도하였으나, 현재 어음상에 金庫의 배서는 말소되어 있다. 한편 이칠수가 Y에게 발행·교부한 담보어음·수표는 不渡處理되었다. X는 지급기일 2, 3일 후에 이를 Y에게 지급제시하였으나 Y는 융통어음임을 이유로 그 지급을 거절하였다. 이 경우 다음 물음에 답하라.

1. Y는 X에 대하여 融通어음의 항변을 제기할 수 있는가?
2. Y는 X에 대하여 惡意의 항변을 제기할 수 있는가?
3. 背書抹消의 효력은 어떠한가?

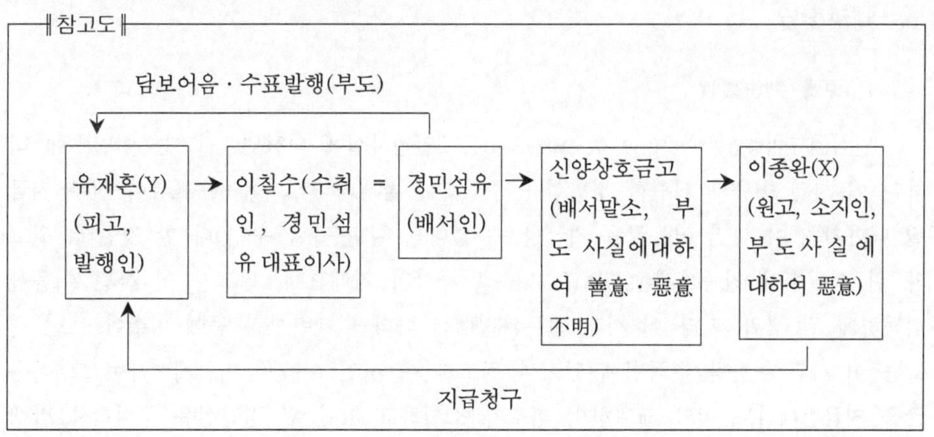

目 次

Ⅰ. 判決要旨

1. 原審 判決要旨

원심(대구지방법원 1994. 9. 7. 94나3344)은 "인정사실에 의하면, 피고는 이칠수에 대하여 이 사건 어음과 교환한 경민섬유 주식회사 발행의 각 어음·수표금이 전부 지급될 때까지는 이 사건 어음금을 지급할 수 없다는 항변을 할 수 있다 할 것인데, 원고와 위 이칠수의 친족관계(從叔關係) 및 그 동안의 거래관계, 원고가 이 사건 어음을 취득하게 된 경위, 기타 이 사건 변론과정에서 나타난 제반사정 등에 비추어 보면 원고는 이 사건 어음을 취득함에 있어서 원고가 이 사건 어음을 지급제시하여 그 어음금을 지급받더라도 이와 교환하여 피고가 소지하고 있던 위 경민섬유 주식회사 발행의 각 어음·수표에 관하여는 위 회사가 이미 當座去來가 정지된 관계로 피고가 그 각 어음·수표금을 지급받지 못하게 되어 害를 입는다는 사정을 알고 있었다고 봄이 상당하므로 피고는 이 사건 어음의 취득자인 원고에 대하여도 위 항변으로 대항할 수 있다 할 것이다. 그렇다면, 원고의 이 사건 청구는 이유 없어 이를 棄却할 것인데, 원심판결은 이와 결론을 같이하여 정당하고 원고의 抗訴는 이유 없으므로 주문과 같이 판결한다"고 하여 原告敗訴의 판결을 하였다.

2. 大法院 判決要旨

1) 타인의 금융 또는 채무담보를 위하여 약속어음(소위 융통어음)을 발행한 자는 피융통자에 대하여 어음상의 책임을 부담하지 아니하지만, 그 어음을 양수한 제3자에 대하여는 善意·惡意를 묻지 아니하고 대가 없이 발행된 융통어음이었다는 항변으로 대항할 수는 없다.

2) 피융통자가 융통어음과 교환하여 그 액면금과 같은 금액의 약속어음을 융통자에게 담보로 교부한 경우에 있어서는 融通어음을 양수한 제3자가 양수 당시 그 어음이 융통어음으로 발행되었고 이와 교환으로 교부된 담보어음이 지급거절되었다는 사정을 알고 있었다면, 융통어음의 발행자는 그 제3자에 대하여도 융통어음의 항변으로 대항할 수 있다.

3) 어음의 양도 전에 배서를 하였다가 이를 抹消한 채로 다시 어음을 양도한 자도 배서인으로서의 상환의무를 부담하는 것은 아니나, 현재의 어음소지자의 前者로서의 권리를 양도한 어음상의 권리자였다는 점에는 변함이 없다 할 것이고, 현재의 어음소지인에게 어음을 양도한 자가 어음취득 당시 선의였기 때문에 그(양도인)에게 대항할 수 없었던 사유에 대하여는 현재의 어음소지인이 비록 어음취득 당시 그 사유를 알고 있었다고 하여 그것으로써 현재의 어음소지인에게 대항할 수는 없다.

4) 따라서 이와 견해를 달리하여 원고가 이와 같은 사정을 알고 있었다는 이유만으로 피고의 원고에 대한 융통어음의 항변을 받아들인 것은 융통어음 및 그 人的抗辯의 절단에 관한 法理를 오해하여 판결 결과에 영향을 미친 위법을 저지른 것이라 아니할 수 없고, ……원심판결을 破棄하고 사건을 대구지방법원본원 합의부에 還送한다.

II. 解　　說

1. 序　　言

이 사건에서는 이른바 융통어음의 항변에 관한 事案으로서, 동일한 사실관계를 놓고 원심법원과 대법원이 서로 상반된 견해를 보이므로 그 원인이 어디에 있는지를 살펴보면 다음과 같다.

피고 유재흔은 융통어음 발행에 대한 담보로 수령한 경민섬유(주) 발행 어음·수표가 不渡가 됨으로써 아무런 이득 없이 융통어음의 발행인으로서의 책임만을 져야 하는 처지이다. 원고가 소외 이칠수의 從叔으로서 그 인적 관계, 그간의 거래관계 및 위 어음의 취득 경위 등으로 미루어 그 소지하고 있는 어음이 융통어음임을 알고 있다는 점, 그리고 원고가 이 어음을 취득하면 피고가 害를 입는다는 점을 알고 있었느냐에 관하여는 원심판결은 이를 인정하고 있고, 대법원도 이를 사실문제로 보아 판단하지 아니함으로써 이를 인정하고 있는 것으로 보인다. 그러나 원심은 신양상호금고(주)가 경민섬유(주) 발행의 어음·수표가 부도된 사실에 관하여는 善意인가의 여부에 관하여는 판단하지 아니하였고, 대법원은 위 金庫가 惡意였다는 점에 관하여 아무런 자료를 찾아볼 수 없다고 한다. 결국 대법원은, 위 금고가 악의이면 피고는 원고에게 악의의 항변을 할 수 있으나, 금고가 선의이면 원고가 비록 악의라고 하더라도 惡意의 항변을 주장할 수 없을 것인데, 원심은 위 금고가 악의인지 또는 선의인지에 관하여 판단하지 아니하였고, 그와 같은 상태에서 원고의 악의를 문제삼아 판단한 것은 위법이 된다는 것으로 요약할 수 있다.

2. 제1문: Y는 X에 대하여 融通어음의 항변을 제기할 수 있는가?

(1) 論　點

제1문의 논점은 融通어음의 항변이다.

(2) 融通어음의 抗辯

大法院 判決要旨 1)은 "타인의 금융 또는 채무담보를 위하여 약속어음(소위 융통어음)을 발행한 자는 피융통자에 대하여 어음상의 책임을 부담하지 아니하지만, 그 어음을 양수한 제3자에 대하여는 선의·악의를 묻지 아니하고 대가 없이 발행된 융통어음이었다는 항변으로 대항할 수는 없다"고 한다. 이는 융통어음의 항변에 관한 것이다.

융통어음(Kredit-oder Finanzwechsel)이란 넓은 의미로는 상업어음에 대응하는 개념으로서 어음수수당사자 사이에 어음授受 이외에 어음授受의 원인이 되는 별도의 상거래가 없는 모든 어음을 말하고, 좁은 의미로는 어음수수당사자 사이에 현실적으로 아무런 거래가 존재하지 않음에도 불구하고 상대방에게 '신용을 供與하고 상대방이 이를 이용하여 자금을 융통'할 수 있도록 하기 위하여 제공되는 어음만을 말한다.

융통어음을 발행한 경우, 융통자(이 사건에서는 융통어음의 발행인)가 피융통자로부터 지급청구를 받는 경우에는 당해 어음은 융통어음이라는 주장, 즉 융통어음의 항변을 제기함으로써 지급을 거절할 수 있음은 당연하다. 다시 말하면 융통어음의 항변은 피융통자에 대하여는 언제든지 이를 대항할 수 있는 것이 원칙이다. 그러나 문제는 그 어음이 융통어음임을 알고 있는 제3자에 대하여도 대항할 수 있는가 하는 점이다. 이에 대하여 우리 나라의 학설은 융통자는 원칙적으로 융통어음임을 항변으로 삼아 어음금 지급을 거절할 수 없다고 한다. 다만 그 이론적 근거에 관하여 學說이 나뉘므로 이를 정리하면 다음과 같다.

(가) 人的 抗辯에 해당하나 어음法 제17조 단서가 적용되지 않는다는 學說 通說은[1] 융통어음의 항변을 어음法 제17조에 해당하는 인적 항변으로 보되, 융통어음이 제3자에게 양도된 경우에는 제3자가 융통어음임을 알았다고 하더라도 그것은 어음法 제17조의 '어음債務者를 害할 것을 알고' 취득한 것이라고 볼 수 없으므로 채무자는 지급을 거절할 수 없다고 한다. 즉, 융통자는 피융통자에 대하여만 융통어음임을 항변할 수 있으며, 그 이후의 취득자(소지인)에 대하여는 그가 융통어음임을 알았더라도 害意가 없는 한 대항하지 못하므로 융통어음의 항변은 인적 항변에 해당하나 어음法 제17조 단서는 적용되지 않는다고 한다.

(나) 切斷이 不必要한 抗辯이라는 學說 위의 通說과 判例에 대하여 少數說은 융통어음이 발행된 경우에는 처음부터 제3자에 대한 관계에서는 그의 善意·惡意를 불문하고 抗辯의 切斷이 예정되어 있지 않으므로 '切斷이 不必要한 抗辯'이라 한다.[2]

(다) 어음抗辯의 一類型이 아니라는 學說 다른 하나의 少數說은 융통어음에 관하여는 어음취득자가 융통어음임을 알고 있는 경우에도 이를 항변할 수 없으므로 융통어음의 항변은 당사자간에서만 주장할 수 있고 어떠한 경우에도 제3자에 대하여는 주장할 수 없는 항변인 점에서 이를 어음抗辯의 一類型으로 분류하지 않는 것이 타당하고, 융통어음의 항변은 일반적인 어음항변(物的 抗辯 또는 人的 抗辯)의 어디에도 속하지 않는다고 한다.[3]

(라) 判 例 判例는 "타인의 금융 또는 채무부담을 위하여 약속어음(이른바 융통어음)을 발행한 자는 피융통자에 대하여 어음상의 책임을 부담하지 아니함은 명백하나, 이러한 사유는 피융통자에 대하여서만 대항할 수 있는 것이라 할 것이고, 그 어음을 양수한 제3자에 대하여는 어음상의 채무를 담보할 의사로써 발행한 것이므로,

1) 최기원(하) 404~405면; 강위두(어) 179면; 이기수(어) 257면; 양승규(어) 180면; 채이식(하) 386면; Hueck-Ca-naris, *Recht der Wertpapiere,* S. 107.

2) 정동윤(하) 125면.

3) 정찬형(어) 382면.

그 제3자가 善意이건 또는 惡意이건간에 그 취득이 기한후배서에 의한 것이었다 하더라도 대가관계 없이 발행된 융통어음이었다는 항변(인적 항변)으로 대항할 수 없다"고 하여[4] 통설과 같은 입장을 취한다.

(마) 私 見 생각건대 융통어음은 어음이 제3자에게 양도되어 被融通者(직접상대방)가 자금을 융통할 수 있도록 하기 위하여 발행되는 것이므로 처음부터 어음채무자에게 어음채무 부담의 의사가 있다고 할 수 있다. 본래 융통어음은 피융통자로 하여금 금전을 융통케 하자는 것이므로 처음부터 피융통자로부터 제3자에게 양도될 운명이다. 따라서 제3자가 융통어음이라는 것을 알고 어음을 취득한 경우라도 융통자는 반드시 지급하여야 하는 것이 원칙이다. 이는 意思表示上의 효력이다.

융통어음을 발행함에 있어 당사자간의 合意의 내용을 살펴보면 피융통자는 융통자에 대하여 직접적으로 권리를 행사하지는 못하나, 피융통자로부터 그 어음(수표)을 취득한 제3자는 그의 知·不知를 불문하고 무조건 융통자에 대하여 권리행사를 하도록 허용하자는 합의가 있었다고 볼 수 있다. 즉, 인적 항변의 내용 자체에 융통자인 어음채무자는 제3자에게는 무조건 대항하지 아니한다는 합의가 존재한다. 이것이 융통어음 발행·교부 당사자간의 진정한 합의의 내용이다. 결국 융통어음의 항변은 인적 항변에 해당하나 어음法 제17조 단서는 적용되지 않는다는 通說이 타당하다고 본다.[5]

(3) 設問의 해답

융통어음을 양수한 제3자에 대하여는 善意·惡意를 묻지 아니하고 대가 없이 발행된 융통어음이었다는 항변으로 대항할 수는 없다는 대법원 판결은 타당하다.

3. 제2문: Y는 X에 대하여 惡意의 항변을 제기할 수 있는가?

(1) 論 點

제2문의 논점은 惡意의 항변 및 엄폐물의 법칙의 적용여부이다.

(2) 惡意의 抗辯

위 대법원 判決要旨 2)는 "피융통자가 융통어음과 교환하여 그 액면금과 같은 금액의 약속어음을 융통자에게 擔保로 교부한 경우에 있어서는 융통어음을 양수한 제3자가 양수 당시 그 어음이 융통어음으로 발행되었고 이와 交換으로 교부된 담보어음

---

4) 대법원 1957. 3. 21. 4290민상20; 동 1968. 8. 31. 65다1217; 동 1969. 9. 30. 69다975, 976; 동 1979. 10. 30. 79다479; RGZ 117, 76.

5) 동지: 채이식(하) 387면; 최기원(하) 404~405면.

이 지급거절되었다는 사정을 알고 있었다면, 융통어음의 발행자는 그 제3자에 대하여도 융통어음의 抗辯으로 대항할 수 있다"고 한다. 이 사건에서 융통어음이 담보어음과 교환조건으로 發行·交付되었고, 그 담보어음이 不渡되었으므로 융통어음 발행인은 아무런 대가 없이 융통어음상의 채무만을 부담하게 되었다. 따라서 융통어음의 발행인은 그 융통어음에 대한 지급을 거절하려 하는데, 그와 같은 지급거절은 정당하다. 왜냐 하면 이 사건의 융통어음 취득자에게 害意가 있기 때문이다. 이제는 더 이상 융통어음의 항변문제가 아닌 惡意(害意)의 항변이 문제된다.

즉, 이칠수가 대표이사로 있는 경민섬유 주식회사가 담보로 발행한 어음·수표가 부도처리되고, 그 사실을 알면서 원고 소지인인 이종완이 이를 취득하였으므로 원고에게 害意가 있다. 그러므로 융통어음 발행인은 이를 피융통자에게 항변하여 그 지급을 거절할 수 있음은 물론, 惡意의 제3자에 대하여도 이를 항변할 수 있다(어음법 제17조 단서).

(3) 어음法 제17조 단서의 惡意의 의미

惡意란 어음法 제17조 단서에 의하면 債務者를 害할 것을 알고 어음을 取得하는 것을 말한다. 이것이 무엇을 의미하는가에 관하여 세 가지 해석이 있다. 첫째, 共謀說로서, 惡意의 내용을 가장 좁게 해석하여 債務者를 해할 意思로써 하는 共謀(fraudulent understanding)를 요한다고 한다(英國 어음法 제29조 제3항; 美國 流通證券法 제58조 참조). 둘째, 惡意說로서 惡意의 내용을 가장 넓게 해석하여, '抗辯存在의 사실을 아는 것'(bad faith)으로써 충분하다고 한다(日本의 舊어음法). 셋째, 害意說(二重認識說)로서 統一어음法會議에서 채택한 타협안이다. 抗辯事由의 인식만으로는 부족하고, 그외에 자기가 어음을 취득함으로써 항변이 切斷되고, 그 결과 '債務者가 해를 입는다는 것을 알면서'(knowingly to the detriment of the debtor) 굳이 취득하는 것이라고 한다. 우리 나라의 어음法 제17조는 이 害意說을 취하고 있다는 데에 견해가 일치한다.

(4) 엄폐물의 법칙

判決要旨 3)은 "어음의 양도 전에 배서를 하였다가 이를 말소한 채로 다시 어음을 양도한 자(신양상호금고)도, 배서인으로서의 상환의무를 부담하는 것은 아니나 현재의 어음소지자의 前者로서의 권리를 양도한 어음상의 권리자였다는 점에는 변함이 없다 할 것이고, 현재의 어음소지인(이종완)에게 어음을 양도한 者(신양상호금고)가 어음취득 당시 선의였기 때문에 그(양도인: 신양상호금고)에게 대항할 수 없었던 사유에 대하여는 현재의 어음소지인(이종완)이 비록 어음취득 당시 그 사유를 알고 있었다고 하여 그것으로써 현재의 어음소지인(이종완)에게 대항할 수는 없다"고 한다. 이는 엄폐물의 법칙의 적용문제이다.

通說과 判例에[6] 의하면 악의의 항변으로 대항을 받는 것은 취득자가 직접 前者인 배서인에 대한 인적 항변사유를 알고 있는 경우에 한한다고 한다.[7] 따라서 그 전의 배서인(前前者)에 대한 인적 항변사유를 알고 있는 경우에는 악의의 항변은 성립하지 않는다. 왜냐 하면 소지인의 前者가 선의취득을 하여 그 항변은 제한받기 때문이라고 한다. 직접의 前者가 선의이면 前前者의 항변은 제한되고, 소지인은 깨끗한 권리를 취득한다고 한다. 英美에서는 이 경우 선의인 前者가 엄폐물의 역할을 하기 때문에 이 원칙을 掩蔽物의 法則(shelter rule)이라 한다.[8] 본 判決도 같은 입장을 취한다.

(5) 設問의 해답

融通어음을 양수한 제3자가 양수 당시 그 어음이 융통어음으로 발행되었고 이와 교환으로 교부된 담보어음(이른바 교환어음)의 경우 그 교환어음이 지급거절되었다는 사정을 알고 있었다면, 융통어음의 발행자는 그 제3자에 대하여도 융통어음의 항변으로 대항할 수 있다는 大法院判決은 타당하다.

그러나 어음채무자(Y)는 현재의 어음소지인(이종완)에게 어음을 양도한 자(신양상호금고)가 어음취득 당시 선의였기 때문에 그(양도인: 신양상호금고)에게 대항할 수 없었던 사유에 대하여는 현재의 어음소지인(이종완)이 비록 어음취득 당시 그 사유를 알고 있었다고 하여 그것으로써 현재의 어음소지인(이종완)에게 대항할 수는 없다. 결국 Y는 X에 대하여 악의의 항변을 제기할 수 없다.

4. 제3문: 背書抹消의 효력은 어떠한가?

(1) 論　點

6) 어음채무자는 기한후배서의 피배서인에 대하여는 그 배서의 배서인에 대한 인적항변을 가지고 대항할 수가 있지만, 특단의 사정이 없는 한 그 배서인의 전자에 대한 항변사유를 가지고는 피배서인에게 대항할 수 없는 것이고, 따라서 배서인이 어음취득 당시 선의였기 때문에 배서인에게 대항할 수 없었던 사유에 대하여는 피배서인이 비록 어음취득 당시 그 사유를 알고 있었다 하여도 그것으로써 피배서인에게 대항할 수는 없는 것이므로 피고 甲이 소외 乙에게 발행한 약속어음을 소외 乙이 소외 丙에게 배서양도하여 丙이 지급기일에 지급제시하였으나 지급거절된 후 다시 원고 丁에게 배서양도한 경우, 원고 丁의 피고 甲에 대한 어음금청구에 대하여 피고 甲이 위 어음이 융통어음이고 이에 대한 담보로 받은 乙 발행의 동액의 담보어음이 지급거절되었다는 주장을 하더라도 이에 대한 丙의 악의를 주장, 입증하지 못하는 한 피고 甲은 丙에 대하여 이로써 대항할 수가 없고, 따라서 이를 승계한 원고 정에 대하여 그의 선의, 악의에 불구하고 위 사유로써 대항할 수 없다(대법원 1990. 4. 25. 89다카20740).

7) 강위두(어) 280면; 정찬형(하) 387면; 대법원 1990. 4. 25. 89다카20740; 동 1994. 5. 10. 93다58721; 동 2001. 4. 24. 2001다5272.

8) UCC §3-201(1); BEA § 29(3).

제3문의 논점은 背書의 말소의 효력이다.

(2) 背書의 抹消의 效力

判決要旨 3)은 '惡意의 抗辯을 받는 所持人의 範圍' 외에도 '背書의 抹消의 效力'에 관하여도 중요한 의미를 담고 있다.

배서의 말소란 어음의 기재 중에서 배서를 제거하는 것을 말한다. 배서의 말소가 있으면 말소권의 유무나 그 방법·시기(거절증서작성기간의 전·후를 불문한다)와[9] 관계없이 배서의 연속에 있어서는 그 배서는 존재하지 않는 것으로 본다(어음法 제16조 제1항 제3문). 그러나 배서의 연속과 상관 없는 문제, 예컨대 악의의 항변에 있어서의 前者가 선의인 때에는 後者에게 害意가 있더라도 어음채무자는 대항할 수 없다고 보는 通說·判例의 입장에서는 前者의 선의 여부를 말소된 배서인의 선의 여부로 판단하여야 하고, 말소된 배서인의 前者를 기준으로 이를 판단하여서는 아니 될 것이다.

(3) 設問의 해답

배서의 말소가 있으면 배서의 연속에 있어서는 그 배서는 존재하지 않는 것으로 본다(어음法 제16조 제1항 제3문). 그러나 배서의 연속과 상관 없는 문제에 있어서는 말소된 배서도 고려에 넣어 검토하여야 한다.

사례에서는 배서의 연속과 상관 없는 문제, 즉 엄폐물의 적용문제이기 때문에 신양상호금고의 선의·악의 여부가 고려되어야 한다. 신양상호금고의 악의를 Y가 입증하지 못하는 한 선의로 추정될 수밖에 없다.

9) 대법원 1964. 5. 12. 63다55.

제3항 어음上 權利의 消滅

6 除權判決과 善意取得의 關係

[대동마보스(주) 대 오석근 사건]

대법원 1994. 10. 11. 94다18614

事 例

원고 대동마보스주식회사(X)는 피고 오석근(Y)이 1992년 9월 30일 발행한 약속어음을 소외 김인식으로부터 배서양도받아 소지하고 있다가 그 지급기일인 1993년 1월 5일 이를 Y에게 지급제시하였으나 지급거절된 바 있다. 한편 Y는 동 어음에 대하여 서울민사지방법원에 공시최고 및 제권판결신청을 하여 1993년 6월 5일 제권판결이 선고되었다. X는 문제의 어음을 선의취득하였으므로 정당한 권리자라고 주장하여 어음금지급청구의 訴를 제기하였으나, Y는 동어음은 제권판결의 선고로 인하여 무효가 되었으므로 지급할 수 없다고 다투었다. X는 특히 공시최고를 신청한 자가 어음상의 권리자인 소지인이 아닌, 문제된 어음의 최종채무자인 발행인인 경우에는 제권판결의 효력이 없다고 주장하는 한편, X가 공시최고 및 제권판결 이전에 어음을 선의취득하였으므로, 동 어음이 제권판결에 의하여 무효가 되는 것도 아니라고 주장하였다.

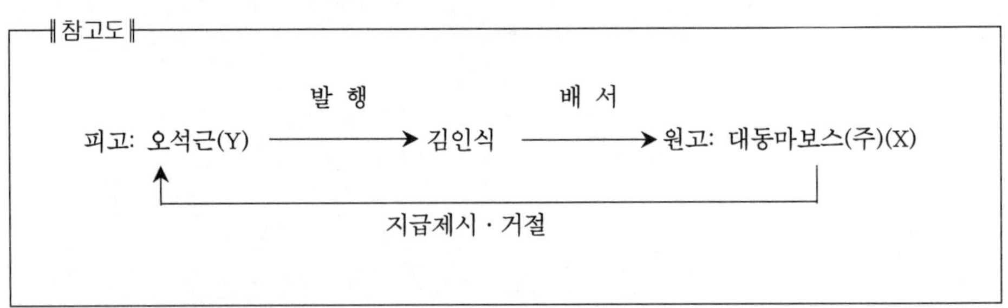

目 次

Ⅰ. 判決要旨

원심인 서울민사지방법원 1994. 2. 24. 93나37242와 위 대법원 판결은 원고패소의 판결을 내렸는데, 그 이유는 다음과 같다.

1) 약속어음에 관한 除權判決의 효력은 공시최고 신청인에게 어음을 소지한 것과 같은 지위를 회복시키는 것에 그치는 것이고, 공시최고 신청인이 실질상의 권리자임을 확정하는 것은 아니다. 그러나 제권판결은 동시에 소극적 효과로서 그 판결 이후에 있어서 당해 어음을 무효로 하므로, 취득자가 所持하고 있는 약속어음은 기실 약속어음으로서의 효력이 없게 된다. 따라서 소지인은 무효로 된 어음을 유효한 어음이라고 주장하여 어음금을 청구할 수는 없다.

2) 이와 같은 이치는 공시최고의 신청인이 발행인이라고 하여 달라지는 것이 아니다. 즉, 공시최고의 신청인이 발행인이거나 발행인이 아닌 所持人(어음상의 권리자)이거나 차이가 없다.

3) 또한 어음소지인이 公示催告期間 개시 전에 선의취득하였다고 하더라도 결론은 같다.

Ⅱ. 解 說

1. 論 點

본 사례에서의 논점은 세 가지로 요약할 수 있다.

1) 除權判決이란 무엇이며, 제권판결을 받으면 어떠한 효력이 생기는가의 문제(論點 1).

2) 약속어음의 발행인도 有效하게 제권판결을 신청할 수 있는지 여부(論點 2).

3) 선의취득자가 공시최고기간 중에 권리의 신고를 하지 아니하여 제권판결이 宣告된 경우, 그 선의취득자의 지위는 어떠한가의 문제이다(論點 3).

2. 公示催告와 除權判決

(1) 公示催告

공시최고란 법원이 당사자의 신청에 의하여 공고의 방법으로서 未知·不分明한 이해관계인에 대하여 失權 기타 불이익을 경고하여 청구 또는 권리 기타의 사항의 신고를 催告(독촉)하는 절차이다. 본래 최고(타인에게 어떤 행위를 할 것을 요구하는 통지)란, 그 이해관계인에게 하여야 하는 것인데, 어음(수표)에 관하여 말한다면, 이를 분실한 경우에는 현재 누가 이를 소지하고 있는지 알 수 없어서 그것이 無效라는 통지를 할 수 없다. 따라서 공고로써 그 분실된 어음(수표)이 무효임을 통지하고, 만약에 그 어음(수표)이 무효가 아니라는 異議가 있으면 이를 신고해 달라는 취지를 공고하는 것이다.

공시최고기간(3개월 이상의 기간: 민사소송법 제481조) 내에 아무런 신고가 없으면 그 어음(수표)은 제권판결을 받아 무효가 된다. 그런데 문제는 위 공고를 법원의 게시판에 게시하거나 관보·공보 또는 신문에 게재하거나 전자매체를 이용한 공고 등으로 하게 되는데(민사소송법 제480조; 민사소송규칙 제142조 제1항), 아무도 이러한 공고를 주의해서 살펴보지 않으며, 또 실제로 그러한 공고를 일일이 확인할 수도 없다는 데 있다. 전국에서 발행되는 수십 가지의 신문을 매일 확인할 수도 없거니와, 전국 법원의 게시판을 일일이 방문·확인할 수도 없다. 따라서 공시최고절차는 매우 형식적이고 불완전한 통지방법이다.

(2) 公示催告의 申請權者(論點 2)

공시최고의 신청권자는 어음(수표)을 상실한 자이며, 만약 어음(수표)을 상실하지 않고 소지하고 있었더라면 어음(수표)의 소지 혹은 배서의 連續에 의하여 적법한 권리자로서의 推定을 받음으로써 그 어음(수표)상의 권리를 행사할 수 있었을 형식적 자격자이다.

이 사건에서 문제된 바와 같이 어음의 발행인도 공시최고를 신청할 수 있다. 어음의 발행인은 어음상의 권리자는 아니지만 그 작성 후 교부 전에 어음을 상실한 경우에는 선의취득자에 대하여 의무를 부담하게 되기 때문이다(대법원 1990. 4. 27. 89다카16215 참조).

(3) **除權判決**(論點 1)

제권판결이란 어음(수표)을 喪失한 경우에 공시최고절차를 통하여 상실된 어음(수표)의 효력을 박탈하는 동시에 어음(수표)을 상실한 어음(수표)상의 권리자로 하여금 어음(수표) 증권없이 그 권리를 행사할 수 있도록 하는 제도이다. 제권판결의 效力은 두 가지이다.

(가) **소극적 효력** 본래 완전유가증권인 어음(수표)은 금전지급청구권이 종이쪽지에 表彰(나타냄)된 것이다. 그런데 제권판결을 받으면 금전지급청구권이 증권(종이쪽지)으로부터 제거되어, 종이쪽지는 더 이상 금전지급청구권을 表彰하지 아니하므로, 證券이 물리적으로 존재하더라도 이것은 무가치한 쪽지에 불과하게 된다. 제권판결제도는 어음(수표)을 不注意로 분실·소각하였거나, 찢어진 때 등의 경우에 유익하다. 이 때에는 종이쪽지 자체가 없더라도 권리만을 분리하여 행사할 수 있게 되기 때문이다.

제권판결은 증권만을 무효로 하는 것이고, 어음소지인이 가졌던 권리 자체를 무효로 하는 것은 아니다. 위 사례에서 피고가 제권판결을 받았으므로 원고가 소지하고 있는 어음(수표)은 권리가 제거된 무의미한 종이쪽지로 남게 되었다. 즉, 無效인 어음(수표)이 된 것이다. 이를 제권판결의 소극적 효력이라 한다.

제권판결 선고후에는 제권판결의 소극적 효력의 결과로 어음이 무효로 되므로 선의취득의 여지가 없다. 따라서 제권판결 선고후 무효가 된 어음을 취득한 자는 그 어음으로써 발행인이나 배서인 등 누구에 대하여도 어음상의 권리를 행사할 수 없다.

(나) **적극적 효력** 적극적 효력이란 제권판결의 소극적 효력에 의하여 증권에서 분리된 금전지급청구권이 누구에게 귀속되는가의 문제이다. 즉, 공시최고 신청인은 제권판결을 받음으로써 증권이 없이도 증권상의 권리를 행사할 수 있게 되며, 법률상 권리자로서의 형식적 자격을 인정받는다. 그러나 제권판결을 얻은 자가 실질적 권리자인지는 아직 알 수 없다. 이것은 제권판결절차 자체가 소송절차가 아닌 非訟事件節次로서 실질적인 권리자를 확정하는 절차가 아니기 때문이다.

3. **除權判決과 善意取得의 관계**(論點 3)

상실한 어음(수표)을 선의취득한 자가 공시최고기간 내에 이의신고를 하여 제권판결이 取消되거나 공시최고신청을 棄却하는 내용의 판결이 확정되면 선의취득자는 당연히 어음(수표)상의 권리를 행사할 수 있다. 그런데 문제는 이와 같이 공시최고기간 내에 이의신고를 하기가 매우 어렵다는 점이다. 앞에서 말한 바와 같이 공시최고라는 것이 매우 불완전한 通知方法이므로, 상실된 어음(수표)에 관하여 공시최고가 있어도 그 기간 중에 제3자가 어음을 선의취득하고 또 아무런 異議를 제기하지 못하는 경우가 허다하다. 그럼에도 제권판결이 선고되면 선의취득자는 속수무책으로 권리를 상실하고 마는가가 문제된다. 이 문제와 관련하여 학설이 대립된다.

(1) 善意取得者의 권리가 優先한다는 見解

공시최고기간 전 또는 기간 중에 선의취득자가 있는 경우에 그 자가 권리의 신고를 하지 않더라도 그 자가 권리자로 인정되는 한 공시최고 신청인이 제권판결을 받더라도 권리를 回復하지 못한다고 한다.[1] 그 근거는 ① 제권판결절차는 소송절차가 아닌 비송사건절차이므로 이에 의하여 실질적인 권리를 제한할 수 없다는 점, ② 제권판결은 그 신청인에게 권리자라는 형식적 자격을 회복시킬 뿐, 실질적 권리자라는 것을 확정시키는 판결이 아닌 점, ③ 공시최고에 있어서 공시는 매우 불안정하고 형식적이므로 권리의 신고를 하지 아니하였다고 하여 이를 喪失시키는 것은 매우 가혹한 점, ④ 제권판결제도를 惡用할 가능성이 많은 점, ⑤ 결과적으로 어음(수표)의 유통을 害하고, 거래의 안전을 害한다는 점 등이다. 이 견해가 우리 나라 학자들간의 多數說이다.

(2) 除權判決을 取得한 者의 權利가 優先한다는 見解

이 견해는 선의취득자라고 하더라도 공시최고기간에 권리의 신고를 하지 아니하면 선의취득자는 그 증권이 무효가 될 뿐만 아니라 그 증권상의 권리를 상실하므로 제권판결 신청인이 권리를 행사한다고 한다.[2] 제권판결 신청인의 권리가 우선하지 않으면 비용과 시간을 소비하여 공시최고를 하고 제권판결을 받은 것이 무효가 되므로, 제권판결제도의 취지가 상실된다는 점을 근거로 한다.

(3) 折衷的인 見解

절충적인 견해로서 선의취득자가 故意로 권리신고나 청구를 하지 않은 경우에는 선의취득자의 권리를 인정하지 아니하나, 過失로 이를 하지 않은 경우에는 선의취득자의 권리를 인정하여야 한다는 견해와,[3] 제권판결 취득 전에 선의취득자가 그 권리를 행사한 경우에는 선의취득자가 우선하고 제권판결 후에는 제권판결취득자가 우선한다고 하는 견해가[4] 있다.

---

1) 손주찬(하) 137면; 강위두·임재호(하) 146면; 정동윤(하) 152～153면; 최기원(하) 34면(주권의 경우에는 어음·수표와는 달리 요인증권이며 비설권증권일 뿐만 아니라 비문언증권이기 때문에 제권판결취득자를 우선 보호해야 한다고 한다).

2) 서정갑(어) 233면; 이영섭(편집대표), 「학설·판례 주석민사소송법」, 1972, 923~924면.

3) 정찬영(하) 422면.

(4) 判例의 태도

판례는 대법원 판결에서 보는 바와 같이, "제권판결 전에 어음 · 수표를 선의취득하였다면, 비록 공시최고기일까지 권리의 신고를 하지 않았다 하더라도 당연히 실질적 권리가 상실되는 것은 아니다. 다만 所持하고 있는 어음 · 수표는 제권판결의 소극적 효력으로 無效가 된 것이므로, 소지하고 있는 어음 · 수표가 有效하다는 전제 아래 어음 · 수표금청구를 할 수는 없다"고 한다. 이와 같은 판결은 선의취득자의 실질적 권리를 부인하지 않고 있으므로 기본적으로 선의취득자를 우선하여 보호하는 견해에 입각한 것으로 보인다. 다만, 제권판결로 인하여 현재 선의취득자가 소지하고 있는 어음만큼은 無效인 어음이라는 것이고, 이와 같은 무효인 어음을 가지고 어음금지급청구의 訴를 제기하는 것은 不適法하다는 것이다. 판례에 의하면 이론적으로는 선의취득자의 권리가 상실되지 않는다고 하면서도, 결과적으로는 제권판결을 받은 자가 보호되게 된다. 특히 이 판결에서도 지적하는 바와 같이 "어음소지인이 공시최고기간 개시 전에 선의취득하였다"고 하더라도 결론은 같다. 결국 대법원은 제권판결취득자 우선설을 취하고 있다.[5]

나아가 법원은 선의취득자의 '권리의 申告'도 곧이 곧대로 해석하여, 위의 사건에서와 같이 "수표의 정당한 소지인이 지급은행에 지급제시를 하거나, 그 수표금 지급청구소송을 제기하였다고 하더라도, 이것은 공시최고법원에 대한 권리의 申告나 請求로 볼 수 없다"고 판결한다(대법원 1976. 6. 22. 75다1010; 동 1980. 3. 10. 80다1665 참조). 또한 이 사건에서와 같이 "제권판결 신청인이 수표의 정당한 所持人이 따로 있음을 알면서도 그 신청을 하였다고 하더라도 일단 제권판결이 선고된 이상 동 제권판결은 당연히 무효가 되는 것은 아니고, 취소되지 않는 한 정당한 소지인은 그 수표상의 권리를 행사하여 그 수표금을 청구하지 못한다"고 판시(대법원 1967. 9. 26. 67다1731; 同 1976. 6. 22. 75다1010 참조)하여 선의취득자의 보호보다는 제권판결제도를 고수하는 방향으로 나아가고 있다.

그런데 민사소송법상 제권판결에 대하여는 상소할 수 없도록 되어 있고(민사소송법 제490조 제1항), 다만 민사소송법 제490조 제2항의 특별한 사유가 있으면 催告法院에 不服의 訴를 제기할 수 있도록 되어 있다. 혹시 이 사건에서 오석근이 민사소송법

---

4) 박우동, "제권판결취득자와 선의취득자와의 관계", 「법조」 제26권 제8호, 76면.

5) 이 밖에도 대법원 1993. 11. 9. 93다32934; 동 1979. 3. 13. 79다4; 동 1976. 6. 22. 75다1010 등이 있다. 그러나 정동윤(하) 153면은 "우리 대법원은 선의취득자우선설을 취함을 명백히 하고 있다"고 한다.

제490조 제2항 제7호의 "거짓 또는 不正한 방법으로 除權判決을 받은것"이 입증된다면 위 제권판결에 대하여 不服의 訴를 제기할 수 있을 것이다. 이 불복의 소는 제권판결이 있음을 안 날 또는 詐僞行爲의 事由있음을 안 날로부터 1월의 不變期間 내에 제기하여야 한다(민사소송법 제491조). 제권판결이 취소되고 공시최고신청을 棄却하는 내용의 판결이 확정되면 어음소지인(선의취득자)는 당연히 어음법상의 권리를 행사할 수 있다(대법원 1991. 11. 12. 91다25727).

(5) 筆者의 견해

제권판결은 형식적 자격만 회복시킬 뿐이고 실질적 권리관계에는 영향을 미칠 수 없다는 法理上의 이유와, 현행법상의 공시최고제도는 매우 불완전하고 형식적이라는 점을 감안할 때, 제권판결취득자보다 선의취득자를 보호해야 할 더 큰 현실적·실제적 이유가 있다. 또한 증권을 상실한 권리자 개인을 보호하는 것보다는 선의취득자를 보호하여 증권의 유통성을 보장하고 거래의 안전을 도모하는 것이 형평의 관점에 더 부합한다. 물론 어음의 취득자가 공시최고의 사실을 알면서도 어음을 취득하거나 권리의 신고를 하지 않은 경우에는 선의취득 자체를 인정할 수 없고(어 제16조 제2항 단서: 악의·중과실에 의한 취득 참조), 실질적 권리를 인정할 필요도 없을 것이나, 공시최고 개시 전에 선의취득한 경우나 선의취득자가 공시최고의 사실을 알지 못하여 권리의 신고를 하지 못한 경우에는 선의취득자를 보호하기 위한 조치가 필요하다.

그러나 제권판결제도의 취지상 선의취득을 하였더라도 제권판결이 있으면 그 어음은 무효가 되므로, 무효인 어음(수표)으로써 어음(수표)상의 권리를 행사할 수는 없다. 다만, 선의취득자는 실질적으로 正當한 권리자이므로, 제권판결 正本의 반환을 청구하거나, 제권판결취득자가 어음(수표)금액의 지급을 받은 때에는 不當利得의 반환을 청구할 수 있다고 본다.

특히 사례와 같은 경우에는 선의취득자인 대동마보스가 피고 오석근이 "거짓 또는 不正한 방법으로 除權判決을 받은 것"을 立證하여 제권판결에 대한 不服의 訴를 제기함으로써 권리를 구제받을 수 있을 것이다. 나아가 이 사건과 같이 제권판결을 취득한 자에게 명백한 불법행위가 있음을 인정할 수 있는 경우에는 제권판결로 인하여 약속어음상의 권리를 행사할 수 없게 된 어음의 소지인은 不法行爲로 인한 손해배상을 청구할 수도 있다.[6]

---

6) 대법원 1995. 2. 3. 93다52334.

퀴 즈

Ques. 어음의 제권판결시 선의취득자의 구제수단을 설명하라.

Ans. 1. 序 言

제권판결의 소극적 효력으로 인하여 종전의 증권은 무효가 된다. 따라서 제권판결 선고 후 그 사실을 모르고 증권을 취득한 자가 있더라도 선의취득이 인정되지 않는다. 그러나 제권판결이 선고되기 전에는 공시최고가 있다고 하더라도 악의·중과실이 없는 한 선의취득할 수 있다. 제권판결은 본래 증권상의 권리 자체를 무효화시키는 것이 아니라 다만 증권만을 무효로 만들기 때문에 선의취득자가 일단 취득한 권리는 제권판결이 선고되더라도 그대로 남는다.[7] 이 때 선의취득자는 어떠한 방법으로든 보호되어야 한다. 현재의 공시최고제도가 매우 불완전하고 형식적인 점에서도 그러하거니와, 특히 어음채무자가 공시최고법원을 기망하여[8] 제권판결을 얻은 경우 선의취득자를 구제하여야 할 필요성은 더욱 크다.

2. 善意取得者의 救濟手段

(1) 善意取得者의 權利를 立證하여 이를 行使할 수 있다는 견해

선의취득자 우선설의 입장에서 제권판결이 있더라도 증서의 소지인은 자기의 실질적 권리를 입증하여 이를 행사할 수 있다는 견해가 있다. 이 견해에 의하면 제권판결이 있으면 증권 자체는 제권판결의 소극적 효력에 의하여 무효가 되더라도 선의취득자의 권리가 소멸하는 것은 아니므로 선의취득자는 자기의 실질적 권리를 증명하여 이를 행사하면 된다는 것이다. 따라서 증권의 선의취득자는 제권판결이 있더라도 자신의 권리를 입증하여 권리를 행사할 수 있으면 그것으로 족할 것이라고 하면서, 후술하는 손해배상이나 부당이득반환청구와 같은 구제수단은 제권판결을 받은 자가 먼저 권리를 행사하여 그것 때문에 증서의 소지인이 권리를 행사할 수 없게 된 경우에야 비로소 행사할 수 있는 것이라고 한다.[9]

생각건대 어음 외에서 자신의 실질적 권리를 주장하는 것은 어느 누구도 막을

7) 정동윤, "제권판결에 의하여 무효로 된 어음을 所持한 者의 地位", 고려대학교, 「法學論集」 제27집, 1992, 53~54면.

8) 실무상으로는 어음채무자(약속어음 발행인)의 은행에 대한 사고신고 및 지급정지 의뢰시 지급자금 부족을 은폐하기 위한 허위신고를 하지 못하도록 담보금을 예치하도록 하고 있다. 따라서 실제 지급담당자인 은행은 제권판결취득자가 법원의 제권판결문을 제출하고 1개월이 경과한 경우 및 제권판결 불복의 소가 제기되었음을 입증하는 자료가 제출되지 않은 경우에 위

수 없는 것으로, 이와 같은 주장은 당연한 것이다.

(2) 除權判決正本 引導請求

실질적 권리자인 선의취득자는 제권판결취득자에 대하여 그 자가 제권판결을 받음으로써 법률의 규정에 의하여 가지는 권리를 양도하거나 또는 제권판결의 정본의 인도를 청구할 수 있다는 견해이다.[10] 독일의 통설이다.[11] 이 견해는 제권판결취득자가 실질적 권리자가 아닌 경우, 즉 선의취득자가 있는 경우에는 제권판결취득자가 권리를 행사하는 것은 옳지 못하므로 실질적 권리자가 권리를 행사할 수 있어야 한다고 한다. 그런데 제권판결취득자는 권리를 행사할 수 있는 형식적 자격(제권판결의 소지)을 가지고 있으므로 만일 그가 이 자격이 있음을 기화로 하여 어음채무자에게 어음채무의 지급을 구하면 어음채무자는 그를 정당한 권리자로 알고 그에게 지급을 하게 된다. 그러므로 제권판결취득자와 실질적 권리자가 일치하지 아니하는 경우에는 제권판결취득자의 권리행사를 막고 실질적 권리자로 하여금 권리행사를 하게 하여야 하는데, 이를 위하여는 권리행사의 형식적 자격을 부여하는 제권판결의 정본이 실질적 권리자인 선의취득자에게 귀속되어야 한다. 따라서 실질적 권리자는 제권판결취득자를 상대로 하여 제권판결정본의 인도를 청구하여 그 인도받은 제권판결에 의하여 어음채무자로부터 어음금의 지급을 받을 수 있는 것이다. 이 때 실질적 권리자인 선의취득자가 제권판결취득자에 대하여 제권판결정본의 인도 또는 제권판결에 의하여 취득한 권리의 양도를 구할 수 있는 논리적 근거는 소유물반환청구권 또는 부당이득반환청구권에 의하여 설명할 수 있을 것이라고 한다.[12]

이 견해에 대하여 제권판결은 특정인을 신청당사자로 하여 선고하고 판결에 그 특정당사자가 표시되는 것인데, 그 정본의 양도에 의하여 제권판결취득자의 지위가 양도될 수 있을 것인가 하는 의문을 제기하는 견해도 있다.[13]

(3) 不當利得返還請求

제권판결취득자가 어음(수표)금액의 지급을 받은 때에는 부당이득의 반환을청구할 수 있다는 견해가 있다.[14] 제권판결이 있더라도 그것 때문에 증서의

사고신고담보금을 제권판결취득자에게 지급한다(서울어음교환소규약 제76조 제1항 제3호).

9) 이재성, 「판례평석집(V)」, 1989, 125면.

10) 정동윤, 전게논문, 58면, 61면 이하; 이기종, "증권의 제권판결과 선의취득의 관계", 연세대학교 「연세법학연구」 제1집, 1990, 439면.

11) 정동윤, 전게논문, 58면; Hueck/Canaris, *Recht der Wertpapiere,* 12. Aufl., 1986, S. 162; Zöllner, *Wertpapierrecht,* 14. Aufl., 1987, S. 43; Baumbach/Hefermehl, *Wechselgesetz und Scheckgesetz,* 15. Aufl., 1986, WG Art. 90, Rdn. 3 등 참조.

12) 정동윤, 전게논문, 63면.

13) 정현수, "법원을 기망하여 약속어음에 대한 제권판결을 얻은 경우 불법행위의 성부", 「상사판

소지인의 정당한 권리가 소멸되는 것은 아니다. 따라서 선의취득자는 실질적 권리 없이 이득을 취한 제권판결취득자를 상대로 그가 어음채무자로부터 받은 어음금 상당액을 부당이득으로 반환을 청구할 수 있다는 것이다.

(4) 不服의 訴提起

제권판결은 선고와 동시에 확정되고 상소가 금지되어 있다(민사소송법 제490조 제1항). 이는 제권판결취득자에게 하루속히 제권판결에 기한 권리행사를 가능하게 하려는 것이기도 하지만, 공시최고절차는 신청인만이 일방적으로 관여하는 구조로 되어 있어서 제권판결을 반대하는 이해관계자에게 송달하는 일이 없어서 통상의 판결처럼 판결송달일로부터 2주일 이내에 상소하게 하는 통상의 상소절차를 이용하게 하는 것이 불합리하기 때문이다.[15] 다만 제권판결에 대한 불복의 소라는 별도의 불복방법이 허용되고 있다. 제권판결에 대한 불복의 사유는 민사소송법 제490조 제2항에 8개 항목으로 열거되어 있는데, 그 이외의 사유로는 불복을 주장할 수 없으며 또한 소송법적으로는 그 사유 하나하나마다 독립된 소송물로 보고 있다. 이러한 불복의 소 제기는 제권판결의 소극적 효력으로 인하여 무효로 된 증서를 가진 선의취득자를 보호하기 위한 수단으로 이용할 수 있을 것이다. 민사소송법 제490조 제2항 제7호가 "거짓 또는 不正한 방법으로 제권판결를 받은 때" 불복의 소를 제기할 수 있도록 규정하고 있으므로, 위의 사례에서처럼 피고가 제권판결법원을 기망하여 제권판결을 받은 경우에는 선의취득자는 불복의 소를 제기하고 그 결과 제권판결을 취소하는 내용의 판결이 확정되면 어음소지인(선의취득자)은 당연히 어음법상의 권리를 행사하여 자신의 권리를 보호할 수 있다.[16] 그러나 불복의 訴는 제권판결이 있음을 안 날로부터 또는 불복사유가 있음을 안 날로부터 기산하여 1월의 不變期間 내에 催告法院에 제기하여야 하는데(민사소송법 제491조 제1항~제2항), 이 기간 내에 불복의 소를 제기하지 아니하여 법이 마련한 구제수단을 상실하는 경우가 많다는 것이 문제이다.

(5) 不法行爲에 의한 損害賠償請求

법원을 기망하여 제권판결을 얻은 행위는 민법 제750조의 고의에 의한 위법행위에 해당한다. 문제는 그 경우 손해가 발생한 것으로 볼 수 있는가 하는 점이다. 공시최고신청절차 자체에 하자가 있다고 하더라도 일단 제권판결이 선고되면 진실한 권리자는 권리를 행사하지 못하고, 권리 상실 당시의 적법

례연구」 제3권, 1996, 407면.

14) 최기원(하) 33면; 이재성, 전게서, 1989, 125면; 신영철, "어음·수표에 대한 제권판결," 「재판자료」 제31집, 1986, 556면.

15) 박성철, "공시최고법원을 기망하여 수표에 대한 제권판결을 얻은 경우 수표소지인에 대한 불

	한 소지인에게 주어지는 이득상환청구권도 발생하지 아니하여 결국 선의취득자가 손해를 보게 되는 경우가 있다. 이와 같이 증권소지인이 가지고 있던 증권상의 권리 자체가 상실되는 것은 아니더라도 형식적 확정력이 있는 제권판결이 취소되기 전에는 그 권리의 행사가 불가능하게 되고 이득상환청구권도 발생하지 않게 되므로, 권리행사가 불가능하게 된 것과 이득상환청구권이 발생하지 않게 된 것 자체를 손해로 보아 불법행위의 성립을 인정할 수 있을 것이다.[17] 따라서 선의취득자는 제권판결취득자를 상대로 손해배상청구를 할 수 있다고 본다.[18] 이는 불복의 소를 제기할 수 있는가 여부와는 상관없이 다음의 요건만 갖추면 인정되는 것으로 보아야 할 것이다. 불법행위의 성립요건으로서는, 첫째 공시최고, 제권판결의 요건에 해당하지 아니함에도 불구하고 그에 해당하는 것처럼 허위의 사유를 내세워 법원을 기망을 하였을 것, 둘째 그로 인하여 제권판결이 선고되었을 것, 셋째 증권소지인이 정당한 소지인으로서 제권판결이 없었다면 증권상의 권리나 이득상환청구권을 행사할 수 있는 지위에 있었던 실질적 권리자일 것, 넷째 증권상의 권리행사불가능으로 인하여 증권소지인이 손해를 입었을 것 등을 들 수 있다.[19] 판례 역시 대법원 1967. 9. 26. 67다1731에서 傍論으로 공시최고절차에서의 공시최고법원에 대한 기망 내지 묵비에 대하여 불법성이 있다고 설시하여 불법행위성립을 시사하는 판결을 한 바 있다. 하급심 판결에서는 이를 정면으로 인정하였었는데,[20] 대법원도 1989. 6. 13. 88다카7962 및 1995. 2. 3. 93다52334에서 법원을 기망하여 제권판결을 얻은 경우 불법행위의 성립을 인정하였다.

법행위의 성부", 부산판례연구회, 「판례연구」 제2집, 1992, 208면.

16) 대법원 1991. 11. 12. 91다25727.

17) 대법원 1989. 6. 13. 88다카7962.

18) 장준철, 전게논문, 366면 이하; 박성철, 전게논문, 212면 이하; 정현수, 전게논문, 409면.

19) 장준철, 전게논문, 367면.

20) 서울고등법원 1987. 8. 18. 87다461.

7 어음所持人의 利得償還請求權

[임대오 대 최길문 사건]

대법원 1992. 3. 31. 91다40443

事 例

원고 임대오(X)는 도매로 식육점을 경영하면서 육류 도·소매업을 경영하는 피고 최길문(Y)에게 1979년 1월경부터 돼지고기를 외상으로 판매하여 왔다. 1981년 1월경 Y는 대금 중 금 9백70만원의 '지급을 위하여' 1981년 1월 23일 X에게 약속어음 9장을 발행·교부하였으나, 각 어음상의 권리가 소멸시효의 완성으로 소멸되었다. 이에 X는 Y가 이득을 얻었다고 하여 어음상의 권리가 소멸할 당시의 어음소지인으로서 Y에 대하여 어음 액면 상당의 이득금의 상환을 청구하였다.

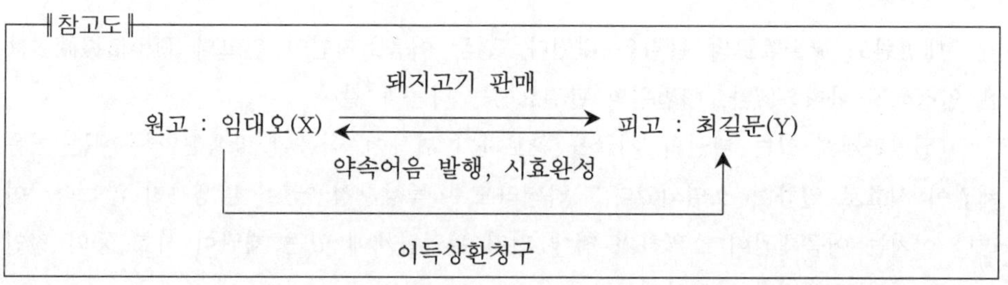

目 次

Ⅰ. 判例要旨

1. 原審 判決要旨

원심(부산지방법원 1991. 9. 27. 91나3458)은 원고패소의 판결을 내렸다. 원심은 "문제된 어음은 돼지고기 대금채무의 '지급을 위하여' 발행된 것이어서 어음상의 권리와 돼지고기 대금채권은 倂存하여 어음상의 권리의 時效消滅만으로는 곧 피고가 이득을 얻었다고 볼 수 없다. 돼지고기 대금채무는 어음상의 권리와 같이 소멸시효가 완성되었으나 이는 별개의 법정원인에 기한 것이므로 피고가 위 약속어음의 원인관계상의 이익을 보유한다고 볼 수 없다"고 하였다.

2. 大法院 判決要旨

대법원도 原告敗訴의 판결을 내렸다. 결국 어음소지인인 원고의 利得償還請求權은 인정되지 아니하였다. 대법원의 판결요지는 다음과 같다.

"원인관계에 있는 채권의 '지급을 확보하기 위하여' 어음이 발행된 경우에는 어음채권이 시효로 인하여 소멸되었다고 하더라도 이득상환청구권이 발생하지 않는다. 이러한 이치는 어음채권이 소멸하기 전에 먼저 원인관계에 있는 채권이 시효 등의 원인으로 소멸한 경우에도 마찬가지이다."

Ⅱ. 解　　說

1. 論　　點

위의 사례에서 대법원 판결의 要旨를 중심으로 논점을 정리한다면, 채권의 '지급을 위하여' 또는 '지급을 확보(담보)하기 위하여' 어음이 교부되는 경우에도 이득상환청구권이 발생할 수 있는가 하는 문제이다. 법원은 이들 경우 이득상환청구권이 발생하지 아니한다고 한다.

2. 利得償還請求權의 意義

이득상환청구권이란 어음·수표의 所持人이 상환청구권보전절차(인수·지급거절증서의 작성)의 欠缺 또는 시효기간의 경과로 말미암아 어음·수표상의 권리를 상실한 경우, 그 소지인이 증권상의 채무자가 지급을 免함으로써 받는 이득의 반환을 청구할 수 있는 어음법 · 수표법상의 특수한 청구권이다(어음법 제79조; 수표법 제63조).

어음법은 어음채무자의 책임의 엄격성을 완화하기 위하여 어음상의 권리의 소멸원인으로 단기소멸시효와 상환청구권보전절차의 흠결을 규정하였다. 그 결과 어음채무자가 어음금액의 지급채무를 免하면서, 어음의 授受에 따른 원인관계상의 대가나 어음자금을 계속 보유하게 된다. 특히 '지급에 갈음하여' 어음을 授受한 경우에는 원인관계상의 청구권도 없기 때문에 소지인에게 너무 가혹한 결과가 된다. 이에 어음법은 대가관계나 자금관계와 같은 실질관계를 고려하여 채무자가 받은 이익의 한도 내에서 그 이익을 소지인에게 상환하게 한 것이다. 즉, 이득상환청구권은 衡平의 관념에 입각해서 어음법의 기술적 · 형식적 해결에 대한 상식적 · 실질적 수정을 시도한 것으로써 독일, 일본, 우리 나라 등 獨法系 어음법에서만 인정되는 독특한 제도이다.[1]

3. 利得償還請求權의 法的 性質

利得償還請求權의 法的 性質에 관해서는 종래 견해가 대립되고 있었으나, 현재는 지명채권설이 통설이다. 이에 관하여는 後述한다(수표소지인의 이득상환청구권 참조).

4. 利得償還請求權의 成立要件

이득상환청구권의 성립요건은, ① 어음상 권리가 유효하게 존재하고 있었을 것, ② 어음상의 권리가 보전절차의 欠缺 또는 時效로 인하여 소멸하였을 것, ③ 어음채무자가 이로 인하여 이득을 얻었을 것, ④ 지급을 위하여 또는 지급을 확보(담보)하기 위하여 발행된 어음이 아닐 것, 그리고 ⑤ 어음소지인이 다른 구제수단을 갖지 아니할 것 등이다.

5. 지급을 위하여 또는 지급을 확보(담보)하기 위하여 발행된 어음이 아닐 것(論點)

어음이 교부되는 이유는 대체로 ① 기존채무의 지급을 위하여, ② 기존채무를 확보(담보)하기 위하여 또는 ③ 기존채무의 지급을 갈음하기 위한 것이다. 어음수수의 원인관계에 따라 이득상환청구권의 운명도 달라진다.[2]

---

1) 영미법에서는 어음소지인에게 자기의 前者의 모든 양도인에 대하여 담보책임(transfer warranties)을 물을 수 있도록 하여 어음소지인을 보호하고 특별히 이득상환청구권을 인정하지 아니한다.

2) 본래 원인관계는 어음관계에 영향을 미치지 아니하는 것이 원칙이다. 어음상의 권리는 추상적(無因的) 권리이다. 즉, 어음관계는 그 원인관계로부터 분리하여 취급된다. 이것은 곧 어음상

기존채무의 '지급을 위하여' 어음이 授受되었다고 보는 경우에는 기존채무와 어음채무는 병존하고, 어느 한 채무를 이행함으로써 兩者가 함께 소멸한다. 즉, 기존채무가 소멸하지 않는다. 보통 어음을 교부하는 경우에는 바로 '지급을 위하여' 교부한다. 지급을 위하여 어음이 授受되어 어음채권과 기존채권이 병존하더라도, 당사자 간의 특약이 없으면 어음채권자는 먼저 어음상의 권리를 행사하고, 그것으로써 만족을 얻지 못할 때에는 비로소 기존채권을 행사하여야 한다.[3] 지급을 위하여 어음을 교부한 경우에는 대부분 원인채권이 살아 있기 때문(즉, 다른 구제수단이 존재하기 때문)에 이득상환청구권이 발생되지 않는다.

'지급의 담보를 위하여' 어음이 授受된 때에는, 기존채무는 소멸하지 않고 兩債務가 병존하므로 채권자는 어음상의 권리와 기존채권 중 어느 것이나 먼저 행사할 수 있다.[4]

우리 대법원은 원인관계에 있는 채권의 '지급을 담보하기 위하여' 발행된 경우에는 어음채권이 시효로 소멸하였다고 하더라도 발행인 또는 배서인에 대하여 이득상환청구권은 발생하지 않는다고 할 것인바, 이러한 이치는 그 원인관계상의 채권 또한 시효 등의 원인으로 소멸되고 그 시기가 어음채무의 소멸시기 이전이든지 이후이든지 관계없이 마찬가지이다."고 함으로써,[5] 기존채무의 담보를 위하여 어음이 교부된 경우에는 이득상환청구권의 성립을 인정하지 아니한다. 여기서 '지급을 담보하기 위하여'와 '지급을 확보하기 위하여'는[6] 의미상 차이가 없다.

그리고 당사자 간의 특약에 의하여 '지급에 갈음하여' 어음이 授受된 때에는 기존

의 권리의 발생은 원인행위의 존부·유효·무효에 의하여 영향을 받지 않으며, 원인관계와 어음관계는 각각 독자적인 법률관계를 이룬다는 것(따라서 각각 독자적으로 양도될 수 있다는 것)을 의미한다. 다만 예외적으로 ① 인적항변의 허용(어음법 제17조·제77조 제1항 제1호), ② 상환청구권의 인정(어음법 제43조 이하·제77조 제1항 제4호), ③ 이득상환청구권 등 3가지의 경우에는 원인관계가 어음관계에 영향을 미친다.

3) Brox, Rdn. 509; 최기원(하) 167면; 정동윤(하) 162면; 대법원 1989. 5. 9. 88다카7733; 同 1995. 10. 13. 93다12213; RGZ 153, 182; BGH, WM 1984, 1466.

4) 손주찬(하) 156면; 최기원(하) 167면; 정동윤(하) 166면; 대법원 1993. 11. 9. 93다11203·11210; 동 1999. 6. 11. 99다16378.

5) 대법원 1963. 5. 15. 63다155; 동 1992. 3. 31. 91다40443; 동 1993. 10. 22. 93다26991; 동 2000. 5. 26. 2000다10376 참조.

6) 대법원 1974. 7. 23. 74다131: 채무의 변제확보를 위하여 발행된 약속어음이 전전양도 되어 최후의 배서인이 어음상의 권리를 상실한 경우라도 원인채무는 그대로 존속하므로 발행인이 바로 어음액면상당의 이득을 얻고 있다고는 할 수 없다; 대법원 1993. 10. 22. 93다26991: 원인관계에 있는 채권의 지급을 확보하기 위하여 어음이 발행된 경우에는 어음채권이 시효로 인하여 소멸하였다 하더라도 이득상환청구권이 발생하지 않는다. 동지: 대법원 1993. 3. 23. 92다50942; 동 2000. 5. 26. 2000다10376.

채권은 소멸한다. 따라서 특약이 없는 한 기존채권을 위하여 설정된 담보권·보증 등은 그 효력을 잃게 되며, 채권자는 어음에 의하지 않고는 그 권리를 행사할 수 없다.[7] 수표의 경우는 대개 지급에 갈음하여 교부한다. 그러나 어음의 경우에는 어음만 받고 모든 법률관계를 끝낸다고 생각하지는 않기 때문에 지급에 갈음하여 어음이 교부되는 경우는 사실상 거의 없다. 그런데 약속어음을 교부한 것이 매매대금의 '지급에 갈음하여' 이루어진 것이라고 볼 여지가 많다고 본 대법원 판례(대법원 2010. 12. 23. 2010다44019. 후술 어음의 원인관계 참조)가 단 한건이 있으나 그 타당성은 실로 의문이다.

결국 대법원 판례에 의하면 이득상환청구권의 성립이 인정되기 어려운 구조로 되어 있고, 실제로 어음과 관련하여 이득상환청구권이 인정된 판례가 없다. 왜냐 하면 어음은 '지급을 확보(담보)하기 위하여' 발행되는 외에도, '지급을 위하여' 또는 '지급에 갈음하기 위하여' 발행(교부)된다. 그런데 대법원 판례에 의하면 '지급을 확보(담보)하기 위하여' 어음을 발행(교부)한 경우에는 이득상환청구권이 발생하지 않으므로, '지급을 위하여' 또는 '지급에 갈음하기 위하여' 어음이 발행(교부)된 경우에만 이득상환청구권이 발생될 수 있다. 그러나 현실적으로 '지급을 위하여' 어음이 교부되는 경우에는 대부분 원인채권이 살아 있어서 이득상환청구권을 행사할 수 없고, '지급을 위하여' 어음이 교부되는 경우란 주로 배서의 경우인데, 배서의 경우에는 배서인에게 이득이 발생하는 예도 드물다. 따라서 '지급을 위하여' 어음을 교부하는 경우에는 이득상환청구권이 문제된 경우가 거의 없다. 또한 수표가 아닌 어음이 '지급에 갈음하기 위하여' 발행되는 예도 거의 없다. 그러므로 대법원 판례에 의하면 실제로는 이득상환청구권이 성립되는 사례가 생기지 않는다.

6. 다른 救濟手段의 不存在

판례는 어음법에 의한 이득상환청구권이 발생하려면 모든 '어음상' 또는 '민법상'의 채무자에 대하여 각 권리가 소멸되었음을 요한다고 한다.[8] 즉, 어음 소지인에게 이득상환청구권 외에 다른 구제수단이 없어야 한다. 이와 같은 판례의 태도에 대하여

---

7) 손주찬(하) 155면.

8) 어음법에 의한 이득상환청구권이 발생하기 위하여는 모든 어음상 또는 민법상의 채무자에 대하여 각 권리가 소멸되어야 하는 것인바, 원인관계에 있는 채권의 지급을 확보하기 위하여 발행된 약속어음이 轉轉讓渡되어 최후의 소지인이 어음상의 권리를 상실한 경우라도 원인채무는 그대로 존속하는 것이므로 발행인이 바로 어음금액 상당의 이득을 얻고 있다고는 할 수 없다 (대법원 1959. 9. 10. 4291민상717; 동 1963. 5. 15. 63다155; 동 1970. 3. 10. 69다1370; 동 1974. 7. 23. 74다131; 동 1993. 3. 23. 92다50942; 동 1993. 10. 22. 93다26991; 동 2000. 5. 26. 2000다10376).

학자들은 통렬히 비판하고 있다. 이 문제와 관련하여 다음 3가지의 견해가 있다.

1) 제1설은 판례가 취하는 견해로, 어음소지인에게 民法上·어음上의 모든 다른 구제방법이 없어야 함을 이득상환청구권의 발생요건으로 한다.

2) 제2설은 적어도 다른 어음채무자에 대한 어음상의 권리가 전부 소멸하였어야 한다는 견해이다.[9]

3) 제3설은 이득상환청구의 상대방에 대한 어음상의 권리가 소멸하였으면 충분하다는 견해이다.[10]

4) 사견으로는 제2설이 타당하다고 본다. 제1설은 소멸시효기간이 어음의 경우보다 현저히 장기인 것이 대부분인 민법상의 청구권까지 모두 소멸하여야 한다고 함으로써, 이득상환청구권을 인정할 수 있는 경우가 거의 없게 되고, 이득상환청구권을 인정한 법의 취지와도 맞지 않으며, 소지인에게 지나치게 가혹한 해석으로 생각된다. 한편 제3설에 의하면 이득상환청구의 상대방에 대하여는 이득상환을 청구하면 되고, 어음상 다른 채무자에게는 어음상 청구권을 행사할 수 있으므로, 어음소지인은 이득상환청구권의 발생 후에도 그 발생 전과 거의 동일한 수준의 보호를 받는 것으로서 소지인에게 지나치게 유리한, 균형을 잃은 해석이라 하겠다.

Ⅲ. 結　語

위의 판결은 '原因債權의 지급을 확보하기 위하여' 어음을 교부한 경우에는 利得償還請求權이 발생하지 않는다고 한다. 거꾸로 말한다면, '지급에 갈음하기 위하여' 어음이 교부된 때에만 이득상환청구권이 발생한다는 결과가 된다. 그러나 어음의 경우에는 지급에 갈음하여 어음이 교부되는 경우란 거의 없기 때문에 위의 판결에 의하면 어음의 경우 거의 모든 경우에 이득상환청구권이 인정될 수 없다는 결과가 된다. 결국 위 판결은 어음의 경우 이득상환청구권제도 자체를 유명무실하게 만든다. 그러므로 어음의 경우 이득상환청구권제도는 어음법상에는 명백히 존재하나 대법원의 판례에 따라 사실상은 거의 인정되지 않는다는 결과가 된다. 이것은 이득상환청구권을 인정하는 외국의 판결과도 일치하지 않는 판결로서 是正되어야 할 것이다.

---

9) 정동윤(하) 141면; 서정갑(어) 247면; 정찬형(하) 407~408면

10) 손주찬(하) 136면; 서돈각·정완용(하) 127~128면.

Ⅳ. 餘 論

이 밖에 판례는 여러 다양한 이유로 어음의 경우 단 한 번도 이득상환청구권을 인정한 예가 없다.

1) 이득상환청구권은 '지명채권 양도'의 방법에 의하여서만 양도할 수 있음에도 그 방법에 의한 양도가 없어서 이득상환청구권의 양도를 인정하지 않은 사례(대법원 1970. 3. 10. 69다1370).

2) 어음채무자에게 어음법 제79조 소정의 '받은 이익'이 있음과 그 한도에 관하여는 어음소지인인 이득상환청구권자가 이를 주장·입증하여야 함에도 그 이득의 존재를 입증하지 못하여 이득상환청구권을 인정하지 아니한 사례(대법원 1994. 2. 25. 93다50147).

8 手票所持人의 利得償還請求權

[대한민국 대 제일은행(주) 사건]

대법원 1976. 1. 13. 70다2462

事 例

서울대학교 부속병원은 1969년 6월 16일 입원환자인 박한복으로부터 주식회사 제일은행(Y) 충무로지점이 1969년 5월 27일자로 발행한 액면 10만원의 자기앞수표를 치료비로 교부받았다. 대학병원 특별회계수입금 출납공무원은 1969년 6월 18일에 한국은행 교환을 경유하여 Y은행 충무로지점에 위 수표를 제시하였으나, 事故届(또는 지급위탁의 취소)가 접수된 분실수표라는 이유로 지급이 거절되었다. 대한민국(원고)(X)은 Y은행을 상대로 수표금 지급청구의 소를 제기하였다.

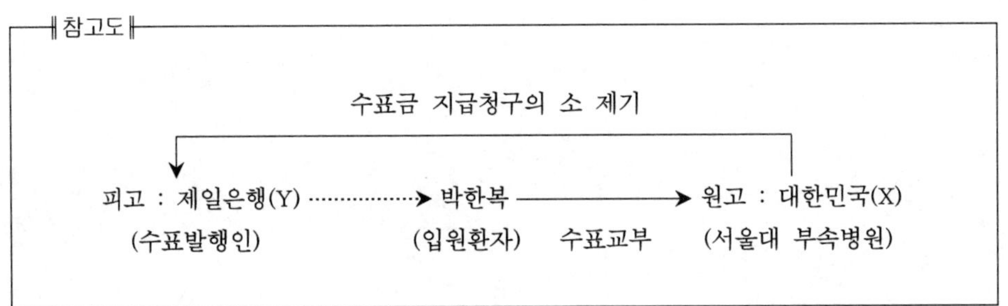

目 次

Ⅰ. 大法院 判決要旨
Ⅱ. 解　說
1. 論　點
2. 수표금액 지급수령권
3. 利得償還請求權의 讓渡
(1) 이득상환청구권의 法的 性質
(2) 指名債權讓渡의 대항요건 문제
4. 事故届의 의미
5. 權利消滅 당시의 正當한 所持人 問題

Ⅰ. 大法院 判決要旨

은행 또는 기타 금융기관이 발행한 자기앞수표는 제시기간 내에는 물론 제시기간 후에도 발행은행에서 또는 그외의 금융기관에서 쉽게 지급받을 수 있다는 거래상의 확신에 의해서 현금과 같이 널리 유통되고 있고 또한 수표의 양도는 거래의 일반적인 인식으로서는 수표에 표시된 액면상당의 금원을 발행은행으로부터 지급받을 수 있는 권리가 수표상의 권리이든 또는 이득상환권이든 간에 구별없이 또 이를 구별하려고도 않고 양도·양수한다는 去來의 實情에 비추어 볼 때 수표소지인이 수표법상의 保全節次를 취함이 없이 제시기간 도과 후에 수표상의 권리가 소멸된 수표를 양도하는 행위는 수표금액의 지급수령권한과 아울러 특별한 사정이 없는 한 수표상의 권리의 소멸로 인해서 소지인에게 발생한 이득상환청구권까지도 이를 양도하는 동시에 그에 수반해서 이득을 한 발행인인 은행에 대하여 소지인을 대신해서 그 양도에 관한 通知를 할 수 있는 權能을 부여하는 것이라고 하여야 할 것이고 위 양도받은 수표를 양수인이 다시 제3자에게 양도하는 행위는 이와 같이 양도받은 수표금액의 지급수령권한 및 이득상환청구권을 위 소지인으로부터 授權된 이득을 한 채무자인 발행은행에 대한 통지의 권능이 수반된 상태로 이전하는 행위라 할 것이고 이와 같은 수표의 정당한 소지인은 발행은행에 대하여 그가 받은 이익의 한도에서 이득상환청구권을 행사할 수 있고 또 채무자인 발행은행도 同 수표의 소지인에게 변제함으로써 유효하게 同 채무를 免하게 된다(이상 다수의견).

이에 대하여 少數의 意見은 은행의 자기앞수표의 경우에 있어서도 이득상환청구권의 양도행위외에 指名債權讓渡의 대항요건을 별도로 밟아야 한다고 한다(이상 반대의견).

Ⅱ. 解　　說

1. 論　　點

앞의 事例에서 '어음소지인의 이득상환청구권'을 설명하면서 실제로 어음소지인의 이득상환청구권이 인정된 사례가 없었다는 점을 보았다. 그러나 수표소지인의 이득상환청구권은 인정된 사례가 더러 있다. 그리고 대법원은 이득상환청구권 문제와 관련하여 어음·당좌수표와 자기앞수표를 달리 취급하고 있다. 이번 사례는 약간 오래된 판결이기는 하지만, 자기앞수표의 이득상환청구권에 관한 리딩 케이스(leading case)로서 그 후 판례가 변경되지 않고 있고, 판결 당시 논란이 많았던 판결이어서 소개할 만하다. 이 사건 대법원판결의 爭點을 정리해 본다면 다음과 같다.

첫째, 대법원은 지급제시기간이 경과한 후에 '수표금액의 지급수령권한'을 양도할 수 있는 것처럼 說示하고 있는데, 과연 '수표금액의 지급수령권한'이란 무엇인가?

둘째, 대법원은 지급제시기간이 경과한 후에 이득상환청구권도 양도할 수 있다고 하는데, 그 양도의 방법은 어떠한가?

2. 手票金額 支給受領權

본래 수표의 발행인은 발행을 위탁하였을 뿐이고, 지급인은 발행인으로부터 지급의뢰를 받았는데, 지급의뢰를 받았다고 하여 반드시 지급하여야 할 의무가 있는 것도 아니므로, 수표의 경우에는 처음부터 主債務者가 없다. 따라서 수표소지인은 지급제시기간 내에는 발행인에 대한 상환청구권만을 가진다. 은행이 발행한 자기앞수표의 경우에도 발행은행은 지급제시기간 내에 제시하면 상환의무를 지는 것인데, 지급제시기간이 경과한 후에는 이 상환의무도 없어진다. 따라서 지급제시기간이 경과한 후에는 이른바, 이득상환청구권이 발생할 뿐이고, 수표소지인에게 수표금액 지급수령권이라는 것은 존재하지 않는다.[1]

부연설명을 하자면 이에 관하여, ① 수표금 수령권한을 수표상의 권리로서 이론구성하면서, 발행인이 지급위탁을 취소하거나 현실적으로 지급거절이 있는 때에는 비로소 수표상의 권리가 소멸하여 이득상환청구권이 발생한다는 停止條件說과,[2] ② 수표금 수령권한을 수표상의 권리로서 이론구성을 하지 아니하면서, 지급제시기간 경과로 즉시 이득상환청구권이 발생하는데, 지급인에 의한 어음·수표금 지급이 있을 때 동 권리가 소멸한다는 解除條件說이[3] 대립한다.

그러나 수표금 수령권한은 지급하면 받는 권한일 뿐이고 상환청구할 수 있는 권리가 아니므로, 이를 수표상의 권리로 포함시킬 수 없다는 점에서 解除條件說이 타당하다고 본다.[4] 물론 수표법 제32조 제2항에 따라 지급제시기간이 경과한 후에도 지급

1) 수표금 수령권한은 지급하면 받는 권한일 뿐, 상환청구할 수 있는 권리가 아니므로 '수표상의 권리'로 볼 수 없다. 동지: 정동윤(어) 143면; 대법원 1960. 6. 9. 4292민상758면. 이와 반대되는 견해: 양승규(어) 209면.
2) 양승규(어) 209면.
3) 정동윤(하) 143, 425면; 채이식(하) 301면.
4) 대법원 1960. 6. 9. 4292민상758면.

위탁의 취소가 없는 한 은행은 지급할 수 있다. 그러나 지급여부는 은행의 자유이지 반드시 지급하여야 하는 것도 아니다.

수표법 제32조 제2항에 따라 현실적으로 지급제시기간이 경과한 후에도 사고계가 없으면 지급되므로 수표상의 권리가 남아 있는 것과 같은 착각을 일으키나, 사실은 지급제시기간이 경과한 후에는 수표상의 권리는 이득상환청구권을 제외하면 아무것도 남아 있지 않다. 그런데 대법원은 '수표금액 지급수령권'이라는 일종의 권리가 아직도 수표상에 남아 있는 듯한 표현하는 誤謬를 범하였다.

3. 利得償還請求權의 讓渡

지급제시기간이 경과한 후에는 이득상환청구권만 남는다. 따라서 지급제시기간이 경과한 후에 수표를 교부·양도하면 사실은 수표금 수령권한을 양도하는 것이 아니라, 이득상환청구권을 양도하는 것이다. 이 사건이 바로 그러하다. 대법원은 지급제시기간이 경과한 후에 이득상환청구권도 양도할 수 있다고 한다. 그렇다면 이득상환청구권의 양도는 어떠한 방법으로 하여야 하는가가 문제이다.

(1) 利得償還請求權의 法的 性質

利得償還請求權의 法的 性質에 관해서는 종래 견해가 대립되고 있었다.

1) 이득상환청구권은 어음상 권리는 아니라는 견지에서, 다만 실질관계상의 형평을 기하기 위하여 어음법이 특별히 인정한 일종의 지명채권이라고 보는 견해(指名債權說: 通說·判例), 부당이득의 반환으로 보는 견해(不當利得返還請求權說),[5] 손해배상청구로 보아야 한다는 견해(損害賠償請求權說) 등이 있다.

2) 이에 대하여 이득상환청구권은 어음에서 유래된 것으로서 여전히 어음상 권리로서의 성질이 남아 있는 어음상 권리의 殘存物이라는 견해(殘存物說)와,[6] 그리고 이와 유사한 것으로서 이득상환청구권을 어음상 권리의 變形物로 보는 견해(變形物說)[7] 등이 있다.

1)설과 2)설의 차이는, 전자는 이득상환청구권과 관련된 법률관계를 민법상의 일반 채권과 같이 파악하는 입장이고 후자는 어음상 권리와 동일한 구조로 파악하는 입장이다. 어느 입장을 취하는가에 따라 동 청구권의 행사방법, 양도방법, 입증책임의

---

5) Hueck-Canaris, *Recht der Wertpapiere* (12. Aufl.), 1986, S. 156 f.

6) Ulmer, *Das Recht der Wertpapiere,* 1938, S. 271 f.; Baumbach-Hefermehl, *Wechsel-gesetz und Scheckgesetz*(19. Aufl.), 1995, Art. 89 WG Rdnr. 1.

7) 양승규(어) 202면.

소재, 선의취득의 인정 여부, 소멸시효기간, 인적 항변의 절단 여부 등에 있어 결과가 달라지게 된다.

지명채권설은 利得償還請求權을 지명채권으로 보는데, 어음채권이 소멸시효 등으로 소멸하게 되면 어음은 휴지로 변하면서 어음상에 존재하였던 권리는 어음증권과 상관없는 민법상 지명채권으로 변한다는 것이다. 지명채권은 당연히 지명채권 양도방법에 따라 양도하여야 하고,[8] 10년의 시효에 걸리며, 휴지화된 어음증권을 상실하였더라도 제권판결이 인정되지 않는다.

이에 대하여 잔존물설과 변형물설은 어음채권은 소멸하고 새로운 채권이 성립하는데, 이 새로운 채권은 어음상의 채권의 잔존물이거나 변형물로서 역시 증권채권이라고 한다. 증권채권인 이상 양도배서가 가능하고 제시증권·상환증권으로서 권리를 행사할 때에는 증권을 제시하고 증권과 상환으로 행사하여야 하며, 시효는 어음·수표의 시효가 그대로 적용된다고 한다. 이들 견해는 이득상환청구권의 실무처리에 있어서는 매우 간편하다는 利點이 있다.

判例는 일관하여 지명채권설의 입장을 취하고 있는바, 예컨대 이득상환청구권은 지명채권양도의 방법에 의해 양도할 수 있을 뿐이며 어음상의 권리가 소멸된 이후에 어음을 배서양도하는 것만으로는 동 청구권이 양도되지 않는다고 판시하고 있다.[9]

생각건대, 이것은 법률상의 원인이 없는 것이 아니고, 절차의 흠결 또는 시효의 완성 등 법률상의 원인에 기인하여 이득한 것이며, 또 발행인 등의 이득이 소지인의 재산 또는 勞務로 인하여 된 것이 아니며, 더욱이 이익이 현존하는가 않는가를 불문하므로 不當利得返還請求權이 아니고, 채무자의 채무불이행이나 불법행위도 없으므로 損害賠償請求權도 아니며, 어음失效 후에 발생하는 것이므로 어음상의 권리의 殘存物도 아니다. 또 어음상의 권리의 變形物說은 變形物의 본질이 무엇인지 분명하지 못하다. 따라서 어음의 형식적 엄격성을 완화하기 위하여 衡平의 견지에서 어음법이 특별히 인정한 특수한 청구권, 즉 어음법상의 권리이지 어음상의 권리는 아니고, 指名債權의 일종이라고 볼 수밖에 없다.[10] 지명채권이란 채권자와 채무자가 지정되어 있는 채권으로서 指示(배서)에 의하여 양도될 수 없다.

8) 이득상환청구권은 '지명채권 양도'의 방법에 의하여서만 양도할 수 있다: 대법원 1970. 3. 10. 69다1370.
9) 대법원 1970. 3. 10. 69다1370.
10) 동지: 강위두(어) 213면; 정동윤(하) 140면.

(2) 指名債權讓渡의 對抗要件 問題

그런데 문제는 지명채권은 채권자가 그 채권을 타인에게 양도하려면 반드시 대항요건을 갖추어야 한다는 점이다. 즉, 민법 제450조에 의하면, 지명채권의 양도는 양도인이 채무자에게 통지하거나 채무자가 承諾하지 아니하면 채무자 기타 제3자에게 대항하지 못한다.

그러나 실제로는 제시기간이 경과된 자기앞수표도 상환의무자인 은행에 수표양도를 통지하거나 은행의 승낙을 받지 아니하고 제3자에게 양도되는 경우가 허다한 실정이다. 이 경우 대항요건 불비로 인하여 수표의 소지인은 채권의 辨濟(지급)를 받지 못한다. 결과적으로 채권자가 채권을 행사하지 못하고, 자기앞수표 발행은행 또는 수표의 原權利者는 수표액면만큼의 부당한 이득을 취하게 된다.

여기서 대법원은 묘책을 내 놓았다. 즉, 이 사건 대법원판결에 의하면 일반적으로 이득상환청구권은 ① 수표상의 권리가 소멸할 당시의 정당한 소지인으로부터(대법원 1978. 3. 28. 77다2497; 대법원 1981. 9. 23. 81다167 참조), ② 배서에 의하지 아니하고 지명채권양도의 방법에 의하여 양도되어야 한다(대법원 1983. 3. 8. 83다40 참조). 따라서 ③ 대항요건(채무자에게 통지 또는 채무자의 승낙)도 갖추어야 한다. 그러나 예외적으로 자기앞수표의 경우에는 은행에 제시만 하면 양도의 통지를 한 것이 되어 대항요건을 갖춘 것으로 본다는 것이다(본 사건 판결).

즉, 판례는 제시기간 경과 후의 자기앞수표의 양도는 당연히 이득상환청구권의 양도와 그 양도통지의 權能의 양도를 동반한다고 하면서, 자기앞수표의 양수인이 은행에 이를 제시한 때에 양도인을 代理(판결문에는 代位라고 표현하고 있다)하여 讓渡의 通知를 하는 것으로 보고 있다.

이것은 자기앞수표를 일반 당좌수표와 구별하여 특별대우를 하자는 것이고, 이득상환청구권의 양도방법을 당좌수표의 경우와 자기앞수표의 경우로 나누어 二元化한다는 것이다. 이와 같이 당좌수표와 자기앞수표를 구분하는 것은 법률상 아무런 근거가 없는 것인데, 다만 자기앞수표는 은행이 발행한 것이므로 이른바 '보증수표'라고 하여 不渡의 염려가 없는 현금과 같은 것으로 신뢰하는 사회분위기(거래상의 實情)를 반영한 것이다. 그러나 은행으로서는 자기앞수표라도 액면이 고액인 경우 반드시 지급 또는 결제 전에 사고여부를 조회하여야 하고, 그렇지 아니하면 정당한 지급으로 인정되지 아니하며, 고액이 아니라고 하더라도 보통 (신분을 확인하고) 裏書를 받는 것이 慣行이므로 대법원의 '거래상의 실정' 운운도 설득력이 없다.

어떻든 이 판결에 따르면 자기앞수표를 발행한 은행은 제시기간 경과 후 사고계까지 접수되었음에도 수표금을 지급하여야 한다는 결과가 되었다. 물론 이것은 마치 현금처럼 유통되는 10만원권 정도의 소액의 자기앞수표에만 해당되는 예외이다.

4. 事故屆의 의미

특히 이 사건에서 은행은 문제된 수표에 대하여 사고계가 접수되었는데, 사고계가 있더라도 지급제시기간 내에는 은행은 그 소지인이 정당한 소지인이 아님을 立證하지 못하는 이상 지급의무를 免할 수 없다.[11] 자기앞수표의 경우에는 사고계를 제출한 수표발행 의뢰인은 수표상의 발행인이 아니고, 따라서 발행인이 할 수 있는 支給委託의 취소를 할 수 없기 때문이다.

이와 같이 사고계는 제시기간 내에는 큰 의미가 없다. 그러나 제시기간 경과 후에는 은행이 반드시 支給할 의무도 없으므로 지급여부를 결정함에 있어서 중요한 판단자료가 된다.

이 사건에서 사고계가 제출되었음에도 대법원이 은행에 대하여 지급을 강요한 것은 수표소지인의 보호에 치우쳐 자기앞수표를 발행한 은행과 분실계를 낸 原權利者의 이익보호를 소홀히 하였다는 비난을 免하지 못할 것이다. 수표만 발행하였다고 하여 별단예금계정에 들어 있는 금원에 대하여 은행이 확정적으로 이득을 한 것도 아니고, 사고계의 眞否도 가려지기 전에 수표소지만을 이유로 지급하여야 한다고 판결한 것은 납득하기 어려운 판결이다. 그럼에도 이 판결은 오늘날까지 변함 없이 후속판결을 지배하고 있다.

5. 權利消滅 당시의 正當한 所持人 問題

한편 이득상환청구권의 양도에 관하여는 대법원 판례에 의하면 수표상의 권리가 소멸할 당시의 정당한 소지인으로부터 이를 양도받아야 된다고 한다. 따라서 제시기간경과시 수표의 소지인이 정당한 권리자였음을 확인하지 아니하고 이를 취득하면 이득상환청구권을 취득할 수 없는 결과가 된다(대법원 1983. 3. 8. 83다30 참조). 이득상환청구권은 지명채권이므로 선의취득될 수 없고, 따라서 정당한 소지인으로부터 양도되어야 하기 때문이다.

그런데 交付에 의하여 유통되는 자기앞수표에 있어서 수표상의 권리소멸 당시의 정당한 소지인이 누구였는가를 확인하는 것은 사실상 불가능하므로, 결국 제시기간경과 후의 자기앞수표를 취득하는 사람은 위험을 감수하고 이를 취득할 수밖에 없다.

11) 손주찬(하) 407면; 정동윤(하) 402면.

제 3 절 어음(수표)의 實質關係

1 어음의 原因關係(1)

[정삼면 대 신영호 사건]

대법원 1990. 5. 22. 89다카13322

事 例

① 원고 정삼면(X)은[1] 피고 신영호(Y)에게 부동산을 매도하기로 하고, ② 1985. 12. 2. Y로부터 액면금 44,737,500원의 약속어음을 이 사건 매매대금 중 잔액으로 발행·교부받고, 이 어음이 장래에 결제될 것을 예상하여 미리 잔대금을 수령하였다는 취지의 영수증을 작성하여 주었으며, 1985. 12. 30. Y 앞으로 매매목적물에 관하여 그 지분소유권이전등기까지 마쳐 주었다. ③ X는 위 약속어음을 소외 제3자에게 배서양도하였는데, ④ 제3자가 Y에게 지급제시하였을 때에는 그 지급이 거절되었으므로 ⑤ 제3자는 X에게 상환청구권을 행사하였다. ⑥ 이에 X는 Y에 대하여 잔대금 미지급을 이유로 위 토지매매계약을 해제하고 매매목적물의 반환을 청구하였다. 이에 대하여 Y는 매매잔대금으로서 어음을 발행·교부하고 영수증까지 받았으므로 대금지급이 완결되었고 따라서 계약해제는 부당하다고 주장하면서 목적물 반환을 거절하였다. X는 매매목적물인 토지를 반환받을 수 있을 것인가?

참고도

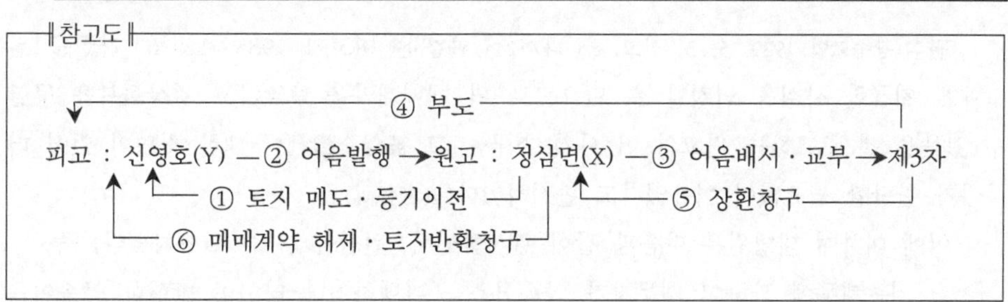

目 次

1) 이 사건의 당사자는 정확히는 가처분이의신청의 신청인과 피신청인이나, 이 곳에서는 편의상 원고와 피고로 표기한다.

Ⅰ. 判決要旨

원심(광주고법 1989. 5. 3. 선고, 88 나 6244 판결)은 피고가 1985. 12. 6. 잔금을 원고에게 지급한 사실을 인정할 수 있으므로 위 매매계약을 解除하고 원상회복을 구할 수 있음을 전제로 하는 원고의 이 사건 청구는 그 被保全權利에 대한 소명이 없어 더 나아가 판단할 필요없이 이유없다고 판시하였다(被告勝訴).

이에 대하여 대법원은 다음과 같이 판시하면서, 원심을 파기·환송하였다. 즉,

1) 기존채무에 관하여 채무자가 약속어음을 발행하거나 타인이 발행한 약속어음을 교부한 때에는 당사자 간에 특별한 의사표시가 없는 한 기존채무의 변제확보를 위하여 또는 그 지급방법으로 발행하거나 교부한 것으로 推定하여야 한다.

2) 채권자가 기존의 금전채권에 대한 지급방법으로 약속어음을 교부받으면서 그 어음이 장차 결제될 것을 예상하여 미리 금전을 수령하였다는 뜻의 영수증을 교부하는 경우도 있는 것이므로 이 사건에 있어서도 어음의 수령과 상환으로 위와 같은 영수증을 작성·교부하였다거나 나아가 피신청인의 주장과 같이 채권자(신청인)가 그 어

음을 제3자에게 양도하면서 채무자(피신청인)에게 토지에 대한 지분권이전등기를 마쳐 주었다고 하더라도 그것만으로 어음금의 지급 이전에 어음의 授受만으로 대금지급이 완결된 것으로 단정할 수는 없다(原告勝訴).

II. 解　說

1. 論　點

이 사건에는 다음 2가지의 논점이 있다. 이 2가지의 논점은 상호연관성이 깊어서 하나의 논점으로 이해하더라도 상관이 없다.

1) 기존채무에 관하여 채무자가 약속어음을 발행하거나 타인 발행의 약속어음을 교부하는 행위의 의미(어음의 원인관계).

2) 기존채무에 관하여 채무자가 약속어음을 발행하거나 타인 발행의 약속어음을 교부하면서 금전을 수령하였다는 뜻의 영수증을 받은 경우, 어음금의 지급 이전에 어음의 수수만으로 기존채무에 대한 지급이 완결된 것으로 단정할 수 있는지 여부.

2. 어음의 原因關係

어음(수표)을 아무런 이유(원인) 없이 주고받지 아니한다. 분명히 무슨 이유가 있다. 그러나 그러한 원인이 어음(수표) 표면에 나타나지 아니한다. 따라서 어음관계는 그 원인관계로부터 분리되어 취급된다. 이를 어음관계의 추상성 또는 無因性이라 한다. 이와 같이 어음(수표)이 수수되는 원인이 되는 법률관계를 어음의 원인관계(Kausalverhältnis)라고 한다. 어음의 수수에는 반대급부, 즉 대가가 있는 것이 보통이므로(다만 융통어음의 경우는 예외이다) 이것을 대가관계(Valuta-verhältnis)라고도 한다. 원인관계는 채무의 변제, 채권의 추심, 채무의 담보, 증여, 어음상의 권리의 매매(어음할인), 신용의 부여(융통어음), 어음채무의 지급연기(연기어음), 어음改書 등 여러 가지 경우가 있을 수 있다.

3. 어음(手票)을 授受하는 當事者의 意思

(1) 意思의 內容

어음(수표)을 주고받는 목적은 다음 3가지 중 어느 하나임이 대부분이다. 즉, ① 기존채무의 '지급을 위하여'(zahlungshalber) 어음(수표)을 교부하는 경우이다. 즉, 지급의 방법(수단)으로서 어음(수표)을 교부하는 것이다. ② '기존채무를 담보하기 위하여'(sicherungshalber) 어음(수표)를 교부하는 경우이다. 즉, 담보조로 어음을 맡기는 것이다.[2] ③ '지급을 갈음하여'(an Zahlungs Statt) 어음(수표)를 교부하는 경우이다. 이것은 예컨대, 은행의 자기앞수표나 은행의 지급보증이 있는 당좌수표와 같이 지급이 확실한 수표를 지급 그 자체로서 교부하는 것이다.

어떻든 위 ①, ②, ③의 각 경우에 원인관계, 즉 어음(수표)의 수수 원인이 되는 기존채무의 운명은 어떠한 영향을 받는지가 논의의 요점이다.[3]

(2) 當事者의 意思가 不明確한 경우

일반적으로 기존채무를 결제하기 위하여 어음을 발행 또는 배서하여 교부하면 보통은 기존채무의 지급을 위하여 또는 후술하는 기존채무를 담보하기 위하여 이와 같은 행위를 하는 것이다. 즉, 어음수수 당사자간에 아무런 특약이 없으면 '지급을 위하여' 또는 '기존채무를 담보하기 위하여' 어음이 수수되었다고 추정되고,[4] 어느 경우에나 양 채권이 병존하는 것으로 추정된다.[5] 적어도 '지급을 갈음하여' 어음을 교부한 것으로 보지는 않는다는 것이다. 왜냐 하면 어음은 통화와 같은 강제통용력이 없으므로 어음을 취득하여도 반드시 지급된다고 할 수 없을 뿐만 아니라, 어음(수표)의 교부에 의하여 기존채무가 당연히 소멸한다고 하면 채권자는 어음(수표)의 수수에 의하여 기존의 원인채권에 존재하던 담보권을 모두 상실하게 되는데, 이것도 통상 당사자의 의사에 합치된다고 보기 어렵기 때문이다.[6]

(3) 支給 또는 擔保를 위한 것인지의 區別基準

지급을 위하여 교부하는 경우와 담보를 위하여 교부하는 경우의 구별에 관하여 대법원 1995. 10. 13. 93다12213은 "채무자가 기존채무의 이행에 관하여 채권자에게 어음을 교부하는 경우에 당사자 사이에 특별한 의사표시가 없고, 다른 한편 어음상의

---

2) 기존채무를 담보하기 위하여 어음(수표)을 교부한 경우, 기존채권의 소멸은 어음(수표)채권의 운명에 영향을 미치나, 어음(수표)채권의 소멸은 기존채권에 영향을 미치지 아니함이 원칙이다: 대법원 1996. 11. 8. 95다25060.

3) 이하 어음이라 함은 별도의 표시가 없는 한 수표를 포함한다.

4) '지급을 위하여' 어음을 수수하는 경우와 '지급을 담보하기 위하여' 이를 수수하는 경우를 구별하는 실익은, ① 前者의 경우는 어음채권부터 행사하여야 하고, 後者의 경우는 원인채권과 어음채권 어느 것이나 먼저 행사할 수 있으며, ② 前者의 경우에는 지급제시를 받지 않는 이상 원인채권의 이행지체가 되지 않으나, 後者의 경우에는 변제기만 도래하면 지급제시 유무에 불구하고 이행지체가 된다는 점이다.

5) 대법원 1964. 6. 2. 63다856; 동 1969. 2. 4. 68다567; 동 1970. 6. 30. 70다517; 동 1976. 11. 23. 선고, 76다1391; 동 1990. 5. 22 89다카13322; 손주찬(하) 158면; Baumbach/Hefermehl, WG Einl. Rdn. 39; 일본의 통설: 後藤紀一, 「要論手形小切手法」, 1998, 264면.

6) 설승문, "금전채권에 대한 약속어음교부와 대금지급완결", 「부산대 법학논집」 창간호, 1991. 114면.

주채무자가 원인관계상의 채무자와 동일하지 아니한 때에는 제3자인 어음상의 주채무자에 의한 지급이 예정되고 있으므로, 이는 '지급을 위하여' 교부된 것으로 추정된다" 고 하였다. 이와 같이 제3자가 발행한 어음을 배서·교부하는 경우에는 지급을 위하여 배서·교부한 것으로 추정되고, 채무자가 직접 어음을 발행하여 채권자에게 교부하는 경우에는 기존채무를 담보하기 위하여 배서·교부한 것으로 추정한다.[7] 다만 채무자가 직접 어음을 발행하여 채권자에게 교부하였다고 하더라도 제3자방 어음의 경우나 인수되지 아니한 환어음을 발행·교부한 경우에는 예외적으로 '지급을 위하여' 교부된 것으로 추정하여야 할 것이다.[8] 이들 경우에는 발행인의 자금으로 제3자가 지급을 담당하기 때문이다.

4. 既存債務의 支給을 위하여 어음을 交付하는 경우

(1) 既存債務의 消滅 여부

기존채무의 지급을 위하여 교부한다는 것은 지급의 방법으로 어음을 교부하였다고 보는 것이다. 이 경우 기존채무는 어떻게 되는가가 문제이다. 어음을 받았으니 기존의 채무는 소멸하고 어음상의 채권만 남아 있는 것인가, 아니면 기존의 채권은 별도로 남아 있는가? 통설과 판례는 이 경우를 후자로 본다.[9] 즉, 후술하는 바와 같이 기존채무의 지급을 위하여 어음이 수수되었다고 보는 경우에는 기존채무와 어음채무는 병존하고, 어느 한 채무를 이행함으로써 양자가 함께 소멸한다. 이 때에는 어음채무가 시효로 소멸하더라도 원인채권을 행사할 수 있다.[10]

[참고판례] 대법원 1976. 11. 23. 76다1391

이미 존재하는 금전대차 등 채권채무에 관하여 그 채무자가 발행한 약속어음은 특별한 사정이 없는 한 그 채무의 지급확보 또는 그 지급을 위하여 발행한 것이라 할 수 있고, 그 경우 채권자는 어음상의 권리와 일반채권의 그 어느 것이나 행사할 수 있는 것이라 할 것인바, 어음상의 권리가 시효 따위로 인하여 소멸하였다 하여 다른 일반채권도 당연히 소멸하는 것이 아니다.

이 사건에서도 어음수수 당사자간에 특약이 없었으므로 당사자의 의사는 토지매

---

7) 동지: 대법원 1993. 11. 9. 93다11203·11210; 동 1996. 11. 8. 95다25060 참조; 최기원(하) 173면; 배광국, "기존채무의 이행에 관하여 어음(수표)이 교부된 경우의 문제", 「상사판례연구」 제III권, 1996, 101면.
8) 同旨: 최기원(하) 173면; 정동윤(하) 167면.
9) 손주찬(하) 156면; 최기원(하) 167면; 정동윤(하) 162면; 대법원 1976. 11. 23. 76다1391.
10) 後藤紀一, 전게서, 266면.

수대금 중 잔액을 지급하기 위하여 또는 지급을 담보하기 위하여 매수인이 어음을 발행·교부한 것으로 추정할 수 있다. 따라서 매도인인 채권자의 입장에서 보면 기존의 채권과 어음채권은 병존하고, 채권자는 원인채권을 행사할 수도 있다. 그러므로 어음을 받았으니, 어음상 채권만 행사할 것을 주장하는 피고의 주장은 타당하지 않으며, 피고의 주장을 배척한 대법원의 판결은 타당하다고 하겠다.

(2) 兩債權 行使의 순서

지급을 위하여 어음이 수수된 경우 양 채권 행사의 순서가 문제이다. 이 경우 어음채권과 기존채권이 병존하더라도, 당사자간의 특약이 없으면 어음채권자는 먼저 어음상의 권리를 행사하고, 그것으로써 만족을 얻지 못할 때에 비로소 기존채권을 행사하여야 한다.[11] 따라서 채권자가 원인채권을 먼저 행사하는 때에는 채무자는 어음채권의 선행사를 요구하면서 변제를 거절할 수 있다.[12] 어음의 지급제시가 없는 한 채무자는 원인채무에 대한 이행지체가 되지 않고 채권자도 계약을 해제할 수 없다.[13]

그런데 어음의 만기일이 기존채무의 이행기보다 후일인 경우, 기존채무의 이행기가 어음의 만기일까지로 유예된다고 보아야 한다.[14] 이 경우에는 당사자간에 기한유예의 묵시적 합의가 있었다고 볼 것이다.

한편 어음금지급청구의 소를 제기하는 경우 기존채무의 소멸시효도 중단된다고 본다.[15] 왜냐 하면 지급을 위하여 어음을 교부한 경우 어음채권과 원인채권은 법률상 별개의 채권이기는 하지만 경제적으로는 동일한 급부를 목적으로 하면서, 어음채권은 원인채권의 지급수단에 지나지 않으므로[16] 어음금을 청구하는 것 자체가 기존채권에 대한 권리행사의 의사를 객관적으로 표명한 것이기 때문이다. 또한 어음채권을 행사하여 확정판결을 받은 경우에는 어음채권의 시효도 10년으로 연장되지마는 이 밖에 원인채권의 시효기간도 민법 제165조에 의하여 위 확정의 때로부터 10년간 연장된다.[17] 그러나 반대로 기존채권에 관한 소를 제기한 경우 어음채권에 관한 소멸시효

---

11) Brox, Rdn. 509; 최기원(하) 167면; 정동윤(하) 162면; 대법원 1989. 5. 9. 88다카7733; 同 1995. 10. 13. 93다12213; RGZ 153, 182; BGH, WM 1984, 1466.

12) 최기원(하) 167면.

13) 최기원(하) 167면.

14) Brox, Rdn. 510; 최기원(하) 167면; 대법원 1990. 6. 26. 89다카32606; 동 1998. 11. 27. 97다54512·54529; 동 1999. 8. 24. 99다24508; 동 1999. 9. 7. 98다47283; 동 2000. 7. 28. 2000다16367.

15) 최기원(하) 167면; 日最判 1987. 10. 16. 金判 784, 3; 後藤紀一, 전게서, 268면.

16) 日最判 1987. 10. 16. 民集 14권 7호 1497면; 小橋一郎, 「手形法·小切手法」, 1995, 152면.

17) 日最判 1978. 1. 23. 民集 32권 1호 1면; 小橋一郎, 상게서, 152면; 정동윤(하) 165면.

중단사유인 재판상의 청구에는 해당하지 않는다.[18]

사례의 사건에서도 원고가 어음채권을 행사하려 하였으나 피고가 부도를 내므로서 만족을 얻지 못하였다. 따라서 원고는 기존채권을 행사하려 하는 것이다. 그러므로 원고가 기존채권에 기하여 계약을 해제하고 목적물의 반환을 청구한 것은 정당하다.

(3) 어음債權의 行使方法

어음채권을 먼저 행사하여야 하는 경우에는 이를 어떠한 방법으로 행사하여야 하는가가 문제된다. 당연히 어음채권자는 만기를 기다려 지급제시를 하여야 한다. 물론 만기 전에 어음을 할인받아 채무의 변제에 충당할 수도 있으나, 이 경우에도 채권자가 어음상의 상환채무를 면할 때까지는 기존채무는 소멸하지 아니한다.

(4) 原因債權을 행사하는 경우 어음證券返還與否

어음채권을 행사하지 아니하고 원인채권을 행사하는 경우 반드시 어음을 반환하여야 하는가 문제이다. 이 문제는 기존채무의 담보를 위하여 어음이 수수된 경우에도 발생하는 문제이다. 이에 관하여는 네 개의 고찰방법이 있다고 하면서 반환불요설, 반환필요설, 어음제공설, 동시이행항변권설 등으로 나누어 설명하는 견해도 있다. 그러나 오늘날 반환불요설을 취하는 견해는 보이지 않고, 나머지 세 학설은 모두 반환은 필요하다고 보고 있는데(반환필요설과 어음제공설을 취하는 견해도 찾아보기 어렵다), 다만 그 설명방법에 있어서만 약간의 차이만 있고 내용은 유사하므로, 네 개의 고찰방법으로까지 나누어 설명하여야 할 이유가 있는지 의문이다. 따라서 크게 반환불요설과 반환필요설로 나누어 설명하면 충분하다고 본다. 반환불요설은 어음의 반환은 필요없고 채무자는 원인채무를 변제한 후 어음의 반환을 청구할 수 있을 뿐이라 한다. 이 학설은 채권자에게는 유리하나 채무자에게는 이중지급의 위험과 불이익이 있다. 그러나 이와 같은 견해를 취하는 자는 현재는 찾을 수 없다.

반환필요설은 채무자는 어음의 반환 없는 원인채무만의 이행을 거절할 수 있는 항변권을 가진다는 견해이다.[19] 이는 이중지급의 위험을 피하려는 데 그 목적이 있는 것이므로 雙務契約上의 동시이행의 항변권과는 다르다.[20] 반환필요설에 따른 결과, 채무자가 어음을 반환받았다면 기존채권이 변제된 것으로 추정되며,[21] 반대로 채권자가

18) 대법원 1994. 12. 2. 93다59922.

19) 대법원 1964. 12. 25. 64다1030; 동 1989. 5. 9. 88다카7733; 동 1995. 10. 13. 93다12213; 동 1996. 12. 20. 96다41588.

20) 최기원(하) 171~172면.

21) 대법원 1996. 3. 22. 96다1153.

3어음을 소지하고 있다면 원인채권이 아직 변제되지 아니한 것으로 추정된다.[22)]

다만 어음채권이 시효로 소멸하거나[23)] 상환청구권보전절차의 흠결로 소멸하고 또 채무자가 이득상환청구권의 상환의무를 지지 않는 경우, 혹은 어음이 훼멸된 경우 등 채무자가 이중지급의 위험이 없는 경우에는 어음반환을 요구할 수 없다고 한다.[24)] 이 견해가 통설·판례이다.[25)]

[**참조판례**] 대법원 1989. 5. 9. 88다카7733

채무자가 기존채무의 지급을 위하여 채권자에게 약속어음을 교부하였는데 채권자가 그 어음과 분리하여 기존채권만을 제3자에게 양도한 경우에는, 채무자는 이중으로 채무를 지급하게 될 위험을 피하기 위하여 채권양수인의 어음의 반환없는 기존채권의 지급청구를 거절할 수 있고, 그와 같은 경우 원인채권의 양도통지 후 그 어음금이 지급되었다고 하더라도 채무자는 양도통지를 받기 이전에 이미 어음의 반환 없는 원인채무만의 이행을 거절할 수 있는 항변권을 가지고 있었으므로 그 후 원인채권을 양수한 자에 대하여 그 항변권을 행사할 수 있다.

생각건대, 원인채권을 먼저 행사하려고 할 때에는 어음을 채무자에게 반환하여야 한다고 본다. 그렇게 하지 않으면 원인채권의 변제를 받은 채권자가 어음을 제3자에게 양도한 때에 그 어음의 선의취득자에게 채무자가 이중으로 지급하여야 하며, 동시에 채무자의 前者에게 소구권을 행사할 수 없게 되어 부당하다. 다만 이중지급의 위험이 없는 경우, 예컨대 어음채무자의 전자가 존재하지 않고 어음이 물리적으로 멸실되었으며, 멸실 당시에 채권자가 어음을 소지하고 있었던 경우에는 채무자의 어음相換의 항변은 인정되지 않는다고 본다.

(5) 一方債權의 만족

전술한 바와 같이 어음채권과 원인채권이 병존하는 경우에는 일방의 채권의 만족에 의하여 타방의 채권도 소멸한다. 그러므로 환어음의 인수인이나 지급인 또는 약속어음의 발행인에 의하여 어음금이 지급된 때에는 원칙적으로 원인채권도 소멸한다.[26)] 어음채권자가 어음을 제3자에게 배서양도하여 어음채무자가 제3자에게 어음금을 지급한 경우에도 원인채권은 소멸한다.[27)] 그러나 이 사건에서는 어음채권자가 어

22) 대법원 1992. 6. 23. 92다886.
23) 대법원 1974. 12. 24. 74다1296.
24) 정동윤(하) 164면.
25) 대법원 1989. 5. 9. 88다카7733 참조; 동 1969. 12. 30. 69다1934; 동 1970. 10. 23. 70다2042 참조; 동 1976. 4. 13. 75다649; 日最判 1960. 7. 8, 民集 14권 9호 1720면; BGH WM 1956, 190; Brox, Rdn. 509; Zöllner, S. 119; Hueck/Canaris, S. 173.
26) 대법원 1960. 8. 18. 4292민상864.

음을 제3자에게 배서양도하였으나, 어음채무자인 피고가 제3자에게 어음금을 지급하지 아니하였으므로 원인채권은 소멸하지 아니하였다.

[**참조판례**] 대법원 1994. 3. 25. 94다2374

원인채권에 대한 압류의 효력이 발생하기 전에 원인채권의 지급을 위하여 약속어음을 발행하고 그것이 제3자에게 배서양도된 경우에 그 어음의 소지인에 대한 어음금의 지급이 원인채권에 대한 압류의 효력이 발생한 후에 이루어졌다 하더라도 그 어음을 발행하거나 배서양도한 원인채무자는 그 어음금의 지급에 의하여 원인채권이 소멸하였다는 것을 압류채권자에게 대항할 수 있다.

어음채권과 원인채권이 병존하는 경우에는 일방의 채권의 만족에 의하여 타방의 채권도 소멸하므로, 상사채권인 원인채권이 5년의 상사시효로 소멸한 경우에는 원인채무의 지급을 위하여 약속어음을 발행한 발행인은 위 사유를 들어 약속어음의 수취인에 대하여 약속어음금의 지급을 거절할 수 있다.[28] 다만 이것은 인적 항변일 뿐이다.

5. 既存債務의 擔保를 위하여 어음이 授受되는 경우

지급의 담보를 위하여 어음이 수수된 때에는, 당연히 기존채무는 소멸하지 않고 양 채무가 병존하므로 채권자는 어음상의 권리와 기존채권 중 어느 것이나 먼저 행사할 수 있다.[29] 왜냐 하면 이 경우에는 채무자로서는 어음상의 권리가 먼저 행사된다고 하더라도 어떠한 불이익도 받지 않기 때문이다. 그러나 기존채권을 먼저 행사하는 경우에는 채권자는 채무자에게 어음을 반환하여야 한다.[30] 어음을 반환받지 않은 채무자는 이중지급의 위험을 부담하므로 어음채무의 이행을 거절할 수 있다.

기존채무를 담보하기 위하여 어음(수표)을 교부한 경우, 기존채권의 소멸은 어음(수표)채권의 운명에 영향을 미친다.[31] 다만 어음이 유통되어 제3자가 이를 소지하고 있는 경우에는 기존채무의 소멸은 인적 항변사유가 될 뿐이다.[32] 반대로 어음(수표)채권의 소멸은 기존채권에 영향을 미치지 아니함이 원칙이다.

원인채권에 기하여 청구를 한 것만으로는 어음채권 그 자체를 행사한 것으로 볼 수 없어 어음채권의 소멸시효를 중단시키지 못하나, 어음채권에 기하여 청구를 하는

27) 대법원 1994. 3. 25. 94다2374.
28) 대법원 1993. 11. 9. 93다16390.
29) 손주찬(하) 156면; 최기원(하) 167면; 정동윤(하) 166면; 대법원 1993. 11. 9. 93다11230 · 11210; 동 1999. 6. 11. 99다16378.
30) 손주찬(下) 157면; 최기원(하) 171면; 대법원 1992. 12. 22. 92다8712.
31) 대법원 1996. 11. 8. 95다25060.
32) 대법원 1996. 6. 11. 959다16378.

경우에는 원인채권의 소멸시효를 중단시키는 효력이 있다.[33]

또한 채권의 지급을 확보하기 위하여 어음이 발행된 경우, 어음채권이 시효로 인하여 소멸하였다고 하더라도 이득상환청구권이 발생하지 않는다.[34]

6. '支給을 갈음하여' 어음이 授受된 경우

어음수수 당사자의 특약에 의하여 '지급을 갈음하여' 어음이 수수된 때에는 기존채권은 소멸한다. 따라서 특약이 없는 한 기존채권을 위하여 설정된 담보권·보증 등은 그 효력을 잃게 되며, 채권자는 어음에 의하지 않고는 그 권리를 행사할 수 없다.[35] 기존채무가 소멸하는 원인에 관한 이론구성에 관하여는 종래 경개설, 대물변제설, 절충설의 대립이 있었다. 그러나 어음은 無因債權이므로 대물변제설이 타당하다.[36] 만일 이를 경개로 풀이하는 경우에는 구채무가 존재하지 아니하면 신채무(어음채무)도 발생하지 아니하는 것으로 되어 어음의 無因性과 모순되기 때문이다. 대물변제설에 의하면 물건(이 사건에서는 어음)으로서 대금지급을 갈음(대신)한 것으로 보는 것이다.

따라서 지급이 완료되었고, 더 이상 다툴 수 없게 된다. 채무자가 기존채무의 이행에 관하여 은행의 자기앞수표나 은행의 지급보증이 있는 당좌수표와 같이 지급이 확실한 수표를 수수한 경우에는 이러한 수표는 일반 거래상 현금과 같이 취급되므로 기존채무의 지급을 갈음하여 수표를 수수한 것으로 본다.[37]

그러나 부도가 비교적 쉽게 발생하는 어음을 '지급에 갈음하여' 교부하는 예는 상식적으로 발생하기 어렵다. 약속어음을 교부한 것이 매매대금의 '지급에 갈음하여' 이루어진 것이라고 볼 여지가 많다고 본 대법원 판례가 단 한건이 있으나 그 타당성은 실로 의문이다.

[판 례] 대법원 2010. 12. 23. 2010다44019

1) 기존 채무의 이행에 관하여 채무자가 채권자에게 어음을 교부할 때의 당사자의 의사는 기존 원인채무의 '지급에 갈음하여', 즉 기존 원인채무를 소멸시키고 새로운 어음채무만을 존속시키려고 하는 경우와, 기존 원인채무를 존속시키면서 그에 대한 지급방법으로서 이른바 '지급을 위하여' 교부하는 경우 및 단지 기존 채무의 지급 담보의 목적으로 이루어

---

33) 대법원 1999. 6. 11. 99다16378.
34) 대법원 1993. 10. 22. 93다26991.
35) 손주찬(하) 155면.
36) 손주찬(하) 155면; 최기원(하) 174면. 일본의 통설: 後藤紀一, 전게서, 264면.
37) 대법원 1960. 5. 19. 4292민상784.

지는 이른바 '담보를 위하여' 교부하는 경우로 나누어 볼 수 있는데, 어음상의 주채무자가 원인관계상의 채무자와 동일하지 아니한 때에는 제3자인 어음상의 주채무자에 의한 지급이 예정되어 있으므로 이는 '지급을 위하여' 교부된 것으로 추정되지만, '지급에 갈음하여' 교부된 것으로 볼 만한 특별한 사정이 있는 경우에는 그러한 추정은 깨진다.

2) 식품 제조 공장에 관한 매매계약에서 매수인이 매도인에게 제3자가 발행한 약속어음을 교부한 것이 매매대금의 '지급에 갈음하여' 이루어진 것이라고 볼 여지가 많음에도, 이를 매매대금의 '지급을 위하여' 이루어진 것이라고 보아 위 어음 교부로 매매대금 채무가 소멸하지 않았다고 판단한 원심판결을 파기한다.

※ 필자 주 - 이 판결은 기존채무의 지급에 갈음하여 어음이 교부되었다고 본 최초의 판결이다. 그러나 이 판결에서 동일한 사실관계를 두고 대법원은 원심과 달리 판단하고 있어 대법원의 심리는 법률심에 한한다는 원칙을 대법원 스스로 깨뜨리고 있다. 또한 이 판결의 사실관계에서 과연 당사자 간에 기존채무의 지급에 갈음하여 어음이 교부되었다고 볼 수 있는지는 의문이다. 왜냐 하면 대법원은 그렇게 볼 "특별한 사정"이 있다고 하였지만, 당사자 간에 "어음의 교부로써 기존채무의 지급에 갈음한다"는 합의는 현실적으로 상상하기 어려운데다, 이 사안에서 실제로 그러한 합의가 존재하였다는 증거는 없기 때문이다.

기존채무의 지급을 갈음하여 어음을 수수한 경우에는 기존채무의 소멸을 주장하는 자가 당사자 간에 이러한 의사가 존재하였다는 것을 입증하여야 한다.

위의 사례에서는 어음수수의 당사자인 피고와 원고 간에는 특별히 토지 매매대금채무를 소멸시킬 의사가 있었다고 보기 어렵고, 또 피고와 원고 사이에 수수된 증권이 은행의 자기앞수표나 은행의 지급보증이 있는 당좌수표 등과 같이 거래상 현금과 같이 취급되는 것이 아닌 어음으로서, 이것이 토지매매대금 지급을 갈음하여 수수된 것으로 보기도 어렵다. 특히 이 사건에서는 신청인이 어음이 장차 결제될 것을 예상하여 미리 금전을 수령하였다는 영수증을 교부하였으나, 이것이 당사자의 의사를 달리 해석할 이유는 되지 못한다. 장부에 '入金'이라고 기재하였더라도 같다.[38]

Ⅲ. 結 語

이 사건에서 대법원은 기존원인채권에 관하여 약속어음이 교부된 경우에는 당사자 사이에 특약이 없는 한 지급을 갈음하여 어음이 교부된 것이 아니라, 기존 원인채무의 '변제확보' 또는 '지급방법으로' 교부된 것으로 추정하여야 한다는 종래의 견해를 재확인하였다. 나아가 채권자가 어음이 장차 결제될 것을 예상하여 미리 금전을 수령

38) 배광국, 전게평석, 102면.

하였다는 영수증을 교부한 경우에도 당사자의 의사에 비추어 그것이 지급을 갈음하여 교부된 것으로 볼 수 없다고 하였다. 타당한 판결이다.

2 어음의 原因關係(2)

[채희돈외 5인 대 박금선 사건]

대법원 1995. 10. 13. 93다12213

|設 問|

원고 채희돈 등(X들)의 피상속인 소외 亡 채익병(B)이 피고 박금선(Y)으로부터 소외 성인무역주식회사(A)가 발행한 액면 금 10,000,000원으로 된 이 사건 약속어음 1장을 교부받고 피고에게 금 10,000,000원을 대여하였다. 그런데 위 B가 위 약속어음을 그 지급기일에 적법하게 지급제시하였더라면 그 어음금을 지급받을 수 있었고 그에 따라 Y의 위 차용금 채무도 소멸될 수 있었을 것인데, 위 B가 그 지급제시기간이 지나도록 이를 지급제시하지 않고 있다가 위 발행인인 A가 실질적으로 파산함으로 인하여 위 약속어음금을 지급받을 수 없게 되었다. 이에 X들은 Y에게 대여금반환청구의 소를 제기하였다.

이에 대하여 Y는, B가 위 약속어음의 지급제시기간이 지나도록 이를 지급제시하지 않고 있다가 위 발행인인 A가 실질적으로 파산함으로 인하여 위 약속어음금을 지급받을 수 없게 되었고 그로 인하여 Y는 그 액면금 상당의 손해를 입게 되었으므로 위 B의 재산상속인들인 X들에 대한 손해배상채권으로써 위 대여금 채무와 상계한다고 주장하였다. 이 경우 다음 물음에 답하라.

1. 어음채권자의 상환청구권보전절차를 취할 의무 인정 여부와 그 근거는 무엇인가?
2. 상환청구권보전절차를 취할 의무 위반의 효과는 어떠한가?
3. 권리보전절차의 흠결로 인한 이득상환청구권 발생 여부를 논하라.

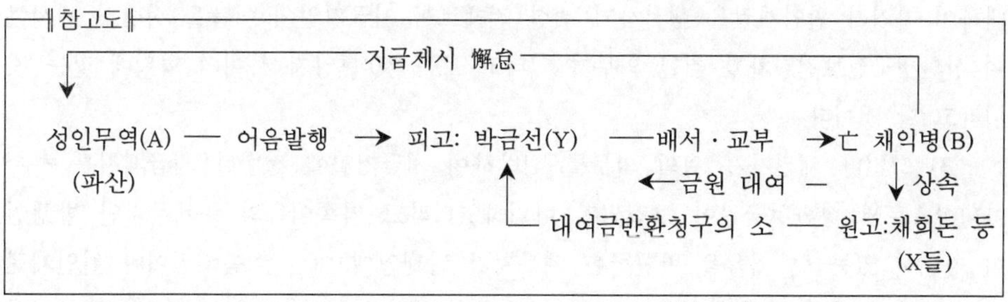

目 次

Ⅰ. 大法院 判決要旨

원심(대전지방법원 1993. 2. 3 선고, 92 나 4176 판결)과 대법원은 다 같이 原告勝訴의 판결을 내렸다. 대법원 판결요지는 다음과 같다.

1) 이 사건에 있어서와 같이 채무자가 기존채무의 이행에 관하여 채권자에게 어음을 교부하는 경우에 당사자 사이에 특별한 의사표시가 없고, 다른 한편 어음상의 주채무자가 원인관계상의 채무자와 동일하지 아니한 때에는 제3자인 어음상의 주채무자에 의한 지급이 예정되고 있으므로 이는 지급을 위하여 교부된 것으로 추정할 것이다(대법원 1993. 11. 9. 93다11203 · 11210 참조).

2) 그리고 이러한 경우에는 채권자는 어음채권과 원인채권 중 어음채권을 먼저 행사하여 만족을 얻을 것을 당사자가 예정하였다고 할 것이므로 채권자로서는 어음채권을 우선 행사하고, 그에 의하여서는 만족을 얻을 수 없을 때 비로소 채무자에 대하여 기존의 원인채권을 행사할 수 있다고 하여야 할 것이며, 나아가 이러한 목적으로 어음을 배서양도받은 채권자는 특별한 사정이 없는 한 채무자에 대하여 원인채권을 행사하기 위하여는 어음을 채무자에게 반환하여야 할 것이므로, 채권자가 채무자에 대하여 자기의 원인채권을 행사하기 위한 전제로서 지급기일에 어음을 적법히 제시하여 상환청구권보전절차를 취할 의무가 있다고 보는 것이 양자 사이의 형평에 맞는 것이라고 할 것이다.

3) 그러나 채권자가 위의 의무를 위반하여 지급기일에 적법한 지급제시를 하지 아니함으로써 상환청구권이 보전되지 아니하였더라도 약속어음의 주채무자인 발행인이 자력이 있는 한 어음을 반환받은 채무자가 발행인에 대한 어음채권이나 원인채권을 행사하여 자기 채권의 만족을 얻을 수 있기 때문에 아직 손해는 발생하지 아니하는 것이고, 지급기일 후에 어음발행인의 자력이 악화되어 무자력이 됨으로써 채권자에게 자신의 채무를 이행하여야 할 채무자가 어음을 반환받더라도 발행인에 대한 어음채권과 원인채권의 어느 것도 받을 수 없게 된 때에야 비로소 자신의 채권에 대하여 만족을 얻지 못하게 되는 손해를 입게 되는 것이고, 이러한 손해는 어음주채무자

인 발행인의 자력의 악화라는 특별사정으로 인한 손해로서 상환청구권보전의무를 불이행한 어음소지인이 그 채무불이행 당시인 어음의 지급기일에 장차 어음발행인의 자력이 악화될 것임을 알았거나 알 수 있었을 때에만 그 배상채권으로 상계할 수 있는 것이라고 할 것이다(대법원 1986. 10. 28. 86다카218 참조).

그런데 이 사건에서 원고가 지급기일에 어음의 지급제시를 하지 아니함으로써 상환청구권보전의무를 게을리하였고 그 후에 어음발행인으로서 주채무자인 성인무역이 무자력이 됨으로써 피고는 원고에 대하여 자신의 원인채무를 이행하더라도 피고 자신의 성인무역에 대한 어음채권 및 원인채권의 만족을 얻을 수 없게 되는 손해를 입었다고 할 것이지만, 기록을 살펴보아도 지급기일 당시에 원고가 장차 성인무역이 무자력이 될 것임을 알았거나 알 수 있었다고 인정할 아무런 자료가 없으므로 원고는 피고에 대하여 손해배상책임을 부담하지 아니한다고 할 것이다.

4) 일반적으로 약속어음을 교부하고 돈을 차용한 채무자는 채권자의 차용금 반환청구에 대하여 약속어음의 반환과 상환으로만 그 반환의무를 이행하겠다는 주장을 할 수 있음은 소론과 같으나, 이 사건에 있어서처럼 그 약속어음에 대한 제권판결이 선고되어 약속어음의 효력이 상실된 경우에는 그러한 상환이행의 주장을 할 수는 없다고 보아야 할 것이다(原告勝訴).

II. 解　說

1. 論　點

사례는 旣存債務의 支給을 위하여 어음을 交付하는 경우 어음債權者의 支給提示義務 또는 상환청구權保全節次를 취할 義務 인정여부와 그 근거 및 의무위반의 효과는 무엇인가가 논점이다.

2. 어음채권자의 지급제시의무 또는 상환청구권보전절차를 취할 의무

어음소지인은 반드시 만기에 지급제시를 하여 상환청구권보전절차를 취하여야 하는가? 즉, 만기에 지급제시를 하고 상환청구권보전절차를 취하는 것이 상환의무자(이 사건의 피고인 Y)에 대한 의무인가? 어음채권자가 지급제시를 게을리하여 어음채권이 소멸시효의 완성으로 소멸한 경우에도 같은 문제가 생긴다. 어음채무의 주채무자(약속어음의 발행인·환어음의 인수인)와 원인관계상의 채무자가 다른 경우 소멸시효기간 내에 어음상의 청구를 하여야 할 의무가 있는가가 문제인 것이다. 다만 원인관계상의 채무자가 약속어음의 발행인인 경우에는 어음채권이 시효로 소멸하였다고 하더라도 당연히 원인채권을 행사할 수 있으므로 문제되지 않는다.

위의 사례의 판결에서 대전지방법원은 이를 부정하였으나, 대법원은 이를 긍정하면서 '형평의 관념'을 근거로 든다. 즉, "……어음을 배서양도받은 채권자(피배서인·소지인)는 특별한 사정이 없는 한 채무자(배서인)에 대하여 원인채권을 행사하기 위하여는 어음을 채무자에게 반환하여야 할 것이므로, 채권자가 채무자에 대하여 자기의 원인채권을 행사하기 위한 전제로서 지급기일에 어음을 적법히 제시하여 상환청구권보전절차를 취할 의무가 있다고 보는 것이 양자 사이의 형평에 맞는 것이라고 할 것이다."

생각건대 대법원이 지적한 바와 같이 형평의 관념상 어음소지인의 상환청구권보전절차를 취할 의무를 긍정하여야 할 것이다. 그외에도 배서인과 피배서인간의 배서계약의 효력으로써 이를 설명할 수도 있겠다. 어음배서의 효력은 권리이전적 효력, 자격수여적 효력, 담보적 효력 등으로 설명된다. 前 2者는 의사표시상의 효력이고 마지막 것은 법정의 효력이라는 것이 우리의 통설이다.

그러나 필자의 견해로는 마지막 담보적 효력도 의사표시상의 효력, 즉 배서계약상의 효력이라 본다. 이것이 독일의 통설이다. 담보적 효력의 결과로 어음배서인은 상환의무를 부담하는데, 이는 어음배서인이 일방적으로 부담하는 무조건적인 의무가 아니라, 어음의 피배서인이 상환청구권보전절차를 취할 것을 조건으로 하는 조건부 의무인 것이다. 이 조건은 피배서인의 의무가 된다. 피배서인이 이 의무를 이행하지 아니한 이상 배서인은 상환의무에 응할 필요가 없는 것은 물론이고, 경우에 따라서는 피배서인의 의무위반으로 인한 손해배상청구권까지도 발생한다. 이와 같이 배서의 담보적 효력도 의사표시상의 효력으로 설명하는 것이 이를 법정의 효력으로 설명하는 것보다 자연스럽다.

3. 상환청구권보전절차를 취할 의무 위반의 효과는 어떠한가?

위에서 논한 바와 같이 어음의 소지인은 상환청구권보전절차를 취할 의무가 있다. 이 의무를 위반하면 어떻게 되는가? 어음채권의 소멸시효가 완성된 때에도 마찬가지이다.

(1) 제1설

독일과 일본의[1] 제1설은 "먼저 어음상의 권리를 행사하여야 함에도 불구하고 어음상의 권리보전절차를 게을리하여 어음상의 권리를 상실한 때에는 원인채권을 행사할 수 없다"고 한다.[2] 어음채권자가 자신의 과실로 어음채권을 상실하였음에도 원인채권을 행사하는 것은 선행행위와 모순되는 행위의 금지(Verbot des venire contra factum proprium) 및 독일 민법 제351조의 유추적용에 의하여 허용될 수 없고, 또 이를 허용하지 아니하더라도 어음채권자는 이득상환청구권을 가지므로 불공평한 것도 아니라고 한다.[3]

(2) 이에 대하여 독일과 일본의 제2설은 어음채권이 시효로 소멸되거나 상환청구권보전절차의 흠결로 인하여 소멸하더라도 원인채권도 이에 따라 소멸하는 것은 아니고 다만 채무자는 적극적 채권침해로 인한 손해배상청구권이라는 반대채권을 가질 뿐이고, 만일 권리자가 원인채권을 행사하려 하는 경우 위 반대채권으로써 상계할 수 있다고 한다. 이 경우 손해액은 특별한 사정이 없는 한 원인채권 전액이라고 보므로 결국 채권자는 채무자로부터 아무런 구제를 받지 못한다.[4]

(3) **判 例**

판례는 채권자가 어음의 주채무자·수표발행인의 무자력 가능성을 알았거나 알 수 있었음에도 불구하고 어음상의 權利保全節次를 懈怠하여 어음상의 권리를 상실하고, 이 때문에 채무자가 손해를 입었다면 채권자는 기존채권을 행사할 수 없다고 한다.[5] 그러나 채권자가 어음의 주채무자·수표발행인의 무자력 가능성을 알았거나 알 수 있었다는 사정이 없는 경우에는[6] 채무자의 손해는 특별사정으로 인한 손해로서(民法 제393조 제2항) 그 손해배상청구권은 채권자의 기존채권과 상계할 수 없다고 한다.[7]

(4) **私 見**

이상과 같은 우리 나라의 판례와 같이 해석하면 대부분의 경우 어음채무자가 "어음소지인이 그 채무불이행 당시인 어음의 지급기일에 장차 어음발행인의 자력이 악화될 것임을 알았거나 알 수 있었다"는 점을 입증하기 어려워[8] 상계적상에 있는 손해가

---

1) 일본에서의 논의에 관하여는 후등기일, 전게서, 267면 참조.
2) 최기원(하) 170면; 정동윤(하) 165면; Jacobi, S. 292; Hueck-Canaris, S. 175 f.
3) Hueck-Canaris, S. 175.
4) BGHZ 59, 201; Baumbach · Hefermehl, Einl. WG Rdn. 40 ff.; 後藤紀一, 전게서, 267면.
5) 대법원 2001. 7. 13. 2000다55324: 수표의 소지인이 상환청구권보전절차를 취하지 아니하여 채무자가 손해를 입었다고 한 사례.
6) 대법원 1986. 10. 28. 86다카218 참조.
7) 대법원 1995. 10. 13. 93다12213 판결: 채무자의 손해는 특별사정으로 인한 손해로서 그 손해배상청구권은 채권자의 기존채권과 상계할 수 없다고 한 사례. 동지: 대법원 2003. 1. 24. 2002다59849.
8) 수표소지인이 수표발행인의 자력이 악화될 것임을 알았거나 알 수 있었음을 인정한 판례가 있다: 대법원 2001. 7. 13. 2000다55324.

없고, 따라서 채권자는 원인채권을 아무런 거침이 없이 행사할 수 있다는 결과가 된다. 요컨대 상환청구권보전절차를 취하지 아니하였더라도 채권자는 이와는 관계없이 거의 언제나 원인채권을 행사할 수 있게 된다.

필자가 보기에는 어음의 소지인인 어음채권자가 권리보전절차를 해태함으로써 배서계약상의 의무를 위반하였기 때문에 그는 원칙적으로 어음채무자가 입은 손해를 배상할 책임이 있고, 어음채무자는 그 손해배상청구권으로써 어음·수표의 소지인이 가진 원인채권과 상계할 수 있다고 보는 것이 타당하다고 본다. 또한 어음채권자의 고의나 과실로 상환청구권이 상실되면 특별한 사정이 없는 한 그로 인하여 상환받을 수 없는 한도에서 민사상 보증인은 보증책임을 면하게 된다.[9)]

상환청구권보전절차를 취할 의무를 위반한 경우, 피배서인(소지인)의 손해배상책임이 있다. 판례에 의하면 이 사건에서 원고가 지급기일에 어음의 지급제시를 하지 아니함으로써 상환청구권보전의무를 게을리하였고 그 후에 어음발행인으로서 주채무자인 성인무역이 무자력이 됨으로써 피고는 원고에 대하여 자신의 원인채무를 이행하더라도 피고 자신의 성인무역에 대한 어음채권 및 원인채권의 만족을 얻을 수 없게 되는 손해를 입었다. 그러나 판례에 의하면 지급기일 당시에 원고가 장차 성인무역이 무자력이 될 것임을 알았거나 알 수 있었다는 점이 증명되지 않는 한 원고는 피고에 대하여 손해배상책임을 부담하지 아니한다.

4. 보론: 권리보전절차의 흠결로 인한 이득상환청구권 발생 여부를 논하라.

이 사건에서는 권리보전절차의 흠결로 인한 이득상환청구권 발생 여부가 문제된다.

이득상환청구권은 어음상의 권리가 시효 또는 위 사례의 사건에서와 같이 권리보전절차의 흠결로 인하여 소멸한 경우에 인정된다(어음법 제79조; 수표법 제63조). 그러나 우리 판례에 의하면 "원인관계에 있는 채권의 '지급을 확보하기 위하여' 어음이 발행된 경우에는 어음채권이 시효로 인하여 소멸되었다고 하더라도 이득상환청구권이 발생하지 않는다"고 하는 한편,[10)] "이득상환청구권이 발생하려면 모든 '어음상' 또는 '민법상'의 채무자에 대하여 각 권리가 소멸되었음을 요한다"고 하므로,[11)] 원인채권을 행사할 수 있는 위 사례의 경우에는 이득상환청구권이 인정되기는 어려울 것으로 보인다.[12)]

---

9) 대법원 2003. 1. 24. 2000다37937.

10) 대법원 1992. 3. 31 91다40443.

11) 대법원 1959. 9. 10. 4291민상717; 동 1963. 5. 15. 63다155; 동 1970. 3. 10, 69다1370.

12) 상세한 것은 전술한 "어음소지인의 이득상환청구권" 참조.

위의 사례에서도 권리보전절차의 흠결이 있으나, 그로 인한 이득상환청구권은 발생하지 않을 것으로 본다.

[**참고판례**] 대법원 2001. 7. 13. 2000다55324

지급을 위하여 제3자가 발행한 수표를 교부받은 채권자가 수표의 발행일 이후 수표발행인의 자력이 악화될 것임을 알았거나 적어도 이를 알 수 있었으면서도 수표를 지급기일에 지급제시하지 아니하여 발행인에 대한 상환청구권을 상실하는 한편, 그와 같은 사정을 채무자에게 고지하지도 아니하여 그로 하여금 적절한 시기에 발행인에 대해 수표발행의 원인이 된 채권을 행사하거나 그 채권을 보전할 기회조차 가지지 못하게 하여 채권의 만족을 얻지 못하게 하는 손해를 입혔다고 본 사례.

제 2 장 어음·手票法 各論

제 1 항 發　　行

1 滿期가 發行日보다 앞선 날짜로 기재된 確定日出給 약속어음의 효력

[박춘복 대 정생기 사건]

대법원 2000. 4. 25. 98다59682

|事 例|

피고 정생기(Y)는 소외 김창현(A)에게 액면금 3,000만원, 발행일 1995. 10. 2. 만기 1995. 1. 17. 발행지 및 지급지 완도군, 지급장소 주식회사 국민은행 완도지점으로 된 약속어음 1매를 발행하였고, A는 원고 박춘복(X)에게 이 어음을 배서·양도하였다. 그 후 X가 약속어음의 최후소지인으로서 위 지급장소에서 지급제시하였으나, 어음이 무효라는 이유로 지급이 거절되었다. 이에 X는 Y를 상대로 약속어음금 3,000만원 및 이에 대한 지연손해금의 지급을 구하는 소송을 제기하였다. X의 청구는 인용될 것인가?

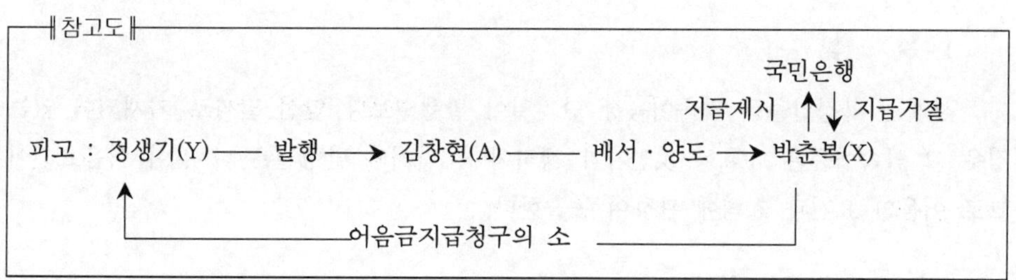

目 次

Ⅰ. 大法院 判決要旨

대법원은 원심(광주지법 1998. 10. 30. 97나 100)을 인용하여, "어음의 요식증권 내지 문언증권으로서의 성질상 어음요건의 성립 여부는 어음상의 기재만에 의하여 판단하여야 하고, 어음요건의 기재가 그 자체로 불가능한 것이거나 각 어음요건이 서로 명백히 모순되어 함께 존립할 수 없게 되는 경우에는 그와 같은 어음은 무효라고 봄이 상당하고, 한편 약속어음의 발행일은 어음요건의 하나로서 그 기재가 없는 상태에서는 어음상의 권리가 적법하게 성립할 수 없는 것이므로, 확정된 날을 만기로 하는 확정일출급 약속어음의 경우에 있어서 만기의 일자가 발행일보다 앞선 일자로 기재되어 있다면 그 약속어음은 어음요건의 기재가 서로 모순되는 것으로서 무효라고 해석하여야 한다"고 판시하였다(원고패소).[1]

Ⅱ. 解　說

1. 論　點

사례는 확정일출급 약속어음상 만기일이 발행일보다 앞선 날짜로 기재되어 있는 경우 그 약속어음은 유효한 것인가가 쟁점이다. 만기와 발행일은 다 같이 어음요건이므로 어음의 요건과 효력에 관하여 논술한다.

2. 어음의 滿期와 發行日

(1) 滿　期

(가) 滿期의 意義　만기라 함은 어음금액이 지급되어야 할 날로서 어음상에 기재된 날을 말한다. 만기는 환어음과 약속어음의 요건의 하나이나, 절대적인 어음요건이 아니어서 만기를 기재하지 않아도 어음이 무효로 되지는 않고, 일람출급의 어음으로 본다(어음법 제2조 제2항, 제76조 제2항). 만기는 어음법 제72조 제1항의 '지급을 할 날' 또는 제41조 제1항 후단의 '지급하는 날'과는 다르다. '지급을 할 날'은 보통은 만기와 일치하나, 만기가 법정휴일인 때에는 그 이후의 제1의 거래일이 '지급을 한 날'이 되므로 이 경우에는 양자는 다르게 된다. 또 '지급하는 날'은 현실로 지급한 날을

1) 본 판례에 대한 평석으로, 이균용, "만기의 일자가 발행일보다 앞선 일자로 기재되어 있는 확정일출급 약속어음의 효력(무효)", 「저스티스」 제33권 제4호, 2000. 12., 276면 이하 참조.

가리킨다.

(나) **單一·確定·可能** 만기는 단일하여야 한다. 그러므로 어음금액의 일부마다 각별로 수 개의 만기를 정하는 분할출급어음은 허용되지 않고(어음법 제33조 제2항), 선택적 기재, 기타 언제부터 언제까지와 같이 기간으로 기재한 것도 무효이다.

만기는 확정될 수 있는 날이어야 하고 지급이 가능한 날이어야 한다. 따라서 선일자(발행일 이전의 날짜)를 만기로 하는 어음은 무효이다.[2] 만기는 어음 자체에 의하여 확정할 수 있는 날이어야 하고, 어음외의 사정에 의해서 확정할 수 있는 날이어서는 안 된다. 따라서 시장개장일을 만기로 하는 시장어음이나 상관습에 따라 만기를 정하는 어음 등은 인정되지 않는다.[3] 만기는 또한 가능한 날이어야 한다. 다만 歲曆에 없는 날, 예컨대 2월 30일이나 9월 31일을 만기로 한 어음은 무효로 할 것이 아니라 2월말 또는 9월말을 만기로 한 어음으로 풀이하여 유효하다고 보는 것이 다수설이며, 판례의 입장이다.[4]

(다) **滿期의 種類** 어음법 제33조는 만기를 명확히 하기 위하여 다음의 4가지만을 규정하고 있으며, 그 이외의 만기는 무효로 하고 있다. 前2자는 확정할 수 있는 만기이고, 後2자는 확정된 만기이다.

(a) 일람출급: 언제든지 지급제시할 수 있으며 제시한 날이 만기가 되는 것이다. 일람출급어음은 원칙적으로 발행일로부터 1년 내에 지급을 받기 위해 제시하여야 한다.

(b) 일람후정기출급: 일람 후 일정한 기간을 경과한 날을 만기로 하는 것이다.

(c) 발행일자후정기출급: 발행일자로부터 일정기간 후를 만기로 하는 경우이다.

(d) 확정일출급: 확정일을 만기로 하는 것이다.

(라) **滿期의 補充** 만기의 기재가 없는 때에도 그 어음은 무효로 되지 않고 일람출급의 어음으로 본다(어음법 제2조 제2항, 제76조 제1항). 여기서 만기의 기재가 없는 때라 함은 전혀 만기를 기재하지 않은 경우와 기재가 있더라도 거래의 통념상 만기의 기재로서의 효력을 갖지 못하는 경우를 말한다. 따라서 만기의 기재가 있고 그것이 부적법한 경우에는 그 어음은 무효로서 구제되지 못한다.[5] 한편 소수설은 이러한 경

---

2) 서울민사지방법원 1975. 12. 24. 75가5759.

3) 류영일, "발행일보다 앞선 만기를 기재한 확정일출급 약속어음의 효력", 「고시연구」, 2001. 2, 76면.

4) 대법원 1981. 7. 28. 80다1295; 손주찬(하) 187면; 정동윤(하) 210면; 정찬형(하) 209면; 최기원(하) 208면; 채이식(하) 130면.

5) 정동윤(어) 210면.

우에도 어음유효해석의 원칙에 의하여 동조에 의하여 구제될 수 있다고 한다.[6]

(마) **滿期가 없는 어음의 處理** 본래 만기의 기재가 없는 어음에는 만기를 백지로 하여 발행한 백지어음과 만기의 기재가 흠결된 어음의 두 가지가 있다. 판례는 만기가 없는 어음은 특별한 사정이 없는 한 일람출급의 어음으로 볼 것이 아니라 백지어음으로 추정하여야 하고, 소지인이 이를 보충할 수 있다고 풀이하고 있다.[7] 따라서 백지어음이 아니라고 인정할 특별한 사정이 있는 경우에만 일람출급어음으로 보게 된다.

(2) 發 行 日

(가) **發行日의 意義** 발행일이란 어음이 발행된 날로서 어음에 기재되어 있는 날을 말한다. 발행일도 발행지와 마찬가지로 실제로 어음이 발행된 날과 일치하지 않아도 된다. 발행일은 실제로 발행된 날짜보다 뒤의 날짜를 발행일로 기재할 수도 있고(선일자어음), 혹은 그 전의 날짜를 기재할 수도 있다(후일자어음).

발행일은 발행일자후정기출급어음의 만기를 정하는 기준이 되고(어음법 제36조 제1항·제2항), 또 원칙적으로 일람출급어음의 지급을 위한 제시기간을 정하는 기준이 된다(어음법 제23조 제1항). 확정일출급어음에 있어서는 발행일이 큰 의미를 갖지 않으므로 이것을 어음의 요건으로 고집할 것인가에 대한 논의가 있다. 일본에서는 최근에 확정일출급어음에 있어서는 발행일을 어음요건으로 볼 수 없다는 견해가 유력하여지고 있으나, 확정일출급어음에 있어서도 발행일은 발행인의 능력, 대리인의 대리권의 유무를 정하는 기준이 되고 또 어음법 제1조와 제75조가 명문으로 이를 어음요건으로 하고 있는 점에 비추어 발행일은 확정일출급어음에 있어서도 필요불가결한 어음요건이라고 보는 견해가 일본의 통설이고, 우리 나라와 일본의 판례이다.[8]

(나) **表示方法** 발행일의 표시방법은 만기의 경우와 같다. 그러므로 발행일도 단일하고, 확정할 수 있으며, 가능한 날이어야 한다.

(다) **複數記載** 발행일자는 단일하여야 하므로 둘 이상의 발행일자의 기재는 허용되지 않는다는 것이 통설이다.[9]

3. 발행일보다 앞선 만기를 기재한 확정일출급 약속어음의 효력

6) 유영일, 전게논문, 78면.
7) 대법원 1976. 3. 9. 75다984.
8) 정동윤(하) 211면.
9) 손주찬(하) 193면.

만기일자가 발행일보다 선일자로 기재되어 있는 확정일출급 약속어음의 효력에 대해서는 무효설과 유효설로 학설이 나뉘고 있다.

(1) 無 效 說

발행일보다 앞선 날짜를 만기일로 기재한 어음은 만기로서 불가능한 날을 기재한 것이므로 무효라고 보는 것으로서 우리 나라의 통설·판례이다.[10] 그 이유로는 첫째, 발행인이 발행일보다 앞선 과거의 날짜에 지급위탁이나 지급약속을 한다는 것은 의사표시 그 자체에서 모순이므로 어음의 기재상 논리적으로 성립할 수 없을 뿐 아니라, 이는 의사활동의 내용으로 불가능한 것을 강요하는 불합리한 것이므로 어음행위의 내용(목적)의 실현이 불가능하다. 둘째로 이러한 어음은 어음법 제38조 제1항에 따르는 지급제시가 불가능할 뿐만 아니라 지급거절증서도 작성할 수 없다.[11] 사례의 대법원 판례도 무효설을 취하고 있다.

(2) 有 效 說

일본의 일부 학설과 하급심판결은 발행일에 앞선 만기가 기재되어 있는 확정일출급 약속어음도 유효하다고 한다.[12] 그 이유로는 첫째, 확정일출급 어음에서는 발행일은 실질적인 의미가 없으므로 형식적으로 발행일의 기재만 있으면 충분하고, 발행일과 만기의 전후관계에 따라서 어음을 무효로 할 필요는 없다. 둘째, 어음법에는 만기가 발행일 이후일 것을 요구하거나, 이에 위반하는 어음을 무효로 하는 규정이 없다. 셋째, 어음이 일단 어음요건을 갖추고 있는 이상, 어음 취득자로 하여금 각 기재 사이의 논리적인 관계까지 세심하게 주의하도록 하는 것은 지나치게 무리한 요구이다. 넷째, 실제로 발행된 날보다 과거의 날을 만기로 하는 어음의 경우에는 발행 당시부터 기한후배서에 의하여 양도하면 되고, 선의취득이나 인적항변의 절단이 인정되지 않는 어음으로서 이용되는 것을 부정할 필요는 없으며, 만기로부터 3년간은 주채무자에 대한 권리를 행사할 수 있는 이상 이와 같은 어음도 무효로 해석할 것은 아니다. 다섯째, 유효설이 어음유효해석의 원칙에도 합치한다는 것이다.[13]

우리 나라에서도 발행일보다 앞선 만기를 기재한 어음은 이를 무효로 볼 것이 아니라, 일람출급의 어음으로 보는 것이 합리적이라는 견해가 있다.[14] 이는 어음법

---

10) 양승규(어) 252면; 강위두(어) 298면; 정동윤(하) 210면; 류영일, 전게논문, 81면; 이균용, 전게평석, 286면. 독일의 판례·통설이다. BGHZ 53. 11; JZ 1970. 550; 서울지방법원 1975. 12. 24. 75가5759.

11) 유영일, 전게논문, 80면.

12) 이균용, 전게평석, 281~282면.

13) 이상 유영일, 전게논문, 81면; 이균용, 전게평석, 281~282면 참조.

에서 만기의 기재가 없는 때에는 일람출급어음으로 보는 점(어음법 제2조 제2항 참조)을 근거로, 발행일에 앞선 만기를 기재한 어음은 만기의 기재가 부적법하여 만기의 요건을 갖추지 못한 것이 되므로 이를 만기의 기재가 없는 것과 같이 취급하자는 것이다.[15]

(3) 私 見

생각건대 어음행위는 요식성과 문언성이 중시되므로 법정의 요건을 흠결하면 무효가 된다. 어음유효해석의 원칙은 무제한 적용될 수 없고 어음의 요식성을 파괴할 위험이 있는 경우에는 지급의 확실성과 유통성 강화라는 어음의 이념에 반하기 때문에 그 적용을 부정하여야 한다. 유효설에서 들고 있는 어음법 제2조 제2항의 “만기의 기재가 없는 때에는 일람출급의 어음으로 본다”는 의미는 전연 기재가 없거나 있더라 할지라도 거래의 통념상 만기의 기재로서는 전혀 무의미하여 기재가 없는 것과 동일시되는 경우를 말하고, 부적법한 만기의 기재가 있는 경우에는 이에 해당하지 않는다는 점에서 부당하다고 본다.[16] 발행일보다 앞선 만기는 모순되므로 부적법한 만기의 기재라고 볼 수 있다.

다만 어음요건의 하나인 발행지의 기재가 흠결된 국내어음도 유효하다는 대법원 1998. 4. 23. 95다36466도 있느니만큼, 실제로 큰 의미가 없는 발행일이 만기보다 후일로 기재되어 있음을 문제삼아 어음 자체를 무효로 하는 것은 지나친 형식논리라는 비판을 감안한다면 장차 판례가 유효설로 변경될 가능성도 있다고 본다.[17]

Ⅲ. 結 語

발행일보다 앞선 만기를 기재한 확정일출급 약속어음은 무효이므로 X의 청구는 인용될 수 없고, 따라서 X는 Y로부터 약속어음금 및 지연손해배상금을 지급받을 수 없다.

14) 이철송(하) 233면.
15) 유영일, 전게논문, 81면.
16) 유영일, 전게논문, 82면.
17) 이균용, 전게평석, 287면.

2 發行地가 欠缺된 어음의 有效性

[서석재 대 윤진호 사건]

대법원 1998. 4. 23. 95다36466

事 例

소외 주식회사 유성경금속은 1993. 7. 15. 발행지를 백지로 한 이 사건 약속어음 5매 액면 합계 금 220,000,000원을 소외 박재헌에게 발행하고, 박재헌은 이를 피고 윤진호(Y)에게 배서·양도하였는데, 이들 어음은 모두 원고 서석재(X)에게 배서, 양도되어 X가 모든 어음의 최종소지인이 되었다. X는 위 어음들을 1993. 10. 30. 발행지를 보충하지 아니한 채 지급장소에 지급제시하였으나, 무거래를 이유로 지급이 거절되었다. X는 Y에게 상환청구권을 행사하려 하였으나, Y는 발행지를 보충하지 아니한 채 지급제시하였으므로 그 지급제시는 부적법하여 배서인인 Y에 대한 상환청구권을 상실하였다고 주장하여 지급을 거절하자, X가 소를 제기하게 된 것이다.

‖참고도‖

유성경금속 ──→ 박재헌 ──→ 피고: 윤진호(Y) ──→ 원고: 서석재(X)
발행지 미기재 약속어음 발행
부도
상환청구 (원고 → 피고)

目 次

Ⅰ. 大法院 判決要旨

제1심 부산지방법원 동부지원 1994. 10. 7. 94가단1847에서는 원고패소, 제2심 부산지방법원 1995. 7. 7. 94나15797에서는 원고 승소, 대법원에서도 원고 승소판결을 받았다. 대법원 판결요지는 다음과 같다.

어음면의 기재 자체로 보아 국내어음으로 인정되는 경우에 있어서는 어음의 발행지의 기재는 별다른 의미가 없는 것이고, 發行地의 기재가 없는 어음도 완전한 어음과 마찬가지로 유통·결제되고 있는 거래의 실정과 어음의 유통에 관여한 당사자는 완전한 어음에 의한 것과 같은 유효한 어음행위를 하려고 하였다고 볼 수 있는 점 등에 비추어, 그 어음면상 발행지의 기재가 없는 경우라고 할지라도 이를 무효의 어음으로 볼 수는 없다. 따라서 국내어음에 있어서 그 支給提示가 발행지의 기재가 없는 상태에서 이루어졌다고 하더라도 이는 적법하게 지급제시된 것이므로, 배서인은 所持人에 대하여 상환의무를 부담한다. 따라서 이와 일부 다른 견해를 취한 대법원 1967. 9. 5. 67다1471; 1976. 11. 23. 76다214; 1979. 8. 14. 79다1189; 1985. 8. 13. 85다카123; 1988. 8. 9. 86다카1858; 1991. 4. 23. 90다카7958; 1992. 10. 27. 91다24724; 1995. 9. 15. 95다23071 및 이와 같은 취지의 판결들은 이를 변경한다.

Ⅱ. 解　說

1. 論　點

판결의 요지는 어음요건의 하나인 발행지가 漏落된 어음도 유효한 어음이고, 이 어음으로써 한 지급제시도 그 어음이 국내어음임이 명백한 경우에는 유효한 지급제시가 되며, 따라서 상환청구권도 행사할 수 있다는 것이다. 이와 같은 새로운 판결이 과연 정당한가가 爭點이다.

본래 약속어음의 발행인에게 어음금지급을 구하는 경우에는 문제가 없다. 왜냐하면 약속어음의 발행인은 主債務者로서 滿期로부터 3년의 소멸시효기간 내에는 어음금지급책임이 있으므로, 그 기간 내에 발행지를 보충하여 지급제시하면 되기 때문이다. 그러나 소지인이 상환청구권을 행사하려고 하는 때에는 문제가 있다. 상환청구권을 행사하기 위하여는 먼저 만기 이후의 2거래일 내에 지급제시를 하여야 하고, 支給拒絶證書가 면제되어 있지 않은 한 지급거절증서를 작성하여야 하기 때문이다. 지급거절증서가 면제되어 있더라도 지급제시는 반드시 하여야 한다. 종래의 판례에 의하면 지급제시는 반드시 완전한 어음으로써 하여야 하고, 어음요건의 하나라도 누락된 미완성 또는 불완전어음으로써 한 지급제시는 지급제시로서의 효력이 없다. 이 사건에서도 발행지가 누락된 어음으로써 지급제시하였기 때문에 그 지급제시는 無效이고, 유효한 지급제시가 없었으므로 背書人이나 보증인 등 어음상의 상환의무자에 대한 상환청구권을 행사할 수 없다는 것이 문제된다. 이와 같이 발행지 흠결은 상환청구권을 행사할 때에만 주로 문제된다.

2. 發行地가 欠缺된 어음의 效力

(1) 序　言

어음은 絶對的 要式證券이므로, 어음요건 중 하나라도 누락이 되면 무효가 되는 것이 원칙이다. 어음요건은 환어음의 경우는 9가지(어음법 제1조), 약속어음의 경우는 8가지(어음법 제75조)가 法定되어 있다. 수표요건에 관하여는 7가지가 법정되어 있다(수표법 제1조). 약속어음의 경우에 관하여 보면, 어음법 제75조 제6호(환어음의 경우는 제1조 제7호)에 발행일과 발행지 두 가지를 약속어음요건으로 포함시키고 있는데, 어음은 絶對的 要式證券이므로, 위 요건 중 하나라도 빠지면(기재를 하지 아니하면) 그 어음은 무효가 된다. 그리하여 어음법 제76조 제1항은 "제75조 각호의 기재사항을 기재하지 아니한 증권은 약속어음의 효력이 없다"고 정하고 있다. 다만 어음법 제2조 제4항 및 제76조 제4항에 "발행지의 기재가 없는 환어음이나 약속어음은 발행인의 명칭에 附記한 지에서 발행한 것으로 본다"고 하여, 滿期의 기재가 없는 경우에는 一覽出給어음으로 보는 것(어음법 제2조 제2항 · 제76조 제2항), 그리고 換어음에서 支給地의 기재가 없는 경우에는 지급인의 명칭에 부기한 지를 지급지로 보는 것(어음법 제2조 제3항)과 같이 예외규정(보충규정)을 두고 있다.

이 사건은 어음면에 발행지가 누락되었고, 발행인의 명칭에 附記한 地의 기재도 없다. 본래 발행지의 기재는 최소행정구역을 기재하여야 하나, 예컨대 '한국'이라고만 기재하여도 유효하다는 견해도 있다.[1] '한국'이라고만 하여도 준거법 지정으로는 아무런 어려움이 없기 때문이다. 또 호텔명이나 선박명을 기재하여도 상관없고, 한국은행 청주지점이라고 하여도 상관 없으며, 발행지를 여러 개를 기재하여도 準據法의 단일성을 해치지 않는다면 상관없다. 발행인이 數人인 경우에도 발행지의 복수기재가 허

---

1) 최기원(하) 212면. 판례는 이 경우 무효라고 본다: 서울민사지방법원 1986. 7. 8. 85나1642; 동 1986. 6. 3. 85나2517.

용된다.

어떻든 어음면에 어음요건을 누락시킨 경우는 일단 불완전어음으로서 無效이지만, 어음을 收取人에게 교부하면서 나중에 보충하기로 하는 補充權을 함께 준 때에는 미완성어음으로서 유효한 백지어음이 된다. 그리고 어음요건을 갖추지 못한 어음은 일단 미완성어음, 즉 백지어음으로 추정되므로,[2] 事實審 辯論終決시까지 보충하면 완전한 어음이 된다. 그러나 이번 사건의 판결을 통하여 대법원은 발행지의 기재는 누락되었더라도 그 어음은 유효하다고 하였다.

(2) 學說 및 判例 槪觀

(가) **學 說**　어음·수표법상 발행지에 관한 규정(어음법 제37조·제77조 제1항 제1호·제41조 제4항·제77조 제1항 제4호; 수표법 제29조·제30조·제36조 제4항·제48조·제65조)은 모두 어음·수표의 涉外的 關係를 규율한다. 따라서 어음·수표의 발행지는 어음발행의 準據法을 정하는 기준으로서, 어음에 기재된 발행지가 사실상의 발행지로 推定된다. 그외에 발행지의 기재는 아무런 기능이 없고, 실제 거래계에서도 발행지를 기재하지 아니한 어음이 아무런 의심없이 유통되고 있다. 대법원도 이번 판결에서 "어음교환소와 은행 등을 통한 결제과정에서도 발행지의 기재가 없다는 이유로 지급거절됨이 없이 발행지가 기재된 어음과 마찬가지로 취급되고 있음은 慣行에 이른 정도"라고 한다. 따라서 입법론으로 어음요건 중 발행지요건을 삭제하여야 한다는 견해도[3] 있다.

(i) 제1설은 입법론으로는 몰라도 해석론으로서는 현행 어음법을 文理解釋하여 발행지가 흠결된 어음은 무효라고 한다(通說·종래의 대법원 판결).

(ii) 제2설은 발행지의 기능이 준거법을 推定하는 효력밖에 없다는 점을 볼 때 발행지가 준거법을 정하는 표준으로서 당사자에게 自明한 경우에는 어음법 제76조 제3항(수표법 제2조 제3항)을 유추적용할 필요없이 그러한 어음을 유효한 어음으로 보아야 한다는 것이다.[4]

(iii) 제3설은 어음법 제76조 제3항에 의하면 약속어음상 지급지의 기재가 없는 경우, 발행지를 지급지로 보도록 규정하고 있는데(수표법 제2조 제3항도 같다), 이를 유추적용하여 이번에는 逆으로 발행지의 기재가 없으면 지급지를 발행지로 보는 것이 좋

---

2) 대법원 1976. 3. 9. 75다984; 동 1966. 10. 11. 66다1646; 동 1965. 5. 25. 64다1657; 동 1984. 5. 22. 83다카1585; 서울민사지방법원 1973. 10. 12. 73나343 등 참조.

3) 김교창, "발행지의 기재가 없는 어음,"「사법행정」, 1986. 7, 24면; 박종연, "발행지·수취인 등의 기재가 누락된 경우 약속어음·수표소지자의 구제방안(上)·(下),"「법률신문」 1991. 9. 16/9. 19.

4) 정찬형(하) 219면.

겠다는 견해이다.[5)]

그러나 이 점과 관련하여 대법원 1985. 8. 13. 85다카123은 "약속어음에 지급장소의 기재가 있더라도 발행지의 기재나 발행인의 명칭에 附記한 지의 기재가 없으면 그 약속어음은 적법한 제시기간 내에 발행지란을 補充하여 지급을 위한 제시를 하지 아니하는 한 피상환청구권자에 대한 상환청구권은 상실되는 것이라고 보아야 한다"고 하여(동지: 대법원 1967. 9. 5. 67다1471; 대법원 1976. 11. 23. 76다214; 대법원 1979. 8. 14. 79다1189), 제3설의 견해를 부정하였다.

(iv) 私見으로는 발행지의 기재가 없더라도 당사자가 유효한 어음행위를 하려고 하였다는 의사를 推定할 수 있고, 거래계에서도 유효한 어음으로 유통되고 있는 實情을 감안하여 유효한 어음으로 보아야 한다고 본다.

(나) 判 例 지금까지 대법원은 발행지의 기재가 없는 어음에 대하여 과거에 완전 무효라는 판결에서 점차 완화해석하여 가급적 유효로 판단하였다가 이번에는 완전 유효로 판단한 것이다. 그간의 추이를 일별하면 다음과 같다.

(a) 발행지기재가 흠결된 어음을 무효라고 본 사례: (i) 대법원 1988. 8. 9. 86다카1858은 "약속어음의 발행지는 어음요건의 하나이므로 그 기재가 없는 상태에서는…… 어음상의 권리가 적법하게 성립할 수 없고, 따라서 이러한 미완성어음(불완전어음: 필자 註)으로 지급을 위한 제시를 하였다 하여도 적법한 지급제시가 될 수 없다"고 하였다(대법원 1991. 4. 23. 90다카7958도 같다).

(ii) 대법원 1985. 8. 13. 85다카123에 의하면 "지급지, 지급장소의 기재가 있더라도 발행지의 기재나 발행인의 명칭에 附記한 지의 기재가 없으면 어음요건을 흠결하였다"고 한다(수표에 관하여도 같다: 대법원 1990. 5. 25. 89다카15540).

(b) 발행지기재의 흠결이 있더라도 가급적 유효어음으로 본 사례: (i) 서울민사지방법원 1986. 6. 3. 85나2517은 약속어음의 발행지란에 '천일슈퍼'라고만 기재되어 있어 발행지 기재로서 불비하나, 어음앞면의 우측상단에 '안양 13. 360290'이라고 기재되어 있고, 지급지가 안양시이고 지급장소도 경기은행 안양지점인 점 등에 비추어 발행지는 안양시라고 봄이 상당하다고 判示하여 완성어음으로 인정하였다.

(ii) 대법원 1994. 11. 22. 94다30201에서도 발행지란은 분명히 白地로 되어 있으나, 어음면상의 다른 부분(3매의 어음 중 어떤 것은 그 우측 상단 직사각형 안에, 또 다른 것은 발행지란의 좌측, 즉 지급장소란과 발행지란 사이에 '서울특별시'라는 스탬프가 찍혀

---

5) 김교창, 전게평석, 24면.

있었음)에 기재된 '서울특별시'라는 기재를 발행지의 기재로 인정하였다.

(iii) 대법원 1994. 11. 22. 94다30201은 특히 "약속어음의 앞면 우측상단부분에 '서울특별시'라고 기재되어 있고, 다른 약속어음의 앞면 지급장소란에 중소기업은행 군자동 지점이라는 기재 외에 '서울특별시'라는 기재가 발행지란의 좌측에 기재되어 있고, 이 사건 어음의 지급장소가 모두 '중소기업은행 군자동 지점'으로 되어 있는 점에 비추어 볼 때 위 약속어음의 발행지는 모두 서울특별시라고 봄이 상당하다"라고 하였다.

(c) 본 판결: 본 판결은 대법원 전원합의체의 다수의견으로 유효어음으로 확인되었다.

Ⅲ. 結 語

1. 발행지 기재가 欠缺된 어음도 유효하다는 최근 판결의 의미

이 번의 대법원 판례에서도 각 어음의 앞면 우측 상단에 '부산 06-321158'이라고 기재되어 있다. 이것은 위 어음들이 어음교환소를 통하여 유통되는 것임을 표시하는 부산은행 코드번호이다. 그런데 이 어음이 실제로 발행된 곳은 '양산군'이어서 유사한 스탬프가 어음의 우측 상단에 찍혀 있는 앞의 여러 事例들과는 다르다. 즉, 앞의 여러 사례에서는 우측상단의 스탬프도 '안양 13. 360290' 또는 '서울특별시'이고, 실제 발행지 및 지급지도 모두 안양 또는 서울시였다. 그러나 이 사건에서는 실제 발행지와 지급지(부산은행 양산지점)는 모두 양산군이고, 스탬프는 '부산 06-321158'이라고 되어 있어서 전혀 별개의 행정구역이 표시되어 있다. 그럼에도 법원은 이와 같은 차이점에 구애받지 아니하고 여러 가지 사정으로 미루어 국내어음으로 추정될 수 있으면 발행지 요건이 欠缺되었더라도 유효한 어음으로 본다는 입장으로 정리하였다.

2. 私 見

위에서 본 학설 중 제1설외에는 모든 學說이 어음요건으로서 발행지는 정당하지 아니하고, 이 요건을 흠결하였다고 하여 곧바로 어음이 무효가 되는 것이 아니라, 어떠한 방법으로든지 이 요건을 완화하여 해석한다. 私見으로는 발행지의 기재가 없더라도 당사자가 유효한 어음행위를 하려고 하였다는 의사를 추정할 수 있고, 거래계에서도 유효한 어음으로 유통되고 있는 실정을 감안하여 유효한 어음으로 보아야 한다고 본다. 이러한 해석은 명백히 强行法인 어음법에 反한다. 그러나 필자의 생각으로는 强行法이라고 하여 절대불가침이라는 고착된 사고방식은 옳지 않다고 본다. 강행규정이라고 하더라도 입법취지를 害하지 않는 범위내에서 合目的的으로 해석함으로써 구체적 타당성과 法的 安定性과의 조화를 이룰 수 있지 않을까 생각된다.

발행지를 어음요건으로 한 것은 제네바 어음·수표조약을 채택한 프랑스, 독일, 일본, 스위스, 오스트리아 등의 국가에 한정되고 있고, 영국의 환어음법과 미국의 통일상법전 및 1988년 국제환어음·약속어음에 관한 협약에서는 어음요건으로 되어 있지 아니하다. 그러나 제네바통일법계에 속하는 모든 나라의 어음법에 발행지를 어음요건에 포함시키고 있는데, 우리 나라만 이를 제거하기 위하여 어음·수표법을 개정한다는 것도 물론 옳지 않다. 다만 統一條約이라도 우리 나라의 현실에 맞아야 하므로 합목적적인 해석으로 구체적 정의를 살려야 한다. 英美法에서 발행지를 어음요건으로 하지 아니한 것을 비추어 볼 때, 발행지를 어음요건으로 정한 것은 자연법적 원리 또는 필연적 당위성이 있는 것이 아니라 선택의 문제 내지 정책적인 문제라고 할 수 있다. 그러므로 강행법규이면서도, 정책적 고려에 의한다면 반드시 엄격하게 해석할 필요는 없다고 본다. 특히 우리 나라에는 대부분 약속어음을 사용하고 있고 환어음은 국제무역에서나 사용되는데, 미국과 유럽 각국에서는 반대로 약속어음은 거의 사용되지 아니하고 환어음과 수표만 사용된다. 따라서 약속어음에 관한 한 발행지의 중요성은 서로 같지 아니하다. 약속어음의 발행지를 제네바 어음조약의 규정대로 엄격한 어음요건으로 해석하여야 한다는 것은 경우에 따라서는 우리 실정에 맞지 않을 수 있다. 대법원의 다수의견에 찬동한다.

한편 발행지가 흠결된 국내수표에 관하여도 유효하다는 판결이 나와서,[6] 똑같은 논쟁을 불러일으켰으나,[7] 필자의 견해로는 타당한 판결이라 생각한다.

Ⅳ. 餘 論

前述한 바와 같이 대법원은 어음上 아무 곳에나 실제 발행지와 같은 地名이 기재되어 있기만 하면 그 기재의 용도가 무엇이든 발행지로 보아왔다. 그렇다면 이번 사건에서는 한걸음 더 나아가 어음상 아무곳에나 '실제 발행지와 다르더라도' 국내의

---

6) 대법원 1999. 8. 19. 99다23383.

7) 이에 대한 반대평석으로, 이기수, "발행지 기재 없는 백지수표의 효력", 「법률신문」, 1999. 9. 6. 15면.

어떤 地名이 기재되었더라도 그 기재의 용도가 무엇이든 그것을 근거로 유효한 어음으로 인정하였더라면 정책적으로 더 나은 판단이 아니었을까 생각한다. 대법원 다수의견이 국내어음의 경우 발행지가 흠결되어도 유효하다는 파격적인 판결을 한 것은 아무래도 제네바조약에 정면으로 反하고, 강행법규에 반하며, 그 개념이 다소 모호한 '국내어음'과 '국제어음'의 구분이 과연 타당한가라는 점에서 부담이 된다.

3 白紙어음

[강정오 대 농업협동조합중앙회 사건]

대법원 1992. 10. 27. 91다24724

事 例

농업협동조합중앙회 직원은 원고 강정오(X)로부터 발행일이 백지로 되어 있는 어음의 추심의뢰를 받았다. 그러나 농업협동조합중앙회 직원의 실수로 백지미보충상태의 이 사건 어음을 지급제시기간 내에 지급을 위한 제시를 하지 않아 지급이 거절되었다. 이에 원고는 지급제시를 懈怠한 이 사건의 피고 농업협동조합중앙회(Y)에 상환청구권 상실로 인한 손해배상을 청구하였다.[1]

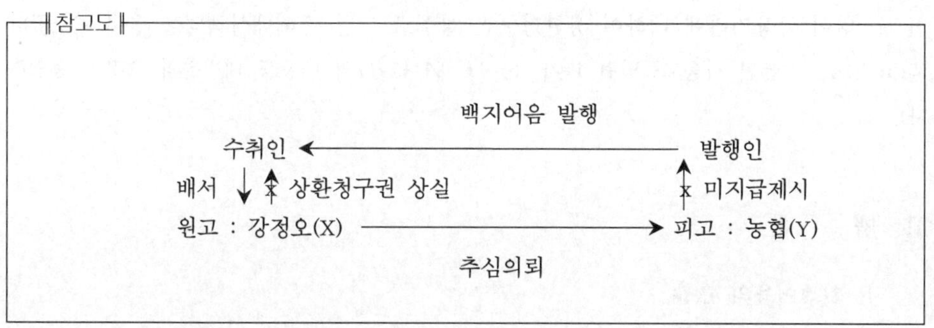

目 次

1) 이 사건은 본래 '발행지'가 백지인 어음이 문제되었다. 그러나 발행지가 백지인 어음도 국내어음인 한 유효하다는 판결(대법원 1998. 4. 23. 95다36466)로 인하여 발행지가 백지인 어음은 더 이상 문제되지 아니한다. 따라서 '발행일'을 백지로 하여 문제를 재구성하였다.

Ⅰ. 大法院 判決要旨

대법원 판결요지는 다음과 같다.

1) 백지미보충어음은 그 지급제시기간 내에 지급을 위한 제시가 있다 하더라도 적법한 지급제시로서의 효력이 없고, 그로 인하여 상환청구권을 保全할 수 없다.

2) 발행일이 백지로 되어 있는 어음의 소지인으로부터 推尋依賴를 받은 금융기관 직원이 지급제시기간 내에 지급제시를 하지 않아 지급이 거절되었다 하여도 배서인 등에 대한 상환청구권 상실의 책임이 금융기관 직원이 지급제시를 解怠한 데 있다고 할 수 없어 금융기관에 대하여 상환청구권 상실로 인한 손해배상책임을 물을 수 없다(피고 승소. 原審인 서울고등법원 1991. 6. 11. 91나7417의 내용도 대법원의 그것과 동일하다).

Ⅱ. 解 說

1. 白地어음의 意義

(1) 白地어음의 概念

본 사례의 논점은 白地未補充狀態의 어음을 지급제시했을 때 적법한 지급제시의 효과가 발생하는가에 있다.

白地어음(Blankowechsel;incomplete or inchoate instrument)이란 후일 그 소지인으로 하여금 어음요건의 전부 또는 일부를 보충시킬 의사로써, 이를 기재하지 않고 백지 그대로 기명날인 또는 서명을 하여 교부한 '미완성어음'을 말한다(어음법 제10조). 이와 같이 어음요건을 갖추지 않은 '未完成어음'이란 점에서 무의식적으로 요건을 빠뜨려 무효가 된 '不完全어음'과 구별된다. 본래 어음을 발행·교부할 때에 어음요건(환어음의 경우 9가지(어음법 제1조), 약속어음의 경우 8가지(어음법 제75조), 수표의 경우 7가지(수표법 제1조) 중 어느 하나라도 기재되지 않으면 그 어음은 '不完全어음'으로서 무효이다. 다만 만기, 발행지, 지급지에 관하여는 보충규정에 의하여 보충될 수도 있다. 예컨대 발행지의 경우는 '發行人의 名稱에 附記한 地'가 있으면 그것이 발행지로 된다.

白地어음이 되려면 발행인(백지발행)이나 배서인(배서인의 백지기명날인), 보증인(백지보증), 인수인(백지인수) 등 적어도 한 개의 기명날인이 있어야 하고, 어음요건의 전부 또는 일부의 기재가 없어야 하는데, 흠결된 어음요건을 보충할 권리(白地補充權)가 존재하여야 한다.

백지어음의 성립도 완성어음의 성립과 마찬가지로 교부계약이 필요하다고 본다(交付契約說). 다만, 교부계약이 흠결된 경우라도 어음거래의 안전을 위하여 선의취득자에 대하여는 백지어음작성자는 어음상의 책임은 없으나 불법행위책임을 지는 경우가 있다.

(2) 白地어음의 法的 性質

백지어음의 法的 性質에 관하여는 학설이 나뉜다. 우리 나라의 통설은 백지어음은 補充權과 보충권을 행사하면 언제든지 완성어음이 된다는 기대권이 表彰되었을 뿐 아직 금전채권이 표창된 어음이라고 할 수 없고, 다만 商慣習法上 유통상에서만 어음과 같이 취급하는 것으로서 어음이 아닌 특수한 유가증권이라고 한다.[2]

이에 대하여 백지어음도 하나의 어음으로 본다는 소수설이 있다.[3]

생각건대 백지어음은 경제적 수요에 따라 인정되는 것이기는 하지만 본래 어음요건을 완전히 구비한 것이 아니므로 엄격한 의미에서 어음이라 할 수 없다. 특수한 유가증권이라는 견해가 옳다.

2. 白地어음의 判斷基準

백지어음이 되려면 적어도 1개의 기명날인 또는 서명이 있어야 한다. 그리고 어음요건의 전부 또는 일부의 기재가 없어야 한다(어음법 제1조 참조). 흠결된 어음요건을 보충할 권리(백지보충권)를 타인에게 수여하여야 한다. 전술한 바와 같이 이 보충권의 수여 여부에 따라서 백지어음과 불완전어음이 구별된다. 그러나 이 백지보충권은 어음관계외의 당사자간의 계약에 의해서 수여되는 것이므로 실제로는 보충권이 수여된 백지어음이냐 아니냐를 구별하는 것은 매우 어려운 일이다. 따라서 학설도 세 가지로 나누어지고 있다.

(1) 主 觀 說

주관설은 보충권의 유무를 기명날인 또는 서명을 한 자의 의사를 기준으로 하여 결정한다.[4]

---

2) 손주찬(하) 211면; 정동윤(하) 224면; 정찬형(하) 135면.
3) 日最判 1930. 10. 23. 民集 9-11, 972.

(2) 客 觀 說

객관설은 기명날인 또는 서명을 한 자의 주관(구체적 의사)을 불문하고 어음의 외관만을 기준으로 하여 외관상 보충이 예견되면 백지어음이라고 한다.[5]

(3) 折 衷 說

절충설에 의하면 백지어음은 기명날인 또는 서명을 한 者가 후일 흠결된 요건을 보충시킬 의사로 작성·교부하여야 한다. 다만 어음외관상 흠결된 요건의 보충이 예정되어 있는 것으로 인정될 경우(어음용지를 사용한 경우, 어음문구가 기재되어 있는 경우 등)에는 그러한 서면임을 인식하고 또 인식할 수 있는 사정하에서 이에 기명날인 또는 서명을 한 이상 당연히 백지어음이 된다.[6]

(4) 判 例

판례는 이미 부동문자로 인쇄된 어음·수표 용지에 어음·수표요건의 일부를 적지 아니하고 발행하거나 유통시킨 때에는 백지어음·수표로 추정하고,[7] 만약에 백지어음·수표가 아니라 불완전어음·수표로서 무효라는 주장을 하려는 자가 있다면 불완전어음·수표라는 사실을 스스로 입증하여야 한다라고 함으로써[8] 적어도 객관설을 취하지는 않는다.[9] 특히 만기가 백지인 경우에도 어음법 제2조를 적용하여 일람출급어음으로 보지 않고 백지어음으로 추정한다.[10] 만기가 백지인 경우는 외관상 보충권의 수여가 예상되는 대표적인 경우임에도 이 때 백지어음으로 의제하지 아니하고 백지어음으로 추정함에 그치고 반증을 허용함은 주관설을 취하고 있기 때문으로 풀이된다.[11]

(5) 私 見(主觀說의 妥當性)

私見으로는 보충권의 유무를 기명날인 또는 서명을 한 자의 의사를 기준으로 하여 결정하되, 백지어음인지의 여부가 다투어질 경우 입증책임에 의하여 해결된다는 주관설이 타당하다고 생각한다.

---

4) 박원선(하) 493면; 田中耕太郞, 「手形法·小切手法概論」, 308면.

5) 우리 나라에서 이 견해를 취하는 분은 찾을 수 없다.

6) 서정갑(어) 153면; 손주찬(하) 208면; 양승규(어) 276면; 강위두(어) 330면; 최기원(하) 232면(권리외관설); 정동윤(하) 274면.

7) 대법원 1960. 12. 25. 4293민상176; 동 1964. 10. 20. 64다661; 동 1965. 5. 25. 64다1657; 동 1966. 10. 11. 66다1646; 동 1976. 3. 9. 75다984.

8) 대법원 1967. 2. 28. 66다2351; 동 1984. 5. 22. 83다카1585; 동 2001. 4. 24. 2001다6718.

9) 이철송(어) 266면.

10) 대법원 1965. 5. 25. 64다1657; 동 1966. 10. 11. 66다1646; 동 1976. 3. 9. 75다984.

11) 이철송(어) 266면

3. 白地어음에 의한 權利行使

백지를 보충하기 전에는 권리의 행사가 인정되지 않는다.[12] 즉, 백지어음에 의한 지급제시는 무효이므로 어음채무자는 履行遲滯가 되지 않는다.[13] 또 이 사건에서 대법원이 명백히 판시한 바와 같이 백지를 보충하기 전에는 권리의 보전, 즉 상환청구권(소구권)의 보전도 인정되지 않는다(대법원 1986. 9. 9. 85다카2011). 따라서 이 사건에서 白地인 채로는 제시기간 내에 어음을 제시하였더라도 어차피 지급이 거절되었을 것이고 상환청구권도 保全되지 않았을 것이니, 지급제시기간 내에 지급제시를 하지 않은 금융기관에 책임을 물을 수 없다는 것이다. 그 전에 원고 강정오가 발행일을 먼저 보충했어야만 되는 것이지, 보충도 안 된 상태에서는 미완성어음이므로 아직 어음으로서의 효력도 없다는 취지이다.

한편 여기서 문제되는 상환청구권이란 어음금의 지급이 거절되거나 지급의 가능성이 현저하게 감소되었을 때 어음소지인이 前者인 배서인, 보증인, 환어음의 발행인에 대하여 본래의 지급에 갈음하여 어음금과 기타 비용의 변제를 구할 수 있는 권리를 말한다. 상환청구권은 지급거절증서 작성이 면제된 경우를 제외하고는 공증인 또는 집행관으로부터 公正證書(拒絶證書)인 지급거절증서가 작성되었어야만 인정된다(수표의 경우에는 지급인의 선언과 어음교환소의 선언 등 간편한 방법도 인정된다: 수표법 제39조). 이 지급거절증서작성을 상환청구권보전이라 한다. 지급거절증서는 지급할 날 이후의 2거래일 내에 지급인이 작성하여야 한다. 지급거절증서 작성이 면제된 경우에는 지급인에게 지급제시만 하면 바로 상환청구권이 보전된다. 그러나 위의 사건에서처럼 白地를 보충하지 아니한 상태에서 지급제시를 하였더라도 상환청구권보전의 효력이 없다는 것이다. 참고로 약속어음의 발행인이나 환어음의 引受人은 주채무자이지 상환의무자가 아니다. 따라서 이 자들에 대하여는 만기로부터 3년 내, 즉 소멸시효기간 내이면 언제든지 어음금 지급을 청구할 수 있다. 물론 이들에게 재산이 있어야 그 청구가 實效를 거둘 수 있다.

한편 지급제시 후에 어음요건을 보충하더라도 소급효는 없다. 백지어음에 의하여 訴를 제기하더라도 백지를 보충하지 않으면 勝訴할 수 없으나, 소송 중이라고 하더라도 변론종결시까지는 유효하게 보충할 수 있고(대법원 1995. 6. 9. 94다41812), 이를 보충하면 그 때부터 이행지체에 빠지고 遲延利子가 발생한다.

---

12) 대법원 1980. 3. 11. 79다1999.
13) 대법원 1970. 3. 10. 69다2184.

Ⅲ. 結　　語

백지미보충어음은 그 지급제시기간 내에 지급을 위한 제시가 있다 하더라도 적법한 지급제시로서의 효력이 없고, 그로 인한 상환청구권을 保全할 수 없다. 따라서 피고 농업협동조합중앙회에게는 이 사건 어음의 배서인 등에 대한 상환청구권상실의 책임이 없다. 왜냐 하면 피고가 지급제시기간 내에 지급제시를 하였더라도 어차피 어음요건의 欠缺로 지급이 되지 않았을 것이기 때문이다. 다만 고도의 전문적인 훈련을 받은 금융기관의 직원이 실수로 지급제시기간을 넘긴 일, 백지어음의 법률관계에 대하여 無知한 고객에게 補充權의 행사를 촉구하거나 스스로 대행하지 아니한 일은 비난의 여지가 있다고 하겠다.

Ⅳ. 餘　　論(이 事件 辯護士의 過失與否)

이 사건 판결문을 보면, “원고는 백지미보충어음의 추심의뢰를 받은 금융기관이 이를 보충하거나 소지인에게 보충을 촉구하여야 할 의무가 있다는 주장을 한 바 없음은 뚜렷하다”고 한다. 이는 원고가 訴를 제기하면서 농업협동조합중앙회의 “만기일에 어음을 제시하지 아니하여 상환청구권을 상실하게 한 사실”을 근거로 책임을 물었을 뿐, 그외에 생각해 볼 수 있는 것으로서 금융기관의 민사책임문제는 거론한 바 없어서 판결을 하지 않는다는 뜻이다. 즉, 판결문은 원고가 소를 제기하면서, “어음·수표에 대한 충분한 지식을 가진 금융기관이 스스로 白地를 보충하거나 강정오에게 백지어음을 補充하도록 촉구하지 않았던 것은 금융기관의 직무상의 과실”이라는 주장을 해 봄직도 한데, 왜 이와 같은 주장을 하지 않았느냐는 비난이 깔려 있다. 위의 문제를 주장 내지 거론하지 않은 것은 원고측 변호사이다. 법원은 당사자가 주장하지 않는 것은 판단하지 않는다(辯論主義).

4 補充權의 範圍에 관한 重大한 過失

[김성남 대 우복숙 사건]

대법원 1995. 8. 22. 95다10945

事 例

被告·上告人 우복숙(Y)은 1994. 4. 경 발행한도액이 "1,000,000원 이하"로 기재된 가계수표용지를 사용하여 발행일, 지급일, 지급지, 금액 등을 백지로 한 백지수표를 발행하여 소외 김정숙에게 교부하였고, 위 김정숙은 같은 달 18일경 위 가계수표를 原告·被上告人 김성남(X)에게 교부하면서 할인을 부탁하였으며, X는 위 가계수표 중 백지로 된 부분에 발행일 1994. 7. 18. 액면 금 10,000,000원으로 보충한 다음 다시 소외 진오순에게 위 가계수표를 교부하고 동인으로부터 위 가계수표를 금 9,250,000원에 할인받아 위 금 9,250,000원을 위 김정숙에게 지급하였다. 위 진오순은 위 가계수표의 지급제시기간 내인 1994. 7. 20. 지급인인 위 조홍은행 시흥동지점에 지급제시하였으나 발행한도액 초과를 이유로 지급거절되자 X에게 할인금을 반환받기로 약정하고 위 가계수표를 X에게 교부하였으며, X는 위 가계수표의 발행인인 Y에게 수표금 청구의 訴를 제기하기에 이르렀다.[1]

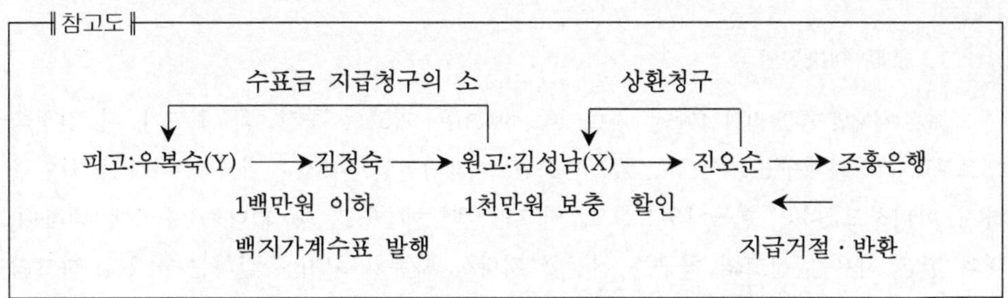

目 次

1) 이 문제는 가계수표와 관련된 것이지만, 어음법과 수표법에 공통되는 것이므로 이하 어음법의 관점에서 논의하기로 한다.

Ⅰ. 判決要旨

1. 原審 判決要旨

原審(서울민사지방법원 1995. 1. 27. 94나49013)은 피고의 주장, 즉 원고가 위 김정숙으로부터 위 가계수표를 交付, 讓渡받으면서 발행인인 피고에 대하여 아무런 확인을 하지 아니하고 이를 취득하였으므로 원고의 청구에 응할 수 없다는 주장에 대하여, 위와 같은 사유는 원고의 청구를 거절할 정당한 사유가 되지 못한다는 이유로 피고의 주장을 배척하였다.

2. 大法院 判決要旨

본 事案에 대한 대법원의 판결요지는 다음과 같다.

어음법 소정의 '중대한 과실'에 관하여 當院은, "어음금액이 백지로 된 백지어음을 취득한 자가 그 어음의 발행인에게 보충권의 내용에 관하여 직접 조회하지 않았다면 특별한 사정이 없는 한 취득자에게 중대한 과실이 있는 것이라고 보아야 한다"고 판시한 바 있다.[2]

---

2) 대법원 1978. 3. 14. 77다2020.

이 판결은 비록 백지약속어음에 관한 것이기는 하지만, 백지수표에 관한 수표법 제13조의 규정과 백지어음에 관한 어음법 제10조의 규정은 백지수표와 백지어음의 보충권의 남용 내지 부당보충에 관하여 동일한 법리를 규정하고 있으므로, 백지어음의 부당보충에 관한 위 판결이 취하고 있는 견해는 백지수표에 관하여도 그대로 적용되어야 할 것이다.

원심이 피고의 위 주장을 判示와 같은 이유로 배척하였다면 원심판결에는 수표법 제13조 소정의 중대한 과실의 해석에 관하여 當院의 판례와 相反되는 해석을 한 위법이 있다고 할 것이고, 위와 같은 위법은 판결에 영향을 미쳤음이 분명하므로, 원심판결에 소액사건심판법 제3조 제2호에 해당하는 위법사유가 있다는 논지는 이유가 있다.

그러므로 원심판결을 破棄하여 사건을 원심법원에 還送하기로 관여 법관의 일치된 의견으로 판결한다(이 사건은 다시 서울민사지방법원으로 돌아가 결과적으로는 발행한도액 1백만원과 소정의 이자 또는 지연손해금에 대하여만 발행인이 책임을 지도록 하는 판결이 내려졌다).

II. 解 說

1. 論 點

본 事案은 수표금액이 백지로 되어 있는 가계수표를 그 발행인에게 보충권의 범위를 확인하지 아니하고 취득한 것이 중대한 과실로 인정되는가 하는 점이다. 이를 고려함에는 가계수표면에 기재되어 있는 발행한도액도 고려하여야 한다. 따라서 사안의 논점은,

1) 가계수표의 발행한도액 기재의 효력(論點 1).

2) 금액백지의 가계수표의 보충권의 범위를 확인하지 아니하고 취득한 것이 수표법 제13조 단서의 '중대한 과실'이 되는지 여부이다(論點 2). 만약에 중대한 과실이 인정되면 발행인은 소지인에게 대항할 수 있다.

2. 發行限度額 記載의 性格

가계수표상에 '100만원 이하' 등의 문구는 지급은행이 이를 기재한 것으로서, 은행이 수표의 발행인과의 사이에 체결한 手票契約의 내용을 표시한 것이다. 수표계약은 보통 普通去來約款으로 되어 있는 當座預金契約이나 當座貸越契約과 같은 예금 또

는 貸金契約의 일부로서 또는 그와 동시에 체결된다. 보통 수표계약에서는 지급업무의 위임 외에도 지급보증 여부와 그 처리방법, 僞造·變造手票를 지급한 경우의 위험부담 등 부수적인 사항에 대하여도 약정한다. 따라서 수표발행한도액에 대한 합의도 수표계약에서 이를 정한다.

수표계약을 위반하면 그 효력은 어떠한가. 手票法 제3조(手票資金, 手票契約의 必要)는 "수표는 제시한 때에 발행인이 처분할 수 있는 자금이 있는 은행을 지급인으로 하고 발행인이 그 자금을 수표에 의하여 처분할 수 있는 명시 또는 묵시의 계약에 따라서만 이를 발행할 수 있다. 그러나 이 규정에 위반하는 경우에도 수표로서의 효력에 영향을 미치지 아니한다"고 정하고 있다. 따라서 수표자금에 관한 수표발행인과 그 지급은행과의 계약을 무시하고 수표가 발행된 경우, 즉 발행인이 자금이 없이 수표를 발행하여도 수표의 효력에는 영향이 없다.

3. 發行限度額 記載의 效力(論點 1)

수표자금에 관한 약정은 이를 위반하여도 수표의 효력에 영향이 없다. 수표계약의 가장 중요한 내용은 수표자금에 관한 것이고, 따라서 法은 수표자금에 관하여 특히 발행인과 은행간에 사전 합의가 있어야 한다고 강조하여 규정하고 있다. 이와 같이 수표계약의 가장 중요한 내용을 위반하여도 수표의 효력에 영향을 미치지 아니한다고 되어 있다면 그외의 내용을 위반한 경우에도 당연히 수표의 효력에 영향이 없다.

따라서 발행한도액을 위반하여 발행한 가계수표의 효력도 아무런 영향을 받지 아니하고 유효한 수표가 된다. 이는 은행업무를 안내하는 문구이거나 발행인과 소지인에 대한 주의적 문구에 불과하다.

4. 어음(手票)所持人의 惡意·重過失 여부(論點 2)

(1) 不當補充된 어음의 取得者 保護

白地어음행위자는 '미리 한 합의와 달리 보충이 된 경우'라도 補充權이 남용된 어음을 양수한 자에게 '惡意 또는 重大한 過失'이 없는 한 그 보충권의 남용을 대항하지 못하고(어음법 제10조·제77조 제2항; 수표법 제13조), 기재된 문구대로 책임을 져야 한다.[3)]

그런데 사례에서 가계수표상에 기재된 발행한도액을 초과하여 보충된 白地家計手

---

3) 동지: 대법원 1966. 4. 6. 66다276.

票를 취득한 者는 악의·중과실에 의한 취득이 되는가가 문제되었다. 이에 관하여 대법원은 "수표의 券面額은 수표에서 가장 중요한 부분으로서 그것이 백지로 되어 있는 경우란 그리 흔한 것이 아니고, 더욱이 가계수표의 경우에는 통상 수표 앞면에 발행한도액이 기재되어 있는데다가 그 뒷면에는 그 한도액을 넘는 수표는 발행인이 직접 은행에 제시하지 아니하는 한 지급은행으로부터 지급을 받을 수 없다는 취지가 기재되어 있으며, 나아가 그 한도액을 넘는 발행의 경우에는 발행인으로서도 거래은행으로부터 거래정지처분을 당하는 등의 불이익을 받게 되어 있으므로, 그 수표의 취득자가 발행인 아닌 제3자에 의하여 그 액면이 앞면에 기재된 한도액인 2백만원을 초과하는 824만원으로 보충된 점을 알면서 이를 취득한 경우에는 그 취득자로서는 발행인에게 조회하는 등의 방법으로 그 제3자에게 그러한 보충권한이 있는지 여부를 확인함이 마땅하고, 만약 이를 확인하지 아니한 채 수표를 취득하였다면 이는 특별한 사정이 없는 한 重大한 過失에 의한 취득이라고 보지 아니할 수 없다"고 한다.[4)]

(2) 補充權의 범위에 관한 善意者의 保護

어음법 제10조는 일단 부당하게 보충된 어음을 善意取得한 者에 대한 抗辯制限 규정이다. 따라서 보충되지 않은 백지어음의 善意取得者에게도 어음법 제10조가 적용되느냐에 관해서는 條文上으로는 분명하지 않다. 즉, 중대한 과실없이 일정범위의 補充權이 있는 줄로 믿고 白地어음을 취득한 자가 스스로 그 범위 내에서 보충을 하였으나 객관적으로는 보충권의 범위를 벗어났다고 하는 경우에, 白地어음행위자가 不當補充의 항변을 할 수 있는가 하는 점은 의문이다. 이에 대하여 學說은 이 때에도 어음법 제10조(어음법 제77조 제2항; 수표법 제13조)가 적용된다는 學說과 이의 적용을 부정하는 學說로 나뉜다.

(가) 제1설　다수설은 다음과 같은 이유로 이 때에도 어음법 제10조가 적용된다고 한다.

(i) 어음법 제10조는 보충을 완료한 백지어음의 善意取得者를 보호하기 위한 규정이지만, 이것은 보충권의 범위의 한정이 어음외의 人的 抗辯의 문제에 불과한 결과의 당연한 규정이므로 그 규정의 정신에 기하여 어음취득자가 스스로 보충한 경우에도 선의자의 보호를 인정하는 것이 반드시 이론적으로도 불합리한 것은 아니다.[5)] 어음법 제10조와 수표법 제13조가 보충된 어음·수표취득자와 미보충된 백지어음·수표를 취득한 자를 구별하지 않고 무조건 소지인에게 대항하지 못한다고 규정하고 있

4) 대법원 1995. 12. 8. 94다18959.
5) 田中誠二, 新版 「手形·小切手法」, 1980, 259면; 양승규(어) 278면.

다.[6]

(ii) 어음이 양도인에 의하여 이미 보충되어 있는가, 또는 양수한 후 양도인의 지시에 따라 양수인 자신이 보충하는가는 본질적으로 다를 것이 없으며, 두 경우에 있어 어음취득자가 믿은 권리외관은 동일하고 두 경우 모두 기명날인자는 같은 방법과 책임하에 外觀을 야기시키고 있어 同 어음의 선의취득자에게 책임을 부담한다.[7]

(iii) 보충권의 범위에 관한 善意의 취득자에게 위험을 부담시키는 것은 백지어음의 유통성을 크게 해치는 결과가 되므로 유통성을 高揚하고 거래의 안전을 도모하기 위하여 선의의 취득자에 대해서 백지어음행위자가 책임을 진다고 보아야 한다.[8]

(iv) 독일의 通說·判例도 수취인이 백지어음을 보충하지 아니하고 양도한 경우 이로써 보충권도 양도한 것으로 추정한다.[9]

(나) 제2설 　이에 대하여 소수설은 아직 보충되지 않아 외관상 백지의 존재가 명백한 경우에는 어음법 제10조는 적용될 여지가 없는 것이고, 따라서 그 취득자는 스스로 不當補充抗辯의 위험을 부담하여야 한다고 한다.[10] 그 이유는 다음과 같다.

(i) '補充된 어음'을 보충된 내용 그대로 믿고 형식상 완전한 어음을 취득한 者와, '補充되지 않은 白地어음'을 본래의 보충권의 범위보다 넓은 보충권이 있는 줄 믿고 취득한 者는 구별되어야 한다.[11] 流通性을 확보할 가치가 있는 어음은 어디까지나 형식이 완비된 어음이며, 그런 정신에서 입법화된 것이 어음법 제10조이다.

(ii) 금액이 백지인 어음은 어음도 아닌데, 어음거래의 실제에서 볼 때도 어음상 나타나지도 않은 보충권의 범위에 관한 讓渡人의 말만 믿고 이를 양수한 者를 어음행위자의 희생위에 보호해야 할지 의문이며,

(iii) 또한 어음거래의 실제에 있어서도 금액이 백지인 어음을 白地어음행위자에게 조회하지도 않고 그대로 讓受하는 者가 있을는지도 의문이다.[12]

---

6) 채이식(하) 290면.
7) 채이식(하) 290면; 최기원(하) 239면; 이기수(어) 122면.
8) 손주찬(하) 213면; 정동윤(하) 236면; 서정갑(어) 150면.
9) BGH 108, 389; BGH NJW 1969, 2050; RGZ 129, 336; BGHZ 54, 1; Zöllner, *Wertpapierrecht,* 14 Aufl., 1987, S. 77; Baumbach/Hefermehl, *Wechselgesetz und Scheckgesetz,* 15 Aufl., 1986, Art. 10. Rdnr. 8; Hueck/Canaris, *Recht der Wertpapiere,* 12. Aufl., 1986, 10 Ⅳ 2.
10) 鈴木竹雄, 「手形法·小切手法」, 1957, 214면.
11) 鈴木竹雄, 상게서 214면 참조. 日本의 소수설; Eugen Ulmer, *Das Recht der Wertpapier,* 1938, S. 198; 정찬형(하) 139면.
12) 정찬형(하) 139면.

(3) **判例의 立場**

대법원은 백지어음행위자의 직접 상대방이 이를 백지인 채로 제3자에게 양도하여 제3자로 하여금 보충권을 濫用하게 한 경우에도 어음법 제10조(수표법 제13조)를 적용하는 긍정설(제1설)을 취하면서, 동시에 (어음법 제10조 단서; 수표법 제13조 단서를 적용하여) 금액이 백지인 경우에는 취득자에게 중대한 과실이 있어 발행인은 취득자에게 부당보충을 대항할 수 있다고 한다. 대법원은 백지어음의 백지부분을 두 가지 유형으로 나누어, 하나는 가장 중요한 사항인 어음금액에 관하여 또는 그 범위가 한정되는 것이 통상적인 사항이 백지로 된 경우이고, 또 하나는 그다지 중요하지 아니한 사항으로서 그 범위가 한정되지 않는 것이 통상적인 그 밖의 사항, 특히 수취인이 백지로 된 경우 등으로 나누어 취급을 달리하여, 금액이 백지인 가계수표를 취득한 자는 악의·중과실에 의한 취득이 된다는 것이다. 이와 같이 금액이 백지인 어음(수표)을 그 발행인에게 보충권의 범위를 확인하지 아니하고 취득한 것은 취득자에게 (어음법 제10조 단서; 수표법 제13조 단서의) '중대한 과실'이 있다고 보는 것이 우리 판례의 태도이자, 일본의 다수설의 입장이다.

[유사판례]

어음금액이 백지인 어음을 취득하면서 보충권한을 부여받은 자의 지시에 의하여 어음금액란을 보충하는 경우 보충권의 내용에 관하여 어음기명날인자에게 직접 조회하지 않았다면 특별한 사정이 없는 한 취득자에게 중대한 과실이 있다(대법원 1978. 3. 14. 77다2020).

(4) **檢　討**

필자는 금액이 백지인 어음을 발행인 외의 자로부터 취득하는 것이 어음법 제10조 단서의 중과실에 해당된다고 보는 위 판례의 견해를 찬성할 수 없다. 위 제1설이 들고 있는 논거 외에도, 다음을 덧붙여 지적하고자 한다.

(가) **商慣習의 無視**　대법원 판결은 백지어음, 특히 액면금이 백지인 어음은 어음이 아니라는 입장에서 금액이 백지인 어음의 양수인은 반드시 그 발행인에게 조회·확인을 하여야 한다고 한다. 이러한 판결은 상관습을 무시한 것이라 여겨진다. 본래 백지어음의 발생은 상관습에서 유래되었다. 商慣習에 기원을 둔 제도는 상거래계의 인식과 취급이 중요하다. 즉, 백지어음은 완성되지 아니한 어음, 형식적으로 완비된 어음이 아니라는 것은 누구나 인정하는 바이다. 그러나 이것이 과거 상인들간에 널리 사용되어 그 사용이 상관습을 이루었고, 이 상관습이 公序良俗에 反하지 아니하여 상관습법으로 인정되었으며, 이 상관습법은 나중에 어음법에 명문으로 규정되게

되었다. 따라서 백지어음은 그 본질을 떠나 실제 거래계에서는 일종의 어음으로 인식하는 慣行을 탓할 수 없는 것이니, 법학자는 물론이고 이것을 어음이 아닌 것으로 인식하는 상인이 실제로 얼마나 될지 의문이다. 상거래계에서도 이를 어음으로 취급하고 있지, 특수한 有價證券으로 보지 아니한다.

특히 가까운 과거에 백지가계수표가 흔히 유통이 되고, 그 중 발행한도액을 초과하여 보충된 가계수표도 흔히 유통이 되어 왔다는 사실을 주목할 필요가 있다. 그와 같은 수표가 신용질서를 어지럽히고 있다는 것, 그리하여 금융계가 이를 적극적으로 규제하기 시작하여 현재에는 수표의 뒷면에 발행한도액을 초과한 수표에 관한 주의문구를 기재하기에 이른 것도 유의할 필요가 있다. 따라서 이와 같은 사정을 감안하면 발행한도액을 초과하여 보충된 가계수표를 교부받은 소지인에게만 고의·중과실이 있다고 하기는 어렵다고 본다.

(나) **補充權 濫用의 原因提供者의 責任** 백지어음을 발행한 자는 그 수취인이 보충권의 범위를 위반하지 아니할 것으로 誤信함에 과실이 있고, 그 제3취득자는 양도인의 보충권의 범위에 관한 거짓말을 그대로 誤信함에 과실이 있어 양자에게 과실이 있다. 쌍방에게 과실이 있는 경우, 보충권남용의 원인을 제공한 발행인의 과실은 도외시하고, 양수인에게만 책임을 지우는 것은 이해하기 어렵다.

대법원 판결에 의하면 장차 백지어음의 사용 자체를 금지하는 효과가 있게 된다. 그럴 의도라면 발행 자체를 막아야지 양수인이 이를 취득하지 못하도록 하는 것은 부당하다.

(다) **白地어음의 惡用可能性** 대법원 판결에 의하면 백지어음발행인은 그것이 수취인에 의하여 보충되지 아니한 채로 양도되기만 하면 事後에 지급을 거절할 충분한 명분이 생긴다. 양수인이 조회하지 아니한 경우에는 보충권을 준 바 없다는 항변으로써, 그리고 조회한 경우에는 그 어음에 대하여 책임질 수 없다는 한마디로서 어음의 유통을 저지시킬 수 있다. 대법원의 논리에 따르면 발행인에 의하여 백지어음이 악용될 소지가 크다.

(라) **確認·照會 不能의 경우** 발행인이 누구인지, 어디에 사는지 정확한 주소가 없는 경우도 있고, 주소가 있다고 해서 즉각 확인할 수 있는 것도 아니다. 白地어음은 交付 후에 白地어음行爲者가 死亡하면 확인·조회도 불가능하게 된다.

(마) **金額의 多寡를 不問** 금액이 백지인 어음과 그 이외의 사항이 백지인 어음을 구별하여 취급하는 것은 구체적 타당성을 존중하는 입장에서 일응 수긍할 수 있다. 그러나 금액의 다과를 묻지 않고 일괄취급하는 것은 문제가 있다고 본다. 대법원

은 어음금액이 상당히 고액이거나,[13] 월등히 큰 액수인 경우에는[14] 어음의 眞正性을 확인하지 아니한 취득자에게 당연히 重過失이 문제된다고 하고 있으므로 어음금액을 불문한 이와 같은 판결은 의문이다.

(바) **補充行爲의 同一性** 通說에 의하면 백지어음에는 기대권과 보충권이 表彰되어 있다고 한다. 보충권은 그 양도에 있어서 별도의 대항요건을 필요로 하지 않고, 백지어음과 함께 전전유통될 수 있다고 보는 것이 통설인데(예컨대 A→B→C→D),[15] 대법원 판결에 의하면 금액이 백지인 어음을 C가 보충권을 행사하여 D에게 교부하면 D에게 중과실이 없으나, D가 보충권을 행사하면 금액을 조회·확인하지 않은 한 D에게 중과실이 있다고 한다. 백지어음행위자인 A의 입장에서 보면 보충권을 직접 수령한 B가 아닌 한, C가 이를 행사하였든, D가 행사하였든 보충권 행사라는 법률행위에 있어 차이가 없는데, D만은 반드시 조회·확인할 것을 요구하는 것은 비논리적이다. 어음법 제10조는 보충권에 대한 신뢰를 보호하는 데 입법취지가 있다고 할 것이므로 보충의 전후에 따라 달리 취급할 이유가 없다.[16]

(사) **금액이 白地인 어음에 대한 특별취급** 대법원 판결은 특히 금액조차 白地인 어음은 매우 드문 것이어서 용이하게 중과실을 인정하는 듯하다. 그러나 실제로는 백지어음·백지수표라고 하면 대개 금액이 백지인 백지어음·백지수표를 연상하게 된다. 실제로 금액이 백지인 어음을 제외한다면 나머지는 어음법 제2조에 보충규정이 있어 많은 경우 백지어음의 문제가 없게 된다. 따라서 백지어음에 관하여 논의할 때, 금액백지어음을 제외하고 논하는 것은 많은 경우 무의미하게 된다.

Ⅲ. 結 語

필자로서는 금액이 백지인 어음(수표)을 취득하였다고 하더라도 그 금액이 고액이 아닌 한, 또는 다른 특이한 사정이 없는 한, 취득자에게 특히 고의·중과실을 인정할 수는 없다고 본다. 다만 이 사례에서는 수표 앞면에 발행한도액이 기재되어 있

13) 대법원 1993. 9. 24. 93다32118.

14) 대법원 1988. 10. 25. 86다카2026.

15) 형성권인 백지보충권을 제3자에게 양도(Abtretung)하려면 대항요건이 필요하지 않는지 문제이다. 우리 민법에는 규정이 없으나, 독일민법 제413조는 "채권의 이전에 관한 규정은 법률에 다른 정함이 없는 한 채권 이외의 권리의 이전에 대하여도 이를 적용한다"라고 규정하여 채권 유사의 권리는 지명채권과 동일한 권리양도의 대항요건을 갖추도록 하고 있다. 우리 나라에서는 보충권은 기대권과 함께 백지어음에 표창되어 양도된다고 함으로써 이와 같은 논의를 하지 않는다.

16) 同旨: 최기원(하) 239면.

어서 중과실을 인정할 수 있는 여지가 있다.

퀴 즈

Ques.

갑은 어음용지에 만기 이외의 어음요건을 전부 기재하고 기명날인한 후 2007년 3월 1일부터 6개월 이내의 날을 만기로 하여 보충한다는 합의하에 을에게 이를 교부하였다.

1) 을이 '2007년 10월 31일'로 보충하여 병에게 이를 배서교부한 경우의 효력은?

2) 을이 '2007년 10월 1일부터 6개월 이내의 날을 보충할 권한'이 부여되어 있다고 고지하면서 백지 그대로 병에게 배서교부한 경우의 효력은?

Ans.

1) 경우는 전형적으로 어음법 제10조가 적용되는 사례이고, 丙이 선의·무중과실이면 2007년 10월 31일을 만기로 하여 어음금을 청구할 수 있다.

2)의 경우에도 丙이 선의·무중과실이면 丙은 2007년 10월 1일로부터 6개월 이내의 날짜를 보충하여 어음금을 청구할 수 있다(어음법 제10조의 유추적용). 그러나 만기는 중요한 사항이고 보통 한정되어 있으므로 甲에게 만기에 관하여 조회하지 않는 경우에는 중과실이 있다고 하게 될 것이다.

퀴 즈

Ques.

갑은 어음용지에 어음금액 이외의 어음요건을 전부 기재하고 기명날인한 후 200만원을 한도로 어음금액을 보충한다는 합의하에 을에게 이를 교부하였다.

1) 을이 '500만원'으로 보충하여 병에게 이를 배서교부한 경우의 효력은?

2) 을이 '500만원을 한도로 어음금액을 보충할 권한'이 부여되어 있다고 고지하면서 백지 그대로 병에게 배서교부한 경우의 효력은?

Ans.

1)의 경우 전형적으로 어음법 제10조가 적용되어 丙이 선의·무중과실이면 500만원을 청구할 수 있다.

2)의 경우도 1)의 경우와 같다. 다만 우리 나라의 판례에 의하면 어음금액은

	중요한 사항이므로 丙이 甲에게 금액에 관하여 조회하지 않는 경우에는 丙에게 중과실이 있다고 하게 될 것이다(어음금액란의 기재는 대단히 중요한 사항이므로 어음금액란을 백지로 하는 어음을 발행하는 경우에 발행인은 통상적으로 그 보충권의 범위를 한정한다고 볼 수 있다: 대법원 1978. 3. 14. 77다2020; 同旨: 대법원 1995. 8. 22. 95다10945 참조). 필자는 이와 같은 판례의 태도에 대하여 찬성할 수 없다.

퀴 즈

Ques.	갑은 어음용지에 어음금액 이외의 어음요건을 전부 기재하고 기명날인한 후 금액부분은 후에 갑 스스로 보충한다는 합의하에 을에게 이를 교부하였다. 1) 을이 '500만원'으로 보충하여 병에게 배서양도한 경우 2) 을이 '500만원을 한도로 어음금액을 보충할 권한'이 부여되어 있다고 고지하면서 백지 그대로 병에게 배서양도한 경우
Ans.	주관설에 의하면 백지어음은 아니지만, 1)의 경우와 2)의 경우 모두 어음법 제10조를 적용(적어도 유추적용)하여 丙은 선의·무과실이면 보호받는다.

퀴 즈

Ques.	갑은 어음용지에 수취인 이외의 어음요건을 전부 기재하고 기명날인한 후 수취인을 을로 보충한다는 합의하에 을에게 이를 교부하였다. 1) 을이 '병'으로 보충하여 병에게 교부한 경우의 효력은? 2) 을이 수취인을 누구로 보충하든 제한이 없다고 고지하면서 병에게 수취인 백지 그대로 교부한 경우의 효력은?
Ans.	1)의 경우에 특정인을 수취인으로서 보충하여야 한다는 약정은 보충권의 내용을 정한 것이라기보다 그 어음의 최초 권리자가 누구인가를 정한 것이라고 해석하여야 한다. 따라서 이는 보충권의 남용문제가 아니다. 수취인을 한정하더라도 백지어음은 배서에 의하여 이전, 유통되고, 최후의 권리자가 누구가 될지는 예정할 수 없기 때문이다. 따라서 2)의 경우도 丙의 선의·악의에 관계없이 丙은 당해 어음에 기하여 甲에게 어음금의 지급을 청구할 수 있다. 발행지나 발행일의 보충에 관하여도 같다.

퀴 즈	
Ques.	발행지 및 확정일출급어음에 있어서의 발행일을 합의와 다르게 보충한 경우 효력이 있는가?
Ans.	발행지 및 확정일출급어음에 있어서의 발행일과 같이 권리 내용에 직접적인 관계가 없는 사항에 관하여는 보통 보충권의 범위에 제한을 가하는 것으로 해석할 수 없으므로, 이러한 요건에 관하여는 발행인이 부당보충을 이유로 하여 어음채무의 이행을 거절할 수는 없다고 본다.

5 白地어음 補充權의 除斥期間과 그 起算點

[선경인더스트리(주) 대 좌희승 사건]

대법원 1997. 5. 28. 96다25050

事 例

소외 삼광섬유(주)(A)는 1980. 10.경부터 원고 선경인더스트리(주)(X)로부터 폴리에스터 原絲를 구입하여 오던 중, 1981. 9. 5.경 장래에 발생할 폴리에스터 原絲 대금채무에 대한 담보로 지급기일, 어음금액, 발행일, 수취인, 발행지, 지급지 등이 모두 백지로 된 약속어음을 X에게 발행, 교부하였고, A회사의 대표이사인 피고 좌희승(Y)은 담보목적으로 위 어음에 배서하였다.

A회사와 X 사이의 위 물품거래는 1994. 10. 8.까지 계속되다가 종료되었는데, X는 거래종료 후인 1994. 11. 1., 위 백지어음의 발행일을 1993. 2. 26.로, 발행지 및 지급지를 서울로, 수취인을 Y로, 금액을 그 동안의 물품대금 잔액인 금 179,772,016원으로, 지급기일을 위 1994. 11. 1.로 각 보충하여 지급제시하였으나 지급이 거절되었다. 이에 X는 이 어음의 배서인인 Y에게 위 어음금의 지급을 구하는(상환청구권 행사) 이 사건 소를 제기하였다.

Y는 주장하기를, 백지어음의 보충권은 발행일로부터 5년 내에 행사하지 않으면 시효소멸하는 것인데 X는 5년의 시효가 완성한 때로부터 무려 8년이나 경과한 후에 백지어음을 보충하였으므로 이 사건 어음금청구권도 소멸하였다고 주장하였다.

참고도

배서 · 교부

삼광섬유(주)(A) ——— 피고 : 좌희승(Y) ———→ 원고 : 선경인더스트리(주)(X)

1981. 9. 5. 경 ←——— 1994. 11. 1. 백지 보충

백지어음 발행 상환청구권 행사

目 次

Ⅰ. 判決要旨

대법원은, "만기가 백지로 발행된 약속어음의 백지(만기)보충권은 그 보충권을 행사할 수 있는 때로부터 소멸시효가 진행한다고 할 것이므로, 장래의 계속적인 물품거래로 발생할 채무의 지급을 위하여 만기를 백지로 한 약속어음을 발행한 경우에 그 보충권의 소멸시효는 다른 특별한 사정이 없는 한 그 물품거래가 종료하여 어음상의 권리를 행사하는 것이 법률적으로 가능하게 된 때부터, 즉 물품거래종료시부터 진행한다"는 취지로 판결하여,[1] 원심판결(서울지방법원 1996. 4. 19. 95나50133)을 인용하였다(原告勝訴).

Ⅱ. 解 說

1. 論 點

1) 백지보충권의 법적 성질은 무엇인가(論點 1).
2) 만기백지어음의 백지보충권의 행사기간은 언제까지인가(論點 2).

2. 白地어음의 法的 性質

백지어음의 법적 성질에 관하여는 특수유가증권설과 어음설로 학설이 나뉜다. 백지어음은 경제적 수요에 따라 인정되는 것이기는 하지만 본래 어음요건을 완전히 구비한 것이 아니므로 엄격한 의미에서 어음이라 할 수 없다. 특수한 유가증권이라는 견해가 옳다고 본다.

---

1) 본 판결에 대한 평석, 김영태, "백지어음 보충권의 소멸시효 기산점", 「대법원판례해설」 제28호(1997년 상반기), 218면 이하 참조.

백지어음에 표창된 백지어음상의 권리에 관하여도 이것이 '어음상의 권리'라는 학설도 있으나, 어음상의 권리를 발생시킬 수 있는 '기대권'(정지조건부의 어음상의 권리)이 표창되어 있고 부수적으로 '보충권'이 부착되어(숨어) 있다고 본다.

3. 補充權의 意義와 性質(論點 1)

(1) 補充權의 意義

미완성어음인 백지어음은 보충에 의하여 완성된다. 백지어음의 흠결된 요건을 보충하여 완전한 어음으로 할 수 있는 권리를 補充權(Ausfüllungsbefugnis, Ausfüllungsermächtigung)이라 한다. 보충권은 발행인과 수취인 간의 어음 외적 합의에 의하여 주어진다.

(2) 補充權의 法的 性質

백지보충권의 법적 성질이 무엇인가에 관하여는 학설이 갈린다.

(가) 形成權說　補充權은 白地어음 행위자가 어음관계 이외의 일반사법상의 계약에 의하여 이를 상대방에게 수여하고 기명날인 또는 서명함으로써 생기는 권리로서 일종의 形成權이라 한다.[2] 따라서 소멸시효가 아닌 제척기간에 걸리는 권리이다.

(나) 代理權說과 授權說　(i) 독일에서는[3] 형성권은 보통 그 권리자와 상대방 사이에서 法律效果를 발생시키는 법인데, 白地補充權은 補充者와 보충권을 부여한 者(白地어음行爲者) 사이에서는 흔히 아무런 法律效果를 발생시키지 아니하고 오히려 보충권을 수여한 者와 제3자(최후의 소지인) 사이에서 법률효과를 발생시키는 점을 형성권설은 설명해 주지 못하므로 타당하지 못하다는 것을 이유로, 보충권은 代理權(代理權說) 이라는 견해가 있다. 그러나 代理權說은 보충권 행사를 어음행위 대리의 원칙인 顯名主義에 의하지 아니하는 이유를 설명하지 못한다.

(ii) 또한 보충권이란 백지어음행위자의 수권에 의하여 백지를 보충함으로써 백지어음을 완성어음으로 성립시킬 수 있는 권능 내지 자격이라 할 수 있다는 授權說(Ermächtigung; 法的 地位說)이 있다. 그러나 授權說도 일반적으로 授權이라는 개념에는 의무를 지운다는 요소가 없는데, 補充權授與의 경우에는 補充權者는 오직 補充權授與契約에서 정한 범위 내에서만 보충할 의무까지도 부담하므로 타당하지 않다.[4] 또한

---

2) 서돈각 · 정완용(하) 174면; 손주찬(하) 212면; 정찬형(하) 136면; 최기원(하) 232~233면; 채이식(하) 94면.

3) 대리권설 및 수권설에 관한 설명으로 이기수(어) 115면; Baubach/Hefermehl, WG Art. 10 Rdnr. 3; BGH, NJW 1957, 1837; BGH, WM 1972, 994.

4) Hueck/Canaris, S. 120; 정동윤(하) 230~231면.

수권설은 자기 명의로 보충을 한다는 것을 강조하고 있으나, 보충자가 대외적으로 인식되는 것도 아니므로 이 또한 큰 의미가 없으며, 수권에 의한 권리는 제3자에 대하여 행사하여야 하는 것인데 백지어음의 보충에는 대부분의 경우 제3자의 참여가 없다는 점 등의 비판을 받는다.

(다) **特殊權限說** 우리 나라에서는 白地補充權을 하나의 特殊한 權限(eine Befugnis sui generis)이라고 보는 견해도 있다.[5]

(라) **私 見** 형성권은 반드시 형성권 행사자와 그 상대방의 법률관계만을 변동시키는 것이 아니다. 예컨대 법정대리인이 무능력자의 법률행위를 취소할 경우 그 취소권은 형성권인데, 취소권을 행사하여 법정대리인과 상대방간의 법률관계가 변동되는 것이 아니라 무능력자와 상대방간의 법률관계가 변동된다. 또한 재단법인설립행위의 취소와 같이 상대방이 없는 형성권의 행사도 있다. 이와 같이 권리행사의 효력방향 때문에 보충권이 형성권이 아니라는 주장은 설득력이 없다.[6] 형성권설이 옳다고 본다.

4. **補充權의 行使期間(論點 2)**

(1) 補充權 自體의 除斥期間 인정여부

백지보충권을 형성권이라고 한다면 형성권은 제척기간에 걸리는 대표적인 권리이다.[7] 보충권 자체의 제척기간을 부정하는 견해도 있을 수 있다. 그러나 보충권은 어음외의 권리로서 어음상의 권리와 구별된다. 그렇다면 어음상 권리의 소멸시효와는 다른 보충권 자체의 제척기간이 있다고 보는 것이 논리적이다. 그러나 보충권은 어음상의 권리와 불가분의 관계에 있어서 일정한 범위 내에서 어음상의 권리의 존속에 지배를 받는다고 본다. 즉, 어음상의 권리가 소멸하면 보충권만 존속한들 아무런 의미가 없다.

(2) 補充權의 行使期間에 관한 特約의 許容與否

백지보충권을 제척기간에 걸리는 형성권이라 할 때 다음과 같은 문제가 있다.

첫째, 당사자 간에 보충권행사기간에 관한 합의(特約)가 가능한가이다. 이를 인정하는 것이 통설이다. 우리 해상법 제811조 본문은 "운송인의 용선자, 송하인 또는 수하인에 대한 채권 및 채무는 그 청구원인의 여하에 불구하고 운송인이 수하인에게 운송물을 인도한 날 또는 인도할 날부터 1년 내에 재판상 청구가 없으면 소멸한다"고

5) 정동윤(하) 230~231면; 이기수(어) 116면; Hueck/Canaris, S. 120.
6) 동지: 이철송(어) 274면.
7) 이은영, 「민법총칙」, 783면.

되어 있는데, 이 1년의 기간은 제척기간이라 함이 통설이다.[8] 그리고 동법 제811조 단서는 "이 기간은 당사자의 합의에 의하여 연장할 수 있다"고 정하여, 제척기간도 당사자의 합의에 의하여 연장할 수 있음을 명시하고 있다. 이로써 유추해 볼 때 제척기간인 보충권 행사기간도 당사자가 정할 수 있는 것으로 해석하여도 무방하리라 본다.

그런데 대법원은 1995. 11. 10. 94다22682 · 94다22699에서[9] "제척기간에 걸리는 권리를 행사할 수 있는 시기를 특별히 약정한 경우에도 그 제척기간은 당초 권리의 발생일로부터 10년간의 기간이 경과되면 만료되는 것이지 그 기간을 넘어서 위 약정에 따라 권리를 행사할 수 있는 때로부터 10년이 되는 날까지로 연장된다고 볼 수 없다"고 판시하였다. 이는 제척기간에 걸리는 권리는 권리발생일로부터 무조건 10년 내에는 이를 행사하여야 한다는 것으로서 제척기간의 연장합의의 실효성을 상실케 한다. 법원의 입장이 당사자 사이에 권리행사기간을 약정할 수 있고, 그러한 약정이 없는 때에 비로소 권리를 행사할 수 있는 때로부터 제척기간이 기산되는 것이라면, 제척기간의 만료도 당사자간의 약정에 맡겨 두어야 하지 않을까 한다.

둘째, 당사자가 이와 같이 합의한 기간이 경과한 후에 한 보충의 효력은 어떻게 되는가이다. 이는 보충권남용의 문제(어음법 제10조)가 되어 그 어음을 선의이고 중대한 과실이 없이 취득한 제3자에 대하여는 보충권남용의 주장을 할 수 없다고 본다.

(3) 特約이 없는 경우 補充權의 行使期間

보충권의 행사기간에 관하여 당사자간에 특약이 없는 경우 이를 언제까지 행사하여야 하는가에 관하여 우리 나라의 학설은 매우 복잡다기하게 나뉘고 있다.

(가) 一般的인 경우 만기 이외의 요건이 백지인 경우에는 주채무자, 즉 인수인(또는 約束어음의 발행인)에 대한 관계에서는 소멸시효 기간 내인 만기부터 3년 내(어음법 제70조 제1항 · 제78조 제1항 · 제77조 제1항 제8호), 상환의무자에 대한 관계에서는 지급거절증서작성기간 내(어음법 제44조 제3항: 만기로부터 2거래일 내. 다만 거절증서작성이 면제된 경우에는 상환청구권의 소멸시효기간인 만기로부터 1년 내)에 백지를 보

---

8) 송상현 · 김현, 「해상법원론」, 1994, 605면.

9) "제척기간은 권리자로 하여금 당해 권리를 신속하게 행사하도록 함으로써 법률관계를 조속히 확정시키려는 데 그 제도의 취지가 있는 것으로서, 소멸시효가 일정한 기간의 경과와 권리의 불행사라는 사정에 의하여 권리소멸의 효과를 가져오는 것과는 달리 그 기간의 경과 자체만으로 곧 권리소멸의 효과를 가져오게 하는 것이므로 그 기간 진행의 기산점은 특별한 사정이 없는 한 원칙적으로 권리가 발생한 때이고, 당사자 사이에 위와 같이 위 매매예약완결권을 행사할 수 있는 시기를 특별히 약정한 경우에도 그 제척기간은 당초 권리의 발생일로부터 10년간의 기간이 경과되면 만료되는 것이지 그 기간을 넘어서 위 약정에 따라 권리를 행사할 수 있는 때로부터 10년이 되는 날까지로 연장된다고 볼 수 없다."

충하여야 한다.

이러한 해석은 민법상 형성권의 제척기간은 그 발생원인인 기초적 법률관계에 의존한다는 해석과 일치한다.

참 고

形成權의 除斥期間에 관한 民法 및 判例上의 論議

민법상 형성권의 제척기간에 걸리는 권리라고 보는 것이 통설이다.[10] 백지보충권의 존속기간이 정하여지지 아니한 것처럼 민법상 형성권에 관하여 존속기간이 정하여지지 않은 때(예컨대 민법 제544조 등)에는 3가지의 견해가 있을 수 있다고 한다.[11]

첫째, 민법 제162조 제2항의 재산권에 해당한다고 보아 20년의 소멸시효에 걸린다고 보는 견해이다. 그러나 이와 같이 해석할 경우 형성권 행사의 발생원인인 채권은 10년의 소멸시효에 걸리는데 그로부터 파생된 형성권은 20년의 시효에 걸리게 되어 불균형한 결과가 된다. 현재 이러한 견해를 주장하는 분을 찾을 수 없다.

둘째, 일반적으로 10년의 제척기간에 걸리는 것으로 보는 견해가 있다.[12] 판례는 매매예약의 완결권은 일종의 형성권으로서 당사자 사이에 그 행사기간을 약정한 때에는 그 기간 내에, 그러한 약정이 없는 때에는 그 예약이 성립한 때로부터 10년 내에 이를 행사하여야 하고 그 기간이 지난 때에는 예약완결권은 제척기간의 경과로 인하여 소멸한다고 한다.[13]

또한 징발재산정리에 관한 특별조치법 제20조 소정의 환매권은 일종의 형성권으로서 위 환매권은 재판상이든 재판외이든 그 제척기간 내에 이를 일단 행사하면 그 형성적 효력으로 매매의 효력이 생기는 것이고 그 후 다시 환매의 의사표시를 하였다고 하더라도 이미 발생한 환매의 효력에는 어떠한 영향을 미치는 것이 아니고, 또한 위 환매권의 행사로 발생한 소유권이전등기청구권은 환매권을 행사한 때로부터 일반채권과 같이 민법 제162조 제1항 소정의 10년의 소멸시효기간이 진행된다고 한다.[14]

악의의 유기로 인한 이혼청구권에 관하여도 10년의 제척기간에 걸린다고 한다.[15]

---

10) 고상룡, 「민법총칙」, 1996, 730면; 이은영, 전게서, 1997, 783면.
11) 이은영, 전게서, 1997, 783면.
12) 고상룡, 전게서, 730면; 곽윤직, 「민법총칙」, 1986, 557면; 김용한, 「민법총칙론」, 1993, 460면, 김주수, 「민법총칙」, 1986, 465면.
13) 대법원 2000. 10. 13. 99다18725; 동 1997. 7. 25. 96다47494·47500; 동 1995. 11. 10. 94다22682·94다22699; 동 1992. 10. 13. 92다4666; 동 1992. 7. 28. 91다44766·44773. 대물변제예약완결권에 관하여도 같다: 동 1997. 6. 27. 97다12488.
14) 대법원 1992. 10. 13. 92다4666; 동 1991. 10. 22. 90다20503; 동 1990. 10. 12. 90다카

셋째, 형성권의 제척기간은 그 권리를 발생시킨 기초적 법률관계에 의하여 결정되어야 하고, 그에 의하여 결정되지 않는 경우에는 신의칙에 의하여야 한다는 견해가 있다.[16]

생각건대 형성권의 존속은 그 발생원인인 계약이나 법률관계의 존속과 같이 하는 것이 바람직하므로 법률에 그 형성권의 제척기간에 관하여 정함이 없는 경우에는 기초계약과 함께 소멸하는 것으로 해석하는 것이 옳다. 따라서 채권관계에서 발생한 형성권은 법정존속기간이 없으면 10년의 제척기간에 걸리고, 제한물권에서 발생한 형성권은 20년의 제척기간에 걸린다고 보아야 할 것이다.[17]

그리고 백지어음상의 보충권도 당사자 간에 정함이 없는 한 3년의 제척기간에 걸린다고 보아야 할 것이다.

(나) 滿期가 白紙인 경우

(a) 발행일과 만기가 모두 백지인 경우: 만기가 백지인 어음의 백지보충권의 행사기간에 관하여 당사자 간에 합의가 없는 경우 학설은 대체로 어음채권의 시효와는 구별되는 보충권 독자의 소멸시효를 인정하는데(다만 아래 3년설의 경우는 그러하지 않다), 다음과 같이 견해가 갈린다.

(aa) 20년설: 백지보충권은 형성권이고, 형성권은 소유권도 채권도 아닌 권리로서 20년의 시효(민법 제162조 제2항)에 걸린다는 견해가 있다.[18]

(bb) 10년설: 백지보충권을 채권과 같은 것으로 보아 10년의 시효(민법 제162조 제1항)에 걸린다는 학설이 있다.[19]

(cc) 10년 또는 5년설: 백지어음의 원인관계와 결부시켜 원인채권이 민사채권이면 10년(민법 제162조 제1항), 상사채권이면 5년(상법 제64조)의 시효에 걸린다고 한다. 현재는 이러한 견해를 취하는 우리 나라의 학자를 찾을 수 없다.

(dd) 5년설: 보충권의 행사를 어음에 관한 행위로서 상행위로 보아 5년의 시효(상법 제64조)에 걸린다는 학설이 있다. 일본에서는 어음에 관한 행위가 절대적 상행위이므

20838. 공공용지의 취득 및 손실보상에 관한 특례법 제9조 소정의 환매권의 행사기간에 관하여도 같다: 동 1999. 4. 9. 98다46945. 국가보위에 관한 특별조치법 제5조 제4항에 의한 동원대상지역 내의 토지의 수용·사용에 관한 특별조치령 제39조 소정의 환매권의 존속기간 및 그 기산점에 대하여도 같다: 동 1991. 6. 11. 90다카22834.

15) 대법원 1998. 4. 10. 96므1434.

16) 김증한, “소멸시효론”, 「민법논집」, 326면; 이영준, 「민법총칙」, 1995, 749면: 실효이론에 의하여 해결하는 것이 타당하다고 한다.

17) 동지: 이은영, 전게서, 784면.

18) 박원선(하) 495면; 서돈각·정완용(하) 174면; 채이식(하) 285면.

19) 서정갑(어) 154면.

로 5년설이 통설이나,[20] 우리 상법에서는 그러하지 아니하므로 5년설을 취할 수는 없다.

(ee) 4년설: 형성권에는 소멸시효를 인정할 수 없으므로 보충권의 행사기간을 시효기간과 관련하여 설명하는 것은 근본적으로 잘못이고, 만기가 없는 어음은 일람출급어음으로 보게 되고(어 제2조 제1호), 보충권행사기간의 기산점은 일람출급어음의 경우 지급제시가 있으면 만기가 되며, 이 지급제시기간은 원칙적으로 발행일로부터 1년인 점과 관련하여 볼 때(어 제34조 제1항) 발행일로부터 1년이 되는 시점으로 보아야 하며, 따라서 만기백지의 어음의 경우는 발행일로부터 4년내에 만기를 보충하여야 한다는 견해도 있다.[21] 그러나 이 견해에 의하면 발행일조차 없는 경우에는 해결책이 없다.

(ff) 3년설: 이 견해는 보충권 자체의 소멸시효를 배척하는 입장에서, 백지어음의 소지인은 언제든지 백지를 보충하여 지급을 청구할 수 있으므로 만기가 도래한 어음과 같이 주된 채무자에 대하여는 (발행일로부터) 3년의 시효(어음법 제70조 제1항)에 걸린다는 학설이다.[22] 보충권은 어음상의 권리와 불가분의 관계에 있으므로 그 시효기간은 어음채권의 그것과 같다는 것이다.

이와 유사한 견해로서 보충권의 행사가 법률상 가능한 때로부터 3년의 시효에 걸린다는 견해도 있다(新3年說, 修正3年說).[23] 판례는 백지보충권을 행사할 수 있는 때로부터 3년(수표의 경우는 6월)의 시효에 걸린다고 하여 新3年說을 취한다.[24]

그러나 보충권은 제척기간에 걸리는 권리인데 이를 소멸시효에 걸리는 권리로 파악한 것은 문제가 있다고 본다.

(gg) 3년의 제척기간설: 백지보충권은 그 성질이 형성권이어서 이에는 소멸시효가 아니라 제척기간이 적용된다. 나아가 형성권인 백지보충권은 기본적으로 어음상의 권리를 행사하기 위한 부수적인 수단적 권리라고 할 수 있다. 그렇다면 보충권의 제척기간을 그 주된 권리인 어음상 권리의 시효와 연결 없이 20년, 10년 등으로 정하는 것은 비논리적이다. 따라서 어음시효와 균형을 맞추어 보충권도 3년 내에 행사하여야 한다고 한다.[25]

---

20) 日最判 1969. 2. 20. 民集 23. 2. 427.

21) 정찬형(하) 142면.

22) 현재 우리 나라의 다수설이다. 강위두(어) 344면: 정동윤(하) 234~235면; 최기원(하) 236면; 손주찬(하) 217면; 양승규(어) 280면.

23) 上柳克一郎, "白地手形補充權の消滅時效", 「會社法·手形法論集」, 1980. 12, 500면.

24) 대법원 1997. 5. 28. 96다25050; 동 2001. 10. 23. 99다64018; 동 2002. 2. 22. 2001다71507; 동 2002. 12. 26. 2002도5587; 동 2003. 5. 30. 2003다16214.

25) 이철송(어) 278면.

(hh) 1년설: 일람출급어음의 제시기간과 같이 발행일로부터 1년의 시효(어음법 제34조 제1항)에 걸린다는 학설도 있다고 하나, 현재는 이 견해를 취하는 분을 찾을 수 없다.

(ii) 사 견(보충권의 행사가 법률상 가능한 때로부터 3년의 제척기간에 걸린다고 보는 견해): 생각건대, 보충권은 형성권이어서 소멸시효가 아닌 제척기간에 걸리는 권리이고, 또한 형성권의 제척기간은 원인채권에 따라 결정되는 것이 통설이다. 백지어음과 관련된 보충권의 경우, 원인채권은 바로 어음채권인데, 이 어음채권의 소멸시효는 만기로부터 3년이다. 만기 이외의 요건이 백지인 경우는 만기로부터 3년 내에 보충권을 행사하여야 할 것이나, 만기가 백지인 경우는 보충권의 행사가 법률상 가능한 때로부터 기산하여야 한다.

결국 보충권은 그 행사가 법률상 가능한 때로부터 3년의 제척기간에 걸린다고 보는 것이 타당하다.

(b) 발행일은 기재되고 만기만이 백지인 경우: 만기가 없는 어음은 일람출급어음으로 본다(어 제2조 제1호). 일람출급어음의 경우 지급을 받기 위한 제시가 있으면 만기가 되며, 이 지급제시기간은 원칙적으로 발행일로부터 1년이다(어 제34조 제1항). 1년의 기간 내에 지급제시가 없으면 그 기간의 말일에 만기가 도래한 것으로 본다.[26] 따라서 보충권행사기간의 기산점도 지급제시가 없는 일람출급어음의 만기가 도래하는 날짜, 즉 발행일로부터 1년이 되는 시점이다. 이 때부터 3년의 제척기간에 걸린다고 본다.

Ⅲ. 結 語

필자는 보충권을 하나의 권리로 본다. 즉, 보충권은 어음상의 권리와는 별개의 독립된 형성권으로서, 소멸시효가 아닌 제척기간에 걸리는 권리이다.

보충권의 행사기간(제척기간)에 관하여 당사자가 합의에 의하여 이를 정할 수 있다. 실제로 대법원 1997. 5. 28. 96다25050에서와 같이 당사자간의 묵시적 합의에 의하여 보충권 행사기간 또는 그 기산점을 정한 것으로 해석되는 例가 많을 것이다.

보충권의 제척기간에 대하여 당사자간에 특약이 없는 때에는 다음과 같이 본다. 먼저, 만기가 기재되어 있는 백지어음인 경우에는 만기로부터 3년 내에 보충하여야 한다. 소지인이 만기로부터 3년을 경과하여 보충한 경우에는 어음상의 권리가 이미 시효에 의하여 소멸한 후에 보충하는 것이 되므로 무의미하게 된다.

26) 대법원 2007. 11. 15. 2007다40352.

다음으로 만기의 기재가 없는 백지어음의 보충권과 관련하여서는 다음과 같이 설명할 수 있다. 즉, 형성권의 제척기간은 원인채권에 따라 결정되는 것이 민법학자들간의 다수설이다. 백지어음과 관련된 보충권의 경우, 원인채권은 바로 어음채권인데, 이 어음채권의 소멸시효는 만기로부터 3년이다. 따라서 만기백지어음 교부시에 이를 일람출급어음으로 하기로 하는 합의가 없었던 한 원인관계상 예정된 변제기가 있을 것이므로 보충권의 행사도 이 때부터 늦어도 3년 내에는 행사하여야 할 것이다. 이를 달리 표현하면 보충권의 행사가 법률상 가능한 날로부터 3년의 제척기간에 걸린다고 보아야 한다.

요컨대 만기 이외의 요건이 백지인 경우는 만기로부터 3년 내에 보충권을 행사하여야 할 것이나, 만기가 백지인 경우는 보충권의 행사가 법률상 가능한 때로부터 기산하여 3년의 제척기간에 걸린다고 보는 것이 타당하다.

[참고판례] 대법원 2003. 5. 30. 2003다16214

(i) 만기를 백지로 한 약속어음을 발행한 경우, 그 보충권의 소멸시효는 다른 특별한 사정이 없는 한 그 어음발행의 원인관계에 비추어 어음상의 권리를 행사하는 것이 법률적으로 가능하게 된 때부터 진행하고, 백지약속어음의 보충권 행사에 의하여 생기는 채권은 어음금 채권이며 어음법 제77조 제1항 제8호, 제70조 제1항, 제78조 제1항에 의하면 약속어음의 발행인에 대한 어음금 채권은 만기의 날로부터 3년간 행사하지 아니하면 소멸시효가 완성되는 점 등을 고려하면, 만기를 백지로 하여 발행된 약속어음의 백지보충권의 소멸시효기간은 백지보충권을 행사할 수 있는 때로부터 3년으로 보아야 한다. 同旨: (수표에 관하여는 6개월) 대법원 1997. 5. 28. 96다25050; 同 2001. 10. 23. 99다64018; 同 2002. 1. 11. 2001도206; 同 2002. 2. 22. 2001다71507; 同 2007. 6. 29. 2007도2250('백지보충권을 행사할 수 있는 때'에 관하여는 당사자가 명시적 또는 묵시적으로 합의할 수 있고, 그 합의된 때를 연기하거나 변경할 수도 있다).

(ii) 만기 이외의 어음요건이 백지인 경우 그 백지보충권을 행사할 수 있는 시기는 다른 특별한 사정이 없는 한 만기를 기준으로 한다.

위의 각 판례에서 대법원 판결은 보충권은 어음상의 권리와는 다른 독자적인 권리라는 것을 전제로 한 것으로 보고, 어음상의 문구에 상관 없이, 즉 보충권은 어음 외의 요인에 의하여 결정되는 것으로 본 점, 그리고 그 기간은 백지보충권을 행사할 수 있는 때로부터 3년(수표의 경우는 6개월)으로 본 것은 타당하다고 본다. 그러나 보충권을 소멸시효에 걸리는 권리라고 본 것은 지금까지 형성권을 제척기간에 걸리는 권리로 파악하여 온 종래의 대법원 판결과는 모순되는 것이라 생각된다.

퀴 즈

갑은 을에게 장래 확정될 채무를 담보하기 위하여 2020. 12. 1. 액면과 만기가 백지인 어음을 발행, 교부하였다. 갑의 채무는 2021. 3. 1., 3,000만원으로 확정되었다.

Ques.	(1) 을이 소지한 어음의 법적 성질은 무엇인가?
Ans.	백지어음의 법적 성질－어음이라는 견해와 특수한 유가증권이라는 견해가 있으나 후자가 다수설임.
Ques.	(2) 을은 위 어음과 관련하여 어떠한 권리를 가지며, 그 권리의 법적 성질은 무엇인가?
Ans.	백지어음상의 권리는 어음상 권리를 발생시킬 수 있는 기대권과 부수적으로 보충권이 있다. 기대권은 정지조건부 어음상의 권리이고, 보충권은 대리권설, 법적 지위설, 특수한 권한설, 형성권설 등이 있으나, 형성권설이 다수설이다.
Ques.	(3) 을은 언제까지 어음상의 백지부분을 보충할 수 있는가?
Ans.	만기 이외의 부분－주채무자에 대한 관계에서는 만기로부터 3년 내, 상환의무자와의 관계에서는 지급거절증서작성기간 내. 만기백지의 경우－20년설, 10년설, 5년설, 4년설, 3년설, 1년설 등이 있으나, 私見으로는 백지보충권을 행사할 수 있는 때로부터 3년(수표의 경우는 6개월)의 제척기간에 걸린다고 본다.
Ques.	(4) 을은 2020. 3. 10. 이 어음에 액면금 4,000만원으로, 만기를 2020. 4. 10.로 보충하여 병에게 양도하였다. 병은 어음상의 권리를 취득하는가?
Ans.	丙은 4,000만원의 범위 내에서 어음상의 권리를 취득한다(어음법 제10조).
Ques.	(5) 을은 2020. 3. 10. 액면과 만기가 백지인 이 어음을 아무런 보충 없이 정에게 양도하였고, 정은 4,000만원으로, 만기를 2020. 4. 10.로 보충하여 갑에게 어음금을 청구한다면 정은 지급받을 수 있을 것인가?
Ans.	판례에 의하면 丁은 보충권 수여범위 내인 3,000만원 범위 내에서만 지급받을 수 있다(대법원 1999. 2. 9. 98다37736).

6 백지미보충어음의 어음상의 청구권에 대한 시효진행 중단

[에이치케이상호저축은행(주) 대 초록뱀미디어(주) 사건]

대법원 2010. 5. 20. 2009다48312

事 例

원고(X)가 지급지 및 지급을 받을 자 부분이 각 백지로 된 액면 490,000,000원의 약속어음을 소지하고 있다가 그 지급기일인 2004. 10. 1.로부터 3년이 경과한 2008. 6. 23.경에 이르러 위 각 백지 부분을 보충하여 2008. 7. 8.경 발행인인 피고(Y)에게 지급제시를 하였다. 한편 X는 위 약속어음의 지급기일로부터 3년의 소멸시효기간이 완성되기 전인 2007. 9. 7. 그 어음금을 청구하는 이 사건 소를 제기한 바 있다. 2007. 9. 7.의 소 제기는 시효중단의 효력이 있는가?

참고도

2007. 9. 7. 어음금 지급청구의 소 제기

원고(X) ⟶ 피고(Y)

2004. 10. 1. 지급기일

2008. 6. 23. 백지보충

2008. 7. 8. 지급제시

目 次

Ⅰ. 判決要旨

어음요건이 백지인 약속어음의 소지인은 그 백지 부분을 보충하지 않은 상태에서 시효가 진행함에 대응하여 발행인을 상대로 어음상의 청구권에 대한 시효진행을 중단시킬 수 있는 조치를 취할 수 있다고 봄이 상당하다.… 만기는 기재되어 있으나 지급지, 지급을 받을 자 등과 같은 어음요건이 백지인 약속어음의 소지인이 그 백지 부분을 보충하지 않은 상태에서 어음금을 청구하는 것은 어음상의 청구권에 관하여 잠자는 자가 아님을 객관적으로 표명한 것이라고 할 수 있고 그 청구로써 어음상의 청구권에 관한 소멸시효는 중단된다고 할 것이다(대법원 1962. 1. 31. 4294민상110 · 111 참조). 이 경우 백지에 대한 보충권은 그 행사에 의하여 어음상의 청구권을 완성시키는 것에 불과하여 그 보충권이 어음상의 청구권과 별개로 독립하여 시효에 의하여 소멸한다고 볼 것은 아니므로 어음상의 청구권이 시효중단에 의하여 소멸하지 않고 존속하고 있는 한 이를 행사할 수 있다(위 대법원판결 참조). 이와 달리 지급을 받을 자 부분이 백지로 된 약속어음의 소지인은 그 백지 부분을 보충하지 않은 상태에서는 어음상의 청구권을 행사할 수 없으므로, 그 백지어음 소지인의 권리행사에 의한 소멸시효 중단의 효과는 전혀 생길 여지가 없다는 취지로 판단한 대법원 1962. 12. 20. 62다680 판결은 이 판결에 배치되는 범위 내에서 이를 변경한다.[1]

II. 해　　설

1. 논　　점

어음요건이 백지인 약속어음의 소지인은 백지를 보충하지 아니한 상태, 즉 지급제시할 수 없는 상태에서 訴를 제기한 경우 시효중단의 효력이 있는가?

2. 백지어음에 의한 소 제기의 시효중단의 효력

백지를 보충하지 아니한 상태, 즉 지급제시할 수 없는 상태에서 訴를 제기한 경우 시효중단의 효력이 있는가 의문이다.

(1) 긍정설은 ① 시효제도는 권리 위에 잠자고 있는 자를 보호하지 않는다는 데 그 취지가 있는데, 訴를 제기하였다는 것은 백지어음상의 권리를 적극적으로 행사한 것이고, ② 백지어음에 관하여는 백지를 보충하지 아니한 상태에서도 소멸시효가 진행하므로, 이와 균형을 맞추기 위하여는 백지미보충의 상태에서 어음소지인이 시효의 진행을 중단시킬 수 있다고 보는 것이 타당하다고 한다. 따라서 이 때에도 시효중단의 효력이 있다고 한다(다수설).[2]

---

1) 동지: 日最判 1966. 11. 2. 1963(オ)제1301호.
2) 정찬형(하) 148면; 정동윤(하) 228∽229면.

(2) 일부긍정설은 어음상의 권리·의무의 내용과 관계없는 사항, 예컨대 수취인 또는 확정일출급어음의 발행일 등이 백지인 어음에 관하여 訴를 제기하면 시효중단의 효력을 인정하여도 무방할 것이나, 만기가 백지인 어음에 관하여는 시효중단의 효력이 부정되어야 한다고 한다(소수설).[3]

(3) 사견으로는 시효중단의 효력을 인정하는 긍정설에 찬동한다.

(4) **판　　례**

종래 대법원은 백지를 보충하지 아니한 상태에서의 재판상의 청구(소의 제기)에는 시효중단의 효력을 인정하였지만,[4] 시효중단의 효력을 인정하지 아니한 판례도 있었다.[5] 대법원은 "백지부분을 보충하지 않은 상태에서도 어음상의 청구권에 대한 시효진행을 중단시킬 수 있는 조치를 취할 수 있다"는 취지로 판결하면서 시효중단의 효력을 인정하지 아니한 판례를 폐기한다고 선언하였다.[6] 따라서 앞으로는 채무자의 승인이나 채무자에 대한 청구(당연히 재판상의 청구를 의미하지마는 이 외에도 어음상의 청구권에 관하여 잠자는 자가 아님을 객관적으로 표명하는 방법으로서 파산절차 및 회생절차 참가, 지급명령, 화해를 위한 소환, 임의출석, 재판 외의 최고, 재판상의 최고 등이 포함된다)의 경우에도 시효중단의 효력이 인정될 것으로 본다.

[판 례] 대법원 1962. 1. 31. 4294민상110 · 111(재판상의 청구에 있어서는 어음을 제시하지 아니하더라도 재판상의 청구로서 시효가 중단된다.)

원심은 시효중단 후에 수취인난 보충의 본건 어음은 효력이 없다 하여 원고의 청구를 기각하였음이 명백하다. 그러나 백지배서로서 된 어음의 소지인은 그 백지부분을 보충하고 아니하고는 자유일 뿐 아니라 보충한다 하더라도 그 시기에 있어서 아무런 제한이 없다 할 것이며 어음상의 권리에 의한 재판상의 청구에 있어서는 어음을 제시하지 아니하더라도 재판상의 청구로서 시효가 중단된다고 해석하여야 함에도 불구하고 시효완성 전에 제소됨으로써 시효가 중단되었음이 명백한 본건에 있어서 시효완성 후의 보충은 무효라고 하였음은 그 법리를 오해한 위법이 있다.

[판 례] 대법원 1962. 12. 20. 62다680(백지어음인 상태의 청구는 시효중단의 효력이 없다.)

본 건에서 원고는 피고가 어음채무의 존재를 시인하였을 뿐 아니라 원고가 본 건 소송을 제기하기 직전까지 계속하여 피고에게 이 어음금을 청구하였으므로 이 어음채권의 시효는 이 때에 중단된 것으로 보아야 한다고 주장한다. 그러나 피고가 원고에게 본건 어음채

---

3) 최기원(하) 245면.
4) 대법원 1962. 1. 31. 4294민상110 · 111.
5) 대법원 1962. 12. 20. 62다680.
6) 대법원 2010. 5. 20, 2009다48312.

무를 시인하였거나 또는 원고가 이 소송을 제기하기 직전까지 이 어음상의 권리를 행사할 당시에는 이 어음에 이른바 수취인이 원고 명의로 보충되어 있지 않았었으니 원고는 이 어음의 소지인으로서 그 권리행사를 할 수 없는 처지에 있었다 할 것이요, 따라서 이 어음 채무의 승인이나 이 어음소지인에 의한 권리행사로 말미암은 시효중단의 효력은 전혀 생길 여지가 없다 할 것이다.

Ⅲ. 結 語

만기는 기재되어 있으나 지급지, 지급을 받을 자 등과 같은 어음요건이 백지인 약속어음의 소지인이 그 백지 부분을 보충하지 않은 상태에서 어음금을 청구하는 것은 어음상의 청구권에 관하여 잠자는 자가 아님을 객관적으로 표명한 것이고, 그 청구로써 어음상의 청구권에 관한 소멸시효는 중단된다고 보아야 한다. 이 경우 백지에 대한 보충권은 그 행사에 의하여 어음상의 청구권을 완성시키는 것에 불과하여 그 보충권이 어음상의 청구권과 별개로 독립하여 시효에 의하여 소멸한다고 볼 것은 아니므로 어음상의 청구권이 시효중단에 의하여 소멸하지 않고 존속하고 있는 한 이(보충권)를 행사할 수 있다. 타당한 판결이다.

제2항 背 書

7 背書禁止어음의 讓受人에 대한 어음保證人의 責任

[럭키소재(주) 대 신용보증기금 사건]

대법원 1989. 10. 24. 88다카20774

事 例

소외 신풍통상주식회사(A)는 소외 대성메탄올주식회사(B)로부터 메탄올을 계속적으로 공급받으면서 1984. 6. 1. 액면금 8천만원, 지급기일 1987. 3. 27. 수취인 B로 된 배서금지 약속어음 1장을 발행하였는데, 메탄올의 대금지급채무를 담보하기 위하여 피고 신용보증기금(Y)이 1986. 3. 28. 그 어음에 보증을 하였다. B는 1986. 6. 30. 원고 럭키소재주식회사(X)에게 영업을 양도하면서 1986. 7. 경 위 A와의 거래로 인하여 발생한 기존의 물품대금채권(금 3천8백만원) 및 문제의 어음을 위 A의 동의아래 수취인을 X로 변경, 기재한 다음 양도하였다. 다만 수취인 변경에 대하여 어음보증인인 Y의 동의는 얻지 아니하였다. 그 후 A는 X로부터 계속 메탄올을 공급받아, 어음의 지급기일인 1987. 3. 27. 현재 메탄올 잔대금은 금 4천7백만원에 이르렀는데, A가 어음금을 지급하지 아니하므로 X는 어음상의 보증인인 Y에게 위 금액의 지급을 구하는 소를 제기하였다.

Y는 ① 배서금지문언구를 기재한 약속어음은 지명채권양도방법에 의하여도 양도될 수 없다. ② 배서금지어음에 대하여 지명채권양도방법에 의한 양도가 허용된다고 하더라도 어음보증인에 대하여 강행규정인 민법 제450조 제1항이 정한 채권양도의 대항요건(통지, 승낙)을 갖추지 않았으므로 위 양도를 어음보증인에게 대항할 수 없다. ③ Y에게 책임이 있다고 하더라도 Y의 책임범위는 X가 이 사건 어음을 양수한 1986. 6. 30. 현재 A가 B에 대하여 부담하고 있던 물품대금채무범위(금 3천8백만원)에 국한되어야 한다고 주장하였다.

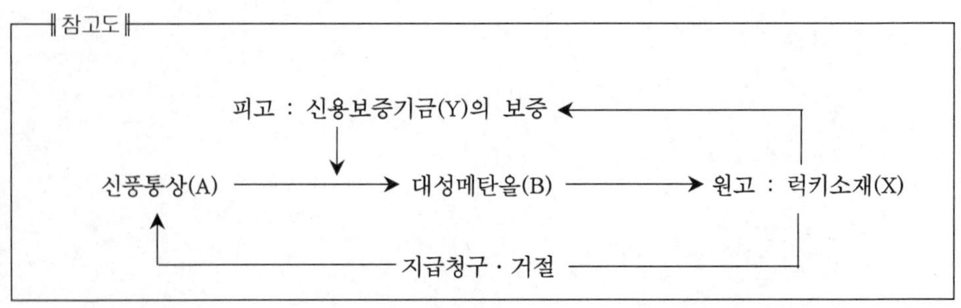

目 次

Ⅰ. 判決要旨

이 사건의 제1심(서울민사지방법원 1987. 12. 4. 87가단4804)과 제2심(서울민사지방법원 본원합의부 1988. 6. 14. 88나201)은 被告敗訴의 판결을 내렸고, 대법원도 피고의 上告를 棄却하면서 다음과 같이 판시하였다.

1) 배서금지의 문구를 기재한 약속어음도 지명채권의 양도에 관한 방식에 따라 양도할 수 있다. 다만 이 경우에는 민법 제450조의 대항요건(통지, 승낙)을 구비하는 외에 약속어음을 인도(교부)하여야 한다.

2) 배서금지어음상의 권리를 양도함에 있어 어음보증인의 동의를 얻지 아니하고 수취인명의를 변경, 기재하였더라도 그 변경, 기재된 수취인이 어음상의 권리를 指名債權讓渡의 방법으로 양수하여 피보증인에게만 대항요건을 갖추었더라도 보증인은 보증채무의 수반성에 따라 보증채무를 져야 한다.

3) 피고가 어음보증을 한 것은 소외 신풍통상의 메탄올 구입을 원활하게 하는 것이 목적이므로, 이 사건과 같이 원고가 위 물품공급계약의 계약상의 지위를 인수하는 경우에 있어서는 그 양수인(새로운 메탄올 공급자인 럭키소재)을 위하여도 신용보증을 하는 의사가 포함되어 있는 것이라고 보는 것이 타당하다.

II. 解　　說

1. 論　　點

이 사건의 논점은, ① 배서금지어음은 전혀 양도할 수 없는가(論點 1), ② 보증인의 동의 없이 수취인을 변경한 경우, 변경된 수취인이 보증인에게 보증인의 책임을 물을 수 있는가(論點 2), ③ 어음보증인의 책임의 범위는 어디까지인가(論點 3) 등이다.

2. 背書禁止어음의 讓渡可能性(論點 1)

(1) 背書禁止어음의 意義

배서금지어음(지시금지어음)이란 어음의 발행인이 수취인에 대한 抗辯을 유지하기 원하거나 배서가 계속되어 상환금액(소구금액)이 증대되는 것을 막기 위하여 어음에 '지시금지'의 문자 또는 이와 같은 뜻이 있는 문구를 기재한 어음을 말한다.[1] 이는 장래의 채무를 담보하기 위한 근담보 목적으로 제공되는 어음에 많이 사용되고 있는데, 이 사건 배서금지어음도 8천만원 내의 채무를 담보하기 위한 根擔保어음에 해당한다.

(2) 背書禁止어음의 讓渡可能性

어음에 배서금지문구가 기재되어 있는 경우는 문자 그대로 배서를 금하는 것이어서 배서에 의한 어음의 양도는 불가능하다. 그러나 배서금지어음이라도 양도성이 전혀 없어지는 것은 아니므로 소지인은 지명채권양도의 방법에 의하여 이를 양도할 수 있다. 다만 지명채권의 경우 원칙적으로 양도할 수 있지마는(민법 제449조 제1항) 당사자가 약정으로 양도를 禁할 수 있는 것(민법 제449조 제2항)과 마찬가지로, 指名債權讓渡方法에 의한 어음의 양도까지도 금지한다는 취지의 약정을 할 수는 있다.

이 사건의 어음에서는 단순히 배서금지만 표시되어 있어서, 이 어음을 지명채권양도방법에 의한 양도까지 禁하는 약정이 있었던 것으로는 해석할 수가 없다. 그러므로 이 사건에서의 배서금지어음도 지명채권양도방법에 의하여 양도할 수 있다.

(3) 指名債權의 讓渡方法에 의한 讓渡

1) 발행인이 어음의 표면에 '보관용'이라고 기재한 것만으로 또한 약속어음의 裏面의 배서란 맨 끝부분에 '견질용'이라고 기재된 것만으로는 배서금지어음으로 볼 수 없다: 대법원 1993. 11. 12. 93다39102; 동 1994. 10. 21. 94다9948.

지명채권이란 특정인을 채권자로 하는 채권을 말하는데, 채권자와 채무자가 처음부터 정하여져 있는 보통의 채권이 지명채권이다(이에 대하여 지시채권은 특정한 者 또는 그 者로부터 지시를 받은 자가 채권자인 채권인데, 지시는 대개 배서에 의하여 하게 된다. 어음과 수표는 수취인 및 수취인의 배서에 의하여 지시를 받은 피배서인이 채권자가 되므로 전형적인 지시채권이다. 그리고 무기명채권은 채권자를 특정하지 아니하고 보통 증권의 소지인이 채권자가 되는 채권이다. 승차권, 지하철회수권, 극장관람권, 은행의 자기앞수표 등은 대개 무기명채권이다).

어음은 본래 指示證券이지만, 이 사건에서와 같은 지시금지어음은 지명채권으로 변한다. 민법 제450조 제1항에 의하면 지명채권을 양도할 때에는 반드시 양도인이 채무자에게 통지하거나 채무자가 승낙하여야만 효력이 있다(지명채권양도의 대항요건). 이 사건에서도 B가 X에게 영업을 양도하고 문제가 된 지시금지어음을 양도하면서 어음의 발행인(채무자)인 A의 동의를 얻어서 受取人을 B에서 X로 변경하였다. 따라서 지명채권양도 방법에 따른 채권양도를 이행한 것으로 볼 수 있다. 다만 배서금지어음도 어음인 이상 배서만 금지될 뿐이지 유가증권성까지 상실되는 것은 아니므로, 이를 양도할 때에는 위 민법 제450조의 대항요건(통지 또는 승낙)을 구비하는 외에 증권을 引渡(교부)하여야 하며, 지급을 위하여는 어음을 제시하여야 하고 또 어음금을 지급할 때에는 어음을 還受하여야(되돌려 받아야) 한다는 것이 우리 나라와 일본의 다수학자의 견해이다.[2]

한편 보증인에 대하여까지 지명채권 양도의 대항요건을 갖출 필요는 없다.

(4) 背書禁止어음의 讓渡의 效力

지명채권양도의 방법으로 양도한 배서금지어음의 양도는 그 효력에 있어서도 지명채권양도의 경우와 동일하다(어음법 제11조 제2항). 즉, 양수인은 양도인의 어음상의 권리를 취득하지만 배서에 의한 경우와는 달리 人的 抗辯의 切斷과 선의취득이 인정되지 않는다. 또 지명채권자는 권리를 행사할 때에 사실관계를 확인시켜 실질적 권리자임을 증명하여야 한다. 지명채권 양도인은 담보책임도 지지 않는다.

3. 受取人의 變更과 保證債務의 隨伴性(論點 2)

(1) 受取人의 變更과 어음保證人의 責任

수취인명의 말소나 변경은 어음의 변조가 된다고 본다. 본래 기명날인 이외의 어음의 기재사항을 변경하는 것은 어음의 변조이기 때문이다. 어음행위자가 자기가 기

---

2) 대법원 1989. 10. 24. 88다카20774.

재한 내용을 변경하는 것은 변조가 되지 아니한다. 그러나 자신이 기재한 내용이라도 이미 동 어음상에 다른 권리 또는 의무를 부담하는 자(예컨대 보증인이나 배서인 등)의 記名捺印이 있는 경우에는, 이러한 자의 동의없이 변경하면 동의를 하지 않은 자에 대하여는 변조가 된다. 대법원 1981. 10. 13. 81다726, 81다카90을 보면, "어음의 발행인(A)이 특정인(B)을 수취인으로 기재하여 작성한 약속어음에 보증인(C)으로부터 발행인을 위한 어음보증을 받은 다음, 보증인의 동의없이 멋대로 수취인란의 기재를 삭제하고 제3자(D)에게 이를 교부하여 제3자가 그 수취인란에 자신의 이름을 써넣었다면 이와 같은 약속어음의 수취인란 기재변경은 보증인에 대한 관계에 있어서 어음의 변조에 해당하고, 위 어음보증의 주된 채무는 발행인의 본래의 수취인에 대한 채무이며 제3자에 대한 채무가 아니므로 變造된 수취인인 제3자(D)에 대하여서까지 어음보증의 책임을 지는 것이 아니다"고 판결하였다(같은 취지의 판결로서 대법원 1981. 11. 10. 80다2689; 동 1981. 11. 24. 80다2345 등 참조).

다만 변경 전의 수취인과 변경 후의 수취인 사이에 어음상 권리의 실질적 양도가 인정되는 경우, 즉 어음상 권리를 양도하면서 배서양도의 방식에 의하지 아니하고 변칙적인 방식으로 수취인의 명의를 변경한 경우에, 권리양수인인 변경 후의 수취인이 발행인에 대하여 그 권리의 양수를 대항할 수 있고, 이 경우 어음보증인은 변경 후의 수취인에 대하여 어음보증의 책임을 면할 수 없다. 이는 민법상 보증에 있어서도 주된 채권의 양도로 채권자가 변경될 경우에는 주된 채권에 부수된 보증채무도 이전되는 이른바 보증채무의 수반성이 인정됨에 비추어 보아도 당연한 것이다. 다시 말하여 우리 대법원은 보증인의 허락을 받지 아니한 수취인 변경의 효과에 대하여 전후 수취인 사이에 권리승계사실이 없는 경우와 있는 경우로 나누어 판단하고 있으며, 위에 열거한 판결들은 전자에 해당한다. 이는 어음보증채무 및 민사보증채무의 수반성에 비추어 볼 때 타당한 태도이다.

이 사건에서도 어음상의 채무자의 한 사람인 보증인의 동의없이 약속어음의 수취인 名義를 변경, 기재한 것은 어음보증인에 대한 관계에 있어서는 어음의 變造에 해당한다. 따라서 변조 전에 어음행위를 한 어음보증인은 이론상 변조 후의 수취인에 대하여는 어음보증의 책임이 없다고 하여야 할 것이다. 그러나 이 사건에서는 실질적 권리이전 사실이 인정되므로 Y는 다음과 같은 어음보증의 隨伴性으로 인하여 X에 대하여 책임을 져야 한다.

(2) 保證債務의 附從性과 隨伴性

어음상의 권리가 배서에 의해 양도될 경우 그 권리의 이전에 부수되는 권리로서 예컨대 보증채권 등도 함께 이전한다. 이것은 어음보증인의 책임도 보증책임이므로 민법상 보증채무와 같이 附從性과 隨伴性을 갖기 때문이다. 즉, 피담보채무가 존재하지 않거나 支給·相計·免除·消滅時效 등에 의하여 소멸한 때에는 어음보증채무도 부존재하거나 소멸하게 되고(부종성), 피보증인에 대한 어음상의 권리가 이전하면 어음보증인에 대한 어음상의 권리도 원칙적으로 이전한다(수반성). 그러나 어음보증인의 책임이 부종성을 가지고 있더라도 어음보증행위의 獨立性으로 인하여 많은 제한을 받는다.

본래 이 사건에서는 수취인을 변조하였으므로 보증인은 새로운 채권자인 '럭키소재'에 대하여는 보증책임을 지지 아니한다고 하여야 옳다. 그러나 이 사건에서 배서금지어음의 어음상의 권리를 양도함에 있어 그 어음의 수취인 명의를 변경, 기재하였더라도 그 변경, 기재된 수취인이 어음상의 권리를 지명채권양도의 방법으로 양수하여 대항요건을 갖춘 경우에는 보증채무의 수반성에 따라 어음상의 권리의 讓受人(변경, 기재 후의 수취인)에 대하여 보증채무를 져야 한다.

또한 이 사건에서 배서금지어음을 양도하면서 피보증인인 A에 대하여는 지명채권양도의 대항요건을 구비하였으나 보증인 Y에 대하여는 특별히 별도의 대항요건절차를 이행하지 아니하였지만, 그것은 문제되지 않는다고 보는 것이 대법원의 견해이다.[3] 이것은 보증채무의 부종성의 효과로 설명되는데, 예컨대 피보증인에 대하여 권리보전절차나 時效中斷節次를 취하면 보증인에 대하여는 별도로 그러한 절차를 반복하지 아니하더라도 보증인에 대하여 효력이 있다.[4]

4. 어음保證과 民法上의 保證(論點 3)

본래 어음보증은 원인관계로부터 분리되는 것이 원칙이다(어음行爲의 無因性). 따라서 보증인은 어음상의 액면금에 대하여만 책임을 지고, 예컨대 어음상의 채무가 時效로 소멸하면 보증인의 채무도 소멸한다. 그런데 어음보증이 때로는 원인관계상(기본계약상)의 채무를 보증한 것으로 看做되는 경우가 흔히 있다. 이 경우에는 예컨대 어음상 채무가 3년의 시효로 소멸하더라도 원인관계상의 채무는 민법상 消滅時效가 완성될 때까지 소멸하지 아니한다. 대법원 1980. 3. 11. 80다15를 보면 대법원은 "수표

3) 대법원 1976. 4. 13. 75다1100 참조.
4) 동지: 대법원 1988. 8. 9. 86다카1858.

를 담보로 하여 타인으로부터 돈을 빌린다는 사실을 알면서 수표에 대하여 보증을 한 것은 돈을 대여하고 그 수표를 교부받아 소지하는 사람에 대하여 민법상의 연대보증을 한 것이라고 보아야 한다"고 판시한 바 있다. 심지어는 보증의 취지로 배서만 하더라도(이를 숨은 어음보증이라고 한다) 민법상의 보증책임을 져야 한다는 판결도 많이 있다(사례문제 11. "숨은 어음保證" 참조).[5]

이 사건의 사실관계를 보면 Y는 A가 B에 대한 대금지급채무를 담보하기 위하여 약속어음을 발행한다는 사실을 잘 알면서 어음보증을 하였다. 더구나 어음보증을 함에 있어 어음문면에 기재되지 아니한 보증기한 및 보증한도의 약정을 하고 있었다는 점 등에 비추어 보면 결국 Y는 이 사건 발행인의 원인채무에 대한 根擔保의 목적으로 어음보증을 하였다. 따라서 보증인은 어음채무를 민법상으로도 보증하였다고 해석할 수 있다. 대법원은 Y가 1986. 6. 30. 현재 B에 대하여 부담하고 있던 물품대금채무에 한하여 책임이 있다고 주장한 데 대하여, Y의 보증행위에 새로운 공급자를 위하여도 신용보증을 하는 의사가 포함된 것으로 판단하였다. 이것은 대법원이, 판결이유에서 명확히 밝히지는 아니하였지만, Y의 이 사건 어음보증은 동시에 민법상 보증을 한 것으로도 해석하였기 때문이다. 따라서 Y는 3천8백만원이 아닌 4천7백만원에 대한 책임을 져야 한다.

Ⅲ. 結　　語

이 사건의 판결의 내용을 요약하자면 어음상 수취인명을 변조하였음으로써 어음변조가 된 경우 어음변조의 法理에 따라 어음보증인의 책임은 否定될 것이지만, 어음상의 권리가 지명채권양도의 방법에 의하여 양도된 이상 보증채무의 隨伴性에 따라 보증인은 책임을 져야 하며, 이 때 피보증인인 A에 대하여 지명채권양도의 대항요건을 갖춘 이상 보증인 Y에 대하여까지 대항요건을 갖출 필요는 없다는 것이다. 나아가 이 사건 보증인의 책임은 어음법상 어음보증인으로서의 책임뿐만 아니라, 원인관계상(민법상)의 보증인의 책임으로서 어음양수인에 대한 새로운 채무에 대하여까지도 책임을 져야 한다는 것이다. 따라서 Y는 3천8백만원이 아닌 4천7백만원에 대한 책임을 져야 한다.

---

5) 대법원 1957. 11. 4. 4290민상516; 동 1965. 9. 28. 65다1268; 동 1972. 3. 28. 71다2452; 동 1986. 7. 22. 86다카783; 동 1986. 9. 9. 86다카1088; 동 1987. 8. 25. 87다카891; 동 1989. 7. 25. 88다카19460 등 참조.

퀴 즈

Ques. 배서금지어음과 배서금지배서의 같은 점과 다른 점을 설명하라.

Ans. 1. 意　義

1) 背書禁止어음(指示禁止어음 또는 禁轉어음)이란 발행인이 '指示禁止' 또는 이와 같은 뜻이 있는 문구를 기재한 어음을 말한다(어음법 제11조 제2항).

2) 背書禁止背書란 어음의 背書性을 박탈하는 배서이다(어음법 제15조 제2항·제77조 제1항 제1호).

2. 공통점

양자는 모두 수취인(배서금지어음의 경우) 또는 피배서인(배서금지배서의 경우)에 대한 항변의 유보를 원하거나 배서가 계속되어 償還金額이 증대되는 것을 막기 위하여 이용된다.

3. 작성자

(a) 배서금지어음: 발행인

(b) 배서금지배서: 배서인

4. 效　力

1) 背書禁止어음은 어음의 指示性을 배제한 것이므로 배서양도를 할 수 없고, 指名債權의 양도에 관한 방법에 따라서만, 그리고 그 효력으로써만 양도할 수 있다(어음법 제11조 제2항).

2) 배서금지배서는 배서양도를 할 수 있되 다만 배서금지배서인에게 담보책임이 없다.

8 白地式 背書의 被背書人의 地位

[김지홍 대 두레금속(주) 사건]

대법원 2001. 4. 24. 2001다5272

事 例

피고 두레금속 주식회사(Y)는 자금융통을 위하여 창신산업 주식회사(A)에게 이 사건 약속어음을 발행, 교부하였고, A회사는 Y회사에게 이 사건 어음과는 별도로 약속어음(교환어음)을 발행, 교부하였다. A회사는 Y회사로부터 취득한 이 사건 어음을 백지식 배서의 방법으로 주식회사 한국주택은행(B)에서 할인을 받았는데, 이 과정에서 원고 김지홍 외 2인(X)이 위 어음할인계약을 보증하였다. 이 후 Y회사가 부도를 냄으로써 B은행은 이 사건 어음에 대한 지급을 받지 못하게 되었다. 이에 보증인 X는 문제된 어음의 어음금을 지급하고 B은행으로부터 B은행의 배서 없이, 동 어음을 단순 교부받았다. X가 Y에게 어음금의 지급을 청구하자 Y는 이 사건 어음은 융통어음인데, 이와 교환으로 A회사가 발행한 어음이 A회사의 부도로 지급거절되었고, 이어 Y회사도 부도되었으므로 서로간의 원인채권관계를 정산하여 그 원인채권이 소멸하였으므로 위 어음채무는 더 이상 존재하지 아니한다는 것을 이유로 지급을 거절하였다. Y는 이 어음금을 지급하여야 하는가? 다만 B는 이 사건 어음이 융통어음임에 관하여 선의로 추정되고, A회사의 대표이사와 남매지간인 X는 악의임을 전제로 한다.

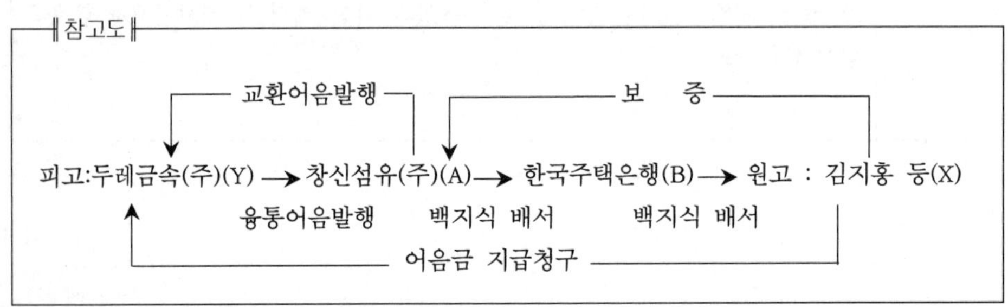

目 次

Ⅰ. 判決要旨

대법원은 원심판결(서울고등법원 2000. 12. 13. 99나61998)을 인용하여 원고승소의 판결을 내렸다. 판결요지는, "백지식 배서에 의하여 어음을 양수한 사람은 백지를 보충하지 아니하고 인도에 의하여 어음을 양도하면 배서인으로서의 상환의무를 부담하지 아니하지만 현재의 어음소지인의 앞사람으로서 권리를 양도한 어음상의 권리자였다는 지위에는 변함이 없으므로, 어음상 배서인으로 나타나 있지는 않지만 현재의 어음소지인에게 어음을 양도한 사람이 어음 취득 당시 선의였기 때문에 그에게 대항할 수 없었던 사유에 대하여는 현재의 어음소지인이 비록 어음 취득 당시 그 사유를 알고 있었다고 하여 그것으로써 현재의 어음소지인에게 대항할 수 없고, 현재의 어음소지인이 지급거절증서 작성 후 또는 지급거절증서작성기간 경과 후에 어음을 양도받았다고 하더라도 마찬가지이다."

Ⅱ. 解　說

1. 論　點

사례에서 문제된 어음은 융통어음이다. 사례의 핵심은 Y가 지급을 거절하기 위한 항변을 검토하는 것이다. 그와 같은 항변에는, (ⅰ) 융통어음의 항변(論點 1), (ⅱ) 원인관계 부존재의 항변(論點 2), (ⅲ) X가 악의의 취득자라는 악의의 항변(論點 3)을 차례로 검토하면 되겠다.

2. 融通어음의 항변(論點 1)

융통어음의 항변의 의의에 관하여는 본서 "融通어음의 抗辯"을 참고하기로 하고 설명을 생략한다. 다만 융통어음의 항변은 인적 항변에 해당하나, 어음법 제17조 단서가 적용되지 아니하는 항변이라고 본다. 따라서 제3자가 융통어음임을 알고 이를 취득하였다고 하더라도 그 취득자에게 害意가 없는 한 어음채무자는 그 어음을 지급하여야 한다. 다만 사례에서 X의 악의가 인정되므로, 이 문제는 논점 3에서 더 자세히 고찰하기로 한다.

3. 原因債權 消滅의 抗辯(論點 2)

사례에서 Y가 주장하기를, 이 사건 어음은 융통어음인데, 이와 교환으로 A회사가 발행한 어음이 A회사의 부도로 지급거절되었고, 이어 Y회사도 부도되었으므로 서로간의 원인채권관계를 정산하여 그 원인채권이 소멸하였기 때문에 위 어음채무는 더 이상 존재하지 아니한다는 항변은 실질관계에 기인한 항변으로서 인적 항변에 속한다. 이와 같은 인적 항변은 이 어음이 B은행에 교부될 때 이미 절단되었으므로, Y회사의 주장은 타당성이 없다.

4. 白地式 背書와 惡意의 抗辯(論點 3)

(1) 惡意의 抗辯

사례에서 원고 X에게는 害意가 있음이 인정되고 있다. 어음취득자에게 해의가 있는 경우에는 인적 항변이 절단되지 아니하므로(어음법 제17조 단서) Y회사는 惡意(害意)의 항변을 합법적으로 주장할 수 있지 않은가를 검토하여야 한다. 융통어음과 관련된 惡意의 抗辯에 관하여도 본서 "融通어음의 抗辯"을 참고하기로 하고 설명을 생략한다.

(2) 白地式 背書의 被背書人의 地位

최후의 배서가 백지식 배서인 어음의 소지인은 단순한 교부만으로 어음상의 권리를 이전할 수 있으므로(어음법 제14조 제2항 제3호) 동 어음의 단순한 교부에는 권리이전적 효력은 있으나 어음상에 양도인의 기명날인 또는 서명이 없으므로 양도인은 담보책임을 부담하지 아니한다. 그런데 문제는 백지식 배서에 의하여 어음을 양수한 자가 백지를 보충하지 아니하고 단순 교부에 의하여 그 어음을 양도한 경우, 양도인이 인적 항변의 절단에서 고려되는 권리자인가가 문제된다. 사례에서 B은행이 백지식 배서에 의하여 어음을 취득하고 백지식 배서에 의하여 어음을 X에게 교부하였으므로 어음상 피배서인 또는 배서인으로 나타나 있지 않아서, 인적 항변의 절단에서 B은행의 존재는 고려할 필요가 없고, A의 악의가 직접 X에게 승계된다는 주장이 가능한지 의문이다. 즉, 이 경우 X에게 掩蔽物의 法則이 적용될 수 있는지가 문제되는 것이다.

그러나 인적 항변은 어음채무자의 양도인(배서인)에 대한 인적 항변을 제한하여 어음의 유통성을 보호하는 데 그 취지가 있으므로, 인적 항변 절단의 기준이 되는 양도인인지의 여부는 어음상의 형식적 기재를 기준으로 하여 이를 결정할 것이 아니고, 현실로 권리가 이전한 관계에 의하여 결정하여야 한다. 즉, 백지식 배서에 의하여 어음을 양수한 자가 백지를 보충하지 아니하고 인도에 의하여 어음을 양도한 경우나 또는 어음의 양도 전에 배서를 하였다가 이를 다시 말소한 채로 어음을 양도한 경우에도 그 자는 현재의 어음소지인의 전자로서 권리를 양도한 어음상의 권리자임에는 변함이 없다. 따라서 사례에서 B은행이 어음상에 나타나 있지 않더라도 피고 Y회사가 악의의 항변을 주장함에는 원고 X의 전자는 A회사가 아니라 B은행으로 보아 B를 기준으로 害意 여하를 판단하여야 한다.

(3) **事例의 경우**

사례에서 현재 어음을 소지한 원고 X의 직접 前者인 B은행이 선의임이 추정되므로, 비록 X가 악의라고 하더라도 前前者인 A의 항변에 대해서 제한된다. 결국 X에게 엄폐물의 법칙이 적용된다. 본 사례의 판결요지에서도, "백지식 배서에 의하여 어음을 양수한 사람은 백지를 보충하지 아니하고 인도에 의하여 어음을 양도하면 배서인으로서의 상환의무를 부담하지 아니하지만 현재의 어음소지인의 앞사람으로서 권리를 양도한 어음상의 권리자였다는 지위에는 변함이 없으므로, 어음상 배서인으로 나타나 있지는 않지만 현재의 어음소지인에게 어음을 양도한 사람이 어음 취득 당시 선의였기 때문에 그에게 대항할 수 없었던 사유에 대하여는 현재의 어음소지인이 비록 어음 취득 당시 그 사유를 알고 있었다고 하여 그것으로써 현재의 어음소지인에게 대항할 수 없다"고 판시하고 있다. 결국 Y회사는 X에 대하여 惡意(害意)의 항변을 주장할 수 없다.

Ⅲ. 結　　語

사례에서 융통어음의 항변, 원인관계 부존재의 항변, 악의의 항변, 백지식 피배서인의 지위, 등을 검토하였다. 법원의 판단은 정당하다고 본다.

9 擔保背書人에 대하여 상환청구권을 행사할 수 있는지의 여부

[조명천 대 윤기순 사건]

대법원 1995. 9. 29. 94다58377

事 例

경기도 내에서 공유수면 매립공사를 하던 주식회사 삼영개발(제1심의 공동피고)(A)은 매립지에 황산도라는 상호로 횟집을 경영하고 있던 원고 조명천(X)에게 철거보상비를 지급하기 위하여 A회사의 공동대표이사로 있던 강신호(Y)가 1992. 6. 19. X에게 약속어음을 A회사명의로 발행하고, Y 자신은 위 어음의 제1배서인란에 개인명의로 배서를 하여 X에게 교부하였다. Y가 A회사 명의로 발행한 위 약속어음에는 발행인은 A회사, 수취인은 X, 제1배서인은 Y로 기재되어 있었다.

X는 이 약속어음의 지급기일에 A회사에 지급제시하였으나 印鑑署名相異를 이유로 지급거절되었다. 이에 X는 Y에게 어음금의 지급을 구한다. Y는 지급책임이 있는가?

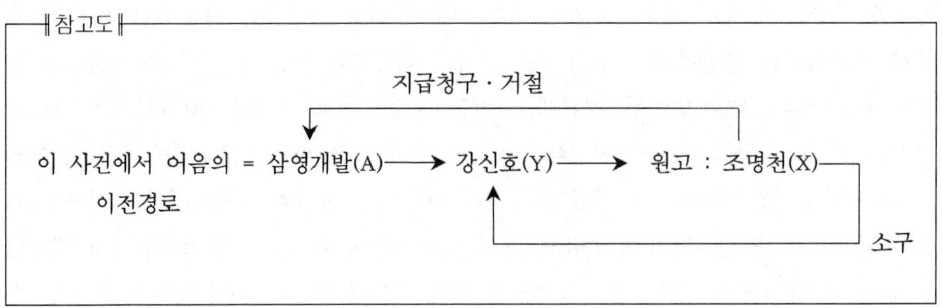

目 次

Ⅰ. 判決要旨

대법원은, "원심이 인정한 바와 같이 이 사건 약속어음의 배서가 연속되어 있지 아니하나, 이들 어음은 A회사가 X에게 발행한 것인데 X의 배서없이 Y가 그냥 담보를 위한 배서를 한 채로 X가 취득한 사실이 인정되므로 이 사건 어음상의 권리가 수취인으로 표시된 X로부터 제1배서인인 위 Y에게로 이전되었다가 다시 X에게로 승계된 것은 아니지만, 이 사건 어음의 최종 소지인인 X를 수취인으로 표시하여 발행한 어음에 Y가 그냥 담보의 목적으로 배서를 한 나머지 배서가 단절된 것에 불과하므로 위 어음에 관한 실질적인 권리자임은 이미 증명되었다 할 것이며, 이와 같이 X가 어음의 실질적인 권리자임이 증명되고 위 Y의 배서가 배서로서의 유효요건을 구비하고 있는 이상 배서의 담보적 효력은 인정되어야 할 것이고, 그와 같은 경우에는 배서가 단절된 채로 지급제시를 하여 지급거절되었다고 하더라도 그 지급제시는 적법한 것으로 보아 어음소지인은 배서인에 대하여 소구권을 행사할 수 있다고 봄이 상당하다. 따라서 원심이 위 Y에 대하여 담보책임을 부담한다고 본 것은 정당하고, 원심판결에 영향을 미칠 법리오해 등의 위법이 있다고 할 수 없다"고 판시하였다(原告勝訴).

Ⅱ. 解 說

1. 論 點

이 사건은 배서의 連續을 무시한 채 오로지 담보만을 목적으로 어음에 배서한 자는 어떠한 책임을 지는가 하는 점이다. 요컨대 배서인으로서 또는 보증인으로서 상환의무를 부담하는가 하는 점이다.

2. 擔保背書

(1) 擔保背書의 뜻

담보배서(Garantieindossament)란 어음을 양도한다는 목적은 없이 오직 배서인으로서의 담보책임(어음법 제15조)만을 부담할 목적으로 어음에 배서의 기명날인 또는 서명을 하는 것을 말한다. 이와 같은 목적은 어음보증에 의하여서도 달성될 수 있으나, 어음보증은 어음채무자의 지급능력이 불완전한 듯한 인상을 주기 때문에 담보배서제도가 이용된다. 어음보증과 다른 점은, 담보배서의 배서인은 자기의 後者에 대하여서만 담보책임을 부담하는 데 반하여, 어음보증에 있어서는 원칙적으로 前者를 위하여도 효력을 미칠 수 있다는 점(어음법 제32조 제1항·제31조 제4항 제2문 참조)이다. 그리고 어음의 裏面에 한 단순한 기명날인 또는 서명은 보증으로 볼 수 없다(어음법 제31조 제2항·제3항).

(2) 擔保背書의 效力

담보배서의 효력에 대하여는 논란이 있다.

(가) 제1설　　제1설은 담보배서를 부적법하다고 하여 그 효력을 인정하지 아니한다.[1]

(나) 제2설　　제2설은 담보배서를 어음보증으로 본다.[2]

(다) 제3설　　제3설은 ① 이를 부적법하다고 볼 이유가 없어서 일단 유효하다고 전제한 다음, ② 담보배서는 어음의 裏面에 하는 것이므로 이를 보증으로 볼 수 없고, 또 담보배서의 배서인은 자기의 後者에 대하여서만 담보책임을 부담하는 데 반하여, 어음보증에 있어서는 원칙적으로 前者를 위하여도 효력을 미칠 수 있다는 점(어음법 제32조 제1항·제31조 제4항 제2문 참조)에서 담보배서를 보증으로 볼 수도 없다고 하여 제1설과 제2설을 비판한다.

제3설은 담보배서는 배서인의 의도에 따라 담보적 효력은 있으나 권리이전적 효력은 없는 배서라고 본다.[3] 그 이유는 권리이전적 효력은 담보적 효력의 필수전제조건이라고 할 수 없기 때문이라고 한다.[4] 다만 소지인출급식수표는 권리의 이전을 위하여 배서가 필요없으나 이러한 수표에 배서한 자는 담보책임을 진다(수표법 제20조). 그러나 이것은 수표법 제20조에 의한 法定의 특별책임이다.[5]

제3설이 우리 나라의 다수설이다. 제3설에 의하면 담보배서의 담보적 효력은 양도배서의 경우와는 달리 法定의 효력이 아니라 당사자의 의사표시에 따른 효력이라 한다.[6] 따라서 담보배서에는 그 의도한 바에 따라 담보적 효력은 있으나, 권리이전적

1) Hirsch, *NJW* 1954, 1568 f.
2) Opitz, *Der Funktionswandel des Wechselindossaments,* 1968, S. 116 ff., 137 ff.
3) 최기원(하) 282면; 강위두(어) 414면; 정동윤(하) 284면. 그외에 보통의 양도배서에 지나지 않는다는 견해가 있다(정찬형(하) 306면). 이에 의하면 담보배서인은 원인관계없이 어음상의 권리를 취득하여 원인관계없이 이를 양도하는 것으로 볼 수 있고, 권리이전적 효력, 자격수여적 효력, 담보적 효력이 모두 인정된다고 한다.
4) Hueck/Canaris, *Recht der Wertpapiere,* 12. Aufl., 1986, S. 92.
5) 최기원(하) 282면.
6) 최기원(하) 282면; 정동윤(하) 284면; BGHZ 13, 87; BGH, WM 1977, 839, 840; Jacobi, 77, S. 592f.; Reinicke, BB 1956, 387, 388; Liesecke, WM 1967, 946; Baumbach-Hefermehl, WG Art. 15 Rdn. 3).

효력은 없다고 본다. 또 담보배서의 배서인에게는 그 前者에 대하여 어음법 제47조 제3항 및 제49조에 의한 상환청구권도 인정된다고 본다.[7]

(라) **筆者의 견해** 대저 담보배서라는 용어를 사용하는 경우는 두 가지 경우가 있다.

(ⅰ) 첫째는 발행인 甲, 수취인 乙, 배서인 乙, 피배서인 丙인 경우이다. 이 경우는 배서의 連續이 정연하다. 다만 이 때의 배서가 보통의 배서와 다른 점은, 乙이 甲으로부터 권리를 취득한다는 의사도, 또 丙에게 권리를 이전시킨다는 의사도 없이 오직 어음에 대하여 책임을 지겠다는 의사만 가지고 배서한 것이다.

필자의 견해로는 이 경우는 보통의 배서로 보아야 한다. 어음행위의 형식성에 비추어 배서가 정연한 이상 이를 별도의 특수한 배서로 인정할 수 없기 때문이다. 나아가 어음행위의 無因性(추상성)에 따라 배서인의 내심의 의사란 인적 항변사유가 될 뿐이다. 즉, 乙이 甲으로부터 어음을 취득하여 다시 이를 丙에게 양도함에 있어 원인관계(대가관계)가 없다는 점은 인적 항변사유가 될 뿐이다.

(ⅱ) 둘째는 발행인 甲, 수취인 乙, 백지배서인 丙인 경우이다. 이 경우는 본래 당사자들의 의도는 위 첫째 경우인 발행인 甲, 수취인 丙, 배서인 丙, 피배서인 乙로 하여야 할 것을 잘못하여 그리 된 경우가 대부분일 것이다. 이 때 배서는 연속되지 아니한다. 다만 이 때에는 당사자의 의도, 특히 배서인 丙의 의도, 즉 담보배서를 한다는 의도가 분명하게 드러난다. 이 경우에는 권리의 양도·양수는 전혀 없고, 보증한다는 뜻밖에 없다.

위 사례는 바로 이와 같은 것이다. 이것은 당사자간에는 숨은 어음보증으로 인정하여야 한다. 당사자의 의도가 그러하기 때문이다. 위 사례에서 당사자간에는 B의 배서는 보증이라고 보아야 한다. 따라서 보증에 관한 어음법의 규정이 유추적용되어야 한다.

문제는 이것이 다시 제3자에게, 예컨대 수취인 乙로부터 丙의 담보배서를 받아 현재의 소지인 丁에게 교부된 경우이다. 이 때에는 발행인 甲, 수취인 乙, 백지배서인 丙, 백지배서를 보충한 피배서인 丁 간에 배서의 연속사항을 보면 甲·乙은 연속되나, 乙·丙 간에는 불연속되고, 丙·丁 간에는 다시 연속이 된다. 이 때에는 소지인 丁은 배서의 연속을 증명하여 정당한 권리자임을 주장할 수밖에 없다.

---

7) 최기원(하) 282면; 정동윤(하) 284면.

Ⅲ. 結　　語

이 판례는 어음에 담보만을 목적으로 배서한 者의 책임을 인정한 최초의 것이라는 점에서 중요한 의미를 갖는다. 이 판례의 결론에는 찬성하나 그 판결이유에는 문제가 있다.

어음에 양도배서를 하면 배서의 권리이전적 효력에 의하여 어음상의 모든 권리는 被背書人에게 이전한다(어음법 제14조 제1항). 배서의 권리이전적 효력은 배서의 본질적 효력이라고 할 수 있다. 이 경우에 어음의 배서인은 배서에 의하여 어음관계에서 떠나게 되는 것이 아니라 被背書人 및 그 後者 전원에 대하여 인수 및 지급의 담보책임을 지게 되는데(어음법 제15조 제1항), 이는 양도배서에는 담보적 효력이 있기 때문이다. 이러한 배서인의 담보책임은 의사표시에 의한 것이 아니라 어음의 유통보호와 대가관계를 고려하여 정책적으로 인정한 법정의 특별책임이라는 것이 통설이다. 이러한 책임은 유효한 양도배서를 한 경우에 배서의 본질적 효력에 從되는 제2차적인 효력에 의하여 인정되는 것이다.

이 판례에서 “Y의 배서가 배서로서의 유효요건을 구비하고 있는 이상 背書의 담보적 효력은 인정되어야 할 것”이라고 한 것은 배서가 양도배서로서의 유효요건을 구비하고 있다는 것을 전제로 한 것으로 보인다. 이는 배서의 형식적 요건(배서인의 기명날인)을 구비하였기 때문에 그와 같은 판단을 한 것으로 보인다. 즉, 형식적으로 유효한 배서를 하였기 때문에 (무조건) 배서인으로서의 담보책임을 부담한다고 볼 수 있다. 배서의 효력 중 하나인 배서인의 담보책임은 법정의 책임으로 이해되어 왔기 때문에 이와 같은 해석이 가능한 것이다.

그러나 Y의 배서가 背書로서의 실질적 유효요건을 구비하였다고 할 수 있는지는 의문이다. 왜냐 하면 Y는 어음의 유통과정으로 볼 때 배서를 할 실질적 자격은 없다고 할 수 있기 때문이다. 오히려 어음상의 권리를 취득한 후 이를 타인에게 이전하는 것이 아니라 어음에 대한 실질적 권리는 없이 보증 또는 담보의 목적으로 배서한 것으로 볼 수 있다. 즉, 이 판례의 경우 Y의 책임은 Y가 담보를 목적으로 한 법률행위를 하였기 때문에 그 의사표시에 의하여 책임을 지는 것이라고 할 것이다. 이러한 책임은 양도배서를 한 경우에 배서인이 지는 法定의 담보책임이 아니라 의사표시상의 효력이라 하겠다. 필자는 배서의 효력으로서 권리이전적 효력, 자격수여적 효력 및 담보적 효력 모두를 의사표시상의 효력으로 해석하므로,[8] 사례에서 B의 책임을 배서행위의 효력으로 설명하더라도 결과는 같다.

또한 이 판례에서 배서인 Y에 대하여 어음소지인이 상환청구권을 행사할 수 있다고 한 것은 Y의 의사표시에 의한 책임을 인정한 것인지 법률의 규정에 의한 책임을 진다는 것인지는 분명하지 않다. 다만 Y의 배서가 유효요건을 구비하고 있는 이상 背書의 담보적 효력은 인정되어야 한다고 한 점에서 보아 후자의 책임으로 보는 입장으로 짐작될 뿐이다. 그러나 Y가 담보의 목적으로 배서를 하였으므로 담보책임이 있다고 한다면 이는 의사표시에 의한 책임으로 보는 것이 타당하다고 본다. 일본에서는 점차 양도배서의 경우에 배서인의 책임도 의사표시에 의한 책임이라는 견해가 유력하고 이는 독일의 通說이기도 하다.

다음에 문제가 되는 것은 담보만을 위하여 배서를 한 배서인도 담보책임을 이행한 경우에 前者에 대하여 어음법 제47조 제3항, 제49조에 의한 상환청구권이 있는가 하는 점이다. 이는 어음보증인과 참가지급인의 상환청구권을 인정하는 어음법 제32조 제3항이나 제63조 제1항의 유추적용에 의하여 인정된다고 본다. 담보배서인의 상환청구권을 부정하는 학설[9]에 의하면 이 경우에 배서인은 어음법 제49조에서 말하는 환어음을 환수한 자가 아니라고 한다. 그러나 여기에서 환어음을 환수한 자는 반드시 전에 어음상의 권리를 취득하였던 자라고 볼 필요는 없고 어음소지인의 전자로서 어음에 기재된 자를 말하는 것으로 해석되어야 할 것이다. 어음보증인이나 참가지급인도 결코 전에는 어음상의 권리자가 아니었다는 점에서 담보배서인과 다를 바 없으므로 어음법 제32조 제3항이나 제63조 제1항의 유추적용은 무리가 없다고 할 것이다.

---

8) 최준선(어) 318면.
9) BGHZ 13. 87f.

10 期限後背書

[김연숙 대 오일산업(주) 사건]

대법원 1987. 8. 25. 87다카152

事 例

피고 오일산업주식회사(Y)는 소외 강성이(A)로부터 분탄을 납품받기로 약정하고 그 대금의 지급을 담보하기 위하여 수취인 A, 만기를 1985. 5. 20. 으로 한 약속어음 2매를 발행하였다. A는 그 약속어음을 수취한 다음 날 이를 소외 전남상호신용금고(B)에게 배서양도하였는데, Y회사는 이 건 약속어음의 발행원인인 분탄납품계약을 해제하였다. B가 만기일에 지급은행에 지급제시하였으나 지급은행은 지급을 거절하면서 이건 약속어음에 '교환필'이라는 스템프를 압날하고 "피사취 또는 예금부족으로 지급거절한다"는 취지의 附箋을 첨부하여 반환하였다. B는 지급거절된 다음날인 1985년 5월 21일에 어음을 소외 장향진(C)에게 배서 · 양도하였고, C는 같은 날 원고 김연숙(X)에게 배서 · 양도하였다. X는 Y회사에게 어음금지급을 청구하였다.

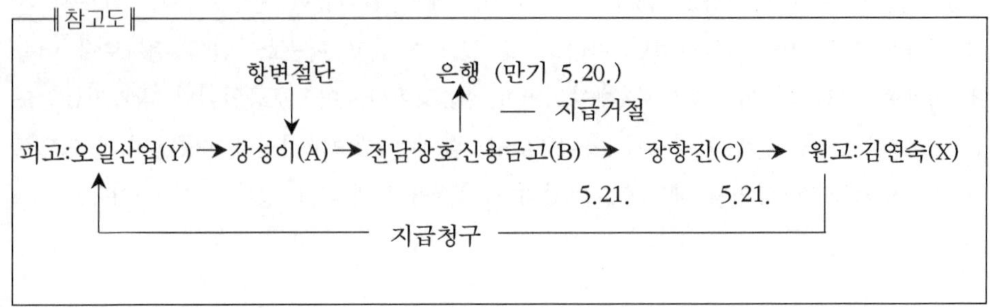

目 次

Ⅰ. 判決要旨

원심(광주지방법원 1986. 12. 2. 선고, 86 나 370 판결)과 대법원은 다같이 피고의 어음금지급책임을 인정하였다. 다만 원심은 "被詐取어음이라는 이유로 지급거절되고 약속어음에 '교환필'이라는 스탬프가 압날되어 있었으며, '被詐取 또는 예금부족으로 지급거절한다'는 취지의 附箋이 첨부된" 약속어음에, "소외 금고가 소외 장향진에게, 또 소외 장향진이 원고에게 한 배서는 각각 만기일의 익일인 1985년 5월 21일에 한 배서"로서 이를 期限後背書로 보았고, 대법원은 이러한 배서는 지급거절증서 작성기간 내의 것이기 때문에 기한후배서가 아닌 滿期後의 背書로 본 점이 달랐다.[1]

Ⅱ. 解 說

1. 論 點

이 사건의 논점은 다음과 같다.

1) 기한후배서와 만기후배서의 차이(論點 1).

2) 지급거절 후의 배서이지만, 거절증서는 작성되지 아니한 배서도 기한후배서가 되는가(지급거절 후의 배서)(論點 2).

3) 기한후배서의 효력은 어떠한가(기한후배서의 효력)(論點 3).

2. 期限後背書와 滿期後背書의 差異(論點 1)

기한후배서는 어음에 있어서는 지급거절증서 작성 후 또는 지급거절증서작성기간 경과 후의 배서를 말하고(어음법 제20조 제1항 단서 · 제77조 제1항 제1호), 수표에 있어서는 지급거절증서나 이와 같은 효력이 있는 선언(지급거절선언)의 작성 후 또는 지급제시기간 경과 후의 배서를 말한다(수표법 제24조 제1항). 어음의 지급거절증서작성기간은

1) 동지의 판결: 대법원 2000. 1. 28. 99다44250.

확정일출급·발행일자후정기출급·일람후정기출급어음에서는 '지급을 할 날 이후의 2거래일'이고, 일람출급어음에서는 '발행일자로부터 1년 내' 이다(어음법 제44조 제3항·제77조 제1항 제4호). 국내수표의 지급제시기간은 10일이다(수표법 제29조 제1항).

기한후배서는 지급거절증서 작성 후 또는 지급거절증서작성기간 경과 후의 배서를 말하므로, 단순히 만기후의 배서가 아니고 사실상 부도확정후의 배서이다. 어음의 지급이 거절되어 지급거절증서를 작성한 후나 지급거절증서를 작성하지 아니하고 지급거절증서작성기간을 경과한 후에 배서를 한 경우와, 수표의 지급이 거절되어 지급거절증서나 지급거절선언을 작성한 후 또는 지급제시기간을 경과한 후에 배서를 한 경우에, 이러한 어음·수표는 이미 상환청구단계에 있는 어음·수표이고, 본래의 유통성을 상실한 것이다. 따라서 이러한 배서에는 어음·수표의 유통성의 확보를 위하여 특별히 부여된 강력한 효력을 인정할 필요가 없다.[2] 그러므로 어음·수표법은 특별규정을 두어 이에 지명채권양도의 효력밖에 인정하지 아니한다(어음법 제20조 제1항 단서·제77조 제1항 제1호; 수표법 제24조 제1항).

이에 대하여 만기후배서는 지급거절증서 작성 전 또는 지급거절증서작성기간 경과 전(보통 만기 이후의 2거래일 내)에 한 배서를 말하는데, 이러한 배서는 만기 전의 배서와 같은 효력이 있다(어음법 제20조 제1항 본문·제77조 제1항 제1호). 따라서 배서의 권리이전적 효력, 담보적 효력 및 자격수여적 효력이 있고 또 인적 항변의 절단과 선의취득이 인정된다.

기한후배서인가 아닌가는 어음에 기재된 배서의 날짜를 기준으로 결정할 것이 아니고 실제로 배서한 날을 기준으로 결정하여야 한다. 다만 배서에 날짜의 기재가 있으면 그 날에 배서한 것으로 추정되고, 배서에 날짜의 기재가 없으면 기한 전의 배서로 推定된다(어음법 제20조 제2항·제77조 제1항 제1호; 수표법 제24조 제2항). 여기서 배서한 날이란 배서가 완성된 날을 말하므로, 배서를 기재한 후 수일을 경과하여 어음을 교부한 경우에는 그 교부한 날이 기준이 된다. 지급거절증서는 어음의 이면에 기재한 사항에 계속하여 기재하므로(거절증서령 제4조 제2항), 지급거절증서 후에 기재된 배서는 기한후배서로 추정된다.

3. 支給拒絶後의 背書(論點 2)

어음의 경우 지급이 거절된 후에라도 지급거절증서를 작성하지 아니하고 지급거

---

2) 서돈각·정완용(하), 199면.

절증서작성기간 내에 배서한 경우에는 본래 그 배서는 기한후배서가 아니다. 그러나 만기 후 지급거절증서작성기간 경과 전이라도 지급제시기간 내에 提示되어 지급거절의 사실이 어음면상 명백하게 된 후의 배서, 예컨대 어음에 피사취 또는 예금부족으로 지급을 거절한다는 뜻의 은행의 부도문구가 기재되어 있거나, 이러한 기재의 부전이 첨부되어 있음에도 불구하고 이러한 어음에 한 배서를 기한후배서로 볼 것인가, 아니면 거절증서가 작성되지 아니한 만큼 무조건 만기후배서로 보아야 하는가 문제이다. 원심법원은 이와 같은 배서를 기한후배서로 보았으나(기한후배서설), 대법원은 만기후배서로 보았다(만기후배서설).

(1) 期限後背書說

기한후배서라는 견해는 은행의 부도선언은 지급거절증서와 같은 신뢰성이 있으므로 어음법 제20조 제1항 단서(지급거절증서 작성 후의 배서는 지명채권양도의 효력이 있다)를 확대해석하여 이를 기한후배서로 보아야 한다는 것이다.[3]

(2) 滿期後背書說

이에 대하여 만기후배서라는 견해는 은행의 부도선언을 지급거절증서와 동일시할 수 없으므로 이를 기한후배서로 볼 수 없다고 한다.[4] 또한 수표법 제39조 제2호 및 제3호에서는 '은행이나 어음교환소의 지급거절선언'에 지급거절증서와 같은 효력을 인정하여 지급거절선언 후의 배서를 기한후배서로 규정하고 있다. 그러나 어음법 제20조 제1항에는 이러한 규정이 없을 뿐 아니라, 오히려 기한후배서를 '지급거절 후의 배서'라고 규정하지 않고 '지급거절증서 작성 후 또는 지급거절증서작성기간 경과 후의 배서'라고 명백하게 규정하고 있다. 이는 기한후배서의 기준시점을 형식적으로 명확히 하려는 취지인 것으로 생각된다. 따라서 은행이나 어음교환소의 지급거절선언이 있어 지급거절되었다는 것이 명백하더라도 지급거절증서 작성 전 또는 지급거절증서작성기간 경과 전의 배서는 기한후배서가 아니라고 보아야 한다는 것이다.

(3) 私　見

어음법은 방식을 매우 중요하게 여기고 있고, 지급거절증서가 작성되지 아니하면 상환청구권도 행사할 수 없는 점에서 만기후배서설이 정당하다고 본다. 따라서 이 사건에서 문제된 배서는 기한후배서가 아니다.

기타 기한후배서는 다음 사항과 관련하여 문제점이 있다.

(가) 支給拒絶證書作成이 免除된 경우　　거절증서의 작성이 면제되어 있는 어음(무

---

3) 최기원(하) 299면; 정찬형(하) 290~291면; 日本 東京高裁 1961. 4. 11. 판결.
4) 강위두(어) 386면; 정동윤(하) 295~296면; 채이식(하) 113면; 이철송(어) 363면.

비용상환어음: 어음법 제46조 제1항)은 이를 지급제시하고 지급이 거절되더라도 거절증서의 작성이 필요없다. 따라서 이를 지급제시하고 지급이 거절되더라도 거절증서작성기간이 경과하기 전에 배서한다면 취득자의 입장에서는 지급이 거절된 어음인지 아직 지급제시가 안 된 어음인지 알 수 없다. 그러므로 거절증서의 작성이 면제된 어음의 경우에는 거절증서작성기간 경과 후의 배서만이 기한후배서가 된다고 본다(다수설). 이에 대하여 거절증서의 작성이 면제되어 있는 어음의 경우에는 지급거절만 있으면 바로 상환청구권행사가 가능하므로 거절증서작성기간이 경과하기 전이라도 지급거절 후에 배서한 경우에는 기한후배서로 보아야 한다는 견해도 있다.[5]

생각건대 지급거절증서작성기간, 기준의 확실성 등에 비추어 다수설이 타당하다고 본다. 따라서 거절증서의 작성이 면제된 경우에는 지급거절되었다는 사실만으로는 부족하고 거절증서작성기간까지도 경과한 후의 배서인 경우에만 기한후배서가 된다.

(나) **引受拒絶과 期限後背書** 인수거절증서(어음법 제44조) 작성 후의 배서에 관하여도 명문의 규정은 없으나, 이러한 어음도 어음면상 상환청구권을 행사할 수 있는 어음이 명백하고 또 그 신용의 정도도 지급거절증서작성 후의 어음과 다를 바 없으므로 역시 기한후배서로 보아야 한다는 것이 통설이다.

인수의 일부거절이 있어서 인수거절증서를 작성한 경우에도 기한후배서로 보아야 할 것이다.[6]

(다) **기타 支給拒絶이 確實한 경우**(滿期前상환청구가 가능한 경우) 인수거절뿐 아니라 어음법상 상환청구권 발생 여부를 기준으로 그 후의 배서는 어음취득자가 그 사실을 아는 한 기한후배서로 보아야 한다. 인수인이나 지급인이 파산한 경우에는 만기전의 상환청구는 가능하지만 파산개시의 사실이 어음면상에 명료하지 않으므로 이러한 어음의 배서는 기한후배서라고 할 수 없다. 또 일람출급어음에 있어서는 어음법 제34조 소정의 제시기간(발행일로부터 1년 내) 내에 배서되면 역시 기한후배서가 아니다.

환어음의 지급인이나 인수인과 약속어음의 발행인이 지급정지되었거나 강제집행이 주효하지 아니한 경우에는 만기 전에도 상환청구할 수 있다(어음법 제43조 제2호, 제77조 제1항 제4호). 이러한 어음에 한 배서도 기한후배서로 보아야 할 것이다.

(라) **期限後背書와 立證責任** 기한후배서인가의 여부는 어음에 기재된 배서일자에 의할 것이 아니고, 실제로 배서가 행해진 때를 표준으로 하여 정한다. 그러나 어음법은 어음상에 날짜의 기재가 없는 배서는 지급거절증서작성기간경과 전에 한 것으

5) 이기수(어) 215면; 최기원(어) 395면.
6) 강위두 · 임재호(하) 365면.

로 추정한다(어음법 제20조 제2항, 제77조 제1항 제1호). 따라서 기한후배서라고 주장하는 者가 그 사실을 입증하여야 한다.

4. **期限後背書의 效力**(論點 3)

기한후배서는 지명채권양도의 효력만 있다(어음법 제20조 제1항 단서 · 제77조 제1항 제1호; 수표법 제24조 제1항). 따라서 정상적인 양도배서에서 인정되는 擔保的 效力이 없다. 그러나 權利移轉的 效力과 資格授與的 效力은 있다. 또한 인적 항변의 절단과 선의취득이 인정되지 아니한다. 이 사건에서는 특히 인적 항변의 절단이 문제된다.

즉, 기한후배서를 한 경우에도 배서인이 가지고 있던 모든 어음(수표)상의 권리가 피배서인에게 이전된다. 피배서인에게 이전되는 권리는 배서인이 가지고 있던 어음(수표)상의 권리이므로, 기한후배서의 피배서인은 어음이 인수되어 있는 경우에는 인수인에 대한 어음금지급청구권을, 또 거절증서가 작성되어 있는 경우에는 배서인의 전자에 대한 상환청구권을 취득한다.

한편 기한후배서에는 지명채권양도의 효력밖에 없으므로(어음법 제20조 제1항 단서 · 제77조 제1항 제1호; 수표법 제24조 제1항), 기한후배서를 한 경우에는 배서인의 권리에 附着되어 있던 항변이 그대로 피배서인에게 승계되어 인적 항변의 절단이 생기지 아니한다. 그러므로 수개의 기한후배서가 있는 경우에 어음(수표)채무자는 그 數人의 배서인에 대하여 대항할 수 있는 모든 인적 항변으로 소지인의 善意 · 惡意를 불문하고 그 소지인에 대하여 대항할 수 있다.

그런데 여기서 주의하여야 할 것은 어음(수표)채무자는 소지인에 대하여 '기한후배서의 배서인(B)에 대한 인적 항변'으로만 대항할 수 있다는 점이다.[7] 따라서 "기한후배서의 배서인(B)의 전자, 즉 기한후배서가 아닌 보통의 배서를 한 배서인(A)에 대한 인적 항변"으로는 대항할 수 없다. 원심은 이 사건의 배서를 기한후배서로 보았다. 이 사건에서 Y는 A에 대한 원인관계소멸의 인적 항변을 제기할 수 있다. 그런데 이 인적 항변은 A가 B에게 배서한 때 이미 절단되었다. 이 사건에서는 기한후배서의 배서인인 B에 대하여는 아무런 항변이 없다. 본래 배서인(B)이 부담하지 않던 항변이 피배서인(C · X)에게서 다시 부활되어 부담할 수는 없는 것이다.

원심이 취하는 기한후배서설에 의하여 이 사건의 배서를 기한후배서로 보면 Y회사는 X의 善意 · 惡意를 불문하고 X에게 대항할 수 없고, 따라서 X에 대하여 어음금

---

7) 강위두(어) 389면; 정동윤(하) 297면; 대법원 1990. 4. 25. 89다카20740.

을 지급하여야 할 책임이 있다는 결론에 이르게 된다.

이에 대하여 대법원은 이를 만기후배서로 보았다. 만기후의 배서는 만기전의 배서와 같은 효력이 있다. 그러나 만기후의 배서의 경우에는 X에게 '원인관계소멸의 항변'에 대한 악의가 있으면 Y회사는 X에 대하여 惡意의 抗辯으로서 대항할 수 있고(어음법 제17조 단서), 어음금 지급책임도 없다. 이 사건에서는 X의 害意를 立證할 수 없어서 Y로서는 악의의 항변도 할 수 없으므로 X에 대하여 어음금을 지급하여야 할 책임이 있다.

Ⅲ. 結　　語

이 사건에서는 문제된 배서가 원심이 본 바와 같이 기한후배서라고 하더라도 Y회사가 대항할 수 없는 '기한후배서의 배서인(B)의 전자, 즉 기한후배서가 아닌 보통의 배서를 한 배서인(A)에 대한 인적 항변'이 존재할 뿐이어서 Y회사가 어음금을 지급할 책임이 있다. 그리고 문제된 배서를 대법원의 견해와 같이 만기전의 배서와 같은 효력이 있는 만기후의 배서라고 보더라도 X에게 '원인관계소멸의 항변'에 대한 악의가 없는 한 항변이 절단되어 역시 Y회사가 어음금을 지급해야 할 책임이 있다. 이 사건은 결국 이론상 논쟁이 있었을 뿐, 실질적 결과는 동일하다.

Ⅳ. 餘　　論

1. 期限後背書 후에 새로 생긴 抗辯事由

위 사건에서 문제된 바는 아니나, 어음채무자는 기한후배서 후에 새로 생긴 항변사유에 관하여는 소지인에게 대항할 수 없다. 대법원 1994. 1. 25. 93다50543에 의하면, "기한후배서가 존재하는 경우에 어음채무자는 기한후배서 당시까지 배서인에게 대항할 수 있는 사유로써 피배서인에게 대항할 수 있는 것이고, 그 후에 비로소 배서인에게 발생한 사유로써는 피배서인에게 대항할 수 없다"고 판시하였다.

2. 白地補充과 期限後背書

백지어음의 경우 실제로 배서는 기한 전에 이루어졌는데, 백지보충은 기한 후에 이루어진 경우, 기한전배서인지 기한후배서인지 의문이다. 과거의 판례(대법원 1965. 8. 31. 65다1217)는 "실지 배서는 기한 전에 이루어진 경우라도 백지보충이 기한 후에 이루어진 때에는 배서의 효력도 백지보충시에 발생하게 되어 이른바 기한후배서가 된다"고 하여, 白地補充時를 기준으로 기한후배서인지를 판단하는 기준으로 삼았다. 그러나 그 후 판례를 변경하여(대법원 1971. 8. 31. 68다1217), "백지어음에 있어서 백지의 보충시와 어음행위 자체의 성립시기와는 엄격히 구별하여야 할 문제로서, 백지의 보충 없이는 어음상의 권리를 행사할 수 없으나, 어음행위의 성립시기는 그 어음행위 자체의 성립시기로 결정하여야 할 것이므로 배서가 기한 전에 이루어진 경우 (백지보충이 기한 후에 이루어졌다 하더라도) 기한후배서로 볼 수 없다"고 판결하였다(同旨: 대법원 1980. 3. 11. 79다1999; 대법원 1994. 2. 8. 93다54927). 따라서 백지어음행위를 한 때(예컨대 배서행위시), 즉 어음행위 성립시를 기한후배서 판단의 기준으로 삼고 있다.

퀴 즈

	Y는 A에게 3월 1일 만기 4월 1일의 약속어음을 발행하였다. 다음 각 경우 X의 권리를 논하라.
Ques.	1) Y가 3월 15일 위 어음발행의 원인이 된 매매계약을 해제하였는데, A는 이를 X에게 5월 1일 배서양도한 경우
Ques.	2) Y가 4월 15일 위 어음발행의 원인이 된 매매계약을 해제하였는데, A는 이를 X에게 5월 1일 배서양도한 경우
Ques.	3) A는 이를 X에게 5월 1일 배서양도하였는데, Y가 5월 2일 위 어음발행의 원인이 된 매매계약을 해제한 경우
Ques.	4) Y가 3월 20일 위 어음발행의 원인이 된 매매계약을 해제하였으나 A가 3월 21일 선의의 X에게 배서양도한 경우
Ques.	5) A가 3월 15일 X에게 배서양도하고 Y가 3월 20일 위 어음발행의 원인이 된 매매계약을 해제한 경우
Ans.	1) A는 배서 당시 항변이 부착된 어음을 X에게 양도하였으므로 Y는 X에게 항변할 수 있고, X는 지급받을 수 없다.
Ans.	2) A는 배서 당시 항변이 부착된 어음을 X에게 양도하였으므로 Y는 X에게 항변할 수 있고, X는 지급받을 수 없다.
Ans.	3) 기한후 새로 생긴 항변이 되어 X에게 주장할 수 없으므로 X는 지급받을 수 있다.
Ans.	4) X는 기한전배서에 의하여 어음을 취득할 때 항변이 절단되었으므로 Y는 X에게 항변할 수 없고, X는 지급받을 수 있다.
Ans.	5) X는 어음취득 당시 항변이 없는 깨끗한 어음을 취득하였으므로 Y는 항변을 주장할 수 없고, X는 지급받을 수 있다.

퀴즈

Ques.	1) 갑→을→병→A→B→C에서 갑→을→병→A는 기한전의 배서를 하고, A→B→C는 기한후배서를 한 경우, B와 C는 상환청구권이 있는가? 2) 갑→을→병→A→B→C에서 갑→을→병→A는 기한전의 배서를 하고, A→B→C는 기한후배서를 한 경우, 갑은 을에 대한 항변으로써 B와 C에게 대항할 수 있는가?
Ans.	1) C는 A와 B에 대하여는 상환청구권이 없다. 乙과 丙에 대하여는 A가 상환청구권보전절차[적법한 지급제시, 즉 ① 만기 이후의 2거래일 내(일람출급어음의 경우는 발행일로부터 1년 내)에 완전한 어음으로써 지급제시와 ② 거절증서의 작성]를 취하였으면 상환청구권이 있고, 그렇지 않으면 없다. 역시 B도 A에 대하여는 상환청구권이 없고, 乙과 丙에 대하여는 A가 상환청구권보전절차를 취하였는지에 따라 결정된다. 2) 먼저 乙에 대한 항변은 기한전배서에 의하여 절단되었으므로 甲은 B와 C에게 대항할 수 없다.

제3항 保　　證

11　條件附 保證

[양승환 대 조흥은행(주) 사건]

事 例　　대법원 1986. 3. 11. 85다카1600

피고 주식회사 조흥은행(Y) 중앙지점 대리 B는 영동개발주식회사(A)가 발행한 액면 3천만원, 발행일 1983. 8. 19., 지급일자 1983. 10. 15.로 된 약속어음에 "우기금액의 지급을 지급기일까지 보증함"이라는 각인과 위 중앙지점 지점장의 서명 명판 및 직인 등을 압날하여 지급보증을 위조하였는데, 원고 양승환(X)이 이 어음의 소지인이 되었다. X는 지급제시기간 경과 후인 1983. 10. 19. 지급제시를 하였으나 부도되자 Y은행에 ① 사용자책임, ② 어음보증인의 책임을 물었다. 이에 대하여 Y은행은 지급기일까지만 보증하기로 하였으므로, 지급기일이 지난 이 어음에 대하여 보증책임이 없다고 항변하였다. Y은행은 어음보증인으로서 책임이 있는가?

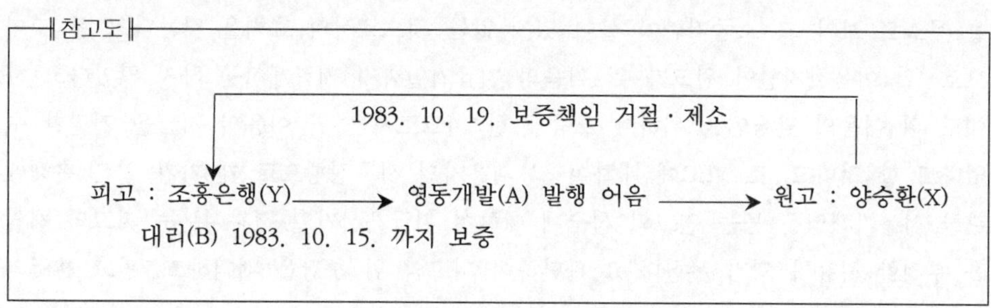

目 次

Ⅰ. 判決要旨

原審判決(서울고등법원 1985. 6. 26. 84나1999)의 要旨는 다음과 같다.

1) 사용자 책임부분에 관하여, 은행은 위 윤경구, 김영호가 지급보증문구를 기입하고 지점장의 기명날인을 한 것은 외관상 同人들의 업무집행 자체 또는 그와 관련된 행위라고 할 것이므로 이를 진실한 것으로 믿고 위 어음을 취득한 원고에게 그 손해를 배상할 책임이 있다고 판단하여 피고 은행의 使用者責任을 인정하였다. 이에 대하여 대법원은 원심판결을 認容하였다.

2) 어음 보증부분에 관하여 피고는 "위 어음의 지급보증은 위 어음의 지급기일까지만 그 지급을 보증한다는 期限附 保證이므로 원고가 지급기일 경과 후에 지급제시를 한 이상 피고는 그 지급의무를 지지 않는다"고 주장하였다.

이러한 주장에 대하여 원심은 "어음보증에 기한이 붙어 있는 경우에는 그 期限만을 무효로 보아 그 보증기한이 붙어 있지 않는 것으로서의 효력을 갖는다고 볼 것이므로, 위 어음소지인인 원고가 위 어음의 지급기일까지 지급제시를 하지 않았다고 하여도 위 어음의 발행인을 위하여 보증을 한 피고로서는 위 어음의 지급을 거절할 수 없다고 할 것이고, 또 피고에 대하여 그 피용자의 사무집행으로 제3자가 입은 손해에 관한 사용자책임을 묻는 원고의 청구에 대하여 지급제시기일 경과여부는 피고의 책임을 부정할 사유가 되지 못한다"고 판단하여 피고의 위 주장을 배척하고, 원고 勝訴의 판결을 내렸다.

이에 대하여 대법원은, 1) 어음법상 보증의 경우에는 발행 및 배서의 경우와 같이 단순성을 요구하는 명문의 규정이 없을 뿐 아니라, 主된 채무를 전제로 하는 附隨的 債務負擔行爲인 점에서 보증과 유사한 환어음의 인수에 조건을 붙인 경우에는 일단 인수거절로 보되 인수인으로 하여금 인수의 문언에 따라 책임을 지도록 함으로써 不單純引受를 인정하고 있음에 비추어 볼 때 어음보증에 대하여 환어음 인수의 경우보다 더 엄격하게 단순성을 요구함은 균형을 잃은 해석이라고 하겠고, 또 조건부 보증을 유효로 본다고 하여 어음거래의 안전성이 저해되는 것도 아니므로, 조건을 붙인 不單純保證은 그 조건부 보증문구대로 보증인의 책임이 발생한다고 보는 것이 타당하다. 이와 달리 구태여 어음보증의 단순성을 강조한 나머지 조건을 무효로 하여 조건이 없는 단순보증이라고 보는 견해는 보증인의 明示的 意思에 反하는 해석이어서 채용할 수 없다.

2) 원심이 인정한 사실에 의하면, 이 사건 어음보증의 문구는 어음금의 지급을 지급기일까지 보증한다는 내용으로 되어 있는바, 이는 지급제시기간 내에 지급제시가 있는 경우에 그 지급을 보증한다는 취지의 조건부 보증이라고 해석되므로 가사 위 어음보증이 진정하게 성립된 경우라고 할지라도 보증인인 피고는 보증문구에 따른 조건부의 보증책임을 지는 데에 그치고 지급제시기간을 도과하여 조건이 성취되지 아니한 경우에까지 그 보증책임을 지지는 않는다. 이에 원심판결을 破棄·還送한다고 판시하였다. 결국 이 사건에서는 피고가 勝訴하였다.

II. 解　　說

1. 論　　點

필자가 생각하는 이 사건의 논점은 다음 두 가지이다.

1) 피고는 원고에 대하여 使用者責任을 부담하는가?

2) 조건부 보증의 경우 조건은 有效한가?

이 중 1)의 정상적인 업무가 모두 끝난 밤중에 행하여진 사용인의 불법행위에 대하여도 사용자가 책임을 지는가 하는 문제는 원심·대법원 다같이 이를 인정하였는데, 이에 관하여는 본고에서는 논외로 하고, 2)의 조건부 보증에 관하여서만 논의하기로 한다.

2. 條件附保證

어음행위를 조건부로 하는 경우가 있다. 어음행위는 發行, 背書, 引受, 參加引受, 保證 등인데, 조건부 발행(어음자체가 무효로 된다), 조건부 배서(조건이 없는 배서로 된다: 무익적 기재사항), 조건부 인수(인수거절로 보되, 인수인은 조건대로 책임을 진다)의 경우는 각각 법률에 의하여 그 법적 효과가 규정되어 있다. 이 곳에서는 조건부 보증이 문제인데, 어음법에는 아무런 규정이 없다(조건부 참가인수에 관하여도 규정이 없다). 학설과 판례에는 다음과 같다.

(1) 有害的 記載事項으로 보는 견해

이 견해에 의하면 어음행위는 본래 조건에 親하지 아니하는 행위이므로, 특별규정이 없는 한 어음법의 일반원칙에 따라 조건부어음보증은 보증의 목적을 害하므로 보증 자체를 무효로 한다고 한다.[1] 결국 보증 없는 어음이 된다.

이 견해에 대한 비판은 ① 이와 같은 해석은 어음소지인을 害하며, ② 보증은 기본적 어음행위가 아님에도 기본적 어음행위인 발행과 동일시하여 조건부 보증을 조건부 발행과 같이 무효로 보는 것은 지나친 해석이고, ③ 또한 발행·인수와는 달리 무효로 볼 명문의 근거도 없다는 것 등이다.

(2) 有益的 記載事項으로 보는 見解

이 견해에 의하면 어음보증에 조건이 붙은 때에는 그 조건이 붙은 대로의 어음보증으로서 효력이 있다고 한다.[2] 그 이유는 다음과 같다. ① 어음소지인으로서는 조건이 성취되면 유리하고 보증인은 조건부책임부담을 약속하였으므로 이를 인정하여도 보증인의 의사에 反하지 않는다. ② 어음보증은 이미 성립한 어음채무에 관하여 추가적으로 그 지급을 확실히 하는 附屬的인 어음행위에 지나지 아니하므로 여기에 조건을 허용하여도 불합리하지 않기 때문에 조건과 조건 이외의 제한을 불문하고 그 효력을 인정하는 것이 타당하다. ③ 條件部 引受도 인정되는데, 조건부 보증을 인정하지 않는다면 보증인에게 인수인의 책임보다도 더 엄격한 책임을 인정하게 되는 것도 부당하다. 이 사건의 대법원판결이 취하는 견해이다.

이 견해는 어음행위의 효력이 어음외의 사정인 조건에 영향을 받는 것을 허용하는 결과가 되어 부당하다는 비판을 받는다.

(3) 無益的 記載事項으로 보는 견해

이 견해에 의하면 조건부어음보증은 배서의 경우와 같이 조건만을 기재하지 아니한 것으로 하여 조건 없는 보증으로 본다는 입장이다.[3] 이 사건 원심판결이 취하는 견해이다.

이 견해에 대한 비판은, ① 이와 같은 해석은 보증인의 明示된 의사에 反하고, ② 때로는 보증인이 인수인보다 더 엄격한 책임을 부담하게 되어 부당하다는 것이다.

---

1) 우리 나라에서 이러한 견해를 취하는 학자는 없고, 일본과 독일의 일부 학자가 이러한 견해를 취한다.

2) 양승규(어) 327면; 강위두(어) 426면; 정동윤(하) 253면; 채이식(하) 132면; 이기수(어) 397면; 정찬형(하) 430면.

3) 손주찬(하) 277면.

(4) 條件附·制限附 區分說

이 견해는 조건부 어음보증은 기타 다른 조건부 어음행위와 마찬가지로 인정되지 않지만 어음법 제30조 제1항에서 보증에 의한 어음금액의 일부에 대한 擔保를 인정하고 있는 점에 비추어 기타의 제한은 가능하다고 하는 견해이다.[4)]

이 견해는 어떠한 것이 조건이고 어떠한 것이 제한인지 구분이 애매하다는 비판을 받는다.

Ⅲ. 結　　語(私見)

필자의 견해로는 조건부보증의 유효성을 인정하여 그 조건을 有益的 記載事項으로 보는 견해가 옳다고 본다. 그 이유는, ① 조건부 보증을 무효로 보는 것은 보증인의 의사와 소지인의 이익에 反한다. ② 조건부 보증을 조건부 발행과 비교하여서는 곤란하다. 발행은 기본적인 어음행위이지만 보증은 부속적인 어음행위에 불과하다. 따라서 조건부 보증을 조건부 발행의 경우와 동일시하여 보증 자체를 무효로 보아야 할 필연적 이유는 없다. ③ 또 조건부 보증을 조건부 배서와 비교하여서도 곤란하다. 양자는 다 같이 부속적 어음행위이기는 하나, 그 성질이 다르다. 보증은 채무부담의 의사표시이고, 배서는 권리의 양도가 그 주요 목적이기 때문이다. 어음법도 一部背書는 무효로 규정하면서도(어음법 제12조 제2항), 一部保證은 유효로 규정하여(어음법 제30조 제1항) 서로 달리 취급한다. 따라서 조건부 배서의 경우 조건은 無益的인 기재가 되나, 조건부 어음보증의 경우 그 조건은 반드시 무익적인 기재로 해석할 이유는 없다. ④ 인수와 비교해 보아도, 不單純引受의 경우에는 인수인이 조건에 따른 책임을 져야 하는데(어음법 제26조 제2항), 보증인이 조건 없는 책임을 져야 한다는 것은, 대법원 판결이 적절히 지적한 바와 같이, 균형을 잃은 해석이다. 보증채무는 본래 主債務의 존재를 전제로 하는 부종성이 있고, 보증인은 상환의무자일 뿐인데, 보증인이 주채무자로서 무조건적인 채무를 부담하는 인수인보다는 엄격한 책임을 질 수는 없기 때문이다.

결국 조건부 보증에서 그 조건을 有益的 記載事項으로 본 위 대법원 판결은 타당하다고 본다.

---

4) 송상현, "조건부어음보증행위의 효력"「민사판례연구」제9집, 1987, 224면.

Ⅳ. 餘　論(여타의 조건부 어음행위)

1) 條件附 發行, 즉 條件附 支給委託은 무효이다(어음법 제1조 제2호·제75조 제2호). 이는 어음관계를 간명하게 하여 어음의 유통성을 높이기 위한 것이다. 따라서 '물건에 瑕疵가 없는 경우 지급함'과 같이 지급에 조건을 붙인 경우나,[5] '만원권으로 지급함'과 같이 지급방법을 한정한 경우 또는 '운영자금에서 지급하기로 함'과 같이 지급자금을 한정한 것은 어음 자체가 무효로 된다.

2) 條件附 背書는 어음법 제12조(배서의 요건) 제1항에 의하면 무익적 기재사항이 된다. 즉, "배서는 무조건으로 하여야 한다. 배서에 붙인 조건은 기재하지 아니한 것으로 본다"(어음법 제12조 제1항)(배서의 단순성).

3) 條件附 引受는 引受의 無條件性(어음법 제26조 제1항 본문)에 反하므로 무효이고, 인수거절로 본다. 따라서 이 경우 어음소지인은 상환의무자에 대하여 인수거절로 인한 상환청구권을 행사할 수 있게 된다(어음법 제43조 제1호).

그런데 조건부 인수인은 變更引受의 경우와 마찬가지로 그 조건에 따라 책임을 져야 하는가가 의문이다. 이를 인정할 경우 어음채무를 실질문제에 결부시키는 것이 되어 어음채무의 抽象性에 反하고 어음의 문언성에도 반하므로 이를 부정하여야 할 것이다.[6] 이에 대하여 이 경우 인수인의 책임을 인정하여도 인수인의 의사에 反하지 아니하고 오히려 어음소지인에게 이익이 되기 때문에 이를 긍정하는 견해도 있다.[7]

이것과 구별되는 것으로서 變更引受가 있다. 변경인수는 지급인이 어음문구을 변경하여 인수하는 것으로서 不單純引受라고 하며, 이것 역시 어음인수의 단순성을 害하므로 무효이고 인수거절이 있는 것으로 본다(어음법 제26조 제2항 본문). 어음소지인은 이 경우 상환청구권을 행사할 수 있다. 다만 不單純引受를 한 자도 변경된 문구에 따라 책임을 진다(어음법 제26조 제2항 단서). 이 경우 인수인의 책임을 인정하여도 인수인의 의사에 反하지 아니하고 오히려 어음소지인에게 이익이 되기 때문이다.

4) 이 事件에서 피고는 使用者責任을 질 뿐 어음保證人으로서의 責任은 지지 않는다. 使用者責任의 경우는 過失相計가 인정될 것이므로 손해배상액이 훨씬 줄어들 것이다.

---

5) 대법원 1994. 6. 14. 94다6598: "이대성 어음발행 중 (1억원이) 현금지불 대여썰 때(되었을 때) 즉시 47,000,000지불함"이라는 조건을 붙인 약속어음은 무효이다.

6) 최기원(하) 260면; 정동윤(하) 247면; 이기수(어) 314면.

7) 同旨: 손주찬(하) 269면; 채이식(하) 71면.

12 숨은 어음保證 (1)

[신한상호신용금고(주) 대 극동전선(주) 사건]

대법원 1992. 12. 22. 92다17457

|事 例|

유승개발주식회사(A)는 약속어음 여러 장을 지급거절증서작성을 면제하고, 발행지, 지급지 및 발행일을 기재하지 아니한 채 발행하였다. A회사의 전무이사 박승만은 동 어음을 私債市場에서 쉽게 할인받을 목적으로 상장회사로서 A회사보다 신용이 있는 피고 극동전선공업주식회사(Y) 명의의 배서를 받기 위하여 친분이 있는 Y회사의 대표이사인 최병철을 찾아가 그에게 위와 같은 사정을 밝히고 배서를 의뢰하였다. 위 최병철은 이를 승낙하고 위 각 어음 뒷면의 제1배서인란에 Y회사 명의의 배서를 하였다. 이들 어음 중 일부는 김영구의 배서, 나머지는 송준영의 배서를 각각 거쳐 이 사건의 원고 주식회사 신한상호신용금고(X)에게 교부하였다. 동 어음의 소지인이 된 X는 위 미기재된 어음요건을 기재하지 아니한 채 지급기일에 이르러 그 지급장소인 주식회사 한미은행 안양지점에 지급제시를 하였으나 지급거절되었다. 이에 X는, ① 주위적 청구로서 위 각 배서인에게 지급거절에 따른 상환청구권을 행사하여 상환청구를 하는 한편, ② 예비적 청구로서 Y회사가 보증의 의미로 배서하였다면 차용채무에 대해서도 민법상 연대보증하겠다는 의사를 표시한 것이기 때문에 피보증인이 부담하게 되는 어음금상당의 대여금의 합계액과 지연손해액을 지급할 의무가 있다고 주장하며 소를 제기하였다.

‖참고도‖

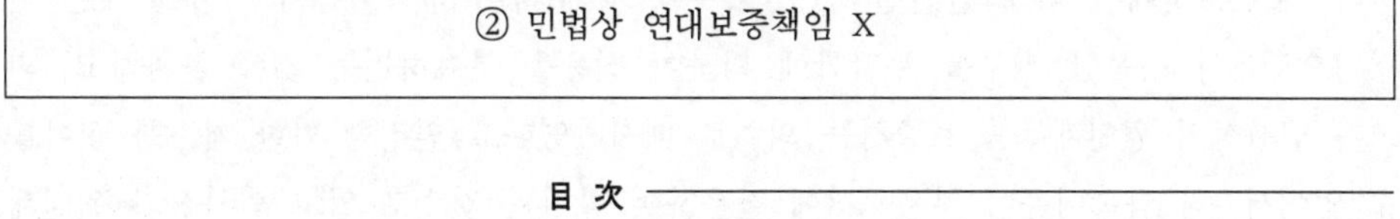

지급장소 한미은행
↑ 지급거절
유승개발(A)→피고 : 극동전선(Y)→김영구·송준영→원고 : 신한상호신용금고(X)
제1배서인 ↑ 제2배서인 (소지인)
① 상환청구권행사 X 발행지·지급지·발행일 미기재
② 민법상 연대보증책임 X

目 次

Ⅰ. 判決要旨

1) 위 主位的 請求에 대하여는 제1심 법원(서울민사지방법원 1991. 7. 25. 91가합19802)에서 제2심 법원(서울고등법원 1992. 4. 9. 91나42823)과 대법원에 이르기까지 다 같이 원고의 상환청구권을 인정하지 아니하였다.

2) 위 豫備的 請求에 대하여는 제1심 법원과 대법원은 결론을 같이하였으나 서울고등법원은 반대의 관결을 하였다. 서울고등법원의 판결은, 피고회사의 대표이사가 차용금채무에 대한 담보의 의미로 배서를 하는 것이라는 사정을 충분히 알면서 배서행위를 한 것이고, 따라서 배서를 할 당시에 채권자(어음의 최후의 소지인)가 누구인가 구체적으로 몰랐다 하더라도 유승개발의 차용금채무를 연대보증하겠다는 의사를 표시하는 뜻에서 배서한 것이었다고 봄이 상당하다는 것이다. 따라서 피고의 연대보증인 인으로서의 책임을 인정하였다(原告勝訴).

이에 대하여 대법원은 “다른 사람이 발행한 약속어음에 보증의 취지로 배서를 한 경우에 배서인은 배서행위로 인한 어음상의 채무만을 부담하는 것이 원칙이고, 다만 어음이 차용증서에 갈음하여 발행된 것으로서 배서인이 그러한 사정을 알고 민사상의 원인채무를 보증하는 의미로 배서한 경우에 한하여 원인채무에 대한 보증책임을 부담한다. 私債市場에서 쉽게 할인될 수 있도록 하기 위하여 약속어음에 배서한 것은 배서인으로서의 어음상 채무를 부담함에 의하여 신용을 부여하려는 것에 불과하고, 피고가 민사상의 원인채무를 보증하는 의미로 배서하였다고 인정할 만한 자료를 찾아볼 수 없어서, 위 약속어음이 차용증서에 갈음하여 발행된 것으로 알고 민사상의 원인채무를 보증하는 의미로 배서한 것이라고 볼 수 없다”고 하였다(被告勝訴).

II. 解 說

1. 論 點

이 사건의 논점은 두 가지이다.

1) 어음요건이 흠결된 어음을 지급제시한 경우 상환청구권이 보전되는가?

2) 배서에 의한 보증, 이른바 숨은 어음보증인은 민사상의 보증책임도 지는가?

2. 어음要件이 欠缺된 어음의 지급제시의 효과

위 主位的 請求는 상환청구권행사의 요건에 관한 문제이다. 상환청구권을 행사하기 위하여는 그 형식적 요건으로서 권리보전절차, 즉 거절증서작성이 필수적이다. 그러나 이 사건에서와 같이 거절증서작성이 면제된 경우에는 지급기일에 완전한 어음으로써 지급제시만 하면 충분하다.

그런데 이 사건에서 원고는 지급제시를 함에 있어 발행지, 지급지 및 발행일이 기재되지 아니한 어음을 가지고 지급제시하였는데, 이와 같은 지급제시는 불완전어음에 의한 부적법한 지급제시로서 지급제시의 효력이 없다. 즉, 지급제시를 아니한 것과 같다.[1] 그러므로 상환청구권이 보전되지 아니하여 상환의무자, 즉 이 사건의 각 배서인에 대한 상환청구권 행사는 인정되지 아니하였다. 타당한 판결이다. 이 사건에서도 어음요건의 기재가 얼마나 중요한지를 알 수 있다.

위의 사례에서 어음의 소지인인 원고가 완전어음으로써 지급제시를 하였더라면 아무런 문제가 없었을 터이다. 그러나 원고의 지급제시가 없어서 원고가 상환청구권을 상실하자, 2차적 주장(예비적 청구)으로서, 이 경우 위 유승개발이 차용증서에 갈음하여 어음을 발행하고, 그 어음에 보증의 의미로 배서를 하였으니, 피고는 어음법상 배서인으로서의 책임 외에도 민법상의 보증책임도 져야 한다는 것이 원고의 주장이다.

3. 숨은 어음保證

(1) 숨은 어음보증의 의미와 발생이유

어음保證이란 주된 어음行爲에 의하여 발생한 債務를 담보할 목적으로 이와 동일

1) 동지: 대법원 1967. 9. 5. 67다1471; 동 1971. 1. 26. 70다602; 동 1985. 8. 13. 85다카123; 동 1986. 9. 9. 85다카2011; 日最判 1958. 3. 7. 다만 대법원 1998. 4. 23. 95다36466에서 국내어음의 경우에는 발행지의 기재가 없더라도 유효한 어음이므로 그 지급제시도 적법한 지급제시라고 하였다.

한 내용의 어음債務를 부담하는 부속적 어음行爲이다. 어음保證은 어음債務者에 대한 불신을 어음 위에 공표하는 결과가 되어 잘 이용되지 않고, 오히려 保證의 목적으로 背書·發行·引受를 하는데, 이러한 경우를 숨은 어음保證이라 한다. 이에 대하여 보증인이 어음에 보증의 뜻을 기재하고 기명날인하는 것을 공연한 어음보증이라 한다.

위 사례에서 피고회사인 극동전선공업주식회사의 대표이사인 최병철이 박승만의 요구에 따라 약속어음을 쉽게 할인받을 수 있도록 하기 위하여 각 어음의 제1배서인란에 피고회사 名義의 배서를 한 행위는 발행인인 유승개발의 신용만으로는 불충분하기 때문에 어음의 신용을 높이기 위하여 한 것으로서, 특히 배서의 형식을 이용한 숨은 어음보증에 해당하는 전형적인 事例이다.

숨은 어음보증은 어음법상으로는 어디까지나 어음보증이 아니고 배서이므로, 어음배서인으로서의 책임을 질 뿐이나, 그 경제적 효과에 있어서는 어음보증과 같다.

(2) 論議의 實益

숨은 어음보증의 문제는 배서인이 원인채무의 민사상 보증책임까지 지는가 하는 것이다. 발행의 경우, 타인의 채무에 관하여 제3자가 채무자를 위하여 어음이나 수표를 발행하여 채권자에게 교부한 경우에는 특별한 사정이 없는 한 동일한 채무를 면책적 또는 중첩적으로 인수한 것으로 본다.[2] 이 경우 제3자가 민사상 보증을 한 것으로 보고 보증책임을 물을 수 있는가에 관하여 판례는 엄격한 요건을 요구하여 대체로 이를 부정한다.[3]

문제는 배서의 경우이다. 배서의 경우에는 채권자가 상환청구권보전절차를 흠결하였거나 어음상의 채무가 시효로 소멸하였더라도 원인채무가 존속하는 한, 배서인도 그 원인채무를 변제할 책임이 있느냐의 문제이다. 민사상의 연대보증의 경우에는 원인채무를 보증하는 것이기 때문에 원인채무에 대한 이자를 합하여 보증금액이 어음의 액면금액보다도 클 수 있고, 時效도 民事時效가 어음채무의 그것보다 훨씬 길어서 보증인의 책임은 배서인의 그것보다도 훨씬 무겁다.

(3) 學說의 槪要

숨은 어음보증인이 민사상의 보증채무까지도 부담하는가 하는 것은 구체적인 경우에 있어서 배서인의 의사해석에 관한 문제로서, 우선 배서인이 원인채무의 보증의사를 표시한 경우에는 그러한 의사를 존중하여 배서인에게 어음상 배서인으로서의 책

---

2) 대법원 1989. 9. 12. 88다카13806; 동 1997. 5. 7. 97다4517; 동 1998. 3. 13. 97다52493.

3) 대법원 1988. 3. 8. 87다446; 동 2003. 4. 22. 2000다63950; 동 2007. 9. 7. 2006다17928; 동 2009. 10. 29. 2009다44884.

임 외에 보증책임도 인정하는 데 통설과 판례가 일치한다. 문제는 배서인의 명시적 의사가 표시되지 않은 경우인데 이에 관하여는 견해가 갈린다.

(가) **肯定說** 긍정설에 의하면 담보의 의미로 어음을 배서하였다는 사정으로부터 경험칙상 어음교부의 원인채무에 대한 민사상 보증책임이 있었다고 추인할 수 있다고 한다.[4] 이 경우 어음소지인은 보증인이 담보의미로 배서하였다는 사실만 입증하면 충분하고, 배서인이 책임을 면하기 위하여는 원인채무를 보증할 의사가 없었음을 입증하여야 한다.

(나) **否定說** 부정설에 따르면, 민사상 보증채무는 청약과 승낙이라는 의사표시의 합치에 의하여 성립하는 것인데, 단순히 금융목적으로 발행되는 사정만을 알면서 배서한 것을 보증계약의 의사로 볼 수는 없다고 한다.[5] 이 경우에 소지인은 숨은 어음보증인(배서인)이 담보목적으로 어음을 배서하였다는 점 및 원인채무를 보증할 의사가 있었다는 특별한 사정을 입증하여야 한다.

이 때, '특별한 사정'이란 보통 貸主의 면전에서 배서인이 배서하면서 원인채무의 내용을 분명히 인식하였거나, 貸主로부터 소비대차계약을 보증한다는 의미로 배서하여 달라는 요구를 받았다거나,[6] 배서인이 직접 어음을 대주에게 교부하였다는 등의 사정을 말한다.[7]

(다) **判例의 태도** 후술하는 관련 판례에서 보는 바와 같이 대법원의 판례는 상황에 따라 긍정설을 취하기도 하고 또는 부정설을 취하기도 하여 왔다. 그러나 1990년대 이후로는 대체로 소극설을 취하고 있다. 즉 법원은 대법원 1992. 12. 22. 선고, 92 다 17457 판결에서, "다른 사람이 발행한 약속어음에 보증의 취지로 배서한 경우에, 배서인은 그 배서행위로 인한 어음상의 책임만을 부담하는 것이 원칙이고, 다만 그 어음이 차용증서에 갈음하여 발행된 것으로서 배서인이 그러한 사정을 알고 민사상의 원인채무를 보증하는 의미로 배서한 경우에 한하여 예외적으로 그 원인채무에 대한 보증책임을 부담하는 것이다. 이 때 채권자가 누구임을 배서인이 알지 못한 경우에도 그 결론은 같다고 할 것이다"라고 하는 부정설을 취하였다.[8]

---

4) 椎原國隆, 「ツユリスト」 제497호 116면.
5) 정찬형, "숨은 어음보증인의 원인채무에 대한 보증책임", 「법률신문」, 1988. 4. 11. 11면.
6) 대법원 2004. 9. 24. 2004다29538.
7) 강위두, "어음배서인의 보증책임", 「판례월보」 제311호, 24면.
8) 동지: 대법원 1993. 11. 23. 93다23459; 동 1994. 8. 26. 94다5397; 동 1997. 12. 9. 97다37005; 동 1998. 6. 26. 98다2051.

Ⅲ. 結 語

종래 대법원 판결을 보면 숨은 어음보증인에게 민법상의 連帶保證責任을 인정한 판결과 이를 인정하지 아니한 판결이 번갈아 나옴으로써 결국 대법원은 case by case로 해결하였다. 그러나 숨은 어음보증인의 명백한 의사표시가 없는 한 민사상의 연대보증책임을 물을 수 없다고 해야 한다. 법원은 숨은 어음보증인의 민사상의 연대보증책임을 물을 경우 좀더 신중을 기하여야만 할 것이고, 이를 인정할 때에는 판결문에서 그 이유를 확연하게 밝혀야만 한다.

Ⅳ. 관련 판례

이를 表로 정리하면 다음과 같다.

대법원	1957. 11. 4. 4290민상516	인정
대법원	1964. 10. 20. 64다865	부인
대법원	1965. 9. 28. 65다1268	인정
대법원	1967. 9. 5. 67다1381	부인
대법원	1972. 3. 28. 71다2452	인정
대법원	1973. 9. 25. 73다405	부인
대법원	1984. 2. 14. 71다979	부인
대법원	1986. 7. 22. 86다카783	인정
대법원	1986. 9. 9. 86다카1088	인정
대법원	1987. 8. 25. 87다카891	인정
대법원	1987. 12. 8. 87다카1105	부인
대법원	1989. 7. 25. 88다카19460	인정
대법원	1992. 12. 22. 92다17457	부인
대법원	1993. 11. 23. 93다23459	부인
대법원	1994. 8. 26. 94다5397	부인
대법원	1997. 12. 9. 97다37005	부인
대법원	1998. 6. 26. 98다2051	부인
대법원	2001. 5. 8. 2000다61633	부인
대법원	2002. 4. 12. 2001다55598	부인
대법원	2004. 9. 24. 2004다29538	인정
대법원	2007. 9. 7. 2006다17928	부인(수표의 경우)
대법원	2009. 10. 29. 2009다44884	부인
대법원	2015. 5. 14. 2013다49152	부인

13 숨은 어음保證 (2)

[X 대 Y 사건]

대법원 2015. 5. 14. 2013다49152

事 例

A는 원고 X로부터 1억원을 차용하고 A의 딸 피고 Y는 X에게 위 채무의 담보를 목적으로 2매의 약속어음을 발행하기로 하였다. Y는 위 약속어음을 발행하게 하기 위하여 자신의 인감증명서와 위임장을 A에게 주었고, X는 A로부터 이를 교부받아 약속어음을 작성하고 법무법인으로부터 공정증서를 작성하였다. 그 후 A가 사망하였으며, 위 어음은 소멸시효가 완성되었다. 이에 X가 Y에게 민사보증책임을 묻는다.

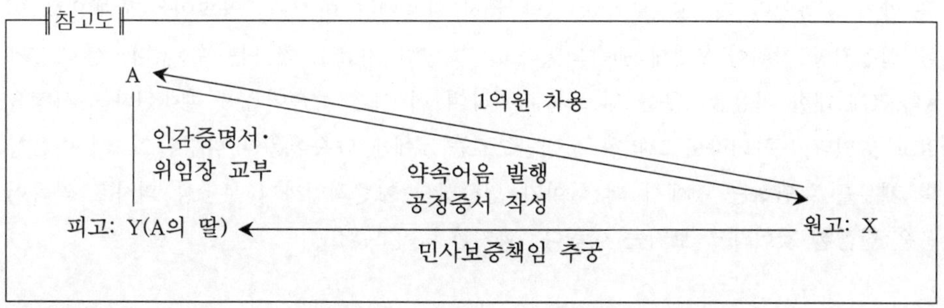

Ⅰ. 대법원 판결요지

특정인의 채무를 담보하기 위하여 약속어음을 발행하거나 그 어음에 배서하였다고 하더라도 그러한 사정만으로 어음의 발행인이나 배서인과 채권자 사이에 민사상 보증계약이 성립하였다고 추단할 수는 없고, 채권자에게는 약속어음의 발행 또는 배서의 원인이 되는 채무에 대한 민사상 보증책임을 부담할 것까지도 요구하는 의사가 있었고, 그 어음의 발행인이나 배서인도 채권자의 그러한 의사와 채무의 내용을 인식하면서 그에 응하여 어음을 발행 또는 배서하였다는 점, 즉 어음의 발행인 또는 배서인이 단순히 어음상의 채무를 부담하는 형태로 채권자에게 신용을 공여한 것이 아니라 민사상 보증의 형태로도 신용을 공여한 것이라는 점이 인정되어야 어음의 발행인 또는 배서인과 채권자 사이에 민사상 보증계약이 성립하였다고 볼 수 있다. 여기서 민사상 보증의 형태로도 신용을 공여한 것인지 여부는 채권자와 채무자 및 어음의 발행인 또는 배서인 사이의 관계, 어음의 발행인 또는 배서인이 그 어음을 발행 또는 배서하게 된 동기, 채권자와 사이의 교섭 과정 및 방법, 어음의 발행 또는 배서로 인한 실질적 이익의 귀속 등 어음의 발행 또는 배서를 전후한 제반 사정과 거래계의 실정 등을 종합하여 판단하여야 하고, 이와 같은 여러 사정을 고려한 결과 민사상 보증의 형태로도 신용을 공여하였다고 인정할 정도에 이르지 못한다면 약속어음의 발행인 또는 배서인은 원칙적으로 어음상 채무자로서 그 소지인에게 어음금의 지급 또는 상환책임 등 어음상 채무만을 부담한다고 할 것이다(대법원 2004. 9. 24. 2004다29538; 동 2007. 9. 7. 2006다17928 등 참조). 이 사건에서는 Y는 A의 요구에 따라 인감증명서와 위임장을 교부하였으나 어음발행 자체를 X가 하였으며, Y는 실제로는 어음을 발행함에 있어서 X와 직접 접촉하거나 교섭한 적이 없었고, 어음발행요구, 어음발행 및 공증증서 작성까지 모두 X가 Y의 대리인으로서 스스로 한 것이고 보면 Y는 채권자 X를 알지 못하였던 것으로 보이고, A의 금전 차용이나 이 사건 약속어음 발행으로 인한 실질적인 이익이 Y에게 귀속되었다고 볼 만한 자료도 찾아볼 수 없다. 설령 Y가 A의 X에 대한 차용금채무를 담보하기 위하여 이 사건 약속어음이 발행된다는 사정을 알고 있었다고 하더라도 그러한 사정만으로는 Y에게 약속어음의 발행인으로서 어음상의 채무를 부담하는 것에서 더 나아가 민사상의 보증책임까지 부담할 의사로 약속어음을 발행한 것이라고 보기는 어렵다. 파기환송(피고승소).

II. 연　구

대법원은 타인의 차용금채무를 담보하기 위하여 자기 명의의 약속어음 발행을 허용한 피고에게 어음발행인으로서의 책임 외에 타인의 차용금채무에 대한 민사보증책임까지 추궁할 수 있는지의 여부가 문제된 이 사건에서, 종래의 태도를 견지하여, 설령 피고가 망인의 원고에 대한 차용금채무를 담보하기 위하여 이 사건 약속어음이 발행된다는 사정을 알고 있었다고 하더라도 그러한 사정만으로는 피고에게 약속어음 발행인으로서 어음상의 채무를 부담하는 것에서 더 나아가 민사상의 보증채무까지 부담할 의사로 어음을 발행한 것이라고 보기는 어렵다고 보아, 보증계약의 성립에 따른 책임은 물을 수 없다고 판단하면서, 원심을 파기환송하였다. 타당한 판결이라 생각한다.

14 어음保證과 被保證人의 人的 抗辯의 援用可否

[제일생명보험(주) 대 광명주택(주) 사건]

대법원 1988. 8. 9. 86다카1858

事 例

이수왕(A)과 주식회사 광명주택(B)은 액면 도합 2억원의 약속어음 3매를 장래에 원고 제일생명보험주식회사(X)로부터 차용할 차용금채무를 담보하기 위하여 각각 발행하여 피고 경일투자금융주식회사(Y)의 어음보증을 받아 이를 수취인인 X에게 교부하였다. 그런데 X는 당초의 약속과는 달리 1억원만 대부하였을 뿐, 나머지는 지급하지 아니하고 A나 B의 승낙도 없이 광명그룹소속 종업원 퇴직금적립계약에 따른 보험료명목으로 보관하였다. 위 약속어음의 소지인인 X는 위 약속어음을 지급장소에서 지급제시하였으나 지급이 거절되었다. 이에 X는 어음보증인인 Y에 대하여 위 각 약속어음의 지급을 구하기 위한 소를 제기하였다. Y는 어음보증인으로서 위 2억원의 지급책임이 있는가?

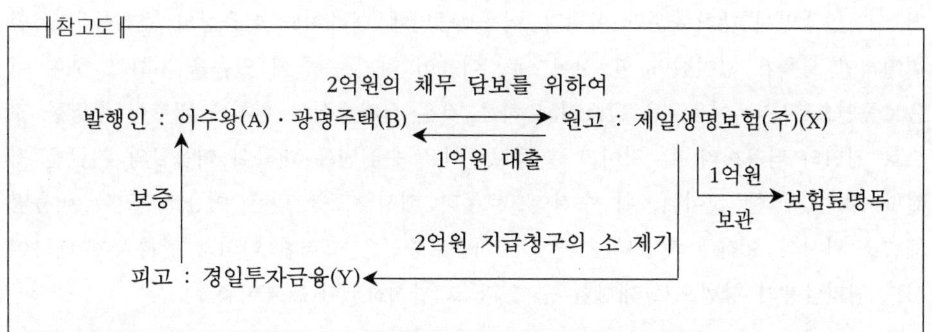

目 次

Ⅰ. 判決要旨

1) 원심인 서울고등법원은 "어음발행의 원인채무가 성립하지 아니하였거나 소멸하였다는 사유는 그 어음발행인이 직접의 상대방 또는 악의의 취득자에 대하여서만 주장할 수 있는 이른바 인적 항변사유로서, 어음보증의 경우 어음보증인은 피보증인의 이러한 인적 항변사유를 가지고 어음소지인에게 대항할 수 없는 것"이라고 하여 어음보증인인 피고 경일투자금융은 원고 제일생명의 어음금청구에 응하여야 한다는 취지의 판결을 하였다(被告敗訴).

2) 이에 대하여 대법원은 "장래에 발생할 채무를 담보하기 위하여 발행된 어음에 발행인을 위하여 어음보증이 되어 있는 약속어음을 수취한 사람은 어음을 발행한 원인관계상의 채무가 존속하지 않기로 확정된 때에는 특별한 사정이 없는 한 그 때로부터 어음발행인에 대하여뿐만 아니라 어음보증인에 대하여도 어음상의 권리를 행사할 실질적인 이유가 없어졌다 할 것이므로, 어음이 자기 수중에 있음을 기화로 하여 어음보증인으로부터 어음금을 받으려고 하는 것은 신의성실의 원칙에 비추어 부당한 것으로 권리의 남용이라 할 것이고, 어음보증인은 수취인에 대하여 어음금의 지급을 거절할 수 있다 할 것이니, 위 수취인으로부터 배서양도를 받은 어음소지인이 어음법 제17조 단서의 요건에 해당되는 때에는 어음보증인은 그러한 악의의 所持人에 대하여서도 권리남용의 항변으로 대항할 수 있다"고 판시하였다(被告勝訴).

Ⅱ. 解　　說

1. 論　　點

위 사례에서 Y는 X가 당초 위 약속어음의 액면금 상당액인 금 2억원을 대부하여 주기로 약정하였으나, 실제로는 1억원만 대부하고 나머지 금 1억원은 약정에 반하여 이를 대부하여 주지 아니하였으므로 위 대부하여 주지 아니한 금 1억원의 범위 내에서는 어음보증책임이 없다고 주장하면서 X의 청구를 거절할 것이다. 따라서 이사건의 논점은 어음보증인(Y)은 被保證人(A · B)이 소지인에 대하여 가지는 인적 항변사유(원인채무가 성립하지 아니하였다는 항변)를 원용하여 소지인(X)에게 대항할 수 있는가

하는 것이다. 어음보증인은 어음행위독립의 원칙에 의하여 독립하여 어음상의 채무를 부담하는 한편, 그 의무의 存否 및 범위는 주된 채무에 따르게 된다. 이와 같이 어음보증은 독립성과 종속성 양면을 가지는 것이어서 어느 것이 우선하는가가 문제이다.

2. 保證債務의 附從性

어음보증인은 피보증인과 '동일한 책임'을 진다(어음법 제32조 제1항). 피보증채무가 소멸하면 보증채무도 소멸하는 것이 원칙이다. 따라서 피보증채무가 지급·상계·면제·시효 등으로 인하여 소멸하면 보증채무도 소멸한다.

3. 어음保證의 獨立性

이와 같이 보증인의 채무는 일정한 범위 내에서 피보증인의 채무에 종속하지만, 다른 면에 있어서는 어음보증은 독립성을 가지고, 피보증채무가 형식상 유효한 이상, 그것이 실질상 무효이더라도 보증채무는 유효하다(어음법 제32조 제2항). 즉 피보증인의 채무가 방식의 하자에 의하여 어음상 명백히 무효인 경우에는 이 어음을 기본으로 한 어음보증도 무효로 되지만, 예컨대 위조·무권대리 등과 같이 피보증인의 채무가 실질적으로 무효인 경우에는 그 위에 행하여진 어음보증은 독립하여 효력을 가진다.

4. 保證人의 被保證人이 가지는 人的 抗辯의 援用與否

보증채무의 附從性에 따르면 이 사건에서처럼 대부가 없었고, 따라서 원인채무 자체가 성립하지 아니한 경우 보증인도 책임이 없다고 하여야 할 것이다. 그러나 어음법의 대원칙인 어음행위 독립의 원칙에 따르면 원인채무의 성립 여부는 실질적인 하자일 뿐이고, 어음보증행위 자체는 형식상의 요건을 완벽하게 갖추었으므로 보증인이 책임을 져야 한다고 하게 된다. 따라서 서로 모순이 되는 두 원칙 중에 어느 것을 따라 어떠한 결론을 내려야 할지가 문제이다. 즉, 보증인(Y)은 피보증인인 이 사건 약속어음의 발행인(A·B)의 주장(1억원에 대한 채무는 성립하지 아니하였다는)을 援用하여 어음소지인(X)에게 지급을 거절할 수 있는가가 문제이다. 이에 관하여는 學說이 갈린다.

(1) 否定說(獨立性說)

1) 부정설의 입장은 어음보증은 근본적으로 민법상의 보증과 다르다는 것에 착안하여, 어음보증의 독립성을 강조한다. 이 학설은 어음법 제32조 제2항을 어음보증의

원칙적 규정으로 보아 어음보증인은 어음보증이라는 어음행위를 함으로써 독립하여 어음채무를 부담하게 된 것이므로 피보증인이 어음소지인에 갖는 항변을 원용하지 못한다는 견해이다(우리 나라, 일본, 독일의 통설).[1]

2) 한편 부정설 중에 '인적 항변의 個別性說'이라는 학설이 있다. 이 견해는 어음행위의 無因性(추상성)을 전제로 하여, 어음채무자의 인적 항변은 각 어음행위자가 자기의 원인관계에 기하여 주장하는 것이므로, 직접 당사자간에서만 인적 항변으로써 대항할 수 있고, 보증인 등 타인은 인적 항변을 원용할 수 없다고 한다.[2]

3) 그러나 부정설에 따르게 되면, 어음보증인은 어음소지인의 어음금 청구를 거절할 수 없으므로 일단 지급을 한 다음 피보증인에게 보증인으로서의 구상권을 행사하게 된다. 이 때 피보증인은 어음소지인의 청구에 대하여는 원인관계 불성립을 이유로 이를 거절할 수 있지만 보증인의 구상권 행사에는 응하여야 한다. 求償에 응한 피보증인은 결국 어음소지인에 대하여 부당이득반환을 청구하게 되는데, 이렇게 되면 어음소지인에게 어음금청구를 인정하는 것이 무의미한 것이 되고, 절차만 복잡하게 만드는 難點이 생긴다.

(2) 肯 定 說

긍정설은 어음보증인이 피보증인이 주장할 수 있는 사유를 스스로를 위하여도 주장할 수 있다는 견해로서 중요한 세 가지만 열거하면 다음과 같다.

(가) 어음保證獨立의 原則 非適用說 이 견해는 어음보증의 독립성이 적용되는 범위를 제한하여, 어음행위독립의 원칙은 무능력이나 무권대리 등의 경우와 같이 소지인이 피보증인으로부터 지급받는 것이 원인관계상 부당하지 아니함에도 불구하고 무능력이나 무권대리 등 어음행위의 하자에 의하여 피보증인에게 청구할 수 없는 경우에 보증인에 대한 청구를 확보하여 소지인을 보호하려는 목적의 범위 내에서 인정하여야 한다고 한다. 따라서 원인채무가 성립하지 아니하였거나 소멸한 경우에는 본래 어음소지인이 피보증인으로부터 어음금을 지급받을 수 없는 경우이니, 이 때에는 처음부터 어음행위독립의 원칙이 적용되지 않고 따라서 보증채무의 부종성만이 적용되는 것이라 한다.[3] 그러나 이 학설은 어음보증의 독립성의 적용범위를 자의적으로 제한하는 것이어서 이론적으로 難點이 있다.

---

1) 손주찬(하) 276~277면; 강위두(어) 430면; 서정갑(어) 236면; 최기원(하) 431면; 서돈각·정완용(하) 222면.
2) 日最判 1941. 1. 27. 民集 20. 25.
3) 上柳, "判批", 「法學論叢」, 1963. 4. 102면.

(나) **直接相對方에 대하여만은 對抗可能하다는 學說** 어음소지인이 피보증인의 직접 상대방인 경우에 한하여 보증인도 피보증인과 함께 상대방에게 직접의 인적 관계가 있는 것으로 보아, 피보증인의 상대방에 대하여서만은 피보증인에 대한 항변으로써 대항할 수 있다고 한다.[4] 이 견해는 피보증인과 어음소지인 사이의 인적 항변을 어음보증인과 소지인 사이의 인적 항변이라고 보는 데 이론적인 난점이 있다.

(다) **權利濫用說** 이 학설은 독립성을 전제로 하면서 권리를 행사할 근거를 잃은 소지인이 어음을 반환하지 않고 보증인에게 어음금을 청구하는 것은 信義則에 反하여 권리남용이 된다고 하면서 이를 허용할 수 없다고 하는 학설이다.[5] 본 대법원 판례의 입장이기도 하다.

(3) 私 見

결국 이 문제에 관하여는 어음거래의 실질관계를 무시한 채 순수한 어음법이론의 관점에서 그 해결을 시도하는 자체에 무리가 있다. 원인채권이 성립하지 않고 있음은 누구보다도 잘 알고 있는 X가 어음행위독립의 원칙이라는 어음법 이론만을 강변하는 것은 권리의 남용이라 할 수밖에 없다. 따라서 私法의 일반원칙인 권리남용금지의 원칙에 따라 해결하려는 권리남용설의 입장이 간편한 해결책이라 하겠다.

Ⅲ. 結 語

어음법상의 대부분의 원칙은 어음의 유통성을 보호하기 위한 것이다. 어음의 유통성을 강조하다 보니, 때로는 진실한 권리자가 손해를 보는 경우도 더러 있고, 일반인의 관점에서 보면 때로는 이것이 매우 부당하게 여겨지기도 한다. 이 사건에서 X의 주장은 어음의 유통성 보호와도 상관이 없다. 따라서 위 대법원의 판결은 어음행위독립의 원칙이라는 이론에는 벗어난 판결이지만, 어음의 유통성 보호라는 문제와 관련이 없는 이 사건에서는 구체적 정의를 실현한 판결로서 타당한 결론이라 하겠다. 어음보증인의 책임은 민법상의 보증책임과는 달리 그 부종성이 약화되고 독립성이 강조되어, 그 결과 어음보증인이 피보증인보다 더 무거운 책임을 지는 일이 있으나, 그것은 어디까지나 어음의 유통성을 보호하기 위하여 불가피한 경우에 한정된다. 따라서 위의 대법원 판결은 타당하다고 생각한다. 다만 X가 이 어음을 제3자에게 양도하였을

4) 鈴木竹雄, 「手形法・小切手法」, 1992, 350면; 양승규(어) 328면.

5) 손주찬(하) 277면; 정동윤(하) 257면; 정찬형(하) 390~391면; 日最判 1970. 3. 31. 民集 24. 3,182면.

때에는 그 제3자가 善意인 경우, 보증인인 Y는 책임을 면할 수 없었을 것이다. 이 때에는 선의의 제3자 보호, 즉 어음의 유통성이 보호되어야 하기 때문이다.

퀴즈	
Ques.	어음의 만기지급인의 조사의무는?
Ans.	1. 조사의무의 내용 (1) 조사사항 (가) 배서 연속의 整否, (나) 어음방식의 適否, (다) 자기의 기명날인 또는 서명의 眞否 (2) 조사의무가 없는 사항 (가) 소지인의 실질적 자격, (나) 소지인의 지급수령능력, (다) 소지인의 동일성 (3) 주의의 정도 — 사기 또는 중과실이 없는 주의 2. 실질적 자격의 조사권 문제 — 긍정설, 부정설 3. 조사의무이행의 효과 — 진정한 권리자가 아닌 者에게 지급을 하였다 하더라도 그 책임을 면한다(어음법 제40조 제3항)(免責力) 4. 위조·변조어음의 지급효과 — 발행인(피위조자 또는 변조전 기명날인자)부담설과 지급인부담설

제 4 항 償還請求

15 상환의무 없는 자의 상환의무이행의 효과

[한라주택(주) 대 대림수산(주) 사건]

대법원 1991. 4. 23. 90다카7958

事 例

피고 대림수산주식회사(Y)는 소외 성상실업주식회사(A)에게 액면금 600만원, 지급장소 한일은행 무교지점, 발행일 및 발행지는 모두 백지로 된 약속어음 1매를 발행하였다. A회사는 원고 주식회사 한라주택(X)에게 위 약속어음의 피배서인을 백지로 한 채 배서양도하였고, X는 위 약속어음의 피배서인을 X의 대표이사인 정인봉으로 기재한 다음 이를 소외 신백규(B)에게 배서양도하였다. 이 어음의 소지인이 된 B는 위 약속어음의 백지부분을 보충하지 아니한 채[1] 지급장소에서 지급제시하였으나 동 어음은 피사취를 이유로 지급거절되었다. 이에 X는 B에게 위 어음금을 지급하고 동 약속어음을 환수하였다. X는 Y에게 어음금지급청구의 소를 제기하였다. Y는 이 어음을 지급하여야 하는가?

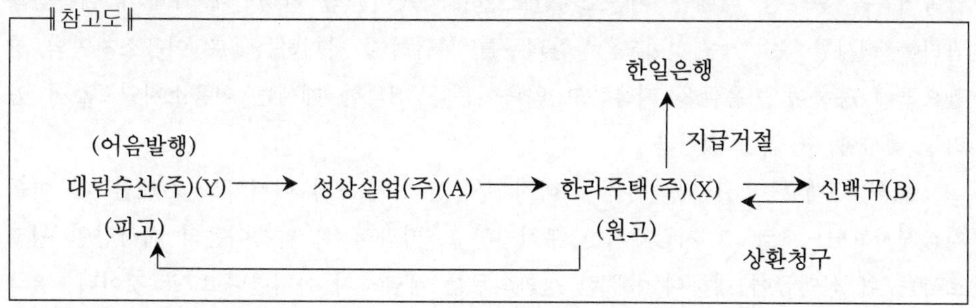

目 次

1) 본래 이 사건에서는 발행일은 보충되고 발행지만 보충되지 아니하였으나 발행지가 흠결된 국내 어음은 유효한 어음이라는 대법원 1998. 4. 23. 95다36466 이후 사례를 변경하였다.

Ⅰ. 判決要旨

1. 原審 判決要旨

원심인 서울민사지방법원 1990. 1. 17. 89나21776은 원고패소의 판결을 내렸다. 판결요지는 다음과 같다.

약속어음의 배서인은 적법하게 자신의 상환의무를 이행하고 소지인으로부터 그 약속어음을 환수한 때에만 어음소지인으로서 약속어음의 발행인에 대하여 어음상의 권리를 행사할 수 있는 것이고, 상환의무를 부담하지 아니하는데도 어음소지인의 상환요구에 응하여 어음금을 지급하고 약속어음을 취득한 때에는 어음소지인으로서 권리를 행사할 수 없는 것이다.

소외 신백규는 위 약속어음의 백지 부분을 보충하지 아니하고 白地인 채 이를 지급제시하였으므로 그 지급제시는 부적법하고, 따라서 위 약속어음의 배서인인 원고로서는 위 신백규에 대하여 아무런 상환의무를 부담하지 아니한다고 할 것이니, 결국 원고는 위 신백규에게 어음금을 지급하고 약속어음을 취득하였다고 하여도 피고에 대하여 위 약속어음상의 권리를 행사할 수 없는 것이다.

2. 大法院 判決要旨

대법원은 반대로 원고승소의 판결을 내렸다. 판결요지는 다음과 같다.

살피건대 소외 신백규가 백지 부분이 보충되지 아니한 백지약속어음을 지급제시한 이상 이는 적법한 지급제시라고 할 수 없으므로(대법원 1988. 8. 9. 86다카1858 참조)

원고는 위 신백규에 대하여 상환의무를 부담하지 아니하며, 따라서 위 신백규에게 어음금을 지급하고 위 약속어음을 취득하여도 그 어음상의 상환청구권을 행사할 수 없는 것이다.

그러나 약속어음의 발행인은 어음금의 주채무자로서 그 어음상의 권리자에 대하여 절대적·최종적인 지급책임을 진다고 할 것이고 또 위와 같이 어음소지인이 어음상의 상환청구권을 행사할 수 없는 경우에도 그 어음상의 권리자임이 증명된 때에는 약속어음의 발행인에 대하여 어음금의 지급을 청구할 수 있는 것이다.

이 건에서 원심에서 인정한 바와 같이 원고가 위 신백규에게 어음금을 지급하고 위 약속어음을 환수한 것이 양도인과 양수인 간의 의사의 합치에 따라 이루어진 것이라면 원고는 어음상의 정당한 권리자라 할 것이며, 따라서 약속어음의 발행인인 피고에 대하여 그 어음금의 지급을 청구할 수 있다고 할 것이다.

그렇다면 이와 다른 판단을 한 원심판결은 약속어음의 발행인의 책임 내지 약속어음의 환수인의 어음법상의 지위에 관한 법리를 오해하여 판결의 결과에 영향을 미치게 하였다고 할 것이므로, 이 점을 지적하는 논지는 이유있다. 그러므로 원심판결을 파기하고 사건을 원심법원에 환송하기로 판결한다.

II. 解　　說

1. 論　　點

이 사건에서 Y는 B의 지급제시는 백지어음에 의한 지급제시로서 부적법하여 B는 상환청구권을 상실하였는데, X는 더 이상 상환의무가 없음에도 불구하고 B에게 어음금을 지급하고 위 약속어음을 취득하였으므로, Y에 대하여 어음상의 권리를 행사할 수 없는 것이라고 항변할 것이다. 따라서 본 事例의 논점은 다음 두 가지이다.

첫째, 어음소지인의 부적법한 지급제시에 대하여 어음의 배서인이 상환의무를 부담하는가?

둘째, 약속어음소지인의 부적법한 지급제시에 대하여 배서인이 상환의무를 부담한 경우 배서인은 약속어음의 주채무자인 발행인에 대하여 어음금청구권을 행사할 수 있는가?(또는 배서인은 그 前者에 대하여 재상환청구권을 행사할 수 있는가?)

2. 상환청구란?

(1) 상환청구의 意義

어음의 상환청구(recourse) 또는 遡求란 만기에 지급이 거절되었을 때와 만기 전이라도 지급의 가능성이 현저하게 감소되었을 때, 어음소지인이 전자인 배서인과 발행인 및 이들의 보증인에 대하여 본래의 支給에 갈음하여 어음金과 기타 비용의 변상을 청구하는 것이다.

어음거래의 원활화를 위해서는 지급의 확실성을 신뢰한 어음所持人에게 지급받지 못할 사태가 발생한 경우에, 지급받은 것과 같은 경제적 효과를 거둘 수 있도록 보장해 줄 필요가 있다. 따라서 상환청구제도는 어음의 유통성을 확보하기 위하여 대가관계를 고려하여 매도인의 瑕疵擔保責任과 같은 취지를 어음법적으로 일반화하고 엄격화한 제도이다.

(2) 償還請求의 要件

(가) 滿期前 償還請求의 要件 상환청구에는 만기전 상환청구와 만기후의 상환청구가 있다. 만기전 상환청구의 실질적 요건은 인수의 전부 또는 일부의 거절(어음법 제43조 제1호)이 있거나 인수인 또는 지급인의 파산, 지급정지 또는 그 재산에 대한 강제집행의 不奏效(어음법 제43조 제2호) 및 인수제시금지어음의 발행인의 破産(어음법 제43조 제3호) 등이 있어야 한다. 그리고 형식적 요건으로서 거절증서의 작성 또는 파산결정서의 제출이 있어야 한다.

(나) 滿期後 償還請求의 要件 이 사건에서는 만기 후의 상환청구권이 문제되고 있다. 만기 후의 상환청구의 실질적 요건은 적법한 기간 내에 소지인이 지급제시를 하였는데, 지급인이 어음금액의 전부 또는 일부의 지급을 하지 않아야 한다(어음법 제43조).

만기의 상환원인에도 적극적인 지급거절뿐만 아니라 지급인의 不在 또는 所在不明도 포함된다. 지급거절증서작성이 면제된 경우 또는 지급인이 미리 지급거절의 의사표시를 한 경우에도 지급제시는 하여야 한다(어음법 제46조 제2항 제1문). 그리고 형식적 요건으로서 어음소지인은 지급의무가 있는 모든 사람에게 지급제시를 하여 지급거절증서를 작성하여야 한다(어음법 제44조 제1항·어음법 제60조 제1항). 그러나 支給拒絶證書作成免除의 경우(어음법 제46조), 인수거절증서를 이미 작성한 경우(어음법 제44조 제4항), 不可抗力으로 인하여 30日 이상 거절증서를 작성할 수 없는 경우(어음법 제54조 제4항·제5항)에는 거절증서를 작성할 필요가 없다.

[지급거절증서 작성 면제의 경우 지급제시]

(i) 약속어음의 소지인은 특단의 사정이 없는 한 법정기간 내에 발행인에게 지급제시를 하는 등 적법한 지급제시를 한 경우에만 그 배서인에 대한 상환청구권을 행사할 수 있으되 그 어음배서인이 지급거절증서작성을 면제한 경우에는 그 어음소지인은 적법한 지급제시를 한 것으로 推定되고 그러한 적법한 지급제시가 없었다는 사실은 이를 원용하는 자에게 그 주장 및 입증책임이 있다 할 것이고 어음배서인에 대한 지급제시는 적법한 지급제시의 요건이 아니므로 어음소지인이 그 배서인에게 지급제시를 하지 아니하였다고 自認하더라도 이로써 적법한 지급제시가 없었던 것으로 판단되어 상환청구권이 상실된 것이라고는 할 수 없다(대법원 1984. 4. 10. 83다카1411).

(ii) 약속어음의 배서인이 지급거절증서작성을 면제한 경우에는 그 소지인은 상환청구권을 행사하기 위하여 법정기간 내에 발행인에 대하여 지급제시를 한 것으로 추정을 받는 것이므로 위와 같은 적법한 지급제시가 없었다는 사실은 이를 원용하는 자에게 그 주장 및 입증책임이 있다(대법원 1985. 5. 28. 84다카2425).

거절증서작성기간은 확정일출급·발행일자후정기출급 또는 일람후정기출급 어음에 있어서는 '지급할 날 이후의 2거래일 내'이며(어음법 제44조 제3항 제1문), 일람출급어음에 있어서는 어음법 제34조에 정하는 제시기간 내(발행일자로부터 1년 내)이다.

(3) 償還請求當事者

(가) **償還請求權者** 상환청구권자는 어음의 최후의 정당한 소지인(어음법 제43조)과 상환의무를 이행하고 어음을 환수하여 새로이 어음의 소지인이 된 자, 즉 담보의무를 이행한 배서인(어음법 제49조), 보증인(어음법 제32조 제3호), 參加支給人(어음법 제63조 제1항), 어음채무를 변제한 無權代理人(어음법 제8조) 등이다.

(나) **償還義務者** 상환의무자는 환어음의 발행인, 배서인, 이들의 보증인이다. 약속어음의 발행인과 환어음의 引受人은 主된 채무자이고 상환의무자가 아니므로 상환청구권보전절차의 흠결이 있더라도 소멸시효기간 내에는 어음상 책임을 져야 한다. 특수한 경우로서 無權代理人도 상환의무자가 될 수 있다(어음법 제8조·제77조 제2항). 반면 배서인일지라도 무담보배서인, 추심위임배서인, 기한후배서의 배서인은 담보책임을 지지 아니하므로 상환의무자가 아니다.

3. 제1논점에 대하여

(1) 要件欠缺인 어음의 白地어음 推定

이 사건에서 소외 신백규는 발행지를 보충하지 않은 채 지급제시를 하였다. 어음법은 '발행지'를 어음요건으로 규정하면서(어음법 제1조 제7호·제75조 제6호), 어음요건이 흠결되어 있는 경우에는 그 어음요건흠결에 대한 보충의 기재가 없는 한 어음으로서의 효력이 없는 것으로 규정하고 있으므로(어음법 제2조·제76조), '발행지'를 기재하지 아니한 어음은 '발행인의 명칭에 附記한 지'의 기재가 없는 한 불완전어음으로서 무효인 어음이거나 미완성어음으로서 백지어음이다. 어음요건이 흠결된 경우 通說은 무조건 무효인 어음이라고 보지 아니하고 일단 백지어음으로 추정하고 있고, 이 점은 판례도 같다(대법원 1966. 10. 11. 66다1646; 동 1976. 3. 9. 75다984). 그러므로 이 사건의 어음도 백지어음으로 추정되어야 할 것이다.

(2) 白地어음에 의한 支給提示의 效力

백지어음은 백지를 보충하기 전에는 어음이 아닌 특수한 유가증권이므로 完全어음으로 취급되지 아니한다. 따라서 흠결된 어음요건이 보충될 때까지는 未完成어음의 상태로서 未補充의 어음 그대로는 어음상의 권리를 행사할 수 없다. 즉, 어음상의 권리를 행사하려면 먼저 백지를 보충하여야 하며, 미보충의 백지어음으로 한 지급제시는 무효이다.

이와 같이 백지어음에 의한 지급제시는 무효이므로, 백지어음으로 지급제시를 한 경우에는 그 지급이 거절되어도 상환청구요건의 불비로 배서인의 상환의무가 발생하지 아니한다. 수취인, 발행지 등의 백지부분을 보충하지 아니하고 지급제시를 하여 지급거절된 어음은 상환청구권을 상실한 것으로 본다.[2)]

(3) 상환의무 없는 者의 償還義務履行의 效果

이와 같이 백지어음에 의한 지급제시는 효력이 없어서 상환청구요건의 불비로 상환의무가 발생하지 아니하므로 배서인이 어음금을 지급하더라도 그 지급은 非債辨濟에 불과하고 상환의무를 이행한 것으로 되지 않는다. 그러므로 위의 사건에서 백지어음의 소지인인 소외 신백규가 미보충의 백지어음으로 지급제시를 하여 지급이 거절되어도 그 지급제시는 무효이므로 배서인인 원고는 소외 신백규에 대하여 상환의무를 부담하지 아니하고, 따라서 원고가 소외 신백규에게 어음금을 지급하여도 이는 상환의무의 이행으로 되지 않는다.

4. 제2논점에 대하여

제2논점은 상환의무 없는 자가 상환청구에 응한 경우, 그 자는 약속어음의 발행인에 대하여 지급을 구할 수 있는가 하는 문제이다. 이 사건에서 피고는 약속어음의

---

2) 관련 판례: 대법원 1976. 11. 23. 76다214; 동 1979. 8. 14. 79다1189; 동 1985. 8. 13. 85다카123; 동 1986. 9. 9. 85다카2011; 동 1990. 5. 25. 89다카15540; 동 1992. 2. 28. 91다42579; 동 1992. 10. 27. 91다24724; 동 1993. 11. 23. 93다27765 등.

발행인이다. 환어음의 경우와는 달리 약속어음의 발행인은 상환의무자가 아닌 주채무자이다. 주채무자의 책임은 권리보전절차의 흠결에 의하여 소멸되지 아니한다. 즉, 권리보전절차의 흠결이 있으면 상환의무자의 책임은 소멸되나, 주채무자의 책임은 時效가 만료하기 전까지는 그 책임이 소멸하지 아니한다.

상환의무 없는 자가 상환청구에 응하였다고 하더라도 주채무자로서는 그 사유를 들어 지급을 거절할 수는 없다. 물론 이 경우 상환의무없는 자가 상환청구에 응한 경우에는 재상환청구는 할 수 없을 것이로되, 主債務者에 대하여는 소멸시효 기간 내에는 지급을 청구할 수 있다. 여기서 피고는 재상환의무자가 아니라 바로 주채무자이므로 주채무자의 채무는 權利保全節次의 흠결이 있더라도 소멸되지 아니한다.

결과적으로 상환청구권을 상실하여 상환의무 없는 자가 상환청구에 응한 경우에는 그 자는 前者(이 사건에서는 소외 성상실업주식회사)에 대한 재상환청구는 할 수 없으나, 주채무자인 약속어음의 발행인에 대하여는 어음금 지급청구를 할 수 있다.

Ⅲ. 結　　語

이 사건에서는 원고가 상환의무가 없음에도 불구하고 상환청구에 응하였다. 그렇다고 하더라도 主債務者는 소멸시효가 완성하기 전까지(만기로부터 3년)는 어음에 대하여 책임을 져야 한다. 다만 이 때 원고는 백지어음을 모두 보충하여 완전한 어음으로써 지급을 청구하여야 한다. 혹시나 원고가 백지 부분을 보충하지 아니한 채 피고에게 3년 내에 지급제시하여 피고가 어음요건 흠결을 이유로 지급을 거절하면 그 3년 내에 이를 보충하여 다시 지급제시하면 된다(대법원 1971. 7. 20. 71다1070). 다만 이 때 피고는 지급제시 翌日부터 지연책임을 져야 한다(대법원 1960. 6. 9. 4292민상778). 원고가 어음금의 지급을 재판상 청구하는 경우에는 訴狀이 피고에게 송달된 때 지급제시와 동일한 효력이 있다(대법원 1959. 2. 19. 4290민상588). 이 사건에서는 확실하지는 않으나, 원고가 백지 부분을 보충하여 3년 내에 지급제시를 한 것으로 보인다. 이 경우 피고는 어음금에 대하여 책임을 져야 하는 것이므로 위 대법원의 판결은 정당하다고 하겠다. 다만 백지 부분을 보충하지 아니하였음에도 불구하고 법원이 피고의 지급을 命하였다면 제1논점에서 백지 미보충의 백지어음에 의한 지급제시는 요건흠결을 이유로 무효라고 해놓고, 발행인에 대하여는 요건흠결인 백지어음임에도 지급을 命한 것이 되어 스스로 모순된다.

퀴 즈

Ques.	상환청구권 보전을 위한 어음의 지급제시기간은?
Ans.	1) 確定日出給어음·發行日字後定期出給어음 및 一覽後定期出給어음에 있어서는 원칙으로 '지급을 할 날 그날 이후의 2거래일 내'(어음법 제38조 제1항). 2) 一覽出給어음에 있어서는 발행일자로부터 1年 내에(어음법 제34조 제1항 제2문) 또는 발행인이 일정한 期日 전의 지급제시를 금하였을 때에는 그 期日로부터 1年 내에 지급제시를 하여야 한다(어음법 제34조 제2항).

16 再償還請求

[삼원화성(주) 대 방동근 사건]

대법원 1990. 10. 26. 90다카9435

事 例

소외 이종재는 소외 서인수에게 지급장소 주식회사 제일은행으로 된 약속어음 1매를 발행하고, 서인수는 이종대에게, 이종대는 피고 방동근(Y)에게, Y는 원고 주식회사 삼원화성(X)에게 각 지급거절증서 작성을 면제하여 이를 배서양도하였는데, X는 삼성물산 주식회사(A)에게 지급거절증서 작성을 면제하지 아니한 채 이를 배서양도하였다. 최후의 소지인인 A는 지급기일에 지급제시하였으나 지급이 거절되자 지급거절증서를 작성하지 아니한 채 X에게 상환청구권을 행사하여 지급을 받았다. 그 후 X는 자신에 대한 어음의 직전 배서인인 Y에게 재상환청구권을 행사하려 한다. Y는 상환의무가 있는가?

참고도

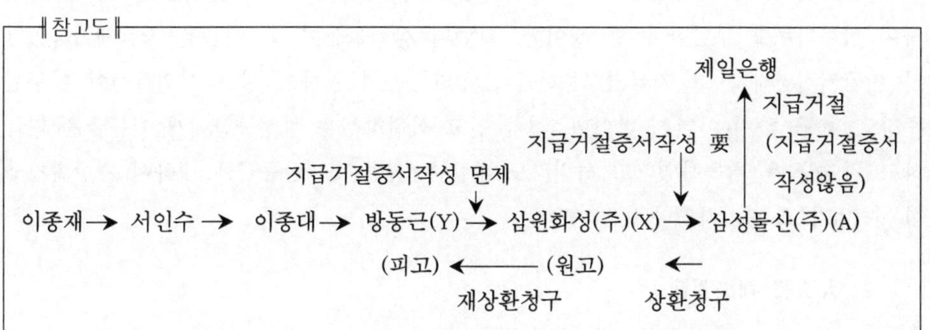

目 次

Ⅰ. 判決要旨

1. 原審 判決要旨

원심인 서울민사지방법원 1990. 1. 31. 89나23222은 “원고 삼원화성이 지급거절증서 작성을 면제하지 아니하고 소외 삼성물산에 동 어음을 양도한 것이므로 삼원화성은 어음의 최후의 소지인인 삼성물산이 지급기일에 지급제시하였다가 지급거절당하고 지급거절증서를 작성하여 그 지급거절당한 사실을 증명한 경우에만 삼성물산에 대하여 상환의무를 부담한다 할 것이다. 그런데 삼성물산이 위 어음을 지급제시하였다가 지급거절당하자 그 지급거절증서를 작성하였음에 관하여 원고 삼원화성이 아무런 주장, 立證을 하지 아니한 바이니, 결국 원고 삼원화성은 삼성물산에게 어음금을 지급하고 위 어음을 취득하였다고 하더라도 前背書人인 피고 방동근에 대하여 재상환청구할 수 없다”고 판시하였다(被告勝訴).

2. 大法院 判決要旨

대법원 판결요지는 다음과 같다.

1) 상환의무를 부담하지 않는 자가 어음소지인의 상환요구에 응하여 어음금을 지급하고 어음을 취득한 경우에는 前背書人에 대하여 재상환청구할 수 없다.

2) 지급거절증서작성의무를 면제하고 약속어음을 배서양도한 배서인 피고 방동근으로서는, 어음소지인의 상환청구에 대하여 거절증서 작성이 없다는 이유로 청구를 거절할 수 없으므로, 피고 방동근으로부터 어음을 취득한 삼원화성이 지급거절증서 작성의무를 면제하지 아니하고 최후 소지인인 삼성물산에게 위 어음을 배서양도하였음에도 삼성물산에 대하여 거절증서작성 유무를 확인하지 아니하고 그 상환청구에 응하였다고 하더라도, 그 점을 탓할 수 없을 것이다. 따라서 피고 방동근은 삼원화성의 상환청구를 거절할 수 없다 하여 破棄還送하였다(原告勝訴).

II. 解　　說

1. 論　　點

Y는 A가 상환청구권보전절차인 거절증서 작성을 하지 아니하였으므로 X에 대한 상환청구권이 없고, 따라서 X는 상환의무가 없는데도 불구하고 상환청구에 응하였던 것이니 재상환청구를 할 수 없다고 주장할 것이다. 따라서 이 事例에서는 배서인이 상환의무 없이 상환청구에 응한 경우에도 약속어음 발행인은 어음상의 책임이 있다는 것을 보았다. 환어음의 경우와는 달리 약속어음의 발행인은 상환의무자가 아닌 주채무자이다. 주채무자의 책임은 권리보전절차인 거절증서를 작성하지 아니하였더라도 소멸되지 아니한다. 즉, 권리보전절차의 欠缺이 있으면 상환의무자의 책임은 소멸되나, 주채무자의 책임은 시효가 만료하기 전까지는 그 책임이 소멸하지 아니한다.

여기에서는 권리보전절차의 흠결이 있으면 상환의무자의 책임이 소멸한다는 문제에 대하여 좀더 자세히 보기로 한다. 이 사건의 논점은 권리보전절차의 흠결로 상환의무가 소멸하였음에도 불구하고 상환청구에 응한 경우, 그 자에게 再償還請求權이 있는가 하는 것이다. 즉, 본 사례는 재상환청구의 요건에 관한 것이고, 상환의무자가 권리보전절차의 흠결의 항변을 포기할 수 있는가 하는 문제와 관련이 있다.

2. 再償還請求의 意義

재상환청구란 상환을 한 상환의무자가 다시 자기의 前者에 대하여 하는 상환청구를 말한다. 상환의무자가 상환의무를 이행하면 그와 後者의 상환의무는 소멸되나 그 前者의 상환의무는 여전히 존속하므로, 상환의무를 이행하고 어음을 還收한 자는 어음소지인으로서 그 前者에 대하여 상환청구권을 행사할 수 있다(어음법 제47조 제3항, 제77조 제1항 제4호).

3. 再償還請求權의 法的 性質

상환의무를 이행하고 어음을 還收한 자가 취득하는 재상환청구권의 법적 성질에 대하여는 다음과 같이 학설이 대립하고 있다.

(1) 權利回復說

권리회복설은 재상환청구권자는 상환의무의 이행을 계기로, 어음을 양도하기 전에 가지고 있던 소지인으로서의 권리를 회복하는 것으로 본다.[1]

재상환청구권자는 어음을 양도할 때 권리를 절대적으로 이전하는 것이 아니고 어음의 還收를 해제조건으로 하여 소지인으로서의 권리를 이전하는 것이므로 상환의무를 이행함으로써 조건이 성취되어 권리를 회복한다고 한다. 따라서 이 학설에 의하면 재상환청구권자는 자기의 前者로부터 원래의 인적 항변사유로써 당연히 대항을 받게 되나, 後者의 인적 항변사유는 이전되지 않으므로 그의 선의·악의를 불문하고 대항받지 아니한다.

(2) 權利再取得說

권리재취득설은 재상환청구권은 상환의무의 이행으로 인한 어음환수를 어음상의 권리의 재취득이라고 본다.[2] 즉, 배서에 의하여 어음상의 권리가 확정적으로 피배서인에게 이전되므로, 배서인이 어음을 환수하면 법률의 규정에 의한 어음채권의 양수에 의하여 어음상의 권리를 재취득하는 것이라고 한다.

이 학설에 의하면 재상환청구권자는 자기의 前者로부터 원래의 인적 항변사유로써 대항을 받지 않게 되고, 後者의 인적 항변사유는 그가 악의이면 대항을 받는다고 해석한다.

(3) 折 衷 說

折衷說은 권리재취득설을 취하면서도 항변과 관련하여서는 권리회복설과 같이 해석한다. 즉, 前者와의 관계에서는 원래 인적 관계에 기한 사유를 내용으로 하고 있기 때문에 그 사유로써 대항받을 수 있고, 後者와의 관계에서는 어음을 환수하는 것이 상환의무의 이행에 의한 강제적 취득이므로 後者의 인적 항변사유는 승계되지 않는다는 것이다.[3]

(4) 私 見

생각건대 배서를 채권양도로 본다면(통설) 재취득을 조건으로 어음을 배서한다고 보기는 어렵고 확정적으로 권리를 이전한다고 보아야 할 것이다. 이와 같이 해석하는 것이 ① 재상환청구권의 소멸시효는 상환의무자가 어음을 환수한 때로부터 진행하는 점(어음법 제70조 제3항·제77조 제1항 제8호; 수표법 제51조 제2항)과, ② 환어음 인수 전에 어음을 교부한 발행인·보증인·무권대리인 또는 배서인이 지급인이 인수한 후에 상환의무를 이행하고 어음을 환수한 경우 인수인에 대하여 어음금지급청구권을 가지는 점을 설명하는 데 유리하다.[4] 나아가 ③ 상환의무이행자는 그가 지급한 금액뿐

1) 서돈각·정완용(하) 224면.
2) 정동윤(하) 340면; 손주찬(하) 313면; 최기원(하) 384면; 이철송(어) 449면.
3) 정동윤(하) 340~341면.

만 아니라 어음법 제49조 제2호(利子)와 제3호(비용)의 청구권도 원시적으로 취득하게 되는 점도 설명하기 용이하다.[5] 그러나 항변과 관련하여서는 재상환청구권자는 재상환의무자의 인적 항변을 피할 길이 없다. 그리고 재상환청구권자의 어음의 취득은 상환의무이행의 효과로 인한 어음의 환수에 불과하므로 후자의 인적 항변사유는 승계되지 않는다고 본다. 따라서 재상환의무자는 인적 항변을 주장할 수 있다는 절충설이 타당하다고 본다.

4. 再償還請求의 要件

재상환청구를 하려면, ① 상환의무를 이행하고 어음을 환수하여야 하며(실질적 요건), ② 상환한 어음 · 거절증서 및 계산서를 재상환의무자에게 교부하여야 한다(어음법 제50조 제1항)(형식적 요건). 재상환청구권자는 상환의무를 이행한 배서인(어음법 제47조 제3항 · 제49조) 또는 담보의무를 이행한 보증인이고(어음법 제32조 제3항), 재상환의무자는 환어음의 발행인 · 배서인 및 이들의 보증인이다.

(1) 實質的 要件

(가) 배서인이 無擔保背書를 한 경우 또는 白地式 背書에 의하여 어음을 양수한 자가 자기의 기명날인 또는 서명 없이 단순한 교부만에 의하여 어음을 양도하여 어음면상에 그 양도인이 나타나지 않는 경우, 배서가 말소된 경우 등과 같이 본래부터 상환의무자가 아닌 자는 비록 그가 어음소지인에 대하여 상환청구에 응하였다고 하더라도 재상환청구권을 취득하지 못한다(어음법 제47조 제3항 · 제50조 참조).

(나) X가 소구의무자인지 여부 　그런데 X는 본래 상환의무자였다. 다만 A가 지급제시를 할 때에 상환청구권보전절차인 거절증서를 작성하지 아니함으로써 상환의무의 이행을 거절할 수 있게 되었을 뿐이다.

(다) 권리보전절차의 흠결의 抗辯을 포기할 수 있는지 여부 　A가 권리보전절차를 흠결하였으므로 X는 이를 주장하여 지급을 거절할 수 있다. 이 때 X는 권리보전절차의 흠결의 항변을 拋棄할 수 있는가? 즉, 거절증서작성을 아니하였음에도 상환의무에 응할 수 있느냐가 문제이다. 문제가 된다면 재상환청구를 할 수 없고, 문제가 안 된다면 재상환청구를 할 수 있다.

본래 지급거절증서의 작성은 지급거절의 사실을 명확하게 하기 위한 것이다. 이것은 사전에 면제시킬 수도 있다(어음법 제46조 · 제79조 제1항 제4호). 따라서 이를 작성

4) 정찬형(하) 371면.
5) 최기원(하) 384면.

하지 않은 경우, 그 항변을 포기할 수도 있을 것이다.[6)]

다만 지급거절증서를 작성하지 아니한 경우 배서인이 상환청구에 응한 경우에는 그 前背書人에게 재상환청구를 함에 있어 곤란을 느끼게 될 것이다. 그러나 이 사건에서와 같이 전배서인인 Y가 거절증서작성을 면제한 경우에는 권리보전절차흠결의 항변을 원고 배서인인 X가 포기하더라도 문제는 없다고 생각한다.

(라) **跳躍的 償還請求의 경우** 위와 같은 해석이 정당한 것은 도약적 상환청구를 생각해 보면 명백하다. 만약 어음의 최종 소지인인 A가 거절증서를 작성함이 없이 직접 Y에게 상환청구하여 올 경우 Y는 거절증서작성을 면제한 배서인이므로 거절증서 작성이 없다는 이유로 그 상환청구를 거절할 수 없다고 보아야 할 것이다. 한편 A는 예컨대 X가 상환의무의 이행을 거절하면 직접 Y에게 상환청구권을 행사할 수 있다. 배서인 중 어느 한 사람에게 상환청구권을 행사하였다고 하더라도 다른 상환의무자의 상환청구권에는 아무런 영향을 미치지 못하기 때문이다(合同責任)(어음법 제47조).

원심판결과 같이 해석하면, 결국 A가 X를 통하여 상환청구를 하면 X는 마땅히 지급을 거절하였어야 하므로 지급을 받지 못하고, 직접 Y에게 도약적 상환청구를 하면 지급받는다는 결과가 되는데, 이는 아무래도 부당하다.

(마) **배서의 말소문제** 어음의 배서인이 어음소지인의 상환청구에 응하였거나 기타의 사유로 어음을 회수한 경우에는 자기 또는 자기의 後者가 한 배서를 말소할 수 있다(어음법 제50조 제2항 · 제77조 제1항 제4호). 배서를 말소하면 그 배서는 배서의 連續에 관한 한 없는 것으로 보게 된다(어음법 제16조 제1항 제3문). 만약 X가 자기의 A에 대한 배서를 말소하여 Y에게 재상환청구가 아닌 상환청구권을 행사하였더라면 피고는 상환의무에 응할 수밖에 없었을 것이다. 따라서 원심판결에 의하면 X가 상환청구에 응하고 재상환청구를 하면 前背書人인 Y는 재상환의무를 부담하지 아니하고, 바로 상환청구를 하면 상환의무를 부담한다는 결과가 된다. 이와 같은 결과가 不當함은 말할 것 없다. 그렇다면 Y의 주장은 옳지 않다는 결과가 된다.

(2) 形式的 要件

상환의무자는 유효한 어음과 거절증서(수표의 경우는 이와 같은 효력이 있는 선언을 포함한다) 및 영수를 증명하는 기재를 한 계산서를 상환청구권자로부터 交付받아 재상환의무자에게 교부하여야 한다(어음법 제50조 제1항, 제77조 제1항 제4호; 수표법 제46조 제1

---

6) 이에 반대하는 견해는 거절증서의 작성을 사후에 포기할 수 있다는 근거가 不明이고, 이를 포기하는 것은 결국 전자에 대한 상환청구권 행사의 포기를 의미하는 것으로써, 상환의무가 없는 자가 상환청구에 응한 경우에는 재상환청구권이 없다고 한다: 최기원(어) 383면.

항). 상환청구는 도약적 상환청구도 가능하기 때문에 이 때 재상환청구권자는 배서가 連續한 어음의 최후의 소지인임을 요하지 않는다. 그러나 그는 자기와 後者의 배서를 말소하여 형식적 자격을 구비할 수 있다(어음법 제50조 제2항, 제77조 제1항 제4호; 수표법 제46조 제2항). 이는 재차 상환하게 될 위험을 피하기 위한 것이다. 그러나 이와 같이 형식적 자격을 구비하지 아니하더라도 그가 어음 및 거절증서 등을 소지하고 있으면 재상환청구권자로 推定을 받는다고 본다.

5. 再償還請求權의 행사방법과 재상환청구금액

재상환청구권자가 前者에 대하여 재상환청구권을 행사하는 경우에도 도약적 상환청구 및 變更權(다른 사람에게 다시 상환청구할 수 있는 권리)이 인정된다(어음법 제47조 제3항, 제77조 제1항 제4호; 수표법 제43조 제3항).

어음을 환수한 자의 상환청구금액은 자기가 상환한 총금액(어음법 제48조)과, 그 금액에 대하여 연 6분의 이율로 계산한 지급일 이후의 이자와 자기가 지출한 비용(통지비용, 최고비용 그러나 소송비용은 제외)의 합계금액이다(어음법 제49조, 제77조 제1항 제4호; 수표법 제45조). 그리고 재상환의무자의 상환권 및 상환방법은 第1償還請求의 경우와 다를 바 없다.

Ⅲ. 結 語

결과적으로 본래 상환의무자가 아닌 자가 상환청구에 應한 경우에는 재상환청구권을 취득할 수 없다. 그러나 이 사건에서처럼 본래 상환의무를 부담하였으나, 최후의 소지인측의 지급거절증서 不作成이라는 우연한 사정으로 상환의무를 免하게 된 경우에는 지급거절증서 흠결의 抗辯을 포기하고 상환청구에 응하였더라도 재상환청구권을 취득할 수 있다고 본다. 다만 前背書人이 지급거절증서작성을 면제하지 아니한 경우에는 물론 재상환청구권을 행사할 수 없다.

퀴 즈

Ques.	수표계약 위반의 효력은 ?
Ans.	대법원 1998. 2. 13. 97다48319. 가계수표 용지에 부동문자로 인쇄되어 있는 '100만원 이하' 등의 문언은 지급은행이 사전에 발행인과의 사이에 체결한 수표계약에 근거하여 기재한 것으로서 이는 단지 수표계약의 일부 내용을 제3자가 알 수 있도록 수표 문면에 기재한 것에 지나지 아니한 것이고, 한편 수표법 제3조 단서에 의하면 수표자금에 관한 수표계약에 위반하여 수표를 발행한 경우에도 수표로서의 효력에는 영향을 미치지 아니하므로 발행한도액을 초과하여 발행한 가계수표도 수표로서의 효력에는 아무런 영향이 없다.

퀴 즈

Ques.	수표의 지급증권성을 설명하라.
Ans.	수표는 현금의 대용물로서 信用證券化를 방지하고 支給證券性이 강조되고 있다. 1) 수표는 만기제도가 허용되지 않고 일람출급성만 인정된다(수표법 제28조 제1항). 선일자수표의 경우 발행일 이전이라고 하더라도 지급제시되면 지급하여야 한다(수표법 제28조 제2항). 2) 인수가 금지된다(수표법 제4조). 3) 이자의 기재가 허용되지 않는다(수표법 제7조). 4) 지급인의 배서나 보증이 허용되지 않는다(수표법 제15조 제3항, 제25조 제2항). 5) 지급제시기간은 발행일자로부터 10일 내로 단축된다(수표법 제29조). 6) 지급보증의 효력은 지급제시기간 내에 제시된 경우에 한하여 허용된다(수표법 제55조 제2항).

퀴 즈

Ques.	횡선수표의 효력은 ?
Ans.	1. 支給의 制限 1) 一般橫線手票의 支給制限 — 지급인이 지급할 수 있는 상대방은 은행 또는 지급인의 거래처 2) 特定橫線手票의 支給制限 — 지급인은 피지정은행에 대해서만 지급할 수 있으며, 피지정은행이 지급인인 경우에는 자기의 거래처에 대해서만 지급할 수 있다(수표법 제38조 제2항). 2. 取得의 制限 — 은행은 자기의 거래처 또는 다른 은행으로부터만 횡선수표를 취득할 수 있고, 또한 이러한 者 이외의 者를 위하여 횡선수표의 추심을 하지도 못한다(수표법 제38조 제3항). 3. 制限違反과 損害賠償責任 — 횡선수표의 취득·지급의 제한규정을 위반한 지급은행은 이로 인하여 생긴 손해에 대하여 수표금액의 한도 내에서 無過失의 損害賠償責任을 진다(수표법 제38조 제5항).

제 3 장 保險法

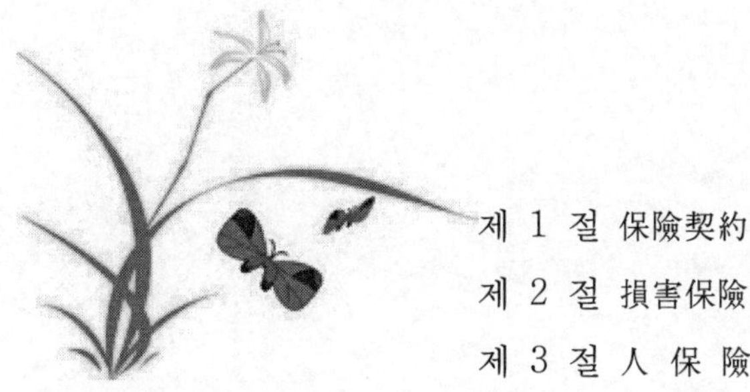

제1절 保險契約

제 1 항 保險約款의 效力

1 普通保險約款의 拘束力

[배정섭 대 한국자동차보험(주) 사건]

대법원 1985. 11. 26. 84다카2543

事 例

(i) 원고 택시운수사업자 배정섭(X)은 피고 한국자동차보험 주식회사(Y)와 1980. 6. 17. 그가 소유하고 있는 영업용 택시의 운행으로 인한 인적 손해배상책임을 담보하기 위하여 보험금을 사망의 경우 피해자 1인당 1,000만원, 부상의 경우 1인당 300만원, 보험기간을 12. 17.까지로 하는 '자동차안전보험계약'을 체결하였고, 같은 해 12. 17.에 이르러서는 1981. 6. 17.까지 그 보험계약을 연장하기로 갱신하였다.

(ii) 그런데 Y는 1980. 12. 21.자로 '자동차안전보험 보통보험약관'을 개정하여 1981. 1. 1.부터는 '자동차대인배상정액보험 보통보험약관'으로 그 명칭을 바꾸고, 후유장애 부분을 신설하여, 후유장애의 경우 1,000만원을 최고한도로 하고 그 보상기준은 그 약관에 첨부된 별표에 따르기로 한다고 정하였다.

(iii) X는 위 보험계약의 보험기간이 만료됨에 따라 보험계약을 다시금 갱신하여 보험기간을 1981. 6. 17.부터 1981. 12. 17.까지로 하고, 보험료 227,800원을 지급하였다. X가 이 사건 보험계약을 체결할 때에 Y회사의 보험모집인이 개정된 보험약관의 내용을 X에게 알려 주지 아니하고 종래의 안전보험약관이 정액보험약관으로 명칭만 바뀌었을 뿐이라고 말하므로 X는 그 말을 믿고 종전의 안전보험약관과 같은 내용의 보험금을 지급받을 생각으로 이 사건 보험계약을 체결하였다.

(iv) 1982. 6. 30. X의 고용인 A가 자동차사고를 일으켜 그 피해자 B에게 후유장애로 인한 일실손해금과 치료비 등으로 1,350만원을 지급하고, 보험자에게 보험금을 청구하였다.

(v) 그러나 Y는 보험약관의 별표기준에 비추어 피해자의 후유장애등급이 5급으로서 그 보험금은 500만원이 최고한도라고 주장하면서 1,350만원 전액의 지급을 거절하므로 이에 X가 소를 제기하였다. 원고의 주장은 정당한가?

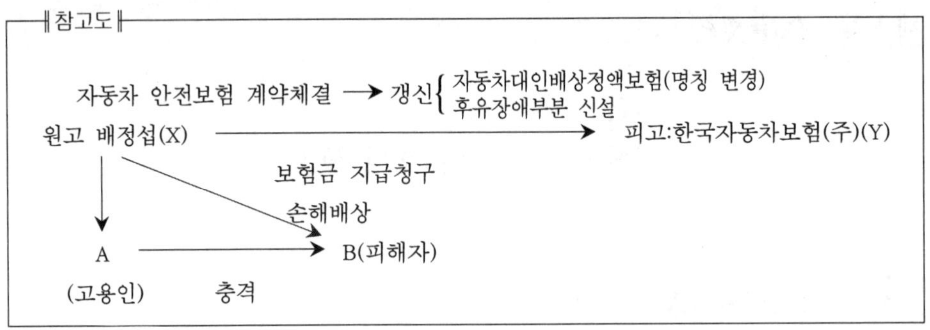

目 次

Ⅰ. 判決要旨

1. 原審 判決要旨

이 사건의 원심(서울고등법원 1984. 10. 19. 84나787)은 "원고 주장의 위 생각(종전의 안전보험약관과 같은 내용의 보험금을 지급받을 생각)은 위 인정사실에 비추어 볼 때 이 사건 보험계약을 체결하게 된 연유에 불과하고 비록 그것이 이 사건 보험계약내용의 '중요부분의 錯誤'라고 하더라도 이 사건 보험계약의 내용이 종전의 안전보험약관에 따른 보험계약으로 되는 것도 아니며, 한편 이 사건과 같은 보통보험약관은 보험계약의 정형적인 내용을 이루는 것으로서 보험업자가 그 영업면허를 얻고자 할 때는 그 신청서에 이를 첨부하도록 되어 있고 이것을 변경하는 경우에도 主務部長官의 認可를 얻도록 되어 있어 이와 같은 국가의 감독작용에 의하여 그 보험약관은 합리성이 보증되고 그 합리적인 보험계약의 내용을 이루게 되어 보험관계자를 규율하는 법규적 성격을 가지게 된다 할 것이며 보험계약자는 그 約款의 내용을 의욕하는 여부에 관계없이 계약체결과 동시에 이것에 구속된다 할 것이므로, 계약체결 당시 계약당사자의 일방이 그 약관의 전부나 일부를 몰랐다 하더라도 이 구속으로부터 免한다고는 볼 수 없다 할 것인 즉, 원고가 피고회사측으로부터 이 사건 개정된 보험약관의 내용을 고지받지 못하여 이를 알지 못하였다 하더라도 그 약관에 따른 계약의 효력을 부정할 수 없는 것"이라고 판단하여 원고의 주장을 배척하였다.

2. **大法院 判決要旨**

이에 대하여 대법원은, "보통보험약관이 계약당사자에 대하여 拘束力을 갖는 것은 그 자체가 법규범 또는 법규범적 성질을 가진 약관이기 때문이 아니라 보험계약당사자 사이에서 계약내용에 포함시키기로 합의하였기 때문이라고 볼 것인바, 일반적으로 당사자 사이에서 보통보험약관을 계약내용에 포함시킨 보험계약서가 작성된 경우에는 계약자가 그 보험약관의 내용을 알지 못하는 경우에도 그 약관의 구속력을 배제할 수 없는 것이 원칙이나 다만 당사자 사이에서 명시적으로 약관에 관하여 달리 약정한 경우에는 위 약관의 구속력은 배제된다"고 하여 위 서울고등법원의 판결은 보통보험약관의 구속력에 관한 法理를 誤解한 것이라고 판시하였다.

다만 이 사건에서는 "이 사건에서 문제된 보통보험약관은 부상보험금과 후유장애보험금에 관한 부분인바, 우선 후유장애보험금에 관하여 원고는 종전 보험계약체결 당시에는 가입한 바 없고 이 사건 약관개정 후에 新規로 가입하였음이 원심확정사실과 기록에 의하여 명백하다.

그렇다면 원고가 후유장애보험금에 관하여 기왕에 가입한 약관내용과 같은 내용의 보험계약을 갱신(기간연장)하여 체결할 의사를 표시하였다고 보기 어려우니 원고와 피고 사이에 후유장애보험금에 관하여 舊約款에 따르기로 약정하였다고 인정할 수는 없다고 할 것이다"고 하여, 보험금 청구의 대상이 된 후유장애보험금에 관하여는 新約款에 의하여 보험계약을 새로이 체결하였고, 이 부분에 대하여는 원고의 청구를 棄却한 원심의 결론은 정당하고 상고는 이유없다고 판결하였다.

II. 解 說

1. 論 點

이 사건에서는 ① 보통보험약관의 구속력의 근거, ② 변경된 보험약관의 내용을 보험자가 보험계약자에게 설명하지 아니한 경우의 효과 등이 논점이 된다.

2. 普通保險約款의 意義

普通保險約款(insurance policy, allgemeine Versicherungsbedingungen)이란 보험자가 동종·다수의 보험계약을 체결하기 위하여 미리 작성한 보험계약의 내용이 될 定型的인 契約條項을 말하는 것으로서 普通去來約款의 일종이다. 보통보험약관은, ① 다른 보통거래약관과 마찬가지로 대량의 거래를 합리적으로 처리하기 위하여 사용되며, ② 보험약관을 사용함으로써 보험단체의 각 구성원인 보험계약자를 동일하게 취급하는 평등성의 효과가 있고, ③ 보험약관을 통한 보험업을 감독함으로써 보험에 관한 전문적인 지식과 자력이 부족한 보험가입자를 보호하기 위하여 사용된다.

3. 普通保險約款의 拘束力(論點 1)

보험약관은 보험자가 일방적으로 작성하여 감독관청의 認可를 받아 계약자에게 제시하는 것으로서, 보험계약자가 그 약관의 내용을 잘 알지 못할 뿐만 아니라 그 약관의 조항에 따른다는 의사표시를 하지 아니하고도 그에 의하여 보험계약이 체결되고, 그 약관에 당사자가 구속받게 된다. 이와 같이 보험약관이 당사자를 구속하는 근거가 무엇이냐에 관하여는 學說이 나뉜다.

1) 意思說은 전통적인 법률행위이론에 따라 약관에 의한 계약도 보통의 계약과 마찬가지로 당사자가 약관의 각 조항을 알고 스스로의 의사에 따라 약관의 내용을 계약내용으로 포함시키기로 合意하였기 때문에 구속력이 있다고 한다. 意思說의 법적 근거로는 약관규제법 제3조를 들고 있다. 약관규제법 제3조는 사업자에게 약관의 明示·說明義務를 규정하는데, 사업자가 이 의무를 위반하여 계약을 체결한 때에는 당해 약관을 계약의 내용으로 주장할 수 없도록 되어 있기 때문이다.[1]

그러나 당사자의 의사가 불명확하거나 부존재하였던 경우에도, 심지어는 약관 자

1) 최기원(하) 592면; 이기수(보) 25면; 김정호(하) 357면.

체의 존재마저 알지 못한 계약당사자에게도 약관이 시행되고 있는 실정에서, 이 학설에 의하면 약관의 존재 · 내용을 상대방이 알고 있었다는 것, 그리고 그 의사에 기하여 약관을 보험계약의 내용으로 포함시키기로 하였다는 것을 立證하기가 어려워서 약관의 구속력을 인정할 수 없게 된다는 난점이 있다. 일본의 判例는 보험계약자의 의사가 불명확 · 부존재한 경우에는 반증이 없는 한 약관에 따를 의사가 있었던 것으로 推定할 수 있다는 이른바 意思推定理論을 펴고 있으나, 意思推定理論은 一般法律理論으로는 근거가 미약한 것이며, 反證이 있는 경우 추정이 깨뜨려져 법적 안정성을 해치는 難點이 있다.

2) 規範說은 보험약관 자체가 법률과 같은 규범이라고 하는데, 약관이 어떠한 규범이냐에 관하여 自治法이라는 견해와 商慣習法이라는 견해로 나뉜다. 自治法說은 보험약관을 보험거래권 내의 自治法으로 본다. 그러나 보험약관은 私法人(私人)인 보험자가 일방적으로 작성하는 것으로서 거래권 내의 합의가 있다고 보기 어렵고, 현대국가에서 私人에게 法規制定權이 있다는 것을 인정할 수 없다. 商慣習法說은 보험약관의 내용이 商慣習法이라고 하는 견해와 '보험계약은 약관에 의한다'는 사실이 商慣習法이라고 하는 견해로 다시 나뉜다. 前說은 상관습이 형성될 시간적 여유를 갖지 못한 新種保險의 경우에도 약관이 사용되는 점을 설명할 수 없고, 또 보험자가 일방적으로 제정한 것을 상관습이라고 하기도 어렵기 때문에 부당하다.

3) 결국 '보험계약은 약관에 의하여 체결된다' 또는 '보험계약은 약관에 의하여 처리된다'는 慣習 또는 商慣習(白地商慣習 또는 白地商慣習法)은 이미 형성되어 있다고 해도 좋을 것이다. 이렇게 보면 보험계약에 있어서는 약관이 사용된다는 사실, 즉 보험약관의 채택에 관하여만 상관습이 인정될 뿐이므로 약관의 내용을 이루는 각 조항이 당연히 구속력이 있는 것은 아니다. 약관의 각 조항 중 당사자간에 다툼이 있는 것은 司法的 審査를 통하여 그 타당성이 인정될 경우에만 그 효력이 인정된다고 하겠다.

이 사건에서 볼 수 있듯이 보험약관의 구속력의 근거에 관하여는 대법원은 확고하게 意思說을 지지하고 있다.[2)]

나아가 대법원은 保險募集人이 보험계약자에게 약관의 내용과 다른 내용으로 보험계약을 설명하고 이에 따라 보험계약이 체결되었다면 그 설명된 내용이 보통보험약관의 내용보다도 우선한다고 하였다. 즉, 約款上의 文言보다도 보험모집인의 口頭 또

---

2) 동지: 대법원 1986. 10. 14. 84다카122; 동 1989. 11. 14. 88다카29177: 동 1991. 9. 10. 91다20432: 동 1993. 3. 9. 92다38928: 동 1996. 10. 11. 96다19307.

는 書面으로 한 설명이 우선한다고 하는 것이니, 여기서 보험약관의 法規範性은 완전히 무시되고 있음을 알 수 있다.[3)]

결론적으로 대법원은 ① 普通保險約款이 계약당사자에게 대하여 구속력을 갖는 것은 그 자체가 法規範 또는 法規範的 性質을 가진 약관이기 때문이 아니라 보험계약 당사자 사이에서 계약내용에 포함시키기로 합의하였기 때문이고, ② 보험약관의 내용을 알지 못한 경우에도 그 약관의 구속력은 인정되며, ③ 보험모집인의 서면으로 한 설명은 물론 구두로 한 설명도 개별약정 우선의 원칙에 따라 약관상의 문언보다 우선한다고 한다. 이는 保險約款의 계약에의 편입에 관하여 이른바 意思說을 채택한 것이다.

그러나 생각건대 意思說은 위 ①과 관련하여 現實과의 乖離를 설명하지 못한다. 약관의 내용을, 심지어는 약관의 존재를 알지 못하였으면서도 계약당사자 사이에 약관을 계약내용에 포함시키기로 합의하였다는 것은 지나친 擬制이거나 矛盾이다. 약관의 존재도 몰랐는데, 언제, 어디서, 어떤 방법으로 이를 계약내용으로 채택하기로 합의하였던 것인가를 설명하기 곤란하다. 따라서 보험약관의 채택에 관한 한 白地商慣習法說에 의하여 약관이 계약내용으로 채택되었다고 보는 것이 자연스럽다. 다만 약관의 내용을 이루는 각 조항의 當否는 司法的 審査를 통하여 개별적으로 그 타당성과 효력여부를 판단하여야 할 것이다.

4. 申告하지 않은 保險約款의 私法上의 效力

보험업법에서 규정하는 신고절차(보험업법 제127조)를 거치지 않은 약관을 사용한 보험자가 보험업법상의 制裁 및 과태료의 처분을 받게 되지만(보험업법 제134조 · 제209조 제1항 제13호), 당해 약관의 私法上의 효력에는 영향이 없다고 보는 것이 타당하다.

5. 保險約款의 更新과 說明義務(論點 2)

위의 사건은 바로 이 문제와 관련이 있다. 보험계약의 갱신 또는 繼續保險契約은 보험기간의 만료로 인하여 새로운 보험계약을 체결하는 것이다. 이 때 보험계약의 청약과 승낙, 고지의무의 이행, 약관의 설명의무 등 보험계약체결에 관한 보험법의 규정이 그대로 적용된다. 보험계약을 갱신할 때 그 동안 약관의 내용이 보험계약자에게 불리하게 변경되었다면 보험자는 새로운 보험계약을 체결할 때 그와 같은 약관변경

3) 다음 사례문제에서 설명할 대법원 1991. 9. 10. 91다20432 참조: 口頭 또는 書面으로 한 설명이 보험약관보다 우선한다.

사실 및 내용을 보험계약자에게 설명(告知)하여야 한다.[4)]

이 사건에서는 보험모집인이 보험계약을 갱신함에 있어 변경된 새로운 내용을 설명하지 아니하였다. 繼續保險契約에서 약관의 내용을 보험계약자에게 불리하게 변경하였다면 보험자는 새로운 보험계약을 체결할 때 그와 같은 약관변경 사실 및 내용을 보험계약자에게 고지하여야 할 信義則上의 義務가 있고, 이러한 고지없이 체결된 보험계약은 과거와 마찬가지로 종전의 약관에 따라 체결된 것으로 보아야 할 것이다.[5)] 따라서 후유장애부분을 제외하고 약관변경 사실에 대한 고지 없이 갱신된 보험계약은 과거와 마찬가지로 종전의 약관에 따라 체결된 것으로 본 위 대법원 판결은 타당하다고 본다.

참 고

約款의 變更

한편 이와는 별개로 보험자는 事情의 變更(예컨대, 금리인하·위험률 변경)이 있는 경우에 금융감독위원회에 신고하여 그 약관의 내용을 변경할 수 있고(보험업법 제127조 제1항), 금융감독위원회는 ① 보험회사의 업무 및 자산상황 그 밖의 사정의 변경으로 인하여 공익 또는 보험계약자의 보호와 보험회사의 건전한 경영을 크게 해할 우려가 있거나, ② 보험회사의 기초서류에 법령을 위반하거나 보험계약자에게 불리한 내용이 있다고 인정하는 경우에는 청문을 거쳐 기초서류의 변경 또는 그 사용의 정지를 명할 수 있다. 다만, 대통령령이 정하는 경미한 사항에 관하여 기초서류의 변경을 명하는 경우에는 청문을 거치지 아니할 수 있다(보험업법 제131조 제2항).

변경된 약관은 소급효가 없는 것이 원칙이나,[6)] 금융감독위원회의 명령에 의하여 보험약관을 변경하는 경우에 보험계약자·피보험자 또는 보험금을 취득할 자의 이익을 보호하기 위하여 특히 필요하다고 인정하는 경우에는 이미 체결된 보험계약에 대하여도 장래에 향하여 그 변경의 효력이 미치게 할 수 있다(보험업법 제131조 제3항).

4) 설명의무의 내용에 관하여는 "보험모집인의 과대설명과 개별약정우선의 원칙" 참조.

5) 대법원 1986. 10. 14. 84다카122: 약관변경사실 및 내용의 고지없이 체결된 보험계약은 종전 약관에 따라 체결된 것으로 보아야 한다. 동 1985. 11. 26. 84다카2543: 구두에 의하여 종전 약관과 동일함을 설명한 경우에는 종전약관에 따르기로 약정한 것으로 볼 수 있다.

6) 서울민지판 1982. 12. 8, 82가합5565.

Ⅲ. 結　語

부연하거니와 보험약관을 포함하여 모든 약관의 法規範性을 인정할 수 없다. 위험단체이론 또는 보험단체이론으로 보험약관의 구속력을 설명하는 견해도 있는데, 이 이론도 보험회사의 경영적 측면에나 적용하여야 할 이론이지, 보험자와 보험계약자 간의 契約에까지 무차별적으로 적용하는 것은 無理가 있다고 본다. 白地商慣習說에 의하여 약관이 계약의 내용으로 채택된 점은 인정할 수 있으나, 다툼이 있는 각 조항의 효력은 사법적 심사를 통하여서만 그 효력을 인정할 수 있을 것이다. 즉, 계약체결 당사자 간에 다툼이 있는 약관의 각 조항 자체가 효력(구속력)이 있는지는 司法的 審査 후에만 알 수 있다.

Ques.	보험계약의 성립시기를 설명하라.
Ans.	1. 보험계약의 성립시기 보험계약은 불요식의 낙성계약으로서 청약과 승낙에 의하여 성립한다(상법 제638조). 따라서 보험계약자의 청약에 대하여 보험자가 승낙의 통지를 발송한 때에 보험계약이 성립한다(민법 제531조). 2. 승낙여부의 통지의무와 승낙의제 보험자가 보험계약자로부터 보험계의 청약과 함께 보험료 상당액의 전부 또는 일부의 지급을 받은 때에는 다른 약정이 없으면 30일 내에 그 상대방에 대하여 낙부의 통지를 발송하여야 하고, 이 기간 내에 낙부의 통지를 해태한 때에는 승낙한 것으로 본다(상법 제638조의 2 제1항 · 제2항). 그러나 인보험계약의 피보험자가 신체검사를 받아야 하는 경우에는 그 기간은 신체검사를 받은 날로부터 기산한다(상법 제638조의 2 제1항 단서). 3. 보험자가 승낙하면 유효한 보험계약이 성립하지만 보험자의 책임은 원칙적으로(계약성립 後) 최초의 보험료를 지급받은 때로부터 개시된다(제656조). 다만 보험자가 보험계약자로부터 보험계약의 청약과 함께 보험료상당액의 전부 또는 일부를 받은 경우에 그 청약을 승낙하기 전에 보험계약에서 정한 보험사고가 생긴 때에는 그 청약을 거절할 사유가 없는 한 보험자는 보험계약상의 책임을 진다(상법 제638조의 2 제3항). 다만 人保險契約의 피보험자가 신체검사를 받아야 하는 경우(有診査保險)에 그 검사를 받지 아니한 때에는 그러하지 아니하다(상법 제638조의 2 제3항 단서).

■ 보험계약이 선량한 풍속 기타 사회질서에 반하여 무효라고 본 사례

[판 례] 대법원 2014. 4. 30. 2013다69170

보험계약자가 다수의 보험회사와 10건의 보험계약을 체결한 후 입원치료 등을 이유로 보험자로부터 보험금을 지급받은 경우 그 보험계약은 선량한 풍속 기타 사회질서에 반하여 무효이며, 이 경우 보험계약자가 보험금을 부정취득할 목적으로 보험계약을 체결한 것으로 볼 여지가 충분하다.

[1] 보험계약자가 보험금을 부정취득할 목적으로 다수의 보험계약을 체결하였는지에 관하여는, 이를 직접적으로 인정할 증거가 없더라도 보험계약자의 직업 및 재산상태, 다수 보험계약의 체결 시기와 경위, 보험계약의 규모와 성질, 보험계약 체결 후의 정황 등 제반 사정에 기하여 그와 같은 목적을 추인할 수 있다.

특히 보험계약자가 자신의 수입 등 경제적 사정에 비추어 부담하기 어려울 정도로 고액인 보험료를 정기적으로 불입하여야 하는 과다한 보험계약을 체결하였다는 사정, 단기간에 다수의 보험에 가입할 합리적인 이유가 없음에도 불구하고 집중적으로 다수의 보험에 가입하였다는 사정, 보험모집인의 권유에 의한 가입 등 통상적인 보험계약 체결 경위와는 달리 적극적으로 자의에 의하여 과다한 보험계약을 체결하였다는 사정, 저축적 성격의 보험이 아닌 보장적 성격이 강한 보험에 다수 가입하여 수입의 상당 부분을 그 보험료로 납부하였다는 사정, 보험계약 시 동종의 다른 보험 가입사실의 존재와 자기의 직업·수입 등에 관하여 허위의 사실을 고지하였다는 사정 또는 다수의 보험계약 체결 후 얼마 지나지 아니한 시기에 보험사고 발생을 원인으로 집중적으로 보험금을 청구하여 수령하였다는 사정 등의 간접사실이 인정된다면 이는 보험금 부정취득의 목적을 추인할 수 있는 유력한 자료가 된다.

[2] 甲이 乙 주식회사 등 다수의 보험회사와 10건의 보험계약을 체결한 후 입원치료 등을 이유로 乙 회사 등으로부터 보험금을 지급받았는데, 乙 회사가 보험계약이 선량한 풍속 기타 사회질서에 반하여 무효라는 이유로 부당이득반환을 구한 사안에서, 甲이 보험계약 체결 직후 병원에 입원한 사실이 없음에도 입원한 것처럼 보험금을 허위로 청구하여 乙 회사 등으로부터 보험금을 지급받은 행위로 사기죄로 기소되어 유죄판결을 선고받는 등 甲의 재산상태, 다수의 보험계약의 체결 경위, 보험계약의 규모와 성질, 보험계약 체결 후의 정황 등 제반 사정에 비추어 甲이 보험계약을 체결한 것은 순수하게 생명·신체 등에 대한 우연한 위험에 대비하기 위한 것이라고 보기 어렵고, 오히려 보험사고를 빙자하여 보험금을 부정하게 취득할 목적으로 보험계약을 체결한 것으로 볼 여지가 충분한데도, 이와 달리 본 원심판결에 법리오해 등의 위법이 있다(파기환송).

※ 선량한 풍속 기타 사회질서에 반하여 무효라고 본 판결: 대법원 2000. 2. 11. 99다49064(총 4구좌의 보험계약 체결, 피보험자 살해); 동 2005. 7. 28. 2005다23858(총

97건, 부모 등 친족과 지인의 보험계약을 합하면 총 156건의 보험계약 가입, 보험금 허위청구, 위조된 치료확인서로 보험금 편취, 父는 징역 4년, 母는 집행유예 2년 6월 확정); 동 2009. 5. 28. 2009다12115(처의 사망을 보험사고로 하는 8개의 보험 가입, 제3자에게 처 살해 교사. 살인교사미수죄 유죄판결 확정).

※ **선량한 풍속 기타 사회질서에 반하지 않는다고 본 판결:** 대법원 2001. 11. 27. 99다33311(총 39개의 보험 및 공제에 가입); 동 2004. 6. 11. 2003다18494(총 25건의 보험에 가입).

2 保險募集人의 誇大說明과 個別約定優先의 原則

[최귀진 대 제일생명보험(주) 사건]

대법원 1991. 9. 10. 91다20432

事 例

(i) 원고 최귀진(X)의 남편 소외 A는 1988. 4. 14. 피고 제일생명보험 주식회사(Y)의 여수지점 보험모집인인 소외 B를 통하여 생명보험계약(대형안심 2종보험)을 체결하였는데, A는 1988. 8. 2. 비브리오균에 의한 패혈증 및 간장질환으로 사망하였다.

(ii) 위 생명보험의 보험약관에는 주계약금의 500%를 지급하는 재해로 인한 사망을 열거하면서, 그 중 불의의 중독사고의 경우에는 특별히 제외규정을 두어 살모넬라성 식중독, 포도구균, 보툴리네스균성 기타 원인불명의 세균성 식중독, 알레르기성, 식이성 또는 중독위장염이나 대장염 등은 재해사고에서 제외시키고 있었다. 그럼에도 보험모집인 이부이는 X에게 "대형안심보험2종 보험계약을 하게 되면 불의의 사고로 사망할 때에는 보험금액 10,000,000원의 5배인 금 50,000,000원을 받게 되고, 특히 X의 남편같은 사람은 안강망어선 선원이므로 바다에서 해난사고를 당하여 목숨을 잃을 우려도 있고, 또 바닷가에 사는 사람들은 어패류 등 해산물을 먹고 불의의 식중독으로 사망하는 수가 종종 있으며, 심지어 복어국을 잘못 먹고 사망할 때도 있는데, 이러한 경우에는 모두 일반보험금 1천만원의 5배인 5천만원을 받을 수 있다"고 하였으므로 X는 그 말을 믿고 남편인 A에게 권하여 이 사건 보험계약을 체결하였던 것이고, 망인이 사망한 직후 X는 보험모집인 B에게 망인이 게장을 먹고 괴저병으로 사망한 사실을 말하였을 때에도 이부이는 "해산물을 먹고 괴저병으로 사망한 것은 불의의 사고에 해당하는 것이므로 보험금 1천만원의 5배에 해당하는 금 5천만원을 받게 되었으니 그렇게 알고 있으라"고 말한 바 있다. 이 사건 보험계약은 X와 보험모집인 B가 상담하고 체결하였는데 계약체결 당시 B는 보험약관을 읽어 준 사실이 없고 보험증서는 그 후에 수교된 것이었다.

(iii) 이에 X는 금 5천만원의 지급을 구하였으나, Y보험회사는 위 A의 사망은 보험약관에서 담보되지 아니하는 사고임을 이유로 보험금 지급을 거절하므로, X가 소를 제기하기에 이르렀다.

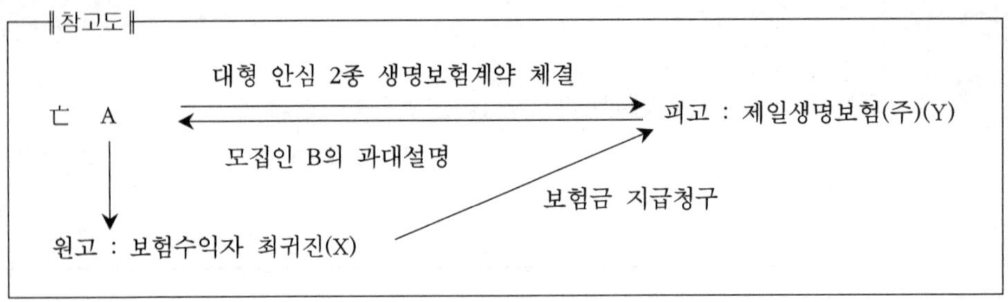

目 次

Ⅰ. 判決要旨

1. 原審 判決要旨(서울고등법원 1991. 5. 17. 90나43188)

원심은 이 사건 普通保險約款에는 主契約金의 500%를 지급하는 재해로 인한 사망을 열거하고 있으나 그 중 불의의 중독사고의 경우에는 특별히 제외규정을 두어 식중독……등은 재해사고에서 제외시키고 있는 사실, 이 사건 보험계약을 체결함에 있어 계약당사자간에 보험약관의 내용과 달리 모든 식중독 사고를 재해사고에 포함시킨다는 등의 明示的인 특약 따위는 없었던 사실을 인정한 다음, "亡人의 사망은 세균인 비브리오균의 중독에 의한 사고이므로 이는 위 보험약관 소정의 재해사고에서 제외된 것"이라고 판단하였다.

나아가 "계약 당시 피고회사의 보험모집인이 재해사고에서 제외되는 사고의 내용을 설명하지 아니하였으므로 위 약관의 제외규정이 적용될 수 없을 것이라는 주장도 일반적으로 보통보험약관은 계약자가 그 내용을 알지 못하는 경우에도 그 약관의 구속력이 배제될 수 없음에 비추어 계약 내용을 설명하지 아니하였다 하더라도 계약의 효력에는 영향을 줄 수 없는 것"이라고 판단하여, 원고의 이 사건 청구를 배척하였다.

2. **大法院 判決要旨**

대법원은 원심판결을 破棄하고, 사건을 서울고등법원에 還送하였다. 대법원판결 요지는 다음과 같다.

"당원 1989. 3. 28. 88다4645까지 引用하고 있는 원고 주장의 취지는, '이 사건 보험계약체결 당시 피고회사의 보험모집인이 재해사고에서 제외되는 사고내용을 설명하지 아니하였으므로 위 약관의 제외규정이 적용될 수 없다'는 취지라기보다는, '피고회사를 대리한 보험대리점 내지 보험외판원이 피고회사의 보험보통약관과 다른 내용으로 보험계약을 설명하고 이에 따라 이 사건 보험계약이 체결되었음을 이유로 그 때 설명된 내용이 보험계약의 내용이 되고 그와 背馳되는 보통약관의 적용은 배제된다'고 주장한 것으로 보는 것이 옳다." 따라서 이 점에 관하여 다시 판결하도록 한 것이다.

II. 解 說

1. 論 點

保險募集人이 약관의 내용과 다르게 구두로 설명한 경우, 그 구두의 설명은 서면으로 된 보험약관의 규정보다 우선적 효력이 있는지, 그리고 있다면 그 근거는 무엇인가 하는 점이다. 즉,

1) 보험모집인의 지위(論點 1).

2) 설명의무 위반(論點 2).

3) 개별약정우선의 원칙(論點 3)이 문제된다.

2. 保險募集人의 法的 地位(論點 1)

(1) 保險募集人의 意義

보험모집인(insurance salesman)은 보험자에게 종속되어 보험자를 위하여 보험계약의 체결을 중개하는 자로서 보험외판원이라고도 하는데, 보험업법에서는 보험설계사라 한다. 保險業法 제2조 제8호는 "보험설계사라 함은 보험회사를 위하여 보험계약의 체결을 중개하는 자(법인이 아닌 사단 및 재단을 포함한다)로서 제84조의 규정에 의하여 등록된 자를 말한다."라고 규정하고 있다. 그러므로 보험설계사는 일정한 자격요건을 갖추어 금융감독위원회에 등록하여야 한다(보험업법 제84조). 일반적으로 보험모집인은 사실상 보험자의 被傭人이다.

(2) 保險募集人의 地位

보험모집인은 보험자에게 종속되어 보험모집에 임하고 있는 점에서, 독립된 지위에서 보험모집을 하고 있는 保險代理店(보험업법 제2조 제9호)이나 독립적으로 특정하지 아니한 보험자와 보험계약자 사이의 보험계약의 체결을 중개하는 保險仲介士(보험업법 제2조 제10호)와는 다르다. 보험모집인은 보험회사에 종속되어 보험계약의 체결을 중개하는 사실행위를 하는 자이므로 告知受領權·契約締結權 등 대리권이 인정되지 아니하나,[1] 제1회 보험료의 수령권은 있다고 본다.[2]

[보험모집인의 법적 지위와 관련된 문제점]

이와 같이 보험모집인의 권한이 매우 빈약하여 보험모집인의 언동만 믿고서 계약을 체결한 많은 보험계약자들이 피해를 보게 된다. 특히 이 사건에서와 같이 보험모집인이 약관의 내용을 왜곡하거나 과장하는 등 약관과 다른 설명을 한 후 약관의 규정을 들어 보험자가 계약상의 책임을 회피하는 예도 더러 있다. 또한 보험계약자가 보험모집인에게 고지의무를 이행한 후 스스로 告知義務를 모두 이행하였으니 안심하고 있다가 보험사고 후 고지의무 위반으로 보험계약이 해지되고 보험금을 受領하지 못하는 예가 흔히 나타나게 되었다. 이에 보험모집인에게 고지수령권을 주어야 한다는 주장도 있다.[3] 그러나 그렇게 하였을 경우 보험모집인이 보험계약 실적을 높일 목적으로 불량위험을 무리하게 引受할 가능성도 매우 높다. 따라서 보험모집인에게 고지수령권 및 보험계약체결권 등 대리권을 주는 문제는 신중한 검토를 요한다.[4]

---

1) 대법원 1979. 10. 30. 79다1234; 동 1998. 11. 27. 98다32564.

2) 대법원 1989. 11. 28. 88다카33367.

3) 정호열, "고지의무위반의 효과,"「법조」 제33권 11·12호, 60면.

보험회사는 그 임원 · 직원 · 보험설계사 또는 보험대리점이 모집을 함에 있어서 보험계약자에게 가한 손해를 배상할 책임을 진다(보험업법 제102조 제1항 본문). 다만 보험회사가 보험설계사 또는 보험대리점에 모집을 위탁함에 있어서 상당한 주의를 하였고 또한 이들이 행하는 모집에 있어서 보험계약자에게 가한 손해의 방지에 노력한 경우에는 그러하지 아니하다(보험업법 제102조 제1항 단서). 그러나 보험회사가 보험업법 제102조에 의하여 손해배상책임을 부담할 경우에도 보험계약자에게 과실이 있는 때에는 법원은 손해배상의 책임 및 그 금액을 정함에 있어 마땅히 이를 참작하여야 할 것이다. 제102조의 규정은 사용자책임에 관한 민법 제756조에 대한 특칙이 된다고 본다.

3. 保險約款에 대한 說明義務(論點 2)

(1) 說明義務의 意義

보험자는 보험계약을 체결할 때 보험약관을 교부하고 약관의 중요한 내용을 보험계약자에게 설명하여야 한다(상법 제638조의 3; 약관규제법 제3조). 이는 보험계약자가 전혀 예상할 수 없었던 불이익으로부터 보험계약자를 보호하기 위한 것이다.

(2) 說明義務者와 受領權者

설명의무자는 보험자인데, 보험계약체약대리상은 보험자의 대리인이므로, 그리고 보험계약중개대리상과 보험모집인은 보험자의 이행보조자로서 설명의무를 이행하여야 한다. 설명수령권자는 보험계약자인이며, 피보험자 및 보험수익자에 대한 설명은 필요없다.

(3) 說明의 時期와 方法

설명의 시기는 '계약체결시'이다. 法文의 해석상 보험계약자의 청약 후 보험자의 승낙이 있기 전에도 설명하면 되겠으나, 이 때는 이미 청약은 종료하고 승낙만이 남은 상태이기 때문에 보험계약자가 그 설명을 듣고 새삼 청약을 취소하기 어려운 점이 있다. 따라서 보험자의 설명은 보험계약자가 청약하기 전까지 설명하여야 할 것이다.

설명의 방법은 거래계의 평균인이 이해할 수 있는 정도이면 되겠으나, 상대방의 지식, 경험 정도, 직업 등에 따라 달라진다. 갱신계약의 경우에는 약관의 내용에 변경이 없으면 다시 설명할 필요는 없다고 본다.

(4) 說明의 內容

설명은 보험약관의 모든 내용에 대하여까지는 필요없고, 중요한 내용에 대하여 이를 하면 충분하다. 중요한 내용은 보통 보험료, 보험금, 보험기간, 보험사고, 면책사

---

4) 동지: 양승규(보) 97면.

유, 고지의무, 위험변경증가통지의무 등 계약의 체결과 유지에 중대한 영향을 미치는 사항인데, 이와 같이 보험자의 설명의무는 보험계약자의 고지의무보다도 범위가 넓다. 구체적인 것은 보험계약의 종류에 따라 달라진다. 보험계약자가 충분히 잘 알고 있는 사항,[5] 거래상 일반적이고 공통된 것이어서 별도의 설명이 없이도 충분히 예상할 수 있는 사항,[6] 이미 법령에 의하여 정하여진 것을 되풀이하거나 부연하는 정도에 불과한 사항 등은[7] 설명할 필요가 없다.

[판 례] 대법원 2000. 7. 7. 2000다10222(보험자의 설명의무)

보험자는 보험계약을 체결함에 있어서 보험계약자가 알고 있거나 거래상 일반적이고 공통된 것이어서 별도의 설명이 없더라도 충분히 예상할 수 있었던 사항 또는 이미 법령에 의하여 정하여진 것을 되풀이하거나 부연하는 정도에 불과한 사항이 아니라면 보험상품의 내용, 보험료율의 체계, 보험청약서상 기재사항의 변동 및 보험자의 면책사유 등 보험약관에 기재되어 있는 중요한 내용에 대하여 구체적이고 상세하게 명시·설명하여야 하고, 보험자가 이러한 보험약관의 명시·설명의무를 위반하여 보험계약을 체결한 때에는 그 약관의 내용을 보험계약의 내용으로 주장할 수 없다(대법원 1999. 5. 11. 98다59842 참조).

(5) 說明義務 違反의 效果

보험자가 약관의 중요한 내용을 설명하지 아니하거나 부실하게 설명한 경우의 법적 효과에 관하여 상법 제638조의 3 제2항은 "보험자가 제1항(교부·명시의무)의 규정에 위반한 때에는 보험계약자는 보험계약이 성립한 날부터 1월 내에 그 계약을 취소할 수 있다"고 규정한다. 한편 약관규제법 제3조 제3항도 "사업자가 약관의 명시·설명의무를 위반하여 계약을 체결한 때에는 그 약관을 계약의 내용으로 주장할 수 없다"고 한다. 이 경우 판례는 보험자가 이러한 보험약관의 명시·설명의무에 위반하여 보험계약을 체결한 때에는 그 약관의 내용을 보험계약의 내용으로 주장할 수 없다고 한다.[8]

그런데 이와 같이 설명의무 위반의 효과에 관하여 상법과 약관규제법이 각기 달리 규정하고 있는데, 상법 제638조의 3 제2항과 약관규제법 제3조 제3항과의 조화가 문제이다.

1) 취소권추가인정설(중첩적용설)은 상법 제638조의 3 제2항과 약관규제법 제3조

---

5) 대법원 1999. 3. 9. 98다43342.
6) 대법원 2007. 2. 22. 2006다72093.
7) 대법원 1998. 11. 27. 98다32564; 동 2004. 4. 27. 2003다7302; 동 2007. 4. 27. 2006다87453.
8) 대법원 1997. 9. 26. 97다4494; 동 2000. 5. 30. 99다66236; 동 2001. 9. 18. 2001다14917·14924; 동 2005. 10. 28. 2005다38713·38720.

가 중첩적으로 적용되므로, 보험계약자는 상법에 따라 취소기간 내에 계약을 취소할 수도 있고, 또 취소하지 않았다고 하더라도 약관규제법에 따라 설명의무를 위반한 당해 약관조항의 부적용을 주장할 수 있다고 한다. 특히 상법 제638조의 3 제2항의 취소권은 보통거래약관 일반과는 달리 보험약관에 대하여 보험계약자를 보호하기 위하여 상법이 하나의 새로운 특별한 권리로서 취소권을 부여한 것으로 본다. 상법 제638조의 3 제2항에 의한 취소권은 보험계약자에게 주어진 권리일 뿐 의무가 아니라는 것이다. 현재 대법원 판례의 입장이다.[9]

2) 特則說(상법적용설)은 상법 제638조의 3은 약관규제법 제3조에 대한 특칙이므로 상법 제638조의 3만이 적용되고 따라서 보험계약자가 취소기간 내에 계약을 취소하지 아니한 이상 설명의무위반의 瑕疵는 치유된다고 한다.[10] 보험약관에 관한 특별법인 상법 보험편의 규정이 보통거래약관에 관한 일반법인 약관규제법에 우선한다는 것이다. 또한 취소기간 내에 계약취소권을 행사하지 아니하면 불확정적인 계약관계가 확정적으로 유효해진다는 것이 취소의 法理라는 것이다.

3) 필자는 취소권추가인정설이 옳다고 생각한다. 특칙설에 의하면 보험계약자가 반드시 1개월 내에 보험약관설명의무 위반여부를 확인하여야 하고, 만약에 그냥 방치하면 아무리 설명의무 위반이 있더라도 그 계약은 有效한 것으로 확정된다. 이러한 결과는 보험계약자를 특히 보호하고자 하는 상법 제638조의 3 제2항의 입법취지에 어긋난다. 취소권은 보험계약자에게 주어진 하나의 권리일 뿐 의무는 아니다. 계약체결일로부터 1개월 내에 새삼스럽게 약관의 내용을 검토한다는 것도 현실적으로 기대하기 어렵다.

(6) 保險者의 損害賠償責任

우리 대법원은 이 문제를 실무적으로 보험업법 제102조(구보험업법 제158조)의 보험자의 손해배상책임문제로 해결한다. 즉, 보험모집인이나 보험대리점이 약관조항을 불설명 또는 부실설명함으로써 보험계약자가 손해를 입은 경우, 그와 같은 손해는 이들이 보험모집을 함에 있어 보험계약자에게 가한 손해이므로 보험자는 민법상의 사용자의 손해배상책임규정(민법 제756조)과 유사한 보험업법 제102조에 의하여 그 손해를 배상하여야 한다고 한다. 이 경우 손해배상액은 보험계약자가 이미 지급한 보험료상당이라는 견해와 보험자가 면책되지 아니하였다면 지급하여야 할 보험금상당액이라는

---

9) 대법원 1996. 4. 12. 96다4893; 동 1998. 11. 27. 98다32564; 동 1999. 3. 9. 98다43342; 동 2007. 4. 27. 2006다87453.

10) 김정호(하) 423면; 강위두 · 임재호(하) 536면.

견해가 대립되나, 대법원 판례는 後說을 취하고 있다.[11] 보험업법 제102조가 적용될 때에는 過失相計가 가능하다.

4. 保險約款의 解釋原則과 個別約定優先의 原則(論點 3)

(1) 保險約款의 解釋原則

보험약관의 각 조항에 대한 해석방법은 약관의 계약편입유형에 따라 다르다고 생각한다.

1) 당사자가 대등한 지위에서 약관의 내용을 合意할 수 있는 경우가 있다. 이 경우에는 약관의 내용이 곧 법률행위의 내용이 되는 것이기 때문에 약관의 각 조항을 법률행위 해석의 기준에 따라 그 有效性 내지 의미를 확정하여야 한다. 법률행위해석의 기준이란 당사자가 기도하는 目的, (당사자의 의사가 명확하지 아니한 때에는 任意法規와 다른) 사실인 慣習(민법 제106조), 임의법규, 信義誠實의 原則 등을 말한다. 그러나 약관의 法律類似性 · 技術性 · 당사자의 意思不明瞭性 등의 특수성 때문에 일반 사법상의 해석방법은 물론, 그 특수성을 고려한 해석방법, 즉 客觀的 · 統一的 · 目的論的 解釋의 原則, 個別約定優先의 原則 등도 병용하여야 한다. 또 약관내용의 해석에 異見이 있는 경우에는 作成者不利益의 原則이나 責任制限條項에 대한 縮小解釋의 原則 등 다분히 정책적인 것은 그 적용에 신중하여야 할 것이다.

2) 법률의 승인이나 商慣習에 의하여 당연히 약관이 계약의 내용을 이루는 경우가 있다. 이 경우에는 당사자의 의사와는 관계없이 약관내용의 구속력이 인정되므로 法律解釋方法에 의하여 그 유효성을 판단하여야 한다. 법률해석의 방법이란 文理解釋(文法的 解釋), 反對解釋, 變更解釋, 勿論解釋, 類推解釋, 擴張解釋과 縮小解釋, 目的論的 解釋 등을 말한다. 그리하여 법원은 불합리한 약관의 조항에 관해 修正 · 補充 · 制限할 수 있다. 나아가 객관적 · 통일적 · 목적론적 해석의 원칙, 個別約定優先의 原則, 作成者不利益의 原則, 책임제한조항에 대한 축소해석의 원칙 등을 적용하여 그 불합리를 시정하여야 한다. 이 사건에서도 이와 같은 각종의 원칙에 근거하여 약관을 해석하여야 할 것이다.

3) 약관의 채택이 당사자간의 경제적 힘의 차이로 인하여 사실상 강제되는 경우가 있다. 이 경우에는 계약의 상대방이 불이익을 당하는 경우가 가장 많다. 이 때에는 위 (i)에서 언급한 바와 같은 약관의 특수성에서 유래한 특수한 해석원칙, 예컨

11) 대법원 1999. 4. 27. 98다54830 · 54847.

대 객관적·통일적·목적론적 해석의 원칙, 개별약정우선의 원칙, 작성자불이익의 원칙, 책임제한조항에 대한 축소해석의 원칙 등을 적용하여 그 불합리를 是正하여야 한다.

4) 이 중에 공통적인 해석원칙은 객관적·통일적·목적론적 해석의 원칙, 개별약정우선의 원칙, 작성자불이익의 원칙, 책임제한조항에 대한 축소해석의 원칙 등이다. 이 사건에는 특히 개별약정우선의 원칙이 문제된다.

(2) 個別約定優先의 原則

원심은 이 사건 보험계약을 체결함에 있어 계약당사자 간에 보험약관의 내용과 달리 모든 식중독 사고를 災害事故에 포함시킨다는 등의 明示的인 특약 따위는 없었다고 하였다. 그리고 보험약관에도 그와 같은 특약이 없었음은 분명하다. 그러나 보험모집인의 보험계약 청약과정에서 식중독 사고도 재해사고에 포함된다는 취지의 설명을 하였고, 그것은 保險契約의 체결과정에서 약관과 달리 설명한 것이었다. 이와 같이 보험약관과 다른 설명은 이 사건 보험계약에 대한 개별약정으로 보아야 한다. 대법원은 이 점에 관하여 분명한 說示가 없었지만, 보험모집인의 구두의 설명이 보험약관보다 우선하는 근거는 보험모집인의 구두로 설명한 내용을 개별약정으로 보았기 때문에 이것이 문서로 된 약관에 우선하여 효력이 있다는 결론을 내릴 수 있었다고 생각한다. 그리고 이와 같은 결론은 타당하다고 생각한다.

이와 같은 해석은 보험약관의 구속력의 근거에 관한 어떠한 견해를 취하든 인정할 수 있는 바이다. 合意說에 따를 경우 당사자 본인이나 대리인이 約款과 다른 설명을 하였다면 설명한 내용이 당연히 보험계약의 내용이 되고(個別合意優先의 原則, 약관규제법 제4조), 이와 충돌되는 보험약관의 적용은 없게 된다. 또한 規範說에 의할 때에도 약관이 임의법적 성질을 갖는 것으로 본다면 개별적 합의는 당연히 약관에 우선하게 된다.

다만 전술한 바와 같이 보험모집인에게 보험계약체결대리권이 없는데, 그 대리권이 없는 자의 설명이 문서로 된 약관보다 우선한다고 해석한 것은 악뒤가 맞지 않는 해석이 아닌가 의문이다. 그러나 실제로 보험계약자가 보험계약을 체결하는 과정에서 만나는 보험자측의 사람은 보험모집인밖에 없는 것이 현실이다. 이 점에서 보험모집인은 보험계약자의 상대방으로서 형식적으로는 代理權이 없으나, 실제로는 보험자의 代理人 역할을 한다. 이렇게 볼 때 보험모집인의 설명은 보험자의 설명으로 볼 수 있다(물론 모집인과 계약자의 談合에 의한 도덕적 위험이나 逆選擇을 예방한다는 제도의 취지에 어긋나지 않는 범위에서). 따라서 이 보험모집인의 설명은 文言인 약관보다 우선하여 그 효력을 인정할 수 있다고 본다. 이 때에도 보험자는 사용자 책임은 져야 하며, 사용자의 잘못된 설명에 대하여도 책임을 지는 것은 별개의 문제이다.

Ⅲ. 結 語

이 판결은 보험모집인이 생명보험계약의 체결과정에서 약관과 다른 과장된 설명을 하고 또 가입자가 이를 신뢰하여 계약을 체결한 경우 보험자는 모집인이 설명한 바에 따른 계약상의 책임을 져야 한다는 것이다. 이와 같은 판결의 근거는 보험자의 설명의무 위반과 保險約款의 해석에 있어서 개별약정우선의 원칙이다. 특히 보험모집인의 구두설명은 보험약관의 개별약정으로 이해할 수 있다는 것이다. 필자의 견해로는 이와 같은 대법원의 판결은 타당하다고 생각한다.

Ⅳ. 餘 論

이 사건에서 원고가 인용하였던 판결로서 대법원 1989. 3. 28. 88다4645이 그것이다. 이 판결의 사실관계와 판결내용을 간추려 보면 다음과 같다.

1) 원고 임준빈은 피고 동양화재보험주식회사의 보험대리점인 승혜상사를 실질적으로 경영하는 소외 한상호의 권유로 1987. 6. 17. 자신의 승용차에 대하여 對人 및 對物賠償責任, 自損 및 車輛損害를 담보하는 자동차종합보험계약을 체결하였다.

2) 이 계약의 체결 당시 한상호는 원고에게 자손사고로 인한 부상의 경우에는 300만원까지는 실제 치료비 전액이 보험금으로 지급된다고 설명하였고, 보험계약의 교부와 그에 대한 설명은 없었다. 원고는 한상호의 위 설명만 믿고 그 자리에서 보험료를 지급하고 피고회사의 명의의 보험료영수증을 발급받았다.

3) 원고는 보험기간 중인 1987. 7. 26. 9시 30분경 경부고속도로에서 교통사고를 일으켜 안면부 裂傷 등의 상해를 입고 그 치료비로서 379만여원을 지출하였고, 이에 따라 임준빈은 300만원의 자손 보험금의 지급을 피고 보험회사에게 청구하였다.

4) 이에 대하여 피고는 이 사건에 적용되는 보험약관에 따르면 자손보험의 보험금은 피보험자의 상해를 14등급으로 나누어 차등지급하게끔 되어 있고, 원고가 가입한 자손보험금액은 300만원이므로 1급상해라면 300만원 전액이 지급되겠으나 8급에 해당하는 임준빈의 상해에 대하여는 지급보험금이 90만원에 지나지 않는다고 주장하므로, 원고 임준빈이 300만원 전액의 지급을 구하는 소를 제기하였다.

이에 대한 대법원의 판결요지는 다음과 같다.

1) 보통보험약관이 계약당사자에 대하여 구속력을 가지는 까닭은 약관이 법규범이기 때문이 아니고 계약당사자가 약관을 계약내용에 포함시키기로 합의하였기 때문이다.

2) 일반적으로 당사자 사이에서 보통보험약관을 계약내용에 포함시킨 보험계약서가 작성된 경우는 계약자가 그 보험약관의 내용을 알지 못하는 경우에도 그 약관의 구속력을 배제할 수 없는 것이 원칙이다.

3) 다만, 당사자가 명시적으로 약관의 내용과 달리 약정한 경우에는 약관의 구속력이 배제되므로, 회사를 대리한 보험대리점 내지 보험외판원이 가입자에게 보통보험약관과 다른 내용으로 보험계약을 설명하고 이에 따라 계약이 체결되었으므로 그 때 설명된 내용이 보험계약의 내용이 되고 그와 배치되는 보통약관의 적용은 배제된다.

퀴 즈	
Ques.	보험모집인에게 있는 것과 없는 것은 ?
Ans.	1) 제1회 보험료 수령권이 있음. 2) 보험약관의 설명 · 명시의무 있음. 3) 고지수령권이 없음. 4) 계약체결권이 없음. 5) 위험의 변경 · 증가 통지수령권 없음(대법원 2006. 6. 30. 2006다19672 · 19689).

3 失效約款의 效力

[안수암 대 수협중앙회 사건]

대법원 1992. 11. 24. 92다23629

事 例

본 사건 船舶의 船主인 原告 안수암(X)은 1989. 6. 被告 수산업협동조합중앙회(Y)와 이 사건 선박의 고용선원이 공제기간 중에 발생한 직무상의 사고로 災害를 입게 되는 경우 船員法上 X가 부담하여야 할 補償責任으로 인한 손해를 보상하여 주는 내용의 보험계약인 이른바 선원특수공제계약을 체결하고, X는 공제료를 4회 分納하기로 하였다. Y는 제4회 分納保險料의 납기인 1990. 3. 20. 以前인 1990. 2. 28.경 X에게 納入豫告를 하였고, 納期日까지도 납입이 없자 같은 해 3. 31. 다시 납입최고를 하였다. 이 사건 선박이 1990. 4. 12. 오전 조업 중 기상이 악화되어 같은 날 14:00 조업을 중단하고 부산항으로 귀항 중이라는 최후의 교신이 있은 후 행방불명되었고, 같은 달 21. 및 23. 이 선박에 타고 있었던 선원의 시체가 발견되었다. X는 이 사건 선박의 연락이 두절되자 제4회 분납공제료의 미납으로 Y로부터 공제금을 지급받지 못하게 될 것을 우려한 나머지 같은 해 4. 13. 09:30 경 미납된 공제료를 납부하고, Y의 직원은 이를 4. 12.자로 소급하여 납입한 것으로 위계처리하였다. X가 Y에게 공제금 지급을 청구하자 Y는 공제약관 제5조의 免責條項에 의거하여 공제금 지급책임이 없다고 다투었다. 문제된 공제약관은 그 제5조 제1항에서 공제료는 Y 또는 Y가 지정하는 사무소에서 전액을 일시에 납입하여야 하고, 다만 Y가 따로 정하는 바에 따라 數回로 나누어 납입할 수 있다고 정한 다음, 同條 제3항에서, 제1항 단서에 의거 공제료를 분할하여 납입하는 경우 그 약정 납입기일까지 해당 분할공제료를 납입하지 아니하였을 때에는 Y는 그 미납입기간 중 발생한 손해에 대하여는 보상책임을 지지 아니한다고 되어 있었다.

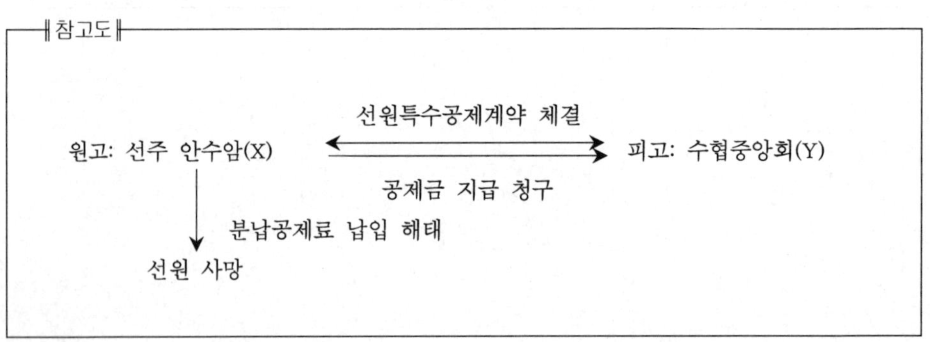

目 次

Ⅰ. 判決要旨

1. 原審 判決要旨(서울민사지방법원 1991. 9. 10. 90가합60292)

피고는 분납공제료의 납입기일이 속하는 月前에 공제계약자에게 해당 분납공제료에 대한 납입예고를 하고 그래도 분납공제료의 납입을 지체하는 공제계약자에게 또다시 납입예고를 하고 있고, 보험계약관계는 보험단체 전체의 이익을 고려하여야 하며 보험계약자 스스로도 자신의 위험을 관리할 책임이 있다는 점에 비추어 보면 위 선원특수공제약관의 猶豫期間을 두지 아니한 면책조항을 본래 보험자가 부담하여야 할 위험을 합리적인 이유없이 보험계약자에게 이전시키는 것으로서 신의성실의 원칙에 反한다거나 또는 현저히 공정을 잃은 것이라 볼 수는 없고, 이 사건 면책조항의 취지는 공제계약자가 분납공제료의 납입을 지체하더라도 공제자가 미납입기간 중에 발생한 손해에 대해서만 보상책임을 지지 않을 뿐 공제계약을 해소시키지 않고 유효하게 존속시켰다가 공제계약자가 지체된 분납공제료를 납입하기만 하면 즉시 그 이후에 발생한 손해에 대하여는 종전과 마찬가지로 보상을 받게 하여 주는 것이므로, 이 사건 면책조항에 의해 공제계약이 막바로 解止(失效)되는 것임을 전제로 하는 원고의 주장은 이유없다.

2. 大法院 判決要旨

1) 分納保險料가 소정의 시기에 납입되지 아니하였음을 이유로 商法 제650조 소정의 催告 및 解止節次를 거치지 아니하고 막바로 保險契約이 해지되거나 실효됨을 규정하고 보험자의 보험금 지급책임을 免하도록 규정한 보험약관은 商法 제650조, 제663조의 규정에 위배되어 무효이다.

2) 분납보험료 연체기간 중 발생한 보험사고에 대하여 보험약관은 존속하나 보험금 지급책임이 면책된다는 보험약관은 보험가입자에게는 보험계약의 해지와 실질적으로 동일한 효과가 있으므로 실질적으로 商法 제650조의 규정에 위배되는 결과를 초래하여 商法 제663조에 의하여 보험가입자에게 불이익한 범위 안에서 무효이다.

II. 解　　說

1. 論　　點

상법 제650조 제2항은 "계속보험료[1]가 약정한 시기에 지급되지 아니한 때에는 보험자는 상당한 기간을 정하여 보험계약자에게 최고하고 그 기간 내에 지급하지 아니한 때에는 그 계약을 해지할 수 있다"고 정하여, 보험료 납입이 지체된 경우 보험자가 계약을 해지하려면 ① 먼저 催告를 하되, ② 그 催告에는 상당한 猶豫期間을 두어야 하고, ③ 解止의 意思表示를 하여야 한다고 정하였다. 그런데 실무에서 특히 위 최고를 하지 않거나, 일정한 유예기간 후 해지의 의사표시 없이 자동적으로 보험계약이 해지된 것으로 간주한다고 정한 이른바 失效約款이 많이 사용되고 있다. 이는 최고·통지비용이 엄청난데, 이것은 결국 보험계약자가 부담하여야 하게 되고, 결과적으로 보험료의 인상을 불가피하게 하여 보험단체 전체에 害가 되기 때문에 최고·통지 절차를 생략한다는 취지이다. 문제는 위 세 가지의 요건이 충족되지 아니하더라도 당연히 보험금 지급책임이 없다고 정한 失效約款이 위 商法 제650조 제2항보다 보험계약자를 불이익하게 하는 조항으로서 商法 제663조에 위반하여 무효가 아닌가 하는 점이다.

---

1) 계속보험료의 정의에 관하여는 商法에 규정이 없지만, 계속보험료란 제2회 이후의 분할납입보험료를 의미한다: 손주찬(하) 550면; 심상무, "계속보험료 납입지체에 관한 유예기간부 실효조항의 효력", 「상사법연구」 제12집, 1993, 269면, 주 3, 4참조.

2. 失效約款의 意義

보험실무에서 계속보험료의 납입이 지체되는 경우 일정한 유예기간이 지나도록 보험료의 납입이 없으면 별도의 履行催告나 解止通知 없이 바로 그 보험계약은 효력을 잃는다고 정한 約款을 사용하는 경우가 흔히 있는데, 이러한 約款 또는 그 約款의 條項을 失效約款 또는 失效條項이라 한다.

3. 失效約款의 效力

(1) 學　說

우리 나라의 多數說은 위 ② 또는 ③의 요건을 缺한 失效約款을 유효하다고 본다.[2] 이에 대해 필자를 포함한 少數說은 무효로 본다.[3] 有效說의 근거는 保險團體論에서 구하기도 하고,[4] 保險料不可分의 원칙에서 구하기도 한다.[5] 또 商法 제650조 제1항의 立法趣旨에서 유예기간이 상당하기만 하면 이를 인정할 수 있다는 學說도 있다.[6]

생각건대 첫째, 保險團體論은 法의 欠缺이 있는 경우에 이를 보충할 이론으로서는 타당성이 있을 것이나, 이 이론이 명문의 규정을 改廢할 정도의 만능성을 가진 이론은 아닐 것이다. 보험단체의 이익보호라는 명분도 일견 수긍할 수 있으나, 단체를 위하여 명문의 규정에 反하여 개인은 희생되어도 좋다는 견해에는 찬성하기 어렵다. 保險法에서 명문으로 보험자로 하여금 유예기간을 정한 최고 및 계약해지의 의사표시를 할 것을 규정하고 있음에도 불구하고 보험자가 이를 게을리하여 보험계약을 해지할 수 없어서 결과적으로 보험단체 전체에게 불이익을 초래한 것이다. 이것은 보험자의 과실로 인한 손해를 보험계약자 전체에게 轉稼하는 것외에 아무 것도 아니다. 이

2) 최기원(하) 218면; 양승규(보) 154면; 이기수(보 · 해) 91면.

3) 채이식(下) 484면.

4) 양승규(보) 154면. 본 판결의 원심판결인 서울민사지방법원 제36부 1991. 9. 10. 90가합60292에서도 "보험계약관계에서 보험자와 보험계약자 사이의 이익의 조정은 보험계약자 개인만을 대상으로 할 수는 없고 보험단체 전체의 이익을 고려하여야 할 것이며"라고 하여 이 이론에 의거한 판단을 하고 있다.

5) 양승규(보) 154면: 보험료의 지급은 본래 보험료불가분의 원칙에 따라 한꺼번에 지급하여야 할 것이나, 이를 분할하여 지급하도록 한 것은 보험계약자의 편의를 도모하기 위한 것이므로 약정기간 내에 보험료를 지급하지 않은 것은 보험계약자의 책임으로 돌리는 것이 마땅하다. 본 판결의 원심판결인 서울민사지방법원 제36부 1991. 9. 10. 90가합60292에서도 "보험계약자 스스로도 자신의 위험을 관리할 책임이 있다"고 하여 위 양승규 교수의 논지를 취하고 있는 것으로 보인다.

6) 최기원(하) 217~218면.

와 같은 理論을 保險團體論이라 한다면 보험단체론은 잘못된 理論임에 틀림이 없다. 보험자는 더 이상 보험단체의 이익을 위한다는 구실로 자신의 과실을 糊塗하여서는 안 된다. 보험계약자는 法이 정한 보호를 받을 권리가 당연히 있다. 따라서 보험단체론에 의거하여 商法 제650조 제2항이 명문으로 정한 세 가지 요건을 무시해도 좋다는 해석은 찬성할 수 없다.

둘째, 保險料不可分의 原則에 따라 보험계약자는 보험료를 일시에 전액 지급하여야 할 것을 분납할 수 있도록 한 것은 보험계약자를 위한 것이니, 분납의 약정을 어긴 보험계약자에게는 보험금을 지급하지 아니하더라도 보험계약자의 귀책사유에 의한 것이므로 상관이 없다는 주장도 옳지 못하다. 본래 保險料不可分의 原則은 한 保險料期間의 보험료를 하나의 단위로 하여 보험자가 보험료기간의 일부에 대하여만 위험을 부담하였다고 하더라도 그 보험료 전액을 취득할 수 있다는 것이 그 내용이다.[7] 보험료를 한꺼번에 전부 납입해야 한다는 원칙과는 무관한 것이다. 또 이 이론은 얼핏 보험료분납의 약정이 보험계약자에게 일방적인 혜택을 주는 것으로 보고 있다. 그러나 보험료분납의 약정은 보험자가 보험계약자로 하여금 쉽게 보험계약을 체결하도록 하는 유인책으로서 작용하여 보험자의 계약고를 높이는 점도 없지 않다. 이 때 분납보험료 기간을 설정해 두면 바쁜 현대생활에서 분납보험료납부기간을 넘기기 일쑤이니, 그 때 바로 보험계약이 실효된다면 보험료분납조항은 오히려 보험계약자에게 지나치게 불리한 毒素條項이 된다. 따라서 보험료분납의 약정이 반드시 보험계약자에게만 혜택을 주는 약정이 아니다. 또 계속보험료의 미납에 대하여 계약의 실효라는 효과를 부여할 것인가 아니면 계약위반으로 인한 손해배상책임만을 발생케 할 것인가는 입법정책의 문제이지 계속보험료의 미납과 계약의 실효 간에 논리필연적 상관관계가 있는 것도 아니다. 失效約款의 유효성을 긍정하는 견해 중에는 보험계약자는 스스로 위험을 관리할 책임이 있고, 그 책임을 게을리하여 보험료의 납입을 지체한 자에 대하여 制裁를 가하지 않으면 계속보험료를 성실하게 납부한 보험계약자와 균형이 맞지 않는다고 하나, 制裁를 가한다고 하여 보험금지급책임을 전면적으로 면책시키는 것은 보험자 보호에 지나치게 편중한 것이 아닌가 한다.

셋째, 商法 제650조 제1항의 立法趣旨에서 그 근거를 구하는 學說은 최초보험료의 역할과 계속보험료의 중요성을 동일시하는 것으로서 찬성할 수 없다. 계속보험료의 중요성이 최초보험료의 그것과 다른 것은 商法 제650조 제2항에서 명문으로 3단계

---

7) 양승규(보) 104면.

의 계약해제절차를 정하고 있는 데서 알 수 있다. 최초보험료의 미납이 있을 경우 계약성립 후 2개월이 경과하면 계약이 해제된 것으로 간주되지만(商法 제650조 제1항), 계속보험료가 미납된 경우에는 미납된 사실외에도 위 3단계의 절차를 취하도록 법률이 명문으로 요구하고 있으므로 兩보험료의 미납의 효과를 동일시하는 것은 명문의 근거를 무시한 해석이 된다고 본다.[8]

결과적으로 商法 제650조 제2항의 規定을 變更하여 계속 보험료미지급의 경우 同條가 요구하는 3단계 해지절차 중 한 가지라도 缺한 失效約款은 무효라고 본다. 이를 무효로 보는 근거는 다음 두 가지이다.

(2) 私　見

필자가 失效約款의 효력을 무효로 보는 근거는 다음과 같다.

첫째, 商法 제650조 제2항이 명시적으로 3단계의 解止節次를 규정하고 있으므로 이를 보험계약자에게 불리하게 위반한 것은 商法 제663조에 위배되어 무효이다. 民法에 의하더라도 契約違反이 있으면 그 상대방에게 손해배상청구권과 契約解除(解止)權이 발생하고, 契約을 解除(解止)할 때에는 먼저 상당한 기간을 정하여 이행을 최고하고, 그 기간 내에 이행하지 아니하면 계약을 해제할 수 있도록 한다(民法 제544조). 商法 제650조 제2항은 위 民法의 규정을 保險法에서 注意的으로 규정한 데 지나지 않는다. 3단계의 해지절차 중 보험자가 한두 가지를 생략할 수 있도록 한 약관의 조항이 보험계약자에게 유리한 변경이라는 주장을 할 수는 없을 것이다.

둘째, 만약에 계속보험료가 미납되고 있던 중에 보험사고가 발생하지 않은 경우에는 보험자는 위 失效約款에 따라 보험금지급책임이 없는 한편 보험계약자의 계속보험료 지급책임은 여전히 존속한다. 이것은 보험자는 보상책임을 지지 않으면서 보험료는 취득하는 결과가 되어 보험계약의 有償·雙務契約性에도 反한다.

(3) 判　例(해지예고부최고는 가능한가?)

본 판결이 나오기 전까지의 판례는 이 문제에 대하여 有效說로 일관하였고, 다음에 보는 바와 같이 이 판결 이후의 판결에서도 계속 有效說을 취하고 있다. 대법원 1977. 9. 13. 77다329은 "'보험료의 납입은 그 유예기간을 납입응당일로부터 30일로 하고 그 유예기간을 도과하여 보험료를 납입하지 아니한 경우에는 보험계약은 별도 해지의사의 표시없이 유예기간이 만료된 다음 날로부터 그 효력을 상실한다'고 정한 보험약관의 규정은 商法 제650조에 저촉되는 무효의 것이라고 볼 수는 없다"라고 판

8) 심상무, 전게논문, 280면 이하.

시하여 위 3단계의 해지절차 중 세 번째의 요건(解止의 意思表示)를 생략하도록 한 失效約款의 효력을 인정하였다. 또 대법원 1987. 6. 23. 86다카2995도 "商法 제650조는 보험료미납을 원인으로 하여 보험자의 일방적인 의사표시로써 보험계약을 해지하는 경우에 있어 그 해지의 요건에 관한 규정으로서, 보험자의 의사표시를 기다릴 필요없이 보험료납입유예기간의 경과로 인하여 보험계약이 당연히 실효되기로 약정한 경우에는 그 적용의 여지가 없다"고 판시하여 위 1977년 판결과 동일한 결론에 이르고 있다.[9] 다만 1977년 판결에서는 30일의 유예기간이 주어졌었고, 1987년도 판결에서는 14일간의 유예기간이 주어진 바 있다.

문제는 본고에서 연구하고자 하는 대법원 1992. 11. 24. 판결이다. 이 판결의 특징은 ① 납입최고는 하였으나, ② 약관상 상당한 유예기간의 설정이 없었고, ③ 해지의 의사표시가 없었다. 위 ②, 즉 유예기간의 설정이 없었던 점에서 上揭 1977년도 판결 및 1987년 판결과 다르다. 이 판결은 위 私見에서 필자가 밝힌 이유와 꼭 같은 이유로 失效約款의 효력을 부정하였다. 타당한 판결이라 생각한다. 상당한 유예기간이 허용되어 있으면 해지의 의사표시는 없어도 좋다는 일부학설도[10] 이 판결의 타당성을 긍정할 것이나,[11] 필자로서는 유예기간설정여하를 불문하고 위 3단계 해지절차 중 하나라도 缺하여도 상관없는 것으로 정한 失效約款은 무효라고 본다. 보험자는 고객에 대한 서비스차원에서도 法文에 따라 ① 최고, ② 유예기간 許與, ③ 해지의 의사표시 단계를 거쳐 계약을 해지할 수 있도록 하여야 한다. 다른 이론구성으로써 위 요건을 결한 失效約款의 효력을 인정하는 學說은 보험계약자에게 불리한 해석으로서 취할 수 없다.

다만 대법원 1992. 11. 24. 판결에서 수긍하기 어려운 점은 원고가 보험사고가 발생하였음을 예상하고 보험금이 지급되지 아니할 것을 우려하여 보험사고발생 후에 보험료를 납부한 점이다.[12] 이는 분명 보험계약의 善意契約性에 위배되고, 保險事故의 不確定性에도 위배된다. 뿐만 아니라 契約一般의 信義誠實義務에도 위배된다. 商法 제

9) 이 판결에 대한 평석으로서, 양승규, "보험료납입유예기간 경과의 효력", 「보험학회지」 제33집, 1989, 259면 이하가 있다.

10) 최기원(하) 218면; 김 숙, "선원법상의 선주배상책임보험에서 분납보험료의 연체기간 중에 발생한 손해에 대하여 보험금을 지급하지 아니한다는 약관이 상법 제650조, 제663조의 규정에 위배되는지 여부", 법원행정처, 「대법원판례해설」 제18권, 1992, 454면.

11) 한창희, "분납보험료의 지급지체와 유예기간 없는 실효조항의 효력", 「인권과 정의」, 제203호, 1993. 7. 105면; 김 숙, 전게평석 참조.

12) 이 점과 관련하여 본 판례에 대한 반대견해를 표명한 평석으로서, 김성태, "보험사고 발생 후 분납보험료 납입과 연체시 책임면제조항의 효력", 「법률신문」, 1993. 6. 7, 15면 참조.

644조 본문은 "保險契約 當時에 保險事故가 이미 발생하였거나 또는 발생할 수 없는 것인 때에는 그 契約은 無效로 한다"고 되어 있다. 차라리 이 理論을 유추적용하여 보험자의 보험금지급책임을 면하게 하는 해석이 옳았지 않나 생각된다.

어떻든 보험료 일부의 지급지체를 이유로 계약을 완전히 실효시키는 것은 보험계약자에게 지나치게 가혹한 것이 아닐 수 없다. 보험자로서도 信義誠實의 原則에 따라 유효기간의 설정 및 보험계약의 해지통지 정도는 하여야 할 것이다. 그 때에는 解止의 意思表示가 보험계약자에게 도달된 때에 보험계약은 해지된다. 法律에서 정책적인 판단을 하여 새로운 규정을 마련하지 아니하는 한 보험계약자의 善意, 惡意를 불문하고 계속보험료 납부가 지체된 것만 가지고서는 보험자가 손해배상을 청구할 수 있음은 별도로 하고, 막바로 계약을 해지할 수는 없다. 이러한 해석이 民法의 태도와도 합치하고(民法 제544조), 보험자를 특별히 보호하여야 할 이유도 없어서 民法의 일반원칙을 달리 변경하여 규정하거나 해석하여야 할 이유도 없다. 그러므로 전술한 바와 같이 商法 제650조 제2항은 注意的 規定일 뿐이다.

Ⅲ. 結　　語

대법원 판결에 찬성한다. 종래의 대법원 판결인 1977년 및 1987년 판결을 변경한 것으로서 보험계약자 쪽에서 문제를 파악한 획기적이고 합리적이며 시대에 부응하는 판결이라 본다. 法文에 따른 판례이기도 하다. 或者는 法文의 형식적 해석에 치우친 것이라는 비판을 할 수도 있을 것이나, 實定法國家에서 實定法規를 애매한 이론에 우선시키는 것은 너무도 당연한 것이다.

Ⅳ. 餘　　論(대법원 제3부 1992. 11. 27. 92다16218에 대한 有感)

여기서 주목을 끄는 것은 대법원 제3부 1992. 11. 27 92다16218이다. 이 사건의 사실관계는 매우 단순하다. 즉, 韓國船員을 外國 國籍船에 송출하는 선원관리회사인 원고가 피고 보험자와 1989. 2. 18.부터 1990. 2. 18.까지 선원근로자재해보상보험계약을 체결하고 보험료는 4회 분납하기로 하였다. 원고가 송출한 선원이 파키스탄國 카라치항 인근 공해상에서 조업하던 파키스탄 國籍의 선박 넵튠 1호 원양어선에서 근무하던 중 1989. 11. 25. 05:30경 갑판에서 실족 추락하여 사망하였다. 원고는 제4회 분납보험료 납입기일은 1989. 11. 18일인데 그 지급을 지체하고 있었다.

原審 서울민사지방법원 1991. 9. 4. 91가합32317은 "原·被告 사이의 이 사건 선원근로자재해보상보험계약시 포함시키기로 한 보험료분납 특별약관에 의하면 보험료 분납기일까지 당해 분납보험료를 납입하지 아니하는 경우 피고는 당해 분납보험료 납입기일로부터 당해 분납보험료를 받을 때까지의 사이에 생긴 재해에 대하여는 이를 보상하는 책임을 지지 않기로 규정되어 있는 사실,……사망 사고는 위 특별약관상 면책조항에 해당하는 재해라 할 것이니 피고의 免責抗辯은 이유있다 할 것이다"라고 판시하여 피고 보험자의 보험금지급책임이 없다고 판결하였다.

이에 대하여 서울고등법원 1992. 2. 25. 91나52561도, "원고는, 원심인정의 면책약관은 商法 제650조에 위반한 규정으로서 보험계약자인 원고에게 불리한 것이고 따라서 같은 法 제663조에 의하여 무효로 되며 피고는 같은 法 제650조에서 정하고 있는 최고 및 계약해지의 조치를 한 바 없어 여전히 보험금을 지급할 의무가 있다고 주장하므로 살피건대, 商法 제650조는 보험료 미납을 원인으로 하여 보험자의 일방적인 의사표시로서 보험계약을 해지하는 경우의 그 해지의 요건에 관한 규정으로서 보험자의 의사표시를 기다릴 필요없이 보험료 납입 유예기간의 경과로 인하여 일정한 기간 보험금 지급의무를 면책시키기로 하는 이 사건 면책약관과 같은 경우에는 그 적용의 여지가 없다 할 것이고, 또 이와 같은 면책약관이 같은 법 제663조의 不利益變更禁止의 규정에 위반하는 것이라 할 수도 없다 할 것이어서 원고의 주장은 나아가 살펴볼 필요도 없이 이유없다"고 판결하여 원심을 지지하였다.

나아가 대법원 제3부 1992. 11. 27. 92다16218도 위 서울고등법원과 거의 동일한 취지의 판결이유에다, 다만, 위 보험료분납특별약관조항의 효력을 인정하는 것은 선원근로자재해보상보험계약의 보험료분할납입에 따른 거래의 실정을 무시한 것이라는 원고의 주장에 대하여, 이것이 거래의 실정을 무시한 것이라고도 할 수 없다는 판결을 하였다.

이 판결은 한마디로 위에서 언급한 1977년과 1978년의 대법원 판결을 그대로 답습한 판결로서 위 1992. 11. 24. 대법원 판결과 좋은 대조를 이룬다. 같은 해 같은 달, 비슷한 날짜에 내려진 두 판결 중 11. 24. 판결은 대법원 제1부 판결이고, 11. 27. 판결은 제3부 판결이다. 유사한 두 사건에 있어 대법원 어느 재판부에서 심리하였는가에 따라 결론이 달라진 것이다. 兩 재판부간에 상호 커뮤니케이션이 없었던 결과로 생각된다. 만약 11. 27. 판결도 대법원 제1부에서 심리되었더라면 어떤 결과가 나왔을까? 아마도 失效約款은 무효라는 판결이 나왔으리라 생각된다.

그 후 대법원은 자동차종합보험의 보험계약자가 제2회 보험료 미납 중 발생한 자동차 보험사고와 관련하여 보험자에게 보험금의 지급을 구한 사건에서 실효약관은 무효라고 판결하여[13] '失效約款은 無效'라는 입장을 재확인하였다.

13) 대법원 1995. 11. 16. 94다56852; 동 2000. 4. 11. 99다53223.

4 保險契約 解止豫告附 納入催告의 效力

[동부화재보험(주) 대 김이철 사건]

대법원 2003. 4. 11. 2002다69419 2002다69426(反訴)

設 問

본 사건의 被告 김이철(Y)은 가죽소파 등의 가구를 판매하는 '서광가구'를 운영하면서, 原告 동부화재해상보험 주식회사(X)와 1999. 2. 5. 사업안전종합보험계약을 체결하고, 保險料는 매월 11일에 지급하기로 약정하였다. Y는 2001. 2월분까지의 보험료를 납입하였으나, 그 후의 보험료를 납입하지 않자, X는 2001. 4. 21. 피고에게 도달된 안내장에서 2001. 5. 1.까지 미납 보험료의 납입을 최고하면서 불이행시 그 다음날에 이 사건 보험계약이 자동해지됨을 통지하였다. 그럼에도 불구하고 Y는 계속 보험료를 지급하지 아니하던 중 2001. 7. 14.부터 그 다음날까지 내린 집중호우로 서광가구에 진열되어 있던 가구와 피혁이 침수되어 47,253,440원 상당의 損害를 입었다. 이에 Y가 손해액 상당의 保險金의 지급을 청구하자, X는 이 사건 보험계약 당시의 약관(이하 '이 사건 약관'이라 한다) 제14조 제1항에서 "제2회부터의 보험료는 납입일이 속하는 달의 다음달 말일까지 납입유예기간을 둡니다. 그러나 보험료를 내지 아니하고 납입유예기간이 지나면 그 다음날부터 계약은 효력을 상실합니다"라고 규정하고 있는 점을 들어 이 사건 보험계약이 2001. 5. 2.자로 실효되었음을 주장하면서 Y를 상대로 채무부존재확인의 소를 제기하였다.

이에 대하여 Y는 反訴로써, (ⅰ) 이 사건 약관 제14조 제1항의 규정은, 계속보험료(제2회 이후의 보험료)가 약정한 시기에 지급되지 아니한 때에는 보험자는 상당한 기간을 정하여 보험계약자에게 최고하고 그 기간내에 지급되지 아니한 때에는 계약을 해지할 수 있도록 규정한 상법 제650조 제2항 및 위 규정을 보험당사자간의 특약으로 보험계약자 또는 보험수익자의 불이익으로 변경하지 못한다고 규정한 같은 법 제663조에 위배되어 무효이고, (ⅱ) 이 사건 보험계약 약관은 납입일이 속하는 달의 다음달 말일까지 납입유예기간을 규정하고 있는바, 이는 보험료의 납입기한을 연장한 것이므로 X가 위 보험계약을 해지하려면 위 유예기간 이후에 상당한 기간을 정하여 보험료 납입의 최고를 한 후 보험계약을 해지하여야 할 것임에도 그와 같은 절차를 밟지 아니하였으므로 이 사건 보험계약은 여전히 유효하고, (ⅲ) 따라서 Y는 같은 해 6월 원고에게 보험료납입의사를 밝히고 이 사건 보험계약의 부활을 요청하였던 사실이 있다고 주장하였다. (ⅳ) X는 위 (ⅱ)와 관련하여 보험자가 보험계약을 해지하기 위해서는 반드시 최고와 해지의 의사표시를 별도로 하여야 한다고 볼 것은 아니고, 보험료의 납입을 최고하면서 보험료가 납입되지 않고 납입유예기간을 경과하면 별도의 의사표시 없이 보험계약이 해지된다는 취지의 통지(해지예고부 납입최고) 역시 상당한 기간을 정한 최고라고 할 수 있으며, 최고기간 내의 불이행을 정지조건으로 하는 해지의 의사표시로서 유효하다고 할 것이고, 따라서 해지예고부 납입최고에서 정한 기간의 경과로 보험계약은 별도의 의사표시 없이 해지된다고 주장하였다.

1. 이 사건 보험계약 약관 제14조 제1항의 규정은 유효한가?
2. 해지예고부 납입최고는 유효한가?
3. 이 사건 보험계약 약관은 납입일이 속하는 달의 다음달 말일까지 납입유예기간을 규정하고 있는바, 이는 보험료의 납입기한을 연장한 것으로 해석할 수 있는가?
4. 이 사건 보험계약의 부활요청은 받아들여질 수 있는가?

[사건의 시간적 전개]

2001. 3. 분 보험료 납입지체
2001. 4. 21. 보험계약 해지예고부 납입최고
2001. 5. 1. 납입유예기간 종료일
2001. 5. 2. 보험계약해지 간주일
2001. 6. 보험계약부활청구

目 次

Ⅰ. 判決要旨

原審法院[서울고등법원 2002. 11. 12. 2002나28458 (本訴)(채무부존재확인), 2002나28465 (反訴)(보험금)]과 大法院은 다 같이 原告勝訴의 판결을 내렸다. 판결요지는 다음과 같다. "이 사건 약관 제14조 제1항의 규정은 상법 제650조 제2항 및 같은 법 제663조에 위배되어 무효라고 할 것이나, 한편, 위의 상법 규정의 취지가 보험자가 보험계약자에게 보험료 미납사실을 알려 주어 이를 납부할 기회를 줌으로써 불측의 손해를 방지하고자 하는 것임에 비추어, 보험자가 보험계약을 해지하기 위해서는 반드시 최고와 해지의 의사표시를 별도로 하여야 한다고 볼 것은 아니고, 보험료의 납입을 최고하면서 보험료가 납입되지 않고 납입유예기간을 경과하면 별도의 의사표시 없이 보험계약이 해지된다는 취지의 통지(해지예고부 납입최고) 역시 그것이 상당한 기간을 정한 최고이고 그 최고기간의 종기가 이 사건 약관이 정한 납입유예기간의 종기보다 앞선 것이 아니라면, 최고기간내의 불이행을 정지조건으로 하는 해지의 의사표시로서 특별히 계약자에게 불이익을 주지 않으므로 유효하다".

Ⅱ. 解 說

1. 論 點

사례에서 필자가 도출해 낸 논점은 위 설문에 나와 있는 바와 같이, (ⅰ) 이 사건 보험계약 약관 제14조 제1항의 규정, 즉 실효약관의 효력문제, (ⅱ) 해지예고부 납입최고는 유효한가? (ⅲ) 문제된 약관규정 내용을 보험료의 납입기한을 연장한 것으로 해석할 수 있는가, 즉 약관상 보험료납입유예기간의 의미, (ⅳ) 보험계약의 부활 등이 문제된다.

2. 失效約款의 效力(논점 1)

실효약관의 의의와 실효약관의 효력(학설, 판례, 사견)에 관하여는 본서 "失效約款의 效力"에서 상세히 설명하였으므로 논의를 생략한다. 이 사건 법원은 실효약관은 무효인 점을 다시 한번 확인하였다. 다만 필자로서는, 상법 제650조 제2항이 정한 3단계의 해지절차(① 납입최고, ② 상당한 유예기간 설정, ③ 해지의 의사표시)를 변경하여 보험계약자에게 불리하게 규정한 약관의 내용은 상법 제663조에 위반하는 것으로서 그 약관은 무효이고, 그 경우 보험계약은 해지될 수 없다고 본다는 점을 다시 한번 강조한다.

3. 解止豫告附 納入催告의 有效性 문제(論點 2)

(1) 解止豫告附 納入催告의 意義

그런데 이 사건에서는 상법 제650조 제2항이 정한 3단계의 해지절차(① 납입최고, ② 상당한 유예기간 설정, ③ 해지의 의사표시)를 한꺼번에 하였다는 점이 문제된다. 이와 같이 납입최고를 하면서, 납입을 정지조건으로 하는 해지의 의사표시를 解止豫告附 納入催告라고 하는데, 이것은 과연 유효한가가 이 사건의 주요 쟁점이다.

(2) 판례의 태도

이 사건 원심법원은 "상법 규정의 취지가 보험자가 보험계약자에게 보험료 미납 사실을 알려 주어 이를 납부할 기회를 줌으로써 불측의 손해를 방지하고자 하는 것임에 비추어, 보험자가 보험계약을 해지하기 위해서는 반드시 최고와 해지의 의사표시를 별도로 하여야 한다고 볼 것은 아니고, 보험료의 납입을 최고하면서 보험료가 납입되지 않고 납입유예기간을 경과하면 별도의 의사표시 없이 보험계약이 해지된다는 취지의 통지(해지예고부 납입최고) 역시 그것이 상당한 기간을 정한 최고이고 그 최고기간의 종기(5월 1일)가 이 사건 약관이 정한 납입유예기간의 종기(4월 30일)보다 앞선 것이 아니라면, 최고기간 내의 불이행을 정지조건으로 하는 해지의 의사표시로서 특별히 계약자에게 불이익을 주지 않으므로 유효하다고 할 것이고, 따라서 해지예고부 납입최고에서 정한 기간(5월 1일)의 경과로 보험계약은 별도의 의사표시 없이 해지된다고 할 것이다"라고 판단하고 있다. 이 견해는 상법 제650조 제1항의 '입법취지'에 그 근거를 두고 있고, 그 유효성 판단의 전제로서 '상당한 기간을 정한 최고'일 것 및 '최고기간의 종기가 약관이 정한 납입유예기간의 종기보다 앞선 날자가 아닐 것'을 조건으로 하고 있다.

(3) 私　見

상법 제650조 제2항은 "繼續保險料가 약정한 時期에 支給되지 아니한 때에는 保險者는 상당한 期間을 정하여 保險契約者에게 催告하고 그 期間內에 支給되지 아니한 때에는 그 契約을 解止할 수 있다"라고 되어 있으므로, 시간적 순서에 따라 먼저 최고하고, 납입여부를 기다려 납입되지 아니한 경우에만 다시 계약해지를 결정할 수 있고, 만약 그러한 결정이 이루어지면 그 때 통지하여야 하는 것처럼 보인다. 그러나 제650조 제2항의 입법취지가 保險者가 상당한 期間을 정하여 그 期間內에 納入을 하도록 통지하는 데 있기 때문에 계약의 해지는 상당한 기간의 통지와 동시에 하더라도 상관이 없다고 본다.

4. 保險料納入 猶豫期間의 意味(論點 3)

(1) 被告의 主張

Y는 이 사건 약관은 납입유예기간을 규정하고 있고 이는 납입기한의 연장으로서 X가 납입유예기간 이후에 최고를 한 후 보험계약을 해지하지 아니한 이 사건에 있어서 이 사건 보험계약은 여전히 유효하다는 주장을 하였다.

(2) 法院의 判斷

이에 대하여 法院은 연혁적으로 볼 때, 納入猶豫期間이란 그 경과로서 보험계약이 自動失效된다는 效果를 발생시키기 위하여 규정된 것일 뿐만 아니라, 이 사건 약관 제13조 제2항은 납입유예기간과는 별개의 납입기한으로 납입기일을 규정하고 있는 사실이 인정되므로, 첫째, 납입유예기간을 납입기한의 연장으로 보면 납입기일이 무의미하다는 점, 둘째, 보험계약자가 보험료를 납입하지 않은 경우 1개월 내지 2개월의 납입유예기간과 함께 다시 최고기간이 경과한 후에서야 保險者가 보험계약으로부터 벗어날 수 있도록 하는 것은 불합리하므로, 납입유예기간은 保險者가 적극적인 催告 등 계약의 解止措置로 나아가는 것을 留保한 기간에 불과한 것으로 보아야 한다고 판시하였다.

즉, 납입유예기간은 납입기한의 연장이 아니라 계약의 解止留保期間으로 보았다. 이를 납입기한의 연장으로 보면 보험료의 납입을 해태한 계약자를 불합리하게 유리하게 취급하여 보험단체에 불이익을 주는 것이 된다. 타당한 판단이라 생각한다.

5. 保險契約의 復活(論點 4)

(1) 意　義

계속보험료의 지급지체로 인하여 보험계약이 解止되고(상법 제650조 제2항) 解止還給金이 지급되지 아니한 경우에는 보험계약자는 일정한 기간 내에 延滯保險料에 約定利子를 붙여 보험자에게 지급하고 그 계약의 부활을 청구할 수 있다(상법 제650조의 2 제1문). 이 때 보험계약자의 청구에 의하여 체결되는 계약을 부활계약이라 한다. 이것은 보험계약이 실효되어 보험계약자가 해지환급금을 받거나 새로이 보험계약을 체결하는 것이 손해가 될 수 있기 때문에 보험계약자의 부담을 경감하기 위하여 인정한 것이다.

부활계약에 관하여는 보험계약의 성립에 관한 제638조의 2의 규정을 준용한다(상법 제650조의 2 제2문).

(2) 法的 性質

復活契約의 法的 性質은 종래의 보험계약과 동일성을 유지하여 존속할 것을 목적으로 하는 특수한 계약으로 본다(通說).

(3) 要 件

보험계약이 부활하기 위하여는 ① 보험계약자가 계속보험료를 지급하지 아니함으로써 보험계약이 해지되었거나 실효되었어야 한다. 최초 보험료를 지급하지 아니하여 보험자의 책임이 개시되지 아니한 때에는 보험계약은 부활되지 아니한다. ② 보험계약자가 이미 지급한 보험료 가운데 미경과보험료가 있거나 해지환급금을 보험자가 반환하지 아니하였어야 한다. 보험자가 반환하여야 할 해지환급금 등이 없는 경우에는 이에 구애받지 않고 보험계약의 부활을 청구할 수 있다.[1] ③ 보험계약자의 청약과 이에 대한 보험자의 승낙이 있어야 한다. 부활계약을 청약할 경우에는 일정한 기간 내에 연체보험료에 법정이자를 붙여 보험자에게 지급하여야 한다. 부활계약의 청약의 경우에도 보험계약자 등은 고지의무를 부담한다고 본다.

(4) 效 果

보험계약의 부활로 해지 또는 실효되기 전의 보험계약이 회복된다. 따라서 종래 보험계약에 존재하던 抗辯(보험계약의 無效·解止의 事由 등)도 부활한다고 본다. 다만 부활계약의 청약시에 고지의무를 부담하므로 종래의 고지의무위반은 부활 후에 이를 주장할 수 없다고 본다.[2] 보험계약이 계속보험료의 不支給을 이유로 解止된 시점부터 다시 부활될 시점까지 발생한 보험사고에 대하여는 보험자는 보험금지급책임이 없다. 그러나 보험자가 부활계약을 승낙하기 전에도 연체보험료와 법정이자를 지급받은 후 그 청약을 거절할 사유가 없는 경우에는 발생한 보험사고에 대하여 책임이 있다(상법 제650조의 2 제2문, 제638조의 2 제3항 본문).

[판 례] 대법원 1987. 6. 23. 86다카2995(계속보험료의 부지급으로 보험계약이 해지된 시점부터 다시 부활될 시점까지 발생한 보험사고에 대하여는 보험자는 책임이 없다)

보험계약의 약관상, 보험계약자가 보험료납입유예기간 경과시까지 보험료를 납입하지 아니하여 보험계약이 실효된 후에도 보험계약자가 미납보험료를 납입한 때에는 보험계약은

1) 양승규(보) 166면.

2) 손주찬(하) 561면; 양승규(보) 167면.

유효하게 계속되나 그 경우 보험계약이 실효된 때로부터 미납보험료를 영수한 날의 오후 6시까지 생긴 사고에 대하여는 보상하지 아니하기로 약정하였다면, 보험자가 납입유예기간 경과 후에 보험계약자로부터 미납보험료를 영수하면서 아무런 이의가 없었다 하더라도 그로 인하여 납입유예기간 경과 후 미납보험료 영수 전에 발생한 사고에 대하여는 보험자는 보험금을 지급할 책임이 없다.

(5) 事例의 경우

사례의 경우에도 Y가 보험계약의 부활을 청구하였으나, X가 이를 거절한 것으로 보인다. 보험계약자가 부활을 청구하였다고 하여, 반드시 보험자가 그에 응하여야 하는 것은 아니므로, 별다른 문제는 발생하지 않는다. 특히 사례에서는 Y가 부활청구와 함께 소정의 보험료를 납부한 것으로 보이지는 않으므로 보험계약의 성립에 관한 제638조의 2의 규정을 準用문제도 발생하지 않는다.

Ⅲ. 結　　語

실효약관이 무효라고 본 법원의 판단에는 찬성한다. 그리고 보험자의 보험계약 해지예고부 납입최고 역시 유효하다고 해석하여야 할 것이다. 입법론으로는 해지예고부 납입최고제도를 도입하여 분쟁을 없애는 것이 좋다고 생각한다.

제 2 항 保險契約의 締結

5 승낙 전 보험사고

[X대 흥국쌍용화재해상보험(주) 사건]

대법원 2008. 11. 27. 2008다40847

事 例

(i) 소외 A사는 대전 도시개발사업지구 일원의 상수도공사 중 철근콘크리트공사를 시행하던중, 2005. 4. 4. 피고 보험회사에게 보험기간을 2005. 1. 20.부터 2005. 5. 31.까지로 하고 A사를 피보험자로 하여 사용자배상책임을 담보하는 국내근로자재해보장책임보험계약(이하 '이 사건 보험계약')을 청약하고 보험료 1,135,600원 전액을 납입한 후 피고 Y보험회사로부터 보험료영수증을 교부받았다.

(ii) 원고 X는 2005. 4. 13. A사와 근로계약을 체결하고 같은 날 17:50경 공사현장의 도로에서 수신호로 차량통제를 하고 있었는데, 같은 차로에서 작업 중이다가 후진하던 포크레인의 바퀴 부분에 부딪혀 제3, 제5요추 좌측 횡돌기골절 등의 상해를 입는 이 사건 사고가 발생하였다.

(iii) A사는 2005. 4. 14. 피고 보험회사에게 관련 서류를 제출하면서, "당사는 2005. 1. 20. ~ 2005. 4. 14. 현재까지 무사고임을 확인합니다"라고 기재된 무사고확인서를 제출하였고, 피고 보험회사는 A사로부터 위 무사고확인서 등 관련서류를 받은 후 이 사건 보험계약의 청약을 승낙하고 A사에게 보험증권을 발급하였다.

(iv) X는 Y보험회사에 대하여 이 사건 보험계약에 근거하여 보험금의 지급을 청구하였다. Y보험회사는 보험금 지급책임이 있는가?

‖참고도‖

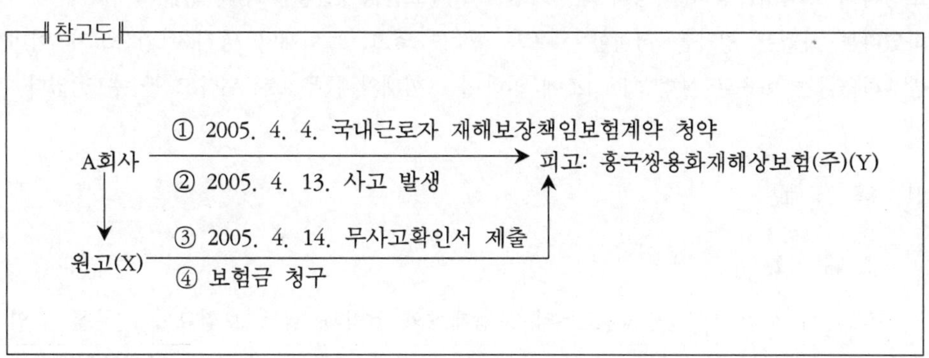

目 次

Ⅰ. 判決要旨

1) 상법 제638조의 2 제3항에 의하면 보험자가 보험계약자로부터 보험계약의 청약과 함께 보험료 상당액의 전부 또는 일부를 받은 경우(인보험계약의 피보험자가 신체검사를 받아야 하는 경우에는 그 검사도 받은 때)에 그 청약을 승낙하기 전에 보험계약에서 정한 보험사고가 생긴 때에는 그 청약을 거절할 사유가 없는 한 보험자는 보험계약상의 책임을 지는바, 여기에서 청약을 거절할 사유란 보험계약의 청약이 이루어진 바로 그 종류의 보험에 관하여 해당 보험회사가 마련하고 있는 객관적인 보험인수기준에 의하면 인수할 수 없는 위험상태 또는 사정이 있는 것으로서 통상 피보험자가 보험약관에서 정한 적격 피보험체가 아닌 경우를 말하고, 이러한 청약을 거절할 사유의 존재에 대한 증명책임은 보험자에게 있다.

2) 이른바 승낙 전 보험사고에 대하여 보험계약의 청약을 거절할 사유가 없어서 보험자의 보험계약상의 책임이 인정되면, 그 사고발생사실을 보험자에게 고지하지 아니하였다는 사정은 청약을 거절할 사유가 될 수 없고, 보험계약 당시 보험사고가 이미 발생하였다는 이유로 상법 제644조에 의하여 보험계약이 무효로 된다고 볼 수도 없다.

Ⅱ. 解 說

1. 論 點

(ⅰ) 이 사건 사고는 A사로부터 보험계약의 청약과 함께 보험료의 전부를 납입받은 후 피고 보험회사가 그 청약을 승낙하기 전에 보험사고가 이미 발생하였다. 여

기서 이 사건 사고가 상법이 규정한 '승낙 전 보험사고'의 적용요건을 충족하는지 여부가 문제된다.(논점 1)

(ii) 보험계약자는 이 사건 사고가 2005. 4. 13. 발생하였음에도 불구하고 2005. 1. 20.부터 2005. 4. 14.까지 무사고임을 확인하는 허위의 무사고확인서를 제출하였다. 이와 같은 사정이 '청약을 거절할 사유'에 해당하는지 여부가 문제된다.(논점 2)

2. 보험계약의 체결

보험계약은 불요식의 낙성계약이므로 원칙적으로 보험계약자의 청약에 대하여 보험자가 승낙함으로써 성립한다. 이 때 청약과 승낙에 대해서는 민법의 일반원칙이 적용되므로, 특약이 없는 한 청약과 승낙에는 특별한 방식을 요하지 않는다.

또한 보험계약은 상행위(상법 46조 제17호)에 해당하므로 상법의 규정이 적용되지만, 보험계약법은 보험계약자 및 피보험자의 보호를 위하여 다음과 같은 특칙을 두고 있다.

3. 諾否通知義務·承諾擬制·承諾 前 保險事故

(1) 인정취지

보험자의 책임은 당사자 사이에 다른 약정이 없으면 보험계약이 성립한 후 최초의 보험료의 지급을 받은 때로부터 개시한다(상법 제656조). 그런데 실제의 보험거래에서는 정형화된 보험청약서를 이용하여 청약을 하며, 보험료의 지급을 확보하고 보험가입의 권유를 효율적으로 하기 위해 보험자는 청약과 함께 보험료 상당액의 전부 또는 일부를 미리 받아두는 경우가 있다. 이 경우 보험료 상당액을 받은 보험자는 보험료가수증을 교부한 후 보험의 인수 여부를 검토하여 보험증권을 발행·교부함으로써 승낙의 통지에 갈음하고 있다.

그럼에도 불구하고 보험계약이 낙성계약인 점에는 변함이 없기 때문에 보험자의 승낙이 없는 한 보험계약은 성립하지 않고, 따라서 보험자의 책임도 발생하지 않는다. 보험자는 원칙적으로 보험계약의 청약을 승낙할 의무가 없는 반면에 청약자로서는 격지자 사이의 경우 청약의 철회권을 유보하지 않은 한 승낙기간 또는 상당한 기간 동안에 그 청약에 구속된다. 그런데 보험계약의 청약을 받은 보험자가 청약서를 검토하고 필요한 경우 위험측정을 위한 조사 또는 신체검사를 실시한 후 승낙을 통지(보험증권을 교부)하기까지는 상당한 시간이 걸리게 된다. 보험자가 승낙을 하지 않고 있는 동안에 보험사고가 발생하면 아직은 무보험상태이기 때문에 보험계약에 근거한 보험금의 지급을 청구할 수 없다.

보험자가 보험계약의 청약과 함께 보험료상당액을 미리 받고 있는 경우에 보험료 상당액을 지급한(신체검사를 받아야 하는 인보험계약의 경우 신체검사도 받은) 보험계약자는 그 단계에서 보험계약이 성립된 것으로 믿는 것이 보험계약자의 합리적인 기대라고 할 수 있으므로 이와 같은 기대를 법률상 보호할 필요가 있다. 따라서 상법은 諾否通知制度 · 承諾擬制 · 承諾 前 保險事故에 대한 특칙을 두었다(상법 제638조의 2). 이 규정은 계속보험료의 연체를 이유로 보험계약이 해지되고 해지환급금이 지급되지 아니한 경우에 인정되는 보험계약의 부활에도 준용된다(상법 제650조의 2).

(2) 諾否通知義務

보험자가 보험계약자로부터 보험계약의 청약과 함께 보험료 상당액의 전부 또는 일부의 지급을 받은 때에는 다른 약정이 없으면 30일내에 그 상대방에 대하여 낙부의 통지를 발송하여야 한다(상법 제638조의 2 제1항 본문). 이를 낙부통지제도라고 한다. 인보험계약의 피보험자가 신체검사를 받아야 하는 경우에는 위 30일의 기간은 신체검사를 받은 날부터 기산한다(상법 제638조의 2 제1항 단서).

(3) 承諾擬制

보험자가 위에서 말한 30일의 기간 내에 낙부의 통지를 해태한 때에는 승낙한 것으로 본다(상법 제638조의 2 제2항). 이를 승낙의제라고 한다.

(4) 承諾 前 保險事故(適格被保險體의 保護)(논점)

(가) 承諾 前 保險事故의 意義　보험자가 보험계약자로부터 보험계약의 청약과 함께 보험료 상당액의 전부 또는 일부를 받은 경우에 그 청약을 승낙하기 전에 보험계약에서 정한 보험사고가 생긴 때에는 그 청약을 거절할 사유가 없는 한 보험자는 보험계약상의 책임을 진다(상법 제638조의 2 제3항 본문). 그러나 인보험계약의 피보험자가 신체검사를 받아야 하는 경우에 그 검사를 받지 아니한 때에는 그러하지 아니하다(상법 제638조의 2 제3항 단서). 이를 승낙 전 보험사고(적격피보험체의 보호)라고 한다.

(나) 인정요건

(a) 보험계약자의 청약과 보험료 상당액의 지급:　보험자가 승낙 전의 보험사고에 대하여 보험계약상의 책임을 지기 위해서는 보험계약자의 청약과 함께 보험료 상당액의 전부 또는 일부를 받았어야 한다. 보험료 상당액이란 장래 보험계약이 성립되면 보험료로 충당될 금액을 말하는데, 일시 지급의 경우에는 보험료의 전부에 해당하는 금액, 분할지급의 경우에는 제1회 보험료에 해당하는 금액을 말한다.

(b) 승낙 전 보험사고의 발생:　보험자가 청약을 승낙하기 전에 보험계약에서 정

한 보험사고가 발생하여야 한다. 인보험계약의 피보험자가 신체검사를 받아야 하는 경우(有診査保險)에는 신체검사를 마친 후에 보험사고가 발생하여야 한다. 일단 보험자의 승낙이 있은 후 아직까지 보험자의 책임기간(보험기간)이 개시되고 있지 않은 동안에 보험사고가 발생한 경우에도 보험자는 이 규정에 의한 책임을 져야 하는가 의문이 있을 수 있다. 이 경우에도 청약과 동시에 보험료 상당액이 지급된 이상 이 규정을 유추 적용하여 보험자가 책임을 지는 것으로 보아야 한다는 견해가 있다. 그러나 보험기간이 예컨대 화재보험의 경우 오후 4시 또는 자동차종합보험의 경우 밤 0시에 개시되는 것 등으로 특약을 한 경우에는 그 이전의 사고에 대하여는 보험자가 보험료를 받았다고 하더라도 보험자에게 책임이 없다고 본다.

(c) 청약을 거절할 사유의 부존재: 보험자는 위험의 상태와 성질 또는 보험적격성을 심사측정하여 보험의 인수 여부 및 보험료율을 정하게 된다. 그런데 보험자가 이러한 위험측정의 기회를 갖기 전에 또는 승낙 여부를 결정하기 전에 사고가 발생하는 경우에는 도덕적 위험을 제거하고 보험단체의 공동준비재산을 확보하기 위하여 인수위험이 보험자의 심사기준에 의한 보험적격성을 가지고 있어야 한다. 따라서 상법은 청약을 거절할 사유가 없는 경우에 한해 승낙전의 보험사고에 대하여 보험자의 책임을 인정한다.

여기서 청약을 거절할 사유란 보험계약의 청약이 이루어진 바로 그 종류의 보험에 관하여 해당 보험회사가 마련하고 있는 객관적인 보험인수기준에 의하면 인수할 수 없는 위험상태 또는 사정이 있는 것을 말한다고 본다. 피보험자가 약관에서 정한 적격피보험체(보험적격체)가 아니라는 이유로 보험자가 청약에 대한 승낙을 거절할 수 있는 때에는 책임을 지지 않는다.

예컨대, 보험자가 보험모집인을 통하여 위험보장배수 10배인 태양보험(생명보험) 가입청약을 받고 제1회 보험료를 납부받은 직후 피보험자가 오토바이 운전 중 사고로 사망하는 보험사고가 발생한 경우, 보험자가 오토바이 사용자는 위험직종에 종사하는 자이므로 그 약관에서 정한 적격 피보험체가 아니라는 이유로 그 승낙을 거절할 수 있는 때에는 책임을 지지 않는다고 판시한 바 있다.[1]

청약을 거절할 사유가 있는가의 여부는 청약시(또는 신체검사를 받아야 하는 인보험계약의 경우에는 신체검사시)에 보험자가 입수한 위험사정, 保險醫의 검사의견뿐만 아니라, 보험계약자 또는 피보험자가 고지하지 아니한 사항 등의 자료에 의해 판단한다.

---

1) 대법원 1991. 11. 8. 91다29170.

청약을 거절할 사유가 있다는 것에 관한 입증책임은 보험자에게 있다.

청약을 거절할 사유가 있는 한 이 사유가 보험사고의 발생에 영향을 미쳤을 필요는 없다. 고지서류나 신체검사서에 의하면 승낙할 수 있는 경우이더라도 보험사고의 발생 후에 중요한 사항의 不告知를 발견하였고, 이 사실을 고려한다면 인수위험이 보험적격성을 갖지 아니한 때에는 보험자의 책임은 발생하지 않는다.

(d) 책임의 내용: 보험자는 당해 보험거래에서 사용되는 통상적인 보험증권 또는 보통보험약관의 내용에 따른 책임을 진다. 보험계약이 체결되기 전에 일시적으로 피보험자를 보호하는 가보험이 본래의 보험계약보다 더 두터운 보호를 제공할 수는 없으며, 보험자로서도 통상의 보험계약의 조건을 예상하고 있을 것이기 때문이다.

보험자의 위험인수기준에 따르면 해당 보험료 상당액으로서는 보험자가 위험을 인수할 수 없고, 따라서 청약조건을 변경하여야 하는 경우에는 보험금액이 그 보험료 상당액으로 인수할 수 있는 금액으로 감액될 것인가는 분명하지 않다. 승낙 전 사고에 대한 보험자의 책임이 보험료 상당액의 선급으로부터 보험자가 얻을 수 있는 경제적 이익과 보험계약자의 보험보호에 대한 기대를 고려한 결과라고 본다면 이를 인정하여야 할 것이다.

(e) 사례의 경우: 사례의 쟁점은 이 사건 사고가 이른바 '승낙 전 보험사고'에 해당하는지 여부 및 허위의 무사고확인서를 제출한 사정이 '청약을 거절할 사유'에 해당하는지 여부이다.

이 사건 사고가 보험계약의 승낙일은 2005. 4. 14. 이후이다. 그러나 이 사건 사고는 그 이전인 2005. 4. 13.에 발생하였다. 따라서 이 사건 사고가 '승낙 전 보험사고'에 해당함에는 의문이 없다고 본다.

다음으로 이 사건에서 허위 무사고확인서 제출이 '청약을 거절할 사유'에 해당하는가 의문이다. 대법원은 "'청약을 거절할 사유'란 보험계약의 청약이 이루어진 바로 그 종류의 보험에 관하여 해당 보험회사가 마련하고 있는 객관적인 보험인수기준에 의하면 인수할 수 없는 위험상태 또는 사정이 있는 것으로서 통상 피보험자가 보험약관에서 정한 적격 피보험체가 아닌 경우를 말하고, 이러한 청약을 거절할 사유의 존재에 대한 증명책임은 보험자에게 있다고 판시하였다. 그리고 단지 승낙 전 보험사고의 발생사실을 보험자에게 고지하지 아니하였다는 사정은 청약을 거절할 사유가 될 수 없고, 보험계약 당시 보험사고가 이미 발생하였다는 이유로 상법 제644조에[2] 의하여 보험계약이 무효로 된다고 볼 수도 없다"고 판시하였다. 나아가 대법원은 무사고확인서를 제출하였다는 사정만으로는 청약을 거절할 사유에 해당한다고 할 수 없다고 판시함과 동시에, 무사고확인서 기재만으로는 피고 보험회사와 A사 사이에 2005. 4. 4. 이후부터 2005. 4. 14.까지 사이에 발생한 보험사고에 대하여 피고 보험회사의 보험금지급채무를 면제하는 약정이 있다고 볼 수 없고, 무사고확인서상 소급기간에 발생한 사고에 대하여는 보험을 인수하지 않는 조건으로 무사고확인서를 받았다는 점을 인정할 증거가 없으며, A사가 위 무사고확인서를 제출하였다고 하더라도 피해자인 원고의 피고 보험회사에 대한 이 사건 보험계약에 기한 보험금청구가 금반언의 원칙이나 신의칙에 반한다고도 볼 수 없다고 판시하였다.[3] 타당한 판결이라 생각된다.

Ⅲ. 結　　語

승낙 전 사고에 대한 상법의 규정은 보험계약자의 기대를 보호하고 보험자가 신속하게 보험청약의 승낙 여부를 통지하도록 촉진하는 순기능이 있다는 점에서 그 타당성이 있다. 사례의 판례는 상법 제638조의 2 제3항 소정의 '청약을 거절할 사유'의 의미 및 이에 대한 증명책임의 소재가 보험자에게 있음을 명확히 한 데 그 의의가 있다.

---

2) 제644조(보험사고의 객관적 확정의 효과) 보험계약 당시에 보험사고가 이미 발생하였거나 또는 발생할 수 없는 것인 때에는 그 계약은 무효로 한다. 그러나 당사자 쌍방과 피보험자가 이를 알지 못한 때에는 그러하지 아니하다.

3) 그 외 부수적으로 불법행위로 인한 손해배상사건에서 과실상계사유가 있음에 비추어 원고의 과실비율을 20%로 산정한 것은 타당하다고 판시하였다.

퀴 즈

Ques.	보험계약체결시 보험설계사가 설명의무를 불이행한 경우의 책임은?
Ans.	보험자(보험회사)가 보험계약자에 대하여 손해배상책임을 진다. [1] 타인의 사망을 보험사고로 하는 보험계약의 체결에 있어서 보험설계사는 보험계약자에게 피보험자의 서면동의 등의 요건에 관하여 구체적이고 상세하게 설명하여 보험계약자로 하여금 그 요건을 구비할 수 있는 기회를 주어 유효한 보험계약이 성립하도록 조치할 주의의무가 있고, 보험설계사가 위와 같은 설명을 하지 아니하는 바람에 위 요건의 흠결로 보험계약이 무효가 되고 그 결과 보험사고의 발생에도 불구하고 보험계약자가 보험금을 지급받지 못하게 되었다면 보험자는 보험업법 제102조 제1항에 기하여 보험계약자에게 그 보험금 상당액의 손해를 배상할 의무를 진다. [2] 다만, 피보험자의 서면동의의 유효요건을 결하여 보험계약이 무효가 됨에 따라 보험사고의 발생에도 불구하고 보험계약자가 보험금을 지급받지 못하게 된 것이 전적으로 보험계약자의 책임 있는 사유에 의한 것이고, 보험설계사에게 보험계약자 배려의무위반의 잘못이 있다고 하더라도 손해발생과 인과관계가 없는 경우에는 보험자가 책임을 지지 않는다(대법원 2008. 8. 21. 2007다76696).

6 說明義務 違反과 告知義務 違反의 關係

[제일화재해상보험(주) 대 김인경 사건]

대법원 1997. 9. 26. 97다4494

事 例

피고 김인경(Y)이 1994. 10. 6. 원고 제일화재해상보험 주식회사(X)와 승합차 1대에 관한 '업무용자동차종합보험계약'을 체결함에 있어 Y는 그가 경영하는 한일상회 종업원인 소외 장한우, 박종석으로 하여금 그 차량을 주로 운전하게 할 예정이었음에도 주운전자를 Y로 표기한 보험청약서를 작성하여 X에게 제출하였다. X는 보험계약의 請約을 승낙하고 보험약관과 주운전자제도 안내문을 Y에게 송부하였다. 소외 박종석은 보험기간 내인 1994. 11. 5. 자동차사고를 야기하여 동 차량에 승차하고 있던 소외 김종도, 이용범 등을 사망케 하고, 자신과 다른 두 사람은 상해케 하였다. 이에 Y가 보험금지급을 구하자, X는 Y가 보험약관 제40조에 정한바, 주운전자에 관한 고지의무 위반을 이유로 상법 제651조에 따라 보험계약을 해지하고, 나아가 보험금지급채무부존재 확인의 訴를 제기하였다.

‖참고도‖

업무용자동차종합보험계약 체결

피고 : 김인경(Y) → 원고 : 제일화재해상보험(주)(X)

← 보험금지급채무부존재확인의 소 제기

↓

주운전자 : 장한우, 박종석

↓

김종도, 이용범 사망

目 次

Ⅰ. 大法院 判決要旨

이 사건은 제1심으로부터 제2심(부산고법 1996. 12. 5. 96나3494) 그리고 대법원에 이르기까지 피고가 勝訴하였다. 대법원 판결요지는 다음과 같다.

1) 보험자가 보험약관의 중요 내용에 관한 明示 · 說明義務를 위반한 경우, 보험계약자의 고지의무 위반을 이유로 보험계약을 解止할 수 없다.

2) 보험계약체결 후 보험자가 보험약관을 우송하면서 주운전자를 虛僞로 기재하면 보험금을 지급받지 못할 수도 있으므로 즉시 수정신고하여야 한다는 취지의 안내문을 동봉한 것만으로 주운전자에 관한 보험약관의 명시 · 설명의무를 이행한 것으로 볼 수는 없다.

Ⅱ. 解　說

1. 序　言

사실 "보험자의 약관설명의무 위반과 보험계약자의 고지의무 위반의 관계"에 관하여는 이미 많은 논의가 있어 왔고, 한결같이 대법원의 입장을 비판하는 내용으로 되어 있다. 그러나 필자는 기본적으로 대법원의 태도가 옳다고 생각한다. 그런데 이 사건은 더 나아가 설명의무를 이행하는 시기와 방법에 있어서도 지금까지의 관행처럼 되어 온 '계약체결 후 안내문을 우송하는 방법'으로 하는 설명만으로는 부족하다는 것이어서 보험업계에 상당한 부담과 영업상의 타격을 줄 것이다.

결과적으로 이 判例는 주운전자 고지제도 자체에 대한 재검토를 강력히 요구하는 것으로 볼 수 있다. 또한 종전의 판례처럼 보험자의 약관설명의무 위반과 보험계약자의 고지의무위반의 관계가 문제된다. 이 판례의 의미는 다음 세 가지로 요약할 수 있다.

첫째, 보험자의 약관설명의무이행의 구체적인 방법과 시기.

둘째, 주운전자 고지제도의 정당성 여부.

셋째, 약관설명의무 위반과 고지의무 위반의 관계.

2. 約款說明義務의 履行方法과 時期

상법 제638조의 3이 정한 보험약관의 설명의무를 이행하는 방법은 口頭와 書面 두 가지가 있다. 서면에 의한 설명은 명확하고 立證이 용이하다는 장점이 있으나, 글을 읽지 못하는 보험계약자에게는 무의미하다. 구두의 설명은 이해하기 쉬운 반면 많은 시간을 요하고 번잡하다. 이 사건에서는 가게를 경영하는 자인 피고가 글을 읽지 못할 정도는 아닐 것으로 생각된다. 그러므로 이 사건 피고에 대한 서면에 의한 약관 설명 그 자체는 적절하다. 법원은 '계약체결 후 안내문을 우송한 것'만으로는 설명의무를 이행한 것으로 볼 수 없다고 하면서도 반드시 구두로 설명할 것을 요구하지는 아니하였다. 결국 상대방의 知識 · 經驗 · 職業 등에 따라 설명방법이 달라야 한다. 예컨대 자동차보험계약을 처음 체결하는 사람에게는 구두설명도 수반되어야 할 것이다 (이 사건의 피고는 문제된 차량외에도 4대의 차량을 더 소유하고 있었고, 자동차보험계약체결도 처음이 아니었다).

다만 그 안내문 우송시점은 '계약성립 후'임이 분명한데, 이것을 '보험계약을 체결할 때' 설명한 것으로 보기는 어려울 것이다. 따라서 대법원이 이 점을 들어 설명의무를 위반하였다고 판단한 것은 옳다.

3. 主運轉者 告知制度의 不當性

이 사건의 피고는 과연 告知義務를 위반하였는가가 의문이다. 필자는 주운전자를 제대로 고지하지 아니한 것은 고지의무 위반이 아니라고 본다. 고지의무란 보험계약 체결시에 중요한 사항을 不告知하거나 不實告知하지 아니하여야 할 보험계약자 · 피보험자의 의무를 말한다. 중요한 사항이란 그 사실을 알았더라면 보험자가 보험계약을 체결하지 아니하였거나 적어도 동일한 조건으로 보험계약을 체결하지는 아니하였을 것으로 생각되는 사실을 말한다.

이 사건은 업무용자동차종합보험이 문제되었다. 업무용자동차종합보험에서 주운전자가 누구인가 하는 것이 과연 중요한 사항인가가 의문이다. 가족운전한정특약의 경우에는 이것이 중요한 사항이 될 수 있다. 그러나 이 사건에서와 같이 많은 운전자가 공동으로 운전하는 영업용 또는 업무용 차량의 경우에는 그것이 중요한 사항이 될 수는 없다. 이 사건에서도 主運轉者를 정확하게 告知하였더라면 보험료가 426, 890원에 달하였을 것이나, 부실고지의 결과 389,770원의 보험료를 지급하였다. 차액은 불과 37,120원이다. 이 정도의 차이를 중요한 사실이라고 하기는 어려울 것이다. 이 차액을 지급하지 아니한 결과 수억원의 보험금을 한푼도 받지 못한다는 것은 보험자의 지나친 횡포이다. 요컨대 주운전자 告知制度는 고지하여야 할 중요한 사항이 아니라 보험자가 임의로 고지할 것을 요구하는 사항에 불과하다. 주지하는 바와 같이 보험자는 온갖 것을 다 告知하게 만든다. 그리고 그 고지를 하지 않으면 보험금을 지급하지 않는다. 보험자가 임의로 "이것은 중요한 사항이다"고 선언하면 무조건 중요사항이 되고, 보험계약자는 무조건 고지하여야 한다는 말인가? 주운전자 고지가 그와 같이 중요한 사항이라면 왜 일본, 독일, 미국 등에서는 주운전자 고지를 받지 않는 것일까?[1] 주운전자는 한국의 자동차보험에서만 중요한가?

필자는 주운전자 고지제도 자체의 부당성을 이미 지적한 바 있다.[2] 주운전자 고지제도는 이 사건에서와 같이 종업원이 주로 운전하는 사업자의 경우나 전문 운전기사를 별도로 고용하는 자유직업인(예컨대 변호사)의 경우, 종업원을 새로 채용하거나 운전기사를 새로 고용할 때마다 보험회사에 이를 고지하여야 하는 불편을 야기시킨다. 사업자나 전문직업인의 경우 그 차량을 운전하는 자가 특정되어 있지 아니하고, 1년의 보험기간 중 수시로 운전자가 변경될 수 있기 때문에 처음에 신고된 주운전자가 회사를 그만 둔 때나 해고된 때 등의 경우에는 자연 타인이 운전하게 되고, 이 때 다시 고지하지 아니하면 주운전자 고지의무 위반이 된다.

주운전자 고지제도는 보험자가 임의로 중요 사항을 설정하여, 이를 질문표에 삽입하고, 소비자는 무조건 따르라는 보험자의 그릇된 관행의 대표적인 예이다. 이번 판결은 이 주운전자 告知制度 자체의 폐지를 권고하는 강력한 메시지라고 할 수 있다.

다만 대법원은 이 사건에서 주운전자를 告知하지 아니한 것이 과연 고지의무 위반인지, 아니면 단순히 보험자의 요구에 불응한 것인지 객관적으로 검토하였어야 한다. 법원이 이 사건에서 고지의무 위반을 인정한 것은 보험자의 교묘한 함정을 追認하는 것일 뿐이다. 따라서 주운전자를 제대로 고지하지 아니하였다고 하여 고지의무를 위반하였다는 원고의 주장이나 그에 대한 법원의 동의에는 찬성할 수 없다. 이 사건에서는 피고의 고지의무 위반 자체가 없었다고 생각한다.

---

1) 필자의 경험과 조회에 의하면 일본 · 독일 · 미국에서는 주운전자 제도 같은 것은 없다. 일본에서는 운전자와 관련하여 가족 중 26세 미만자 不擔保特約은 인정한다. 이 점과 관련하여 독일에 관하여는 Frankfurt의 Wolfgang Heinrich 변호사, 일본에 관하여는 立命館大學校의 志村治美교수의 도움을 받았다. 두 분께 감사드린다.

2) 최준선, "주운전자 고지제도는 과연 필요한가?" 대한변호사협회지, 「인권과 정의」 제228호, 1995. 8. 127면 이하.

4. 約款說明義務 違反과 告知義務 違反의 關係

보험자가 보험약관의 명시·설명의무에 위반하여 보험계약을 체결한 경우, 그 약관의 내용을 보험계약의 내용으로 주장할 수 없다.[3] 약관규제법 제3조 제3항은 "사업자가 약관의 明示·說明義務를 위반하여 계약을 체결한 때에는 그 약관을 계약의 내용으로 주장할 수 없다"고 정하고 있기 때문이다. 그런데 상법 제638조의 3 제2항은 "보험자가 제1항(교부·명시의무)의 규정에 위반한 때에는 보험계약자는 보험계약이 성립한 날부터 1월 내에 그 계약을 취소할 수 있다"고 규정하고 있다. 이 규정은 보험계약자 등을 보호하기 위하여 1991년 상법 개정시에 신설되었다. 문제는 本條와 약관규제법 제3조 제3항의 관계를 어떻게 해석하여야 할 것인가 하는 것이다.

(가) **상법적용설(특칙설)** 이 學說은 약관설명의무에 관한 한 상법 제638조의 3 제2항이 약관규제법 제3조 제3항의 특별규정이기 때문에 전자가 우선하여 적용됨으로써 후자는 그 적용이 없다고 한다.[4] 따라서 보험자가 약관설명의무를 위반하였더라도 "보험계약자가 1월 내에 그 계약을 취소하지 아니하였으면 더 이상 보험약관의 설명의무 위반 문제를 거론할 수 없는 것"이라고 한다. 그러나 說明과 告知간에 아무런 관계가 없어서 고지의무 위반은 의연히 다툴 수 있으므로 보험자는 상법 제651조(고지의무 위반으로 인한 계약해지)에 따라 보험계약을 解止할 수 있다고 한다.

(나) **중첩적용설(취소권추가인정설)** 이 學說은 상법이 인정한 보험계약자의 取消權은 보험계약자에게 주어진 권리일 뿐 의무가 아니라고 해석한다. 상법 제638조의 3은 약관규제법 제3조 제3항의 규정 외에 보험계약자에게 取消權을 하나 더 인정해 주는 규정으로 해석하여야 한다는 것이다(판례).[5]

(다) **私 見** (i) 중첩적용설이 옳다. 약관의 明示·說明義務의 기본적인 法理는 계약에 있어서 '眞實의 公開'이다. 이것은 궁극적으로는 '契約正義'를 실현하기 위한 것이다. 보험자는 계약의 당사자인 보험계약자에게 모든 정보를 남김없이 공개하여 자유롭고 완전한 의사로 계약을 체결할 수 있도록 보장하여야 한다. 이것은 보험계약 체결단계에서부터의 신의성실원칙의 적용이다. 보험자는 단순한 영리기업이 아닌 準公企業으로서, 선량한 관리자의 주의의무를 다하여 보험계약을 체결하고 그 계약을

3) 대법원 1997. 9. 26. 97다4494; 동 2000. 5. 30. 99다66236; 동 2001. 9. 18. 2001다14917·14924; 동 2005. 10. 28. 2005다38713·38720.

4) 김정호(하) 423면; 강위두·임재호(하) 536면.

5) 대법원 1996. 4. 12. 96다4893; 동 1998. 11. 27. 98다32564; 동 1999. 3. 9. 98다43342; 동 2007. 4. 27. 2006다87453.

이행하여야 한다. 보험자가 이와 같은 자신의 의무는 충실히 이행하지 않으면서 계약 상대방의 의무불이행만을 탓할 수는 없다. 보험자가 약관의 명시설명의무를 위반하였을 때에는 보험계약자의 고지의무 위반을 이유로 계약을 解止할 수 없다.

(ii) 特則說은 상법 제638조의 3의 규정을 거꾸로 보험단체를 위한 규정이라고 보는 것이다. 특칙설은 1개월 내 취소하지 않으면 보험단체를 위하여 보험계약자에게 더 이상 取消權이 인정될 수 없고, 그 계약은 유효하되, 고지의무 위반은 별개의 문제라고 한다. 이 견해에 의하면 1개월 내에 취소하지 아니하면 보험자가 아무리 설명의무를 위반하였어도 상관없다고 하게 된다. 이러한 해석은 보험계약자 등을 보호하려는 규정이 오히려 치명적 벌칙을 수반하는 '1개월 내 보험약관 재확인 의무'를 부담시키는 가혹한 독소조항이 되고 만다. 이는 보험계약자를 보호하기 위하여 本條를 신설한 입법취지에 反한다. 說明과 告知간에 아무런 관련이 없다는 것도 납득하기 어렵다.

(iii) 특칙설은 항상 이른바 '보험단체이론'이라는 것에 상당히 집착하는 느낌이다. 그러나 개인이 모여서 단체가 된다. 궁박한 처지에 있는 개인을 보호하지 못하는 보험단체가 무슨 의미가 있다는 말인가? 보험단체이론은 보험경영에 한정하여 적용되어야 할 이론이다. 보험단체이론이 적용될 많은 경우는 사실 우리에게 익숙한 '善良한 管理者의 주의'의 관념만으로도 충분히 해결할 수 있다. 보험자와 보험계약자와의 관계는 개인 대 개인의 관계로서, 보험단체에 대한 고려는 미치지 아니한다고 보아야 한다.

Ⅲ. 結 語

이 사건에서 원고의 보험금지급채무를 인정한 판결의 결과에 찬동한다. 그러나 업무용자동차종합보험계약에서는 主運轉者를 고지할 필요가 없으므로 피고가 고지의무를 위반한 사실이 없고, 원고 역시 告知事項(중요 사항)도 아닌 것을 설명하였는지 여부는 문제되지 않는다고 판단하였어야 할 것이다.

실무적으로는 보험업법 제102조에 의거하여 설명의무를 위반한 보험모집인의 과실로 인한 보험자의 책임을 묻는 경우가 많을 것이다.[6]

---

6) 대법원 1997. 11. 14. 97다26425; 동 1998. 7. 14. 96다39707 참조.

7 告知義務와 因果關係

[안국화재해상보험(주) 대 석경완 사건]

대법원 1994. 2. 25. 93다52082

事 例

소외 망 오광수는 1990. 11. 3. 그 친구인 피고 석경완(Y)의 명의로 콩코드 승용차를 구입하고 같은 날 Y를 대리하여 原告 안국화재해상보험주식회사(X)와 위 승용차에 관하여, 용도를 출퇴근 및 가정용, 담보종목을 대인배상, 대물배상 및 차량손해, 被保險者를 Y로 하는 개인용 自動車綜合保險契約을 체결하였다. 계약체결시에 위 오광수는 保險契約請約書上의 主運轉者欄에 실제로 위 승용차를 주로 운전하게 될 자기 자신이나 26세의 미혼인 소외 석경윤(오광수의 종업원)을 기재하지 아니하고 대신 保險料를 적게 부담할 의도에서 실제로는 승용차를 운전하지 아니할 46세의 기혼자인 소외 조정현을 기입하였다. 위 망 오광수는 1990년 12월 18일 당시 27세의 친구인 소외 망 원용학으로 하여금 위 승용차를 운전하게 하여 같은 업종에 종사하는 소외 망 임채민의 모친에 대한 병문안을 가던 중 경부고속도로상에서 중앙분리대를 넘어 반대차선에 진입한 잘못으로 마주 오던 트럭과 정면충돌하여 오광수, 원용학 등 7인이 사망하였다. 이에 Y는 X에게 保險金額支給을 청구하였다. X는 이에 대하여 保險契約者의 告知義務 違反을 이유로 保險契約을 解止하고 債務不存在確認의 訴를 제기하였다.

‖참고도‖

자동차종합보험계약 체결

피고: 명의 차주 석경완(Y) ←——→ 원고: 안국화재해상보험(주)(X)

차주: 망 오광수 ←——

보험금지급채무 부존재의 소 재기

신고된 주운전자 : 조정현(46세)

실제 주운전자 : 석경윤(26세)

사고 야기

사고 당시 주운전자 : 원용학(27세) ——→ 7人 사망

目 次

I. 大法院 判決要旨

大法院은 다음과 같은 이유로 피고의 上告를 棄却하고 原審을 확정하였다.

1. 告知義務 違反事實과 保險事故 발생간의 因果關係의 不存在에 관한 立證責任

告知義務 위반사실과 保險事故 발생 간의 因果關係의 부존재의 점에 관한 立證責任은 保險契約者에게 있다 할 것이므로, 만일 그 因果關係의 존재를 조금이라도 엿볼 수 있는 여지가 있으면 위 商法 제655조 단서는 적용되어서는 안 된다고 할 것이다.

被告의 告知義務 위반사실과 사고발생간에 因果關係가 부존재한다고 할 수 있기 위하여는 保險契約者인 被告로서는 이 사건 사고가 사고 당시 운전자의 운전활동과 전혀 무관하게 이루어진 것이라는 점을 적극적으로 입증하지 않으면 안 된다.

2. 主運轉者의 不實告知와 保險契約의 解止

所論이 주장하는 바와 같이 告知된 主運轉者 이외의 者가 운전한 경우에도 付保되는 이 사건과 같은 개인용 자동차종합보험에 있어서 보조운전자로서의 운전수행에 해당되는 한, 主運轉者가 不實告知되었다 하더라도 보험사고 발생과 아무런 因果關係가 없다고 한다면 主運轉者에 관한 사항은 告知義務의 대상인 중요한 사항이 되지 아니하게 되고 主運轉者의 不實告知는 保險契約의 解止事由가 되지 아니하는 기이한 결과가 초래된다.

II. 解 說

1. 論 點

이 사건의 論點은 다음과 같다. 즉, 보험계약을 체결할 때 保險契約者(실제 계약자: 오광수, 명의상의 계약자 : 석경완)가 主運轉者를 不實告知하였으나(석경윤을 조정현으로), 보험사고는 전혀 엉뚱한 제3자인 원용학이 발생시킨 사건에서 보험계약자(석경완)은 보험사고를 근거로 한 보험금액 지급을 청구하였으나, 保險者는 商法 제655조가 정한바, 保險契約에 있어서의 告知義務 違反을 이유로 보험계약을 解止하고 보험금액 지급을 거절하였다. 이에 대하여 保險契約者측에서는 다시 이 사건에서는 告知義務 違反과 保險事故간에 因果關係가 없으므로 商法 제655조 단서의 규정에 따라 보험계약을 解止할 수 없다고 주장하였다. 商法 제655조 단서는 告知義務에 위반한 사실 또는 위험의 현저한 변경이나 증가된 사실이 보험사고의 발생에 영향을 미치지 아니하였음이 증명된 때(因果關係의 缺如가 증명된 때)에는 保險者는 告知義務 違反을 근거로 한 保險契約解止를 할 수 없고, 보험금액을 지급하여야 한다고 되어 있다.

이 사건에서 主運轉者에 관한 告知를 잘못하였음은 의문의 여지가 없으나, 문제는 이 사건이 商法 제655조 단서가 적용될 사안인가 하는 점이다.[1] 따라서 이 사건에서 告知義務 위반과 因果關係의 缺如問題가 중요한 쟁점이 된다. 아래에서 먼저 告知義務와 그 위반에 관하여 살펴보고 그 다음 因果關係의 缺如問題를 논의하기로 한다.

2. 告知義務와 그 위반

告知義務란 保險契約者 또는 被保險者가 보험계약체결 당시에 保險者에 대하여 중요한 事項을 告知하고, 또 중요한 사항에 관하여 不實告知를 하지 아니할 의무를 말한다(상법 제651조). 이것은 계약체결 당시의 義務이기 때문에 계약체결 후의 위험증

---

1) 이 사건에서는 이 밖에도 지물포 및 도배업을 경영하는 者가 도배 등 작업이나 수금을 하러 다닐 때 위 승용차를 사용하면서 종종 장판 등의 물건을 싣고 다니기도 하였으므로, 승용차의 사용용도를 '개인사업용 및 기타 용도'로 기재하여야 함에도 이를 '출퇴근 및 가정용'이라고 不實記載하였으나, 이 문제는 여기서 논외로 한다. 실제로 위 망 오광수가 위 승용차를 평소 가정의 통상용도에 사용하기도 하였을 뿐 아니라, 보험사고도 병문안을 가던 중에 발생하였으므로 위 不實告知事項과 보험사고 사이에 상법 제655조 단서가 규정하는 바의 인과관계가 없다는 것도 명백하기 때문이다.

가의 通知義務(상법 제652조)나 손해발생의 通知義務(상법 제657조)와는 구별된다. 고지의무는 보험계약의 效果로서 인정되는 진정한 의무가 아니라, 보험계약의 (효력발생에 필요한) 前提條件이다. 즉, 보험자가 그 의무의 이행을 강제하거나 그 불이행에 대하여 손해배상을 청구할 수 있는 것이 아니라, 보험자의 해지권행사로 인한 불이익을 면하기 위하여 보험계약자 또는 被保險者가 부담하는 일종의 구속이므로, 이른바 間接義務(自己義務)에 지나지 않는다.

告知義務制度의 근거에 대하여는 射倖說, 善意說, 擔保義務說, 合意說, 默示契約說 등 여러 학설이 대립하고 있으나, '保險制度의 技術的 構造의 특수성에 의거하여 法이 특별히 인정한 독자적인 제도'라고 하는 危險測定說 내지 技術說이 오늘날의 통설이다. 이 학설에 의한면, "保險制度의 합리적인 운영을 위하여는 보험사고 발생의 蓋然率의 통계적 계산을 기초로 하여, 多數契約에 있어서의 위험의 綜合平均化에 의하여 지급할 보험금의 금액과 받을 保險料의 총액과의 사이에 평형을 유지할 필요가 있다. 따라서 보험자는 각 계약에 관하여 그 危險率을 측정하여 이를 인수할 것이냐, 그 보험료를 얼마로 할 것이냐를 결정하여야 한다. 이른바 '危險의 選擇'의 자료가 될 사실은 본래는 보험을 인수하는 保險者가 스스로 자기의 책임하에 조사하여야 할 것이지만, 실제로 保險者가 그 전부를 적극적으로 조사하기는 곤란하다. 그리하여 法은 加入者로 하여금 이를 告知하도록 한 것이니, 위험의 선택의 자료가 되는 사실에 관하여 정확한 告知를 하지 않은 경우에 계약의 解止를 당하게 한 것은 不良의 위험을 배제하기 위한 것이다" 라고 한다.[2)]

告知義務의 대상이 되는 사항은 '重要한 事項'이다. 중요한 사항이란 보험자가 사고발생의 危險率을 측정하여 보험의 引受與否 및 保險料額으로 결정함에 있어서 합리적 판단에 영향을 미칠 만한 사실이니, 바꾸어 말하면 보험자가 그 사실을 알고 있다면 계약을 체결하지 않거나 적어도 같은 조건으로는 계약을 체결하지 않을 것이라고 생각되는 事實을 말한다.

告知義務의 위반이 되려면 계약의 성립시에 다음과 같은 객관적·주관적 요건이 갖추어져야 한다(商法 제651조 본문). 먼저 객관적 요건으로서 중요한 事實(告知事項)에 관한 고지의무자의 不告知 또는 不實告知가 있어야 한다. 不告知란 중요한 사실을 알고 있으면서 默秘한 것을 말하며, 不實告知란 사실과 달리 진술한 것(虛陳)을 말한다. 다음 주관적 요건으로서 고지사항의 不告知 또는 不實告知가 고지의무자의 고의 또는

2) 大森忠夫, 「保險法」, 1956, 118면, 119면.

중과실로 인하여야 한다. 고지의무 위반사실은 보험자가 立證하여야 한다.[3]

告知義務의 위반이 있는 경우에는 保險者는 계약을 解止할 수 있다(계약이 당연히 無效가 되는 것은 아니다. 商法 제651조 본문). 이 解止權은 形成權이므로 보험자가 일방적으로 告知義務者에게 解止의 통지를 하면 된다.

保險事故가 발생하기 전에 보험자가 보험계약을 解止한 때에는 계약은 그 통지가 도달한 때부터(민법 제111조) 장래에 대하여 그 效力을 잃는다(민법 제550조). 그리고 解止하기까지 이미 받은 보험료는 보험계약자에게 반환할 필요가 없다.

保險事故가 발생한 후에 계약을 解止한 때에는 특칙을 두어 지나간 보험료기간에 대한 保險料를 반환할 필요는 없어도, 保險者의 책임은 소급하여 소멸하므로 보험금액을 지급할 책임도 없고 이미 지급한 보험금액이 있다면 그 반환청구를 할 수 있게 하였다(상법 제655조 본문). 그 취지는 惡性危險을 선택하게 한 보험계약자에 대한 일종의 制裁를 가하는 동시에 契約消滅에 의하여 보험자에게 손실을 주지 않으려는 데 있다. 그러나 生命保險의 경우에는 保險受益者를 위한 積立金을 보험계약자에게 지급하여야 한다(상법 제736조). 이는 생명보험이 保障性과 貯蓄性의 기능을 겸하고 있기 때문에 인정된 예외이다.

3. 告知義務의 違反과 因果關係의 缺如

고지의무를 위반하였다고 하더라도 告知事項과 보험사고 사이에 相當한 因果關係가 없다는 것을 보험계약자 측에서 입증한 때에는 保險者는 계약을 解止할 수 없고, 따라서 보험금액을 지급하여야 한다(상법 제655조 단서).[4] 그 이유는 "保險者는 告知義務 違反으로 인하여 결국 아무런 不利益도 받은 것이 없으므로, 보험계약자에도 不利益을 주어서는 아니 된다는 데 있다"고 할 것이다.[5] 그러나 종래 商法 제655조 단서에 관하여 고지의무제도의 성격과 관련하여 立法論的 批判이 있어 왔다. 批判論에 의하면 첫째, 고지의무제도가 보험자로 하여금 위험에 대한 정확한 평가를 내리고 불량위험을 배제시키기 위한 것이라면 보험사고발생의 원인을 사후적으로 문제삼는 것은 모순이고, 둘째, 보험계약자가 사전에 올바로 告知하였으면 계약이 맺어지지 아니한 경우와 균형이 맞지 아니하며, 셋째, 보험자가 보험계약 당시에 告知義務 위반의 대상

3) 양승규(보) 120면.

4) 이 점은 독일 보험계약법 제21조도 같다. 프랑스 보험법 L. 113-9조는 선의의 고지의무 위반의 경우 보험료의 증액과 계약해지를, 보험사고 발생 후에는 보험금액의 감액을 인정한다.

5) 박원선, 「새상법(하)」, 1962, 88면.

이 된 사항에 대하여 진실을 알았더라면 보험자는 적어도 동일한 계약내용으로는 보험계약을 맺지 않았을 것이고, 여기에 契約解止權을 인정하는 기초가 있다고 할 것이므로 고지의무 위반사항과 보험사고가 因果關係가 없다는 이유로 保險者의 책임을 인정하는 것은 논리적으로 일관한 것이라고 할 수 없다. 따라서 立法論으로는 商法 제655조 단서를 삭제하거나, 아니면 해석론으로서 그 예외규정을 엄격하게 풀이하도록 하여야 한다고 한다.[6] 이러한 비판론이 정당함은 의심의 여지가 없다. 이와 같은 立法論的 批判을 바탕으로 우리 大法院 判例도 보험사고와 告知義務 違反事項 사이에 因果關係가 있는지 의심스러운 때에는 보험자에게 유리하게 해석해 온 것도 사실이다.[7] 그럼에도 불구하고 商法 제655조 단서가 보험계약자와 被保險者를 보호하는 기능이 있어서 現行保險法은 1991년 改正時에도 이 단서를 삭제하지 아니하였던 점을 간과하여서는 아니 될 것이다.

4. 本 判決에 대한 硏究

필자는 다음 두 가지 이유, 즉 告知義務 違反事項問題와 因果關係의 缺如問題에서 本判決에 대한 반대의견을 제시하고자 한다.[8]

(1) 告知義務 違反事項問題

이 사건에서 주운전자를 잘못 고지한 것은 사실이다. 그런데 이 사건에서처럼 보조운전자가 운전을 할 수 있는 경우 주운전자가 不實告知되었더라도 보험사고 발생과 아무런 인과관계가 없다고 보면, 대법원 판례가 지적하는 바와 같이 "주운전자에 관한 사항은 고지의무의 대상인 중요한 사항이 되지 아니하게 되고 주운전자의 不實告知는 보험계약의 解止事由가 되지 아니하는 기이한 결과가 초래된다"는 점이 문제이다. 즉, 이 사건에서 인과관계가 없다고 한다면, 장차 누구든 自動車綜合保險契約을 체결할 때 운전경력이 많은 제3자를 주운전자로 고지할 것이며, 이 때 실제 주운전자는 별도로 존재하게 된다는 것이고, 그러한 경우에도 보험계약자는 아무런 불이익을 받음이 없고 오히려 보험료 감액만 받게 된다면, 이는 보험계약의 善意契約性과도 모순이요, 주운전자를 告知하게 하는 실익이 없어진다는 것이다.

그러나 대법원은 주운전자제도의 실효성 확보에 지나치게 집착한 나머지 주운전

6) 양승규(보) 123면; 西島海治, 「保險法」, 1980, 92면.

7) 대법원 1992. 10. 23. 92다28259 참조.

8) 양승규 교수와 김성태 교수는 본 판결에 대하여 찬성하는 취지로 평석하였고, 정진세 교수는 반대하는 취지로 평석하였다. 양승규, 「법률신문」, 1994. 4. 4, 15면; 김성태, 「법률신문」, 1994. 8. 8. 15면; 정진세, 「법률신문」, 1994. 9. 12. 14면 참조.

자제도 자체에 대한 當爲性의 여부 내지 고지의무제도 자체에 대한 法理를 그르쳤다는 비판을 면하기 어렵다. 주운전자 고지제도 자체에 문제가 있다. 이 사건에서는 운전자가 누구이든 付保되게 되어 있다. 주운전자 이외에 누구가 운전을 하든 付保되는 종류의 자동차종합보험계약에서 과연 주운전자의 不實告知가 보험계약을 解止할 정도의 중요한 고지사항인지는 의문이다. 어차피 해당 차량을 누가 운전하든 상관없이 付保되는 것이다. 여기에 주운전자를 특별히 고지할 필연적 이유는 없는 것이다.

예컨대 독일의 자동차보험계약에서는 주운전자를 기재할 것을 요건으로 하지 않는다. 自動車綜合保險約款(Allgemeine Bedingungen für Kraftfahrtversicherung, ABK) 어디에도 主運轉者 不實告知를 고지의무 위반으로 규정하지 않는다.[9] 독일 표준자동차보험보통약관 제10조를 보면 자동차배상책임보험의 付保範圍에 관하여 규정하고 있다. 이에 의하면 付保되는 인적 범위는 보험계약자(Ver-sicherungsnehmer)와 共同被保險者(mitversicherte Personen)이다. 共同被保險者에는 保管者(Halter: 예컨대 자동차를 리스한 者), 소유자(Eigentümer), 운전자(Fahrer), 同乘者(Beifahrer) 등이 포함된다. 여기서 운전자란 독일연방최고법원에 의하면 보험사고 발생시에 실제로 운전을 한 者를 말하고,[10] 이는 권한있는 運轉者(berechtigter Fahrer)와 權限 없는 운전자(unberechtigter Fahrer)로 나뉜다. 권한 없는 운전자란 자동차 保管者(Halter)가 알지 못하였거나 그 명시적 또는 묵시적 意思에 기하지 아니하고(ohne Wissen und ausdrücklichen oder stillschweigenden Willen des Halters) 그 자동차를 사용한 者를 말하고, 권한 있는 운전자란 그 반대의 경우가 된다. 독일에서는 권한 없는 운전자가 일으킨 보험사고의 피해자도 付保된다.[11]

즉, 운전자가 누구이든, 미리 신고한 者가 아니라 실제로 운전을 한 者, 심지어는 Schwarzfahrt라고 하는 권한 없는 운전자가 일으킨 사고에 대하여도 보험자가 책임을 지도록 하고 있다. 主運轉者를 사전에 告知할 필요가 전혀 없게 되어 있는 것이다. 여기서는 논점이 되지는 아니하나, 참고로 말한다면, 同乘者란 그 勤勞關係上(im Rahmen ihres Arbeitsverhältnisses) 보험계약자, 보관자, 권한 있는 운전자 등을 補助하는 者를 말한다.

---

9) 필자는 독일 프랑크푸르트에서 활동중인 Wolfgang Heinrich 변호사의 협조를 얻어 독일 표준자동차보험약관을 사용하고 있는 Allianz 보험회사의 자동차보험보통약관(Allgemeine Bedingungen für Kraftfahrtversicherung)을 입수하여 각 조항을 면밀히 검토한 바 위와 같다.

10) BGH vom 15. 10. 1962, VersR 1962 S. 1147; Asmus, Werner, *Kraftfahrtversicherung,* 1985, S. 55, 114.

11) Asmus, *Ibid.*; Miebach, Friedrich W., *Einführung in die Kraftversicherung*, 1990, S. 61.

이 사건 自動車綜合保險契約은 主運轉者외에 제3자의 운전행위도 付保되기로 되어 있어서 위 독일의 경우처럼 주운전자를 기재한다는 것이 거의 무의미하게 되어 있다. 주운전자를 반드시 고지하게 요구한 것은 다름 아닌 보험자이다. 즉, 운전경력이 많은 者를 주운전자로 고지하면 保險料가 저렴하게 되도록 정하여 놓았다. 그러나 이것은 결국 보험료를 감액할 방법을 암시하고, 주운전자의 허위고지를 유도하는 것과 다름없다. 보험자가 임의로 主運轉者의 나이, 性別, 婚姻與否 등에 따라 運轉者性向料率에 차이가 나도록 규정하고 主運轉者 不實記載를 고지의무 위반으로 정함으로써, 필시 보험모집인이 보험모집과정에서 보험계약자에게 이와 같은 보험료의 차이를 설명하면서 主運轉者의 不實記載를 유도하는 예도 더러는 있을 것이다.[12] 大法院 판결이 說示하는 "主運轉者의 不實告知는 보험계약의 解止事由가 되지 아니하는 기이한 결과가 초래"되는 것이 아니라, 보험자가 만든 함정에 이해관계가 밝은 보험계약자가 빠지는 것에 불과하다. 제도의 허점에서 나오는 당연한 歸結인 것이다. 이 때 보험계약자에게도 문제가 있지만, 보험계약자가 쉽사리 빠져들 수 있는 이러한 잘못된 제도를 운영하는 보험자에게도 책임이 있다.

현실적으로 주운전자가 큰 의미가 없는 경우에도 이를 구태여 고지하게 하고, 그 위반이 있을 경우에는 보험계약 해지라는 가혹한 制裁를 가하는 것이 정당한 것일까. 大法院은 이 점에 대하여 전혀 심사하지 아니하였다. 오히려 대법원은 객관적으로 중요한 사항이 아닌데도 불구하고 보험자가 일방적으로 중요한 사항으로서 고지할 것을 요구하고, 그 요구에 합치하는 행동을 하지 아니한 당사자에게 가혹한 制裁를 가하는 것을 허용하고 있다. 이는 지나치게 보험자를 옹호하거나 보험자에 대한 偏愛를 드러낸 것이 아닌지? 운전자가 누구이든 중요하지 않은 그런 종류의 보험계약에서 주운전자를 굳이 기재하게 하고, 이를 不實記載하면 보험자로 하여금 계약을 解止하고 보험금액 지급을 면하게 해준다는 것은 정당하지 못하다. 大法院 判決은 결과적으로 이와 같은 보험자의 術策에 同調한 모양이 되고 말았다. 法院은 먼저 주운전자의 기재가 그토록 중요한가를 살펴보았어야 한다.

告知된 主運轉者 이외의 者가 운전한 경우에도 付保되는 이 사건과 같은 개인용자동차종합보험에 있어서는 主運轉者 告知制度 자체를 폐지하여야 한다. 限定運轉特

12) 이 사건의 피고도 위 보험계약 당시 원고회사의 강남지점 성동영업소 소속의 보험모집원인 소외 김희숙은 위 오광수의 친구동생으로서 위 승용차의 주운전자나 용도 등을 잘 알고 있거나 전화통화로 알 수 있었음에도 불구하고, 단지 보험료율을 낮추어 주기 위하여 주운전자를 누구로 하여도 상관없다고 하여 오광수에게 보험가입을 권유하였다고 주장하였으나, 이와 같은 주장은 채택되지 아니하였다.

約(가족 등)의 경우에만 운전자의 경력 등이 보험료 감액의 요건이 되고, 이 때 운전자의 虛僞告知는 保險契約 解止事由가 된다고 하여야 할 것이다.

(2) 因果關係의 缺如問題

이 사건에서 보험사고를 일으킨 운전자는 보험계약자가 아니고, 실제 主運轉者도 아니며, 不實記載된 主運轉者도 아니다. 즉, 이 사건의 보험사고는 보험계약에 法律的·實際的으로 전혀 관여한 바 없는 제3자가 일으킨 사고이다. 이 사건에서 主運轉者에 대한 不實告知와 제3자의 보험사고 사이에 어떠한 因果關係가 있는가가 문제이나, 누구든 알 수 있는 바와 같이 여기에는 아무런 인과관계도 없다. 주운전자를 진실하게 告知하였더라면 사고가 발생하지 않았으리라고 단언할 수 없는 것처럼, 主運轉者를 不實告知하였다고 하여 특히 사고가 생긴 것도 아니다. 이는 법률문제 이전에 사실문제이다. 이 사건에서 인과관계가 있다고 하려면 不實記載된 주운전자 대신에 실제 주운전자가 운전하다 사고를 일으킨 경우이다. 그러나 이 사건에서처럼 전혀 무관한 제3자가 사고를 일으킨 경우에는 주운전자의 不實告知와 사고 사이에는 아무런 인과관계도 있을 수 없다는 것은 自明하다.

이 사건에서 대법원은 "피고의 告知義務 違反事實과 사고발생 간에 인과관계가 不存在한다고 할 수 있기 위하여는 보험계약자인 피고로서는 '이 사건사고가 사고 당시 운전자의 운전활동과 전혀 무관하게 이루어진 것이라는 점을 적극적으로 입증'하지 않으면 안 된다"고 한 점이다. "사고가 사고 당시 운전자의 운전활동과 전혀 '무관하게' 이루어진 것이라는 점을 입증"한다는 것은 망 원용학의 운전행위와 무관하게 사고가 발생하였다면 보험자는 보험금액 지급책임이 있으나, 원용학의 운전행위가 있기 때문에 사고가 발생하였다면 보험자는 보험금액 지급책임이 없다는 것이다. 앞서 누차 언급한 바와 같이 이 사건에서는 운전자가 누구이든 중요하지 아니하므로, 위의 大法院 판결에 의하면 위 망 원용학은 물론 누구든 '운전활동을 하다'가 보험사고를 발생시키면 그 사고에 대하여 보험자는 면책된다는 결과가 된다. 자동차보험에서 차량도난의 경우 등 특별한 경우외에는 운전활동을 하지 않는데도 보험사고를 일으킨다는 것은 상상하기 어렵기 때문에 이는 결국 주운전자를 不實告知한 경우에는 누구가 운전을 하든 거의 保險에 의한 혜택을 받지 못한다는 결과가 된다. 이 점에서 大法院은 主運轉者 고지제도의 현실적 운용의 실효성 확보를 위하여 인과관계에 관한 法理論을 왜곡하였다는 비판을 면하기 어렵다.

한편 大法院은 商法 제655조 단서의 保險事故와 고지의무 위반 사이의 因果關係 不存在에 관한 '立證責任'은 보험계약자측에 있다고 한다. 告知義務 違反事實을 保險者

측에서 입증하여 보험금액 지급을 거절하면 이에 대한 抗辯으로서 보험계약자측에서 因果關係의 不存在를 입증하여 保險金의 지급을 구하여야 한다는 것은 당연하다. 大法院은 "告知義務 違反事實과 보험사고 발생 간의 인과관계의 부존재의 점에 관한 立證責任은 보험계약자에게 있다 할 것이므로, 만일 그 인과관계의 존재를 조금이라도 엿볼 수 있는 여지가 있으면 위 商法 제655조 단서는 적용되어서는 안 된다고 할 것이다"고 하여, 마치 이 사건에서도 인과관계의 존재를 엿볼 수 있었던 것처럼 說示한다. 아무도 찾을 수 없는 이 사건의 인과관계를 大法院만은 이를 엿볼 수 있었던 것처럼 말한다. 나아가 이와 같이 因果關係가 없음이 명백한 사건에서 억지로 그 부존재를 증명하라고 하는 것은 마치 無는 왜 無인가를 입증하라고 하는 것과 다름이 없다. 본래 立證責任은 사실관계가 불분명할 때에 입증을 하여야 할 부담을 특히 그 주장을 하는 者에게 책임지우는 것이다. 이 사건에서 명확한 사실 앞에 더 立證할 것이 무엇이 있겠는가. 法學에서 無는 경험으로 알 수 있는 것이지, 數學의 零(zero)이 아닌 바에야 그 不存在를 논리적으로 증명할 필요는 없다.[13] 法이란 평균인이 이해할 수 있는 그런 것이어야 한다.

Ⅲ. 結　　語

法院은 운전자가 누구이든 付保되는 종류의 자동차보험에서 주운전자의 不實告知가 과연 보험계약을 解止할 정도의 중요한 고지사항인가를 먼저 심사하였어야만 한다. 한편 고지사항의 不實告知와 보험사고 사이에 인과관계의 存否에 따라 보험자의 책임에 차이가 있도록 규정한 우리 商法의 태도를 비판하는 견해도 있고, 그러한 견해는 일응 정당하다 하겠다. 그러나 商法 제655조 단서의 규정이 보험계약자와 피보험자를 보호하는 측면도 있음을 부인할 수 없다. 그리하여 1991년 보험법 개정시에도 이 부분에 대하여는 개정을 하지 아니하였다. 그럼에도 위 대법원 판결은 批判論(立法論)을 너무 의식한 나머지 被告에게 지나치게 불리하고, 비합리적인 제도를 운영하는 보험자에게는 과도하게 유리한 판결을 내린 것이라 아니할 수 없다. 입법론은 立法論이고, 現行法은 現行法이다. 法院의 이 사건에 대한 판결은 주운전자를 허위로 고지한 경우에는 보험사고가 발생하면 대부분의 경우 인과관계의 存否를 더 살필 것 없이 무조건 보험자가 면책된다는 결과를 가져오게 한다. 따라서 商法 제655조 단서의 규정

13) 이는 마치 鬼神이 없다는 것을 증명하지 못하면 세상에 鬼神이 존재하는 것으로 인정하여만 하는 것과 같다.

은 주운전자 不實告知의 경우에는 사실상 그 적용이 없게 된다. 그러나 法院이 法律適用의 요건을 명확히 갖추었음에도 불구하고 恣意的 判斷으로 그 적용을 회피할 수는 없다. 종래 우리 法院은 여러 사례에서 법률적용의 엄격성 또는 보수성을 고집하여 왔다. 그러면서도 이 사건에서는 商法 제655조 단서의 적용을 배제하였다. 이는 결국 기업자인 保險者에게만 유리한 판결로서 형평을 잃은 판결이라 아니할 수 없다.

8 詐欺에 의한 告知義務 違反의 效果

[박용직 대 대한보증보험(주) 사건]

대법원 1991. 12. 27. 91다1165

事 例

(ⅰ) 원고 박용직(X)은 1986. 2. 21. 소외 남양건설주식회사(A)에게 원고 소유의 토지 2필지 합계 1,010평을 18억원에 매도하고 그 날 계약금과 중도금으로 합계 6억원을 지급받는 한편 나머지 잔대금 12억원에 대하여는 그 지급보증을 위하여 A회사가 위 금액에 상응하는 지급보증보험을 발급받아 1986. 3. 31.까지 X에게 교부하여 주기로 하였다. 그런데 A회사의 대표이사인 소외 신남용(B)은 위 보증보험증권을 발급받기 위하여는 담보물이 필요하므로 이 사건 토지를 그 담보물로 사용할 수 있도록 그에 관하여 A회사명의로 소유권이전등기를 먼저 경료하여 줄 것을 요청하면서, 그 대신 X에게 A회사가 발행한 액면금 12억원의 약속어음을 교부할 터이니 이를 보관하고 있다가 위 보증보험증권과 상환으로 위 어음을 돌려 달라고 제의하자 X는 이를 받아들여 A회사 앞으로 이 사건 토지에 관한 소유권이전등기를 해주었다.

(ⅱ) B는 피고 대한보증보험주식회사(Y)에게 보증보험계약을 체결함에 있어서 보다 용이하고 유리한 조건으로 보증보험계약을 체결할 목적으로 총매매대금을 25억 2,500만원으로 하고 그 중 절반 이상에 해당하는 13억 3,500만원을 계약금과 중도금으로 이미 지급하였으며 잔금 11억 9,000만원도 현금지급이 아닌 매수토지상에 상가건물을 신축하여 그 일부를 X에게 분양함으로써 그 지급에 갈음하기로 하는 내용의 새로운 계약서를 임의로 작성하여 Y회사에게 제출하였다(보험계약자 B의 사기).

(ⅲ) Y회사는 위 B의 보증보험 청약에 대하여 Y회사의 심사위원회에서 보험인수부적격판정을 하였음에도 불구하고, B와 Y회사의 부사장 조성찬과의 친분관계를 기화로, 보증인으로서 자격이 없는 자를 연대보증케 하고 수차에 걸쳐 매매계약서 등 관계서류를 변경하도록 유도하는 등 적극적으로 A회사를 도와, 결국 피보험자를 X로 하는 계약이행보증보험계약을 B와 체결하였다(Y의 과실).

(ⅳ) 그 후 A회사는 X에게 Y회사 발행의 보험금 합계 금 11억 9,000만원 상당의 매매잔금지급계약보증보험증권 2매를 교부하고 X로부터 액면 금 12억원의 약속어음을 회수하여 갔으나, 이 사건 토지의 매매잔대금을 지급하지 아니하였고, 1986. 9. 30.경 거액의 부도를 냈고, A회사명의로 소유권이전등기를 하여 담보설정하였던 이 사건 토지도 담보권 실행으로 인하여 타에 처분되었다.

(ⅴ) 이에 X는 Y회사에 대하여 주위적으로 보험금의 지급을 구하고 예비적으로 동액 상당의 불법행위로 인한 손해배상을 구하는 소를 제기하였다.

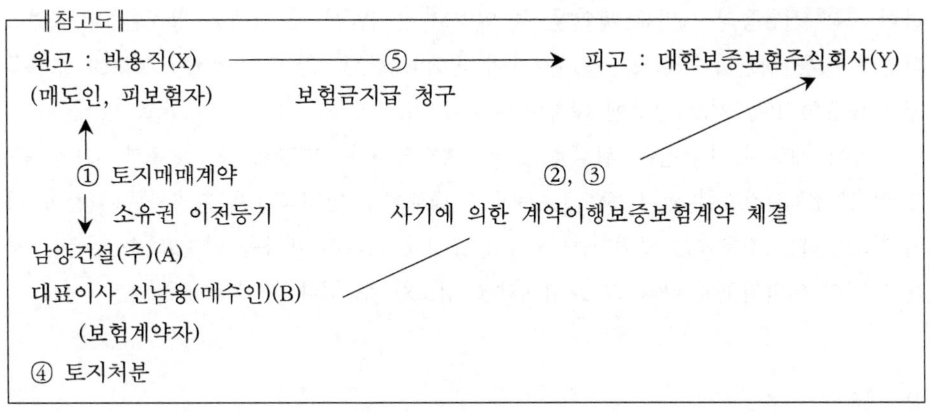

目 次

Ⅰ. 判決要旨

제1심(서울민사지방법원 1988. 11. 25. 87가합2218)은 遲延損害金請求의 일부만을 제외한 원고의 주위적 청구를 대부분 인용하였고, 이에 피고가 항소하였다.

제2심(서울고등법원 1990. 12. 7. 89나1706)은 보험계약자인 소외 회사의 대표이사가 피고에게 保險請約을 함에 있어 보다 용이하고 유리한 조건으로 보험계약을 체결하기 위하여 허위의 사실을 告知함으로써 피고가 이에 속아 넘어가 이 사건 보증보험계약을 체결하였다고 인정하고, 피고가 소외 회사(남양건설주식회사)에 대하여 보증보험계약의 청약에 대한 승낙의 의사표시를 취소함으로써 위 보증보험계약은 적법하게 취소되었다고 판단하여 원고의 主位的 請求를 배척하는 한편, 피고에게 직원들의 사용자책임을 인정하면서, 원고에게도 보험증권의 내용 및 이에 첨부된 매매계약서를 확인하여 소외 신남용의 사기를 확인할 수 있었고 손해발생 및 확대를 방지할 수 있었을 터인데 이를 게을리한 過失이 있다 하여 손해배상금을 25% 감액하여 豫備的 請求를 일부 認容하였다. 제2심판결에 대하여 원고와 피고 모두가 불복하여 상고하였다.

이에 대하여 대법원은 원심을 認容·確定하였다. 판결요지는 다음과 같다. 즉, "보험계약을 체결함에 있어 중요한 사항에 관하여 보험계약자의 고지의무 위반이 사기에 해당하는 경우에는 보험자는 상법의 규정에 의하여 계약을 해지할 수 있음은 물론 민법의 일반원칙에 따라 그 보험계약을 취소할 수 있다."[1]

II. 解 說

1. 論 點

이 사건의 논점은 보험계약체결 당시에 보험계약자의 告知義務 違反이 詐欺에 해당하는 경우 상법 제651조에 의하여 보험계약을 解止할 수 있을 뿐만 아니라 민법 제110조에 의하여 계약을 취소할 수 있는가? 하는 점이다.

2. 告知義務와 그 위반의 효과

(1) 告知義務의 意義

告知義務란 보험계약자 또는 피보험자가 보험계약체결 당시에 보험자에 대하여 중요한 사항을 告知하고, 또 중요한 사항에 관하여 不實告知를 하지 아니할 의무를 말한다. 이것은 계약체결 당시의 의무이기 때문에 계약체결 후의 危險增加의 通知義務(상법 제652조)나 損害發生의 通知義務(상법 제657조)와는 구별된다. 고지의무는 보험계약의 효과로서 인정하는 진정한 의무가 아니라, 보험계약의 (효력발생에 필요한) 전제조건이다. 즉, 보험자가 그 의무의 이행을 강제하거나 그 불이행에 대하여 손해배상을 청구할 수 있는 것이 아니라, 보험자의 解止權 行使로 인한 불이익을 면하기 위하여 보험계약자 또는 피보험자가 부담하는 일종의 구속이므로, 이른바 間接義務(自己義務)에 지나지 않는다.

(2) 告知義務 違反의 要件

고지의무의 위반이 되려면 계약의 성립시에 다음과 같은 객관적·주관적 요건이 갖추어져야 한다(상법 제651조 본문). 즉, 객관적 요건으로서, 중요한 사실(고지사항)에

1) 아울러 보험회사에 사용자책임을 인정하여 상고를 모두 기각하였다. 이로써 원고는 25%를 제외한 전액을 배상받을 수 있게 되었고, 보험자는 8억 9천여만원의 손실을 보게 되었다.

관한 고지의무자의 不告知 또는 不實告知가 있어야 한다. 不告知란 중요한 사실을 알고 있으면서 默秘한 것을 말하며, 不實告知란 사실과 달리 진술한 것(虛陳)을 말한다. 그리고 주관적 요건이란, 고지사항의 不告知 또는 不實告知가 고지의무자의 고의 또는 중과실로 인하여야 한다. 고지의무 위반사실은 보험자가 입증하여야 한다.[2)]

(3) 告知義務 違反의 效果

고지의무의 위반이 있는 경우에는 보험자는 계약을 解止할 수 있다(상법 제651조 본문. 계약이 당연히 무효가 되는 것은 아니다).

(가) 解止權의 성질 및 행사방법　　해지권은 形成權이므로 보험자가 일방적으로 고지의무자에게 해지의 통지를 하면 된다. 통지의 상대방은 보험계약자 또는 그 대리인이다. 고지의무자가 사망한 때에는 그 상속인에게 하여야 한다. 그러나 고지의무자가 아닌 보험수익자에게 한 解止의 의사표시는 효력이 없다.

(나) 解止權의 행사시기　　解止權은 계약의 성립과 동시에 발생하므로 보험사고의 발생 前後를 불문하고 행사할 수 있다.

(다) 해지권의 行使效果　　보험사고가 발생하기 전에 보험자가 보험계약을 解止한 때에는 계약은 그 통지가 도달한 때부터(민법 제111조) 장래에 대하여 그 效力을 잃는다(민법 제550조). 그리고 해지하기까지 이미 받은 보험료는 보험계약자에게 반환할 필요가 없다.

보험사고가 발생한 후에 계약을 解止한 때에는 특칙을 두어 지나간 보험료기간에 대한 보험료를 반환할 필요는 없어도, 보험자의 책임은 소급하여 소멸하므로 보험금액을 지급할 책임도 없고 이미 지급한 보험금액이 있다면 그 반환청구를 할 수 있게 하였다(상법 제655조 본문). 그 취지는 惡性危險을 선택하게 한 보험계약자에 대한 일종의 制裁를 가하는 동시에 계약소멸에 의하여 보험자에게 손실을 주지 않으려는 데 있다. 그러나 生命保險의 경우에는 보험수익자를 위한 적립금을 보험계약자에게 지급하여야 한다(상법 제736조). 이는 생명보험이 保障性과 貯蓄性의 기능을 겸하고 있기 때문에 인정된 예외이다.

(라) 解止權의 排除　　보험자가 계약체결 당시 고지의무 위반의 사실을 알았거나 중대한 과실로 인하여 알지 못한 경우(상법 제651조 단서), 보험자가 고지의무위 반의 사실을 안 날로부터 1월, 계약을 체결한 날로부터 3년이 경과한 경우(상법 제651조 본문) 그리고 고지사항과 보험사고 사이에 相當한 因果關係가 없다는 것을 보험계약자

---

2) 양승규(보) 120면.

측에서 입증한 때에는 보험자는 계약을 解止할 수 없고, 따라서 보험금액을 지급하여야 한다(상법 제655조 단서).

(마) **解止權의 抛棄** 解止權은 보험자의 이익을 위하여 인정된 것이므로 이를 포기할 수 있다. 포기의 意思表示는 명시적이든 묵시적이든(예컨대, 보험자가 고지의무 위반을 알면서 보험증권을 교부하든가, 보험금을 지급하는 경우) 상관없다.

3. 告知義務 違反과 錯誤·詐欺

보험계약자의 고지의무 위반이 있는 경우에 보험자의 錯誤(민법 제109조)가 있거나 보험계약자의 詐欺(민법 제110조)가 있으면, 보험자는 商法上의 解止權외에 민법상의 取消權도 행사할 수 있느냐에 관하여는 학설이 대립되고 있다. 만약에 商法만이 적용된다고 하면 보험계약의 解止는 遡及效가 없고, 제척기간이 경과한 후에는 보험계약을 해지할 수도 없으나, 민법도 적용될 수 있다고 한다면 보험계약이 취소되어 그 계약은 소급하여 無效가 되고, 보험자는 商法上의 除斥期間이 경과한 후에도 보험계약을 취소 또는 무효로 할 수 있게 된다.

[告知義務 違反에 의한 解止와 詐欺에 의한 意思表示의 取消와의 差異]

① 成立要件上의 差異

고지의무 위반의 경우 '중요한 사항'에 관하여 고의 또는 중과실(주관적 요건)로 고지하지 않거나 부실고지한 때(객관적 요건) 성립하게 된다. 그러나 사기에 의한 의사표시 취소의 경우는 반드시 중요한 사항일 필요없이 상대방을 착오에 빠뜨려 상대방이 이에 따라 의사표시를 하게 하면 충분하다. 즉, 사기의 경우에는 고의만이 필요하다는 점에서 고지의무 위반이 사기적인 방법에 의한 경우 중요한 사항에 관계없이 논할 여지가 있다고 본다.

② 效力上의 差異

고지의무 위반에 의한 해지의 경우 장래에 한하여 효력이 있으며(불소급효) 그에 따라 보험자는 이미 수령한 보험료를 반환할 필요가 없고, 해지시까지 발생한 보험료를 청구할 수 있다. 반면에 사기에 의한 의사표시의 취소의 경우 의사표시를 소급적으로 무효화시키며 쌍방에게 원상회복의무가 있다. 불법행위(민법 제750조)가 성립한 경우에는 그에 따라 손해배상을 청구할 수 있다. 그리고 追認의 여지가 있다는 점도 차이점이다(민법 제143조~제145조).

③ 權利制限的 測面에서의 差異

고지의무 위반에 의한 해지권은 보험자의 고의 또는 중과실이 있는 경우, 보험사고와 고지의무 위반이 되는 사실 사이의 인과관계의 부존재, 그리고 그러한 사실을 안 날로부터 1월, 계약체결 후 3년의 제척기간의 도과로 그 해지권은 소멸한다. 그러나 사기에 의한 취소권의 경우 상대방의 고의 또는 중대한 과실이 있는 경우(異論 있음), 追認할 수 있는 날로부터 3년내에, 법률행위를 한 날로부터 10년 내에 행사하여야 하며(민법 제146조), 그러한 취소권은 선의의 제3자에 대항하지 못한다.

④ 결국 兩者는 엄연히 다른 제도임을 알 수 있다. 즉, 고지의무 위반에 의한 해지권의 경우 보험계약에서 보험자의 위험예측가능성을 높이고, 이에 따라 보험계약체결여부 및 보험료 결정에 영향을 미칠 수 있는 요소를 미리 파악할 수 있게 하며, 射幸契約 또는 善意契約이라는 측면에서 보험자를 보호하기 위한 제도인 반면 사기에 의한 의사표시의 취소의 경우에는 사법상의 대원칙인 私的 自治의 원칙 즉 眞意에 의한 의사표시를 보호하기 위한 제도라는 측면에서 양자는 경합된 부분이 있을 것이다. 그러나 성립요건적 측면 그리고 그 효과면에서 특히 除斥期間의 차이에서 兩權利의 경합을 논할 實益이 있다.

이에 관한 학설의 대립을 보면 다음과 같다.

첫째 견해(重複適用說)는 商法의 고지의무와 民法의 錯誤 · 詐欺는 그 근거 · 요건 · 효과에 있어 서로 다른 것이므로 民 · 商法이 다 같이 적용되어야 한다는 것이다.[3]

둘째 견해(折衷說)는 보험자에게 錯誤가 있는 경우에는(보험계약자에게 害意가 없으므로) 商法의 특칙에 따라 解止權만을 행사하나, 보험계약자의 詐欺가 있는 경우에는 害意 있는 보험계약자를 보호할 필요가 없으므로 보험자는 解止權뿐만 아니라 不可爭期間이 경과한 후에도 民法上의 取消權을 행사할 수 있다고 본다.[4]

셋째 견해(商法單獨適用說)에 의하면 商法이 解止權을 인정하는 것은 고지의무 위반이 있는 경우에 보험계약이 그 체결 당시에 소급하여 무효로 되는 것을 피하려는 것으므로 民法의 적용을 배제하여야 하고, 商法의 규정에 따라 해결하는 것이 타당하다고 한다.[5]

생각건대, 告知義務는 보험계약의 善意性 · 團體性 · 技術性에 기하여 商法이 특별히 인정한 것이므로 이 의무 위반에 대하여 민법을 무제한 적용한다는 것은 옳지않다고 본다. 따라서 고지의무 위반이 보험자의 錯誤로 인한 경우에는 商法의 규정에 따라서 해결한다. 즉, 보험자는 보험계약을 해지하거나(상법 제651조 본문) 異議約款의 정함에 따라 異議를 제기할 수 있을 것이다(상법 제641조 참조). 그러나 보험계약자의 詐欺로 인한 경우에는 민법을 적용하여 보험자는 해지권뿐만 아니라 不可爭期間이 경과한 후에도 民法上의 취소권을 행사할 수 있다고 본다(折衷說). 다만 입법론으로는 詐欺로 인한 경우에는 그 계약 자체를 무효로 하여야 할 것이다.[6]

---

3) 채이식(하) 466면.
4) 양승규(보) 125면; 최기원(하) 650~651면; 손주찬(하) 531면; 김정호(하) 430면.
5) 서돈각 · 정완용(하) 379면; 정찬형(하) 568면.
6) 독일보험계약법 제22조는 사기에 관한 민법의 규정이 고지의무 위반의 경우에도 적용된다는 것을 분명히 하기 위하여 "위험한 상황에 대한 사기로 인하여 계약을 취소할 수 있는 보험자의 권리는 영향을 받지 아니한다"고 규정하고 있다.

그렇게 하여야만 사기에 의한 招過保險을 무효로 하는 商法 제669조 제4항 및 제672조 제3항과도 균형이 맞는다. 현재는 보통보험약관에 詐欺에 의한 보험계약은 무효로 한다고 규정하고 있고, 보험자가 詐欺를 이유로 보험계약을 取消하는 때에도 보험자는 詐欺의 사실을 안 때까지의 보험료를 청구할 수 있다고 규정하여 보험약관에 의하여 해결하고 있다. 다음의 서울고등법원 판결도 이와 같은 견해를 반영한 것으로 보인다.

[**판 례**] 서울고등법원 1984. 8. 24. 83나3776(사기행위로 인하여 체결된 보험계약은 약관에 따라 무효이다)

피보험자가 보험계약 당시 당뇨병, 폐결핵 (중증), 고혈압 등의 환자였음에도 불구하고 이를 숨기기 위하여 다른 건강한 사람으로 하여금 피보험자를 가장하여 진단을 받도록 하여 허위의 진단서를 받고 이것으로써 보험회사를 기망하여 체결한 보험계약은 사기행위로 인하여 체결된 것으로서 약관에 따라 무효라 할 것이고, 또 보험회사의 영업소장이 피보험자의 건강상태를 알고서 고지의무의 대상인 이른바 중요한 사항을 숨기고 나아가서 제3자로 하여금 대리진사를 하게 하는 등의 방법으로 보험회사를 기망하여 계약을 체결하게 된 경우에는 그것이 그의 권한 내의 행위로 보인다고 할지라도 그 계약체결의 목적이 보험회사를 위한 것이라기보다는 오로지 그 자신의 근무성적에 관련된 보험계약고를 채우고 보험수익자에게는 부당한 이익을 주기 위한 권한을 남용한 행위라 할 것이고, 보험계약자도 또한 이러한 권한남용행위를 알고 있었으니 보험회사는 이 보험계약에 따른 책임이 없다고 보는 것이 상당하다.

Ⅲ. 結 語

이 사건 보증보험의 목적은 잔대금지급의 이행보증인데 그 총매매대금을 허위로 과장하여(18억원을 25억 2,500만원으로) 그에 대한 殘代金의 비중을 줄인 것이나, 지급방법을 현금지급에서 신축상가건물을 분양하여 지급에 갈음하기로 변경한 것 등은 보험계약상 핵심적인 사항에 관한 것으로서 피고가 보험을 引受함에 있어서 상당한 영향을 주는 사항이다. 이 사건에서 정상적인 보험의 請約과 승낙과정을 거쳤다면 피고로서는 그 引受를 거절하거나 적어도 이 사건 보증보험과 동일한 조건으로는 인수하지 않았을 것이다. 따라서 소외 회사는 不實의 告知를 한 것이 틀림없다. 또한 소외 회사는 부실의 고지를 하게 된 것은 피고가 보험의 인수를 거절할 가능성을 염려하여 이를 행한 것으로서, 이는 민법상의 詐欺에 해당한다고 볼 수 있다. 다만 이 사건에서 피고가 보험을 인수하는 과정에서 過失이 있었음은 부인할 수 없으나, 소외 회사의 사기는 부인할 수 없을 것이다. 이 점에서 피고가 이 사건 보험계약을 取消할 수 있다고 판결한 것은 정당하다. 다만 이 사건에서 被告에게 사용자책임을 인정하고 원고측의 過失(보험증권을 교부받은 직 후 증권의 내용 및 이에 첨부된 매매계약서를 확인하여 그에 따른 적절한 조치를 취함으로써 손해의 발생 및 확대를 미리 막을 수 있었음에도 불구하고 이를 게을리한 過失)을 25%로 보아 손해배상액을 정하였으므로, 결과적으로 보험계약의 取消가 실제적인 의미를 가지지는 못하였다.

9 保險契約者의 告知義務와 危險變更·增加 通知義務

[이상철 대 American Home Assurance Company/현대해상화재보험(주)]

대법원 2003. 11. 13. 2001다49623·49630

事 例

원고 X는 기계부품 등을 제조하는 개인사업자인데 1997. 11. 20. 피고 Y2보험회사와의 사이에 X소유 공장 내에서 사용하는 기계가 화재로 인하여 훼손 또는 멸실되어 X에게 손해가 발생하였을 경우 Y2보험회사가 그 손해를 보상해 주기로 하는 화재보험계약을 체결하였고, 그 후 1998. 11. 20. 보험기간 만료 후 계약갱신을 통하여 Y2와 다시 위와 동일한 내용의 재계약(이하 이 사건 '제2보험계약')을 체결하였다.

X는 또한 이 사건 제2보험계약과는 별도로 1998. 6. 9. 피고 Y1보험회사와의 사이에 동일한 사고를 부보하는 화재보험계약을 체결하였다(이하 이 사건 제1보험계약). X는 Y2와 제2보험계약(재계약) 체결시 제1보험계약 체결 사실을 Y2에게 고지하지 아니하였고, 이후 Y1에게도 아무런 통지를 하지 아니하였다. 1998. 12. 19. X의 공장 건물 내에서 원인불명의 화재로 이 사건 각 보험계약 목적물의 대부분이 소훼된 사고(이하 이 사건 '보험사고'라 한다)가 발생하여 피고는 금 32,787,500원 상당의 손해를 입었다. X는 Y2와 Y1에게 보험금의 지급을 청구하였으나 Y2는 X가 중복보험계약체결 사실을 고지하지 아니한 고지의무위반을 이유로, Y1은 중복보험계약 체결로 인한 위험변경·증가통지를 하지 아니한 통지의무 위반을 이유로 각각 그 지급을 거절하였다. 사례에서 Y2와 Y1의 각 보험금 지급거절은 정당한가?[1)]

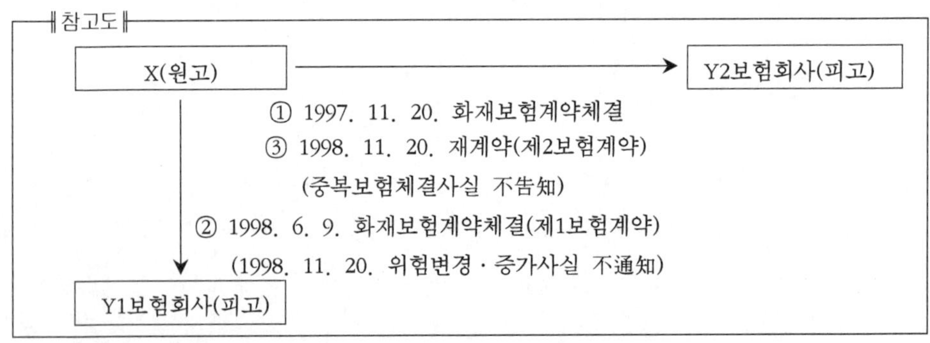

1) 본 사례에 대한 판례평석으로, 장덕조, "다수의 손해보험계약과 고지·통지의무", 「저스티스」, 2004. 10, 268면; 문영화, "손해보험에 있어서 중복보험계약의 체결사실이 상법 제651조 소정의 고지의무의 대상이 되는 '중요한 사항'인지 여부", 「대법원판례해설」, 2003년 하반기, 통권 제47호, 336면 참조.

目 次

Ⅰ. 判決要旨

1. 原審 判決要旨

이 사건은 두 개의 소송으로 진행되었는데, 고지의무위반에 관하여 원심(부산고등법원 2001. 6. 22. 2000나13610)은 원고의 고지의무위반사실 및 적법한 보험계약의 해지를 인정하였고, 위험변경 · 증가통지의무위반에 관하여도 원심(부산고등법원 2001. 6. 22. 2000나13627)은 그 의무위반을 이유로 보험계약의 적법한 해지를 긍정하였다. 결국 보험금 지급거절을 정당하다고 판시하였다.

2. 大法院 判決要旨

(1) 고지의무에 관한 대법원 2003. 11. 13. 2001다49623

고지의무를 정한 상법 제651조의 '중요한 사항'이란, 보험자가 보험사고의 발생과 그로 인한 책임부담의 개연율을 측정하여 보험계약의 체결 여부 또는 보험료나 특별한 면책조항의 부가와 같은 보험계약의 내용을 결정하기 위한 표준이 되는 사항으로서, 객관적으로 보험자가 그 사실을 안다면 그 계약을 체결하지 않든가 적어도 동일한 조건으로는 계약을 체결하지 않으리라고 생각되는 사항을 말하고, 어떠한 사실이 이에 해당하는가는 보험의 종류에 따라 달라질 수밖에 없는 사실인정의 문제로서 보험의 기술에 비추어 객관적으로 관찰하여 판단되어야 한다. ……상법 제672조 제2항(중복보험)에서 보험계약자에게 다수의 보험계약의 체결사실에 관하여 고지 및 통지하도록 규정하는 취지는, 손해보험에서 중복보험의 경우에 연대비례보상주의를 규정하고 있는 상법 제672조 제1항과 사기로 인한 중복보험을 무효로 규정하고 있는 상법 제672조 제3항, 제669조 제4항의 규정에 비추어 볼 때, 부당한 이득을 얻기 위한 사기에 의한 보험계약의 체결을 사전에 방지하고 보험자로 하여금 보험사고 발생시에 손해의 조사 또는 책임의 범위의 결정을 다른 보험자와 공동으로 할 수 있도록 하기 위한 것일 뿐, 보험사고발생의 위험을 측정하여 계약을 체결할 것인지 또는 어떤 조건으로 체결할 것인지 판단할 수 있는 자료를 제공하기 위한 것이라고 볼 수는 없으므로 중복보험을 체결한 사실은 상법 제651조의 고지의무의 대상이 되는 중요한 사항에 해당하지 아니한다(파기환송 · 원고승소).

(2) 통지의무에 관한 대법원 2003. 11. 13. 2001다49630

상법 제652조 및 상법 제653조에 정한 '사고 발생의 위험이 현저하게 변경 또는 증가된 사실'이라 함은, 그 변경 또는 증가된 위험이 보험계약의 체결 당시에 존재하고 있었다면 보험자가 보험계약을 체결하지 않았거나 적어도 그 보험료로는 보험을 인수하지 않았을 것으로 인정되는 정도의 것을 말한다. 상법 제672조 제2항(중복보험)에서 보험계약자에게 다수의 보험계약의 체결사실에 관하여 통지하도록 규정하는 취지는……부당한 이득을 얻기 위한 사기에 의한 보험계약을 체결을 사전에 방지하고 보험자로 하여금 보험사고 발생시 손해의 조사 또는 책임의 범위의 결정을 다른 보험자와 공동으로 할 수 있도록 하기 위한 것일 뿐, 보험사고발생의 위험을 측정하여 계약을 체결할 것인지 또는 어떤 조건으로 체결할 것인지 판단할 수 있는 자료를 제공하기 위한 것이라고는 볼 수 없다. 따라서 손해보험에 있어서 다른 보험계약을 체결한 것은 상법 제652조 및 제653조의 통지의무의 대상이 되는 사고발생의 위험이 현저하게 변경 또는 증가된 때에 해당하지 않는다(파기환송 · 원고승소).

II. 解　說

1. 論　點

위의 사례에서는 제2보험계약의 체결에 의하여 Y2에 대하여는 상법 제651조의 고지의무위반이, Y1에 대하여는 상법 제652조 제1항에 정한 위험변경 · 증가통지의무

위반이 각각 문제되고 있다. 따라서 본 사례의 논점은 다수의 손해보험계약 체결에 있어 타보험가입 사실이,

1) 고지의무의 대상이 되는 '중요한 사항'에 해당하는가.

2) 고지의무의 대상이 된다면 그 위반에 대한 법적 효과는 어떠한가.

3) 통지의무의 대상이 되는 '위험이 현저하게 변경 또는 증가된 사실'에 해당하는가.

4) 통지의무의 대상이 된다면 그 위반에 대한 법적 효과는 어떠한가.

하는 것이다.

과거 생명보험의 판결에서 대법원은 타보험가입 사실이 고지의무의 대상이 되는 '중요한 사항'에는 해당하나, 위험변경 · 증가의 대상이 되는 '현저한 사실'은 아니라고 판시한 바 있다.[2] 사례는 손해보험의 경우이므로, 생명보험의 경우와는 달리 보아야 할지 의문이다.

본 사례에서 대법원은 고지의무의 대상이 되는 '중요한 사항'과 위험변경 · 증가에서의 통지의무의 대상이 되는 '현저한 사실'을 동일한 의미로 파악하여 해결하고 있다. 따라서 고지의무와 통지의무의 대상을 나누어서 살펴 볼 필요는 없으며, 손해보험에서의 타보험가입 사실이 '중요한 사항' 또는 '현저한 사실'에 해당하는 것인지만이 문제된다.

2. '중요한 사항' 또는 '현저한 사실'(論點 1 · 3)

(1) 상법의 규정

상법 제651조는 보험계약자 등의 고지의무를, 그리고 제652조와 653조에서는 위험의 현저한 변경이나 증가가 있는 경우 보험계약자 등의 통지의무를 각각 규정하고 있다. 고지의무는 보험계약 성립 당시의 의무이고 통지의무는 보험계약이 성립한 후 보험계약자 등이 부담하는 의무로써 구별된다. 그리고 그 표현에 있어서도 고지의 경우에는 '중요한 사항'이라 표현하고 있고, 위험변경 · 증가통지의 경우에는 '현저한 사실'이라고 표현하고 있다.

(2) '중요한 사항' 또는 '현저한 사실'의 의미

학설과 판례(이 사건 포함)는 위 '중요한 사항'과 '현저한 사실'을 동일한 의미로 본다. 즉, '중요한 사항'과 '현저한 사실'은 다 같이 보험사고의 부담과 책임부담의 개

---

2) 대법원 2001. 11. 27. 99다33311.

연율을 측정하여 보험계약의 체결 여부 또는 보험료나 특별한 면책조항의 부가와 같은 보험계약의 내용을 결정하기 위한 표준이 되는 사항으로서, 객관적으로 보험자가 그 사실을 안다면 계약을 체결하지 않든가 또는 적어도 동일한 조건으로는 계약을 체결하지 않으리라는 생각되는 사항을 말하고, 어떠한 사실이 이에 해당되는가는 보험의 종류에 따라 달라질 수밖에 없는 사실인정의 문제로서 보험의 기술에 비추어 객관적으로 관찰하여 판단되어야 한다고 본다.[3] 그리고 최종적으로는 보험의 기술에 정통한 전문가의 감정에 의하여 결정될 수밖에 없다고 한다.[4]

(3) 타보험가입 사실이 '중요한 사항' 또는 '현저한 사실'인지 여부

(가) 긍정설 타보험가입 사실이 '중요한 사항' 또는 '현저한 사실'이라는 견해가 있다.[5] 이는 상해보험의 경우에는 도덕적 위험의 여부를 판단하는 기준이 되며, 생명보험의 경우 다수의 생명보험계약을 체결하고 있는 때에는 피보험자의 생명에 대한 위험이 그만큼 증대된다고 할 수 있으며, 손해보험에서도 피보험자의 보험이용실태는 중복보험의 여부를 판단하는 기준이 되기 때문이라고 한다.

(나) 부정설 부정설은 상법에서 중복보험의 경우 통지의무를 둔 취지는 부당한 이득을 얻기 위한 사기에 의한 보험계약 체결을 방지하고 보험자가 각각 부담하는 보상비율을 알게 하기 위한 것일 뿐, 고지의무에 있어서처럼 보험자가 보험사고 발생의 위험을 측정하여 계약을 체결할 것인지 그리고 어떤 조건으로 체결할 것인지 판단할 수 있는 자료를 제공하기 위한 것이 아니고,[6] 상법에서 중복보험에 대하여 아무런 제재규정을 두지 않은 것도 이러한 취지를 반영한 것으로 보아야 한다고 한다. 또한 통지의무 위반시 해지권을 부여하는 약관은 불이익변경금지에 관한 상법 제663조와 약관의 규제에 관한 법률 제9조에[7] 위반하여 무효라고 한다.[8],[9]

---

3) 장덕조, 전게논문, 269면; 대법원 1996. 12. 23. 96다27971; 대법원 1997. 9. 5. 95다25268; 대법원 2001. 2. 13. 99다13737.

4) 대법원 1996. 12. 23. 96다27971.

5) 양승규(보) 161면.

6) 정진세, "중복보험 통지의무", 「쥬리스트」 382권, 2002, 70면.

7) 동법 제9조 제2호는, "사업자에게 법률에서 규정하고 있지 아니하는 해제권·해지권의 행사요건을 완화하여 고객에 대하여 부당하게 불이익을 줄 우려가 있는 조항은 무효이다."고 규정한다.

8) 주기동, "중복체결한 보험계약의 효력에 관한 연구", 「저스티스」 제75호, 161면.

9) 그러나 이 견해에 대해서는 다음과 같은 비판이 있다. 첫째, 상법 보험편은 약관규제법에 대한 특별법이므로, 상법 보험편의 규정이 약관규제법과 관련하여 저촉된다면 상법 규정이 우선하는 것이고, 약관의 규제에 관한 법률을 근거로 하여 보험약관의 효력을 부인하는 것은 숙고가 필요하다. 둘째, 상법에 해지권을 부여하는 규정을 두지 않았다는 이유로, 즉 상법상 해지권 부여조항은 한정적이라는 근거도 타당하지 못한데, 이러한 논리에 의하면, 예를 들어 상법

(다) 판 례　생명보험에 대한 판결에서 대법원은 타보험가입 사실은 고지의무의 대상이 되는 중요한 사항에 해당한다고 하였다.[10] 그러나 위 사례에서처럼 화재보험과 같은 손해보험사건에서는 이를 '중요한 사항' 또는 '현저한 사실'로 보지 않는다. 그 이유로서 대법원은 중복보험을 체결한 사실이 "부당한 이득을 얻기 위한 사기에 의한 보험계약의 체결을 사전에 방지하고 보험자로 하여금 보험사고 발생시 손해의 조사 또는 책임의 범위의 결정을 다른 보험자와 공동으로 할 수 있도록 하기 위한 것일 뿐, 보험사고발생의 위험을 측정하여 계약을 체결할 것인지 또는 어떤 조건으로 체결할 것인지 판단할 수 있는 자료를 제공하기 위한 것이라고 볼 수는 없기 때문"이라 한다. 나아가 대법원은 "…피고가 이 사건 보험계약 체결 당시 보험의 목적에 대하여 체결한 다른 보험계약의 유무 또는 가입금액에 따라 보험료율을 달리 산정하였을 것이라거나, 이 사건 보험계약을 체결을 거절하였을 것이라는 사정도 전혀 보이지 않으므로, 손해보험의 일종인 이 사건 보험에서 중복조험을 체결한 사실은 상법 제651조의 고지의무의 대상이 되는 중요한 사항에 해당되지 아니한다."라고 판시하고 있다.

(라) 私 見　생명보험과는 달리 손해보험에서는 중복보험가입사실이 '중요한 사항' 또는 '현저한 사실'이라 볼 수 없다고 보는 부정설 및 판례에 찬동한다.

3. 고지의무위반의 효과(論點 2)

(1) 계약해지권의 발생

고지의무의 위반이 있는 경우에는 보험사고의 발생 전후를 불문하고 보험자는 그 사실을 안 날로부터 1월 내에, 계약을 체결한 날로부터 3년 내에 계약을 해지할 수 있다(상법 제651조 본문)(계약이 당연히 무효가 되는 것은 아니다.). 그러나 보험자가 계약 당시에 그 사실을 알았거나 중대한 과실로 인하여 알지 못한 때에는 그러하지 아니하다(상법 제651조 단서). 또한 보험계약자 등이 고지의무위반과 보험사고의 발생 사이에 인과관계가 없음을 증명한 때에는 보험금지급을 청구할 수 있고 이미 지급받은

에서는 관련 해지권이나 면책조항이 없으나, 각 상해보험약관의 자동차나 오토바이 경기사고에 대한 면책약관 등 보험약관의 상당수에 이르는 조항이 모두 무효라는 결론에 이르고 만다고 한다. 장덕조, 전게논문, 278면.

10) 대법원 2001. 11. 27. 99다33311: 보험자가 생명보험계약을 체결함에 있어 다른 보험계약의 존재여부를 청약서에 기재하여 질문하였다면 이는 그러한 사정을 보험계약을 체결할 것인지의 여부에 관한 판단자료로 삼겠다는 의사를 명백히 한 것으로 볼 수 있고, 그러한 경우에는 다른 보험계약의 존재 여부가 고지의무의 대상이 된다고 할 것이다.

보험금의 반환을 거절할 수 있다(상법 제655조 단서).

(2) 사례의 경우

사례에서는 타보험가입사실이 중요한 사항이 아니어서 고지의무 대상이 되지 아니하므로, 피고 Y2는 보험계약을 해지할 수 없고 보험금 지급을 거절할 수 없다.

4. 위험변경 · 증가통지의무 위반의 효과(論點 4)

(1) 계약해지권의 발생

위험변경 · 증가통지의무를 해태한 때에는 보험자는 그 사실을 안 날로부터 1월 내에 한하여 계약을 해지할 수 있다(상법 제652조 제1항 제2문). 이 경우에 1월의 기간은 제척기간이고, 보험사고발생 前後를 묻지 않고 解止權을 행사할 수 있다.[11] 이 기간이 경과하면 解止權을 행사할 수 없고, 또한 보험료의 증액도 청구할 수 없다. 다만 보험계약자 등이 그 危險變更 · 增加의 사실과 보험사고의 발생 사이에 因果關係가 없음을 증명한 때에는 보험금지급을 청구할 수 있고 이미 지급받은 보험금의 반환을 거절할 수 있다(상법 제655조 단서).

보험자가 위험변경 · 증가의 통지를 받은 때에는 1월 내에 보험료의 증액을 청구하거나 계약을 해지할 수 있다(상법 제650조 제2항).

(2) 사례(중복보험)의 경우

상법 제672조(중복보험) 제2항은, "동일한 保險契約의 목적과 동일한 사고에 관하여 수개의 保險契約을 체결하는 경우에는 保險契約者는 各 保險者에 대하여 各 保險契約의 내용을 통지하여야 한다."고 규정하고 있다. 이와 같이 본조는 수개의 손해보험계약을 체결하는 경우 보험계약자 등의 통지의무만 규정하고 있을 뿐 통지의무 불이행시의 효과는 규정하고 있지 않다.[12] 따라서 중복보험 체결사실이 위험변경 · 증가통지의무의 대상이 되는 '현저한 사실'인가 여부에 따라 상법 제652조 제1항 제2문이 적용되는지 여부 및 보험계약 해지권 발생여부가 결정된다. 그러나 본 사례에서 대법원은 (앞의 고지의무 관련 판시부분과 동일한 이유로) "손해보험계약에 있어서 보험계약자가 중복보험계약을 체결한 것은 상법 제652조 및 제653조의 통지의무 대상이 되는 '사고 발생의 위험이 현저하게 변경 또는 증가된 때'에 해당되는지 않는다"고 한다.[13]

---

11) 양승규(보) 163면.

12) 이 사건 약관은 보험자에 대한 고지나 통지 없이 타보험계약을 체결하는 경우 보험자의 해지권을 규정하고 있으나, 본고에서는 이에 대한 논의는 생략한다.

13) 대법원 2003. 11. 13. 2001다49630.

따라서 사례에서는 피고 Y1은 보험계약을 해지할 수 없고 보험금 지급을 거절할 수 없다.

다만 보험계약자가 정당한 사유없이(고의 또는 중대한 과실로) 통지의무를 게을리 한 때에는 상법 제672조 제3항의 詐欺에 의한 보험계약에 해당하는지가 문제될 수 있다. 중복보험계약이 보험계약자의 사기로 인하여 체결된 경우에는 각 보험계약은 무효로 된다. 다만 보험자는 사기로 인한 중복보험임을 안 때까지의 보험료청구권은 행사할 수 있다(상법 제672조 제3항, 제669조 제4항). 이와 관련하여 대법원은 사기에 의한 중복보험의 요건을 엄격하게 해석하여 단순한 통지의무 해태만으로는 사기로 인한 중복보험으로 추정할 수 없다고 한다.[14]

Ⅲ. 結　　語

본 사례에서 대법원은 보험계약자가 피보험이익과 피보험자 등이 동일한 수개의 손해보험에 가입하였더라도 그것이 생명보험이 아닌, 화재보험과 같은 손해보험인 이상 고지하여야 할 중요한 사항이거나 위험변경·증가가 있는 현저한 사실에 해당하지 아니하여 이를 보험자에게 고지하지 아니하였거나 통지하지 아니하였더라도 보험계약을 해지하고 보험금지급을 거절할 수 없다고 판시하였다. 손해보험에서는 중복보험이 위험을 변경 또는 증가시키는 행위도 아닐뿐더러, 중복보험의 경우에 연대비례보상주의를 규정하고 있는 상법 제672조 제1항과 사기로 인한 중복보험을 무효로 규정하고 있는 상법 제672조 제3항, 제669조 제4항의 규정에 비추어 볼 때, 상법은 중복보험을 일단 유효한 것으로 인정하고 있다는 것을 알 수 있다. 나아가 상법 제672조 제2항에서 중복보험체결 사실에 대한 통지의무를 부과하고 있는 것은 부당한 이득을 얻기 위한 사기에 의한 보험계약의 체결을 사전에 방지하고 보험자로 하여금 보험사고 발생시에 손해의 조사 또는 책임의 범위의 결정을 다른 보험자와 공동으로 할 수 있도록 하기 위한 것일 뿐, 타보험계약 체결사실을 보험계약체결여부 및 보험료 결정을 위한 중요자료로 인식하고 있는 것으로 보이지는 않는다. 위 판결은 타당하다고 생각한다.

14) 대법원 2000. 1. 28. 99다50712: 단지 통지의무를 게을리하였다는 사유만으로 사기로 인한 중복보험계약이 체결되었다고 추정할 수는 없다.

제 2 절 損害保險

제 1 항 保險者 代位

1 保險者 代位와 제3자의 범위

[현대해상화재보험(주) 대 대한통운(주) 사건]

대법원 1989. 4. 25. 87다1669

事 例

피고 운송인 대한통운(주)(Y)은 소외 한국전력(주)(A)과 1984. 12. 29.에 경남 창원시 소재 효성창원공장으로부터 경기도 광명시 소재 A회사의 영서발전소까지 345킬로볼트짜리 변압기 3대의 운송을 위하여 운송계약을 체결하였다. 운송의무를 이행하기에 앞서 Y는 원고 현대해상화재보험(주)(X)과 사이에 피보험자를 A로 하고 3개의 변압기를 보험목적물로 하는 운송보험계약을 체결하고 X에게 소정의 보험료를 지급하였다. 그런데 운송 도중 위 3대의 변압기 중 1대를 실은 Y 소유의 트랙터가 사고를 일으켜 그 변압기가 지상으로 떨어져 손상을 입었다. 이 사고로 인하여 A가 수리비, 운송비, 보험료 등 75,975,742원의 손해를 보게 되자, X는 위의 손해에 해당하는 보험금을 A에게 지급하였다. 한편 X는 이 사건의 사고가 Y의 被傭者에 의한 불법행위로 생긴 것이라 하여, 상법 제682조의 규정에 따라 A가 Y에 대하여 갖는 손해배상청구권을 자신이 대위취득한다고 판단하여 Y에게 그 지급을 청구하는 訴를 제기하였다. X는 Y에 대한 보험자의 請求權代位가 인정될 수 있는가?

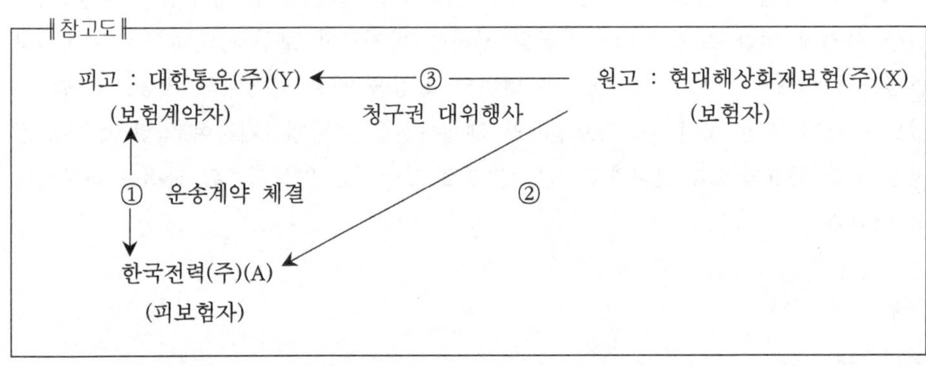

目次

Ⅰ. 判決要旨

제1심(서울민사지방법원 1986. 12. 17. 86가합2108)과 제2심(서울고등법원 1987. 6. 4. 87나347)에서는 원고의 청구를 기각했으나 대법원은 원심판결을 破棄還送하였다.

제1심과 제2심이 보험자의 청구를 棄却한 이유는 다음과 같다.

1) 상법 제682조의 제3자란 보험자와 보험계약자 및 피보험자 이외의 자를 의미한다.

2) 타인을 위한 보험계약에서는 본래 보험계약자가 보험료 지급의무를 진다.

3) 동일한 보험료를 내고 책임보험에 들었더라면 보험자에 대하여 구상책임을 면할 터인데, 운송보험에 들었기 때문에 구상책임을 져야 한다는 것은 부당하다.

4) 특히 제2심에서는 위의 이유외에 자기를 위한 보험계약의 경우에 보험계약자의 輕過失은 보험자의 면책사유가 아니므로(다만 보험계약자에게 중과실이 있는 경우에는 보험자가 면책된다), 타인을 위한 보험계약의 경우에도 보험계약자에게 輕過失이 있을 뿐인 경우는 보험계약자에 대한 피해자의 손해배상청구권이 보험자에게 이전되지 않는다고 보는 것이 보험계약의 목적에 비추어 타당하다고 하였다.

이에 대한 대법원 판결요지는 다음과 같다.

1) 상법 제682조의 입법취지에 비추어 볼 때 同條 文言의 내용이 반드시 타인을 위한 보험계약자를 제3자의 범위에서 배제하는 것이라고 할 수 없다.

2) 운송보험이 아닌 책임보험에 들었더라면 책임을 免할 수 있었다는 사정은 보

험료의 책정이나 보험의 선택에 관한 문제에 불과하다.

3) 자기를 위한 보험계약의 경우 보험계약자의 경과실은 보험자의 면책사유가 되지 않는다는 것과 타인을 위한 보험계약의 경우 보험계약자가 保險者 代位에 있어서 제3자에 포함되느냐 하는 것은 전혀 별개의 문제이다.

4) 타인을 위한 보험계약의 경우 보험계약자가 책임을 면하려면 타인을 피보험자로 하면서 보험자와의 사이에 代位求償權 不行使의 특약을 하든가 배상책임부담의 특별약관을 붙여 보험계약이 체결되었어야 한다.

5) 타인을 위한 손해보험계약에서 보험계약자는 비록 계약당사자이지만 그가 피보험이익의 주체가 아니라는 그 지위의 성격에 비추어 보면 保險者 代位에 있어서 보험계약자와 보험계약자가 아닌 제3자를 구별하여 취급하여야 할 법률상의 이유는 없는 것이고, 따라서 타인을 위한 손해보험계약자가 당연히 제3자의 범주에서 제외되는 것은 아니라고 보아야 할 것이다.[1]

II. 解　說

1. 論　點

이 사건의 논점은 타인을 위한 손해보험의 보험계약자가 상법 제682조의 제3자에 포함되는지의 여부이다.

2. 他人을 위한 保險契約

이 사건의 보험계약은 타인을 위한 보험계약이다. 타인을 위한 보험계약이란 보험계약자가 타인을 보험의 수익자(損害保險에서는 피보험자, 人保險에서는 보험수익자)로 하여 자기명의로 체결하는 보험계약을 말한다(상법 제639조). 이것은 보험계약자와 보험의 수익자가 동일인인 경우, 즉 '自己를 위한 保險契約'에 對한 개념이다.

他人을 위한 保險契約은 海上保險에서 발달한 것으로, 처음에는 거래관계를 비밀로 하기 위하여 이용되었다고 하나, 오늘날에는 보험계약자의 신용을 이용하여 신속하게 보험관계를 성립시키기에 편리하여 많이 활용되고 있다. 예컨대, 隔地者 간의 賣買에 있어서 매도인이 매수인을 위하여 운송 중의 賣買目的物인 상품에 대하여 보험계약을 체결하는 경우(이른바 C.I.F. 賣買)도 있다. 특히 人保險에 있어서는 타인을 위

1) 결과적 찬성 평석: 채이식, "보험자 대위권의 한계", 서울지방변호사회 「판례연구」 제4집, 1991. 221면 이하. 동지의 판례: 대법원 1990. 2. 9. 89다카21965 참조.

한 保險契約(예컨대, 아버지가 아들을 보험수익자로 하여 자기의 死亡에 대하여 보험계약을 체결하는 경우)이 오히려 일반적인 경우일 것이다. 他人을 위한 保險契約의 成立要件은 ① 他人을 위한다는 意思가 존재하여야 하나, ② 타인의 委任은 반드시 필요한 것은 아니다. 다만 損害保險契約의 경우에 그 타인의 위임이 없는 때에는 保險契約者는 이를 보험자에게 告知하여야 하고, 그 告知가 없는 때에는 타인이 그 보험계약이 체결된 사실을 알지 못하였다는 사유로 보험자에게 對抗하지 못한다(상법 제639조 제1항 단서). 즉, 보험계약체결 사실을 알지 못하여 告知義務(상법 제651조)와 각종의 通知義務를 이행하지 못하였다는 항변을 할 수 없다.

타인을 위한 보험계약에서 보험계약자는 보험자에 대하여 보험료지급의무(상법 제638조, 제639조 제3항 본문)외에, 고지의무(상법 제651조), 위험변경 · 증가의 통지의무(상법 제652조), 위험의 변경 · 증가금지의무(상법 제653조), 보험사고발생통지의무(상법 제657조)를 부담하고, 특히 손해보험에 있어서는 손해방지 · 경감의무(상법 제680조)를 부담하는 반면, 보험계약자는 보험자에 대하여 보험증권교부청구권(상법 제640조), 보험료감액청구권(상법 제647조), 보험료(보험적립금) 반환청구권(상법 제648조, 제649조 제3항, 제736조), 보험계약해지권(商法 제649조 제1항)을 행사할 수 있다. 다만 해지권은 그 수익자의 동의를 얻지 아니하거나 보험증권을 소지하지 아니하면 행사할 수 없다(상법 제649조 제1항 단서).

3. 請求權 代位에 있어 제3자의 範圍

(1) 請求權 代位의 意義와 要件

청구권 대위란 피보험자의 손해가 제3자의 행위로 인하여 생긴 경우에 보험금액을 지급한 보험자가 지급한 보험금액의 한도 내에서 그 제3자에 대한 보험계약자 또는 피보험자의 권리를 법률상 당연히 취득하는 제도를 말한다(상법 제682조 본문). 예컨대 積荷가 해상운송인의 고의 · 과실에 의하여 멸실하여 보험자가 피보험자에게 보험금액을 지급하면 보험자는 피보험자의 운송인에 대한 계약불이행으로 인한 손해배상청구권을 代位取得한다.

보험자가 제3자에 대한 권리를 취득하려면 손해가 ① 제3자의 행위로 인하여 생기고, ② 보험자가 보험금액을 지급하여야 한다(상법 제682조). 이 사건에서 문제되는 것은 이 사건의 손해가 과연 ① 제3자의 행위로 인하여 발생하였는가 하는 점이다. 왜냐 하면 보험계약자는 보험계약의 당사자인데, 이를 제3자라고 한다는 것은 法文과 맞지 아니하기 때문이다. 본래 '제3자'란 보험자 · 보험계약자 또는 피보험자를 제외한 모든 사람을 말한다. 그러나 제3자의 범위에 대하여는 각종의 보험과 관련하여 구체적인 사건에 따라 결정하여야 할 것이다.

(2) 제3자의 範圍

이 사건에서는 운송인이 荷主를 피보험자로 한 운송보험계약을 체결한 경우이다. 이 때 운송인의 過失로 운송물이 멸실되었다면 운송보험계약자인 운송인에 대하여 보험자가 代位權을 행사할 수 있는지 의문이다. 즉, 제3자의 범위에 보험계약자도 포함되는가에 관하여 學說이 일치하지 않는다.

(가) **肯定說** 이 學說에 의하면 상법 제682조(제3자에 대한 보험 대위)의 文言에도 불구하고 보험계약자도 同條의 제3자가 될 수 있다고 한다.[2] 따라서 보험자는 사고를 발생시킨 보험계약자에게도 代位權을 행사할 수 있다고 한다. 대법원 1989. 4. 25. 87다카1669도 동일한 취지의 判例이다. 이 學說은 그 근거를 주로 보험의 원리나 보험자 대위제도의 입법취지에서 찾고 있다. 즉, ① 독일과 일본의 학설·판례가 이를 긍정한다는 점,[3] ② 保險者 代位의 입법취지가 보험사고로 인하여 이중의 이득을 보는 자나 보험사고에 대한 책임을 免하는 자가 없도록 하자는 데 있다는 점,[4] ③ 보험계약자에게 대위권을 행사할 수 없다는 특약이 있는 경우에는 보험계약자는 보험자의 대위권 행사를 거절할 수 있다는 점, ④ 보험계약자가 보험료지급의무 등을 지지만, 이 경우에 보험계약자는 보험료를 타인의 계산으로 지급하고 있으며 기타의 의무도 보험계약자가 보험자의 상대방인 형식적인 자격으로 인하여 지는 것에 불과하다는 점, ⑤ 타인을 위한 보험계약의 경우 단순한 보험계약자가 제3자에 포함되지 않는다

---

2) 최기원(하) 716면; 홍성무, "보험자대위권," 법원행정처, 「재판자료 제53집: 해상·보험법에 관한 제문제」(하), 427면.

3) 최기원 교수에 의하면 독일에서는 1960년까지만 하여도 제외설이 학설과 판례의 입장이었으나(Bischoff, VersR. 1961, 195), 1960년 독일 연방대법원 판결 이후 포함설의 입장이라고 할 수 있다고 한다(Prolss-Martin, VVG, 24. Aufl(1989)., S. 452 ; Bischoff, VersR, 1961, 193 ; Bruck-Möller, VVG, 8. Aufl., S. 765 ; BGH VersR, 1960, 724 ; BGH, MDR, 1972, 218). 일본의 경우에도 타인을 위한 보험계약의 경우 예컨대 운송인이 송하인을 피보험자로 하여 보험계약을 체결한 때에 이후 보험사고가 발생하여 보험자가 피보험자에게 손해를 전보한 경우는 특약이 없는 한 그가 지급한 금액의 한도 내에서 피보험자가 보험계약자에 대하여 갖는 권리를 취득한다는 것이 학설과 판례의 입장이라고 한다(石田滿, "保險者代位 損益相殺," 「保險法學の諸問題」, 14면; 日最高判 1968. 7. 11, 民集 22. 7. 1489). 이상 편집대표 최기원, 「상사판례연구」 제2권, 1996, 139면.

4) 보험자 대위제도의 입법취지는 우리 나라와 일본에서는 일반적으로 피보험자의 이중이득을 방지하기 위한 것으로만 설명하고 있으나 독일보험계약법상의 보험자 대위규정(제69조)의 공적인 입법동기와 취지를 보면 동 제도는 보험사고로 인하여 이중이득을 보는 자나, 보험사고에 대한 책임을 면하는 자가 없도록 하는 데 있다고 한다: 최기원, 상게 「상사판례연구」, 139면.

고 하면 (예컨대 보험계약자인) 운송업자나 창고업자가 (荷主를 위하여 보험계약을 체결하고) 주의를 소홀히함으로써 (보험사고를 일으키고도 아무런 책임을 지지 아니하여) 손해의 발생이 증가하게 되어 국민경제적으로뿐만 아니라 그 누구에게도 이익이 될 수 없다는 점, ⑥ 타인을 위한 손해보험은 오로지 피보험자의 보호를 목적으로 하는 보험인 점[5] 등을 그 근거로서 열거한다.

(나) 否定說 위 긍정설에 대하여 보험계약자는 제3자에 포함될 수 없어서 그에게 代位權을 행사할 수 없다는 견해가 있다. 이 견해에 의하면, 보험계약자는 제3자가 아니므로 請求權 代位가 성립하지 아니한다.[6] 그 근거는 ① 보험계약자는 보험계약상의 보험료의 지급의무를 비롯한 각종의 의무를 지는 점(상법 제650조, 제651조, 제652조, 제653조, 제680조), ② 보험계약자의 과실이 있는 때가 아니라 故意 또는 重大한 過失로 보험사고가 발생한 때에만 보험자는 보험금지급책임을 지지 않는 것이 일반원칙인 점,[7] ③ 이 경우에 보험계약자가 책임보험계약(상법 제719조 이하)을 체결한 때에는 전혀 제3자의 문제가 제기될 수 없는 점, ④ 상법 제639조 제2항 단서는 "타인을 위한 손해보험계약의 경우에 보험계약자가 그 타인에게 보험사고의 발생으로 생긴 손해의 배상을 한 때에는 보험계약자는 그 타인의 권리를 害하지 아니하는 범위 안에서 보험자에게 보험금액의 지급을 청구할 수 있다"고 정하고 있는데, 이것은 간접적으로 보험계약자에 대한 보험자의 대위권을 배제한 것이라 할 수 있는 점, ⑤ 보험계약자는 '계약당사자'인데 계약당사자를 '제3자'로 보는 것은 용어의 개념상 적절하지 않은 점[8] 등을 든다.

Ⅲ. 結 語

생각건대 否定說이 옳다. 보험계약자가 책임보험에 가입하였더라면 면책될 수 있었을 것인데, 錯誤로 운송보험에 가입하였기 때문에 보험자 대위의 대상이 된다는 것도 형평의 관념에 맞지 않는다. 肯定說이 주장하는 保險者 代位의 근거, 즉 보험사고에 대한 책임을 免하는 자가 없도록 하여야 한다는 원칙은 꼭 같은 사실관계로부터 책임보험계약을 체결한 경우에는 왜 적용되지 않는지 설명하지 못한다. 나아가 타인을 위한 손해보험은 오로지 피보험자의 보호를 목적으로 하는 보험이라고 하는 설명

5) 채이식(하) 564면.
6) 양승규(보) 415면.
7) 이와 관련하여 대법원은 보험계약자의 경과실 문제와 보험자 대위는 별개의 문제라고 한다. 위 대법원 판결요지 3) 참조.
8) 손주찬(하) 595면.

도 석연치 않다. 타인을 위한 손해보험의 계약자도 보험사고의 발생과 전혀 무관한 자는 아니며, 보험료지급의무, 고지의무, 위험변경증가의 통지의무, 故意나 重過失에 의한 위험증가행위 금지의무, 손해방지의무 등을 지는데, 이들 의무가 모두 피보험자의 의무를 대신하는 것이라거나 보험자의 상대방인 형식적인 자격으로 인하여 지는 것에 불과하다고 하는 것은 납득하기 어렵다.

또한 보험계약자의 고의 또는 중대한 과실로 보험사고가 발생한 때에는 보험자는 본래 보험금지급책임을 지지 않는 것이 원칙이고, 과실의 경우에는 보험자에게 그 책임을 지우는 것이 보험계약의 목적상 타당하다. 그런데 위 긍정설에 의하면 보험계약자의 과실의 경우까지 보험자를 면책되도록 하는 결과가 된다. 이것은 지나친 보험자의 보호가 아닌가 생각한다. 따라서 보험자는 보험계약자에게 대위권을 행사할 수 없다고 본다. 다만 보험계약자에게 과실이 아닌 고의·중과실이 있으면 보험자는 면책될 수 있을 뿐이다. 그러므로 X에게 Y에 대한 보험자의 청구권대위가 인정되어서는 아니 된다고 본다.

한편 피보험자의 동거가족에 대하여는 보험자대위가 인정되지 않는다.[9]

퀴 즈	
Ques.	크리스마스에 눈이 오면 1억원을 지급하기로 하는 보험계약이 성립하는가?
Ans.	피보험이익이 없어서 보험계약이 성립할 수 없다. 1) 피보험이익의 의의　　피보험자가 손해를 입을 염려가 있는 이익(보험계약의 목적), 2) 피보험이익의 성질　　주관적이고 구체적, 3) 보험계약상의 지위　　절대적 요건, 손해보험계약 특유의 요건, 4) 피보험이익의 요건(① 경제적 이익, ② 이익의 적법성, ③ 이익의 확정성), 5) 피보험이익의 기능(① 보험자의 책임범위의 결정, ② 보험의 도박화의 방지, ③ 초과보험·중복보험의 배제, ④ 일부보험의 보상액의 조정, ⑤ 보험계약의 동일성의 판별), 6) 피보험이익의 흠결(보험계약이 무효가 된다).

9) 대법원 2000. 6. 23. 2000다9116 판결.

퀴 즈

Ques.	골프를 하던 중에 hole-in-one이 발생할 때를 대비한 hole-in-one보험계약이 성립하는가(※ Hole-in-one을 한 경우 기념식수비용, 동반자들에 대한 식사 접대비용 등의 비용이 발생할 수 있다)?
Ans.	피보험이익이 있으므로 보험계약이 성립할 수 있다.

퀴 즈

Ques.	보험자대위와 보험위부의 차이를 설명하라.
Ans.	1) 保險者代位는 모든 손해보험에서 인정되나, 保險委付는 해상보험에서만 인정된다. 2) 보험자대위는 보험의 목적물이 현실적으로 전손된 경우에 인정되나, 보험위부는 보험의 목적이 전부 멸실한 것과 동일시되는 추정전손이 있는 경우에 인정된다. 3) 보험자대위는 권리이전의 효과가 법률상 당연히 나타나는 데 비하여, 보험위부는 목적물에 관한 권리를 보험자에게 이전하되, 피보험자의 특별한 의사표시를 필요로 한다. 4) 보험위부의 경우에는 위부된 목적물이 피보험자에게 지급한 보험금액보다 큰 것이 입증되어도 보험자는 여전히 그 전부의 果實을 소유할 수 있으나, 보험자대위의 경우에는 이와 반대로 보험자는 피보험자에게 지급한 보험금액 이상으로 회복할 수 없다.

제 2 항 損害保險關係의 變更 · 消滅

2 保險目的의 讓渡로 인한 重複保險

[국제화재해상보험(주) 대 동부화재해상보험(주) 사건]

대법원 1996. 17. 26. 95다52505

|設 問|

소외 장세찬은 1993년 8월 21일 피고 동부화재해상보험주식회사(Y)와의 사이에 자신이 경영하던 대구 소재 세원섬유의 공장 내 기계기구 및 제품 일체에 관하여 보험가입금액은 금 2억 9천만원으로, 보험기간은 1993년 8월 22일부터 1994년 8월 22일까지로 하는 일반화재보험계약을 체결하였다(이 사건 제1보험계약). 장세찬은 1994년 1월 31일 소외 성낙용에게 위 공장 내의 기계시설 등을 매도하였다. 성낙용은 위 공장을 인수하여 '대호섬유'라는 상호로 영업을 하던 중인 동년 1994년 5월 23일 이 사건 제1보험계약의 존재를 알지 못한 채 원고 국제화재해상보험주식회사(X)와의 사이에 위 공장 내의 기계기구 및 동산에 관하여 보험가입금액을 금 3억 5천만원으로, 보험기간은 1994년 5월 23일부터 1997년 5월 23까지로 하는 화재보험계약을 체결하였다(이 사건 제2보험계약). 그런데 1994년 6월 30일 22시 12분경 위 공장 내에서 전기합선으로 추정되는 화재가 발생하여 공장내 시설 및 기타 비품 등 합계금 2억 8천만원 상당액이 소훼되었다. 이에 X는 성낙용에게 위 손해액 상당의 보험금과 손해사정을 위한 비용 등 도합 3억 1천 8백여만원을 지급하였다.

X의 주장은 다음과 같다. 즉, 이 사건 제1보험계약과 제2보험계약은 중복보험으로서 제1보험자인 Y 역시 제2보험자인 X와 연대하여 위 보험사고에 대하여 보험가입금액의 비율에 따라 보상할 책임이 있다 할 것이다. 그럼에도 이 사건에서 제2보험자인 X만이 보험금 전액을 지급하였으므로 X가 지급한 Y 부담부분에 대하여 구상권을 행사할 수 있다.

Y는 다음과 같은 취지의 주장을 하였다. 즉, 위 소외 장세찬이 보험의 목적을 양도하였는데, 보험의 목적을 양도할 경우에는 상법 제679조 제2항에 따라 보험자에게 그 통지를 하여야 한다. 나아가 이 사건에서 보험의 목적의 양도로 위험의 현저한 변경 또는 증가가 있는 바이므로 위 계약에 적용되는 보험약관에 따라 역시 통지를 하여야 한다. 그럼에도 위 통지의무를 해태한 이 사건에서는 제1보험자인 Y는 보험계약을 해지할 수 있고, 따라서 이 사건 제1보험계약은 Y의 해지로 종료되었으니 중복보험으로 인한 연대보상책임이 없다.

이 사례에서 다음 물음에 답하라.

1. 이 사건 보험목적의 양도는 법적으로 어떠한 의미를 갖는가?

2. 보험의 목적을 양도하였음에도 상법 제679조 제2항에 따른 通知義務를 懈怠한 경우 가하여지는 制裁는 무엇인가?

3. 위와 같은 사실관계에서 보험목적의 양도로 인한 위험의 현저한 변경·증가가 있는가?

4. 이 사건 제1보험계약과 제2보험계약의 관계는 어떠한가?

5. 이 사건 각 보험자의 책임은 어떠한가?

6. 소외 성낙용은 제1보험계약과 제2보험계약의 관계에 따른 별도의 통지의무를 부담하는가?

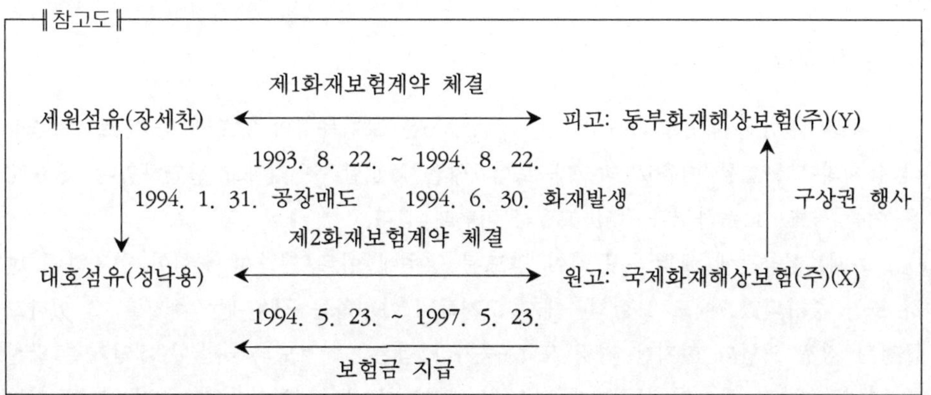

目 次

(1) 論　點　(2)重複保險의 意義
(3) 重複保險의 要件
(4) 設問의 해답
6. 제5문
(1) 論　點　(2)重複保險의 效果
(3) 設問의 해답
7. 제6문
(1) 論　點　(2)通知主義
(3) 設問의 해답

Ⅰ. 判決要旨

原審(서울민사지방법원 1995. 11. 9. 95나23913)은 보험목적의 양도에 따른 보험약관상의 통지의무 懈怠를 이유로 피고가 보험계약을 解止할 수 있다고 판단하였다. 大法院은 이를 破棄·還送하였다. 判決要旨는 다음과 같다.

화재보험약관에 보험의 목적이 양도된 경우에 이로 인하여 위험이 현저하게 변경 또는 증가되었음에도 보험회사에게 고지하지 아니하는 경우에는 해지할 수 있다고 규정된 경우 위험의 현저한 변경 또는 증가라 함은 그 정도의 위험이 계약체결 당시에 존재하였다고 한다면 보험자가 계약을 체결하지 아니하였거나 또는 적어도 동일한 조건으로는 그 계약을 체결하지 아니하였으리라고 생각되는 정도의 것을 말하므로, 그 여부는 보험목적물의 使用·收益方法의 變更 등 양도 전후의 여러 사정을 종합하여 판단하여야 하고 이에 관한 입증책임은 그 존재 사실을 들어 보험계약의 解止를 주장하는 자가 負擔한다(공장이 양도되었으나, 영위직종, 공장건물구조 및 작업이 동일한 이 사건의 경우에는 위험의 현저한 변경 또는 증가라고 할 수 없다).

Ⅱ. 解　說

1. 序　言

위의 설문은 보험목적의 양도의 경우 通知義務 및 보험목적의 양도로 인한 重複保險의 경우 각 보험자의 책임이 논의의 중심이 된다.

2. 제1문: 이 사건 보험목적의 양도는 법적으로 어떠한 의미를 갖는가?

(1) 論　點

제1문의 논점은 보험목적의 양도의 意義, 要件 및 效果를 묻는 것이다.

(2) 保險目的의 讓渡

(가) **保險目的의 讓渡의 意義**　보험목적의 양도란 피보험자가 보험의 대상인 목적물을 그 의사표시에 의하여 타인에게 양도하는 것을 말한다. 目的物 자체의 양도란 점에서 目的物에 관해 보험자에 대하여 갖는 損害補償請求權(보험금청구권)의 양도와도 구별된다. 보험의 목적을 양도(Veräuβerung der versicherten Sache)하면 양수인은 보험계약상의 권리와 의무를 承繼한 것으로 推定된다(상법 제679조 제1항). 이는 任意規定이다.

理論上으로는 피보험자가 보험의 목적을 양도하면 그 목적에 관하여 가지고 있었던 피보험이익이 소멸하므로 그 보험계약은 효력을 상실하게 될 것이고, 또 양수인은 본래 보험자와는 아무런 관계도 없으므로 양자 사이에 보험계약관계가 생길 수도 없다. 그러나 실제로는 보험관계는 그 목적물에 부속한 법률관계로서 목적물의 양도와 동시에 이에 附隨되어 승계된다고 보는 것이 당사자들의 합리적 의사와 符合할 것이다(판례 1). 만약 보험관계의 승계를 인정하지 않는다면 양도인이 보험료를 지급한 보람이 없게 되고, 또 피보험이익이 일시적으로 無保險狀態에 놓일 우려가 있다.

[**판 례** 1]

상법 제679조의 취지는 보험의 목적이 양도된 경우 양수인의 양도인에 대한 관계에서 보험계약상의 권리도 함께 양도된 것으로 당사자의 통상의 의사를 추정하고, 이것을 사회경제적 관점에서 긍정한 것이고, 본조를 위반한 법률행위를 공서양속에 반한 법률행위로서 무효로 보아야 할 것으로는 해석되지 아니하므로 위 규정은 임의규정이라 할 것이고, 따라서 당사자간의 계약에 의해 위 규정의 적용을 배제할 수 있다(대법원 1991. 8. 9. 91다1158. 同旨: 대법원 1993. 4. 13. 92다8552; 서울고등법원 1990. 4. 13. 90나1306).

(나) **權利讓渡의 推定의 要件**

(a) **보험관계의 존재:**　商法 제679조 제1항에 의한 權利·義務讓渡의 推定을 받으려면 보험의 목적물이 양도될 당시에 양도인과 보험자 사이에 유효한 보험관계가 존재하여야 한다. 보험계약이 존속하는 한 免責事由가 있어도 보험계약상의 權利·義務는 양수인에게 이전하되, 보험자는 양수인에 대하여 그 免責事由로써 대항할 수 있다.

(b) **물건의 부보**(付保):　보험의 목적이 動産·不動産 등 물건이어야 한다. 물건은 유체물에 한하지 않고 무체재산권까지도 포함하나, 特定되고 개별화되어야 한다.

(c) **물권적 이전:**　보험의 목적이 이전되어야 한다. 따라서 양도하기로 하는 債

權契約만으로는 부족하고, 所有物이 讓受人에게 이전되었을 때 비로소 보험관계가 이전된다. 보험목적의 物權的 移轉이 있는 한 제3자에 대한 대항요건을 갖추고 있느냐는 묻지 않는다.[1)]

(다) **保險目的의 讓渡의 效果**

(a) 보험계약상의 권리와 의무의 이전: 보험의 목적을 양도하면 讓受人은 보험계약상의 權利와 義務를 승계한 것으로 推定된다(상법 제679조 제1항). 보험의 목적의 양도로써 移轉되는 권리·의무로는 피보험자로서의 權利인 보험금청구권(상법 제658조), 보험료감액청구권(상법 제647조), 保險料返還請求權(상법 제648조), 보험계약해지권(상법 제649조)이 있고, 義務로는 보험료지급의무(상법 제639조 제2항), 通知義務(상법 제562조, 제657조), 손해방지·경감의무(상법 제680조)가 있다.

(b) 양도의 추정과 보험계약관계: 보험의 목적을 양도하면 讓受人이 보험계약상의 權利·義務를 승계한 것으로 '推定'되는 데 그친다. 그러므로 權利讓渡의 의사가 없었다는 증명을 하면 權利移轉의 효과가 생기지 않는다. 이 경우에는 보험계약도 그 효력을 상실하게 된다.

(c) 保險目的 讓渡의 통지의무는 제2문에서 논의한다.

(d) 위험의 변경·증가와 계약해지권은 제3문에서 논의한다.

3. 제2문: 보험의 목적을 양도하였음에도 상법 제679조 제2항에 따른 通知義務를 懈怠한 경우 가하여지는 制裁는 무엇인가?

(1) 論 點

제2문은 보험목적의 양도의 경우 通知義務 및 그 懈怠의 효과를 묻는다.

(2) 保險目的의 讓渡의 通知義務

(가) **對抗要件 問題** 보험의 목적을 양도한 때에는 양도인 또는 양수인은 보험자에 대하여 지체없이 그 사실을 통지하여야 한다(상법 제679조 제2항)(Anzeige-pflicht). 보험목적의 양도로 피보험자가 교체되므로 예측위험률의 변화 등 보험계약의 기초에 중대한 변경을 초래할 가능성이 있다. 따라서 보험자로서도 중대한 이해관계가 있고, 보험계약관계의 유지나 변경 등의 결정에 관한 기회를 부여받아야 할 필요성이 있다.[2)]

권리의 양도가 推定되면 보험목적의 양도당사자간에는 문제가 되지 않으나, 그

---

1) 민법상 형식주의를 취했더라도(民法 제186조·제188조) 선박소유권의 이전에는 등기가 제3자 대항요건이다(상법 제743조).

2) Weyers, *a.a.O.*, Rz. 439.

양도의 효과를 보험자 기타 제3자에 대하여 주장하는 데 對抗要件을 갖출 필요가 있는가? 또는 양도·양수인의 통지의무를 정한 상법 제679조 제2항이 바로 이러한 대항요건을 규정한 것인가에 관하여는 견해가 갈린다.

(a) 대항요건필요설: 민법상 일반채권양도와 마찬가지로 승낙이나 통지가 있어야 보험자에 대항할 수 있고, 다만 보험증권이 발행된 경우에는 보험증권만 교부하면 보험자에 대하여도 양도의 효력이 발생한다고 한다. 이 學說에 의하면 상법 제679조 제2항은 바로 대항요건을 규정한 것이라고 하게 된다. 현재 이러한 견해를 취하는 분은 없다.

(b) 대항요건불요설: 이 學說은 대항요건을 갖추지 않더라도 상법 제679조 제1항의 규정에 의하여 당연히 권리가 이전되고, 보험자는 채권의 準占有者에 대한 辨濟의 규정(민법 제450조)에 의해 보호될 수 있다고 한다.[3] 따라서 상법 제679조 제2항은 대항요건을 규정한 것이 아니라고 본다.

생각건대 對抗要件不要說이 타당하다고 본다. 상법 제679조 제2항이 규정한 보험계약자의 통지의무는 보험자를 보호하기 위하여 부과한 것이긴 하지만 대항요건을 규정한 것으로 보기는 어렵다. 대항요건설은 상법 제679조 제1항이 정한 "권리·의무의 承繼를 推定한다"는 규정을 무의미하게 만든다. 또한 상법은 대항요건을 규정하는 경우에는 "對抗하지 못한다"라고 明規하고 있는데(예컨대 상법 제734조 제1항, 제337조 제1항), 여기서는 위험변경통지의무와 같이(상법 제652조) "통지하여야 한다"라고만 하고 있다. 이 통지의무는 예컨대 위험의 객관적 변경·증가의 경우의 통지의무(상법 제652조)와 같은 성질의 것이라고 본다.

상법 제679조 제2항이 대항요건을 규정한 것은 아니지만 이 규정에 따라 양도인 또는 양수인은 보험의 목적을 양도하였을 때에는 보험자에 대하여 지체없이 그 사실을 통지하여야 한다.

(나) 通知義務 違反의 效果 통지의무 위반에 대하여는 규정이 없다. 이에 관하여는 다음 4가지의 견해가 있다.

즉, ① 독일 보험법 제71조 제1항을 참조하여 위험변경증가시의 보험자의 보호규정(상법 제652조)을 類推適用할 수 있다는 學說,[4] ② 상법 제652조를 유추적용하는 것

---

3) 손주찬(하) 602면; 양승규(보) 258면; 채이식(하) 526면; 정찬형(하) 572면.

4) 이 학설에 의하면 양도인 또는 양수인이 그 통지의무를 게을리한 때에는 보험약관의 정함에 따라 그것을 양도한 날로부터 일정한 기간이 경과한 후에 생긴 사고에 대하여는 보험자는 보상책임을 지지 아니할 수 있다고 한다(양승규(보) 256면).

은 양수인에게 가혹하여 부당하므로, 입법적으로 해결하여야 한다는 學說,[5] ③ 이 통지의무를 懈怠한 때에는 보험자가 善意로 양도인에게 보험금을 지급하여도 이의를 제기하지 못하며 또 그로 인하여 보험자가 손해를 입은 때에는 이를 배상하여야 한다는 學說[6] 등이 있다.

(3) 設問의 해답

생각건대 보험목적의 양도로 인하여 보험사고의 위험이 현저하게 변경 또는 증가된 때에만 상법 제652조를 類推適用하여 보험자는 그 사실을 안 때부터 1월 내에 보험료의 증액을 청구하거나 보험계약을 解止할 수 있다고 보아야 하고, 단순히 보험의 목적을 讓渡하였더라도 위험의 현저한 변경·증가가 없는 때에는 상법 제652조를 유추적용할 수는 없다고 생각한다. 위의 ①의 學說이 타당하다고 본다.[7]

일본상법 제650조 제2항은 명문으로 보험목적의 양도가 현저하게 위험을 변경 또는 증가시킨 때에는 보험계약은 그 효력을 잃는다고 규정한다. 따라서 保險의 目的의 양도로 인하여 위험이 현저하게 변경 또는 증가되었느냐가 문제이다.

4. 제3문: 위와 같은 사실관계에서 보험목적의 양도로 인한 위험의 현저한 변경·증가가 있는가?

(1) 論　點

제3문의 논점은 위와 같은 사실관계에서 실제로 위험의 현저한 변경·증가가 있는가를 객관적으로 판단해 보라는 것이다.

(2) 危險의 變更·增加와 契約解止權

보험계약자 또는 피보험자가 보험기간 중에 사고발생의 위험이 현저하게 변경 또는 증가된 사실을 안 때에는 지체없이 보험자에게 그 통지를 하여야 한다(상법 제652조 제1항 제1문).[8] 이 통지의무의 법적 성질은 고지의무와 마찬가지로 間接義務 또

5) 최기원(하) 726면. 독일 보험계약법 제71조는 통지를 지체없이 하지 않으면 그 통지가 보험자에게 도달한 때로부터 1월 이후에 보험사고가 생긴 때에는 보험자는 보험금지급책임을 면한다고 되어 있다.

6) 채이식(하) 526면; 서돈각·정완용(하) 427면.

7) 손주찬(하) 601면.

8) 여기서 위험의 변경이란 해상보험을 제외하고 육상보험에서는 무의미하다. 육상보험의 경우에는 보험계약자는 특별위험이 소멸한 경우에만 보험료의 감액을 청구할 수 있고, 위험의 감소가 있더라도 보험료의 감액을 청구할 수 없기 때문이다. 따라서 "위험이 현저하게 변경 또는 증가된 경우"는 "위험이 현저하게 증가된 경우"로 고쳐야 한다: 최기원(보) 220면; 손주찬(하)

는 自己義務라고 본다.[9] 이 통지를 받은 保險者는 통지를 받은 날로부터 1月 내에 계약을 解止하거나 보험료의 증액을 청구할 수 있고(상법 제652조 제2항), 이 통지를 해태한 때에는 보험자는 그 사실을 안 날로부터 1月 내에 한하여 계약을 해지할 수 있다(상법 제652조 제1항 제2문). 계약을 解止하는 경우에도 그 사고가 위험의 변경·증가의 사실과 因果關係가 없다는 증명이 없는 한 보험금지급책임을 지지 않는다(상법 제655조).

위험변경·증가의 통지의무가 필요한 것은 사고발생의 위험이 현저하게 증가한 사실이며, 이것은 만일 보험계약을 체결할 당시에 증가한 위험이 있었으면 보험자가 계약을 체결하지 아니하였거나 또는 보다 더 많은 보험료를 約定하였으리라고 생각될 정도로 위험이 증가한 경우를 가리킨다. 이 정도의 위험이 있었는가의 여부는 객관적으로 판단할 문제이다.[10]

(3) 設問의 해답

이 事件 火災保險에 적용되는 標準保險料率은 물건을 중심으로 그 영위직종, 영위작업, 건물 구조 및 위치에 따라서 결정되고 보험목적물의 운영주체는 원칙적으로 保險料率의 결정 요소는 아니다. 그런데 소외 성낙용은 소외 장세찬으로부터 위 기계, 기구 등을 양수한 후 대호섬유로 상호만을 변경하였을 뿐, 그 영위직종과 영위작업, 공장건물 구조 및 작업공정이 양도 전후가 동일한 것으로 보아 보험목적물의 양도로 인하여 위험의 현저한 증가 또는 변경이 있었다고는 보기 어렵다. 따라서 보험목적의 양도에 관한 통지의무 위반을 이유로 보험금 지급을 거절하는 피고의 주장은 정당하지 아니하다.

5. 제4문: 이 사건 제1보험계약과 제2보험계약의 관계는 어떠한가?

(1) 論　點

논점은 이 사건 제1보험계약과 제2보험계약은 중복보험이 되는가가 논점이다. 이 문제는 중복보험의 意義와 要件을 살펴보면 알 수 있다.

(2) 重複保險의 意義

551면.

9) 이기수(보·해) 171면; 양승규(보) 156면.

10) 손주찬(하) 551면; 양승규(보) 157면; 서돈각·정완용(하) 390면. 프랑스보험계약법 L. 113-114조 및 스위스보험법 제28조 제2항 참조.

중복보험(double insurance, Doppelversicherung)이란 넓은 의미로는 특정된 보험의 목적에 관하여 보험사고·피보험자 및 피보험이익이 동일하고 보험기간이 공통된 數個의 보험계약을 數人의 보험자와 동시에 또는 순차로 체결한 경우를 말한다. 좁은 의미로는 廣義의 중복보험 중에서 각 계약의 보험금액총액이 보험가액을 초과하는 경우(固有의 重複保險=招過重複保險)를 말한다. 중복보험은 초과보험(Überversicherung)의 특수한 형태이다.[11] 초과중복보험의 경우에는 초과보험의 경우와 같이 남용 우려가 있으므로 특별한 규제를 하고 있다.

重複保險은 고가물에 대한 보험 기타 한 사람의 보험자와의 보험계약만으로는 보험자의 자력에 비추어 볼 때 불안한 경우와,[12] 예컨대 상품의 매도인과 매수인 간의 정보의 교환이 충분하지 못하여 동일 상품에 대하여 중복하여 운송보험계약 또는 積荷保險契約을 체결하는 경우 등에 발생한다. 또한 위의 事例에서와 같이 보험의 목적이 양도된 경우 그 양수인이 양도인의 보험가입 사실을 알지 못하고 그 목적에 대하여 다시 보험에 붙이는 경우에도 중복보험이 성립한다.

(3) 重複保險의 要件

중복보험이 되려면 數個의 보험계약이 數人의 보험자와 체결되어야 하고, 보험계약의 요소가 중복되어야 한다. 즉, 동일한 보험의 목적에 관하여 보험사고가 동일하여야 하고(판례 2 참조), 보험기간도 동일하거나 중복되어야 한다.

[판 례 2] 대법원 1989. 11. 14. 88다카29177(중복보험의 요건)

산업재해보상보험과 자동차종합보험(대인배상보험)은 보험의 목적과 보험사고가 동일하다고 볼 수 없는 것이어서 사용자가 위 보험들에 함께 가입하였다고 하여도 동일한 목적과 동일한 사고에 관하여 수 개의 보험계약이 체결된 경우를 말하는 상법 제672조 소정의 중복보험에 해당한다고 할 수 없다.[13]

또한 피보험이익이 다르면 중복보험이 아니며,[14] 피보험자가 달라도 중복보험으로 되지 않는다. 위의 事例에서는 제1보험계약의 피보험자는 본래 소외 장세찬이었고 제2보험계약의 피보험자는 소외 성낙용이다. 제1보험계약과 제2보험계약은 본래 중복보험이 아니었다. 그러나 보험의 목적을 양도한 때에는 양수인은 보험계약상의 권리

---

11) Die Doppelversicherung ist also definitionsgemäβwirtschaftlich eine-Überversicherung:Hans-Leo Weyers, Versicherungsvertragsrecht, 1986, Rz. 481.
12) 이기수(보·해) 139면.
13) 이 판결에 대한 판례평석으로 박용수, "종업원재해를 자동차보험의 대인배상에 관한 보험회사의 면책사유로 규정한 자동차보험보통약관의 효력," 「사법행정」, 1990. 7. 59면 이하 참조.
14) 서울민사지방법원 1989. 5. 22. 88가합55853.

와 의무를 承繼한 것으로 추정되므로(상법 제679조) 자연히 제1보험계약상의 권리와 의무가 소외 성낙용에게 승계되어 제2보험계약과 중복보험을 이루게 된 것이다.

(4) 設問의 해답

이 사건 제1보험계약과 제2보험계약은 중복보험관계에 있다.

6. 제5문: 이 사건 각 보험자의 책임은 어떠한가?

(1) 論 點

중복보험이 성립한다면 각 보험자의 책임은 어떠한가가 제5문의 논점이다. 즉 중복보험의 효과가 문제이다.

(2) 重複保險의 效果

各 保險者의 責任은 중복보험이 성립한다면 각 보험자의 책임은 어떠한가? 중복보험의 효과에 관한 입법주의는 優先主義, 連帶主義, 比例主義가 있다. 우리 商法은 비례주의를 원칙으로 하되, 연대주의를 가미하고 있다. 즉, 商法은 同時重複保險이든 異時重複保險이든 이를 구별하지 않고, 보험자는 각자의 보험금액의 한도에서 연대책임을 진다(상법 제672조 제1항 제1문: 連帶主義). 이 경우 각 보험자의 보상책임은 각자의 보험금액의 비율에 따른다(상법 제672조 제1항 제2문: 比例主義). 따라서 우리 나라는 '連帶比例補償責任主義'를 취하고 있다고 할 수 있다. 수 개의 소극보험(Passivenversicherung)(예컨대 책임보험:Haftpflichtversicherung)이 중복보험의 형태로 체결된 경우에도 같다(상법 제725조의 2).[15]

중복보험은 여러 개의 보험계약이 공통된 피보험이익을 목적으로 하는 것이므로, 보험계약자가 선의로 각 보험자와 보험계약을 체결한 경우에는 이를 보호하기 위하여 각 보험자의 책임을 무겁게 할 필요가 있는 점에서 이와 같은 연대책임은 타당하다고 할 수 있다. 결국 피보험자는 보험료를 보험가액을 초과한 보험금액에 대하여 지급하였지만 보상받을 수 있는 보험금은 보험가액의 범위 내로 제한되는 불이익을 받는다.[16] 자신의 보상책임 이상을 부담한 보험자(이 사건 원고)는 다른 보험자(이 사건 피고)에 대하여 구상권을 갖는다.[17] 따라서 이 사건 원고의 주장은 정당하다.

한편 이 사건에서는 문제가 되지 않으나, 중복보험계약이 보험계약자의 詐欺로 인하여 체결된 경우에는 각 보험계약은 무효로 된다. 다만 보험자는 사기로 인한 중

15) Weyers, *a.a.O.*, Rz. 479.
16) 손주찬(하) 581면.
17) 이기수(보·해) 141면.

복보험임을 안 때까지의 보험료청구권을 행사할 수 있다(상법 제672조 제3항 · 제669조 제4항). 一說에 의하면 보험계약자가 수 개의 보험계약을 체결하면서 각 보험자에 대하여 다른 보험에 대한 고지 또는 통지를 하지 아니한 때에는 사기의 뜻이 있는 것으로 推定할 수 있다고 하나,[18] 법률상 근거도 없이 이와 같이 해석할 수는 없으므로 부당하다. 詐欺에 관한 입증책임의 일반 원칙에 따라 해결되어야 한다고 생각한다.[19]

(3) 設問의 해답

連帶比例補償責任主義에 따라 보험자는 각자의 보험금액의 한도에서 연대책임을 지고, 이 경우 각 보험자의 보상책임은 각자의 보험금액의 비율에 따른다. 사례에서는 자신의 보상책임 이상을 부담한 X는 Y에 대하여 구상권을 갖는다.

7. 제6문: 소외 성낙용은 제1보험계약과 제2보험계약의 관계에 따른 별도의 통지의무를 부담하는가?

(1) 論　點

제6문은 중복보험계약자의 통지의무에 관한 것이다.

(2) 通知主義

중복보험의 각 보험자는 比例分擔責任을 부담하므로, 각 보험자는 다른 보험자들에 대하여 구상권을 갖는데, 이 권리의 행사를 돕기 위하여 보험계약자는 각 보험자에 대하여 각 보험계약의 내용을 통지하여야 한다(상법 제672조 제2항).[20] 좁은 의미의 중복보험이 체결된 경우뿐 아니라 수 개의 보험계약이 각각 일부보험으로서 보험금액의 총액이 보험가액을 초과하지 아니하는 경우(병존보험)에도 각 보험자에 대하여 각 보험계약의 내용을 통지하여야 한다.[21] 초과중복보험이 아닌 경우에도 각 보험자는 위험관리상의 이해관계가 있기 때문이다.

상법은 통지의무의 효과에 관하여는 규정을 하고 있지 아니하다. 이 점은 독일 보험계약법에서도 같다. 그러나 통지의무를 위반하였다고 하여 보험자에게 바로 契約解除權이 발생하는 것으로는 볼 수 없고, 通知를 하지 아니한 결과 보험자에게 손해가 있으면 보험계약자 또는 피보험자가 그 손해를 배상하여야 한다.

18) 양승규(보) 206면.
19) 이기수(보 · 해) 141면.
20) 이것은 독일보험계약법 제58조, 프랑스보험계약법 L. 121-4조 제1항과 동일한 취지이다.
21) 서돈각 · 정완용(하) 414면.

(3) 設問의 해답

위의 設問에서는 피보험자는 중복보험에 관한 通知와 전술한 보험목적의 양도에 관한 通知를 하여야 할 의무가 있으나, 兩 통지를 모두 하지 아니하였다. 그러나 이 사건에서는 중복보험에 관한 통지위반 사실은 거론되지 아니하였다. 이것은 소외 성낙용이 중복보험의 사실을 알지 못하였고, 이 통지를 解怠함으로써 보험자에게 특별히 손해가 생겼다거나 위험이 현저히 변경·증가된 것으로 볼 수 없어서 이 사건에서는 문제가 되지 아니하였기 때문이다.

제 3 항 責任保險契約

3 責任保險에 있어서의 제3자의 直接請求權

[신지식외 3인 대 럭키화재해상보험(주) 사건]

대법원 1993. 4. 13. 93다3622

設 問

소외 甲이 A렌트카회사로부터 승용차를 대여받아 운행하다가 1988년 5월 31일 02시 30분경 서울 성동구 소재의 모 여관에 차를 주차해 두고 차량의 열쇠는 여관방 TV위에 놓고 방문을 잠그지 않은 채 잠이 들었다. 그 사이 다른 방에서 투숙하고 있던 무면허인 甲의 친구 乙이 그 자동차열쇠를 가지고 나와 운전하다가 행인 丙을 치어 사망케 하였다. 피해자의 유족인 원고 신지식외 3인(X)은 A회사를 상대로 손해배상청구소송을 제기하여, 1989년 6월 30일 원고승소판결이 확정되었다. 그러나 A회사는 지급능력이 없었으므로 X는 1992년 1월 11일 사고차량에 대하여 자동차종합보험계약을 체결한 피고 럭키화재해상보험주식회사(Y)를 상대로 위 판결로 확정된 금액의 지급을 구하는 소를 제기하였다. Y는 원고의 보험금청구권은 시효로 소멸하였다고 주장하면서 보험금의 지급을 거절한다. 이 사례에서 다음 물음에 답하라.

1. 책임보험에서 피해자의 직접청구권의 법적 성질은 무엇인가?
2. 직접청구권의 소멸시효기간은 언제까지인가?
3. 직접청구권의 소멸시효의 기산점은 언제부터인가?
4. 원고 X는 피고 Y보험회사로부터 지급받을 수 있을 것인가?

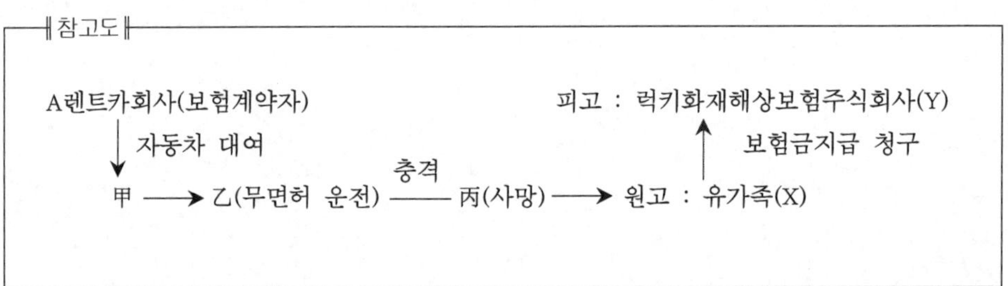

目 次

1. 論 點
2. 直接請求權의 法的 性質은 무엇인가?(제1문)
3. 직접청구권의 소멸시효기간은 언제까지인가(제2문)
4. 消滅時效의 起算點은 언제인가?(제3문)
5. X는 Y보험회사로부터 지급받을 수 있을 것인가?(제4문)

I. 大法院 判決要旨

1) 자동차종합보험보통약관에 피보험자가 피해자에게 지는 손해배상액이 판결에 의하여 확정되는 등의 일정한 경우에는 피해자가 보험회사에 대하여 직접 보험금의 지급을 청구할 수 있도록 규정되어 있다 하더라도, 위 약관에 의하여 피해자에게 부여된 보험회사에 대한 보험금액청구권은 상법 제662조 소정의 보험금액청구권에 다름 아니므로 이를 2년간 행사하지 아니하면 소멸시효가 완성된다.

2) 피보험자가 피해자에게 지는 손해배상액이 판결에 의하여 확정되는 등의 경우에 피해자가 보험회사에 대하여 직접 보험금의 지급을 청구할 수 있다는 자동차종합보험보통약관의 규정에 따라 피해자가 보험회사에 대하여 판결금액 상당의 보험금액을 청구하는 소송을 제기한 경우 이 직접청구권의 소멸시효는 확정판결이 있는 때로부터 기산된다.

II. 解 說

1. 論 點

사례에서 X의 Y에 대한 청구는 책임보험에 있어서 제3자의 직접청구권을 행사하는 것이다. 사례에서 X의 Y에 대한 제3자의 직접청구권이 성립한다는 데 대하여는 의문이 없고, 다만 X의 Y에 대한 제3자의 직접청구권이 시효로 소멸한 것이 아닌가가 문제이다. 제1문은 책임보험에서 피해자의 직접청구권의 법적 성질을 묻는다. 이곳에서 직접청구권의 의의 및 취지를 함께 설명하여야 한다. 제2문은 직접청구권의 소멸시효기간, 그리고 제3문은 소멸시효의 기산점을 묻는다. 제4문은 결론적으로 원고가 지급받을 수 있는지를 묻는다.

2. 直接請求權의 法的 性質은 무엇인가?(제1문)

(1) 直接請求權의 意義 및 趣旨

상법은 제724조 제2항에서 "제3자는 피보험자가 책임을 질 사고로 입은 손해에 대하여 보험금액의 한도 내에서 보험자에게 직접 보상을 청구할 수 있다"고 규정하고 있는데, 이를 책임보험에 있어 제3자의 직접청구권이라고 한다. 이와 같이 제3자의 직접청구권을 인정하는 이유는 피해자가 가해자에게 손해배상청구를 하고 가해자는 다시 보험자에게 보험금청구를 하는 무용한 二重의 절차를 방지할 필요가 있다는 점, 피해자가 가해자에 대하여 손해배상을 청구할 경우 다른 채권자와 同順位가 되는 것을 방지하여 피해자를 보호할 필요가 있다는 점 등이다.

(2) 直接請求權의 法的 性質

(가) **損害賠償請求權說** 損害賠償請求權說은 제3자의 직접청구권은 보험자에 대한 손해배상청구권이라 한다.[1] 보험자가 손해배상책임을 지는 이유는 보험자가 피보험자(가해자)의 손해배상채무를 중첩적으로 인수하였기 때문이라고 한다. 따라서 보험자·피보험자는 연대채무관계에 있고 양자의 책임은 본질적으로 동일하다는 것이다. 또한 직접청구권의 연혁적 사정이나 비교법적 검토를 전제로 할 때, 제3의 피해자를 예정하고 있는 통상의 책임보험(특히 자동차보험)에 있어서의 직접청구권은 피해자의 가해자에 대한 '손해배상청구권'과 동일한 성질로 이해하는 것이 옳다고 한다.[2] 특히 소멸시효기간과 관련하여, 직접청구권은 피해자를 두터이 보호하기 위하여 인정되는 것이고, 피해자의 일차적인 요구는 사고로 인한 손해의 신속한 배상인데, 이의 법적 성질을 보험금청구권으로 보아 가해자에 대한 권리의 소멸시효(불법행위로 인한 손해배상청구권)보다 오히려 존속기간을 짧게 하는 것은 직접청구권의 의미를 반감시키는 결과가 된다고 한다.[3]

(나) **保險金請求權說** 保險金請求權說은 보험자에 대한 피해자의 보험금 직접청구권은 손해보상청구권으로서 법률의 규정에 따른 보험자에 대한 보험금청구권이라고 파악하는 견해이다. 이는 책임보험계약에서 피해자가 법의 규정에 따라 피보험자가 책임을 질 사고로 입은 손해의 보상을 청구하는 것이기 때문이라 한다. 이 견해는 책

---

1) 강재철, "책임보험과 피해자인 제3자", 법원행정처, 「해상·보험법에 관한 제문제(下)」, 1991. 522~523면.
2) 김성태, "직접청구권의 성질과 시효", 「상사판례연구(II)」, 1996, 191면.
3) 김성태, 상게논문, 192면.

임보험계약에서 보험자는 보험계약자로부터 보험료를 받고 피보험자가 제3자에게 배상책임을 질 사고로 입은 손해를 보상할 것을 약정한 것이지 제3자에 대한 채무를 인수한 것은 아니라는 점을 근거로 한다. 그리고 손해배상청구권설에 따르면 가령 피보험자의 고의로 사고가 생겨 보험자가 보험금지급책임을 면하게 되는 경우에도 피해자에 대한 관계에서는 보험금지급을 거절할 수 없게 되는 불합리한 결과를 가져오게 된다고 한다.[4)]

(다) **判 例** 판례는직접청구권의 법적 성질에 관해 일관된 입장을 취하지 않고 있으나, 근래에는 이를 손해배상청구권으로 보고 있다. 위 사례의 판결에서는 "피해자가 보험회사에 대하여 직접 보험금의 지급을 청구할 수 있도록 규정되어 있다 하더라도, 위 약관에 의하여 피해자에게 부여된 보험회사에 대한 보험금액청구권은 상법 제662조 소정의 '보험금액청구권'에 다름 아니다"고 판시하여 보험금청구권설을 취하였으나,[5)] 그 후 자동차임의보험약관에 의하여 피해자에게 인정되는 직접청구권의 법적 성질이 문제된 사건에서는 이를 "상법 제724조 제2항에 의하여 피해자에게 인정되는 직접청구권의 법적 성질은 보험자가 피보험자의 피해자에 대한 '손해배상채무를 병존적으로 인수한 것'으로서 피해자가 보험자에 대하여 가지는 손해배상청구이고 피보험자의 보험자에 대한 보험금청구권의 변형 내지는 이에 준하는 권리가 아니다"고 하여[6)] 손해배상청구권설을 취하였다.[7)]

(라) **私見 및 제1문에 대한 해답** 피해자의 직접청구권은 법률의 규정에 기하여 피보험자의 피해자에 대한 채무를 중첩적 또는 병존적으로 인수함으로써 피해자가 보험자에 대하여 보험사고로 발생한 손해를 직접 청구할 수 있도록 한 것이라고 본다. 따라서 손해배상청구권설이 타당하다고 생각한다. 직접청구권은 보험계약으로부터 유래한 것이 아니라 법률의 규정에 의하여 보험자가 불법행위책임을 지는 것이다. 따라서 보험계약상의 청구권인 보험금청구권설을 지지하기 어렵다.

독일에서도 보험자를 중첩적 채무인수(Schuldbeitritt)에 의한 보험계약자의 연대채무자(als Gesamtschuldner)로 규정하고 있고,[8)] 손해배상청구권설이 판례의[9)] 태도이고

---

4) 양승규(보) 375면.

5) 보험금청구권설을 취한 판례: 대법원 1993. 4. 13. 93다3622; 동 1997. 11. 11. 97다36521.

6) 대법원 1999. 2. 12. 98다44956.

7) 손해배상청구권설을 취한 판례: 대법원 1993. 5. 11. 92다2530; 동 1994. 5. 27. 94다6819; 동 1995. 7. 25. 94다52911; 동 1998. 7. 10. 97다17544; 동 1998. 9. 18. 96다19765; 동 1998. 12. 22. 98다40466; 동 1999. 2. 12. 98다44956; 동 1999. 12. 28. 99다47235; 동 2000. 6. 9. 98다54397.

8) 의무보험법(Pflichtversicherungsgesetz) 제3조 제2호; Helmut Becker · Kurt E. Böhme,

또한 다수설의 견해이다.[10] 무엇보다도 제3자의 직접청구권은 보험계약상의 청구권이 아니라 불법행위법적 성질[deliktsrechtlicher Natur (kein Anspruch aus dem VersVertrag: deshalb auch nicht§12 III gegenüber dem Dritten)]을[11] 가지기 때문에 이와 같이 해석한다.[12]

또한 프랑스에서도 학설과 판례가 보험자의 채무는 손해사고(le dommage)와 보험계약이라고 하는 별개의 사유(une cause differente)에 의한 것이지만, 양자는 피해자의 손해배상채무라고 하는 동일한 채권(une meme creance)의 소멸을 목적으로 하는 것으로 파악하는 데 이론이 없다고 한다.[13]

이와 같이 이해하면 직접청구권은 가해자인 피보험자에 대한 손해배상청구권을 '보험자에 대하여' 행사하는 것이다. 보험자의 입장에서 말하자면, 피해자로부터의 손해배상청구를 보험자가 가해자와 연대하여 이행하는 것이다. 특히 직접청구권이 가해자의 무자력이나 파산 등의 경우에 피해자의 보호를 위하여 인정되는 것이고, 피해자의 일차적인 요구는 다름 아닌 사고로 인한 손해의 배상이다. 그러나 보험자의 책임은 보험계약을 기초로 성립한 것으로서, 보험계약과 전혀 무관한 책임일 수는 없으므로 보험자는 피보험위험의 범위 내에서만 책임을 진다.

3. 直接請求權의 消滅時效期間은 언제까지인가?(제2문)

책임보험에 있어 제3자의 직접청구권의 소멸시효기간은 직접청구권의 법적 성질과 관계가 있다. 즉, 손해배상청구권설에 따르면 불법행위로 인한 손해배상청구권은 민법 제766조에 따라 손해 및 가해자를 안 날로부터 3년, 불법행위를 한 날로부터 10년의 경과로 소멸한다. 이에 대하여 보험금청구권설에 따르면 보험금청구권은 상법 제662조에 따라 2년의 기간으로 소멸한다고 보아야 한다.

위 사례에서는 "자동차종합보험보통약관에 의하여 피해자에게 부여된 보험회사에 대한 보험금액청구권은 상법 제662조 소정의 보험금액청구권에 다름 아니므로 이를 2년간 행사하지 아니하면 소멸시효가 완성된다"고 한다. 생각건대 직접청구권의 법적

Kraftverkehrs-Hauftpflicht-Schäden, 1999, Q94.

9) BGHZ 57, 265, 270 = NJW 1972, 387, 388 = VersR 1972, 255, 256; BGHZ 79, 170, 172 = NJW 1981, 925, 926 = VersR 1981, 323, 324.

10) Günter Bauer, Die Kraftversicherung, 2 Aufl., 1983, Rdnr. 526; 주영은, 「책임보험에 있어서 피해자보호에 관한 비교법적 연구」, 1987, 163면.

11) BGH VersR 81, 323 = NJW 925.

12) Prölss-Martin, Versicherungsvertragsgesetz, 25. Aufl., 1992, S. 1361.

13) 김성태, "직접청구권의 성질과 시효", 「상사판례연구 II」, 1996, 189면.

성질을 손해배상청구권으로 보는 것이 타당하므로 소멸시효도 3년 내지 10년으로 완성된다고 하는 것이 타당하다고 본다. 본 판례를 포함한 과거의 판례는 2년의 소멸시효에 걸린다고 하였으나,[14] 2005년의 판례는 3년의 소멸시효에 걸린다고 한다.[15]

4. **消滅時效의 起算點은 언제인가?**(제3문)

소멸시효의 기산점과 관련하여 시효는 민법 제166조 제1항에 따라 권리를 행사할 수 있는 때로부터 진행하는데, 직접청구권의 법적 성질에 관하여 어느 견해를 취하는가에 따라 그 기산점도 달라진다. 즉, 손해배상청구권설에 의하면 '불법행위가 있었던 때' 또는 '손해 및 가해자를 안 날'로부터 10년 또는 3년의 시효가 진행되지만, 보험금청구권설에 따르면 보험사고가 확정된 때, 즉 보험자가 손해배상청구를 받은 때로부터 기산하여 2년의 시효기간이 진행된다고 보는 것이 논리적이다. 다만 가해자의 책임이 확정되지 아니한 경우에는 가해자의 손해배상책임이 확정된 때를 기산점으로 보아야 한다. 사례의 판결에서 법원은 시효의 기산점을 피해자가 피보험자에 대한 손해배상청구소송에서 승소하여 피해자의 청구권의 존재와 피보험자의 책임이 확정된 1989년 6월 30일로 보았다.

5. **X는 Y보험회사로부터 지급받을 수 있을 것인가?**(제4문)

사례에서 대법원은 피해자의 직접청구권의 법적 성질을 보험금청구권에 다름아니라고 하였지만, 그 후의 판결에서는 이를 손해배상청구권으로 보고 있다. 따라서 그 소멸시효기간도 3년 내지 10년으로 보아야 할 것이다.

그리고 소멸시효의 기산점은 위 사례의 경우, 채권이 재판에 의하여 확정되었으므로 10년의 소멸시효에 걸리는데, 설문의 경우 X의 청구는 피보험자인 A회사에 대한 손해배상청구권이 확정된 1989년 6월 30일로부터 2년 6개월여가 경과한 1992년 1월 11일 이루어졌으므로 아직 시효에 걸리지 아니하였고, 따라서 원고의 청구는 인용되어야 할 것이다.

[참조판례] 대법원 2006. 4. 13. 선고, 2005 다 77305 · 77312 판결

1) 자동차종합보험계약에서 피보험자가 피해자측에 합의금으로 손해배상액을 지급한 시점부터 피보험자의 보험자에 대한 보험금청구권의 소멸시효가 진행된다.

---

14) 대법원 1993. 4. 13. 93다3622; 동 1997. 11. 11. 97다36521.

15) 대법원 2005. 10. 7. 2003다6774.

2) 상법 제724조 제2항에 의하여 피해자가 보험자에게 갖는 직접청구권과 피보험자의 보험자에 대한 보험금청구권은 별개의 청구권이므로, 피해자의 보험자에 대한 손해배상청구에 의하여 피보험자의 보험자에 대한 보험금청구권의 소멸시효가 중단되는 것은 아니다.

[참조판례] 대법원 2014. 9. 25. 2014다207672(제3자의 직접청구권과 피보험자의 보험금청구권 간의 우선 순위)

상법 제724조 제1항은, 피보험자가 상법 제723조 제1, 2항의 규정에 의하여 보험자에 대하여 갖는 보험금청구권과 제3자가 상법 제724조 제2항의 규정에 의하여 보험자에 대하여 갖는 직접청구권의 관계에 관하여, 제3자의 직접청구권이 피보험자의 보험금청구권에 우선한다는 것을 선언하는 규정이라고 할 것이므로, 보험자로서는 제3자가 피보험자로부터 배상을 받기 전에는 피보험자에 대한 보험금 지급으로 직접청구권을 갖는 피해자에게 대항할 수 없다 할 것이다(대법원 1995. 9. 26. 94다28093 참조).

4 責任保險에 있어서의 損害防止費用 및 防禦費用

[노영무 대 삼성화재해상보험(주) 사건]

대법원 2002. 6. 28. 2002다22106

|設 問|

낚시터를 경영하던 원고 노영무(X)는 1998. 9. 16. 보험자인 피고 삼성화재해상보험 주식회사(Y)와의 사이에서 낚시터에 관하여 피보험자를 X로 한 영업배상특약보험계약을 체결하고, X는 1999. 3. 8. 소외 망 박대영(A)에게 위 낚시터에 대하여 매년 통상적으로 실시하던 시설의 유지·보수공사 중 낚시터 주변도로의 평지작업과 준설토의 정리작업을 위탁하였다. 위 계약에 기하여 망 A가 1999. 3. 9. 위 낚시터 입구 주변도로 부근에서 굴삭기를 이용하여 작업을 하다가 굴삭기가 물 속으로 전도되는 사고가 발생하여 A가 사망하였다. 망 A의 유족들은 X와 Y를 상대로 1억 5000만원의 손해배상청구 소송을 제기하였다. Y는 위 사고는 보험자의 보상범위를 명백히 벗어나는 사고이므로 보험자에게 보상책임이 없고, 따라서 X 스스로 소송대리인을 선임하여 소송에 응하든지 마음대로 하라는 취지의 통지를 하므로, X는 변호사를 선임하여 2,200만원을 지급하기로 하고 위 소송을 수행하게 하였다. 위 소송에서 불법행위책임 내지 사용자책임, 공작물 소유자 내지 관리자 책임 여부 등이 다투어졌으나, 법원은 2000. 9. 29. 위 사고가 망 A의 전적인 과실로 발생한 것이라는 이유로 위 유족들의 X, Y에 대한 청구를 모두 기각하는 판결을 하였다. 이후 X의 변호사는 2000. 11. 1. X에게 변호사비용 2,200만원을 청구하였고, 한편 X는 사고가 발생한 직후 망 A의 응급 후송 및 치료비(긴급조치비용)로 99만원을 지출하였다. 이에 따라 X는 이미 지출한 긴급조치비용과, 지출할 것이 예상되는 변호사비용은 각 상법 제680조 제1항의 손해방지비용 및 상법 제720조의 방어비용에 해당하므로 위 금액의 지급을 Y에게 청구하였으나, Y는 영업배상책임보험보통약관상 피보험자가 미리 보험자의 동의를 받아 지급한 소송비용 및 변호사비용이 아니라는 이유로 그 지급을 거절하였다.

Y의 지급거절은 정당한 것인지를 논하라.

참고도

영업배상책임보험계약

원고 : 노영무(X) ⟷ 피고 : 삼성화재해상보험(주)(Y)

손해방지·방어비용 청구

낚시터 ↓ 유지·보수공사 의뢰

亡 박대영(A) 및 그 유족들

目 次

Ⅰ. 大法院 判決要旨

원심(서울지방법원 2002. 3. 13. 2001나58930)과 대법원은, 다 같이 피고 Y에 대하여 손해방지비용으로서 99만원 및 방어비용으로서 2,200만원 전액을 보험금으로서 지급할 의무가 있다고 판시하였다. 대법원 판결요지는 다음과 같다.

1) 상법 제680조 제1항이 규정한 '손해방지비용'이라 함은 보험자가 담보하고 있는 보험사고가 발생한 경우에 보험사고로 인한 손해의 발생을 방지하거나 손해의 확대를 방지함은 물론 손해를 경감할 목적으로 행하는 행위에 필요하거나 유익하였던 비용을 말하는 것으로서, 이는 원칙적으로 보험사고의 발생을 전제로 하는 것이므로, 손해보험의 일종인 책임보험에 있어서도 보험자가 보상책임을 지지 아니하는 사고에

대하여는 손해방지의무가 없고, 따라서 이로 인한 보험자의 비용부담 등의 문제도 발생할 수 없다 할 것이나, 다만 사고발생시 피보험자의 법률상 책임 여부가 판명되지 아니한 상태에서 피보험자가 손해확대방지를 위한 긴급한 행위를 하였다면 이로 인하여 발생한 필요·유익한 비용도 위 법조에 따라 보험자가 부담하는 것으로 해석함이 상당하다.

2) 상법 제720조 제1항에서 규정한 '방어비용'은 피해자가 보험사고로 인적·물적 손해를 입고 피보험자를 상대로 손해배상청구를 한 경우에 그 방어를 위하여 지출한 재판상 또는 재판 외의 필요비용을 말하는 것으로서, 방어비용 역시 원칙적으로는 보험사고의 발생을 전제로 하는 것이므로, 보험사고의 범위에서 제외되어 있어 보험자에게 보상책임이 없는 사고에 대하여는 보험자로서는 자신의 책임제외 또는 면책 주장만으로 피해자로부터의 보상책임에서 벗어날 수 있기 때문에 피보험자가 지출한 방어비용은 보험자와는 무관한 자기 자신의 방어를 위한 것에 불과하여 이러한 비용까지 보험급여의 범위에 속하는 것이라고 하여 피보험자가 보험자에 대하여 보상을 청구할 수는 없다고 할 것이나, 다만 사고발생시 피보험자 및 보험자의 법률상 책임 여부가 판명되지 아니한 상태에서 피해자라고 주장하는 자의 청구를 방어하기 위하여 피보험자가 재판상 또는 재판 외의 필요비용을 지출하였다면 이로 인하여 발생한 방어비용은 바로 보험자의 보상책임도 아울러 면할 목적의 방어활동의 일환으로 지출한 방어비용과 동일한 성격을 가지는 것으로서 이러한 경우의 방어비용은 당연히 위 법조항에 따라 보험자가 부담하여야 하고, 또한 이 때의 방어비용은 현실적으로 이를 지출한 경우뿐만 아니라 지출할 것이 명백히 예상되는 경우에는 상법 제720조 제1항 후단에 의하여 피보험자는 보험자에게 그 비용의 선급을 청구할 수도 있다.

3) 이 사건보험계약에 관한 보통약관 제4조 제2항 ③은 피보험자가 지급한 소송비용, 변호사비용, 중재, 화해 또는 조정에 관한 비용 중에서 피보험자가 미리 보험자의 동의를 받아 지급한 경우에만 보험금을 지급하도록 규정하고 있는데, 이러한 제한규정을 보험자의 '사전 동의'가 없으면 어떤 경우에나 피보험자의 방어비용을 전면적으로 부정하는 것으로 해석하는 한에서는 이러한 약관조항으로 인하여 피보험자의 방어비용을 보험의 목적에 포함된 것으로 일반적으로 인정하고 있는 상법 제720조 제1항의 규정을 피보험자에게 불이익하게 변경하는 것에 해당하고, 따라서 이러한 제한규정을 둔 위 약관조항은 상법 제663조에 반하여 무효라고 볼 것이다.

II. 解 說

1. 論 點

필자가 생각하는 사례의 논점은 다음과 같다.

1) 사고발생시 피보험자의 법률상 책임 여부가 판명되지 아니한 상태에서 피보험자가 손해확대방지를 위한 긴급한 행위를 하였다면 이로 인하여 발생한 필요·유익한 비용도 상법 제680조 제1항이 규정한 '손해방지비용'으로서 보험자가 부담하는지 여부(論點 1).

2) 사고발생시 피보험자 및 보험자의 법률상 책임 여부가 판명되지 아니한 상태에서 피해자라고 주장하는 자의 청구를 방어하기 위하여 피보험자가 재판상 또는 재판 외의 필요비용도 상법 제720조 제1항이 규정한 '방어비용'에 해당하는지 여부(論點 2).

3) 피보험자가 지급한 소송비용, 변호사비용, 중재, 화해 또는 조정에 관한 비용 중에서 피보험자가 미리 보험자의 동의를 받아 지급한 경우에만 보험금을 지급하도록 규정하고 있는 약관조항의 유효성 여부(論點 3).

2. 損害防止·輕減義務의 意義

손해방지비용을 논의하려면 먼저 損害防止·輕減義務에 관하여 살펴보아야 한다.

1) 손해보험에 있어서의 손해방지·경감의무란 보험계약자와 피보험자가 보험사고가 발생한 경우에 손해의 방지와 경감을 위하여 노력하여야 할 의무를 말한다(상법 제680조 제1항 본문).

2) 손해방지·경감의무의 근거(理由)에 관하여는, 통설은 ① 보험자에 대한 신의성실의 요청, 즉 보험계약관계자는 고의 또는 중과실로 보험사고를 유발하여도 안 되지만, 이미 보험사고가 발생된 후라도 고의 또는 중과실로 인하여 보험자의 부담을 가중시키는 것은 不作爲에 의한 손해의 확대라고도 할 수 있다는 것과, ② 공익보호의 요청, 즉 손해방지·경감활동을 장려함으로써(財物保護) 국민경제상의 불이익을 면할 수 있다는 것을 들고 있으나(다수설),[1] ③ 보험계약자 또는 피보험자의 부작위에 의하여 확대된 손해는 우연한 사고에 의한 손해로 볼 수 없다는 것을 들기도 한다.[2]

---

1) 서돈각·정완용(하) 416면; 손주찬(하) 591면; 박원선(하) 137면.

2) 김정호(하) 498면.

이 의무는 공익적 요청에 기한 것이어서 이 의무를 면제하는 특약은 효력이 없다고 본다.

3. 損害防止 · 輕減義務의 法的 性質

손해방지 · 경감의무는 피보험자도 부담하는 것이므로 계약상의 의무는 아니고, 보험계약의 사행계약적 성질에 비추어 法이 특히 인정한 의무라고 본다(通說). 보험계약자가 이 의무를 위반하여 보험자가 손해를 입은 경우에는 보험자는 보험계약자에게 손해배상청구를 하거나 손해보상액에서 공제할 수 있으므로 이 의무는 간접의무가 아니다.

4. 損害防止 · 輕減義務의 義務者

손해방지 · 경감의무의 의무자는 보험계약자와 피보험자이다(상법 제680조 본문). 그 밖에 이들의 대리인 · 사용인, 지배인, 선장 등도 의무자이다.[3]

5. 損害防止 · 輕減義務의 內容

(1) 損害의 發生 또는 擴大 防止와 損害의 輕減

보험계약상의 보험사고가 발생한 후에, 그 사고로 인한 손해의 발생이나 그 손해의 확대 방지 및 손해의 경감을 위하여 노력하여야 한다. 따라서 보험사고 자체의 발생을 방지할 의무는 없다. 손해방지 · 경감행위는 消火行爲나 救護活動 등 직접적인 것이든 제3자에 대한 請求權確保行爲 및 代位權行使에 필요한 행위 등과 같은 간접적인 것이든 묻지 않는다.

(2) 損害防止 · 輕減義務의 始期와 終期

1) 손해방지 · 경감의무를 부담하는 始期와 終期에 관하여는 명문의 규정이 없으나, 약관에 의하여 대체로 보험사고가 생긴 때 또는 이와 동일시할 수 있는 상태가 발생한 때(예컨대 옆건물에 화재가 발생하여 곧 보험목적인 건물의 피해가 예상되는 때)부터 이를 부담한다.[4]

2) 보험사고가 발생한 이상 피보험자의 법률상의 책임 여부가 판명되지 아니한 상태에서도 피보험자는 손해확대의 방지를 위한 긴급한 행위를 할 수 있다(後述).[5]

---

3) 양승규(보) 233면; 최기원(하) 706면.

4) 대법원 2003. 6. 27. 2003다6958.

5) 대법원 1994. 9. 9. 94다16663; 동 1993. 1. 12. 91다42777; 동 2003. 6. 27. 2003다6958.

3) 終期는 더 이상 손해방지 · 경감의 가능성이 존재하지 아니하는 때이다.

(3) 노력의 정도

보험계약자나 피보험자는 자기의 이익에 대한 손해의 방지와 경감을 위하여 노력하는 경우와 같은 정도의 노력을 하여야 한다고 본다. 그리고 그 노력을 한 이상 손해방지 · 경감의 효과가 있느냐는 묻지 않는다.

(4) 保險者의 指示

손해방지 · 경감의무자는 사정이 허용되는 한 보험자의 지시를 받아 그에 따를 필요가 있다고 해석한다(獨保 제62조, 스위스保 제61조 참조).[6]

6. 損害防止 · 輕減義務違反의 效果

1) 損害防止 · 輕減義務違反의 효과에 관하여는 商法에 규정이 없어서 학설이 세 가지로 나뉜다.

第1說은 보험계약자와 피보험자의 경과실의 경우에는 불이익을 줄 수 없고, 고의 · 중과실의 경우에만 보험자는 손해보상액으로부터 방지 또는 경감할 수 있었을 손해의 額을 공제할 수 있다는 견해이다.[7]

第2說은 보험계약자와 피보험자가 고의 또는 중과실로 인하여 손해방지 · 경감의무를 해태한 경우에는 보험자는 이와 상당인과관계가 있는 손해의 배상청구를 할 수 있고, 또 상계를 하여 지급할 손해보상액으로부터 방지 또는 경감할 수 있었을 손해의 額을 공제할 수 있다는 견해이다.[8]

第3說은 보험계약자와 피보험자에게 경과실이 있는 경우와 고의 또는 중과실이 있는 경우로 나누어, 前者의 경우에는 손해배상을 청구하고 지급할 보험금에서 방지 또는 경감할 수 있었을 손해의 額을 공제할 수 있으나, 後者의 경우에는 보험자는 보상의무 자체를 면하되 다만 중과실이 있는 경우에는 그 손해의 정도가 의무를 이행하였더라도 동일하였을 경우는 예외로 본다는 견해이다.[9] 이 견해는 손해방지 · 경감의무는 신의성실의 원칙에 기하여 보험단체의 이익뿐만 아니라 공익보호라는 입법취지에서 이와 같이 해석하는 것이 정당하다고 한다.

생각건대, 손해방지 · 경감의무를 보험자에 대한 보상청구의 전제조건으로 볼 것

---

6) 양승규(보) 234면.
7) 손주찬(하) 593면; 서돈각 · 정완용(하) 417면.
8) 양승규(보) 234면; 정동윤(하) 589면.
9) 최기원(하) 708면; 김정호(하) 502면.

은 아니므로, 보험계약자와 피보험자의 고의 · 중과실로 인하여 손해방지 · 경감의무를 해태하였다고 하더라도 고지의무위반의 경우와 같이 보험자의 면책사유가 될 수 있는 것은 아니라고 본다. 즉, 보험계약자와 피보험자의 고의 · 중과실의 경우에는 보험자는 의무자의 부작위에 대한 채무불이행으로 보아 이와 상당인과관계가 있는 손해의 배상청구를 할 수 있고, 또 相計를 하여 지급할 손해보상액으로부터 '방지 또는 경감할 수 있었을 損害의 額'을 공제할 수 있다고 본다. 결국 第2說이 정당하다고 생각된다.

2) 손해방지 · 경감의무위반사실 및 보험계약자와 피보험자의 고의 · 중과실에 대한 입증책임은 보험자가 이를 부담한다.[10]

7. 損害防止 · 輕減費用의 償還

(1) 損害防止費用과 保險者의 費用償還義務

(가) 損害防止費用의 意義 損害防止費用이란 보험자가 담보하고 있는 보험사고가 발생한 경우에 보험사고로 인한 손해의 발생을 방지하거나 손해의 확대를 방지함은 물론 손해를 경감할 목적으로 행하는 행위에 필요하거나 유익하였던 비용을 말한다.[11]

(나) 보험금액을 초과하는 손해방지비용 보험자는 손해방지 · 경감을 위하여 필요 또는 유익한 비용, 즉 손해방지비용을 부담하여야 하고,[12] 손해방지 · 경감비용은 보상액과의 합계액이 보험금액을 초과한 경우에도 보험자가 이를 부담하여야 한다(상법 제680조 단서).[13] 반면, 보험료의 지급을 받지 아니한 잔액이 있으면 그 지급기일이 도래하지 아니한 때라도 보상액에서 이를 공제할 수 있다(상법 제677조).

(다) 피보험자의 책임 여부가 불분명한 경우(論點 1)

(i) 보험자의 費用償還義務는 보험자와 손해방지 · 경감의무자 간의 이익을 확보하고(民 제687조 · 제688조 참조), 나아가서 손해방지 · 경감행위를 장려하려는 데 그 취지가 있다. 원칙적으로는 피보험자가 피해자에게 손해배상의무를 부담하지 않는 경우에는 보험사고 자체가 발생하지 않으므로, 보험사고의 발생을 그 요건으로 하는 손해방지비용도 인정될 수 없을 것이다.

(ii) 그러나 이러한 원칙만을 고수한다면 보험계약에 의하여 담보되는지 불분명

10) 정동윤(하) 590면.
11) 대법원 2003. 6. 27. 2003다6958.
12) 대법원 1995. 12. 8. 94다27076; 同 1993. 1. 12. 91다42777.
13) 대법원 1995. 12. 8. 94다27076.

한 사고가[14] 발생하였을 때 일단 피보험자가 손해방지 및 경감을 위하여 필요한 긴급 행위를 한 경우에 나중에 위 사고가 보험계약에 의하여 담보되지 않는 것으로 확정된다면 피보험자는 결국 자신의 비용으로 긴급 행위를 하게 되는 결과가 된다.

(iii) 한편 피보험자가 손해방지 및 경감을 위한 행위를 하지 않았다가 당해 사고가 보험계약에 의하여 담보되는 사고로 확정되면 손해방지 및 경감의무 위반의 책임을 부담하게 된다. 즉, 피보험자의 책임 여부에 대한 판단이 불분명한 사고가 발생하였을 때, 피보험자가 법률전문가 내지 보험자에게 자신의 책임유무를 물을 시간적인 여유가 없는 동안에는 피보험자로서는 긴급조치를 하지 않을 수도, 할 수도 없는 상황에 처하게 된다. 법률전문가가 아닌 일반 피보험자들에게 사고 직후의 급박, 당황, 긴장, 두려움의 상태에서 그 배상책임유무를 명확히 판단하여 대처하라는 기대는 무리이며, 결국 긴급조치비용은 나중에 그 사고가 책임보험계약에서 담보하는 사고가 아니라고 밝혀지더라도 예외적으로 이를 손해방지비용에 포함시켜야 할 것이다.

(iv) 그러나 긴급조치비용이 손해방지비용으로 포함되는 것은 그 긴급성 때문에 예외적으로 인정되는 것이므로, 긴급조치비용을 인정할 것인지에 대한 요건에 '긴급성'과 '피보험자 등의 피해자에 대한 손해배상의무의 개연성'이 있었는지에 대한 심사가 이루어진 뒤 손해확대방지를 위한 비용으로서 보험자는 이를 상환하여야 한다.

(v) 본 사안의 경우에도 긴급조치비용으로서의 손해방지비용이 인정되어야 한다고 생각된다.

[판 례] 대법원 1994. 9. 9. 94다16663

책임 여부가 판명되지 아니한 상태에서 손해확대방지를 위한 긴급한 행위로 인하여 발생한 필요 유익한 비용도 손해확대방지비용으로서 보험자가 부담하여야 한다. 同旨: 대법원 1994. 9. 9. 94다16663; 同 2002. 6. 28. 2002다22106; 同 2003. 6. 27. 2003다6958.

(2) 一部保險과 費用償還

一部保險의 경우에 보험자가 부담할 손해방지·경감비용은 보험금액의 보험가액에 대한 비율에 따라 결정한다(상법 제674조). 따라서 보험자가 그 比率에 따라 부담하고 남은 비용은 보험계약자 또는 피보험자의 부담이 된다.

(3) 費用償還義務 排除約款의 效力

손해방지비용을 보험자가 부담하지 않기로 하는 특약은 제680조에 반하고 보험

---

14) 예를 들어 일상에서 수없이 발생하는 자동차교통사고에서, 법률전문가라도 사고 운전자 등의 손해배상의무에 대하여 명확히 판단할 수 없는 경우가 있다.

계약자 등의 不利益變更禁止의 原則(保險契約法의 相對的 强行法性: 상법 제663조)에 위배되어 무효라고 보는 견해가 다수설이다.[15] 이에 대하여 보험금액의 한도 내에서만 손해방지 · 경감비용을 부담하기로 하는 것은 유효하다는 견해 및 이를 유효로 본다는 반대설이 있다.[16]

8. **防禦費用**

(1) 序 言

責任保險契約의 效果로서 보험자의 의무는 損害補償義務와 防禦義務가 있다.

책임보험자는 피보험자가 보험기간 중의 사고로 인하여 제3자에게 배상책임을 부담하는 경우에 이를 보상할 책임이 있다(상법 제719조). 손해보상의무는, ① 보험자는 피보험자가 제3자에게 배상한 손해, 즉 제3자에 대한 변제 · 승인 · 화해 또는 재판으로 인하여 확정된 채무(상법 제723조 제1항 참조)에 대하여 책임을 진다. 또한 ② 확정판결에 의하지 아니하고 보험약관에 의하여 배상액이 결정된 경우에는 보험회사는 그 보험약관에서 정한 보험금지급기준에 의하여 산출된 금액의 한도 내에서 보험금을 지급할 의무가 있다.

보험자는 손해보상의무 외에 防禦費用도 부담한다(상법 제720조). 상법 제720조에서는 보험자의 비용부담만 규정하고 있으나, 이는 책임보험에서 보험자에게 방어의무가 있음을 전제로 하는 것으로 이해할 수 있을 것이다.

(2) 防禦義務

(가) 防禦義務의 意義 보험자의 방어의무란 피해자인 제3자가 보험계약에서 정한 사고로 인하여 인적 · 물적 손해를 입고 피보험자를 상대로 손해배상청구의 소를 제기한 경우 보험자가 피보험자를 방어하여야 할 의무를 말한다.

(나) 防禦義務의 認定根據 방어의무의 근거는 ① 책임보험계약의 궁극적인 목적은, 피보험자와 피해자간의 분쟁이 발생할 경우 1차적으로 보험자가 관여하여 분쟁을 해결하여 결국 피보험자를 배상책임의 부담으로부터 해방되도록 하는 것이고(보험계약자의 의사), ② 피해자가 피보험자에 대하여 손해배상청구를 하여 피보험자가 배상책임을 부담한 뒤 다시 피보험자가 보험자에게 보험금을 청구하는 이중의 절차를 밟기보다는, 보험자가 직접 피해자와 손해배상 관련 분쟁을 해결하는 것이 책임보험의 피보험자 보호기능과 보험자의 전문성에 비추어 효율적이고 경제적이며 (법경제학적 측

15) 대법원 2002. 6. 28. 2002다22106.
16) 채이식(IV) 145면.

면),[17] ③ 제3자의 직접청구권(상법 제724조 제2항)을 이용하여 피해자가 보험자를 상대로 부당한 보험금지급청구를 하면, 보험자로서는 당연히 방어(응소)할 권리와 의무가 있는데, 피해자가 피보험자를 상대로 손해배상을 청구할 때에는 보험자에게 이를 인정하지 않는다면 피해자의 선택에 따라 방어의무의 존부가 결정되는 불합리가 발생된다는 것[18] 등이다.

(다) **防禦義務의 不履行의 效果** 보험자가 방어의무를 이행하지 아니한 결과 피보험자가 손해를 입은 경우에는 보험자는 피보험자에 대하여 손해배상책임이 있다고 본다.[19] 이 경우 보험자의 배상책임은 보험금액을 한도로 하지 않는다고 본다.

(3) 防禦費用

(가) **防禦費用의 意義** 방어비용이란 피보험자가 제3자의 청구를 방어하기 위하여 지출한 裁判上(訴訟費用 · 辯護士에 대한 보수) 또는 裁判外의 필요비용(상법 제720조 제1항 제1문)을 말한다.[20]

(나) **防禦費用의 性格** (i) 피보험자가 보험자에게 청구할 수 있는 방어비용은 상법 제720조에서 피보험자의 "방어비용은 보험의 목적에 포함된 것으로 한다"고 규정하고 있으므로, 방어비용은 보험금청구권의 일부로 볼 수 있다(보험급여설).[21] 이에 대하여 이를 손해방지비용(상법 제680조)의 일부로 보는 견해(손해방지비용설)와 책임보험제도의 합리적인 운용을 위하여 법률이 정책적으로 인정하는 부수적 채무(부수적 채무설)로 보는 견해[22] 등이 있다.

(ii) 사견으로는 책임보험의 보험사고에 있어서의 방어비용은 상법 제680조의 손해방지 · 경감비용의 성질을 가진 것으로 풀이될 수 있는데(손해방지비용설), 책임보험의 보험사고에 관하여 '법률상 책임발생설'을 취하는 입장에서는 소송에서 이긴 경우에는 손해방지 · 경감비용을 청구할 수 없다는 점에서 본조는 법 정책적으로 인정된

---

17) 전우현, "상법 제680조의 손해방지비용과 제720조의 방어비용의 개념", 「보험법연구 4」, 삼지원(2002), 89면.

18) 참고로 미국 포괄 일반배상 책임보험약관(Comprehensive General Liability Insurance Policy) 제1조에서는 "…보험회사는 피보험자에 대한 소가 근거 없고, 잘못된 것이며 또한 부정한 것이라고 하더라도 인적 · 물적 손해를 입고 피보험자를 상대로 손해배상을 청구하는 소에 대하여 방어할 권리와 의무(the right and duty to defend any suit against the insured)를 가진다"라고 정의하고 있다.

19) 양승규(보) 370면; 정동윤(하) 653면.

20) 대법원 1995. 12. 8. 94다27076; '방어비용'이란 피해자가 손해배상청구를 한 경우에 그 방어를 위하여 지출한 재판상 또는 재판외의 필요비용을 말한다.

21) 고평석, 「책임보험계약법론」, 1990, 190면; 정동윤(하) 653면; 김성태(보) 601면.

22) 손주찬(하) 645면.

특별규정(부수적 채무설)이라 할 수도 있으므로, 결국 방어비용의 법적 성질은 위 3개의 성질을 모두 포함한다고 본다. 그러나 보험자의 처지에서는 방어비용은 보험급여에 다름 아니므로 당연히 보상하여야 한다는 의미에서, 보험급여설이 강조되고 있을 뿐이다.

(다) **防禦費用의 範圍** (a) 방어비용은 보험금액을 초과한 경우라도 보험자가 이를 부담하여야 한다. 방어비용은 先給을 청구할 수도 있다(상법 제720조 제1항 제2문).

(b) 裁判의 집행을 면하기 위한 담보제공 또는 供託의 비용은 보험금액의 한도 내에서 보상할 책임이 있다(상법 제720조 제2항). 그리고 피보험자의 防禦行爲와 擔保提供·供託行爲가 보험자의 지시에 의한 것인 때에는 그 금액에 손해액을 가산한 금액이 보험금액을 초과하여도 이를 보상하여야 한다(상법 제720조 제3항).

(c) 영업책임보험의 경우에는 피보험자의 대리인 또는 그 사업감독자의 제3자에 대한 책임으로 인한 손해도 보험자가 보상하여야 한다(상법 제721조).

(d) 보상책임이 없는 사고에 대한 방어비용: 보험급여설에 따르면 피보험자의 손해배상책임이 부정되는 경우 보험급여 자체가 부정되어 피보험자는 자신이 지출한 소송비용을 보험자로부터 보상받을 수 없게 된다. 따라서 본 사례에서도 법원은 "다만 방어비용 역시 원칙적으로는 보험사고의 발생을 전제로 하는 것이므로, 보험사고의 범위에서 제외되어 있어 보험자에게 보상책임이 없는 사고에 대하여는 보험자로서는 자신의 책임제외 또는 면책 주장만으로 피해자로부터의 보상책임에서 벗어날 수 있기 때문에 피보험자가 지출한 방어비용은 보험자와는 무관한 자기 자신의 방어를 위한 것에 불과하여 이러한 비용까지 보험급여의 범위에 속하는 것이라고 하여 피보험자가 보험자에 대하여 보상을 청구할 수는 없다"고 한다.

(e) 피보험자의 책임여부를 판명하기 위한 소송비용(論點 2): 손해배상책임이 판명되지 않은 상태에서 피해자가 소를 제기하여 올 경우에는 피보험자는 당연히 응소할 수밖에 없다. 이 때 지출한 소송비용, 변호사비용은 방어비용은 보험자의 보상책임도 아울러 면할 목적의 방어활동의 일환으로 지출한 방어비용과 동일한 성격을 가지는 것이므로 그 비용은 보험금으로 처리되어야 한다. 피보험자는 보험자에게 그 비용의 선급을 청구할 수도 있다(상법 제720조 제1항 후단).

(f) 보험자의 동의없는 방어비용의 지출(論點 3): 책임보험약관에는 흔히 피보험자가 지급한 소송비용, 변호사비용, 중재, 화해 또는 조정에 관한 비용 중에서 피보험자가 미리 보험자의 동의를 받아 지급한 경우에만 보험금을 지급하도록 규정하는 경우가 있다. 이러한 제한 규정은 보험자의 '사전 동의'가 없으면 피보험자의 방어비용을 부

정하는 것으로 해석된다. 그리고 이러한 약관조항은 피보험자의 방어비용을 보험의 목적에 포함된 것으로 일반적으로 인정하고 있는 상법 제720조 제1항의 규정을 피보험자에게 불이익하게 변경하는 것에 해당한다. 따라서 이러한 제한규정을 둔 위 약관조항은 상법 제663조(불이익변경금지의 원칙)에 반하여 무효라고 보아야 한다.[23]

Ⅲ. 結 語

1) 사고 발생시 피보험자의 손해배상책임 여부가 판명되지 않아 보험사고가 발생한 것인지 불분명한 상황에서 긴급조치비용을 피보험자가 지출하였을 때 이를 손해방지비용으로 볼 수 있는지에 대하여는 본 판결 이전에도 여러 번 대법원에서 문제되었으며[24] 본 판례에서도 특별히 이에 대한 새로운 이론을 정립하지는 않았다.

2) 다만 피해자가 피보험자에게 손해배상청구소송을 제기하여 피보험자의 손해배상책임이 인정되는지 불분명한 상황에서 피보험자가 위 소송에 응소하기 위하여 변호사비용을 투입하고, 결과적으로 위 소송에서 피보험자의 손해배상책임이 없는 것으로 인정되는 경우 피보험자가 지출한 변호사비용이 방어비용에 해당할 것인지에 대하여는 본 대법원 판결이 최초로 이론을 정립한 것이라고 할 것이다. 또한 현재 사용되고 있는 책임보험약관 조항 중 보험자의 사전동의를 받아 지출한 소송비용 등만을 방어비용으로 인정하는 취지의 약관의 부당성을 설시하여 앞으로 피해자의 피보험자에 대한 손해배상청구소송에서 변호사의 조력이 활성화될 수 있는 여건을 만든 판결이라고 생각된다.

퀴 즈

Ques.	'손해방지비용'과 '방어비용'은 서로 구별되는가?
Ans.	대법원 2006. 6. 30. 2005다21531. 상법 제680조 제1항에 규정된 '손해방지비용'은 보험자가 담보하고 있는 보험사고가 발생한 경우에 보험사고로 인한 손해의 발생을 방지하거나 손해의 확대를 방지함은 물론 손해를 경감할 목적으로 행하는 행위에 필요하거나 유익

23) 대법원 2002. 6. 28. 2002다22106.
24) 대법원 1993. 1. 12. 91다42777.

	하였던 비용을 말하는 것이고, 같은 법 제720조 제1항에 규정된 '방어비용'은 피해자가 보험사고로 인적·물적 손해를 입고 피보험자를 상대로 손해배상청구를 한 경우에 그 방어를 위하여 지출한 재판상 또는 재판 외의 필요비용을 말하는 것으로서, 위 두 비용은 서로 구별되는 것이므로, 보험계약에 적용되는 보통약관에 손해방지비용과 관련한 별도의 규정을 두고 있다고 하더라도, 그 규정이 당연히 방어비용에 대하여도 적용된다고 할 수는 없다.

제 4 항 自動車保險契約

5 自動車保險約款上 無免許運轉免責條項의 效力

[황원순 대 해동화재해상보험(주)]

대법원 1991. 12. 24. 90다카23899

事 例

원고 황원순(X)은 1988. 7. 7. 피고 해동화재해상보험(주)(Y)와의 사이에 피보험차량을 원고소유의 충북 7 다 7855호 봉고트럭, 보험기간을 같은 날 24:00부터 1989. 1. 7. 24:00까지로 하여 X가 위 트럭의 운행으로 인하여 남을 죽게 하거나 다치게 하여 자동차손해배상보장법에 의한 손해배상책임을 짐으로써 입게 될 손해를 피고로부터 보상받기로 하는 내용의 대인배상자동차종합보험계약을 체결하고, 같은 날 Y에게 그 보험료를 지급하였다. X가 위 보험기간중인 1988. 9. 3. 21:00경 청주시 우암동 123의 77 소재 자신이 경영하는 남선공업사 앞길에 위 트럭을 열쇠를 꽂아 둔 채 정차시켜 놓은 사이에, 전에 위 남선공업사 종업원으로 일한 적이 있는 소외 박기성이 이를 무단운전하여 가다가, 같은 날 21:10경 청주시 내덕동 소재 연초제조창 앞길에서 차도 우측단을 따라 손수레를 끌고 가는 소외 안달용을 위 트럭 앞부분으로 들이받아 그로 하여금 고도의 뇌좌상 등으로 현장에서 사망하게 하였다. 위 망인의 유족들은 같은 해 11. 2. 청주지방법원에 X를 상대로 위 교통사고로 인한 손해배상청구의 소를 제기하여, 동 법원은 1989. 7. 7. X에게 위 망인의 유족들에 대하여 합계 금 21,099,284원 및 이에 대한 1988. 9. 4.부터 1989. 7. 7.까지 연 5푼의, 그 익일부터 완제일까지 연 2할 5푼의 각 비율에 의한 금원의 지급을 명하는 판결을 선고하였고, 위 판결은 1989. 8. 2. 항소기간의 도과로 확정되었다. X는 Y회사에 대하여 보험계약을 근거로 보험금 지급을 청구하였다. 한편 위 보험계약의 내용인 자동차종합보험보통약관 제10조 제1항 제6호에 의하면 Y는 자동차의 운전자가 무면허운전을 하였을 때에 생긴 사고로 인한 손해를 보상하지 않는다고 규정되어 있는데, 위 박기성은 아무런 자동차운전면허도 없이 위 사고 당시 혈액 1밀리리터당 알콜농도 2밀리그램의 주취상태로 위 트럭을 운전하다가 위 사고를 일으켰으므로 Y는 위 무면허운전면책조항을 근거로 보험금 지급의무가 없다고 항변하면서 그 지급을 거절한다.

1. 자동차보험약관상 무면허운전면책조항은 상법 제659조와 관련하여 유효한 것인가?
2. X의 청구는 인용될 수 있는가?

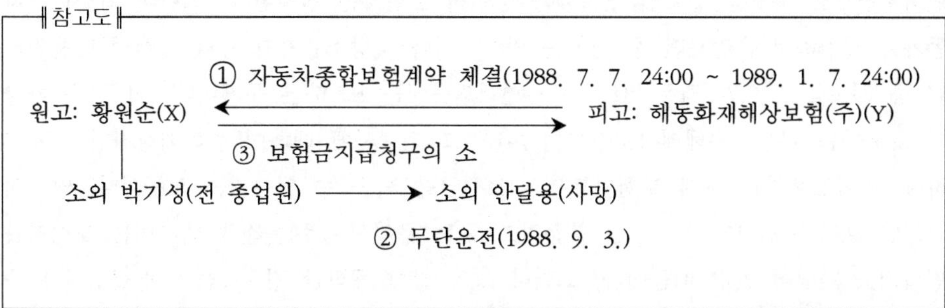

目 次

Ⅰ. 論 點

1) 자동차종합보험약관은 회사는 "자동차의 운전자가 무면허운전을 하였을 때에 생긴 사고로 인한 손해에 대하여는 보상하지 아니한다"는 내용의 '무면허운전면책조항'을 두고 있다. 여기서 '무면허운전'이라 함은 도로교통법 또는 중기기관관리법의 운전면허에 관한 규정에 위반하는 무면허 또는 무자격운전을 말하며, 운전면허의 정지·취소 등으로 면허의 효력이 정지되거나 운전이 금지되었음에도 운전하는 경우를 포함한다. 한편 상법 제659조(保險者의 免責事由) 제1항은, "보험사고가 보험계약자 또는 피보험자나 보험수익자의 고의 또는 중대한 과실로 인하여 생긴 때에는 보험자는 보험금액을 지급할 책임이 없다"고 되어 있다. 이 무면허운전면책조항은 고의·중과실에 의한 무면허운전사고뿐만 아니라 과실에 의한 무면허운전사고의 경우에도 보험자를 면책시키므로, 이 조항이 운전자의 고의·중과실에 의한 무면허사고의 경우에만 보험자가 면책된다는 상법 제659조 제1항에 위배되는지 의문이다(論點 1).

2) 이와 같은 무면허운전면책조항이 유효하다면 차량의 보유자인 피보험자가 무

면허운전으로 사고를 일으킨 경우에는 당연히 보험자는 면책된다. 그런데 제3자가 자동차를 절취하여 운전하던 중 사고를 일으키거나 차량소유자의 승낙 없이 무단운전하던 중 사고를 일으킨 경우, 보험자가 면책되는지는 또 다른 문제이다. 이 경우 차량의 보유자는 자동차손해배상보장법에 따라 그 피해자에 대하여 손해배상책임을 져야 하나, 차량보유자는 다시 보험자로부터 보험금을 받을 수 있는지는 의문이다. 약관의 규정만 보면 운전자가 누구이든 불문하고 모든 무면허(음주)운전에 대하여는 보험자가 면책되도록 되어 있기 때문이다. 그러나 그와 같이 해석할 경우에는 차량절취자가 우연히 운전면허 소지자이면 보험자가 책임을 지나, 무면허 운전자이면 책임을 면한다는 이상한 논리가 되기 때문에 문제인 것이다(論點 2).

II. 商法 제659조와 제663조의 適用與否(論點 1)

1. 大法院의 判決 內容

대법원은, "상법 제659조 제1항은 보험사고를 직접 유발한 자 즉 손해발생원인에 전적인 책임이 있는 자를 보험의 보호대상에서 제외하려는 것이므로 보험약관에서 이러한 손해발생원인에 대한 책임조건을 경감하는 내용으로 면책사유를 규정하는 것은 상법 제663조의 불이익변경금지에 저촉되겠지만, 손해발생원인과는 관계없이 손해발생시의 상황이나 인적관계 등 일정한 조건을 면책사유로 규정하는 것은 위 상법 제659조 제1항의 적용대상이라고 볼 수 없는 것인바, 자동차종합보험보통약관 제10조 제1항 제6호 소정의 책임보험조항의 "자동차의 운전자가 무면허운전을 하였을 때에 생긴 사고로 인한 손해를 보상하지 아니한다"는 이른바 무면허운전면책조항은 사고발생의 원인이 무면허운전에 있음을 이유로 한 것이 아니라, 사고발생시에 무면허운전중이었다는 법규위반상황을 중시하여 이를 보험자의 보상대상에서 제외하는 사유로 규정한 것이므로 위 상법 제659조 제1항의 적용대상이라고 보기 어렵다"고 판시하였다. 즉, 대법원은 약관상 무면허면책조항은 손해발생원인을 제한한 것이 아니라 손해발생시의 상황에 대하여 제한을 가한 것으로서, 손해발생원인을 제한하면 무효라고 규정한 상법 제659조 제1항에 해당되지 아니하고, 따라서 상법 제663조 "보험계약자 등의 불이익변경금지의 원칙"에도 해당되지 아니하여 유효하다고 판시한 것이다.

2. 私 見

필자의 견해로는 약관의 조항 중에 어떤 것은 손해발생원인에 관한 면책사유를 정한 것이어서 무효가 되고, 어떤 것은 손해발생시의 상황에 관한 면책사유를 정한 것이어서 유효하다는 논리는 선뜻 이해하기 어렵다. 우리 보험법이 정밀하게 손해발생원인에 관한 면책사유와 손해발생시의 상황에 관한 면책사유로 나누고 있지도 아니하므로 이와 같은 나누기의 근거가 무엇인지도 의문이다. 법규위반상황을 면책요건으로 한다면, 교통사고의 90%가 운전자의 법규위반상황(예컨대 과속, 불법 U-turn, 신호위반 등)에서 발생하고, 이러한 상황에서 대부분 보험금이 지급된다는 것은 어떻게 설명되는지 또한 의문이다.

생각건대 음주운전이나 무면허운전은 자신뿐 아니라 타인을 害하는 행위이므로 절대 하여서는 안 되는 것이라는 사회적 합의가 있고, 그럼에도 불구하고 음주·무면허운전을 감행하고 사고를 일으킨 것은 고의 또는 중과실에 의한 사고유발이라 보아 상법 제659조 제1항에 해당되어 보험자가 면책되는 것으로 해석하는 것이 정당하다고 본다. 즉, 무면허운전면책조항을 둔 취지는 무면허운전이 위험발생의 개연성이 큰 행위로 그 운전자체를 금지한 법규의 중대한 위반행위에 해당하므로 무면허 운전으로 인한 사고는 결국은 중과실에 의한 사고에 해당되어 보험자가 면책된다고 본다. 무면허운전으로 인한 사고나 음주운전으로 인한 사고의 경우에는 운전자의 중과실이 자동적으로 의제되므로 운전자의 경과실 여부는 문제되지 않는다고 보는 것이다. 무면허운전중 경과실로 사고를 일으켰다거나, 음주운전 중 경과실로 사고를 유발한 경우도 있을 수는 있으나, 무면허·음주운전 자체를 중과실로 보아야 할 것이므로, 경과실 여부를 고려할 필요가 없다고 본다. 따라서 무면허운전면책조항은 상법 제659조의 내용과 동일한 것이고, 이 조항이 상법 제663조에 위반하는 것은 아니라고 생각한다.[1]

대법원 판결은 보험자의 면책이라는 결론에서는 사견과 동일하므로 일응 수긍할 수 있으나, 그 근거를 상황논리에서 찾는 것은 지나친 技巧라 생각한다.

---

1) 이 사건의 원심(서울고등법원 1990. 6. 29. 90나15947)은 피고가 이 사건 사고는 무면허운전시에 생긴 사고로서 위 보험약관소정의 면책사유에 해당한다고 주장한 데에 대하여, 자동차종합보험보통약관 중 자동차의 운전자가 무면허운전을 하였을 때에 생긴 사고로 인한 손해를 보상하지 않는다고 한 규정은 무면허운전시 발생한 사고가 보험계약자 또는 피보험자의 경과실로 인한 것으로 평가되는 경우에 있어서는 고의 또는 중대한 과실로 인하여 생긴 보험사고에 대하여는 보험자의 보험금지급책임이 없다는 상법 제659조 제1항의 반대해석과 당사자 사이의 특약으로 보험계약자 또는 피보험자나 보험수익자의 불이익으로 변경하지 못한다는 같은 법 제663조에 위배되어 무효라고 판시하였다.

Ⅲ. 無免許運轉에 대한 保險者의 免責範圍(論點 2)

1. 大法院의 判決 內容

"무면허운전면책조항을 문언 그대로 해석한다면 무면허자인 소외 박기성이 무단운전중에 일으킨 사고로 인하여 원고가 그 배상책임을 부담함으로써 입은 손해는 위 무면허운전면책조항에 해당되어 피고의 보상책임이 면제된다고 볼 수밖에 없을 것이다. 그러나 무면허운전면책조항에 의하여 일률적으로 무면허운전의 경우를 보험의 보상대상에서 제외한다면, 무단운전이나 절취운전의 경우와 같이 자동차보유자는 자동차손해배상보장법에 따라 피해자에 대하여 손해배상책임을 부담하면서도 자기의 지배관리하에 있지 않은 운전자의 운전면허소지여부에 따라 보험의 보호를 전혀 받지 못하는 경우가 생기게 되어 피보험자의 경제적 수요를 충족하기 위한 자동차보험제도의 기능과 효용은 크게 감쇄되고 결과적으로 피해자보호도 소홀히 되는 결과를 초래하게 된다. 이러한 경우는 보험계약자의 정당한 이익과 합리적인 기대에 어긋나는 것으로서 고객에게 부당하게 불리하고 보험자가 부담하여야 할 담보책임을 상당한 이유 없이 배제하는 것이어서 현저하게 형평을 잃은 것이라고 하지 않을 수 없으며, 이는 보험단체의 공동이익과 보험의 등가성 등을 고려하더라도 마찬가지라고 할 것이다.

결국 위 무면허운전면책조항이 보험계약자나 피보험자의 지배 또는 관리가능성이 없는 무면허운전의 경우에까지 적용된다고 보는 경우에는 그 조항은 신의성실의 원칙에 반하여 공정을 잃은 조항으로서 위 약관규제법의 각 규정에 비추어 무효라고 볼 수밖에 없다. 그러므로 위 무면허운전면책조항은 위와 같은 무효의 경우를 제외하고 무면허운전이 보험계약자나 피보험자의 지배 또는 관리가능한 상황에서 이루어진 경우에 한하여 적용되는 조항으로 수정해석을 할 필요가 있으며 그와 같이 수정된 범위 내에서 유효한 조항으로 유지될 수 있는바, 무면허운전이 보험계약자나 피보험자의 지배 또는 관리가능한 상황에서 이루어진 경우라고 함은 구체적으로는 무면허운전이 보험계약자나 피보험자 등의 명시적 또는 묵시적 승인하에 이루어진 경우를 말한다고 할 것이다(대체로 보험계약자나 피보험자의 가족, 친지 또는 피용인으로서 당해 차량을 운전할 기회에 쉽게 접할 수 있는 자에 대하여는 묵시적인 승인이 있었다고 볼 수 있을 것이다).

결론적으로 요약하면 자동차종합보험보통약관 제10조 제1항 제6호의 무면허면책조항은 무면허운전의 주체가 누구이든 묻지 않으나 다만 무면허운전이 보험계약자나 피보험자 등의 명시적 또는 묵시적 승인하에 이루어진 경우에 한하여 면책을 정한 규정이라고 해석하여야 하며, 이와 같이 해석하는 한도 내에서 그 효력을 유지할 수 있다고 보아야 한다. 위 견해와 달리 위 무면허운전면책조항에 대하여 직접적 내용통제로서의 수정해석을 배제한 당원 1990. 6. 26. 선고 89다카 28287 판결의 견해는 이를 변경하기로 한다."

대법원 판결은 이 사건 사고를 일으킨 소외 박기성의 무면허운전에 대하여 보험계약자 겸 피보험자인 원고의 명시적 또는 묵시적 승인이 있었다고 보기 어려우므로, 원고의 이 사건 손해가 자동차종합보험보통약관 제10조 제1항 제6호 소정의 면책사유에 해당하지 않는다고 판단한 원심과 이유 설시는 다르나, 결론은 같다(상고기각=피고패소).

2. 私 見

위 대법원 판결을 요약하면, 피보험자인 운전자가 무면허 · 음주운전중 사고를 일으킨 경우에는 보험자가 면책되고, 피보험자의 명시적 또는 묵시적 승낙을 받은 운전자가 무면허 · 음주운전중 사고를 일으킨 경우에도 보험자는 면책된다. 다만 무단운전자가 무면허 · 음주운전중 사고를 일으킨 경우에는 보험자는 면책되지 아니한다.

약관에 따르면 단순히 무면허 · 음주운전중 사고를 일으킨 경우에 보험자는 면책되는 것으로 규정되어 있어서 운전자가 누구이든 불문하고 무면허 · 음주운전 중 사고를 일으킨 경우에는 무조건 보험자가 면책되는 것으로 해석될 여지가 있으나, 법원은 이 약관의 규정을 효력유지적 축소[2] 내지 수정해석을 통하여 약관의 내용을 통제하는 방법으로 "약관상의 무면허면책조항은 무면허운전이 보험계약자 또는 피보험자의 명시적 또는 묵시적 승인하에 이루어진 경우에 한하여 면책을 정한 규정이라고 해석하여야 한다"는 결론을 내린 것이다.

생각건대 무단운전자의 사고유발에 대하여도 차량보유자가 책임을 지도록 한 우리 자동차손해배상보장법 자체가 무리가 있다. 차량을 절취한 자가 일으킨 사고에 대하여도 죄없는 차량보유자가 책임을 진다는 것은 건전한 법상식으로는 이해하기 어렵

2) 효력유지적 축소란 약관조항을 무제한적으로 해석하면 효력이 없게 되므로 법적으로 허용되는 범위 내로 약관의 효력을 유지시키는 것이 효력유지적 축소이다. 즉, 어느 하나의 약관조항에 대한 내용통제를 행함에 있어서 그 조항 전부의 무효를 선언하지 아니하고, 그 질적인 일부만을 무효로 선언하는 것을 의미한다(양창수, 「민법연구」 제4권, 364면). 우리 나라 판례에서는 이를 '수정해석'이라고 표현하고 있다(대법원 1991. 12. 24 90다 23899 참조).

다. 그러나 이는 자동차손해배상책임을 사회보장적 측면에서 파악하고 피해자 보호에 만전을 기하려는 정책적 고려에서, 자동자 보유자의 배상책임범위가 확정됨에 따라 취하여진 조치이다. 차량절취자 또는 무단운전자는 무면허일 가능성이 많으므로, 그들이 일으킨 사고에 대하여 차량보유자는 책임을 지면서도 그 손해는 보험에 의하여 담보되지 않는다면 차량보유자에게는 가혹하게 된다. 이를 해결하기 위한 고육지책의 하나가 바로 무단운전자의 사고유발에 대하여는 무면허·음주운전에 불구하고 보험자가 책임을 지도록 약관상 무면허운전면책조항을 수정해석한다는 것이 법원판결의 요체인 것이다. 이는 법리의 문제가 아닌 정책문제에 불과하다.

Ⅳ. 結 語

약관의 조항 중에 어떤 것은 손해발생원인에 관한 면책사유를 정한 것이어서 무효가 되고, 어떤 것은 손해발생시의 상황에 관한 면책사유를 정한 것이어서 유효하다는 법원의 논리는 수긍하기 어렵다. 사견으로는 음주운전이나 무면허운전은 자신뿐 아니라 타인을 害하는 행위이므로 절대 하여서는 안 되는 것이라는 사회적 합의가 있고, 그럼에도 불구하고 음주·무면허운전을 감행하고 사고를 일으킨 것은 고의 또는 중과실에 의한 사고유발이라 보아 상법 제659조 제1항에 해당되어 보험자가 면책되는 것으로 해석하는 것이 정당하다고 본다.

한편 판례에 의할 경우 전 종업원 소외 박기상이 무면허운전을 하여 소외 안달용을 사망하게 하였으나, 이는 보험계약자이자 피보험자인 원고 황원순이 소외 박기상의 무단운전에 대하여 명시적 또는 묵시적의 승낙을 하지 않았으므로 지배 또는 관리가능성이 없는 무면허운전에 해당하여 위 무면허운전면책조항은 적용되지 않는다. 따라서 원고는 피고회사를 상대로 보험금지급을 청구할 수 있다.

[**관련판례**] 대법원 1998. 3. 24. 96다38391

여러 번의 사고를 일으켜 면허가 취소된 차량보유자의 아들이 차량보유자의 허락 없이 무단운전중에 사고를 일으킨 사안에서 법원은 "무면허면책약관의 규정은 '신의성실의 원칙에 반하여 공정을 잃은 조항'으로서 무효"라는 이유로 같이 판시하면서 보험자의 보험금지급책임을 인정하였다.

"개인용 자동차종합보험 보통약관 제10조 제1항 제6호 소정의 '피보험자동차의 운전자가 무면허운전을 하였을 때에 생긴 사고로 인한 손해에 대하여는 보상하지 아니한다.'는 이른바 무면허면책약관의 규정은 무면허운전의 주체가 누구이든 제한 없이 적용되는 것이나, 무면허운전에 대한 보험계약자나 피보험자의 지배 또는 관리가능성이 없는 경우까지 적용된다고 보는 경우에는 위 규정은 신의성실의 원칙에 반하여 공정을 잃은 조항으로서 약관의 규제에 관한 법률 제6조 제1항, 제2항, 제7조 제2호, 제3호의 각 규정에 비추어 무효라고 볼 수밖에 없으나, 다만 무면허운전이 보험계약자나 피보험자의 명시적 또는 묵시적 승인하에 이루어진 경우에 한하여 보험자의 면책을 정한 규정이라고 해석하는 한도 내에서는 유효하다고 할 것이며(대법원 1991. 12. 24. 90다카23899 참조), 이 경우에 있어서 '묵시적 승인'은 명시적 승인의 경우와 동일하게 면책약관의 적용으로 이어진다는 점에서 보험계약자나 피보험자의 무면허운전에 대한 승인 의도가 명시적으로 표현되는 경우와 동일시 할 수 있는 정도로 그 승인 의도를 추단할 만한 사정이 있는 경우에 한정되어야 할 것이고, 이러한 묵시적 승인이 있었다고 보아야 할 사정의 존부는 평소 무면허운전자의 운전에 관하여 보험계약자나 피보험자가 취해 온 태도뿐만 아니라, 보험계약자나 피보험자와 무면허운전자의 관계, 평소의 차량의 운전 및 관리 상황, 당해 무면허운전이 가능하게 된 경위와 문제로 된 무면허운전의 목적 등의 제반 사정을 함께 참작하여 인정하여야 할 것이다(대법원 1994. 5. 10. 93다20313; 동, 1995. 7. 28. 94다47087; 동, 1997. 9. 9. 97다9390 등 참조)." ……"평소의 차량관리 상황, 이 사건 운행 경위 및 운행 목적 등의 사실관계에 비추어 볼 때 무단운전자의 이 사건 무면허운전이 차량보유자의 지배 또는 관리 가능한 상황 즉 묵시적 승낙하에서 이루어진 것이라고 보기 어렵다."

〔관련판례〕 대법원 2014. 9. 4. 2012다204808(피보험자의 사망이나 상해를 보험사고로 하는 보험계약에서 피보험자의 안전띠 미착용 등 법령위반행위를 보험자의 면책사유로 정한 약관조항은 원칙적으로 효력이 없다.)

상법 제732조의2, 제739조, 제663조의 규정에 의하면 사망이나 상해를 보험사고로 하는 인보험에 관하여는 보험사고가 고의로 인하여 발생한 것이 아니라면 비록 중대한 과실에 의하여 생긴 것이라 하더라도 보험금을 지급할 의무가 있다고 할 것인바, 위 조항들의 입법 취지 등에 비추어 보면, 피보험자의 사망이나 상해를 보험사고로 하는 보험계약에서는 보험사고 발생의 원인에 피보험자에게 과실이 존재하는 경우뿐만 아니라 보험사고 발생 시의 상황에 있어 피보험자에게 안전띠 미착용 등 법령위반의 사유가 존재하는 경우를 보험자의 면책사유로 약관에 정한 경우에도 그러한 법령위반행위가 보험사고의 발생원인으로서 고의에 의한 것이라고 평가될 정도에 이르지 아니하는 한 위 상법 규정들에 반하여 무효이다.

※ 판례는 음주·무면허운전 그 자체는 보험사고를 일으킬 고의가 있다고 볼 수 없고, 따라서 음주·무면허운전 면책약관의 면책조항이 무효라고 한다.[3)]

〔관련판례〕 대법원 2014. 9. 4. 2013다66966(자동차종합보험계약의 보험자가 기명피보험자의 자녀와 사실혼관계에 있는 사람은 위 특별약관에서 정한 가족의 범위에 포함되지 않는다고까지 약관을 명시·설명할 의무는 없다.)

1) '가족운전자 한정운전 특별약관'은 가족의 범위에 관하여 기명피보험자의 배우자, 자

3) 대법원 1998. 3. 27. 97다48753; 동 1990. 5. 25. 89다카17591; 동 1996. 4. 26. 96다4909; 동 1998. 3. 27. 97다27039 등.

녀는 사실혼관계에 기초한 경우도 포함된다는 규정을 두고 있으나 기명피보험자의 사위나 며느리는 사실혼관계에 기초한 경우가 포함되는지에 관하여 아무런 규정을 두고 있지 않은 점 등을 종합하여 보면, 위 약관에 규정된 기명피보험자의 사위나 며느리는 기명피보험자의 자녀와 법률상 혼인관계에 있는 사람을 의미한다.

2) 자동차종합보험의 가족운전자 한정운전 특별약관은 보험자의 면책과 관련되는 중요한 내용에 해당하는 사항으로서 일반적으로 보험자의 구체적이고 상세한 명시·설명의무의 대상이 된다. 그러나 보험계약자가 기명피보험자의 사위나 며느리가 될 자가 자동차를 운전하다가 발생하는 사고에 대하여도 종합보험을 적용받기 원하는 의사를 표시하는 등의 특별한 사정이 없는 한, 보험자가 기명피보험자의 자녀가 사실혼관계에 있을 경우를 상정하여 그 자녀와 사실혼관계에 있는 사람은 기명피보험자의 사위나 며느리로서 가족의 범위에 포함되지 않는다고까지 위 약관을 명시·설명할 의무가 있다고 볼 수는 없다.

※ 일반적으로 계모는 가족에 포함되나(대법원 1997. 2. 28. 96다53857), 첩(대법원 1995. 5. 26. 94다36704), 기명피보험자와 실질적인 가족관계를 형성하고 있는 아버지의 사실상의 배우자(대법원 1960. 9. 29. 4293민상302) 등은 가족에 포함되지 않는다.

6 虛僞請求로 인한 保險金 請求權의 喪失

[원고 대 동부화재보험(주) 사건]

대법원 2007. 2. 22. 2006다72093

事 例

(i) 가구점을 운영하는 원고(X)는 판매시설(5억 원 상당) 및 재고자산(7억 원 상당) 일체에 관하여 동부화재보험(주)(Y)과 보험금 9억 원을 한도로 하는 사업안전종합보험에 가입하였다.

(ii) 2003. 11. 16. 23:09경 이 사건 가구점내부에 전기 누전으로 추정되는 화재가 발생하여 가구점 내에 있던 시설 및 재고자산 일체 등 보험계약의 목적물이 소훼되었고, X는 총액 5억 원(시설 2억 원 상당 및 재고자산 3억 원 상당).

(iii) X는 재고자산손실을 평가함에 있어 49개 업체로부터 6억 원 상당의 가구류를 납품받아 이 사건 화재로 인하여 전부 소훼된 것처럼 보험금 청구서를 허위로 기재하여 보험금 8억 원 상당을 Y에게 청구하였다.

(iv) X는 보험금 청구서 허위기재에 의한 보험금 청구로 인한 사기미수죄로 기소되어 2005. 6. 15. 징역 1년 집행유예 3년의 형이 확정되었다.

(v) X의 보험금 청구에 대하여 Y는 이 사건에 적용되는 보통보험약관 제28조(보험금 청구권의 상실)는 "아래와 같은 경우에는 피보험자는 손해에 대한 보험금 청구권을 잃게 됩니다. 1. 보험계약자 또는 피보험자가 손해의 통지 또는 보험금청구에 관한 서류에 고의로 사실과 다른 것을 기재하였거나 그 서류 또는 증거를 위조하거나 변조한 경우"라고 되어 있음을 이유로 보험금의 지급을 거절하였다.

(vi) X는 ① 위 약관의 규정에 대한 설명이 없었음을 이유로 이 약관이 이 사건에 적용되지 아니한다고 주장하면서, ② 설사 이 약관규정이 적용되어 허위청구로 인한 보험금 지급청구권을 상실한다고 하더라도 허위청구와 관계없는 시설부분에 대하여는 보험금을 지급하여야 할 것인데, 그 이유는 ③ 약관은 객관적 · 획일적으로 해석하여야 하고, 약관 내용이 명백하지 못하거나 의심스러운 때에는 고객에게 유리하게, 약관작성자에게 불리하게 제한해석하여야 하기 때문이라고 주장한다.[1]

X의 주장은 타당한가?

---

1) 이 사례는 대법원 2007. 2. 22. 2006다72093의 사실관계를 필자가 사례연습에 맞게 재구성한 것이다.

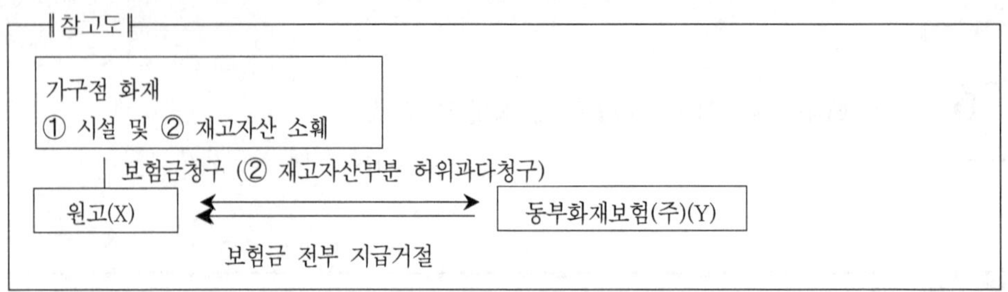

目 次

Ⅰ. 判決要旨

문제된 보험계약의 약관 조항의 취지는 피보험자 등이 서류를 위조하거나 증거를 조작하는 등 신의성실의 원칙에 반하는 사기적인 방법으로 과다한 보험금을 청구하는 경우에는 그에 대한 제재로서 보험금청구권을 상실하도록 하려는 데 있고, 독립한 여러 물건을 보험목적물로 하여 체결된 화재보험계약에서 피보험자가 그 중 일부의 보험목적물에 관하여 실제 손해보다 과다하게 허위의 청구를 한 경우에 허위의 청구를 한 당해 보험목적물에 관하여 위 약관 조항에 따라 보험금청구권을 상실하게 되는 것은 당연하다. 그러나 만일 위 약관 조항을 피보험자가 허위의 청구를 하지 않은 다른 보험목적물에 관한 보험금청구권까지 한꺼번에 상실하게 된다는 취지로 해석한다면, 이는 허위 청구에 대한 제재로서의 상당한 정도를 초과하는 것으로 고객에게 부당하게 불리한 결과를 초래하여 신의성실의 원칙에 반하는 해석이 되므로, 위 약관에 의해 피보험자가 상실하게 되는 보험금청구권은 피보험자가 허위의 청구를 한 당해 보험목적물의 손해에 대한 보험금청구권에 한 한다고 해석함이 상당하다(원고승소).

II. 解 說

1. 論 點

사례에서 문제되는 것은 ① 보통보험약관의 효력, ② 약관의 설명의무(論點 1), ③ 약관해석의 원칙(論點 2), ④ 허위청구로 인한 보험금청구권의 전부 상실 여부(論點 3) 등이다. 여기서는 후 3자에 대하여서만 논의하기로 한다.

2. 保險約款에 대한 說明義務(論點 1)

보험자는 보험계약을 체결할 때 보험약관을 교부하고 약관의 중요한 내용을 보험계약자에게 설명하여야 한다(상법 제638조의 3; 약관규제법 제3조). 그러나 ① 보험계약자가 충분히 잘 알고 있는 사항,[2] ② 거래상 일반적이고 공통된 것이어서 별도의 설명이 없이도 충분히 예상할 수 있는 사항,[3] ③ 이미 법령에 의하여 정하여진 것을 되풀이하거나 부연하는 정도에 불과한 사항 등은[4] 설명할 필요가 없다.

이 사건 제1심법원은[5] "보험계약의 체결 당시에 위 문제된 약관조항에 관하여 설명이 있었는지 여부는 불분명하나, 그 설명이 있었다고 하여 당해 계약을 체결하지 않았으리라고 인정되지 아니하므로 이를 설명의무가 있는 약관의 중요한 사항이라고 보기 어렵고,… 위 보험약관의 규정은 거래상 일반인들이 보험자의 설명 없이도 당연히 예상할 수 있던 사항에 해당하여 설명의무의 대상이 아니라 할 것이다. "고 판시하였다. 원고의 위 주장은 이유 없다.

3. 制限解釋의 原則(論點 2)

보통거래약관을 해석함에 있어서는, 약관의 내용을 개개 계약체결자의 의사나 구체적인 사정을 고려함이 없이 평균적 고객의 이해가능성을 기준으로 하여 객관적 · 획일적으로 해석하여야 한다. 또한 고객보호의 측면에서 약관 내용이 명백하지 못하거나 의심스러운 때에는 고객에게 유리하게, 약관작성자에게 불리하게 제한해석하여야 한다.[6] 이 점을 지적하는 원고의 주장은 이유가 있다.

---

2) 대법원 1999. 3. 9. 98다43342.
3) 대법원 2007. 2. 22. 2006다72093.
4) 대법원 1998. 11. 27. 98다32564; 동 2004. 4. 27. 2003다7302; 동 2007. 4. 27. 2006다87453.
5) 서울중앙지방법원 2005. 7. 1. 2004가합58579.
6) 대법원 2005. 10. 28. 2005다35226; 동 2007. 2. 22. 2006다72093; 동 2007. 6. 14. 2005다

4. 保險金 虛僞請求(論點 3)

(1) 保險金 虛僞請求에 대한 制裁

피보험자 등이 서류를 위조하거나 증거를 조작하는 등 신의성실의 원칙에 반하는 사기적인 방법으로 과다한 보험금을 청구하는 경우에는 그에 대한 제재로서 보험금청구권을 상실한다.[7] 대부분의 보통보험약관에는 이에 관하여 "보험계약자 또는 피보험자가 손해의 통지 또는 보험금청구에 관한 서류에 고의로 사실과 다른 것을 기재하였거나 그 서류 또는 증거를 위조하거나 변조한 경우 피보험자는 손해에 대한 보험금청구권을 잃게 된다."는 취지의 규정을 두고 있다.

(2) 事例의 경우

이 사건과 같이 독립한 여러 물건(시설과 재고자산)을 보험목적물로 하여 체결된 보험계약에서 피보험자가 그 중 일부의 보험목적물(재고자산)에 관하여 실제 손해보다 과다하게 허위의 청구를 한 경우에 허위의 청구를 한 당해 보험목적물(재고자산)에 관하여 위 약관 조항에 따라 보험금청구권을 상실하게 되는 것은 당연하다 할 것이다. 그러나 만일 위 약관 조항을 피보험자가 허위의 청구를 하지 않은 다른 보험목적물(시설)에 관한 보험금청구권까지 한꺼번에 상실하게 된다는 취지로 해석한다면, 이는 허위 청구에 대한 제재로서의 상당한 정도를 초과하는 것으로 고객에게 부당하게 불리한 결과를 초래하여 신의성실의 원칙에 반하는 해석이 된다. 따라서 앞서 본 약관의 제한해석의 원칙에 따라, 위 약관에 의해 피보험자가 상실하게 되는 보험금청구권은 피보험자가 허위의 청구를 한 당해 보험목적물(재고자산)의 손해에 대한 보험금청구권만을 의미한다고 해석함이 상당하다 할 것이다.

III. 結　　語

본 사안에 대한 원심판결은[8] "과다한 보험금 청구가 있더라도 과다 청구된 부분을 제외한 실제 손해액에 관하여는 피고가 보험금을 지급하여야 한다는 주장은 허위청구로 인한 보험금 청구권의 상실을 규정한 이 사건 보험계약의 약관 내용과 그 규정 취지에 비추어 받아들일 수 없다 … 일부무효나 취소의 법리는 계약체결상의 일부

9326.

7) 대법원 2006. 11. 23. 2004다20227 · 20234 등 참조.

8) 서울고등법원 2006. 9. 29. 2005나65601.

하자를 어떻게 취급할 것인지의 문제인 반면, 허위청구로 인한 보험금 청구권의 상실은 보험계약의 최대 선의성에 기초한 것으로서 그 성질을 달리하는 것이므로, 원고의 주장을 받아들일 수 없다(고의로 사실과 다른 것을 기재하거나, 그 서류 또는 증거를 위조 또는 변조하는 등의 경우에 보험금 청구권을 상실하게 하는 규정은 모든 법률관계에 있어 기본이 되는 신의성실의 원칙에서 비롯되는 당연한 사리를 규정한 것임에 비추어 위 면책조항이 약관의 규제에 관한 법률에 따라 무효로 된다고 보기도 어렵고, 보험회사에게 지나치게 유리하다거나 피보험자에게 가혹하다고 할 수도 없다)"고 판시하였다.

생각건대 일부무효의 법리에 관한 원심법원의 해석은 정당하다고 할 것이나, 위 괄호 속에 설시한 부분은 보험금허위청구에 대한 징벌을 가하는 성격을 가진 것으로서, "피보험자에게 가혹하다고 할 수도 없다"는 법원의 주장과는 달리 민사재판의 한계를 넘은 것으로 판단된다.

제3절 人保險

제1항 生命保險契約

1 他人의 生命保險契約

[양해숙 대 교보생명보험(주) 사건]

대법원 1996. 11. 22. 96다37084

事 例

원고(상고인) 보험수익자 양해숙(X)은 1993. 1. 11. 및 1994. 7. 26. 피고(피상고인) 교보생명보험주식회사(Y)와 X의 남편인 소외 김대식을 주피보험자로 하여, 피보험자의 신체검사가 필요없는 종목으로서 생명보험계약의 일종인 '21세기 장수연금보험계약' 및 '무배당 21세기 암치료보험계약'을 체결하고 보험료를 납입하였다. 보험약관에 의하면 암으로 진단, 입원, 수술, 통원, 사망할 경우에도 보험금을 지급하도록 되어 있었는데, 소외 김대식은 1994. 11. 8. 위암진단을 받고 병원에 입원하여 수술을 받게 되었다. 이에 X는 Y 보험회사에 보험금 지급을 청구하였다.

Y회사는 계약체결시 청약서상의 피보험자의 자필서명란에 기재된 이름이 피보험자의 자필서명이 아니라는 이유로 피보험자의 동의없이 체결된 이 건 보험계약은 무효라고 주장하면서 보험금 지급을 거절하였다. 이 사건 보험계약의 체결과정을 보면, 당시 보험계약자와 같은 연립주택 아래위층에 살고 있는 보험모집인이 X에게 보험의 종류와 내용을 설명하여 주고 X의 선택에 따라 이 사건 보험계약을 체결하기로 약정한 후 회사로 돌아와 보험청약서를 스스로 작성하면서 피보험자의 자필서명란에 소외 김대식의 이름을 서명하였던 것이다.

‖참고도‖

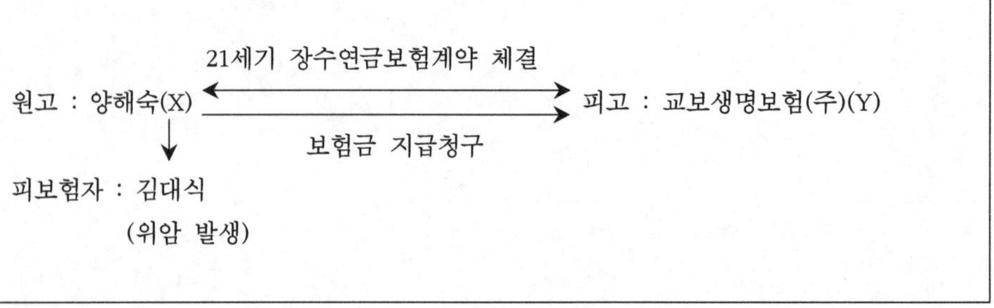

21세기 장수연금보험계약 체결

원고 : 양해숙(X) ⟷ 피고 : 교보생명보험(주)(Y)

보험금 지급청구 →

↓

피보험자 : 김대식
(위암 발생)

目 次

Ⅰ. 大法院 判決要旨

1) 타인의 사망을 보험사고로 하는 보험계약에는 보험계약 체결시에 그 타인의 서면에 의한 동의를 얻어야 한다는 상법 제731조 제1항의 규정은 强行法規로서 위 규정에 위반하여 체결된 보험계약은 무효이다.

2) 상법 제731조 제1항의 입법취지에는 도박보험의 위험성과 피보험자 살해의 위험성외에도 피해자의 동의를 얻지 아니하고 타인의 사망을 이른바 射幸契約上의 조건으로 삼는 데서 오는 公序良俗의 침해의 위험성을 배제하기 위한 것도 들어 있다고 해석되므로, 상법 제731조 제1항을 위반하여 보험계약을 체결한 자 스스로가 무효를 주장함이 信義誠實의 原則 또는 禁反言의 原則에 위배되는 권리행사라는 이유로 이를 배척한다면, 위와 같은 입법취지를 완전히 몰각시키는 결과가 초래되므로 특단의 사정이 없는 한 그러한 주장이 信義誠實 또는 禁反言의 원칙에 反한다고 볼 수는 없다.

3) 상법 제731조 제1항의 규정에 의하면 타인의 사망을 보험사고로 하는 보험계약에 있어서 피보험자가 서면으로 동의의 의사표시를 하여야 하는 시점은 보험계약체결시까지이다(따라서 이 사건 보험계약체결 이후에 작성되어 제출된 認證書는 피보험자의 동의로 인정할 수 없다).

II. 解 說

1. 論 點

본 판결의 논점은 비교적 단순한데도, 본 판결에 대하여 이미 여러 學者들의 찬성평석이 있었다.[1] 그것은 본 판결이 던져 준 사회적인 충격이 컸기 때문이다. 필자는 본 판결에 異見이 있어 몇마디하기로 한다.

먼저, 타인의 생명보험계약이란 보험계약자가 타인을 피보험자(보험사고의 대상이 되는 자)로 하여 보험계약을 체결한 경우를 말한다. 이에 대하여 보험계약자가 자신을 피보험자로 하여 보험계약을 체결한 경우를 자기의 생명보험계약이라 한다. 후자는 보통 타인을 保險受益者로 하므로 '타인을 위한 생명보험계약'이 될 것인데, 이것은 '타인의 생명보험계약'과는 구별되는 것이다.

이와 같이 보험계약자와 피보험자가 다른 타인의 생명보험계약은 보험사고의 대상이 되는 자, 즉 피보험자의 입장에서 보면 故意的 보험사고발생의 위험을 감수하여야 한다. 보험계약자가 被保險者의 사망을 은연 중에 기대하는 등의 폐해가 있을 수 있기 때문이다. 따라서 타인의 생명보험에 대한 어느 정도의 규제가 필요하다. 立法主義를 보면, 타인의 생사에 관하여 어떠한 이해관계를 갖는 자만이 그 보험계약을 체결할 수 있도록 하는 利益主義(영국·미국 등), 피보험자가 될 타인의 동의를 얻어야만 有效한 계약을 성립시킬 수 있는 同意主義(독일, 프랑스, 스위스, 오스트리아, 일본)가 있다.

우리 商法 제731조 제1항은 "타인의 사망을 보험사고로 하는 보험계약에는 보험계약체결시에 그 타인의 서면에 의한 동의를 얻어야 한다"고 규정하여, 동의주의를 채택하였다. 또 보험계약으로 인하여 발생한 권리를 피보험자 아닌 자에게 양도하는 경우에도 동의를 얻도록 하고 있다(상법 제731조 제2항). 다만 단체보험에 대하여는 商法

---

1) 이기수, "타인의 생명보험계약", 「저스티스」 제30권 제1호, 1997. 3. 123면 이하; 윤보옥, "피보험자의 서면동의 없이 체결된 보험계약의 효력", 김교창 변호사 화갑기념, 「기업과 법」, 1997, 451면 이하; 정호열, "피보험자의 동의가 없는 사망보험계약의 효력", 「고시계」, 1997. 8, 136면 이하 등 참조.

제735조의 3을 신설하여 단체가 規約에 따라 구성원의 전부 또는 일부를 피보험자로 하는 생명보험계약을 체결하는 경우에는 제731조를 적용하지 아니하도록 하고 있으므로 동의가 필요없다.

이 사건에서도 바로 피보험자의 동의가 있었는지가 핵심이 된다.

2. 被保險者의 同意

(1) 同意의 性質

타인의 생명보험에서 피보험자의 동의는 자신의 사망을 보험사고로 하는 생명보험계약에 대해 이의가 없다는 의사표시이고, 그 법적 성질은 준법률행위이다. 본 판례도 지적한 바와 같이 이것은 당사자 간의 특약으로도 배제할 수 없는 强行法的 性質을 가지는 것이다.[2] 그러므로 이에 위반하여 체결된 보험계약은 無效이다.[3] 다만 이와 같은 동의는 계약의 成立要件이 아닌 效力發生要件이다.[4]

[판 례 1] 대법원 1989. 11. 28. 88다카33367

타인의 사망을 보험사고로 하는 보험계약에는 피보험자의 동의를 얻어야 한다는 상법 제731조 제1항의 규정은 강행법규로 보아야 하므로 피보험자의 동의는 방식이야 어떻든 당해 보험계약의 효력발생요건이 되는 것이고, 그 입법취지에는 도박보험의 위험성과 피보험자 살해의 위험성외에도 피보험자의 동의를 얻지 아니하고 타인의 사망을 이른바 사행계약상의 요건으로 삼는 데서 오는 공서양속 침해의 위험성을 배제하기 위한 것도 들어 있다고 할 것이다(同旨의 판례 : 대법원 1992. 11. 24. 91다47109 참조).

(2) 同意의 方式과 時期

피보험자의 동의의 방식에 대하여는 商法은 서면에 의한 동의를 요구하고 있다. 따라서 口頭 또는 默示的인 동의는 인정되지 않는다. 타인의 서명을 대행하는 방법에 의한 서명도 타인의 적법한 서명동의로 본다.[5] 또한 동의는 각 계약에서 개별적으로 하여야 하며 포괄적 동의는 인정되지 않는다.[6]

商法은 제731조 제1항에 의하면 동의의 시기는 보험계약체결시까지이다. 따라서

---

2) 서돈각 · 정완용(하) 483면; 손주찬(하) 668면; 양승규(보) 434면; 최기원(하) 466면; 이기수(보 · 해) 303면; 최준선(보 · 해) 324면.

3) 대법원 1999. 10. 8. 98다24563 · 24570; 동 1996. 11. 22. 96다37084.

4) 대법원 1989. 11. 28. 88다카33367; 동 2008. 8. 21. 2007다76696 참조; 양승규(보) 434면; 이기수(보 · 해) 303면; 권순일, "타인의 생명보험", 「상사판례연구」(제2권)(최기원 교수 화갑기념), 1996, 272면.

5) 대법원 2006. 12. 21. 2006다69141.

6) 양승규(보) 435면; 최기원(하) 466면; 이기수(보 · 해) 304면; 대법원 2003. 7. 22. 2003다24451; 동 2006.9.22. 2004다56677.

피보험자가 계약이 성립하기 전 또는 성립할 때까지 동의하여야 한다.

(3) 同意의 撤回

피보험자가 동의를 하였다고 하여 반드시 이에 구속되는 것은 아니다. 즉, 피보험자는 생명보험계약이 체결될 때까지 보험계약자 또는 보험자에 대하여 동의를 철회할 수 있다. 法律行爲의 일반이론에 의하면 동의의 철회는 특별한 방식을 요하지 않으므로 電話나 電報, facsimile에 의한 철회도 허용된다고 하겠다. 서면으로 동의한 경우에도 같다. 同意에 의하여 계약의 효력이 생긴 때에는 보험계약자, 보험수익자의 동의가 있어야 철회할 수 있다고 본다.

(4) 同意無能力者에 관한 特則

15세 미만자, 心神喪失者 또는 心神薄弱者의 사망을 보험사고로 한 보험계약은 동의의 유무와 관계없이 무효이다(상법 제732조). 이 때 보험수익자가 누구인가를 불문한다. 이는 정신능력이 완전치 못한 이들을 보호하기 위한 것이다.

[**판 례 2**] 대구지판 1987. 2. 27. 86가단3308

18세 미만자의 사망을 보험사고로 한 보험계약은 무효라고 할 것이나 이 사건 단체보장보험계약은 생명보험으로서의 성질외에도 저축의 기능을 겸한 보험이고, 보험모집사원이 18세 미만자를 피보험자로 하는 보험계약인 것을 알고도 보험모집 실적을 올리기 위해 연령을 고쳐 기재하여 보험계약이 체결되었다면 보험회사가 보험계약의 무효를 주장함은 신의칙에 반한다(1991년 개정 전 상법에서는 18세 미만이었음).

(5) 他人의 生命保險契約의 締結을 代理한 경우

위의 사건에서처럼 생명보험에 속하는 보험이면서도 신체검사를 요하지 아니하면서, 제3자가 타인을 보험계약자 및 피보험자로 하여 보험계약을 체결하는 수가 있다. 예컨대 해외에 장기근무 중인 남편을 대리하여 그의 처가 남편명의의 생명보험계약을 체결하고 그의 인장을 사용하여 서면동의서를 작성하는 경우이다. 이 때에는 보험계약자와 피보험자는 형식상 동일인이지만, 실제에 있어서는 제3자가 보험계약자를 代理하게 된다. 이 경우에 商法 제731조가 적용되어 이러한 보험계약을 無效로 볼 것인가에 관하여 견해가 나뉜다. 제1설은 이 경우에는 실질적으로 타인의 생명보험에 해당하는 경우로서 商法 제731조가 적용되어 그 피보험자의 동의가 없는 한 무효라고 한다. 제2설은 이 경우는 타인의 생명보험계약이 아니라 無權代理人에 의한 생명보험계약으로 보아야 한다고 한다.[7] 후자가 타당하다고 본다. 이 때 본인이 追認하면 유효한 보험계약이 존속한다.

---

7) 권순일, 전게논문, 274면 참조.

보험계약자 또는 피보험자가 사망한 이후에는 그 상속인도 무효인 보험계약을 追認할 수 있는지 의문이다. 民法上 무권대리의 추인권자는 본인이지만 본인이 사망한 경우 본인의 상속인도 추인할 수 있고,[8] 追認이 있으면 無權代理行爲는 처음부터 유권대리행위였던 경우와 같은 법률효과가 소급적으로 발생한다(민법 제133조). 그러나 이와 같은 法理를 無權代理에 의한 보험계약에 무차별적으로 적용하기는 어려울 것이다. 보험계약의 선의계약성에 비추어 보험사고 발생 전에만 추인할 수 있다고 보아야 할 것이다.

3. 本判決에 대한 소감

(1) 保險會社의 一方的 約束의 法的 效力

위의 대법원 판례가 언론에 보도되자 수많은 생명보험가입자들이 자세한 내용을 문의하는 전화가 쇄도하였다. 당시 생명보험계약 중 自筆署名 없이 체결된 계약이 대부분이라고 한다. 이어서 보험계약을 解止하는 사태가 벌어졌다. 보험회사들은 病歷을 숨긴 채 보험에 가입한 사람이 아니라면 피보험자의 自筆署名이 없어도 종전의 계약은 유효하여 보험금을 지급할 수 있다는 광고를 낸 바도 있다. 그런데 이는 다분히 "피보험자의 자필서명이 없는 보험계약은 無效이지만 有效로 보아 주겠다"는 어감을 풍긴다. 이것은 법적 책임은 없지만 책임을 지겠다는 내용을 공표한 것으로, 보험회사 스스로 보험금지급채무가 自然債務가 된다는 것을 선언한 것이다. 이러한 약속은 대법원 판결과도 일치하지 않는다. 대법원 판결은 서면동의가 없는 것은 强行法規 위반으로서 무효라고 보는데(대법원 판결요지 1) 참조), 강행법규 위반으로서 무효인 계약을 보험회사 마음대로 유효로 보아 주겠다는 것은 아무런 법적 구속력이 없음이 원칙이다.

(2) 事後同意의 不認定

商法 제731조 제1항에 의하면 동의의 의사표시는 반드시 보험계약 체결시에 이를 하여야 한다. 이 점 대법원 판결도 商法의 명문규정에 충실한 판단을 하여, 피보험자의 동의는 계약체결시에 하여야 한다고 설시하였다(대법원 판결요지 3) 참조). 따라서 계약성립 후의 동의, 즉 사후적인 동의는 인정할 수 없게 되어 있다. 기존 보험계약자가 현 단계에서 自筆署名을 할 수도 없다. 필자의 견해로는 事後的 同意는 인정되어야 한다고 본다. 그 이유는 다음과 같다.

---

8) 곽윤직, 「민법주해」 제3권 총칙(3), 208면 : "무권대리에 있어서 본인으로 된 자의 추인에 관한 법률상의 지위는 다른 특별한 사정이 없는 한 상속될 수 있다."

(가) **效力發生要件에 대한 解釋** 주지하는 바와 같이 보험계약은 諾成契約이므로, 피보험자의 서면동의는 보험계약성립요건이 아니고 그 효력발생요건이다. 효력발생요건이 충족되지 아니한 상태에서는 계약은 성립된 상태이고, 이미 성립된 계약이 무효로 되는 것은 아니다. 효력발생요건은 보통 법률에 규정이 되어 있는 법정조건과 당사자의 의사에 의하여 정한 조건과 기한으로 나눈다.[9] 이 중 법정조건은 반드시 계약성립시에 갖추어져야 할 필요는 없다. 예컨대 遺言은 遺言者의 死亡이 효력발생요건인데, 그 死亡은 오히려 遺言한 다음에 일어난다. 遺贈의 경우도 遺贈者의 死亡과 遺贈을 받는 자의 생존은 오히려 遺贈 후에 일어난다. 그러나 商法 제731조 제1항은 동의의 의사표시는 반드시 보험계약 체결시에 이를 하여야 한다고 정한다. 이는 사후적 동의를 봉쇄하는데, 불필요한 규정이 아닌가 생각된다. 商法 제731조 제1항은 "그 타인의 서면에 의한 동의를 얻어야 한다"고 규정하였으면 충분한 것이다. 그리고 동의는 효력발생 전, 즉 보험사고발생 전에 하면 충분하다고 본다. 입법자가 '보험계약체결시에' 그 타인의 서면에 의한 동의를 얻어야 한다라는 데에는 그럴 만한 충분한 이유가 있어야 하는데, 그런 타당한 이유가 있는지 의문이다.

(나) **强行法規인지에 대한 判斷** 대법원의 판결은 법률조문에는 충실한 판결을 하였으되, '보험계약체결시에'라는 문언도 과연 强行規定인지를 검토하였어야 한다. 그러하였더라면 이 판결이 나온 후의 수많은 혼란을 피할 수 있었을 것이다. 타인의 사망을 보험사고로 하는 보험계약에는 "피보험자의 동의를 얻어야 한다"는 商法 제731조 제1항의 규정은 强行法規로 보아야 한다는 것은 수긍할 수 있다.[10] 그러나 서면동의를 반드시 '계약체결시까지' 얻어야 하는 것까지도 강행규정이라고 할 필요는 없지 않은가 생각한다.

대저 강행법규란 "法令 중의 善良한 風俗 기타 社會秩序에 관계있는 규정"을 말하고(민법 제105조), 이것은 법률에 명문의 규정이 없는 한 각 규정의 해석문제로 돌아가 각 규정의 취지를 고찰하여 판단할 수밖에 없다.[11] 계약체결 후 보험사고발생 전에 동의한다고 하여 이것이 善良한 風俗에 違反된다고 할 수는 없을 것이다. 필자의 견해로는 보험사고발생 전까지만 동의하면 충분하다고 본다.

다만 위의 문제된 사례에서는 사후의 동의도 없었던 것으로 보인다. 원고가 보험

9) 고상룡, 「민법총칙」, 1996, 342~343면.
10) 대법원 1989. 11. 28. 88다카33367 참조.
11) 고상룡, 전게서, 354면.

사고 발생 후인 1996. 1. 17.에서야 동 보험계약에 동의한다는 의사를 표시한 별도의 '認證書'라는 것을 제출하였지만 그것은 보험사고발생 후(위암진단 후)에 保險金 不支給이 문제가 되자 비로소 작성한 것으로서 아무런 효력이 없다. 따라서 이 사건에서는 결과적으로 대법원의 판단이 옳다.

(3) 保險募集人의 過失

본 사건에서는 보험모집인에게 過失이 없지 않다. 피보험자의 서명을 보험모집인이 위조한 흠이 있다. 모집인의 과실은 덮어 둔 채 피보험자측의 서명 위조 내지 위법행위를 토대로 이를 원용하여 보험계약의 무효를 주장하고 보험금지급책임을 免하려 하였다. 이것이 과연 계약정의와 信義誠實의 原則 내지 禁反言의 原則에 합당한지 의문이다. 보험자는 그 모집인의 과오에 대하여는 아무런 책임을 지지 아니하고 모든 잘못을 서면동의를 불비한 보험계약자측에게만 돌린 것은 지나치다고 하겠다. 나아가 보험자는 위조한 서명에 기하여 보험계약이 성립한 것으로 간주하여 6개월 내지 2년 이상 보험료를 徵收하였다. 서면동의를 받았건 아니받았건 상관없이 보험료는 계속 취득한 다음, 보험사고가 나면 서면동의 불비를 이유로 보험금지급을 거절하고, 보험사고가 나지 아니하면 보험료만 취득하게 되는 결과도 부당하다.

이에 대하여 대법원은 그 판결요지 ②에서, "……'특단의 사정'이 없는 한 그러한 주장(보험계약이 무효라는)이 신의성실 또는 금반언의 원칙에 反한다고 볼 수는 없다."고 한다. 그러나 계약의 일방당사자가 강행법규위반에 적극적으로 관여하여 놓고 이제와서 강행법규 위반을 이유로 계약의 무효를 주장하는 것이 과연 정당한지 의문이다. 일방당사자의 강행법규위반에 대한 타방당사자의 기여과실의 존재사실이야말로 법원이 말하는 '특단의 사정'이 아닐까? 여기서 전술한 '판례 2: 대구지판 1987. 2. 27. 86가단3308'이 돋보인다. 이번 판결은 강행법규 위반과정이야 어찌되었든, 강행법규를 위반한 것은 용서할 수 없다는 태도이다. 강행법규 위반이 직접 公序良俗을 침해하는 사안이라면 몰라도, 위의 사건에서는 어디까지나 당사자간의 문제이다. 법원은 法的 安定性이라는 美名아래 구체적 정의를 밟았다고 하겠다.

4. 團體保險의 問題

개정 보험법의 過誤 중 다른 하나는 단체보험의 경우에는 서면동의를 생략하게 한 것이다(상법 제753조의 3 제1항). 예컨대 기업가가 마음대로 그 근로자의 서면동의 없이 생명보험계약을 체결하여도 좋다는 것인가? 회사의 경영자가(예컨대 택시회사 사장) 근로자(운전기사) 몰래 그 근로자를 피보험자로 하는 생명보험에 가입시켜 놓고 그 근로자를 僞計에 의하여 살해한다면? 개정보험법은 이 점에서 분명 改惡한 것이다.[12)]

Ⅲ. 結　　語

결국 현행법하에서는 타인의 생명보험계약에 있어서는 피보험자의 동의가 있어야 하며, 그 동의는 계약성립시까지 있어야 한다. 이것이 문제점이 있는 것은 틀림없다. 입법론적으로는 피보험자가 서면으로 同意의 意思表示를 하여야 하는 시점을 보험계약체결시까지로 못박을 필요는 없고, 단순히 "피보험자의 서면에 의한 동의를 얻어야 한다"라고만 규정하였으면 충분하다고 본다. 결과가 달라지는 것은 아니나, 법원의 판단 중 "동의는 계약성립시까지 있어야 한다"고 說示한 부분에 대하여는 찬성할 수 없다.

다음으로 强行法規를 위반한 법률행위라고 하더라도 이를 무조건 무효로 볼 것이 아니라, 强行法規가 요구하는 근본 취지 및 그러한 근본취지의 적용관계를 살펴서 유효·무효를 판단하여야 하며, 특히 당사자간에 법률효과가 한정되는 계약관계에 있어서는 强行法規를 위반한 法律行爲를 무효로 인정함에 신중을 기하여야 한다고 본다. 필자로서는 법원이 이 사건 강행법규를 위반한 법률행위를 무조건 無效로 본 점에 대하여 찬성하기 어렵다.

12) 그러나 헌법재판소 1999. 9. 16. 98헌가6(상법 제735조의 3 제1항 위헌제청사건)에서 헌법재판소는 "상법 제735조의 3 제1항(1991. 12. 31. 법률 제4470호로 개정시 신설된 것) 중 같은 법 제731조 제1항을 적용하지 아니한다고 한 부분은 헌법에 위반되지 아니한다"고 판시하였다. 이 결정의 타당성은 의문이다.

Ques.	피보험자가 자신의 서면동의 없이 체결된 타인의 사망을 보험사고로 하는 생명보험계약을 추인한 경우 그 보험계약이 유효로 될 수 있는가?
Ans.	대법원 2006. 9. 22. 2004다56677. 상법 제731조 제1항에 의하면 타인의 생명보험에서 피보험자가 서면으로 동의의 의사표시를 하여야 하는 시점은 '보험계약 체결시까지'이고, 이는 강행규정으로서 이에 위반한 보험계약은 무효이므로, 타인의 생명보험계약 성립 당시 피보험자의 서면동의가 없다면 그 보험계약은 확정적으로 무효가 되고, 피보험자가 이미 무효가 된 보험계약을 추인하였다고 하더라도 그 보험계약이 유효로 될 수는 없다.

[판 례] 대법원 2006. 12. 21. 2006다69141(타인의 서명을 대행하는 방법에 의하여도 타인의 적법한 서명동의로 본다.)

타인의 사망을 보험사고로 하는 보험계약에 있어 피보험자인 타인의 동의는 각 보험계약에 대하여 개별적으로 서면에 의하여 이루어져야 하고 포괄적인 동의 또는 묵시적이거나 추정적 동의만으로는 부족하다. 그러나 피보험자인 타인의 서면동의가 그 타인이 보험청약서에 자필 서명하는 것만을 의미하지는 않으므로, 피보험자인 타인이 참석한 자리에서 보험계약을 체결하면서 보험계약자나 보험모집인이 타인에게 보험계약의 내용을 설명한 후 타인으로부터 명시적으로 권한을 수여받아 보험청약서에 타인의 서명을 대행하는 경우와 같이, 타인으로부터 특정한 보험계약에 관하여 서면동의를 할 권한을 구체적·개별적으로 수여받았음이 분명한 사람이 권한 범위 내에서 타인을 대리 또는 대행하여 서면동의를 한 경우에도 그 타인의 서면동의는 적법한 대리인에 의하여 유효하게 이루어진 것이다.

2 정신질환에 대한 보험자의 면책

[X화재해상보험(주) 대 정신질환자 A의 상속인 Y 사건]

대법원 2015. 6. 23. 2015다5378

事 例

A는 X화재해상보험(주)(X)와 사망을 보험사고로 하는 보험계약을 체결하였는바, 보험기간 중 정신질환의 상태에서 나무 가지에 끈으로 목을 매어 사망한 상태로 발견되었다. A의 상속인 Y는 X에게 이 사건 각 보험계약에 기한 상해사망보험금의 지급을 청구하였다. 그런데 이 사건 각 보험계약의 약관은 피보험자가 보험기간 중에 급격하고도 우연한 외래의 사고로 신체에 상해를 입고 그 직접결과로써 사고일로부터 1년 이내에 사망한 경우에는 사망보험금을 지급한다고 되어 있었다. 다만, 보상하지 않는 손해로서 피보험자의 고의, 피보험자의 자해, 자살, 자살미수, 형법상의 범죄행위 또는 폭력행위, 피보험자의 질병 또는 심신상실, <u>피보험자의 정신질환으로 인한 상해</u> 등을 열거하고 있다. 이에 X는 위 약관상의 면책규정을 근거로 면책을 주장하면서 Y를 상대로 채무부존재의 소를 제기하였다. X는 면책되는가?

참고도

A(피보험자, 자살)

X화재해상보험(주) (X) ——— 채무부존재확인의 소 ———→ Y(A의 상속인)

目 次

Ⅰ. 判決要旨

1. 원심법원 판결요지

원심 부산고법 2014. 12. 23. 2014나1935는 피보험자가 정신질환으로 자유로운 의사결정을 할 수 없는 상태에서 자살한 경우에는 면책사유인 피보험자의 정신질환에 의한 상해로 사망한 경우에 포함되지 않는다고 보면서, 이 사건 면책약관 중 '피보험자의 정신질환으로 인한 상해' 부분은 피보험자가 정신질환으로 자유로운 의사결정을 할 수 없는 상태에서 자살한 경우까지 포함하는 것으로 해석하는 한 약관의 규제에 관한 법률 제6조 제1항, 제2항 제1호에 의하여 무효라고 보아야 한다는 이유로 X의 면책주장을 배척하였다.

2. 대법원 판결요지

사망을 보험사고로 하는 보험계약에서 자살을 보험자의 면책사유로 규정하고 있는 경우에, 자살은 자기의 생명을 끊는다는 것을 의식하고 그것을 목적으로 의도적으로 자기의 생명을 절단하여 사망의 결과를 발생케 한 행위를 의미하고, 피보험자가 정신질환 등으로 자유로운 의사결정을 할 수 없는 상태에서 사망의 결과를 발생케 한 경우까지 포함하는 것은 아니므로, 피보험자가 자유로운 의사결정을 할 수 없는 상태에서 사망의 결과를 발생케 한 직접적인 원인행위가 외래의 요인에 의한 것이라면, 그 사망은 피보험자의 고의에 의하지 않은 우발적인 사고로서 보험사고인 사망에 해당할 수 있다.[1]

다만, 이 사건 면책약관은 피보험자의 정신질환을 피보험자의 고의나 피보험자의 자살과 별도의 독립된 면책사유로 규정하고 있는데, 이러한 면책사유를 둔 취지는 피보험자의 정신질환으로 인식능력이나 판단능력이 약화되어 상해의 위험이 현저히 증대된 경우 그 증대된 위험이 현실화되어 발생한 손해는 보험보호의 대상으로부터 배제하려는 데에 있고, 보험에서 인수하는 위험은 보험상품에 따라 달리 정해질 수 있는 것이어서 이러한 면책사유를 규정한 약관조항이 고객에게 부당하게 불리하여 공정

1) 대법원 2006. 3. 10. 2005다49713; 동 2008. 8. 21. 2007다76696 등 참조.

성을 잃은 조항이라고 할 수 없으므로, 만일 피보험자가 정신질환에 의하여 자유로운 의사결정을 할 수 없는 상태에 이르렀고 이로 인하여 보험사고가 발생한 경우라면 위 면책사유에 의하여 보험자의 보험금지급의무가 면제된다.[2] … 원심판결을 파기하고 사건을 원심법원에 환송한다.

II. 解 說

1. 보험자가 면책되는 고의의 해석

(1) 보험계약법상 고의의 해석

보험사고가 보험계약자 측의 고의 또는 중대한 과실로 인하여 생긴 때에는 보험자는 보험금액을 지급할 책임이 없다(상법 제659조). 여기서 고의의 의미가 문제된다.

상법 제659조에서 '고의'는 민법 불법행위법상의 고의의 개념과 일치하는 것으로 보며, 자신의 행위에 의하여 일정한 결과가 발생하리라는 것을 알면서 이를 행하는 심리 상태를 말하고,[3] 여기에는 확정적 고의는 물론 미필적 고의도 포함된다고 한다.[4]

다만, 원인행위에만 존재하는 고의는 상법 제659조의 고의로 볼 수 없다. 예컨대 음주운전으로 자동차를 운전하여 사람을 사상케 한 경우, 그 음주운전에 대한 고의만 있었고 사람을 사상케 할 고의는 없는 경우 비록 음주운전이 위법행위이기는 하지만 사망에 대한 고의는 없고 그 원인행위인 음주운전에 대한 고의만 있다. 따라서 판례는 음주·무면허운전·안전띠미착용 그 자체는 보험사고를 일으킬 고의가 있다고 볼 수 없고, 따라서 음주·무면허운전·안전띠미착용 면책약관의 면책조항은 무효라고 한다.[5] 사망·상해·손괴 등 결과에 대한 인식이 있고 그 인식이 있음에도 불구하고 용인하고 행위한 경우, 즉 결과에 대한 미필적 고의가 있는 경우라야 고의로 인정된다.

이 사건으로 돌아가, 정신질환 중의 보험사고에 대하여 보험자가 책임을 져야만 하는가를 보자. 본래 심신상실 중에 타인에게 손해를 가한 자는 배상책임이 없다(민법

---

2) 대법원 2014. 4. 10. 2013다18929 등 참조.
3) 상법 제659조 고의의 해석과 관련하여 대법원 1991. 3. 8. 90다16771; 동 1997. 9. 30. 97다24276; 동 2001. 3. 9. 2000다67020 등 참조.
4) 대법원 1991. 3. 8. 90다16771; 동 1997. 9. 30. 97다24276; 동 2001. 3. 9. 2000다67020; 동 2001. 4. 24. 2001다10199; 동 2010. 1. 28. 2009다72209.
5) 대법원 1998. 3. 27. 97다48753; 동 1990. 5. 25. 89다카17591; 동 1996. 4. 26. 96다4909; 동 1998. 3. 27. 97다27039; 동 2014. 9. 4. 2012다204808(안전띠 미착용) 등.

제754조 본문). 다만, 고의 또는 과실로 인하여 심신상실을 초래한 때에는 그러하지 아니하다(민법 제754조 단서. 원인에 있어 자유로운 행위). 민법에 따르면 고의나 과실로 심신상실 상태를 초래한 자는 심신상실 중의 가해행위로 발생한 손해에 대하여, 가해행위 자체에 고의나 과실이 없더라도 배상책임을 부담하여야 한다. 이때는 '심신상실을 초래'한 것 자체가 고의이다. 그러나 보험법에서는 이와 동일하게 해석되지 않는다. 고의에 심신상실을 초래한 경우에도 제659조의 고의에 해당하지 아니한다. 따라서 심신상실 상태를 초래하는 행위, 즉 음주나 약물복용에 대한 고의만으로는 상법 제659조의 고의라 할 수 없다. 그러므로 보험자는 면책되지 않는다.

(2) 판례의 동향

위에서 본 바와 같이 보험자가 면책되는 고의의 해석은 매우 제한된다. 반대로 말하면 보험자는 왠만하면 보험금지급책임을 져야 한다. 따라서 판례는 음주 · 무면허운전 · 안전띠미착용 그 자체는 보험사고를 일으킬 고의가 있다고 볼 수 없고, 따라서 음주 · 무면허운전 · 안전띠미착용 면책약관의 면책조항이 무효라고 한다.[6] 또한 인보험에 관하여는 보험사고가 고의로 인하여 발생한 것이 아니라면 비록 중대한 과실에 의하여 생긴 것이라 하더라도 보험금을 지급할 의무가 있다고 한다. 상해보험 약관의 경우에도 음주운전 면책약관이 보험사고가 전체적으로 보아 고의로 평가되는 행위로 인한 경우뿐만 아니라 과실(중과실 포함)로 평가되는 행위로 인한 경우까지 보상하지 아니한다는 취지라면 과실로 평가되는 행위로 인한 사고에 관한 한 무효라고 보아야 한다고 판시하였으며, 헌법재판소는 상법 제732조의2가 합헌이라는 결정을 하였다.[7] 안전띠 미착용 등 법령위반의 사유가 존재하는 경우를 보험자의 면책사유로 약관에 정한 경우에도 그러한 법령위반행위가 보험사고의 발생원인으로서 고의에 의한 것이라고 평가될 정도에 이르지 아니하는 한 위 상법 규정들에 반하여 무효라고 한다.

2. 정신질환 면책약관

(1) 2년 내의 자살에 대한 면책

대부분의 국가의 보험약관은 보험계약 체결 이후 일정 기간(통상 2년) 내의 자살에 대하여 보험자가 면책되므로 보상하지 않는 것으로 규정하고 있다.

(2) 정신질환의 경우

---

6) 대법원 1998. 3. 27. 97다48753; 동 1990. 5. 25. 89다카17591; 동 1996. 4. 26. 96다4909; 동 1998. 3. 27. 97다27039; 동 2014. 9. 4. 2012다204808(안전띠 미착용) 등.

7) 헌법재판소 결정 1999. 12. 23. 98헌가12, 99헌가3·10, 99헌바33·50·52· 62·65(병합) 전원재판부.

대부분의 국가의 학설과 판례는 자유로운 의사결정을 할 수 없는 상태에서의 자살은 면책사유가 규정하는 자살이 아니라고 본다. 특히 정신질환으로 인한 자살은 보험자의 면책사유가 될 수 없다. 따라서 보험자들은 이 경우에도 면책할 수 있는 방안을 강구하게 되는데, 이 사건이 바로 그러한 예로서, 보험자가 성공한 예이다.

(3) 이 사건의 경우

이 사건 약관에는 보상하지 않는 손해로서 피보험자의 고의, 피보험자의 자해, 자살, 자살미수, 형법상의 범죄행위 또는 폭력행위, 피보험자의 질병 또는 심신상실, 피보험자의 정신질환으로 인한 상해 등을 열거하고 있다. 이에 따라 X는 피보험자가 정신질환 상태에서의 상해이므로 보험자가 면책된다고 주장한 것이다. 원심은 자유로운 의사결정을 할 수 없는 상태에서의 자살은 면책되지 않는다고 하면서, 정신질환을 면책으로 정해두는 것은 고객에게 부당하게 불리하여 이 약관의 규정은 공정성을 잃은 조항이라고 판단하였다. 그러나 대법원은 정신질환 면책약관이 유효한 것으로 판단하였다. 그 근거는 "정신질환을 피보험자의 고의나 피보험자의 자살과 별도의 독립된 면책사유로 규정하고 있는데, 이러한 면책사유를 둔 취지는 ① 피보험자의 정신질환으로 인식능력이나 판단능력이 약화되어 상해의 위험이 현저히 증대된 경우 그 증대된 위험이 현실화되어 발생한 손해는 보험보호의 대상으로부터 배제하려는 데에 있고, ② 보험에서 인수하는 위험은 보험상품에 따라 달리 정해질 수 있는 것이어서 이러한 면책사유를 규정한 약관조항이 고객에게 부당하게 불리하여 공정성을 잃은 조항이라고 할 수 없다."는 것이다. 즉, 보험사고 발생의 위험이 현저히 증대된 경우 증대된 위험이 현실화되어 발생한 손해는 보험보호의 대상으로부터 배제할 수 있고, 보험자가 인수하는 위험은 보험상품에 따라 달리 정할 수 있다는 것이다.

사견으로는 정신질환 없이 맨정신으로 자살하는 경우는 매우 드물기 때문에 이러한 판결이 타당한지는 의문이다. 정신질환 자체가 질병이므로 그 질병에 의한 손해를 담보하는 것도 생명보험이나 상해보험의 기능이 아닌가?

Ⅲ. 결 어

사망을 보험사고로 하는 보험계약에서 자살을 보험자의 면책사유로 규정하고 있는 경우에, 그 자살은 자기의 생명을 끊는다는 것을 의식하고 그것을 목적으로 의도적으로 자기의 생명을 절단하여 사망의 결과를 발생케 한 행위를 의미한다. 이 경우 보험자는 보험금을 지급하지 않아도 된다. 다만, <u>피보험자가 정신질환 등으로 자유로</u>

운 의사결정을 할 수 없는 상태에서 사망의 결과를 발생케 한 경우는 자살에 포함되지 아니하고, 보험자는 보험금을 지급하여야 한다. 그러나 대법원은 피보험자의 정신질환에 의한 자살의 경우에도 보험자는 약관에 규정을 두어 면책할 수 있는 길을 허용하였다. 정신질환은 위험이 증가한 것이고, 따라서 보험자는 정신질환 자살위험을 인수하지 않을 수 있다는 논리이다. 본래 정신질환의 병력이 있는 채로 보험에 가입하지 않은 이상, 정신질환에 걸리고, 그로 인하여 자살한 것이라면 보상해야 마땅한 것이 아니겠는가? 음주운전이나 안전띠 미착용도 그 자체가 보험사고를 일으킬 고의로 그러한 행동을 한 것이 아니듯, 자살하기 위하여 정신질환에 걸린 것은 아니지 않는가.

제 2 항 傷害保險契約

3 傷害保險과 無免許運轉 중의 事故

[김갑수 등 대 삼성화재해상보험(주) 사건]

대법원 1996. 4. 26. 96다4909

事 例

피보험자인 김동호는 피고 삼성화재해상보험주식회사(Y)와 보험금을 1억원으로 정한 '새시대종합보험계약'을 체결하였다. 이 보험은 '교통상해' 및 '특정여가활동' 중에 상해를 입은 경우에 그 상해로 생긴 손해를 보상하기로 하는 일종의 상해보험이다(새시대종합보험약관 제1조 참조). 또 피보험자가 상해를 입고 그 직접결과로써 피해일로부터 180일 안에 사망한 경우에는 사망보험금을 지급하기로 되어 있다(동 약관 제5조). 그러나 새시대종합보험약관 제3조 제1항 본문은 "회사는 그 원인의 직접·간접을 묻지 아니하고 아래의 사유로 생긴 손해는 보상하여 드리지 아니합니다"(면책약관)라고 정하고, 그 제3호에는 '범죄행위'를, 그 제4호에 '피보험자의 무면허운전 또는 음주운전'을 열거하였다.

그런데 피보험자는 107일간 면허정지처분을 받고 운전면허증을 반납한 상태에서 그 소유 승용차의 운전과실로 도로 아래로 추락, 사망하였다. 피보험자의 법정상속인인 원고 김갑수와 이정자(X들)가 Y에게 보험금 지급을 구하자, Y는 위 보험자의 면책약관의 규정을 들어 보험금지급을 거절하므로 X들이 소를 제기하기에 이르렀다.

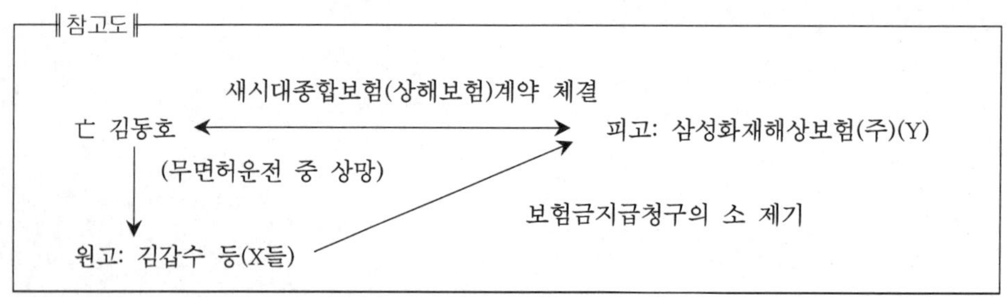

目 次

Ⅰ. 判決要旨

원심(서울고등법원 1995. 12. 21. 95나32978)과 대법원은 原告勝訴의 판결을 내렸다. 판결요지는, 무면허운전이 고의적인 범죄행위이기는 하나, 그 故意는 특별한 사정이 없는 한 무면허운전 자체에 관한 것이고 직접적으로 사망이나 상해에 관한 것이 아니어서 그 정도가 결코 그로 인한 손해보상을 가지고 보험계약에 있어서의 당사자의 신의성, 윤리성에 反한다고 할 수 없을 것(대법원 1990. 9. 25. 89다카17591)이어서, 이 사건 보험계약 약관 중 피보험자의 무면허운전이라는 사유로 생긴 손해는 보상하지 아니한다고 규정한 이 사건 면책약관이 보험사고가 전체적으로 보아 故意로 평가되는 행위로 인한 경우뿐만 아니라 과실(중과실 포함)로 평가되는 행위로 인한 경우까지 보상하지 아니한다는 취지라면 過失로 평가되는 행위로 인한 사고에 관한 한 無效이므로, ……(중략) 피고는 원고들에 대하여 위 무면허면책약관을 내세워 보험금의 지급을 거절할 수 없다.

Ⅱ. 解 說

1. 論 點

이 사건에서 문제된 '새시대종합보험'은 일반 상해보험이 아니라, 교통상해 및 특정여가(레저)활동 특약부 傷害保險이다. 따라서 명칭은 상해보험이나, 실제로는 자동차보험과 같은 성질을 가진 보험인데, 대법원 판결은 상해보험이라는 형식에 주안점을 둔 판결이다. 이 사건의 논점은 상해보험에서 무면허면책약관은 유효한가 하는 점이다. 달리 표현하면 상해보험의 경우 무면허운전 중 사고를 일으킨 자도 보험금지급청구권이 있는가 하는 점이다.

2. 商法의 關係規定

상해보험이란 피보험자에게 신체의 傷害에 관한 보험사고가 생길 경우에 보험자가 보험금액 기타 급여를 할 책임을 지는 보험계약이다(상법 제737조). 상해보험에 관하여는 일반적으로 생명보험에 관한 규정을 준용한다(상법 제739조).

그런데 1991년 개정보험법 제732조의 2에 의하면, 사망을 보험사고로 한 보험계약에는 사고가 보험계약자 또는 피보험자나 보험수익자의 '중대한 과실'로 인하여 생긴 경우에도 보험자는 보험금액을 지급할 책임을 免하지 못한다고 규정한다. 이 규정에 의하면 생명보험의 경우와 그 규정의 準用에 의하여 상해보험의 경우, 피보험자가 사망한 때에는 피보험자측에 고의가 있는 경우에만 보험자는 면책되고, 過失 또는 重過失만 있는 경우에는 보험자는 보험금액 지급책임을 免할 수 없게 된다.

3. 보험사고의 誘發과 보험자의 免責

본래 보험사고가 보험계약자 또는 피보험자나 보험수익자의 고의 또는 중대한 과실로 인하여 생긴 때에는 보험자는 보험금액을 지급할 책임이 없다(상법 제659조). 이것은 보험법의 대원칙이고, 따라서 보험편 통칙에 규정되어 있는 바이다. 보험사고를 유발한 자가 보험자에게 책임을 전가시키는 것은 信義誠實의 原則에 어긋나고, 公益에도 반하는 反社會的인 것이므로 허용할 수 없기 때문이다.

그럼에도 불구하고 사망보험에서는 보험계약자 또는 피보험자나 보험수익자의 중과실로 인하여 보험사고가 생긴 경우에도 보험자는 보험금액을 지급하도록 정한 것은 피보험자가 사망하였을 때 그 유족 등 보험수익자를 보호하기 위한 정책적인 고려에서 나온 것이다. 또한 사람의 생명이나 신체의 보호에는 일반재화의 경우보다도 더욱 신중을 기하여야 하므로, 重大한 過失로 피보험자가 사망하였다고 하더라도 故意로 사망(예컨대 자살)한 것이 아닌 한 보험금을 지급하는 것이 반드시 잘못된 것이라고 할 수도 없다. 나아가 자살의 경우에도 보험금을 지급하는 입법례도 있다(예컨대 보험계약을 체결한 후 2년 정도 경과한 후에는 자살사고에 대하여도 보험금을 지급한다: 미국 Annual Life Policy; 일본의 간이생명보험법 ; 프랑스보험법 L. 137-7 등 참조).

4. 商法 제732조의 2의 正當性 여부

상법 제732조의 2의 입법적 정당성에는 의문이 있다. 왜냐 하면 보험계약상 도덕적 위험이 큰 것이 사망보험인데, 피보험자의 사망이 보험계약자 등의 故意로 인하여 발생한 경우 고의를 立證하기 곤란하기 때문이다. 또한 중과실로 인한 사망도 역시 비도덕적이며 당사자 간의 信義則에 어긋날 수 있기 때문이다. 그리고 우리 私法은 행위의 결과에 따른 손해배상에 중점을 두고 있으며, 행위자의 처벌이 문제되지는 아니하므로 故意와 重過失을 구별하지 아니하는 것이 원칙이다. 따라서 피보험자의 중과실로 인하여 그가 사망한 경우에는 보험금이 지급되어야 하고, 고의로 사망한 경우에는 보험자가 면책된다는 결과가 되는 위 상법 제732조의 2는 분명 문제가 있다. 교묘하게 重過失로 위장한 자살의 경우에는 보험금이 지급되고, 명백한 자살이면 지급되지 아니한다. 그러나 어떻든 우리의 입법자가 1991년 개정보험법에서 상법 제732조의 2를 신설하였으니, 신설된 조문의 취지를 살려 충실하게 이를 적용할 수 밖에 없다.

5. 이 사건 피보험자의 故意

이 사건에서는 亡 김동호가 면허가 정지되어 있다는 것을 알면서도 운전을 하였으므로 고의로 무면허운전을 하였음에 틀림없다. 그러나 그 고의는 어디까지나 무면허운전 자체에 대한 고의였지, 故意로 사망하고자 한 것으로는 볼 수 없다. 따라서 김동호의 고의는 사망에 대한 것은 아니라는 판결은 정당하다. 고의로 사망하지 아니한 이상, 重過失로 사망한 경우라도 위 상법 제732조의 2의 규정에 따라 보험자는 보험금액을 지급하여야 한다.

6. 무면허운전의 犯罪性과 免責約款의 효력

현재 판례는 음주운전이나 무면허운전을 범죄행위로 보고 있지만, 이것은 사회적 인식이 점차 그러한 방향으로 나가고 있다는 것을 반영하는 것이고, 필자가 생각하기에는 이러한 행위는 중과실에 의한 행정법규 위반행위 정도가 아닌가 생각한다. 물론 무엇이 범죄행위이고, 무엇이 단순한 법규위반행위인가는 시대와 장소에 따라 다르기 때문에 음주운전이나 무면허운전을 중대한 범죄행위라고 규정하더라도 일반 法感情上 잘못된 것이라고 할 수는 없을 것이다.

어떻든 음주운전이나 무면허운전 그 자체가 사망의 고의로 인정되지 않기 때문에 이 경우 보험자가 보상하지 아니한다는 約款의 규정(면책약관)은 적어도 상해보험에서는 상법 제732조의 2의 규정보다 보험계약자 · 피보험자 등에게 不利하게 규정한 것으로서 상법 제663조(보험계약자 등의 불이익변경금지)에 위반하여 무효이다. 다만 새시대종합보험은 교통상해 및 특별여가활동담보특약부 상해보험이므로 보통의 상해보험과는 달리 취급하여야 하지 않는가라는 의문이 생긴다. 즉, 이것을 그 실질에 따라 판단하여 상해보험이 아닌 자동차보험으로 볼 여지가 있는 것이다.

7. 자동차종합보험과의 관계

무면허운전의 경우 보험자는 면책된다는 판례는 그간 다수 나왔다. 그러나 그것은 대부분 책임보험이고 따라서 손해보험의 일종인 자동차종합보험의 경우였다. 자동차종합보험의 경우에는 운전자가 면허가 없다는 것은 보험계약이 체결될 수 없을 정도로 重大한 사유이므로, 무면허운전 중의 사고에 대하여는 보험금을 지급하지 아니한다고 하더라고 정당하다. 그러한 의미에서 이 사건의 보험계약도 자동차보험이 주요대상이고, 단지 여기에다 고객을 위하여 레저보험을 덧붙인 다음, 명칭만은 傷害保險으로 된 것이므로, 실질적 관점에서 보아 자동차보험의 일종으로 처리하여야 옳다는 주장도 일리가 있다. 그러나 대법원은 실질보다는 상해보험이라는 형식의 관점에서 처리하였는데, 그것이 입법의도에 비추어 수긍이 되고, 크게 부당한 것으로 보이지는 않는다.

Ⅲ. 結　語

이번 판결은 입법자의 입법의도에 合致하며, 상해보험의 성질을 확인한 판결이라고 생각한다. 책임보험이며 손해보험인 자동차보험에서는 무면허운전에 제재를 가하는 것은 타당할 것이다. 그러나 생명보험에 관한 商法의 규정이 準用되는 상해보험의 경우에는 무면허운전으로 인한 사망이라 하여 특별히 피보험자에게 사망하려는 故意가 있는 것도 아니어서 보험자가 보험금을 지급하여야 한다. 따라서 본 판결은 정당하다. 문제가 된다면 상법 제732조의 2 자체가 문제이다.

한편 같은 취지에서 상해보험약관상 음주면책약관도 상법 제663조에 위배되어 무효이다.[1)]

---

1) 대법원 2000. 7. 4. 98다56911; 동 1998. 3. 27. 97다48753; 동 1998. 12. 22. 98다35730 등 참조.

퀴 즈

Ques.	인보험에서 보험자 대위가 인정되는가?
Ans.	1) 인보험에 있어서는 보험자는 보험사고로 인하여 생긴 보험계약자 또는 보험수익자의 제3자에 대한 권리(예컨대, 불법행위로 인한 손해배상청구권)를 대위하여 행사하지 못한다(상법 제729조 본문). 2) 다만 상해보험계약의 경우에 당사자간에 다른 약정이 있는 때에는 보험자는 피보험자의 권리를 害하지 아니하는 범위 내에서 그 권리를 대위하여 행사할 수 있다(請求權代位)(상법 제729조 단서). 산업재해보상보험법, 국민건강보험법 등 특별법에서도 청구권대위가 인정된다. 3) 인보험에서는 보험의 목적 및 그 멸실이 없으므로 잔존물대위는 문제되지 않는다.

■ 건강검진 목적의 검사는 의료처치에 해당하지 않는다

[판 례] 대법원 2014. 4. 30. 2012다76553

건강검진 목적의 수면내시경 검사는 그 밖의 의료처치에 해당하지 아니한다.

[1] 피보험자에 대하여 상해나 질병 등을 치료하기 위한 외과적 수술 기타 의료처치(이하 '외과적 수술 등'이라고 한다)가 행하여지는 경우 피보험자는 일상생활에서 노출된 위험에 비하여 상해가 발생할 위험이 현저히 증가한다. 이 사건 보험계약에서 이 사건 면책조항을 둔 이유는 상해나 질병 등을 치료하기 위한 외과적 수술 등에 기한 위험 중 처음부터 상해보험의 보호 대상에서 제외되는 질병 등을 치료하기 위한 외과적 수술 등에 의하여 증가된 위험은 보험보호의 대상으로부터 배제하고, 보험회사가 보상하는 보험사고인 상해를 치료하기 위한 외과적 수술 등으로 인한 위험에 대해서만 보험보호를 부여하기 위한 것이다(대법원 2010. 8. 19. 2008다78491, 78507 판결 참조). 위와 같은 이 사건 면책조항의 취지에 비추어 볼 때, 신체의 상해나 질병 등을 치료하기 위한 외과적 수술 등에 기한 상해가 아니라 순수한 건강검진 목적의 의료처치에 기하여 발생한 상해는 이 사건 면책조항의 대상이 아니라고 해석함이 타당하다.

[2] 종합건강검진을 위하여 전신마취제인 프로포폴을 투여받고 수면내시경 검사를 받던 중 검사 시작 5분만에 프로포폴의 호흡억제 작용으로 호흡부전 및 의식불명 상태가 되어 결국 사망에 이르렀다면, 이 사건 사고는 질병 등을 치료하기 위한 외과적 수술 등에 기한 상해가 아니라 건강검진 목적으로 수면내시경 검사를 받다가 마취제로 투여된 프로포폴의 부작용으로 발생한 것이므로 이 사건 면책조항이 적용되지 않는다고 할 것이다(파기환송).

제 4 장 海商法

제 1 항 海上企業組織

1 定期傭船者의 責任

[동양화재해상보험(주) 대 동남아해운(주) 사건]

事 例

대법원 1992. 2. 25. 91다14215

① 인도네시아의 소외 수출상 P. T. East Borneo는 한국의 소외 수입상 세일무역과 합판 매매계약을 체결하였다. ② 피고 동남아해운(Y)은 소외 Paramount Ocean Line 소유의 선박 Polsa Dos호를 3개월간 용선하기로 하고 New York Produce Exchange Form(NYPE Form)에 의한 정기용선계약을 체결한 바 있다. ③ 수출상은 1988. 9. Y와 인도네시아 사마린다항에서 한국의 인천항까지의 상기 선박에 의한 항해용선계약을 체결하였다. ④ 수입상은 수입 합판을 보험목적으로 하여 원고 동양화재해상보험주식회사(X)와 피보험자를 수입상으로 하는 적하보험계약을 체결하였다. Y는 위 화물을 본선에 선적하여 운송 중 선박의 엔진고장으로 필리핀의 세부항에서 다른 선박에 환적하여 인천항에 도착하였으나 환적 당시의 부주의한 취급으로 화물이 손상되었다. X는 사고 후 수입상에게 소정의 보험금을 지급하였다. ⑤ X는 수입상의 손해배상청구권을 대위하여 금 20,925,753원의 지급을 구하는 소를 제기하였다. X는 위 동남아해운으로부터 손해배상을 받을 수 있을 것인가?

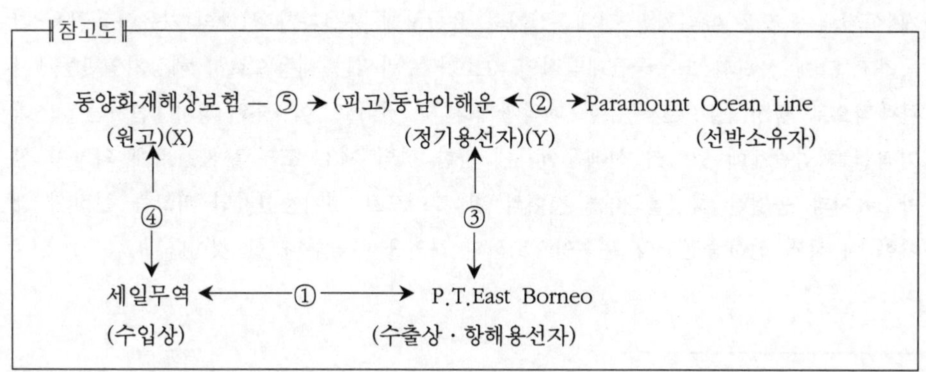

目 次

Ⅰ. 判決要旨

이 사건은 제1심(서울민사지방법원 1990. 8. 23. 89가합48654)에서 제2심(서울고등법원 1991. 4. 2. 90나43614) 및 대법원에 이르기까지 原告 勝訴判決을 내렸다. 법원은 피고 동남아해운은 Polsa Dos호의 정기용선자이므로 상법 제850조를 유추적용하여 화주에게는 선체용선자와 마찬가지로 운송 중 화물에 발생한 손해배상책임을 부담한다는 내용으로 判示하였다. 대법원 판결요지는 다음과 같다.

"원심이 확정한 사실관계하에서, 정기용선계약은 선박에 대한 점유권이 용선자에게 이전되는 것은 아니지만 선체용선자와 유사하게 용선자가 선박의 자유사용권을 취득하고 그에 선원의 노무공급계약적인 요소가 수반되는 내용으로서 해상기업활동에서 관행적으로 형성, 발전된 특수한 계약관계라 할 것이고, 이 경우 정기용선자는 그 대외적인 책임관계에 있어서 선체용선자에 관한 상법 제850조의 類推適用에 의하여 선박소유자와 동일한 책임을 지는 것이라 할 것이므로 정기용선자인 피고는 선장이 발행한 이 사건 선하증권상의 운송인으로서의 책임을 부담한다 할 것이다."[1)]

---

1) 본 판결례에 대한 평석으로는, 김창준, "Demise Clause와 정기용선자의 제3자에 대한 책임", 「인권과 정의」 제219호 1994. 11., 98면 이하; 심재두, "정기용선자의 제3자에 대한 책임(상)(하)", 「판례월보」 제294호 1995. 3. 14면 이하, 제295호 1995. 4., 35면 이하; 서헌제, "정기용선자의 선하증권 소지인에 대한 책임", 편집대표 최기원, 「상사판례연구」 제2권, 1996, 489~501면. 동지의 판례: 대법원 1994. 1. 28. 93다18167.

II. 解　　說

1. 論　　點

이 사건을 보면, 문제된 선하증권은 선박소유자를 대리하여 선장이 발행하였고, 그 선하증권의 소지인이 입은 손해에 대하여는 선박소유자가 운송물반환책임, 즉 채무불이행책임을 져야 함은 당연한 것이다. 문제는 선박소유자가 외국에 소재하고 있어서, 원고가 우리 나라에 소재하는 정기용선자인 피고에게 책임을 물으므로, 선박소유자의 책임은 차치하고 정기용선자도 책임이 있는지 문제가 된 것이다(물론 이 문제는 용선계약상 준거법조항이 있어서 소의 관할이 섭외사법상의 문제가 되고, 실은 이 문제부터 짚고 넘어가야 할 것이나, 여기서는 우리 나라에 관할권이 있다고 간주한다).

이 문제는 우리 나라에서는 종래 정기용선계약의 법적 성질문제로 다루었다.[2] 그러나 본질적으로 이 사건의 정기용선자는 운송인이기 때문에 운송인으로서 그 화주에 대한 책임(즉, 해상운송인의 책임)만을 논의하면 되는 것이지 구태여 정기용선계약의 法的 性質까지 거론할 필요가 없는 사건이다. 필자의 견해로는 정기용선자의 제3자에 대한 책임은 ① 그와 계약관계가 있는 경우와, ② 그렇지 아니한 경우로 구분되어야 한다고 보며, ①의 경우에는 운송인으로서의 책임만을 논하면 충분한데, 이 사건이 바로 그러하며, ②의 경우에는 정기용선계약의 法的 性質이 문제된다고 본다. 이 사건은 1991년 개정해상법 시행 전의 사건이지만 이에 관한 논의는 개정법 시행 후에도 그대로 타당하다.

2. 定期傭船者의 責任

(1) 定期傭船契約과 航海傭船契約

용선계약(charter party)에는 定期傭船契約(time charter), 航海傭船契約(voyage charter) 및 裸傭船契約(bare boat charter)이 있다. 선체용선계약은 선박소유자로부터 오직 선박만을 빌려 스스로 선장 및 선원을 임명하여 선박을 운영한다. 이로써 선체용선자는 선박소유자와 같은 지위에 서게 된다.

한편 정기용선계약이란 선박소유자가 용선자에게 선원이 乘務하고 항해장비를 갖

---

2) 이 사건에서는 이외에도 선하증권상에 '선장을 대리하여(for the master)' 이를 발행한다는 문언이 있어서, 운송계약의 주체가 용선자가 아니라 선박소유자가 아닌가 문제될 수 있으나, 편의상 이 문제는 이 곳에서 생략하기로 한다.

춘 선박을 일정한 기간 동안 항해에 사용하게 할 것을 약정하고 용선자가 이에 대하여 기간을 정한 용선료를 지급하기로 약정함으로써 그 효력이 생기는 계약이다(상법 제842조). 그리고 정기용선자(time char-terer)란 일정 기간 타인 소유의 船員附 船舶을 임차하여 해상기업활동의 목적으로 항해에 사용하는 자를 말한다. 용선계약 중 선박을 일정기간 동안 빌려 주는 것이 정기용선계약이며, 일정 항해 동안 빌려 주는 것이 항해용선계약이다. 정기용선자는 선박운항에 관하여 상사적 업무에 관하여는 항해용선자에 비하여 상대적으로 깊이 관여하나, 양자의 근본적인 성격은 큰 차이가 없어서, 실무에서는 다 같이 'charter party'라는 형식의 계약서를 사용하므로 구별의 실익은 크지 않다.

(2) 定期傭船契約의 法的 性質

정기용선자와 선박소유자 사이의 내부관계는 정기용선계약이 定한 바에 따르면 될 것이나 운항과 관련하여 제3자에 가한 손해에 대한 책임문제는 정기용선자도 책임을 져야 하는지, 아니면 선박사용인을 임명한 선박소유자만이 책임을 지는지 명확하지 않다. 이 문제는 정기용선계약의 법적 성질이 무엇인가와 밀접한 관련이 있다고 생각되어 왔다. 그러나 전술한 바와 같이 본질적으로 이 사건 정기용선자는 운송인이기 때문에 해상운송인으로서 정기용선자는 선하증권 소지인에 대하여 당연히 운송물 반환책임, 즉 채무불이행책임을 져야 할 것이다. 따라서 정기용선계약의 法的 性質은 선박충돌과 같은 정기용선자와 계약관계가 없는 제3자에 대한 선장, 선원의 不法行爲 등과 관련하여 논의할 때 의미가 있다고 본다.

어떻든 정기용선계약의 법적 성질에 관하여는 종래 여러 가지로 설명하여 왔는데, 어느 學說을 취하느냐에 따라 정기용선자가 제3자에 대하여 상법 제850조 제1항(선체용선과 제3자에 대한 법률관계)의 책임(즉, 나아가서는 선박소유자로서의 책임)을 지느냐 그렇지 않느냐의 차이가 있다.

(가) 混合契約說 (i) 多數說인[3] 혼합계약설은 정기용선계약을 선박의 賃貸借와 勞務供給이라는 두 계약의 혼합이라고 하고, 그 결과 정기용선자는 제3자에 대하여 상법 제850조 제1항의 책임을 진다고 한다.

(ii) 이 學說은 定期傭船契約에 있어서는 선박의 점유는 선주에게 있고, 정기용선자는 선박의 사용권만을 행사한다는 점에서 상법상의 선체용선 그 자체와는 구별되는 것이라는 비판을 받는다.[4]

---

3) 손주찬(하) 847면; 서돈각 · 정완용(하) 562면.

4) 최준선, 「보험법 · 해상법」, 2005, 397면.

(나) **特殊契約說** 특수계약설은 정기용선계약을 운송계약인 용선계약 또는 선체용선의 어느 쪽에도 속하지 않는 특수한 계약이라고 보는 견해이다. 이 학설은 여러 의미로 설명이 되는데, 중요한 것은 '점유이전 없는 특수한 계약으로 보는 견해' 및 '일종의 기업 임대차로 보는 견해' 등이 있다. 전자는 선박의 점유이전은 없으나 용선자는 용선기간 동안 자유롭게 사용·수익할 권리는 가지는 점에서 선체용선계약과 매우 유사하고, 여기에 선장과 선원의 노무공급을 받게 되는 특수한 계약이라는 견해이다.

한편 후자는 정기용선계약은 선박과 선원이 유기적인 일체로서의 관계를 이루는데 '움직이는 기업'을 형태 그대로 임대하고자 하는 것이며, 실정법의 적용상으로는 상법상의 선체용선계약에 준해서 취급할 수밖에 없다고 한다. 이 견해에 의하면 선원의 지위는 고용계약에 의하여 계약선박에 노무를 제공하므로 정기용선계약에 의하여 선박이 이전될 때에는 선원의 고용계약도 정기용선자에게 이전된다고 해석한다.[5]

(다) **運送契約說** (i) 운송계약설은,[6] 영미의 통설적인 견해로 정기용선계약은 운송계약인 용선계약의 한 형태라는 학설이다. 용선계약과 선체용선과의 구별을 선박의 점유와 지배의 이전 유무에 구하고 정기용선계약에 있어서는 선장·선원의 임면권이 선주에게 귀속하므로 선체용선과는 다르다고 한다. 이 견해에 따르면 정기용선자의 해상기업주체성은 부인되고 선박소유자가 해상기업의 주체로서 대외적 책임을 지게 된다. 즉, 용선자는 해상기업의 주체인 선박소유자에게 운송을 청구할 수 있는 운송의뢰인에 불과하고, 따라서 정기용선자는 제3자에 대하여 상법 제850조 제1항의 책임을 지지 않는다고 한다.

(ii) 그러나 정기용선계약은 화물의 운송을 약정하는 것이 아니라 선박의 공간을 이용하도록 하여 주는 것이라는 점에서 운송계약에서 볼 수 있는 도급계약으로서의 성질이 희박하고, 특히 기업형 정기용선계약의 경우 용선자가 선체용선자처럼 선박을 장기간 자유롭게 이용하므로 오히려 선체용선에 더 가깝다는 비판이 있다.[7]

(라) **海技·商事 區別說** (i) 해기·상사 구별설은 선박이용의 내용을 해기사항과 상사사항으로 구분하여 해기사항은 선박소유자의 부담으로 남기고 상사사항에 관하여는 이를 정기용선자가 관리하는 것으로 보는 견해이다. 정기용선자는 상사사항에 관해서만 제3자에 대하여 선주와 동일한 책임을 지고 해기사항에 관하여는 선박소유

5) 이승호, 전게논문, 203면 참조,
6) 채이식(하) 680면; 정찬형(하) 815면.
7) 이기수, 「보험법·해상법학」, 1998, 347~348면.

자가 책임을 진다고 한다.

(ii) 이 견해에 대해서는 정기용선계약의 보통거래약관을 중심으로 하여 이론적으로 해기사항과 상사사항을 구별할 수 있다고 하더라도 실제로 이를 구별하기가 어렵고 불명확한 경우가 많다는 비판이 있다.[8]

(마) **판 례** 판례 중에는 혼합계약설을 취한 듯한 사례가 있다. 본 사례의 판례(폴사 도스호 사건)도 그 예이며, 다음의 로스토치호 사건도 그 예이다.

[**판 례**] 대법원 1994. 1. 28. 93다18167(로스토치호 사건)

선박의 소유자가 아닌 정기용선자라 하여도 다른 특별한 사정이 없는 한 대외적인 책임관계에 있어서는 선박임차인에 관한 상법 제766조가 유추적용되어 선박소유자와 동일한 책임을 지는 것이므로, 가사 피고가 위 로스토치호의 소유자가 아니라 정기용선자에 불과하다 하더라도 적법한 화물운송계약을 맺은 경우에는 로스토치호의 선원 기타 선박사용인의 과실로 인하여 그 화물에 손상이 있었다면 피고는 불법행위책임을 부담하여야 할 것이다.

(바) **私 見** 세계적으로널리 사용되고 있는 정기용선 약관 중 선박의 사용약관(employment clause)에 의하면 정기용선자에게 선박사용인에 대한 지휘감독권은 선박의 운항 및 관리에 대하여는 전혀 인정되지 아니하고, 오직 용선을 한 상업적인 목적달성에 필요한 범위 내에서 인정되는 아주 제한된 범위의 것에 불과한 것으로 되어 있다. 이와 같이 정기용선계약약관에 의하면 정기용선자에게 일반적으로 선장 및 선원에 대한 충분한 지휘·감독권이 없으므로 정기용선계약은 선체용선(계약)과는 그 법적 성질이 다르다. 따라서 정기용선자에게 선체용선자의 책임을 유추하여 적용하는 것은 부당하다. 이와 같은 유추적용은 예컨대 선박충돌의 경우에도 정기용선자가 책임을 지는 부당한 결과가 된다. 정기용선계약의 법적 성질에 관하여 우리 나라와 일본 등 少數國에서만 판례상 인정되는 혼합계약설보다는 영국법상 인정되는 운송계약설이 정기용선계약 약관의 내용에 더욱 부합되는 것으로 생각된다.

(3) 定期傭船者의 責任內容

(가) **序 言** 混合契約說에 의하면 정기용선자는 제3자와의 관계에 있어서는 해상기업의 主體로서 선체용선자와 같은 지위가 인정되어야 할 것으므로 상법 제850조 제1항은 정기용선자에게도 적용된다고 본다. 우리 상법 제850조 제1항은 "선체용선자가 商行爲 기타 營利를 목적으로 선박을 항해에 사용하는 경우에는 그 이용에 관한 사항에는 제3자에 대하여 선박소유자와 동일한 권리의무가 있다"라고 규정하고 있

8) 이기수, 상계서 347~348면.

다. 즉, 선체용선의 경우, 제3자에 대한 책임을 부담하는 자는 선박소유자가 아닌 선체용선자이며,[9] 또 그 선체용선자가 부담하는 책임의 정도는 선박소유자이었더라면 부담하였을 것과 같은 정도의 책임이 된다는 것이다. 이 규정의 취지는 선체용선의 경우에 선박소유자는 단지 선박을 소유하는 데 그치고 해상기업의 사실상의 主體는 선체용선자이기 때문에 선박의 이용에 관하여는 선체용선자가 선박소유자로서의 지위에 있다는 것이다.

그런데 선체용선자의 책임을 선박소유자의 책임과 같이 취급하는 이유는 바로 선체용선자가 선장, 선원 등의 선박사용인을 지휘감독하는 사용자이기 때문이다. 즉, 선장과 선원을 자신이 선임하고 지휘, 감독한다는 점 때문에 선체용선자는 선박소유자와 같은 책임을 부담하게 된다. 선장 또는 선원들의 故意 또는 過失로 인하여 손해가 발생하면 이들 선장 또는 선원 등의 선박사용인들에 대한 선임, 지휘감독권을 가지고 있는 선체용선자가 이들의 사용자로서 그 잘못에 대한 책임을 부담하게 된다.

그러나 문제는 일반적으로 정기용선자가 선체용선자와 같은 정도로 선장, 선원 등의 선박사용인에 대한 지휘감독권을 갖지 아니하는 데 있다. 이 문제를 좀더 상세히 살펴보면 다음과 같다.

(나) **定期傭船者의 船舶使用人에 대한 指揮監督權** 세계적으로 널리 사용되고 있는 정기용선약관 중 선박의 使用約款(Employment Clause)에[10] 의하면 정기용선자에게 선박사용인에 대한 지휘감독권은 선박의 운항 및 관리에 대하여는 전혀 인정되지 아니하고, 오직 용선을 한 상업적인 목적달성에 필요한 범위 내에서 인정되는 아주 제한된 범위의 것에 불과한 것으로 되어 있다.[11] 즉, 선박의 사용약관에 관하여 세계적으로 널리 이용되는 Baltime form 제9조 제1항 제2문은, "The master to be under the orders of the Charterers as regards employment, agency or other arrangements."라고 되어 있고, NYPE form 제8조 제2문에도, "The Captain(although appointed by the owners) shall be under the orders and directions of the Charters as regards employment and agency."라고 되어 있다. 이들 약관의 내용에 대한 해석은 정기용선자는 용선을 한 상업적인 목적 달성에 필요한 범위 내의 指示·命令權만을 가질 뿐이다는 것이 영미 법원의 확립된 해석이라는 것이다. 즉, 항구의 지정과 선적화물의

9) 대법원 1975. 3. 31 74다847 참조.

10) 이 약관에서 'employment'란 선박의 사용을 의미하는 것이지 사람의 사용을 의미하는 것은 아니다.

11) 심재두, 전게평석(하) 38면.

지시 등이 이에 해당한다. 그러나 선박의 운항 및 관리는 전적으로 선박소유자 고유의 책임범위로, 정기용선자의 지시 · 명령은 이에 관하여 미치지 않는다는 것이다. NYPE form 제25조 제2문은 明示的으로 이를 규정하고 있다. 만약 정기용선자의 지시를 따르는 것이 선박의 안전에 중대함 위험을 초래함이 명백한 때에는 선장은 그 지시를 따르지 아니할 권리뿐만 아니라 의무도 있다고 한다.

또 선박사용인의 행동이 불만스러워 그 교체를 요구할 수 있는 不滿約款(Misconduct Clause)에 정하여져 있는 선장 · 선원의 변경요청권도 선박소유자의 裁量에 의존하는 아주 미약한 것이라고 한다. 즉, Baltime form 제9조 제2항은, "If the Charterers have reason to be dissatisfied with the conduct of the Master, Officers or Engineers, the Owners, on receiving particulars of the complaint, promptly to investigate the matter, and, if necessary and practicable, to make a change in the appointments."라 정하고 있고, NYPE form 제9조도, "If the Charterers shall have reason to be dissatisfied with the conduct of the Captain or Officers, the Owners shall, on receiving particulars of the complaint, to investigate the same, and, if necessary, to make change in the appointments."라고 정하고 있다. 이것은 정기용선자가 이 不滿約款에 의하여 선박사용인의 교체를 요구할 수 있으나, 약관조항의 문맥상 선장, 선원의 변경요청권은 권리라고 할 정도의 효력은 지니고 있지 않다고 해석된다. 왜냐 하면, 정기용선자가 선장, 선원의 교체를 요구하면, 선박소유자는 당연히 이를 교체하여야 할 의무를 부담하는 것이 아니라 그 사유를 조사하고 선박소유자가 판단하기에 교체가 타당하면 그 선원 등의 교체를 하는 것이기 때문이다.[12]

결국 約款上(또는 국제실무관행상)으로는 정기용선자의 선박사용인에 대한 지휘감독권을 인정하기 곤란하다. 그러므로 定期傭船契約에 있어서는 선박소유자가 선장, 선원에 대한 지휘감독권을 갖고 있는 것이지, 정기용선자가 지휘감독권을 갖고 있는 것이 아니라고 할 수 있다. 따라서 정기용선자의 선박사용인에 대한 지휘감독권을 근거로 정기용선자가 선박임차인과 동일한 지위를 갖는 것으로 유추하고, 나아가 선박임차인은 선박소유자의 지위를 갖는 것이므로 결국 정기용선자가 선박소유자의 지위를 갖는다는 것은 설득력이 없다고 할 수 있다.

(다) **船荷證券上의** Identity of Carrier Clause 이 사건 선하증권 裏面約款에는 "정기용선자가 아닌 선박소유자가 운송인으로서 선하증권 소지인에 대한 법적 책임을

12) 심재두, 전게평석(하) 39면.

진다"고 선언한 규정인 이른바 demise clause가 있다.[13] 이 약관이 운송인의 책임을 제한하는 約款으로서 無效가 아닌지에 관하여 논의가 있다. 그러나 이 약관은 본질적으로 '운송인'이 누구인가를 정하는 '운송인의 특정'의 문제를 규정한 약관인데, 이것을 운송인의 책임을 제한하는 약관으로서 무효라고 볼 것은 아니라고 보는 견해가 있다.[14] 이에 대하여 이 사건 제2심 판결은 본 約款은 상법 제794조 내지 제798조의 규정에 위반하여 운송인의 책임을 제한 또는 경감하는 규정을 무효로 선언한 상법 제799조에 저촉되므로 위 약관은 그 효력이 없다고 判示한 바 있다. 대법원은 이 문제에 대한 아무런 판단을 하지 아니하였다.

물론 이 약관이 유효라고 하더라도 운송인을 특정하는 문제가 단지 이 약관에 의해서만 결정된다고는 할 수 없고, 이 약관외의 선하증권상의 다른 기재사항 및 주변의 정황에 비추어 보아야 할 것이다. 예컨대 ① 용선의 형태(나용선인지 여부), ② 선하증권상의 서명자가 누구인지, ③ 선박소유자와 용선자 중 누구의 선하증권서식을 사용하였는지, ④ 선하증권 발행권자가 누구인지, 즉 선주가 용선자에게 선하증권 발행 권한을 주었는지 여부 등을 고려하여 종합적으로 판단하여야 한다.[15]

이 사건에서는 ① 정기용선자와 선박소유자가 체결한 정기용선계약에서 정기용선자가 貨主와 체결하는 운송계약과 같은 대외적인 관계에 있어서 책임 있는 운송인으로서 행위할 것이 예정되어 있고, ② 스스로 owner라 칭하여 貨主와 용선계약을 체결하였으며, ③ 운임을 화주로부터 동남아해운이 직접 수취하고 자신의 선박대리점으로 하여금 선하증권을 발행하게 하는 점 등으로 미루어 정기용선자를 운송인으로 볼 여지가 있다. 따라서 본 船荷證券上의 운송인은 피고인 동남아해운이라 할 수 있다.

Ⅲ. 結 語

문제된 사건에 사용된 정기용선계약약관을 살펴볼 때 정기용선계약은 선체용선계약과는 그 法的 性質이 다르다는 것을 알 수 있다. 따라서 일반적으로 선장 및 선원에 대한 충분한 지휘·감독권이 없는 정기용선자에게 선체용선자의 책임을 類推하여

13) 본래 이 약관은 船主가 누리는 책임제한의 이익을 정기용선자에게까지 확장하기 위한 것이지만, 오늘날에는 정기용선자에게도 독자적인 책임제한이 인정되어, 그 존재의의가 크게 감소하였다: 서헌제, 전게평석, 498면.

14) 김창준, 전게평석, 102면.

15) Daval Investors v. M/V Kamtin et al., U.S. Dis. Ct. N. Dist. of Florida, 1995 AMC 151.

적용하는 것은 부당하다. 이와 같은 유추적용은 예컨대 선박충돌의 경우에도 정기용선자가 책임을 지는 결과가 된다. 또 선하증권상 선박소유자가 운송인이라고 규정한 Identity of Carrier Clause가 있음에도 불구하고 이에 대하여는 아무런 설명을 하지 아니하는 것도 비난의 대상이 되고 있다. 定期傭船契約의 법적 성질에 관하여 우리 나라와 일본 등 소수국에서만 判例上 인정되는 혼합계약설보다는 영국법상 인정되는 運送契約說이 定期傭船契約約款의 내용에 더욱 부합되는 것으로 생각된다.

이와 같이 정기용선계약의 특성상 화주 등 제3자에 대한 책임은 선장 및 선원의 지휘·감독 및 임면권이 있는 선박소유자에게 있는 것이지만, 정기용선계약서상에 정기용선자가 貨主와 체결하는 운송계약과 같은 대외적 관계에서는 정기용선자에게 그 책임을 인정하여야 한다. 왜냐 하면 정기용선자 스스로가 운송인으로 행동할 것이 예정되어 있으며, 정기용선자가 마련한 樣式으로 선하증권을 발행하였고, 스스로 owner라 칭한 점 등을 고려한다면 이러한 外觀을 신뢰한 貨主를 보호할 필요가 있다. 정기용선자와 항해용선계약을 체결하는 貨主는 항해용선을 실행하는 당해 선박이 傭船인지 또는 私船인지까지 알아야 할 필요는 없다. 또한 이 사건에 관하여 말하더라도 환적 중 화물에 가한 손해는 "예컨대 어떤 항구로 가라, 정박하여 있으라, 어떤 화물을 실으라"[16]는 등과 같이 "용선을 한 상업적인 목적달성에 필요한 범위 내"에 해당되고, 따라서 정기용선자에게 화주에 대한 손해배상책임을 지운 判例의 결론은 타당하다고 본다.

그런데 앞에서도 언급하였듯이 이 사건은 정기용선계약의 法的 性質에 관한 문제가 아니다. 운송인인 정기용선자와 荷主 간의 정상적인 운송 중에 생긴 손해에 대한 '운송인의 손해배상책임'문제이다. 운송인이 선박소유자가 아닌 정기용선자일 뿐 선박소유자가 운송한 경우와 조금도 다름이 없다. 이와 같은 의미에서 이 판결은 상법 제850조 제1항 類推適用問題에 관하여 많은 정력을 허비하였으나, 결과적으로 구체적 정의는 살렸다. 결국 정기용선자이든 선체용선자이든, 누구든 운송인은 운송계약을 체결한 送荷人 등과의 관계에 있어서는 해상운송인으로서 책임을 져야 한다(상법 제795조).

그러나 선박충돌과 같은 정기용선자와 계약관계가 없는 제3자에 대한 선장, 선원의 不法行爲에 대하여는 불법행위를 야기한 자 또는 그 자와 사용자 간의 실질적인

16) 심재두, 전게평석(하) 39면.

관계를 고려하여 정기용선자가 아닌 선박소유자가 책임을 져야 할 것이다.[17] 그리고 이 문제에 관한 한 정기용선계약의 法的 性質은 운송계약설로 보아야 할 것이다.

17) 이에 대하여 제3자가 정기용선자를 해상기업자로 믿은 경우에는 금반언의 원칙에 따라 정기용선자가 책임을 지는 것이 타당하다는 주장이 있다: 이균성, "신체계 해상법 강론", 「해운산업연구원」, 1989, 79면, 83면.

2 정기용선 선장의 불법행위에 대한 선주의 책임

[문태선 외 6인 대 김정훈 사건]

대법원 2003. 8. 22. 2001다65977

事 例

(ⅰ) 해상화물운송업체인 소외 주식회사 조양(정기용선자)(A)은 1999. 6. 1. 피고(선주)(Y)로부터 예인선을 1년간 정기용선하기로 하면서 용선 기간 중 피고가 선장을 포함한 선원 3명을 고용한 뒤 예인선에 승선시켜 선원의 급여 및 선박수리비 등을 부담하고, 예인선의 선원과실 및 선체결함으로 인한 사고 발생시에는 피고가 전적으로 배상책임을 지기로 하는 내용의 계약을 체결하였다.

(ⅱ) 같은 해 8. 30. 02:20경 예인선의 선장은 전남 신안군 임자면 대노록도 북방 약 2마일 해상을 항해하던 중 안전거리 미확보로 항해하다가 뒤늦게 항로를 변경한 과실로 피예인선으로 하여금 전날 조업을 마치고 정박중이던 어선 경필호를 충돌, 전복케 하여 피해어선 선원모두를 사망케 하였다. 사망한 선원들의 상속인들인 X들은 Y를 상대로 불법행위에 대한 손해배상을 청구하였다.

X들의 청구는 인용될 것인가?

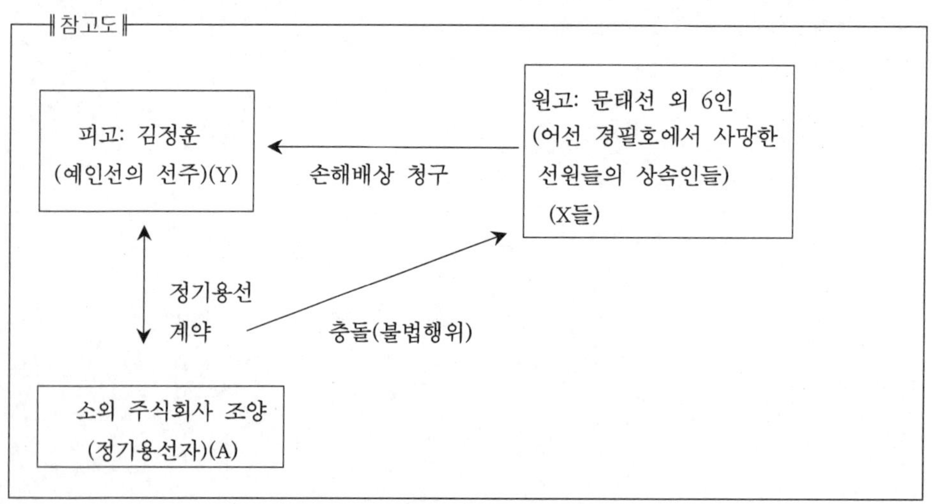

目 次

Ⅰ. 判決要旨

이 사건은 원심(부산고법 2001. 9. 6. 2000나15081) 및 상고심에서 모두, 정기용선된 선박의 경우에 있어 선장의 불법행위로 제3자에게 손해를 가한 경우는 선주가 선장의 사용자로서 배상책임을 부담하여야 한다는 취지의 판시를 하였다. 대법원 판결요지는 다음과 같다.

"정기용선계약에 있어서 선박의 점유, 선장 및 선원에 대한 임면권, 그리고 선박에 대한 전반적인 지배관리권은 모두 선주에게 있고, 특히 화물의 선적, 보관 및 양하 등에 관련된 상사적인 사항과 달리 선박의 항행 및 관리에 관련된 해기적인 사항에 관한 한 선장 및 선원들에 대한 객관적인 지휘·감독권은 달리 특별한 사정이 없는 한 오로지 선주에게 있다고 할 것이다. 이처럼 정기용선된 선박의 선장이 항행상의 과실로 충돌사고를 일으켜 제3자에게 손해를 가한 경우 용선자가 아니라 선주가 선장의 사용자로서 상법 제878조 또는 제879조에 의한 배상책임을 부담하는 것이고, 따라서 상법 제850조 제1항이 유추적용될 여지는 없으며, 다만 정기용선자에게 민법상의 일반 불법행위책임 내지는 사용자책임을 부담시킬 만한 귀책사유가 인정되는 때에는 정기용선자도 그에 따른 배상책임을 별도로 부담할 수 있다 할 것이다."

II. 解 說

1. 論 點

이 사건의 핵심은 정기용선된 선박의 선장이 항해상의 과실로 충돌사고를 일으켜 제3자에게 손해를 가한 경우 손해배상책임의 귀속주체가 누구인가 하는 것이다. 이 문제는 정기용선의 외부관계문제로서, 이의 해결을 위하여는 정기용선계약의 법적 성질에 대한 검토가 선행되어야 한다. 따라서 사례의 논점은,

1) 정기용선계약의 법적 성질

2) 정기용선된 선박의 선장이 항해상의 과실로 충돌사고를 일으켜 제3자에게 손해를 가한 경우 손해배상책임의 귀속주체이다.[1]

2. 定期傭船契約의 意義

정기용선계약이란 선박소유자가 용선자에게 선원이 승무하고 항해장비를 갖춘 선박을 일정한 기간 동안 항해에 사용하게 할 것을 약정하고, 용선자가 이에 대하여 기간으로 정한 용선료를 지급하기로 약정함으로써 그 효력이 생기는 계약을 말한다(상법 제842조). 그리고 정기용선자(time charterer)란 일정기간 타인소유의 선원부선박을 임차하여 해상기업활동의 목적으로 항해에 사용하는 자를 말한다.

정기용선은 용선자가 선박의 점유권이 아닌 자유사용권만을 가지고 선원에 대한 지휘감독권도 갖지 못하는 것이라는 점에서 선체용선자가 선박의 점유권 및 선원에 대한 지휘감독권을 가지는 선체용선과 비교된다.

3. 定期傭船契約의 機能

정기용선계약에 의하면 ① 정기용선자는 기업조직을 확대하지 않고 선박수요의 증감에 따라 손쉽게 경영할 수 있으며(기업규모의 신축성), 선박의 자유사용과 항해지휘권을 얻어 자신이 해상기업주체의 지위에서 선박의 운용을 할 수 있고, 선원의 선임 및 선박관리에 따르는 위험 및 비용의 부담을 선주에게 전가할 수 있다. ② 한편 선박소유자에게도 자기가 육성한 선장·해원을 선박과 함께 보유함으로써 종래의 기업조직을 해체하지 않고 후일 자기가 경영할 때에 대비할 수 있고, 자기가 임용한 선

1) 이 사례는 본인의 제자인 이승호 소령(해군법무관)의 글 "정기용선 선장의 불법행위에 대한 선주의 책임", 「한국해법학회지」, 제26권 제1호, 2004. 11. 197면 이하를 재구성한 것이다.

원을 통하여 선박관리를 보다 잘 할 수 있으며, 자본이자인 용선료도 취득할 수 있다는 이점이 있다. ③ 그러나 제3자로서는 책임주체가 불분명하기 때문에 그 이익을 침해당할 우려가 있다. 따라서 정기용선계약의 해석상 제3자보호의 문제가 핵심문제이다.

4. 定期傭船契約의 法的 性質(論點 1)

정기용선계약의 법적 성질에 관하여는 종래 여러 가지로 설명하여 왔는데,[2] 어느 학설을 취하느냐에 따라 정기용선자가 제3자에 대하여 상법 제850조 제1항(선박임차와 제3자에 대한 법률관계)의 책임을 지느냐 그렇지 않느냐의 차이가 있다. 이에 관한 학설은 전술한 바와 같이 混合契約說(多數說), 特殊契約說, 運送契約說, 海技·商事 區別說 등이 있으며, 필자로서는 운송계약설이 옳다고 보았다. 판례는 전술한 폴사 도스호 사건과 로스토치호 사건에서 혼합계약설을 취한 것으로 보인다. 그런데 이들 판결은 선하증권 소지인과 운송인간의 문제를 다룬 것이거나, 화물의 관리와 관련된 사안에서, 상법 제850조를 유추적용하여 정기용선자의 불법행위책임을 인정한 사례로서, 선박충돌과 같이 제3자에 대한 불법행위의 경우에도 동일하게 해석될 것인지는 불분명하다. 선박충돌과 같은 사건은 본 사례가 우리 나라에서는 최초의 판례이다.

5. 정기용선 선장의 불법행위에 대한 선주의 책임(論點 2)

사례에서 대법원은 정기용선된 선박의 선장이 항해상의 과실로 충돌사고를 일으켜 제3자에게 손해를 가한 경우의 손해배상책임 귀속주체에 대하여, 대법원은 상사적인 사항과 달리 선박의 항행 및 관리에 관련된 해기적인 사항에 관한한 선주가 선장의 사용자로서 상법 제878조 또는 제879조에 의한 배상책임을 부담한다고 판시하였다. 피고가 항변하였던 것처럼 정기용선된 선박의 경우에는 정기용선자만이 대외적인 관계에서 제3자에 대한 불법행위책임을 부담하고, 따라서 피고에게는 아무런 책임이 없다는 취지의 면책항변은 배척되었다.

Ⅲ. 結　　語

본 사례의 요지만 파악한다면 해기·상사구별설의 입장과 유사하다고 볼 수도

---

2) 김동훈, "정기용선계약에 대한 법적 검토", 「한국해법학회지」 제24권 제2호, 2002. 11. , 42면; 김태윤, "정기용선계약에 관한 약간의 고찰", 단국대학교 법학논총, 제2집, 1998, 325~326면 참조.

있다. 그러나 최근의 추세가 어느 뚜렷한 학설을 따르기보다는 구체적 사안에 따라 해당사고의 해당행위와 관련하여 보다 더 밀접한 관리감독상의 책임이 있는 자에게 손해배상책임을 묻는다는 입장이고 보면, 대법원이 정기용선자에게 획일적으로 상법 제850조를 유추적용하여 대외적인 책임관계를 결정한다는 논리를 표명하지 않는 것은 타당하다고 하겠다. 즉, 상사적인 사항이 아닌 해기적인 사항은 선주가 선장의 사용자로서 상법 제850조의 유추적용 없이 전적으로 책임을 진다는 이러한 판례의 결론은 타당하다고 본다.[3]

전술한 폴사 도스호 사건이나 로스토치호 사건에서 보는 바와 같이 선하증권 소지인과 운송인간의 문제 또는 화물의 관리와 관련된 사안에서, 상법 제850조를 유추적용하여 정기용선자의 불법행위책임을 인정한 판례가 있었다. 그런데 이번 사안에서는 선박충돌 등 해기사항과 관련된 불법행위의 경우에 있어서도 정기용선자가 아닌 선박소유자가 책임을 부담하도록 판결한 점에서 의의가 있는 판결이라 하겠다.[4]

---

3) 이승호, 전게논문, 213면.
4) 이승호, 전게논문, 212면.

제 2 항 海上企業活動

3 保 證 渡

[제일은행 대 천경해운 · 협성해운 사건]

대법원 1989. 3. 14. 87다카1791

事 例

소외 태현교역(매수인)과 홍콩반도상사(매도인)는 폴리에틸렌 매매계약을 체결하고, 태현교역은 원고 제일은행(X)에 신용장 개설을 의뢰하였다. X는 이에 응하여 홍콩반도상사를 수익자로 하는 신용장을 개설하였고, 나중에는 신용장 대금지급을 필하였다. 홍콩반도상사는 물품을 운송인 Norasia Line과 Ocean Carrier에 위탁하여 국내로 운송케 하였고(1983. 10. 8. 국내 도착), 물품이 그 선박대리인인 피고 천경해운과 협성해운(Y들)의 관리하에 있었다. 태현교역은 서울신탁은행의 화물선취보증서(Letter of Guarantee : L/G)를 위 Y들에게 제출하여 보증도의 형식으로 물품을 인수하여 간 후 도산하였다. X는 태현교역으로부터 신용장결제대금을 회수할 수 없게 되자 신용장 대금결제시에 확보하였던 B/L(Bill of lading, Konnossement : 선하증권)상의 수하인이자 B/L의 소지인 자격으로 Y들을 상대로 1985. 4. 11. B/L상 운송물인도청구 또는 불법행위로 인한 손해배상청구의 訴를 제기하였다. 보증도의 상관습에 따라 운송물을 인도해 준 선박대리인인 Y들은 선하증권의 소지인인 X에 대하여 운송물 인도책임 또는 손해배상책임이 있는가? 한편 이 사건의 선하증권 이면에는 himalaya clause가 포함되어 있었는데, himalaya clause란 운송인의 보조자는 독립된 보조자이든 아니든 불문하고 그 보조자에게 詐欺 또는 故意의 경우를 제외하고, 그에 대하여는 책임을 묻지 않기로 하거나 또는 그 보조자는 운송인이 원용할 수 있는 항변을 모두 원용할 수 있다는 내용이다.[1)]

1) 이 사건은 개정 해상법의 시행 이전이 발생한 것이나, 개정법에 따라 사건을 재해석하기로 한다. 또한 이 사건에서는 많은 기업들이 관련되어 있으나, 편의상 위의 4개의 기업을 중심으로 설명하기로 한다.

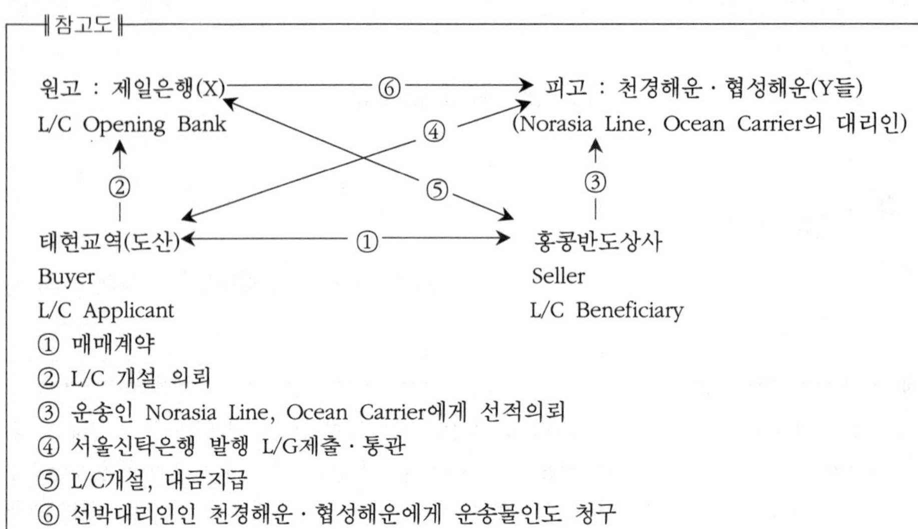
참고도
원고 : 제일은행(X)
L/C Opening Bank
⑥
피고 : 천경해운 · 협성해운(Y들)
(Norasia Line, Ocean Carrier의 대리인)
④
②
⑤
③
태현교역(도산)
Buyer
L/C Applicant
①
홍콩반도상사
Seller
L/C Beneficiary
① 매매계약
② L/C 개설 의뢰
③ 운송인 Norasia Line, Ocean Carrier에게 선적의뢰
④ 서울신탁은행 발행 L/G제출 · 통관
⑤ L/C개설, 대금지급
⑥ 선박대리인인 천경해운 · 협성해운에게 운송물인도 청구

目 次

Ⅰ. 判決要旨

이 사건 제1심법원은 원고 勝訴判決을, 제2심법원(서울고등법원 1987. 6. 8. 86나234)은 원고 敗訴判決을 하였다. 특히 서울고등법원은 피고들이 保證渡의 상관습에 따라 운송물을 인도한 것은 결코 위법하다고 할 수 없고, 피고들에게 과실이 있다고 볼 수도 없으므로 船荷證券과 상환하지 아니하고 운송물을 인도하였다고 하여 그것이 곧 불법행위로 되는 것은 아니다고 하였다. 그리고 설혹 불법행위가 성립된다고 하더라도 선하증권약관에 의하여 준용되는 헤이그규칙에 의하여 화물을 인도한 날 또는 인도되었어야 할 날로부터 1년 내에 소를 제기하지 아니한 이 사건에서는 운송인의 短期時效로 인하여 그 책임이 소멸하였다고 판단하였다.

이에 대하여 대법원은 제2심판결을 破棄還送함으로써 원고 승소판결을 하였다. 대법원 판결요지는 다음과 같다.

1) 해상운송인 또는 운송취급인이[2] 선하증권과 상환하지 아니하고 운송물을 선하증권 소지인이 아닌 자에게 인도하므로 인하여 선하증권 所持人에게 운송물을 인도하지 못하게 된 경우 그 운송인 또는 운송취급인의 행위는 선하증권 소지인의 운송물에 대한 권리의 위법한 침해로서 不法行爲가 되며, 운송인 또는 운송취급인은 특별한 사정이 없는 한 그 권리침해의 결과를 인식한 것으로 보아야 하고, 만약 그 결과의 발생을 인식하지 못하였다면 그와 같이 인식하지 못하게 된 점에 운송인 또는 운송취급인으로서의 注意義務를 현저히 缺如한 중대한 과실이 있다.

2) 이른바 保證渡의 상관습은 운송인 또는 운송취급인의 정당한 선하증권 소지인에 대한 책임을 면제함을 목적으로 하는 것이 아니고 오히려 保證渡로 인하여 정당한 선하증권 소지인이 손해를 입게 되는 경우 운송인 또는 운송취급인이 그 손해를 배상하는 것을 전제로 하고 있는 것이므로 운송인 또는 운송취급인이 보증도를 한다고 하여 선하증권과 상환함이 없이 운송물을 인도함으로써 선하증권 소지인의 운송물에 대한 권리를 침해하는 행위가 위법성이 없는 정당한 행위로 된다거나 운송인 또는 운송

2) 대법원이 사용하고 있는 운송취급인이라는 개념은 일본상법 제559조 이하의 운송주선인의 일본식 표현(運送取扱人)을 그대로 차용한 것이 아닌가 의심된다. 우리 나라 상법에서는 이와 같은 개념은 없고, 운송주선인(상법 제114조 이하)의 개념은 있으나, 이 사건에서는 피고 천경해운과 협성해운이 하주로부터 운송주선의 위탁을 받은 바 없으므로 운송주선인이라 할 수 없고, 해상운송인인 선주(Norasia Line과 Ocean Carrier)의 선박대리인으로 보는 것이 정확할 것이다(이균성, 「해상법판례연구」, 1989, 164면 註 1 참조).

취급인의 주의의무가 감경 또는 면제된다고 할 수 없다.

II. 解 說

1. 論 點

이 사건은 다음과 같은 논점이 있다.

1) 선박대리인 및 운송인의 債務不履行責任 성립여부.

2) 운송인 또는 선박대리인의 不法行爲責任 성립여부.

3) 운송인이 아닌 선박대리인 또는 운송대리인에게도 책임을 물을 수 있는지의 여부(himalaya clause의 적용 여부).

4) 선박대리인의 책임의 消滅時效.

2. 保 證 渡

(1) 序 言

保證渡에 관한 판례는 매우 많다.[3] 대법원의 판결요지는 한결같이 보증도는 운송인의 불법행위 내지 계약불이행을 구성한다는 것이다. 이에 대한 학자들의 견해도 분분하다.[4]

대법원의 판례를 비판하는 견해의 요지는 보증도는 세계적인 상관습인데, 그 상관습에 따르는 것이 어찌 불법행위가 될 수 있는가 하는 것이다. 필자는 대법원이 이 사건 보증도가 불법행위가 된다고 보는 점 그리고 선박대리점에게 고의 · 중과실이 있다고 본 점에 대하여 원칙적으로 찬성한다. 대법원은 불법행위로 인한 손해배상청구

3) 대법원 1989. 3. 14. 87다카1791; 동 1991. 12. 10. 91다14123; 동 1991. 4. 26. 90다카8098; 동 1992. 2. 14. 91다4249; 동 1992. 1. 21. 91다14994; 동 1992. 2. 25. 91다30026 등 참조.

4) 보증도에 관한 문헌으로는 강병호, "상사거래에 있어서의 보증도에 관하여", 「재판자료」 제7집 9면 이하; 채이식, "보증도", 「민사판례연구」, 1990. 9. 1면 이하; 진효근, "보증도의 책임귀속", 서울지방변호사회 「판례연구」 제4집, 1991, 211-219면; 윤창술, "해상운송물 인도의 상관행에 관한 연구", 한양대학교 「석사논문」, 1991; 유영일, "보증도와 해상운송인 등의 책임", 「재판자료 제52집 : 해상보험법에 관한 제문제(상)」, 1991, 369-428면; 이균성 "위조화물선취보증서에 의한 보증도와 선박회사의 책임", "보증도와 선박대리인의 책임", 「해상법판례연구」, 1989, 156-174면; 김교창, "보증도의 관행과 운송인 등의 책임", 「판례월보」 226호(1989. 7.); 강위두, "보증도와 운송인의 책임", 「법률신문」 1852호(1989. 6. 19.); 김현, "해상운송에서의 보증도," 「변호사」, 1994, 183-208면; 이주홍, "보증도로 운송물이 멸실된 후에 양도되는 선하증권상의 권리의 내용", 「상사판례연구」 제2권 (편집대표 최기원), 1996, 440-458면; 서헌제, "보증도와 해상운송(대리인)의 책임", 「상사판례연구」 제2권(편집대표 최기원), 1996, 459-473면 등이 있다.

권은 1년의 시효로 소멸하지 아니한다고 하였으나, 이것은 改正海商法에 의하면 1년의 제소기한이 적용되므로 개정해상법에 의하면 被告敗訴는 변경될 것으로 본다. 아래에서 본인의 견해를 상론하기로 한다.

(2) 保證渡의 필요성과 效用

보증도는 주로 국제해상 및 항공운송에서 이용된다. 본래 선하증권이 발행된 경우에는 그 증권과 맞바꾸어서만 운송물을 수령할 수 있다(相換證券性). 선하증권과 상환하지 아니한 운송물의 인도는 채무불이행 및 불법행위를 구성한다.[5] 그러나 선하증권이 우편을 통하여 발송 1주일 정도 후에 도달하는 데 비하여 현대의 운송수단의 눈부신 발전으로 인하여 운송물은 그보다 훨씬 일찍 도착지에 도착하여 受荷人에게 운송물 인수를 요구하는 通知가 가는 경우가 허다하다. 수하인으로서는 선하증권이 도착하지 아니하여 눈앞의 운송물을 수령하지 못하고 이를 활용하지 못한다면 답답하기 이를 데 없을 것이다. 이를 보완해 주는 제도가 보증도이다. 운송인에게 선하증권 대신 이른바 화물선취보증서라고 하는 은행의 保證書(Letter of Guarantee)를 제출하면 운송인이 이를 믿고 운송물을 인도해 주게 된다. 이렇게 함으로써 수입상은 운송물을 조속히 처분하여 자금회전을 빨리하고 보관료를 절감할 수 있으며, 신용장 개설은행은 信用狀 대금을 조속히 결제받을 수 있고, 운송인도 운송물을 신속히 처리할 수 있어서 모두에게 유익하다. 간혹 수출업자가 수입업자에게 신용을 제공하기 위한 수단으로서 貨換어음의 割引(이른바 nego)을 늦추는 경우도 있다. 이 때에는 자연히 선하증권의 유통이 지연되어 보증도의 필요성이 생긴다. 심지어는 수입화물이 양륙항에 도착할 무렵에야 비로소 신용장을 개설하면서 'stale B/L acceptable'조건을 붙이는 경우에도 선하증권이 수입업자에게 도착하기 전에 운송물이 먼저 도착하여 보증도의 필요가 생긴다.

이와 같은 보증도의 관행이 해운실무계에 오랫동안 쌓여 한국선박대리점협회의 통계에 의하면 이제는 해상운송화물의 70% 이상이 이와 같은 방법으로 인도되고 있다고 하며, 동남아 무역의 경우에는 보증도가 80 내지 90%에 달한다고 한다. 선하증권과 상환으로 운송물을 인도하는 경우는 오히려 드문 것이다. 선박회사나 그 대리인은 화물선취보증서만 가지고 오면 거의 기계적으로 운송물을 인도한다.

(3) 保證渡가 관습법인지의 여부

보증도는 세계적으로 널리 행하여지고 있다. 이것이 商慣習인 것은 틀림이 없으

---

5) 대법원 1995. 9. 15. 94다61120 참조.

나, 관습법인지는 불분명하다. 관습이 관습법으로 轉化하기 위하여는 우리 나라의 통설인 法的 確信說에 의하면 사실인 관행이 있고 그 관행에 따르는 것이 法에 따르는 것이다는 確信이 있을 것이 그 요건이라고 한다. 그리고 그러한 法的 確信은 法院에 의하여 주어진다고 한다. 수십년간 보증도는 실무상 광범위하게 성행되어 온 것은 사실이나, 그것을 관습법이라고 하기에는 무리가 있다고 본다. 왜냐 하면 이것이 선하증권 소지인의 권리를 심하게 침해하므로, 이와 같은 실무계의 관행을 법이라고 하기는 어렵다. 다만 1980년대 후반까지 법적으로 다투어지지 아니하였다는 것뿐이다. 우리 대법원은 보증도를 불법행위라고 하므로 法的 確信도 주어지지 않고 있다.

3. 선박대리인 및 운송인의 채무불이행책임여부

(1) 선박대리인의 채무불이행책임

보증도는 각국에서 인정되는 세계적인 商慣習이다.[6] 그러나 운송인이나 그 대리인이 보증도를 하였다고 하여 선하증권 소지인에 대한 운송물 인도의무가 면제되지 아니한다. 화물선취보증서는 이를 발행한 은행이(주로 신용장 개설은행. 다만 이 사건에서는 개설은행이 아니다) 선적서류 도착 전에 수입상이 운송물을 인도받음에 따라 발생하는 모든 문제에 대해 책임을 지고 추후 선적서류가 도착하면 이를 선박회사에 제출할 것을 약속하는 증서이다. 이와 같은 은행의 약속에 대하여 운송인이 이를 받아들인 것이다. 즉, 은행과 운송인간의 약속이다. 선하증권 소지인으로서는 그와 같은 사정을 알 바 아닌 것이다. 선하증권 소지인은 당연히 운송계약상의 운송물반환청구권을 행사할 수 있고, 만약에 운송인 등이 어떠한 사유(보증도의 경우)로 선하증권 소지인의 이와 같은 권리를 침해하였다면 당연히 契約不履行責任을 져야 한다. 이 책임은 선하증권의 債權的 效力의 문제로서, 선하증권상의 文言責任이다.

그러나 이 사건에서는 선박대리인인 피고들과 원고 사이에 계약관계가 없다. 원고는 운송인과 직접 계약을 체결하였을 뿐, 선박대리인과는 전혀 접촉이 없었던 것이다. 따라서 이들에게 직접 계약상의 채무불이행책임을 묻기는 어렵다. 선박대리인은 履行代理人으로서 履行補助者이다. 원고는 이행보조자의 행위에 대하여 민법 제391조에 따라 운송인인 Norasia Line과 Ocean Carrier에게 직접 채무불이행책임을 물을 수 있을 것이다.

6) 이균성, 상게서, 169면.

(2) 운송인의 채무불이행책임

이 사건에서는 결국 운송인이 채무불이행으로 인한 손해배상책임을 져야 한다. 그 손해배상은 후술하는 바와 같이 운송인의 이행보조자인 선박대리점에게 "고의 또는 손해발생의 염려가 있음을 인식하면서 무모하게 한 作爲 또는 不作爲"(act or omission……done with intent to cause damage or recklessly and with knowledge that damage would probably result)[7]가 인정되는 한 운송인의 책임이 제한되지 아니하므로 운송인은 운송물가액 전액을 배상하여야 한다(상법 제797조 제1항 단서). 다만 선박대리인에게 인식하면서 행한 무모한 작위 · 부작위가 있다고 하더라도 개정법 아래서는 1년의 提訴期限이 적용된다(상법 제814조).[8]

문제는 화물을 誤送 또는 잘못 인도(誤渡=misdelivery)한 것도 운송물의 멸실에 해당하는지 여부이다. 誤送 또는 誤渡한 것은 운송물 멸실이라 볼 수 없으므로 전액을 책임져야 한다는 주장이 있을 수 있기 때문이다. 그러나 대법원 판결례에 의하면 선하증권과 상환하지 아니하고 적법한 수하인이 아닌 자에게 운송물을 인도한 경우에도 이를 법률상 멸실이라고 한다.[9] 예컨대 운송물이 窃取당하여 행방불명된 경우, 운송물을 B/L(bill of lading, Konnossement: 선하증권)과 상환하지 아니하고 B/L 소지인이 아닌 자에게 인도하여 그것이 善意取得되어 반환받을 수 없게 된 경우에도 멸실로 본다.[10] 대법원 판결도 보증도 등의 방법에 의하여 '운송물의 회수가 사회통념상 불가능하게 된 경우' 운송물이 멸실되었다고 한다.[11] 운송물에 대한 점유를 회복할 여지가 있는 경우에는 아직 滅失에 이르렀다고 볼 수 없고, 운송물을 임의처분하여 원형 그대로는 이미 존재하지 아니하거나 운송물을 취득한 제3자가 선의취득의 요건을 갖추는 등의 경우에 비로소 滅失한 것으로 볼 수 있다. 또한 선하증권이나 항공화물운송장(air waybill)에 보면 인도지연의 경우에 일정한 日數 이상 지연되면 滅失로 본다고 되어 있어서, 운송인은 滅失에 대한 책임을 지도록 되어 있다.

운송물 誤渡로 인한 滅失의 경우에도 운송인에게 '인식하면서 행한 무모한 작위 · 부작위'가 있는 한 운송인의 책임이 제한되지 아니하므로 운송인은 운송물 가액

---

7) 고의 또는 손해발생의 염려가 있음을 인식하면서 무모하게 한 작위 또는 부작위의 개념에 관하여는, 최준선, "선박소유자 등의 책임제한조각사유로서의 고의 · 인식 · 무모의 의미," 「고시계」, 1994. 8. 133면 이하 참조.

8) 대법원 1997. 9. 30. 96다54850 참조.

9) 대법원 1990. 2. 13. 88다카23735; 同 1993. 10. 8. 92다12674.

10) 강위두, "보증도와 운송인의 책임", 판례평석, 「법률신문」 1852호, 1989. 6. 19. 11면; 小町谷操三, 「運送法の理論と實際」, 勁草書房, 1953, 356면.

11) 대법원 1993. 10. 8. 92다12674.

전액을 배상하여야 한다(상법 제797조 제1항 단서).

4. 운송인 또는 선박대리인의 不法行爲責任 성립여부

(1) 序 言

위에서 언급한 바와 같이 선박대리인의 채무불이행책임을 물을 수는 없으므로, 선박대리인에게 책임이 있다면 不法行爲責任밖에 없을 터이다. 나아가 운송인에게도 불법행위책임이 성립될 수 있는지를 보기로 한다.

[개정해상법상 운송인 등의 불법행위책임 추궁의 의미]

실무에서는 선하증권 소지인측의 변호사는 운송인 등의 계약불이행책임 또는 불법행위로 인한 손해배상책임을 묻는다. 개정해상법 아래서는 비계약적 청구에 대하여도 해상법을 적용하므로 운송인의 계약불이행책임을 묻든 불법행위책임을 묻든 차이가 없다. 그러나 구법시대에는 판례가 청구권경합설을 지지하였기 때문에 운송인의 불법행위책임 성립여부가 주요 쟁점이 되었다. 이 사건에서도 대법원은 불법행위를 인정하여 청구권경합설에 따라 운송인 등의 불법행위책임에 대하여는 불법행위책임의 소멸시효가 적용되고 운송인에 대한 短期의 제소기간에 관한 특약은 적용되지 아니하는 것으로 보았다. 그러나 개정법에 의하면 불법행위책임을 묻는 경우에도 1년의 제소기간이 적용되므로 이 문제는 더 이상 논점이 되지 못한다(상법 제814조).[12] 다만 불법행위의 경우에는 불법행위지 내지 결과발생지에서 제소할 수 있다고 보면, 운송인의 주된 영업소가 우리 나라에 존재하지 않더라도 우리 나라에서 소를 제기할 수 있는 경우가 있다. 이 범위 내에서 불법행위책임의 성립여부가 의미가 있다.

전술한 바와 같이 운송인 등의 채무불이행책임의 성립에는 의문이 없으나 불법행위가 성립하는지는 의문이다. 대법원은 운송인 등의 불법행위를 인정하였다. 불법행위책임의 성립요건은 운송인 또는 그 履行補助者의 故意·過失이 있어야 하고, 운송인 등의 加害行爲에 위법성이 존재하여야 한다. 이 문제를 차례로 살펴보기로 한다.

(2) 運送人 등의 故意·重過失 여부

보증도는 세계적인 상관습으로서 그 관습에 따르는 것 자체를 계약불이행책임 또는 불법행위책임의 구성요건인 고의·과실이라고 하기 어렵지 않는가 하는 문제가 있다. 특히 改正海商法에서는 '인식하면서 행한 무모한 작위·부작위'가 있으면 운송인의 책임이 제한되지 아니하고 무한책임을 져야 하므로 이 점과 관련하여서도 함께 고찰하여야 한다. 따라서 보증도가 운송인측의 과실, 중과실, 고의, 인식하면서 행한 무모한 作爲·不作爲 중 어느 것에 해당하는지 아니면 적법한 것으로서 위법성이 전혀

---

12) 대법원 1997. 9. 30. 96다54850 참조.

없는지 의문인 것이다.

이에 대하여는 ① 고의 또는 중과실이라는 견해(이 사건 대법원 판결), ② 과실에 해당하지 않는다는 견해,[13] ③ 경과실이라는 견해[14] 등이 있다.

1) 이 사건 대법원은 운송인 등의 故意·重過失을 인정하였다. "운송인 또는 운송취급인은 특별한 사정이 없는 한 그 권리침해의 결과를 인식한 것으로 보아야 하고, 만약 그 결과의 발생을 인식하지 못하였다면 그와 같이 인식하지 못하게 된 점에 운송인 또는 운송취급인으로서의 주의의무를 현저히 결여한 중대한 과실이 있다"고 한 것이다.

2) 과실에 해당하지 않는다는 견해에 의하면 업무상 "過失은 당해 거래와 관련하여 요구되는 합리적인 주의를 기준으로 그것을 위반한 때에 인정되는 것이지, 예상가능한 모든 사태를 회피하기 위한 완벽한 주의를 요구할 수는 없다"고 한다. 나아가 불법행위의 과실에 관한 客觀說에 의하면 보통의 사람으로서 마땅히 하여야 할 의무 또는 하여서는 안 될 의무를 위반하여 그것을 행하는 것을 뜻한다고 하면서, "保證渡가 하여서는 안 될 의무의 대상이 아닌 이상, 신용있는 은행의 화물선취보증서를 받고 보증도를 한 운송인 등에게 과실을 묻기는 어렵다"고 한다.[15]

3) 한편 輕過失이라는 견해에 의하면 보증도의 경우 船主의 重過失, 나아가 고의를 인정하게 되면 보증도 그 자체의 합법성에 대하여 문제를 재검토하지 않을 수 없게 된다고 한다. 나아가 운송인은 은행의 보증서에 기해 화물을 인도함으로써 화물이 멸실된 경우 은행이 보증서에 보증한 대로 책임을 질 것이기 때문에 선하증권의 정당한 所持人의 손해배상청구권은 충분히 담보되어 있다는 점에서도 보증도를 하였다는 이유만으로 책임제한을 배제시킨다면 운송인에게 너무 가혹하다고 한다. 따라서 輕過失을 인정하여 선주책임제한규정 및 포장당 책임제한규정의 적용을 받을 수 있다고 한다.

필자의 견해로는 보증도 자체가 改正商法 제769조 단서, 제797조 제1항 단서, 제798조 제2항 단서의 '인식하면서 행한 무모한 작위·부작위'에 해당된다고 본다. 보증도의 경우, 선하증권과 상환하지 아니함을 인식하면서, 다만 신용 있는 은행을 신뢰하여 이를 한다. 이와 같이 선하증권과 상환없이 운송물을 인도하면 선하증권 소지인의 권리를 침해하게 된다는 점을 인식하기 때문에 은행의 보증서를 받는 것이다. 즉, 보증서를 받는 자체가 선하증권 소지인의 권리침해 가능성 인식을 증명하는 것이다. 그리고 만약 그와 같은 결과의 발생을 인식하지 못하였다면 그 인식하지 못하게 된 점

13) 이균성, 전게서, 171면.
14) 강위두, 전게평석, 「법률신문」, 1852호, 1989. 6. 19. 11면 참조.
15) 이균성, 전게서, 171면 주 17.

에 운송인측의 중대한 과실이 있다고 보아야 한다. 다만 개정해상법 아래서는 '중대한 과실'이 아니라 '인식하면서 행한 무모한 작위 · 부작위'가 된다고 본다.

한편 운송인에게 아무런 과실이 없다면 운송인은 선하증권 소지인에게 채무불이행책임도 지지 않는다는 결과가 되기 때문에 이러한 견해에는 찬성할 수 없다.

(3) 違 法 性

불법행위의 主觀的 要件으로서 加害者에게 고의 · 과실이 있고 책임능력이 있어야 하고, 객관적 요건으로서 가해행위에 위법성이 있을 것, 손해가 발생할 것, 가해자의 행위와 손해 사이에 인과관계가 존재할 것 등의 요건이 충족되어야 한다. 운송인의 불법행위책임을 인정하려면 운송인의 보증도에 위법성이 있어야 한다. 이 위법성은 정당방위 · 긴급피난 · 自力救濟 · 事務管理 · 권리의 정당한 행사 · 피해자의 同意 등의 사유가 있으면 阻却된다.

보증도의 경우, 위법성이 없다는 견해가 있다. 그 이유는 보증도는 商慣習일 뿐이고 상관습법은 아니라고 하더라도 국제적인 慣行이며, 해상운송인이 보증도로 인한 손해배상책임을 지는 한 이를 불법행위로 볼 필요는 없다고 한다.

이에 대하여 판례는, 이 사건의 경우를 포함하여, 위법성을 인정한다. 대법원은 "운송인 또는 운송취급인이 보증도를 한다고 하여 선하증권과 상환함이 없이 운송물을 인도함으로써 선하증권 소지인의 운송물에 대한 권리를 침해하는 행위가 위법성이 없는 정당한 행위로 된다고 할 수 없다"고 한다.

필자의 견해로는 보증도, 즉 신용있는 은행의 保證書를 믿고 선하증권이 없더라도 운송물을 인도해 주는 운송인의 행위는 商慣習에 해당하며 또한 국제적인 慣行이지만, 선하증권 소지인의 입장에서 보면 자신의 권리를 은행과 운송인 및 受荷人이 공모하여 부당하게 침해한 것이 된다. 保證渡가 여러 모로 편리하기 때문에, 또는 국제적인 관행이라고 해서 정당한 선하증권 소지인의 권리 침해에 핵심적인 역할을 한 운송인에게 아무런 잘못이 없다는 이론구성은 合法的인 이론구성이 될 수 없다. 전술한 바와 같이 보증도의 경우에는 운송인에게 '인식하면서 행한 무모한 작위 · 부작위'가 있다고 보아야 하고, 그 행위에 違法性 阻却事由가 없는 한 위법하다고 하지 않을 수 없다. 따라서 운송인 등의 불법행위 성립요건은 갖추어진 것으로 보아야 한다.[16] 참고로 英美法에서는 선하증권의 제시 없이 운송물을 인도한

16) 한편 보증도의 경우 위법성은 상법 제820조에 의하여 준용되는 상법 제129조에 의거해 볼 때 인정된다는 견해가 있다. 상법 제820조 · 제129조에서는 "선하증권을 작성한 경우에는 이와 상환하지 아니하면 운송물의 인도를 청구할 수 없다"고 한다. 또 상법 제820조 · 제132조에 의하

것은 이유 여하를 막론하고 운송인 자신의 위험으로 이를 행하며, 계약불이행책임 및 불법행위책임을 免할 수 없다고 보는 것이 당연하고도 오래 된 판례의 입장이다.[17]

이와 같이 운송인 등의 불법행위가 성립하고, '인식하면서 행한 무모한 作爲·不作爲'를 인정할 수 있어서 운송인 등의 책임이 제한되지 아니하므로 운송인은 운송물 가액 전액에 대한 책임을 져야 한다.

한편 船舶代理人의 '인식하면서 행한 무모한 작위·부작위'에 대하여 운송인에게 민법상의 사용자의 배상책임(민법 제756조)을 물을 수 있을지 의문이다. 그러나 운송인이 獨立的 補助者인 선박대리인에 대한 운송인의 선임·감독상의 과실을 인정하기 어려워 사용자책임을 묻기는 어려울 것으로 생각된다.

결과적으로 운송인과 선박대리인의 保證渡의 경우 불법행위책임을 인정할 수 있다.

5. Himalaya clause

이 사건에서는 선박대리인에게 책임이 있다면 불법행위책임밖에 없을 터인데, 이 사건의 선하증권 이면에는 이른바 Himalaya clause가 있다. Himalaya clause란 운송인의 보조자는 독립된 보조자이든 아니든 불문하고 그 보조자에게 詐欺 또는 故意의 경우를 제외하고, 그에 대하여는 책임을 묻지 않기로 하거나 또는 그 보조자는 운송인이 원용할 수 있는 항변을 모두 원용할 수 있다는 내용이다. 이 約款은 일반적으로 자본구조가 취약한 선박대리인(운송주선인 포함)을 보호하기 위하여 국제해상운송에 사용되는 선하증권에는 일반적으로 사용되는 약관이다. 이 사건에서 이 약관이 적용되는지 여부가 문제된다.

필자의 견해로는 선박대리인측의 인식하면서 행한 무모한 作爲·不作爲의 존재를 인정할 수 있는 이 사건에서는 위의 Himalaya Clause 단서(사기 또는 고의가 있는 경

면 "선하증권을 작성한 경우에는 운송물에 관한 처분은 선하증권으로써 하여야 한다"고 한다. 이들 규정은 선하증권과 상환하지 아니한 운송물의 인도는 위법하다는 해석이 나올 수도 있다는 것이다.

17) John Bassindale, "Bill of Lading and the Delivery of Cargo," *P&I International,* Dec. 1992, p. 7 : If the shipowner delivers to a person who does not have the bill of lading, he does so "at his own risk". In such a situation, the shipowner may face two main categories of claim.
(a) contract liability, (b) liability in tort. Sze Hai Tong Bank Ltd. v. Ramber Cycle Co. Ltd. [1959] A.C. 576 ; The Stettin (1889) 14 P.D. 142 and Sucre Export S.A. v. Northern River Shipping Ltd. (The Sormovskiy 3068) [1994] 2 Lloyd's Rep. 226.

우)가 적용되어야 할 것이고, 따라서 선박대리인은 그 책임을 免할 수 없다고 본다.

6. 短期消滅時效

개정법 아래서는 설혹 선박대리인에게 인식하면서 행한 무모한 작위·부작위가 있다고 하더라도 1년의 제소기한이 적용된다. 이 사건에서 운송물을 인도할 날로부터 1년이 경과한 후에 소를 제기한 것은 명백하므로 원고의 청구권은 1년의 時效로 소멸하게 된다. 그러므로 1991년 개정 해상법 아래서는 피고가 승소할 것이다. 다만 이 사건에서는 구법하에서 청구권경합설의 영향으로 1년의 단기소멸시효의 적용이 배제되고 민법상 불법행위로 인한 손해배상청구권의 소멸시효에 따라 판결한 결과 피고가 패소하였다.

Ⅲ. 結 語

본래 운송인에게 계약책임을 물을 때에는 선하증권상 準據法約款 내지는 管轄約款에 따라 운송인의 본점소재지에서 소를 제기하여야 한다. 그러나 이 사건에서는 선박대리인의 불법행위책임을 물어 손해발생지 또는 결과발생지 등을 고려하여 우리 나라에 管轄權을 인정한 것으로 보인다. 그러나 필자가 보기에는 원고와 선박대리인 간에 계약관계가 없어서 채무불이행책임도 물을 수 없다. 다만 선박대리인의 보증도는 선하증권 소지인과의 관계에서는 위법행위임이 틀림없으므로 불법행위책임을 免할 수 없다고 생각한다.

보증도 일반의 경우 운송인의 선하증권상의 문언책임은 인정할 수 있겠으나, 운송인에게 인식하면서 행한 무모한 作爲·不作爲가 존재하는 한 그 책임도 제한되지 아니하여, 운송물가액 전액을 배상하여야 한다고 본다.

그리고 당시 신탁은행이 보증서를 선박대리인에게 제출하였으므로, 패소한 피고 선박대리인은 신탁은행에 대하여 保證渡의 내용에 따른 책임을 물을 수 있을 것이다.

[誤渡(misdelivery)에 대한 책임][18)]

여기서 misdelivery가 인식하면서 무모하게 한 작위 또는 부작위에 해당되는 것인가가 의문인데, 이 개념 자체가 국제조약에서 유래된 것이므로, 국제적인 판례를 살펴 이를 결정할 수밖에 없다. 영국법상 이른바 본질적 계약위반이론(theory of fundamental breach of contract)에서는 인도잘못은 전형적인 본질적 계약위반(wesentliche Vertragsverletzung)

18) 이주흥, "해상화물의 인도와 멸실", 「판례월보」 제248호, 24면.

에 해당하고,[19] 이는 대체로 고의 또는 중과실로 취급된다고 한다.[20] 물건 보관자가 임치물을 수령권한이 없는 자에게 인도한 경우 본질적 계약위반이 있기 때문에 철도측에 면책약관을 원용할 수 없다고 한다.[21] 또한 해상운송인이 선하증권과 상환하지 아니하고 무권리자에게 운송물을 인도한 경우 운송인은 계약의 주된 목적 및 의도에 반하여 그 부담하는 채무를 고의로 무시하는 행위를 하였기 때문에 면책약관을 원용할 수 없다고 하면서 樞密院(the Privy Council)은 운송인에게 契約不履行(breach of contract)과 橫領(conversion)의 책임을 져야 한다고 하였다.[22]

19) Paul Todd, "Modern Bill of Lading", 2nd ed., *Blackwell Law,* Oxford, 1990, p. 247.
20) 이주홍, 상게논문, 24면.
21) Alexander v. Railway Executive (1951) 2K.B. 882.
22) Sze Hai Tong Bank, Ltd. v. Rambler Cycle Co., Ltd (1959) A.C.576, P.C ; Paul Todd, *op. cit.,* p. 247.

4 僞造된 貨物先取保證書(Letter of Guarantee)의 法律關係

[중소기업은행 대 동남아해운 사건]

대법원 1993. 10. 8. 92다12674

事 例

매도인 삼성홍콩은 1987. 12. 2. 경 매수인 동원실업과 알류미늄 덩어리(ingot) 매매계약을 체결하였다. 동원실업은 원고 중소기업은행(X)에 신용장(Letter of Credit : L/C) 개설을 의뢰하였고, 중소기업은행은 동원실업을 신용장의 수익자(L/C Beneficiary)로 하여 신용장을 개설하였다. 삼성홍콩은 피고 동남아해운(Y)과 운송계약을 체결하고 선적을 마친 후 선하증권(Bill of Lading : B/L)을 교부받았다. 삼성홍콩은 이 B/L과 환어음 등 신용장이 요구하는 서류를 갖추어 X에게 제시하였으나, X는 보험금 부족·통지처 相異 등 신용장의 조건불일치로 지급을 거절하였다. 그 사이 매수인 동원실업은 X의 화물선취보증서(Letter of Guarantee : L/G)를 위조하여 이를 Y에게 제시하고 화물을 수령한 후 도산하였다. 한편 삼성홍콩은 X를 상대로 신용장 대금을 구하는 소를 제기하여 일부승소판결을 받아 X로부터 환어음에 대한 지급을 받았고, X는 선하증권 3매를 교부받았다. 이제 선하증권을 소지하고 있는 X는 Y에 대하여 선하증권이 표창하고 있는 운송물의 인도를 청구하고자 한다(그러나 이 운송물은 동원실업에 의하여 위조된 보증서에 의하여 이미 반출·처분되어 존재하지 아니한다). Y는 운송물의 인도잘못에 따른 책임이 있는가? (이 사건은 1991. 12. 31. 개정해상법 시행 전의 사건이다. 그러나 개정법 시행 이후 위조보증도에 관한 판례가 없어서 이 사건에 개정법을 적용하여 본 사건을 해설하기로 한다).

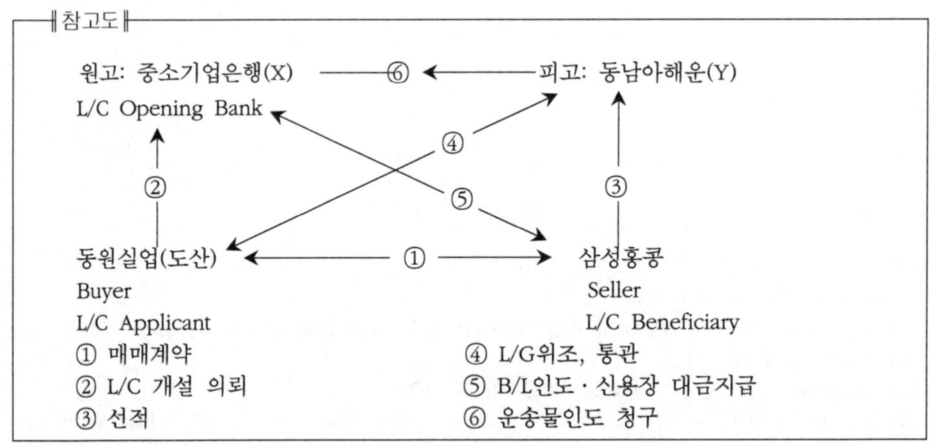

目 次

Ⅰ. 大法院 判決要旨

판결문의 전 취지를 종합하면 다음과 같다. 즉, "피고의 위 물건인도는 그 당시의 선하증권소지인인 삼성홍콩에 대한 불법행위를 구성하고, 원고가 그 신용장대금채무의 元利金을 삼성홍콩에게 변제하고 위 선하증권을 취득(양수)한 소지인의 지위에서 운송인인 피고에 대하여 선하증권에 화체된 위 운송물의 멸실에 따른 손해배상금의 지급을 구하는 취지임이 명백하다. 보증도 등의 방법에 의하여 운송물의 회수가 사회통념상 불가능하게 됨으로써 그것이 멸실된 후에 선하증권을 소지하게 된 원고가 입은 손해는 그 운송물의 멸실 당시의 가액(운송물의 가액을 한도로 한 신용장대금) 및 이에 대한 遲延損害金 상당의 금액이라 할 것이다."

Ⅱ. 解 說

1. 論 點

이 사건에서의 논점은 다음과 같다.

1) 僞造된 보증서와 相換으로 운송물을 인도한 운송인의 책임.

2) 수입업자가 선하증권 없이 화물선취보증서(Letter of Guarantee: L/G)를 운송인에게 제시하여 운송물을 수령해 가는 이른바 '보증도'의 경우, 이 '보증도'는 세계적인 상관습인데, 이에 따라 운송물을 인도한 운송인은 선하증권 소지인에 대하여 불법행위로 인한 손해배상책임을 져야 하는가?

3) 운송인의 책임이 不法行爲責任이라면 불법행위로 인한 손해배상청구권은 양도될 수 있는가? 양도의 방법은 어떠한가?

2. 保 證 渡

(1) 보증도의 필요성

수출입 실무에서 해상운송계약을 체결한 경우 선하증권보다 운송물이 먼저 목적지에 도착하는 경우가 흔히 있다. 수입자인 매수인은 그 운송물을 한시 빨리 수령하여 재매도 또는 원자재인 경우 공장에 투입하여 활용하고자 한다. 그러나 운송인은 그 운송물의 반환청구권을 표창하는 선하증권 없이는 운송물을 인도할 수가 없다. 그런데 물건은 당일 도착하는데도 선하증권은 통상 우편으로 도달하기 때문에 한국과 일본 사이에서도 1주일 이상 시간이 걸리는 경우가 흔히 있다. 이에 매수인은 거래은행으로부터 보증서를 받아 이것을 운송인에게 제출하고 운송물을 수령한다. 이 보증서를 貨物先取保證書(Letter of Guarantee: L/G)라 한다. 이와 같은 보증서에 의한 화물의 早期引受는 세계 어느 나라나 비슷하여 세계적인 상관습으로 발전되었다. 가끔은 수입자가 은행의 금융을 얻기 위하여 선하증권이 도착하였는데도 일부러 L/G를 사용하는 경우도 있다. 선하증권이 도착하면 대금을 결제하고 선하증권을 受領하여야 하는데, 은행의 보증서만을 받아서 운송인으로부터 일단 물건을 인수하여 이를 국내에 매각 후 그 대금으로 은행에 결제를 하고 선하증권을 인수하는 것이다.

(2) 僞造된 보증서의 受領責任

운송인이 위조된 화물선취보증서를 수령한 것은 과실이며, 따라서 운송인도 불법행위 책임을 져야 하는가가 의문이다. 운송인(선박대리인 포함)은 보증서의 위조 여부에 대한 식별능력이나 전문적 지식이 없는 경우가 대부분이다. 그리고 그것이 그들의 고유의 업무도 아니다. 보증서의 서식도 은행마다 다르고 그 署名도 은행의 수많은 代理·代行體系에 의하여 식별할 수 없는 실정이다.[1] 그렇지만 위조된 보증서를 받고

1) 이균성, 「해상법판례연구」, 1989, 158면 참조.

운송물을 인도한 행위는 적법행위라 할 수는 없으며 운송인은 운송물 멸실에 대한 책임을 免할 수 없다. 어떻든 위조 보증서에 의한 사고가 빈번하자 현재는 이를 回避하기 위한 자구책으로서 운송인이나 선박대리인이 보증서 발행은행에 전화 또는 FAX로 확인하고 있다. 하지만 앞의 사례문제에서 살펴본 바와 같이 보증서에 의한 운송물 인도는 불법행위를 구성한다.

또한 운송인의 채무불이행책임과 관련하여서는, 위에서 본 바와 같이 위조되지 아니한 정규의 보증서에 의하여 운송물을 인도하였더라도 운송인은 선하증권을 善意取得한 제3자에 대하여 대항하지 못하므로, 보증서가 위조되었을 경우에는 더욱더 운송물 멸실에 대한 채무불이행책임을 져야 할 것이다. 다만 은행의 보증서는 각 은행 고유의 서식이 있어서 이것의 위조가 쉽지 아니한데, 위조자가 은행의 창구에서 허술한 관리를 틈 타 보증서 용지를 竊取하여 이를 위조한 경우에는 위조를 용이하게 한 은행에게도 과실이 있어서 過失相計를 인정하여야 할 것이다(이 사건 원심에서는 구체적으로 은행의 과실을 30%로 보았다).

3. 保證渡의 경우 운송인의 채무불이행책임

(1) 債務不履行責任의 성립

아무리 운송인이 보증도를 하였다고 하더라도 운송인은 그가 발행한 선하증권의 문언에 따른 채무불이행책임은 져야 한다고 본다. 이는 운송계약상의 책임(계약불이행책임)이다. 본래 L/G는 은행이 발급하여 준다. 보통은 신용장 개설은행이 신용장 대금 지급을 확보하기 위하여 B/L상 受荷人으로 되어 있고 실제 수입업자는 B/L상 통지처(notify party)로 되어 있는데, 이 신용장 개설은행이 L/G를 발행하게 된다. 그러나 신용장 개설은행이 아닌 다른 은행이 이를 발행하는 경우도 가끔 있다(앞의 사례문제에서도 신용장 개설은행은 제일은행인데 L/G는 서울신탁은행이 발행하였다). 이 L/G는 은행이 운송인에게 자신을 믿고 L/G를 소지한 자에게 운송물을 인도하여 주라는 은행의 擔保證書이다. 혹시 운송물 인도가 잘못 되었더라도 은행이 책임을 지겠다는 표시이기도 하다. 그러나 이와 같은 은행의 보증은 운송인과 은행 사이에서만 有效한 것이고, 선하증권 소지인과의 약속은 아니다. 물론 대부분의 경우 신용장 개설은행이 장차 선하증권의 소지인이 된다. 그러나 반드시 그러한 것만은 아니다. 어떤 이유에서든 제3자가 선하증권 소지인인 경우에는 은행의 보증도는 선하증권 소지인의 권리를 침해한 것이 될 수밖에 없다. 후술하는 바와 같이 이는 “고의 또는 손해발생의 염려가 있음을 인식하면서 무모하게 한 作爲 또는 不作爲”에도 해당한다. 따라서 필자는 보증도의 경우, 아무리 그것이 신용장 개설은행의 정규적인 保證渡라고 하더라도 운송인은 정당한 선하증권 소지인에 대하여는 운송인이 채무불이행책임을 免할 수 없다고 본다.

(2) 화물을 잘못 인도(誤渡=misdelivery)한 것도 운송물의 滅失에 해당하는지 여부

대법원 判決例에 의하면 선하증권과 상환하지 아니하고 적법한 수하인이 아닌 자에게 운송물을 인도한 경우에도 이를 法律上 滅失이라고 한다.[2] 예컨대 운송물이 절취당하여 행방불명된 경우, 운송물을 B/L과 상환하지 아니하고 B/L 소지인이 아닌 자에게 인도하여 그것이 선의취득되어 반환받을 수 없게 된 경우에도 멸실로 본다.[3]

대법원 판결도 보증도 등의 방법에 의하여 "운송물의 회수가 사회통념상 불가능하게 된 경우" 운송물이 멸실되었다고 한다.[4] 운송물에 대한 점유를 회복할 여지가 있는 경우에는 아직 멸실에 이르렀다고 볼 수 없고, 운송물을 임의처분하여 이 세상에 원형 그대로는 이미 존재하지 아니하거나 운송물을 취득한 제3자가 善意取得의 요건을 갖추는 등의 경우에 비로소 滅失한 것으로 볼 수 있다.

따라서 운송인의 채무불이행책임은 운송물의 멸실로 인한 책임이므로 운송인에게 "故意 또는 손해발생의 염려가 있음을 인식하면서 무모하게 한 作爲 또는 不作爲"(act or omission……done with intent to cause damage or recklessly and with knowledge that damage would probably result)[5]가 존재하는 한 운송인의 책임이 제한되지 아니하고 운송물가액 전액에 대하여 손해를 배상하여야 한다(상법 제789조의 2 제1항 단서).

4. 運送人의 불법행위책임의 성립여부

(1) 保證渡의 경우 위법성의 존재

대법원은 1989. 3. 14. 87다카1791에서 "이른바 보증도의 商慣習은 운송인 또는 운송취급인의 정당한 船荷證券 所持人에 대한 책임을 면제함을 목적으로 하는 것이 아니고 오히려 보증도로 인하여 정당한 선하증권 소지인이 손해를 입게 되는 경우 운

---

2) 대법원 1990. 2. 13. 88다카23735; 대법원 1993. 10. 8. 92다12674.

3) 강위두, "보증도와 운송인의 책임", 「법률신문」 1852호, 1989. 6. 19. 11면; 小町谷操三, 「運送法の理論と實際」, 勁草書房, 1953, 356면.

4) 대법원 1993. 10. 8. 92다12674.

5) 고의 또는 손해발생의 염려가 있음을 인식하면서 무모하게 한 작위 또는 부작위의 개념에 관하여는, 최준선, "선박소유자 등의 책임제한 조각사유로서의 고의·인식·무모의 의미", 「고시계」, 1994. 8. 133면 이하 참조.

송인 또는 운송취급인이 그 손해를 배상하는 것을 전제로 하고 있는 것이므로 운송인 또는 운송취급인이 보증도를 한다고 하여, 선하증권과 상환함이 없이 운송물을 인도함으로써 선하증권 소지인의 운송물에 대한 권리를 침해하는 행위가 위법성이 없는 정당한 행위로 된다거나 운송인 또는 운송취급인의 주의의무가 감경 또는 면제된다고 할 수 없다"고 判示한 바 있다.

보증도가 실무계에서 널리 행하여지고 있지만, 이것이 선하증권 소지인의 권리를 부당하게 침해하는 경우가 있게 된다. 보증서를 받았다는 것도 선하증권 소지인으로부터 은행의 보증서만 받고 인도해도 좋다는 허락을 받은 것도 아니다. 오히려 현재 船荷證券을 소지하지 아니한 은행이 보증을 하는 것이다. 선하증권 소지인으로서는 자신의 권리를 침해한 것을 도저히 적법하다고 생각할 수는 없을 것이다. 따라서 운송인의 불법행위책임은 충분히 성립한다고 본다.

僞造되지 아니한 보증도의 경우에도 위법성이 있어서 운송인의 불법행위가 성립한다고 보는데, 위조된 보증서의 경우에도 운송인이 위조사실을 발견하지 못한 데에 過失이 없다고 하더라도 보증도 그 자체가 이미 과실에 의한 행위이고 위법한 가해행위이므로 불법행위가 성립한다는 것은 당연하다.

舊法時代에는 운송인의 책임이 계약책임인가 불법행위책임인가에 따라 손해배상의 범위, 제소기한 등에 있어서 큰 차이가 있었다. 그러나 개정법하에서는 이와 같은 논의는 큰 의미가 없다고 본다. 1991. 12. 31. 개정상법은 이 문제(이른바 請求權競合問題)를 입법적으로 해결하였기 때문이다. 즉, ① 선박소유자의 책임과 관련하여서는 '청구원인의 여하에 불구하고' 그 책임이 제한된다고 정하고(상법 제769조 본문), ② 해상운송인의 책임과 관련하여서도 상법 제5편 제4장의 '운송인의 책임'에 관한 규정은 운송인의 불법행위로 인한 손해배상책임에도 이를 적용한다고 정하여(상법 제798조 제1항), 그 책임원인이 채무불이행이든 불법행위이든 그 법적 효과가 동일하도록 규정하였다. 또, ③ 운송인의 책임의 除斥期間에 관하여도 '운송인의 채무는 청구원인의 여하에 불구하고' 1년 내에 裁判上 請求가 없으면 소멸하되, 이 기간은 당사자의 合意에 의하여 연장할 수 있다고 정하여(상법 제814조), 民法의 불법행위법상의 손해배상청구권의 소멸시효(3년 또는 10년: 민법 제766조)를 수용할 여지를 없앴다. 그러므로 해상법에 관한 한 請求權競合論은 이제 그 논의의 실익이 크지 않지만 不法行爲에 대한 재판관할권 등과 관련하여 논의의 실익이 전혀 없는 것은 아니다.

(2) 運送物 滅失 후 손해배상청구권의 양도문제

이 사건에서의 문제는 보증도에 의하여 운송물이 이미 멸실된 후에 원고가 삼성홍콩으로부터 선하증권을 교부받았다. 이는 손해배상청구권이 表彰된 선하증권을 양수한 결과가 된다. 그렇다면 선하증권에 貨體된 이 손해배상청구권의 법적 성질은 무엇이고 그 양도방법은 과연 적법하였는가가 의문이다.

먼저 운송물반환청구권이 선하증권에 貨體되어 있는 한, 운송물이 멸실된 경우 그에 따른 손해배상청구권도 선하증권에 화체되어 轉轉流通될 수 있다는 것은 이해할 수 있다. 그러나 이 사건 대법원 판례는 보증도를 불법행위로 인한 손해배상책임으로 보는데, 이와 같은 불법행위로 인한 손해배상청구권이 선하증권과 함께 전전유통될 수 있는지 의문이다. 왜냐 하면 불법행위는 선하증권의 전소지인에 대하여 이미 완성되었고, 그 前所持人으로부터 선하증권을 양수한 현 소지인에게 새롭게 불법행위가 발생하지는 아니하기 때문이다.

선하증권의 양수인이 운송인의 계약불이행책임외에 불법행위책임까지 물을 수 있으려면 선하증권에 送荷人이 가졌던 운송인의 불법행위로 인한 손해배상청구권이 化體되어 양도받은 것으로 보면 간편하다. 그러나 선하증권은 본래 운송계약을 증명하는 증서이고, 운송물반환청구권을 表彰하는 유가증권이지 운송인의 불법행위로 인한 손해배상청구권까지 표창되어 이것이 선하증권과 함께 전전유통된다는 것은 이론적으로 납득하기 어렵다. 불법행위로 인한 손해배상청구권은 指名債權化한다. 이것을 양도하려면 민법의 채권양도의 대항요건으로서 채무자의 승낙 또는 채무자에게 통지하여야 하는 절차가 필요하기 때문이다. 다만 은행이 발행한 자기앞수표의 경우 이득상환청구권이 수표에 貨體되어 전전양도된다는 대법원 판결(대법원 1976. 1. 13. 70다2462)이 있으므로 이와 유사한 법률적 설명을 할 수는 있다(대법원 1989. 3. 14. 87다카1791의 환송 후 원심판결인 서울고판 1990. 6. 6. 89나12881 참조). 이 경우 자기앞수표나 선하증권 양도행위는 채무자에 대한 채권양도의 通知의 權能도 수반된다고 보는 것이다. 현재는 이와 같은 이론구성이 가장 설득력이 있는 것으로 생각된다.

Ⅲ. 結　　語

대법원은 이 사건 위조된 보증서에 의한 운송물의 인도에 따른 운송인의 손해배상책임을 불법행위로 인한 책임으로 법률구성하였다. 필자의 생각으로는 본래 보증도는 선하증권 소지인에 대한 운송인의 債務不履行이 될 뿐 아니라 위법한 불법행위가 된다고 본다. 따라서 불법행위가 성립한다는 결론에는 찬성한다. 그리고 개정해상법 아래서는 운송인에게 “고의 또는 손해발생의 염려가 있음을 인식하면서 무모하게 한

作爲 또는 不作爲"도 인정할 수 있으므로 운송인은 책임제한을 주장할 수 없다고 본다. 따라서 개정해상법상 사례와 같은 사건에서는 운송인의 채무불이행책임만 물으면 충분하다. 다만 보증서 용지를 방치하여 위조를 쉽게 한 원고은행의 과실을 인정하여 그 과실을 相計하도록 한 원심(서울고등법원 1992. 2. 19. 91나31014)의 조치는 정당하다고 본다.

5 空　渡

[국민은행(주) 대 대한통운국제물류(주)]

대법원 2007. 6. 28. 2005다22404

事 例

운송인(A)와 송하인(B)은 국제해상운송계약을 체결하였고, 이에 따라 A는 B에게 선하증권을 발행하였다. B는 이 선하증권을 국민은행(주)(X)에게 양도하여, 현재 X가 이 선하증권을 소지하고 있다. A는 실수입업자(C)의 의뢰에 따라 운송물을 도착지의 보세창고업자인 대한통운국제물류(주)(Y)의 창고에 입고하였는데, Y는 선하증권과 상환 없이 운송물을 선하증권상의 통지처(notify party)로 되어 있는 실수입업자 C에게 인도하였다. 이와 같은 사건에서,

1. X는 A에 대하여 손해배상책임을 물을 수 있는가?
2. X는 Y에게 직접 손해배상책임을 물을 수 있는가?

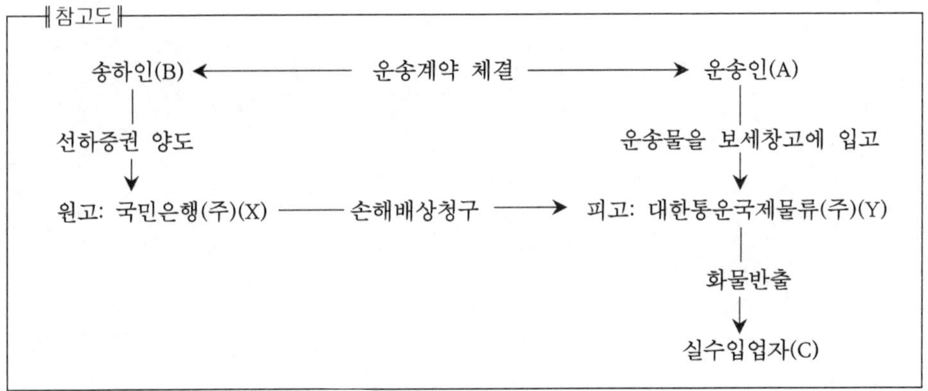

目 次

Ⅰ. 大法院 判決要旨

원심(서울고법 2005. 3. 30. 2004나39049) 및 대법원 판결의 요지를 종합하면 다음과 같다.

1) 위 설문 1과 관련하여 대법원은, "운송인은 선하증권상의 수하인이나 그가 지정하는 자에게 화물을 인도할 의무가 있으므로…"라고 하여, 운송인의 운송물 인도의무를 인정한다. 그리고 "해상운송화물이 통관을 위하여 보세창고에 입고된 경우, 운송인과 보세창고업자 사이의 법률관계는 묵시적 임치계약관계가 성립하고, 보세창고업자가 실수입자와의 임치계약에 의하여 해상운송화물을 보관하게 되는 경우, 운송인 등에 대한 보세창고업자의 법률상 지위는 이행보조자의 지위에 있다(대법원 2005. 1. 27. 2004다12394 참조)."고 한다. 이 사건에서는 이행보조자의 고의·과실로 선하증권소지인이 운송물을 인도받지 못하였고, 이행보조자의 고의·과실은 채무자(운송인)의 과실로 보므로, 선하증권소지인은 운송인에 대하여 손해배상책임을 물을 수 있다고 본다.[1]

2) 위 설문 1과 관련하여 대법원은, "보세창고업자가 실수입업자의 의뢰에 따라 보세창고에 해상운송화물을 보관하게 되었다 하더라도 그 화물을 운송인의 지시 없이 통관상의 자료만을 확인한 채 선하증권상의 수하인이 아닌 실수입업자에게 반출 · 인도해 준 행위는 선하증권 소지인의 화물인도청구권을 침해한 것으로서 불법행위를 구성한다(대법원 2004. 1. 27. 2000다63639 등 참조)."고 한다. 따라서 선하증권소지인은 보세

1) 본래 이 사건은 운송인의 책임을 묻지는 아니하였고 직접 보세창고업자의 책임만을 물은 사건이나, 본서에서는 운송인의 책임도 고찰한다는 의미에서 설문을 재구성하였다.

창고업자에 대하여도 직접 손해배상책임을 물을 수 있다.

II. 解 說

1. 論 點

이 사례의 논점은 다음과 같다.

(1) 운송인의 채무불이행책임의 성립여부

1) 운송인의 운송물 인도의무(論點 1)

2) 이 사건에서 운송물이 멸실되었는지 여부(論點 2)

3) 운송인과 보세창고업자 사이의 법률관계(論點 3)

4) 보세창고업자의 법률상의 지위(論點 4)

5) 운송인의 인식 · 무모한 행위 여부(論點 5)

6) 계약책임과 불법행위책임의 경합(論點 6)

(2) 보세창고업자의 불법행위책임의 성립여부

1) 보세창고업자의 불법행위에 대한 책임(論點 7)

2) 보세창고업자에 대한 히말라야약관의 적용가능성(論點 8)

2. 운송인의 채무불이행책임의 성립여부

(1) 運送物引渡義務(論點 1)

해상운송인은 수하인에게 운송물을 인도하여야 한다. 운송물의 인도란 운송물에 대한 사실상의 지배상태인 점유가 운송인으로부터 벗어나는 것을 말하므로, 수하인뿐만 아니라 운송물이 稅關當局의 관장 하에 들어간 것도 인도에 해당한다(상법 제803조; 함부르크규칙 제4조 제2항 (b) 참조).[2] 인도는 선하증권이 발행된 경우와 그렇지 않은 경우로 나누어 살펴보아야 한다.

---

2) 대법원 1996. 3. 12. 94다55057: 운송물의 인도시점은 수하인에게 화물에 대한 실질적 지배가 넘어간 때이다. 화물이 컨테이너 전용장치장에서 搬出되어 보세운송된 다음 선하증권상 통지처인 甲회사의 자가보세장치장으로 입고된 것이 甲회사에 대한 화물의 인도라고 볼 것인지 여부는 그 화물에 대한 사실상의 지배가 운송인으로부터 甲회사로 이전되었는가 하는 사실관계에 터잡아 판단되어야 한다.……보세운송은 화주 또는 화주의 위임을 받은 보세운송업자가 그 명의로 세관장에게 신고하여 세관장의 면허를 받아야 할 수 있도록 규정되어 있어, 화물에 대한 보세운송신고를 할 수 있는 자는 화주 또는 화주의 위임을 받은 보세운송업자뿐이므로, 다른 사정이 없는 한 보세운송과정 중의 화물은 화주의 사실상의 지배 아래 있다고 봄이 상당하다. 同旨: 대법원 1990. 2. 13. 88다카23735.

(가) **船荷證券이 발행되지 않은 경우** 운송물을 수령할 자는 운송계약에서 수하인으로 지정된 者이다. 운송물이 揚陸港에 도착하면 수하인은 운송물인도청구권을 취득하므로(상법 제815조 · 제140조) 送荷人이 운송물의 처분을 청구하지 않는 한 운송인은 수하인 또는 그 대리인에게 인도하여야 한다(상법 제815조 · 제139조).

(나) **船荷證券이 발행된 경우** 수하인은 선하증권의 정당한 소지인이다. 따라서 해상운송인은 선하증권의 채권적 효력에 기하여 船荷證券과 상환하여 증권소지인에게 운송물을 인도하여야 한다(상법 제861조 · 제129조).[3]

이 사건에서는 신용장이 발행되어 신용장 대금의 담보를 목적으로 선하증권상 국민은행(X)이 수하인으로 되어 있고, 수입업자는 단순히 통지처(C)로만 되어 있다. 그럼에도 불구하고 보세창고업자(Y)는 수입업자(C)에게 船荷證券과 상환하지 아니하고 운송물을 인도하였다. 이와 같이 선하증권과 상환없는 운송물의 인도를 空渡라 한다.[4]

空渡는 선하증권 소지인의 처지에서 보면 분명 運送物引渡義務不履行이 되고, 이 경우 운송인은 채무불이행책임을 면할 수 없다고 본다.[5]

(다) 이 사건에서도 대법원은, "운송인은 선하증권상의 수하인이나 그가 지정하는 자에게 화물을 인도할 의무가 있으므로…"라고 하여, 운송인의 운송물 인도의무를 인정한다.

(2) 空渡와 運送物의 滅失(論點 2)

(가) **商事過失로 인한 損害賠償責任** 상법은 손해배상책임의 원인과 관련하여 해상물건운송인은 "…주의를 해태하지 아니하였음을 증명하지 아니하면 운송물의 멸실 · 훼손 또는 연착으로 인한 손해를 배상할 책임이 있다"(상법 제794조 본문 · 제795조 제1항)라고 규정하여, 육상운송인의 경우와 같이 과실책임주의를 기본원칙으로 하고 있다.

---

3) 다만 실제로는 假引渡 또는 保證渡를 하거나, 荷渡指示書에 의하여 선하증권과 상환하지 않고 운송물을 인도하는 예외의 경우가 있다.

4) 대법원 1992. 2. 25. 91다30026: 상법 제820조, 129조의 규정은 운송인에게 선하증권 소지인의 제시가 없는 운송물의 인도청구를 거절할 수 있는 권리와 함께 선하증권의 제시가 없는 경우 운송물의 인도를 거절하여야 할 의무가 있음을 규정하고 있다고 봄이 상당하다. 同旨: 대법원 1992. 2. 14. 91다4249; 대법원 1991. 12. 10. 91다14123.

5) 대법원 1992. 2. 14. 91다4249이 있다: 운송인은 화물을 선하증권 소지인에게 선하증권과 상환하여 인도함으로써 그 의무의 이행을 다하는 것이므로 선하증권 소지인이 아닌 선하증권상의 통지처의 의뢰를 받은 하역회사가 양하작업을 완료하고 화물을 하역회사의 일반보세창고에 입고시킨 사실만으로는 화물이 수하인에게 인도된 것으로 볼 수 없다. 同旨: 대법원 1990. 2. 13. 88다카23735.

(나) **運送物의 誤渡(misdelivery)가 運送物의 滅失에 해당하는지 여부** 멸실은 운송물이 물리적으로 소멸된 경우만을 가리키는 것이 아니고, 운송인이 수하인에게 운송품을 인도할 수 없는 一切의 경우를 말한다. 따라서 운송물이 파괴되거나 절취된 경우는 물론, 이 사건에서와 같이 선하증권과 상환하지 아니하고 적법한 수하인이 아닌 자에게 운송품을 인도한 경우에도 이를 법률상의 멸실이라고 할 수 있다.[6)]

다만 일시적으로 인도할 수 없게 된 경우까지 멸실이라고 보기는 어렵다. 운송인이 상실하였던 화물의 점유를 회복할 여지가 있거나, 잘못 인도받아 간 사람에 대하여 화물반환청구권을 행사할 여지가 있으면 善意取得이 되기 전에 점유회복이 가능하고, 따라서 이 경우에는 아직 멸실에 이르렀다고 할 수 없다. 운송물을 임의처분하여 원형 그대로는 존재하지 아니하거나 운송물을 취득한 제3자가 선의취득의 요건을 갖추는 등의 경우에 비로소 멸실한 것으로 보아야 한다.

이 사건의 보세창고업자는 통관상의 자료만을 확인한 채 이 사건 화물을 실수하인에게 반출·인도해 줌으로써 그 회수를 사실상 불가능하게 하였다. 이와 같은 행위는 운송물의 멸실에 이르게 하였다고 볼 수 있다.

(3) 운송인과 보세창고업자 사이의 법률관계(論點 3)

이 사건에서 대법원은, "해상운송화물이 통관을 위하여 보세창고에 입고된 경우에는 운송인과 보세창고업자 사이에 해상운송화물에 관하여 묵시적 임치계약이 성립한다고 볼 것이고, 따라서 보세창고업자는 운송인과의 임치계약에 따라 운송인 또는 그가 지정하는 자에게 화물을 인도할 의무가 있고…"라고 한다.

운송인이 보세창고업자에게 운송물을 인도한 경우, 운송인은 운송물을 수하인에게 인도한 것으로는 볼 수 없고, 보세창고업자를 통하여 간접점유를 계속하고 있는 것이다. 이 경우 운송인과 보세창고업자 사이에 해상화물운송에 관하여 묵시적 임치계약이 성립한 것으로 볼 수 있다.[7)]

(4) 보세창고업자의 법률상의 지위(論點 4)

보세창고업자가 해상운송화물의 실수입자와의 임치계약에 의하여 화물을 보관하게 되는 경우, 운송인 또는 그 국내 선박대리점의 입장에서는 해상운송화물이 자신들의 지배를 떠나 수하인에게 인도된 것은 아니고 보세창고업자를 통하여 화물에 대한

6) 대법원 1990. 2. 13. 88다카23735. 대법원 1993. 10. 8. 92다12674에 의하면 "보증도 등의 방법에 의하여 운송물의 회수가 사회통념상 불가능하게 된 것"도 운송물의 멸실이라고 한다: 강위두, "보증도와 운송인의 책임", 「법률신문」 제1852호, 1989. 6. 19, 11면 참조.

7) 대법원 2004. 1. 27. 2000다63639.

지배를 계속하고 있다고 볼 수 있으므로, 보세창고업자는 해상운송화물에 대한 통관 절차가 끝날 때까지 화물을 보관하고 적법한 수령인에게 화물을 인도하여야 하는 운송인 또는 그 국내 선박대리점의 의무이행을 보조하는 지위에 있다고 할 수 있다(대법원 2005. 1. 27. 2004다12394 참조).

한편 보세창고업자는 일반적으로 독립된 사업자로서 자신의 책임과 판단 하에 물건을 보관하고 인도하는 업무를 수행하고 운송인 또는 그 국내 선박대리점의 지휘·감독을 받아 수입화물의 보관 및 인도업무를 수행하는 것이라고 할 수 없으므로 특별한 사정이 없는 한 운송인 및 그 국내 선박대리점이 보세창고업자에 대하여 사용자의 지위에 있다고는 볼 수 없다.[8] 따라서 해상운송인이 민법상 사용자의 불법행위책임(민법 第756조)을 부담하는지의 여부를 논의할 여지는 없다.[9]

(5) 損害賠償責任의 範圍—運送物의 滅失에 대한 運送人의 認識·無謀 여부(論點 5)

이 사건에서는 운송물을 수하인이 아닌 자에게 잘못 인도하였다. 운송인이나 운송주선인이 송하인이나 수하인의 지시없이 운송물을 수하인이 아닌 자에게 인도한 경우에는 운송인에게 과실을 인정할 수 있음은 의문이 없다. 운송인의 운송물 자체에 대한 주의해태의 경우 注意事項의 범위는 '運送物의 受領·船積·積付·運送·保管·揚陸과 引渡'에까지도 미치기 때문이다(상법 제795조 제1항).

여기서 운송물의 誤渡(misdelivery)가 운송인의 "인식하면서 무모하게 한 작위 또는 부작위"(act or omission…done…recklessly and with knowledge that damage would probably result)에 해당되는지가 중요하다. 상법 제797조 제1항에 의하면 운송인의 손해배상의 책임은 당해 운송물의 매 포장당 또는 선적단위당 '666과 100분의 67 계산단위의 금액과 중량 1킬로그램 당 2계산단위의 금액 중 큰 금액'을 한도로 이를 제한할 수 있다. 따라서 운송인은 물건의 도착지 가격과 운송물의 매 포장당 또는 선적단위당 '666과 100분의 67 계산단위의 금액과 중량 1킬로그램 당 2계산단위의 금액 중 큰 금액'을 비교하여 그 중 적은 금액으로 손해배상을 하면 된다. 그러나 운송물에 관한 손해가 운송인 자신의 고의 또는 그 손해가 생길 염려가 있음을 인식하면서 무모하게 한 作爲 또는 不作爲로 인하여 생긴 것인 때에는 책임이 제한되지 아니하는 것으로 규정하고 있다(상법 제797조 제1항). 이것은 해상운송조약에서 널리 인정되는 책임제한배제규정을 우리 상법이 차용한 것이다.

이 사건에서 誤渡가 인식하면서 무모하게 한 작위 또는 부작위에 해당되는 것인가

8) 대법원 2005. 1. 27. 2004다12394; 대법원 2006. 12. 21. 2003다47362.
9) 김현, "창고업자의 책임", 「법률신문」 제3576호, 2007. 6. 15.

가 의문인데, 이 개념 자체가 국제조약에서 유래된 것이므로, 국제적인 판례를 살펴 이를 결정할 수밖에 없다. 영국법상 이른바 본질적 계약위반이론(theory of fundamental breach of contract)에서는 인도의 잘못은 전형적인 본질적 계약위반(wesentliche Vertragsverletzung)에 해당하고,[10] 이는 대체로 고의 또는 중과실로 취급되며,[11] 불법행위가 된다.[12] 물건보관자가 任置物을 수령권한이 없는 자에게 인도한 경우 본질적 계약위반이 있기 때문에 운송인은 면책약관을 援用할 수 없다고 한다.[13] 또한 해상운송인이 선하증권과 상환하지 아니하고 無權利者에게 운송물을 인도한 경우 운송인은 계약의 주된 목적 및 의도에 반하여 그 부담하는 채무를 고의로 무시하는 행위를 하였기 때문에 선하증권상의 면책약관을 원용할 수 없다고 하면서 樞密院(the Privy Council)은 운송인에게 契約不履行(breach of contract)과 横領(conversion)의 책임을 져야 한다고 하였다.[14] 이와 같이 선하증권과 상환 없이 화물을 인도한 경우의 손해는 영국에서는 P&I(Protect & Indemnity club) 보험자도 책임을 지지 아니한다.[15]

결국 운송인에게 "고의 또는 그 손해가 생길 염려가 있음을 인식하면서 무모하게 한 작위 또는 부작위"가 있다고 할 수 있고, 따라서 운송인의 책임은 제한되지 아니한다고 보아야 한다(상법 제797조 제1항 단서).[16]

이 사건에서는 운송인의 이행보조자인 보세창고업자(Y)가 운송물을 인도하였고, Y의 "고의 또는 그 손해가 생길 염려가 있음을 인식하면서 무모하게 한 작위 또는 부작위"에 의하여 운송물이 멸실되었는데, 이행보조자의 고의 · 과실은 채무자(운송인 A)의 고의 · 과실로 보므로(민법 제391조), 결국 운송인은 상법상의 책임제한규정(상법 제797조) 또는 선하증권상의 면책약관을 원용할 수 없다.

10) Paul Todd, "Modern Bill of Lading", 2nd ed., Blackwell Law, Oxford, 1990, p. 247.

11) 이주홍, "해상화물의 인도와 멸실", 「판례월보」 제248호, 24면.

12) John R. Morris, "The delivery of cargo without production of bill of lading: AP&I insurer's perspective," in: International Insurance Law review, May 1997, Vol. 5, p. 129.

13) Alexander v. Railway Executive (1951) 2K.B. 882.

14) Sze Hai Tong Bank, Ltd. v. Rambler Cycle Co., Ltd.(1959) A.C.576, P.C; Paul Todd, op. cit., p. 247; 同旨: Sucre Export SA v. Northern River Shipping Ltd (The Sormovskiy 3068), Admiralty Court (Clarke J.), January 25, 1994. Comment: Paul Todd, "Bill of Lading, Liability for delivery without production of bill of lading", in: Oil and Gas Law & Taxation Review, 1994, 12 (8), pp 91-92; Charles Macdonald, Q.C., "Bill of Lading|delivery without production of original", in: International Maritime Law, 1994, 1(3), pp. 38-39.

15) John R. Morris, op. cit., pp. 128, 133. UK P&I Club's Rules for the 1996 policy c. ii 참조.

16) 동지: 대법원 2005. 1. 27. 2004다12394.

(6) 運送契約上의 責任과 不法行爲責任의 競合

이 사건에서 운송인의 운송물 誤渡는 운송계약상의 채무불이행책임 및 민법상 불법행위를 구성한다. 그러나 1991. 12. 31.의 改正商法은 商法 제5편 제4장 운송인의 책임에 관한 규정은 운송인의 불법행위로 인한 損害賠償責任에도 적용하도록 정하였다(상법 제798조 제1항).

(7) 小 結－보세창고업자의 불법행위에 대한 운송인의 손해배상책임

보세창고업자로서는 운송인의 이행보조자로서 해상운송의 정당한 수령인인 수하인 또는 수하인이 지정하는 자에게 화물을 인도할 의무를 부담하게 되는데, 보세창고업자가 화물을 인도함에 있어서 운송인의 지시 없이 수하인이 아닌 사람에게 인도함으로써 수하인의 화물인도청구권을 침해한 경우에는 그 자체가 불법행위가 되고, 이와 같이 이행보조자의 불법행위로 인하여 채무자인 운송인이 운송채무를 이행하지 못하게 된 결과 운송인은 채무불이행으로 인한 손해배상책임을 부담하여야 한다.

3. 보세창고업자의 불법행위책임의 성립여부

(1) 보세창고업자의 불법행위 성립여부(論點 7)

이 사건에서 대법원은, "보세창고업자는 운송인과의 임치계약에 따라 운송인 또는 그가 지정하는 자에게 화물을 인도할 의무가 있음에도, 통관상의 자료만을 확인한 채 이 사건 화물을 실수하인에게 반출 · 인도해 줌으로써 그 회수를 사실상 불가능하게 한 행위는 이 사건 선하증권을 소지한 수하인인 원고 은행의 이 사건 화물에 대한 인도청구권을 위법하게 침해한 것이어서 불법행위를 구성한다고 본 것은 정당하다"라고 판시한다.[17]

따라서 보세창고업자는 불법행위책임을 부담하여야 한다.

(2) 보세창고업자에 대한 히말라야약관의 적용가능성(論點 8)

운송인은 상법과 운송약관에 의하여 책임이 제한될 가능성이 있지만, 독립적인 계약자인 보세창고업자는 책임제한의 가능성이 없는지 의문이다. 대법원 2007. 4. 27. 선고, 2007 다 4943 판결을 보면, "선하증권 뒷면에 '운송물에 대한 손해배상 청구가 운송인 이외의 운송관련자(anyone participating in the performance of the Carriage other than the Carrier)에 대하여 제기된 경우, 그 운송관련자들은 운송인이 주장할 수 있는 책임제한 등의 항변을 원용할 수 있고, 이와 같이 보호받는 운송관련자들에 하수급인

17) 대법원 2004. 1. 27. 2000다63639 등 참조.

(subcontractors), 하역인부, 터미널 운영업자(terminals), 검수업자, 운송과 관련된 육상·해상·항공운송인 및 직간접적인 하청업자가 포함되며, 여기에 열거된 자들에 한정되지 아니한다'는 취지의 이른바 '히말라야 약관'(Himalaya Clause)이 기재되어 있다면, 그 손해가 고의 또는 운송물의 멸실, 훼손 또는 연착이 생길 염려가 있음을 인식하면서 무모하게 한 작위 또는 부작위로 인하여 생긴 것인 때에 해당하지 않는 한, 독립적인 계약자인 터미널 운영업자도 위 약관조항에 따라 운송인이 주장할 수 있는 책임제한을 원용할 수 있다."고 하여, 히말라야 약관의 유효성을 인정한다. 따라서 이 사건에서도 보세창고업자의 책임제한의 가능성이 있으나, 다만 운송물 무단반출행위가 인식 있는 무모한 작위·부작위로 간주되는 한 책임제한을 주장할 수는 없다.

Ⅲ. 結　語

(1) 해상운송인은 선하증권과 상환하여 증권소지인에게 운송물을 인도하여야 함에도 불구하고(상법 제861조·제129조) 이 사건에서 운송인은 그 이행보조자인 보세창고업자 대한통운국제물류(주)(Y)의 창고에 입고하였고, Y는 선하증권과 상환없이, 선하증권상의 수하인인 X의 권리를 무시한 채, 운송물을 C에게 불법반출하였다. 이행보조조자의 고의·과실은 채무자(운송인)의 고의·과실로 보아야 하므로, 운송인은 운송물인도의무 불이행으로 인한 책임을 免할 수 없다.[18]

(2) 한편 보세창고업자(Y)가 운송인(A)과의 임치계약에 따라 A 또는 그가 지정하는 자에게 운송물을 인도할 의무가 있음에도, 통관상의 자료만을 확인한 채 이 사건 운송물을 C에게 반출·인도해 줌으로써 그 회수를 사실상 불가능하게 한 행위는 X의 권리를 위법하게 침해한 것이어서 불법행위를 구성하며, 따라서 Y는 X에 대하여 불법행위책임을 부담하여야 한다.

---

18) 김교창, "해상운송인의 화물인도의무", 「인권과 정의」, 1990. 7. 100면.

6 船荷證券上의 賠償額制限約款의 效力

[한양(주) 대 현대해운(주) 사건]

대법원 1988. 9. 27. 86다2377

事 例

원고 주식회사 한양(X)과 피고 현대해운 주식회사(Y)는 1982. 10. 하순경 나무상자 등 각종 건축자재를 인천항에서 사우디의 담합항까지 운송하기로 하는 해상운송계약을 체결하였다. Y가 운송을 종료한 후 운송물의 일부의 포장 또는 내용물이 손상되었음이 확인되었다. 이에 X는 Y에게 운송 중 운송물의 손상에 따른 채무불이행책임을 묻는 소를 제기하였다. 이에 대하여 Y는 선하증권약관 제7조에 의거 운송물가격을 불문하고 1운송단위당 영국화 100 pound 한도 내에서만 손해배상책임이 있다고 주장한다(당시 100 pound는 약 12만원 정도이고, US$160정도이다. 그러나 화물의 실제 가격은 US$20,000/unit정도였다). Y의 주장은 정당한가?

참고도

해상운송계약 체결

원고 : 한양(주)(X) ←→ 피고 : 현대해운(주)(Y)

운송물 손상

→

채무불이행으로 인한 손해배상청구의 소 제기

目 次

Ⅰ. 訴訟의 經過

1. 原 審(서울고등법원 1986. 9. 15. 85나2571-原告勝訴)

원심은 운송물의 가격이 포장단위당 US$20,000 이상인 사실에 비하여 賠償額을 포장당 100 pound(약 US$160)로 제한한 것은 運送人의 배상책임을 실질적으로 免除하는 것이므로 상법 제799조의 입법취지를 몰각하는 것으로 동 규정에 위배되어 無效라는 이유로 被告의 손해배상제한에 관한 주장을 배척하였다.

2. 大法院 判決(대법원 1988. 9. 27. 86다카2377-破棄還送)

이에 대하여 피고는 다음과 같은 이유로 上告하였다. 즉, ① 대법원 1983. 3. 22. 82다카1533에서는 영국화 100 pound 책임제한약관이 유효하다고 판시하였다. 따라서 원심판결은 종전의 대법원 판결과 相馳된다. ② 선주가 받은 운임이나 일반적으로 예상되는 손해액 등을 무시하고 운송물의 시가와 배상액제한금액을 단순 비교하여 상법 제799조의 취지를 몰각하는 것으로 본 것은 부당하다. ③ 영국화 100 pound 약정손해액은 1924년 Hague Rules에 의하여 수십년간 국제적으로 인정되어 온 금액이므로, 이 금액이 有名無實한 것이 아니며, 약정배상액에 관한 약관의 규정이 商法 제799조를 몰각한 것도 아니다.

대법원(1988. 9. 27. 86다카2377)은 피고의 敗訴부분을 破棄하고 사건을 서울고등법원에 환송하였다. 판결이유는 다음과 같다. 즉, 해상운송인의 배상액제한약관은 원칙적으로 상법 제799조에 저촉되지 않는다. 다만 운송인의 배상책임을 면제하는 것과 다름없는 정도의 名目上의 賠償額制限約款은 責任除外約款으로 상법 제799조에 저촉되어 무효가 될 것이다. 그러므로 이의 규명을 위해서는 운송인이 받은 운임액과 해운운송 관행상의 책임한도액 등을 심리한 후 약관의 효력유무를 판단하였어야 할 것이다. 원심이 운송물의 시가와 배상책임한도액만을 단순 비교하여 위 배상액제한약관이 상법 제799조에 위배되어 무효라고 판단한 것은 면책약관의 法理를 오해하고 審理를 다하지 아니한 위법이 있다.

3. 還送 후의 서울고등법원의 判決(1989. 6. 21. 88나38268-被告勝訴)

사건을 還送받은 서울고등법원은, "① Hague Rules에 따른 賠償額 100 pound 制限約款은 우리 나라를 포함한 많은 국가의 해상운송업계에서 통용되고 있다. ② 배상한도액을 인상한 1968년의 Visby Rule 또는 1978년 Hamburg Rule 등이 체결되었으나, 대부분의 국가에서 비준 또는 승인하고 있지 않고 있어 널리 통용되지 않고 있다. ③ 또한 원고가 운송물이 고가품임을 고려, 추가요금지급을 약정한 바도 없을 뿐 아니라 오히려 할인운임이 약정되었다. ④ 그러므로 배상액제한약관상의 배상액이 운송인(피고)의 배상책임을 실질적으로 부인하는 금액이라 볼 수 없다"는 것 등을 이유로 賠償額制限約款에 의한 손해배상금 20,499,309원(100 pound 制限金額基準) 및 지연손해금만 運送人(被告)의 賠償責任으로 判決하였다.

4. **大法院 判決**(1990. 11. 27. 89다카21149－破棄還送)

원고는 船荷證券上의 賠償額制限約款(100 pound)은 책임의 일부경감이 아닌 事實上의 책임면제이고, 이는 商法 제799조의 責任除外約款禁止에 위배되어 無效라는 것을 이유로 상고하였다. 이에 대하여 대법원은(1990. 11. 27. 89다카21149)에서 原告敗訴部分을 破棄하고 사건을 서울고등법원에 환송하였다. 판결이유는, "운송인의 책임한도액은 國際海上運送 慣行上 責任限度額을 의미하는 것으로 Hague-Visby Rules 등 다른 조약에 가입한 국가 및 미 · 영 · 프 · 일 등 世界海運 先進國의 책임한도액 등을 審理하여 國際海運慣行上의 책임한도액을 확정한 후, 運賃과 비교하여 배상제한액이 名目上의 금액인지의 여부를 판단하였어야 한다"는 것이다.

5. **再還送後 서울고등법원의 判決**(1991. 7. 5. 90나56825)

再還送後 서울고등법원은, 被告(운송인)의 船荷證券상 賠償額制限約款은 商法 제799조에 抵觸되어 無效이므로 原告(화주)의 實損害額 137,110,881원 및 遲延損害金을 지급하라고 판결하였다. 판결이유는, "Hague Rules 이후의 國際海上條約은 運送人의 배상액을 증가시키는 추세이며, Hague-Visby Rules가 운송인의 책임한도액을 대폭 증가시켰으나, Hague-Visby Rules도 화주에 불리하다 하여 1978년 Hamburg Rules가 성립되어 약 25% 정도의 責任限度額을 增加시켰으며(이 조약은 1991년말 현재 43개국이 비준하였다), 개정해상법 제797조 제1항에서도 운송인의 책임한도액을 매 포장당 또는 선적단위당 '666과 100분의 67 계산단위의 금액과 중량 1킬로그램당 2 계산단위의 금액중 큰 금액'으로 정한 점 등을 감안할 때 더 이상 Hague Rules을 지배적인 世界海運慣行으로 볼 수 없다. 또한 운임(US$235,000=175,004,500원)과 비교하여서도 損害賠償額制限額(20,499,309원)은 지나치게 적다. 결국 同 선하증권약관 제7조의 배상액은 국제해상운송관행상의 책임한도액의 1/3 또는 1/4에 해당하며 이는 배상책임을 면제

할 정도의 명목상의 금액에 불과하므로 同約款은 責任除外約款과 다를 바 없다. 즉, 피고의 주장은 상법 제799조에 저촉되어 무효이므로 피고의 주장을 받아들일 수 없다"는 것이다.

위 서울고등법원의 판결에 대하여 1991. 8. 2. 上告期間이 도과되어 재환송 후 서울고등법원의 판결대로 원고의 승소로 확정되었다.

II. 解　　說

1. 論　　點

이 사건의 논점은 '船荷證券裏面約款의 效力'如何이다. 즉, 운송인의 책임제한에 관한 船荷證券裏面約款이 商法 제799조의 運送人의 책임제외약관금지규정에 위배되는지의 여부가 문제이다.[1)]

2. 法律의 規定

(1) 商法의 規定

1993. 1. 1부터 시행되고 있는 개정상법 제797조 제1항에서는 운송물의 면실 또는 훼손으로 인한 손해에 대하여 그 운송물의 포장단위당 '666과 100분의 67 계산단위의 금액과 중량 1킬로그램당 2 계산단위의 금액 중 큰 금액'(이를 해상운송인의 개별적 책임제한이라고 한다)으로 운송인의 손해배상책임을 제한하는 한편, 제799조는 면책약관 중 전반적인 책임 또는 특정손해에 대한 책임을 제외하는 책임제외약관이나, 책임을 輕減하거나 입증책임을 변경하고 청구에 조건을 붙이는 등의 責任變更約款을 금지하고 있다. 따라서 당사자 사이의 特約으로 상법이 정한 책임한도액보다도 낮게 海

---

1) 개정법 시행 전의 판결을 보면 이와 같은 배상액 제한약관이 유효라는 것과 무효라는 것이 나누어져 있었다.

유효라는 판결 : 대법원 83. 3. 22. 82다카1533(선하증권에 기재된 해상운송인의 배상액제한약관은 유효이다) ; 대법원 1987. 10. 13. 83다1046(상법 제799조는 책임제외약관과 책임변경약관에 적용되며 배상액한정특약은 신의성실의 원칙 및 공서양속에 반하는 정도의 소액이 아닌 한 적용된다).

무효라는 판결 : 서울민사지방법원 1981. 10. 15. 80가합5562(화물의 가격은 포장단위당 US$92인 데 반하여 포장단위당 US$15로 제한한 선하증권약관상의 배상액은 상법 제799조의 입법취지를 몰각할 정도의 배상액이므로 동조항에 위배된다); 동지 : 서울민사지방법원 1981. 12. 16. 80가합5524; 서울민사지방법원 1984. 3. 14. 83가합3852(화물의 가격(US$12,775/컨테이너)에 비하여 영국화 100 pound로 배상액을 제한한 약관은 상법 제799조에 위배되어 무효이다).

上運送人의 損害賠償額을 정하는 것이 商法 제799조에 抵觸되어 效力이 없다고 보아야 할 것이다. 위의 사건은 구법시대의 것인데, 구법시대에는 해상운송인의 개별적 책임제한제도가 없었다. 따라서 어느 정도의 책임제한이 제799조에 위배되는지 의문시되었고, 이 사건은 바로 그와 같은 문제가 현실로 나타난 사건이다. 그러나 개정해상법에서는 포장단위당 '666과 100분의 67 계산단위의 금액과 중량 1킬로그램당 2 계산단위의 금액 중 큰 금액'으로 명백하게 규정하여 그와 같은 어려운 문제는 없다. 다만 아직도 Hague-Rules에 의한 운송약관을 사용하는 경우, 그와 같은 책임제한약관은 무효가 될 것이고, 상법에 따라 포장단위당 '666과 100분의 67 계산단위의 금액과 중량 1킬로그램당 2 계산단위의 금액 중 큰 금액'의 손해배상책임을 져야 할 것이다.

(2) 國際條約

(가) Hague Rules(1924) 헤이그규칙 제4조 제5항은 운송인의 손해배상책임의 제한에 관하여 규정하고 있다. 즉, 送荷人이 선적 전에 화물의 성질과 가격을 告知하여 선하증권에 기재하지 아니한 경우에는 포장당 또는 선적 단위당 100 파운드(Sterling Pound)의 책임한도액을 인정하고 있다.

(나) Hague-Visby Rules(1968) Hague-Visby Rules는 운송인의 책임제한금액을 인상하고 중량제를 병용하였다. 즉, 운송인의 책임한도액을 10,000 포앙카레 프랑(Poincar franc) 상당액 또는 멸실화물의 중량 1kg당 30 포앙카레 프랑 상당액 가운데 큰 금액으로 한다고 규정하고 있다(제2조 a항). 여기서 포앙카레 프랑은 종래 항공운송에 관한 1929년 바르샤바조약이 사용하고 있는 금본위 화폐단위로서 1포앙카레 프랑은 순분 1,000분의 900인 금 65.5mg을 말한다. 그러나 금의 화폐로서 기능을 상실하고, 각국의 金價에 차이가 크다는 점 때문에 그 후의 海事條約의 화폐단위는 국제통화기금(International Monetary Fund: IMF)이 창출한 특별인출권(Special Drawing Right: SDR)을 일반적으로 사용하게 되었다. 따라서 비스비규칙의 10,000포앙카레 프랑과 30 포앙카레 프랑은 각각 667SDR, 2SDR로 대체되었다.

(다) Hamburg Rules(1978) Hamburg Rules 역시 運送人의 배상한도액을 인상하였다. 함부르크규칙에서는 화폐단위로서 SDR을 사용하고, 책임한도액은 종래 선적단위당 667SDR에서 835SDR로, 화물중량 1kg당 2SDR에서 2.5SDR로 증액하였다(제6조 a, b항). 이 금액은 비스비규칙에서보다 25% 증액된 것이다.

Ⅲ. 結 語

위의 사건은 舊法時代에는 그 有效性 여부가 문제가 되었으나 新海商法下에서는 문제된 약관은 상법 제799조에 위배되어 당연히 무효이다. 상법 제799조는 相對的 强行規定으로서 荷主측에 불리하게 이 규정을 변경하는 약관은 무효인데, 1포장당 '666과 100분의 67 계산단위의 금액과 중량 1킬로그램당 2 계산단위의 금액 중 큰 금액'보다 低額을 정한 약관은 당연히 無效라고 보아야 한다. 이 사건의 현대적 의의는 해상운송관계 국제조약의 추이를 음미해 보는 것으로 충분하다고 본다.

퀴 즈

Ques.	1개의 container에 26개의 pallet를 적재하고, 1개의 pallet에 24대씩 총 624 상자의 컴퓨터가 적재되어 있었는데, 이 container가 해상운송 중 침수되었다. 선하증권의 Kind of Package: Description of Goods란에 'Shipper Load Stowage & Count, Said to be: 26plts(624 units) of micro pc station'이라 기재되어 있다. 운송인의 손해배상액을 계산하라(계산기준: SDR 500/unit)
Ans.	대법원 2004. 7. 22. 2002다44267. 손상된 유니트(unit)의 숫자(624)를 기준으로 포장당 책임제한액을 계산하여야 한다.

퀴 즈

Ques.	목적지에서 수하인이 운송물의 인도를 청구한 후에 선하증권이 발행된 경우, 그 선하증권의 소지인은 운송물에 대한 인도청구권을 갖는가?
Ans.	대법원 2003. 10. 24. 2001다72296. 선하증권이 발행되지 아니한 해상운송에 있어 수하인은 운송물이 목적지에 도착하기 전에는 송하인의 권리가 우선되어 운송물에 대하여 아무런 권리가 없지만, 운송물이 목적지에 도착한 때에는 송하인과 동일한 권리를 보유하고,

	운송물이 목적지에 도착한 후 수하인이 그 인도를 청구한 때에는 수하인의 권리가 송하인에 우선하게 되는바, 그와 같이 이미 수하인이 도착한 화물에 대하여 운송인에게 인도 청구를 한 다음에는 비록 그 운송계약에 기한 선하증권이 뒤늦게 발행되었다고 하더라도 그 선하증권의 소지인이 운송인에 대하여 새로이 운송물에 대한 인도청구권 등의 권리를 갖게 된다고 할 수는 없다.

7 空船荷證券의 效力

[조흥은행(주) 대 서울항역(주) 사건]

대법원 1982. 9. 14. 80다1325

事 例

(i) 해성무역(송하인)에서 1주일 이내에 실제로 화물(숙녀용 가죽코트 6,000벌)을 인도하기로 약속하고 수출인증서(visa 발급)에 필요하다는 이유로 피고 서울항역 주식회사(Y)에 수령선하증권 발행을 요청하자, Y는 1978. 2. 21. 수령선하증권(空券) 3통을 발행하였다.

(ii) 해성무역은 제3의 운송인을 통하여 수입상에게 운송물 발송하였다.

(iii) 1978. 2. 22. 해성무역은 서울항역이 발급한 수령선하증권을 첨부하여 원고 조흥은행주식회사(X)에 환어음의 매입을 의뢰하였다. X는 추후 수령선하증권을 선적선하증권으로 대체하기로 하고 매입에 응하였고, 그 매입대금은 128,040,000원이었다.

(iv) 신용장 개설은행인 화란의 알아지멘은행은 신용장조건과 선적서류의 불일치를 이유(수취선하증권 등을 이유 : 신용장조건은 X가 화환어음의 담보로 취득할 수 있는 선하증권은 선주가 발행한 무고장 선적선하증권(Clean Shipped B/L)이어야 한다고 되어 있었음)로 환어음 지급을 거절하였다.

(v) X는 서울항역에 선하증권에 따른 운송물인도를 청구하였다. 예비적으로 이것이 불가능할 경우 손해배상을 청구하였다.

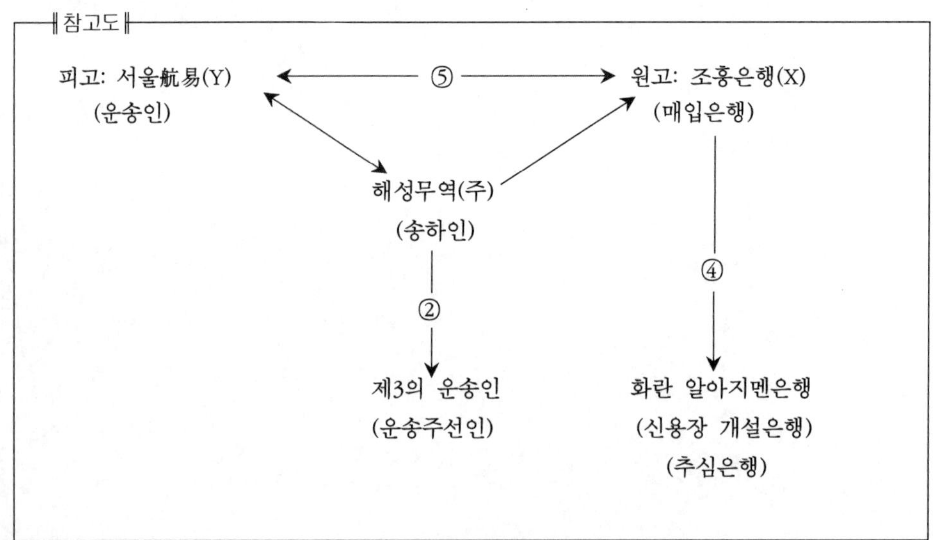

目 次

Ⅰ. 判決要旨

제1심 판결(서울지방법원 1979. 10. 18. 78가합4631)은 운송물을 수령함이 없이 발행된 선하증권은 無效라고 판결하였다. 다만 증권의 소지인인 원고은행는 피고에 대하여 불법행위책임을 물을 수 있다고 判示하였다. 또한 원고은행이 신용장조건과 일치하지 않는 운송주선인이 발행한 수령선하증권을 담보로 취득한 것을 과실상계의 사유로 보아, 손해배상 청구금액 1억 2,800만원 중 8,000만원(62.5%)만을 피고의 不法行爲로 인한 손해배상책임으로 인정하였다. 이에 원고은행은 항소하였다.

그런데 제2심 판결(서울고등법원 1980. 4. 11. 79나3581)은 원고의 抗訴를 棄却하면서 오히려 손해배상액을 1심보다 더 낮추어 4,000만원만을 인정하였다.

이에 원고는, ① 선하증권의 발행인은 운송물을 실제로 받았는지를 불문하고 선하증권의 문언증권성(商法 제861조·제131조)에 따라 선하증권에 기재된 바에 따라 책임을 져야 하고, ② 원심판결은 過失相計 사유가 아닌 사실을 들어 과실상계를 하였거나 과실의 교량을 그르친 위법이 있다는 것을 이유로 上告하였으나, 棄却되었다. 대법원의 판결요지는 다음과 같다.

1) 선하증권의 유가증권성과 유인증권성에 비추어 선하증권에 의한 운송물의 인도청구권은 운송인이 송하인으로부터 실제로 받은 운송물, 즉 특정물에 대한 것이고, 따라서 운송물을 수령 또는 선적하지 않았음에도 불구하고 선하증권이 발행된 경우에는 그 선하증권은 원인과 요건을 구비하지 못하여 목적물의 흠결이 있는 것으로서 이는 누구에 대하여도 무효라고 봄이 상당하다. 원고는 선하증권의 文言證券性(商法 제861조·제131조)을 들어 선하증권의 발행인은 운송물을 실제로 받았는지 여부에 불문하고 선하증권에 기재된 바에 따라 책임을 져야 한다고 주장하고 있으나, 이와 같은 주장은 채택할 수 없다. 왜냐 하면 상법 제131조에서 말하는 '운송에 관한 사항'에는 운

송물의 수취여부에 대한 사항은 포함되지 않는다고 보아야 한다.

2) 원고은행은 이 사건 환어음을 매입함에 있어 신용장 조건에 맞는 무고장 선적선하증권이 아니고 매입할 수 없는 운송주선업자 발행의 수령선하증권을 첨부, 매입함으로써 이 사건 손해를 입은 것이므로 원고은행 자신의 위와 같은 잘못은 과실상계사유가 되고, 기록에 비추어 검토하여 보니 원심의 과실상계 비율이 지나치게 크다고는 보여지지 아니하므로, 원심판결에 所論과 같이 과실상계 이유가 아닌 사실을 들어 過失相計를 하였거나 과실의 較量을 그르친 위법이 없다.[1]

II. 解 說

1. 論 點

이 사건의 논점은 운송물을 수령하지 않고 발행한 선하증권, 이른바 공선하증권의 채권적 효력이 문제이다. 증권의 채권적 효력이라 함은 운송인(공선하증권 발행인)과 선하증권 소지인간의 채권관계를 말한다.[2] 이외에 수취선하증권을 매입한 할인은행의 과실정도 및 과실상계비율의 適正性 여부도 문제될 수 있으나, 여기서는 이에 관한 논의는 생략한다. 이 사건은 舊海商法時代의 사건이나, 1991년 改正海商法에 따라 해설하기로 한다.

2. 空船荷證券의 效力

(1) 空船荷證券의 意義

공선하증권은 운송인이 운송물을 수령하지도 않고 발행한 선하증권이다. 선하증권은 당연히 운송물을 수령·선적한 후에 발행하여야 하는 것인데, 貨換어음의 네고(negotiation)시점을 악당기려는 貨主의 압력에 못 이겨 주로 운송주선업자 등이 화물추후인도의 약속만 믿고서 선하증권을 발행한다. 이를 '先B/L'(back-dated bill of lading)이라고도 한다. 운송인이 공선하증권의 발행을 거절하면 송하인은 다른 운송주

1) 본 판결례에 대한 평석으로는, 정희철, "선하증권의 요인성과 문언성," 「법률신문」 1475호 (1983. 1. 3.), 10면 ; 이균성, 「해상법판례연구」, 해운산업연구원, 1989, 175-186면 ; 김교창, "운송물의 수령 전에 발행된 선하증권의 효력," 「중재」 129호 (1982. 10.) 43-46면 ; 정완용, "운송물의 수령 없이 발행된 선하증권의 효력," 편집대표 최기원 「상사판례연구」 제2권, 1996, 403-426면 등 참조.

2) 이에 대하여 운송물의 처분, 즉 양도 또는 질권 기타 담보권의 설정에 관한 선하증권 수수 당사자간의 물권관계를 정하는 효력을 선하증권의 물권적 효력이라고 한다.

선인에게 운송물을 위탁하겠다고 협박하므로, 극심한 물량확보경쟁에 시달리는 운송주선인으로서는 그 요구에 굴복하기 쉽다.

[수령선하증권]

이 사건의 선하증권은 이른바 受領船荷證券(received bill of lading)이다. 선하증권은 운송인이 선하증권을 발행한 시점을 기준으로 수령선하증권과 선적선하증권(shipped bill of lading)으로 구분된다. 전자는 운송물을 운송인이 수령하였다는 뜻을 기재한 선하증권으로, 이를 거꾸로 해석하면 아직 선적은 하지 아니하였다는 뜻이 된다. 후자는 당연히 선적까지 마친 후에 발행하는 것이다. 수령선하증권에 '선적필'의 표시를 하여 수령선하증권을 선적선하증권으로 변경시키기도 한다. 오늘날 정기선운송 특히 컨테이너 운송에서 운송물 수집단계에서는 수령선하증권을 발행하였다가 컨테이너에 적재하는 시점에서 선적선하증권을 발급하는 것이 일반적이다. 수령선하증권을 발행하는 시점이 선적선하증권을 발행하는 시점보다 빠르기 때문에 화환어음 네고에도 수령선하증권을 이용하는 것이 유리하다. 그러나 제5차 신용장통일규칙상 受理可能한 선하증권은 운송물의 명칭을 표시하고, 선박에 본선적재 또는 선적되었다는 표시가 있는 해양선하증권이라고 규정하고 있어서(UCP Art. 23), 수령선하증권은 특약이 있는 경우에만 은행이 이를 화환어음 결제를 위한 담보로 취득한다.

(2) 船荷證券 기재의 효력

선하증권 기재의 효력에 관한 제854조는 1968년 Hague-Visby Rules 제3조 제4항의 내용을 수용한 것이지만, 1978년의 Hamburg Rules 제16조 제3항의 내용과도 일치한다. 이에 의하면 "① 제853조 제1항에 따라 선하증권이 발행된 경우 운송인과 송하인 사이에 선하증권에 기재된 대로 개품운송계약이 체결되고 운송물을 수령 또는 선적한 것으로 추정한다. ② 제1항의 선하증권을 선의로 취득한 소지인에 대하여 운송인은 선하증권에 기재된 대로 운송물을 수령 혹은 선적한 것으로 보고 선하증권에 기재된 바에 따라 운송인으로서 책임을 진다."고 되어 있다. 이는 선하증권 기재의 효력을 이른바 '추정적 효력'으로 확정하고, 이에 따라 이와 모순되는 규정인 화물상환증의 문언증권성에 관한 상법 제131조의 준용을 제외하였다(상법 제861조 참조). 상법 제131조는 "화물상환증을 작성한 경우에는 운송에 관한 사항은 운송인과 소지인 간에 있어서는 화물상환증에 기재된 바에 의한다"고 되어 있어서 서로 모순되기 때문이다. 이것은 개정상법이 선하증권 기재사항은 원칙적으로 추정적 효력을 갖는 것으로 규정하고, 다만 선의의 제3자를 보호하기 위하여 반증을 제한함으로써 선의의 제3자에 대하여는 절대적 증거력, 즉 文言的 效力을 인정하고 있다. 이는 과거의 절충설과 매우 흡사하게 되었다. 要因性說과 文言性說 어느 것도 취하지 아니한 것이다.

이에 따라 운송인은 언제든지 反證을 들어 선하증권 기재사항의 효력을 번복할 수 있게 되었다. 즉, 운송물의 주요 기호, 수량, 용적, 중량 등에 대하여 증권소지인과 다툼이 있을 경우 운송인은 선하증권의 기재사항과 다른 운송물을 수령하였음을 증명함으로써 그 책임을 免할 수 있다. 다만 선하증권이 善意의 제3자에게 이전되었을 경우에는 反證이 허용되지 않는다. 여기서 '제3자'란, 발행인인 운송인 또는 그 대리인과 송하인을 제외하며, 수하인을 포함한 증권소지인이라고 보아야 한다.[3] 그리고 제3자의 '선의'의 판단시점은 선하증권을 취득한 때를 기준으로 하여야 하며, 그 시기에 선하증권 기재사항이 부실한 것임을 알지 못하는 것이 바로 선의에 해당한다. 증권소지인의 惡意에 대한 입증책임은 운송인이 부담하여야 한다. 제3자는 선의인 한, 무과실까지 요하지는 않는다고 본다.[4]

Ⅲ. 結　　語－空船荷證券의 效力

개정 전 상법에서는 화물상환증의 문언증권성에 관하여 商法 제131조를 準用하였던 결과, 공선하증권이 발행된 경우와 운송물이 상위한 경우에 要因性說, 文言性說 및 折衷說 등의 견해가 대립되었었다. 이에 대하여 개정상법은 Hague-Visby Rules을 수용하여 선하증권 기재사항은 원칙적으로 推定的 效力을 갖는 것으로 규정하고, 다만 선의의 제3자를 보호하기 위하여 反證을 제한함으로써 선의의 제3자에 대하여는 절대적 증거력, 즉 문언적 효력을 인정하고 있다. 이는 과거의 절충설과 매우 흡사하게 되었다. 이로써 改正商法은 종래의 요인성설과 문언성설 어느 것도 취하지 아니하였다.

한편 운송인이 空券을 발행한 경우나 수령한 물건과 相違한 증권을 발행하는 등 선하증권 부실기재에 대한 책임은 불법행위책임인가 채무불이행책임인가 문제될 수 있으나, 개정상법은 제798조에서 非契約的 청구에 대하여도 상법의 규정을 적용하도록 하였으므로, 그 論議의 實益도 거의 없다고 할 수 있다.[5] 다만 불법행위책임의 경우와 계약책임의 경우 재판관할이 달라질 수 있어 그 한도에서 의미가 있지만, 우리나라에서 제소되는 한 이것도 무의미하다.

---

3) 정완용, 전게평석, 414면.
4) 동지: 정완용, 전게평석, 414면.
5) 다만 舊商法下에서는 선하증권의 채권적 효력에 관한 商法 제131조의 準用으로(제861조) 증권발행인의 문언담보책임으로 보는 것이 일반불법행위로 보는 것보다 더욱 타당하다고 할 수 있다.

著者略歷

성균관대학교 법과대학 졸업
독일 알렉산더 폰 훔볼트 재단 초청 연구
(Stipendiat der Alexander von Humboldt Stiftung)
현 성균관대학교 법학전문대학원 교수
사법시험위원/행정고등고시위원
법무부 회사법개정 특별위원회 위원
법무부 해상법개정 특별위원회 위원
jschoi@skku.edu

主要著書

商法事例演習(上)－판례100選－(三潮社, 제14판)
상법총칙(三英社)
회사법(三英社)
어음 · 수표법(三英社)
보험법 · 해상법(三英社)
국제거래법(三英社)

제13판 商法事例演習(下)－판례 100選－

1998년 8월 27일 초판1쇄 발행
2000년 1월 18일 개정1판 발행
2001년 1월 10일 제3판 발행
2002년 3월 9일 제4판 발행
2003년 1월 12일 제5판 발행
2004년 3월 26일 제6판 발행
2005년 10월 16일 제7판 발행
2007년 1월 15일 제8판 발행
2008년 2월 22일 제9판 발행
2009년 2월 12일 제10판 발행
2010년 4월 15일 제11판 발행
2013년 2월 25일 제12판 발행
2016년 5월 18일 제13판 발행

著 者 최 준 선
發行人 河 仁 雄
發行處 圖書出版 三 潮 社
서울특별시 종로구 교남동 47-2
전화 733-4388(代) / FAX 733-4389
등록 1994. 12. 13. 제11-410호(倫)
組版所 하림전산

정가 30,000원

ISBN 979 · 11 · 5595 · 044 · 9 93360